時間・労働・支配

──マルクス理論の新地平

モイシェ・ポストン　著
白井聡／野尻英一　監訳

筑摩書房

私の両親、エイブラハムとエヴリン・ポストンに

時間・労働・支配　目次

装幀　佐々木暁

日本の読者へ

本書が試みるのは、マルクスの経済学批判の核心にあるカテゴリーの根本的な再解釈である。この再解釈によって本書は、今日の重要な課題である資本主義=近代の問題について、もう一度、厳密かつ批判的な概念化を行なうための基盤を提供する。

現代において、マルクスの資本主義分析を再び取り上げること。一見それは、無意味なことと思われるだろう。ソヴィエト連邦とヨーロッパ共産主義の崩壊、そして中国の変容は、マルクス理論における有効性と社会主義の決定的な終焉であると通常は考えられている。この見かけ上の終焉は、この数十年、別のかたちでも表現されてきた。ポスト構造主義や脱構築といった批判理論の類いである。これらの理論は、東西両陣営に共通する支配の形態に対し批判を投げかけるべく試みられたものであり、しかも、マルクス主義的な、壮大な人間解放のためのプログラムを支持することなくそれを行なおうとするものであった。こうした企てを担った人々の中には、マルクス主義的なプログラムのほとんどが、あまりにも多くの否定的な、時として破滅的な帰結をもたらしてきたと受け止めている人が少なくなかったのである。

しかしながら、ポスト構造主義や脱構築の理論は、今日のグローバルな危機にあたり、現代社会を把握する理論として、大きな不備があることを広範に露呈しつつある。深刻な経済危機が繰り返し生じることは、地球規模で生じている数多くの貧困と構造的な搾取の存在とともに、資本主義＝近代の特徴の一つである。こうした問題がある限り、マルクスの批判理論は無効であると主張するのは早計にすぎると言えるだろう。

しかし問題の核心は、単に経済危機にあるだけではない。この数十年、広範囲におよぶ世界の変容が示しているのは、こういうことである。現代の社会理論が、われわれの生きるこの社会にふさわしいものとなるには、歴史的な動態性と大規模な構造変化の問題を中心的に取り扱わなければならない。日本や中国における近代的な発展を適切に理解するためには――それどころか現代の、いかなる国や地域を理解する上でも――近代社会におけるグローバルな発展の持つ包括的な動態性を軸とした理論が組み立てられなければならない。そのような動態性は、資本主義に対するマルクスの批判的分析に、もう一度、新しいかたちで出会い直すことによって、はっきりと照らし出される。これが私の主張である。しかしそれは、二〇世紀の大半にわたって広く理解されていたような意味でのマルクスに単純に回帰することであると誤解してはならない。伝統的マルクス主義の死と、ポスト・マルクス主義の諸派がますます露呈しつつある機能不全。いずれもが共通して根差す歴史的な展開がある。この展開こそが、われわれに対し、マルクスをもう一度考え直し、とらえ直す必要性を訴えているのである。

私の仕事は、その焦点を資本主義＝近代の、歴史的で動態的な性格に合わせており、特に過去四〇年の重大かつグローバルな変容に対応することに焦点を当てている。この四〇年間を特徴づけるのは、西側においては第二次世界大戦後の、国家を中心とするフォーディズム的統合の崩壊であり、東側においては党‐国家による指令経済と、党‐国家それ自体の崩壊もしくは根本的な変容である。そして、グローバルな秩序を形成する、新自由主義的な資本主義が出現するのである。

逆に言えば、こうした展開は、二〇世紀の国家中心的な資本主義の、支配的な軌道――それは第一次世界大戦とロシア革命に始まり、第二次世界大戦後の数十年間で頂点に達し、一九七〇年代初頭以降に凋落し始める――を参照することで理解しうる。この軌道について重要なのは、グローバルなその性格である。それは西側資本主義諸国や共産主義諸国だけでなく、植民地諸国、脱植民地諸国にも及ぶ。もちろん、歴史的な発展における違いは生じるが、それは根本的に異なる発展というよりも、むしろ一つの共通するパターンの、異なる変奏なのである。例えば第二次世界大戦後の二五年間で、西側先進諸国のすべてにおいて福祉国家体制が拡大するが、一九七〇年代初頭にはそれが縮小されるか、部分的に廃止されるようになった。こうした展開――これと並行してソヴィエト連邦の戦後の成功とその後の急速な衰退があり、中国の徹底した変容がある――は、政権党が保守的であるか社会民主主義的（すなわち「リベラル」）であるかにかかわりなく、生じたのである。

このような一般的で歴史的な展開を、状況的・局所的な観点から説明することはできない。この展開によって示唆されるのは、東西両陣営に共通して存在する歴史的な動態性であり、それが政治的コントロールに完全に従うことはないのである。そして、この歴史的な動態性は、政治的、社会的、経済的な決定に対する、一般的でシステム的な制約となっている。したがって、こうした展開を、偶発性を第一義とする理論や、歴史的な主体性に一面的な焦点を当てる理論によって適切に把握することはできないのである。この展開はまた、政治理論やアイデンティティ理論、さらには、分配を主たる関心事とする社会批判の地平をも越えている。前世紀の大規模な変容における一般的でグローバルな性格が示しているのは、こういうことである。（日本のように）独自の資本主義への「道程」があると考えたり、「複数の近代性」が存在すると考えたりするようなアプローチは、表面的な現象にすぎない差異と、自らをグローバル化しながら右のような変容を促してゆく深層構造とを、混同しているのである。

右のような二〇世紀の大規模な歴史的変容が示唆するのは、マルクスの資本主義＝近代に対する批判――それはグローバルな歴史的動態性とグローバルな構造的変化という問題をその核心に据える――といま一度、出会い直すことの重要性である。本書において展開されるマルクスの批判理論に対するアプローチは、資本主義の深層構造を、伝統的なマルクス主義の資本主義批判とは根本的に異なる仕方で再概念化するものである。

本質的に階級関係――それは私的所有関係に根差し、市場によって媒介される――の観点から資本主義の分析を行なうような解釈一般の枠組みに言及するとき、私は「伝統的マルクス主義」という術語を用いる。こうした解釈の枠組みにおいて、社会支配はまず、階級支配と階級搾取という観点から理解される。そこでは労働は肯定され、批判のための立脚点を構成する。こうした一般的枠組みにおいて資本主義は、基本的な社会関係として理解される私有財産および市場と、(労働の観点から理解され、とりわけ工業的に組織されたものとしての)生産諸力との間で増大する構造的な矛盾によって特徴づけられる。この矛盾が、社会の新しい形態の可能性を生み出すとされる。この新しい社会形態とは、生産手段の集団的所有と工業化された計画経済という観点から、つまり、労働にとってよりふさわしいと推定される生産と分配の組織化という観点から、理解されている。工業的生産は技術的な過程として理解され、それは資本家たちによって私的な目的のために使用されているのだが、本質的には資本主義から独立したものであり、社会の成員すべての利益のために用いられうるものとして理解される。

こうした基本的な枠組みを私は「伝統的マルクス主義」と呼んできたが、これには理論的、方法論的、政治的に大きく異なる、幅の広いアプローチのヴァリエーションがあり、それぞれに影響力のある経済的、政治的、社会的、歴史的、文化的な分析を生み出してきた。にもかかわらず、二〇世紀の歴史的展開を踏まえると、基本となっている枠組みそれ自体の限界が次第に明らかになってきた。その展開には、「現存社会主義」の非解放的な性格、その興隆と没落、それと並行して生じた国家介入主義的な資本主義の盛衰(これは両者が歴史的に同様の位置を占めていることを示す)、生産における科学的知識と先進技術の重要性の増大(それが労働価値説に疑問を呈するように思われた)、技術的な進歩と発展に対する批判の拡大(それは伝統的なマルクス主義の生産主義に対立するように思われた)、階級とは異なる社会的アイデンティティの重要性の増大などが含まれる。これらの展開が示唆するのは、伝統的な枠組みはもはや、適切な批判理論の出発点として機能し得ていないということである。

私が示そうとしているのは、伝統的マルクス主義による解釈とは反対に、その最も根本的なレベルにおいてマルクスの批判理論は、労働を肯定する立場からなされる、階級搾取の様式に対する批判ではない、ということだ。マルクスの批判理論は、もっと基本的なレベルで、独特な抽象的形態による支配の存在を明らかにし、それを分析するものである。この抽象的な支配は、非人格的な命令や強制力をもたらすが、この支配について、階級支配という観点から十全たる理解を得ることはできない。実際それは、具体的な社会的/政治的な実在による支配という観点からは、不可能なのである。こうした特異で疑似-客観的な構造的支配形態は、究極的には、一つの歴史的に特殊な社会的媒介の形態に根差しており、それが近代性それ自体を社会生活の特定の形態として構造化している。マルクスの分析によれば、この媒介の形態は、歴史的に特異な労働の形態によって社会的に構成される。本書が提示するマルクスの再解釈は、こうした労働と社会的媒介の特異な形態を明るみに出し、それらが生み出す支配の諸形態、つまり、商品や資本といったカテゴリーによって把握される形態は静的なものではなく、市場の観点からでは適切に概念化され得ないということを示そうとしている。もっと言えば、そうした支配の諸形態は本質的に時間的なものであり、まさしく資本主義=近代の核心をなす歴史的動態性を構成しているのである。ここでは支配は、時間による人間の支配という形態をとる。この枠組みにおいて労働は、批判の立脚点ではなく、批判の対象である。

私の見方では、マルクスの分析に対するこうした読解こそが、労働と歴史を肯定する伝統的マルクス主義と、歴史を本質的に偶発的なものと理解するポスト構造主義との双方がますます露呈しつつある機能不全を超克する批判理論的アプローチのための基盤を提供する。だが、本書が提示する読解は、前世紀を特徴づけてきた一般的な歴史のパターンを考察することに基づきつつも、歴史を偶発的なものとして扱おうとする試みに含まれる批判的な洞察を必ずしも否定はしない。すなわち、内在的な必然性の展開として理解された歴史なるものこそが、自由を束縛する形態を形づくる、という洞察のことである。

本書の提示する読解によれば、この自由を束縛する形態こそが、マルクスの経済学批判の中心的な対象であった。マルクスは、近代社会の歴史的動態性と構造的変化の根底を支える命令と強制力を把握しようとした。したがってマルクスの批判は、超歴史的なものではない。つまりマルクスの批判は、伝統的マルクス主義のように、歴史や労働を立脚点としてなされるものではない。むしろマルクスにとって、資本主義の歴史的な動態性、その全体性としての実在性、労働の見かけ上の存在論的な中心性は、歴史的に特殊な批判の対象なのである。

このような読解に従えば、マルクスの分析の批判的な核心は、ポスト構造主義的なアプローチといくつかの点で似ていることがわかる。なぜならポスト構造主義も、全体性に対する批判や、歴史における弁証法的論理に対する批判を含んでいるからである。しかしながら、全体性や歴史の論理といった概念についてマルクスが、資本制社会の現実を表現するものとして批判的に把握するのに対して、ポスト構造主義のアプローチは、偶発性の優位を存在論的に主張することで、それらの概念の正当性を否定する。したがって、他律的な歴史に対するマルクスの批判は、ポスト構造主義のそれとは根本的に異なる。なぜならマルクスは、その気になれば払いのけることができるような物語として歴史を扱うのではなく、時間による支配の構造の表出として扱うからである。この観点からすれば、偶発性を主張することで人間の主体性を回復させようとするあらゆる試みは、資本のカテゴリーによって把握される、時間的に動態的な支配の形態を否認し、隠蔽することによって、皮肉にも主体性を大いに無力化するのである。

振り返って考えてみれば、資本のヘゲモニーの社会的／政治的／経済的／文化的な形態が、歴史的に多様に変化してきたことは明らかである。重商主義から、一九世紀の自由主義的な資本主義へ、さらに国家を中心として組織された二〇世紀の資本主義から、現代の新自由主義的なグローバル資本主義へ。これらの形態の一つ一つは、その都度、鋭い批判を惹起してきた。例えば搾取や不平等・不均等な発展、テクノクラティックで官僚制的な支配の諸様式に対する批判などである。しかしながら、こうした批判のすべては不完全なものである。というのも、今日の視点から明らかなように、資本主義はその歴史的な諸形態のいずれとも完全には同一視できないからである。むしろ本書で私が主張するのは、資本のカテゴリーは、多様な歴史的諸形態において現れ出る、根底的で歴史的かつ動態的なプロセスの輪郭を描くものだ、ということである。

この動態性こそが、近代社会の核心的な特徴である。本書で論じるように、それは社会的および文化的生活の絶えざる変容と同時に、現存秩序における、継続的な基盤の再構成をもたらす。この弁証法的な動態性は、国家の観点からも、市民社会の観点からも、把握することのできないものである。むしろそれは、国家や市民社会の「背後に」存在し、国家と市民社会の双方を変容させ、両者の関係をも変容させる。この動態性は、歴史的に特殊な他律性の形態の核心にあるもので、意味のある自己決定を厳しく抑え込む。それは資本主義＝近代に特有な歴史的論理の一形態を表しているのだが、その論理は《歴史》として、人間の社会生活の全体に投影されうるものであり、現に多くの理論家たちは、そのようにしてきたのである。

したがって、資本主義についての批判理論が対象に対して適切なものであるためには、次のような二つのアプローチを区別できなければならない。すなわち、いかに洗練されたものであっても、結局は資本主義の歴史的形態の一つについてだけ批判的であるようなアプローチと、表面的な形態の多様性とは区別された、社会編制の中心にある動態性の核心として資本を把握するアプローチである。資本についてのそのような理論は、きわめて高い水準での概念的な抽象性を、必然的に要求する。そうした抽象性は、資本主義における、いかなる特定の歴史的形態の観点からも、適切には把握し得ない。

本書が提示するマルクスの再解釈は、右のような資本主義についての批判理論のための基盤を提供すべく企図されたものである。この批判理論は、資本主義における画期的な諸変化を分析するための出発点であると同時に、歴史上のさまざまな社会運動において現れる、主体性の歴史的変化についての分析の出発点でもある。とはいえ本書は、商品と資本というマルクスの基本的なカテゴリーの意味を、伝統的なマルクス主義による解釈とは非常に異なる仕方で再考することで、特異で動態的な社会編制としての資本主義の核心を解明することに主眼を置く。資本主義の核心を、論理的に非常に抽象的なレベルで、非-存在論的で歴史的に特殊なものとして解釈することで、私はまた、それが超歴史的で物象化された様態の外観を持つことに注意を促す。この非-存在論的な「核」と、一見したところでは存在論的な様態との緊張関係こそが本書を貫く赤い糸であり、そこから、知と再帰性についての、歴史的に再帰的な社会理論が始まる。このことが特に重要なのは、最近のグローバルな変容のプロセスを論じようとする企ての多くが、技術、労働過程、流通過程などについての物象化された諸概念に基礎を置いているからである。しかしながら、現代における適切な批判理論は、資本主義の核心にある諸関係の、物象化されていない概念と、資本主義の多様な歴史的諸形態と核心との差異に根差していなければならない。

社会編制の核をなすものとしての資本と、資本主義の歴史的に特殊な諸形態との差異は、ますます重要なものとなっている。この両者の混同は、重大な誤認に帰結する。来るべき社会革命は、過去にばかり目を向けて自らの歴史的内容を見誤った従来の諸革命とは異なり、その詩を未来から紡ぐものでなければならない、というマルクスの宣言を思い出していただきたい。この言葉を踏まえれば、伝統的マルクス主義は、自らが把握することのできなかった未来へと後ろ向きに突入したわけである。それは資本主義の超克を指し示すことができず、むしろ市場と私有財産に焦点を合わせることで、資本とその一九世紀的な形態とを混同するという誤った認識をもたらした。その帰結として伝統的マルクス主義は、自由主義的な資本主義の危機から生じた、新しい国家中心的な形態を暗黙のうちに肯定したのである。

資本主義の新しい形態に対する意図せざる肯定は、より最近の、すなわち一九七〇年代初頭以降の、ポスト構造主義思想に特徴的な、反ヘーゲル主義的なニーチェへの転回にも見て取れる。これらの思想もまた、大筋においては、自ら適切に把握することのできない未来へと後ろ向きに突入していった。ポスト構造主義思想は、伝統的なマルクス主義が暗黙のうちに肯定した国家中心的な秩序を拒否した。そのことによって、東西両陣営において国家中心的な資本主義に取って代わった新自由主義的なグローバル秩序を批判的に把握することが不可能となったのである。

こうして前世紀の歴史的な変容は、ほとんどの伝統的マルクス主義の弱点だけでなく、さまざまなポスト・マルクス主義的な批判の弱点をも露呈させてきた。しかしながらそれは、現代にふさわしい批判理論にとって、すなわち、もう一つの未来への道を示しうる批判理論にとって、資本主義批判が決定的に重要であることを示唆してもいるのである。

ありうべき別の未来という問題は、蓋然性や見込みだけの、例えばそのような未来のために闘争することのできる社会的、政治的な諸力が存在しうるか否かということだけの問題ではない。むしろ問題は、より原理的なものとなってきている。それは概念レベルの問題なのだと言ってもよい。ここ一五〇年の大半にわたって、社会主義の基本的な骨格、ポスト資本制社会の骨子は、資本主義を批判する多くの者にとって明白であった。それは、資本主義の中心に位置すると思われてきたもの、すなわち、市場ならびに生産手段の私有の廃絶であり、それらを計画と公有に基づく体制によって置き換えることであった。

今日の状況は概念的にも、いっそう不透明である。社会主義に対する（そして資本主義に対する）旧式の理解は、さまざまな側面から疑義を呈されてきた。例えば「現存社会主義」の示した性格と失敗の数々、ポスト・プロレタリア運動の台頭、ポスト構造主義のような、新たな批判的思想の諸様態――こうした、新たな批判のアプローチは現代社会に対して無力であることが後に判明するのだが、解放についての伝統的な概念に対する批判としては確かに有効なものであった——によって。

だが危機は再び、資本主義批判を、批判的言説の中心に位置づけることとなった。にもかかわらず、資本主義を否定するものとしての社会主義の、より適切なヴィジョンは、いまだ現れてはいない。現代の資本主義に対する批判の多くは、現存する秩序の限界を明らかにすることによって、資本主義の危機をはらんだ性格の内的本質を、効果的に説明してきた。このことは大きな成果であり、単に危機と現存秩序の限界を明らかにするだけでなく、ありうべき未来へ向かう姿勢を示し、現代世界の批判へ向かう重要な第一歩である。だが、過去四〇年間の歴史が教えるところによれば、従来とは異なる生活の形態を想像するには、資本主義の根本的な性質について再考する必要がある。したがって問題となるのは、単に批判的分析に楽観主義を注入できるか否かではなく、従来とは異なる社会生活を組織化する可能性に向けて資本主義批判を形成することが、今なお可能であるのかどうか、ということなのである。

本書で展開されるアプローチによれば、マルクスの資本分析を、労働という立場からの批判としてではなく、資本主義における労働に対する批判として根本的に再解釈することで、今日の資本主義＝近代の中心に存する危機を分析するための基礎を据えることができる。私の考えでは、グローバルに拡大する収入格差の根底にあるのは、労働の危機である。資本制社会は賃労働の存在にその基礎を置いているが、それが発展するにつれて、労働はますます余分なものとなってゆく。その一つの帰結は、時間の社会的分割における格差の拡大である。社会のある部分は過度に働かされることになる一方で、別の部分では労働［の機会］が希少な資源となってきている。これは単に状況的な問題ではなく、構造的な問題である。本書が示すように、資本についての批判は、基礎的なレベルにおける、資本によって構成される労働の分割（分業）に対する批判なのである。

社会編制の本質的核心としての資本についてのマルクスの分析を見直すことによって私は、資本主義の歴史上の一形態を資本主義そのものと同一視するアプローチの概念的な足枷から解放された、現代資本主義に対する揺るぎなき批判を再構成することに寄与したい。そのような批判こそが、もう一つの未来のためにこの社会が自ら生み出す潜在的な可能性を明らかにする。その意味でそれは、われわれの社会にふさわしい理論となるのである。

本書の日本語への翻訳は、友人たち、同僚たちの多大なる労力と懸命な働きがなければ、決して実現しなかった。本書の翻訳のきっかけとなってくれた梅森直之教授とヴィレン・ムーティには特に感謝したい。また翻訳に格別に尽力してくれた白井聡、野尻英一と、翻訳チームのすべてのメンバーに厚く御礼を申し上げたい。拙著に彼らが真摯に向き合ってくれたこと、注意深く誠実に翻訳に取り組んでくれたことに感謝を捧げる。

二〇一二年一月　シカゴにて

モイシェ・ポストン

謝辞

本書が世に出ることになったそもそものきっかけは、私が大学院生としてマルクスの『経済学批判要綱』と出会ったときに遡る。そのとき私が衝撃を受けたのは、この草稿の内容が持っている驚くべき射程であった。それは私に、伝統的マルクス主義の中心的な諸前提とは完全に断絶した、後期マルクスの批判的社会理論の根本的な再解釈への道を示してくれた。私はまた、そうした再解釈が、強力で洗練された、近代社会批判のための出発点を与えてくれているとも考えたのである。

マルクスの理論を取り戻そうというこの試みにおいて、私は多くの人々から、多大な知的・精神的支援を受ける幸運に恵まれた。このプロジェクトを開始するよう強く励ましてくれたのは、シカゴ大学における二人の師、Gerhard Meyer と Leonard Krieger であった。さらに私は、フランクフルト・アム・マインでの長期滞在の期間、自分の考えを発展させることができたが、それは、その場所の思索的な雰囲気と、友人たちとの数限りない濃密な議論のおかげであった。特別に感謝したいのは、Barbara Brick, Dan Diner, Wolfram Wolfer-Melior の諸氏である。彼らは、私に貴重な個人的・知的支援を与えてくれた。そのおかげで、この本で取り上げた諸問題に対するアプローチを仕上げることができたのである。私はまた、Klaus Bergmann, Helmut Reinicke, Peter Schmitt-Egner の諸氏と啓発的な対話が持てたことにも感謝したい。私は、本書の初期のバージョンを、フランクフルト大学・社会科学部の博士論文として完成させたが、それは、Iring Fetscher から貴重な指導と励ましを受けてのことであった。さらに Heinz Steinert, Albrecht Wellmer, Jeremy Gaines, Gerhard Brandt, Jürgen Ritsert の諸氏から受けた、包括的で批判的なコメントはたいへん有益であった。またフランクフルトに滞在中、カナダ・カウンシルを通じて、ドイツ学術交流会（DAAD）の寛大な財政的支援を受けた。

シカゴの心理・社会研究センターは、ポスドク・プログラムの研究資金に加え、活気と思いやりに満ちた研究環境を与えてくれた。そこにおいて私は、博士論文を本書のかたちに仕上げる仕事を始めることができたのである。私は、知識・分野において多様な研究員の前で、自分の仕事を報告するという貴重な機会に恵まれた。彼らの反応は、とても刺激的なものであった。感謝したいのは、Ed LiPuma, John Lucy, Beth Mertz, Lee Schlesinger, Barney Weissbourd, Jim Wertsch の諸氏である。彼らのコメントと批判は、私が自分の考えを明確にする上で助けになった。また特に感謝したいのは、Craig Calhoun と Ben Lee である。彼らはていねいに本書の原稿とその改訂版を読んでくれた。その批判的な示唆はたいへん役に立った。

　私は、この原稿をシカゴ大学で完成させた。同僚と学生によってつくり出されるエキサイティングでオープン、そして知的に厳格な雰囲気は、つねに私の大きな支えであり続けている。

　以下の友人たちは、私の仕事に深くコミットし、知的で精神的なサポートを与えてくれた。Andrew Arato, Leora Auslander, Ike Balbus, Seyla Benhabib, Fernando Coronil, Norma Field, Harry Harootunian, Martin Jay, Bob Jessop, Tom McCarthy, Gyrógy Márkus, Rafael Sanchez, George Steinmetz, Sharon Stephens, John Boyer, Jean Cohen, Bert Cohler, Jean Comaroff, John Comaroff, Michael Geyer, Gail Kligman, Terry Shtob, Betsy Traube の諸氏である。また、Fred Block, Cornelius Castoriadis, Geoff Eley, Don Levine, Bertell Ollman, Terry Turner の諸氏の有益なコメントにも感謝したい。

　格別な感謝に値するのは、私の弟、Norman Postone である。彼は、そのはじまりから、この仕事の同伴者であり、また支援者であった。私はまた、Patrick Murray にも特別な感謝をしたい。彼は思い出せないほど多くのバージョンの原稿を読んでくれた。彼のコメントは有益で親切であった。彼との対話から、私は多くのことを学んできた。

　もとケンブリッジ大学出版の Emily Loose はこの仕事にたいへん積極的に応答してくれ、出版に漕ぎつけるにあたって、とても有益な手助けをしてくれた。彼女の多くの鋭いコメントや助言は、この原稿を完成させる上で、とても役に立った。Elvia Alvarez, Diane New, Kitty Pucci の諸氏には、さまざまな段階の原稿のタイプならびにその他の助力でお世話になった。そして Ted Byfield には、本書の編集でお世話になった。Anjali Fedson, Bronwyn McFarland, Mike Reay の諸氏には、校正と索引でお世話になった。

　最後に、深い感謝を、私の妻、Margret Nickels に捧げたい。彼女は長年にわたり、知的にもそして感情的にも、このプロジェクトの中心であった。

凡例

一——本書は、Moishe Postone, *Time, Labor, and Social Domination: A Reinterpretation of Marx's Critical Theory* (Cambridge University Press, 1993) の全訳である。なお翻訳の底本としては、二〇〇三年に出された改訂版（誤植等を修正）を用いている。

二——原文でイタリック表記され強調されている語には、傍点を付した。

三——原文で頭文字が大文字となっていたり、イタリック表記によって術語であることが示されている語は、《 》によって括った。

四——訳注および訳者によって補われた語は〔 〕によって括った。

五——マルクスやヘーゲルなどに関わる専門用語は、これまでに定着している訳語をおおむね踏襲した。

六——引用された文献に邦訳がある場合、基本的にその訳文を使用した。その際、文脈や原著者による改訳に合わせて一部の語句を変更した場合がある。

七——原書の注における引用・参考文献（主に英訳本）の参照頁番号に数箇所誤植があり、原著者に確認の上、日本語版では英訳本、邦訳本ともに正確な頁番号を表記している。

八——翻訳の分担は以下の通りである。第一章と第四章は輪読による共同訳、日本語版への序文と第二章が野尻英一、第三章が梅森直之、第五章が松坂裕晃、第六章が篠原凌、第七章が河路絹代、第八章が白井聡、第九章は野尻、梅森、松坂、篠原の順で分担し、第十章は白井が担当した。

第一部
伝統的マルクス主義への批判

第一章

マルクスの資本主義批判を再考する

1 イントロダクション

この著作において私は、資本制社会の性質を再概念化するために、後期マルクスの批判理論の根本的な再検討に取り組む。資本制社会の特徴をなす社会的諸関係と支配の諸形態についてのマルクスの分析は、彼の経済学批判における中心的な諸カテゴリー*を再考することによって[一]、最も実り豊かな再解釈に到達しうる。そのために私は、二つの基準を満たす諸概念を展開することを試みる。第一にそれらは、近代社会の本質的性格とその歴史的発展をとらえるものでなければならない。第二にそれらは、構造と行為、意味と物質的生活というおなじみの理論的二元論を克服するものでなければならない。こうしたアプローチに基づいて私は、マルクスの理論と現在の社会・政治理論における言説との関係を、今日的な理論的意義を持つように再定式化し、伝統的なマルクス主義理論と、いわゆる「現存社会主義」に対する根本的な批判を行なうことを試みる。そのことによって、資本主義的社会編制に対するより強力で新しい、二〇世紀後半の状況に適合した批判的分析のための基礎を築きたい。

＊訳注：本書で扱われるマルクスの「カテゴリー」とは、「商品」「価値」「労働」「資本」など、マルクスが特に『資本論』において彼独自の意味で使用している用語、概念を指している。これらの独特な概念の使用が、マルクスの資本制分析の方法そのものを体現している。マルクスの「カテゴリー」は、彼の分析装置そのものだと言ってよい。

そうした資本主義理解を発展させるために私は、マルクスの分析を基盤として、資本主義の核心をその一九世紀的形態から概念的に区別することを試みる。それに伴って、伝統的マルクス主義の諸解釈が持つ多くの基礎的前提に対して異議を唱える。例えば私は資本主義を、生産手段の私有や市場の観点からは分析しない。以下で明らかになるように、むしろ私は資本主義を、非人格的で見かけ上客観的な性格を持つ歴史的に特殊な社会的相互依存関係の形態という観点から概念化する。この相互依存の形態をもたらすのは、一定の社会的実践によって構成されながらも、そうした実践をしている人々からは半ば独立していくような、歴史的に特異な社会的諸関係の諸形態である。ここから帰結するのは、ますます抽象的なものとなる、新しい社会支配の形態である。それは人々を、具体的な支配（例えば、個人もしくは集団による支配）という観点からは適切に把握できないような非人格的な構造的命令と制約に従属させ、持続的な歴史の動態性を生成させている。資本主義を特徴づける社会的諸関係と支配の諸形態を再概念化することを通じて私は、近代社会のシステム上の諸特徴――すなわち、その歴史的に動態的な性格、合理化の過程、経済「成長」の特殊な形態、特定の生産様式といった諸特徴――を分析しうる、実践についての理論の基礎を与えようとするだろう。

こうした再解釈はマルクスの資本主義論を、近代社会内部の搾取と支配の形態についての理論としてよりも、

一――パトリック・マリーとデレク・セイヤーによる近年のマルクス理論の解釈は、私が本書で示している解釈と多くの点で類似している。Patrick Murray, *Marx's Theory of Scientific Knowledge*（Atlantic Highlands, N. J., 1988）, Derek Sayer, *Marx's Method*（Atlantic Highlands, N. J., 1979）, *The Violence of Abstraction*（Oxford, 1987）を参照。

近代性の性質それ自体に対して批判的であるような社会理論としてとらえる。近代とは、すべての社会がそこに向かって進化する段階などではない。それは西欧に起源を持つ特殊な社会生活の形態でありながら、複雑なグローバル・システムへと発展してきたものである。[二] 国や地域によって、近代性はさまざまな形態をとるが、私の関心はそうした差異を検討することではなく、近代の性質そのものを理論的に探究することにある。こうした探究は、非進化論的な枠組みを取りつつ、歴史的に特殊な社会的諸形態を参照することによって、近代が持つ特徴を説明しなければならない。私は、資本主義を構築する根本的な社会的諸形態とみなされているもの――すなわち商品と資本――についてのマルクスの分析が、近代のシステム上の特性を社会的に根拠づける試みの出発点として非常に優れていることを主張し、近代社会は根本的に変革しうるということを示す。現代社会の特徴として、豊かさの只中でも貧困が生み出され続け、社会生活の諸条件を共同で管理することがこれほど可能になってきたにもかかわらず、現代生活の重要な側面は抽象的で非人格的な諸力によって形づくられ、その命令に服し続けている、ということがある。こうした事柄は、直線的な進歩や歴史の進化論的な発展という理論の枠組みからすれば、変則的なものとみなされてしまう。だが本書のアプローチは、これらを体系的に解明しうるのである。

　マルクスの批判理論に対する私の読解は、社会生活における労働の中心性というマルクスの概念に焦点を合わせるものである。労働は通常、彼の理論の核心に位置すると考えられている。私が主張するのは、彼の後期の諸著作において、労働というカテゴリーの意味は、伝統的に想定されてきたものとは異なる、ということである。すなわち、労働というカテゴリーの意味は超歴史的なものではなく、歴史的に特殊なものなのである。後期マルクスの批判において、労働が社会的世界を構成し、あらゆる富の源泉であるという考えが当てはまるのは、社会一般ではなく資本制社会、つまり近代社会だけである。さらに重要なのは、マルクスの分析は、一般的かつ超歴史的に理解されている労働――人間の一定の欲求を満たすために特定の生産物をつくり出しながら人間と自然を媒介するという目的を持った社会的活動としての労働――に言及しているのではなく、資本制社会においてのみ労働が果たす特異な役割を扱っている、ということである。後に詳述するように、この労働の歴史的に特殊な性格は、資本制社会に特有の社会的相互依存の形態と内的に結びついている。それは歴史的に特殊で疑似‐客観的な社会的媒介の形態を構成し、マルクスの分析枠組みのなかで、近代の基本的諸特性の究極的な社会的基礎として機能するのである。

こうした労働概念の意義についての再考こそが、マルクスの資本主義分析を私が再解釈する際の基礎を与える。それは時間についての考察と生産への批判をマルクスの分析の中心に置くものであり、近代資本制社会を分析するための基盤を据えるものである。近代資本制社会とは、ある方向性を持った動態的な社会であり、歴史的に特殊な形態による社会的媒介によって構築されている。その形態は、社会的に構成されているにもかかわらず、抽象的で非人格的であり、疑似‐客観的な性格を有する。媒介のこうした形態は、歴史的に規定された社会的実践の形態（資本主義における労働）によって構築されるのであるが、翻ってそれが、人間のさまざまな行為や世界観、傾向性を構築する。こうしたアプローチによって、文化と物質的生活との関係という問題は、歴史的に特殊な社会的媒介の形態と、社会的な「客観性」および「主観性」の諸形態との関係の問題として、設定し直される。それは社会的媒介についての理論として、主体と客体という古典的な二分法を歴史的に説明しつつ、その二分法を克服する取り組みなのである。

したがって、私が示唆しているのは、概してマルクスの理論は普遍的に妥当する理論としてではなく、資本制社会に特化した批判理論として理解されなければならない、ということである。マルクスは資本主義に特有な労

二――S・N・アイゼンシュタットもまた、近代についての非進化論的な見方を定式化してきた。私の主たる関心が、社会生活の形態としての近代それ自体にあるのに対して、彼の主たる関心は、多様な近代社会のあいだでの差異にある。例えば、S. N. Eisenstadt, "The Structuring of Social Protest in Modern Societies: The Limits and Direction of Convergence," in *Yearbook of the World Society Foundation*, vol. 2 (London, 1992) を参照。

働、富、時間の諸形態を把握するカテゴリーを用いて、資本主義の歴史的特殊性とその超克の可能性を分析する[三]。このアプローチによればマルクスの理論は自己再帰的なものであり、それ自身が歴史的に特殊なものである。理論と社会の関係についてのマルクスの分析は、それがその社会的文脈を分析するのと同じカテゴリーによって、認識論的に一貫した仕方で、自らを歴史的に位置づけることができるのである。

　後期マルクスの批判理論に対するこうしたアプローチは重要な含意を持っており、それを私は本書を通じて詳述していく。ここではまず、根本的に異なる二つの批判的分析の方法を区別することから始めよう。すなわち労働の視点からの資本主義批判と、資本主義における労働そのものの批判である。前者は、労働の超歴史的な理解を基盤として、資本主義の特徴をなす社会生活のさまざまな側面（例えば市場や私有財産）と、労働によって構成される社会領域との間に構造的な緊張が存在することを前提にしている。それゆえ労働は、資本主義を批判するための基礎を、すなわち批判が行なわれる際の立脚点を形成することになる。他方で後者の分析方法によれば、資本主義における労働は歴史的に規定されたものであり、資本制社会の本質的な諸構造を構成するものである。したがって労働は、資本制社会に対する批判における、批判の対象となるのである。後者の分析方法から見れば、これまでの多様なマルクス解釈は、前者の分析方法における基本的な諸前提をいくつも共有していることが明らかになる。したがって私は、こうした諸解釈を「伝統的」と表現する。伝統的な分析の限界を明らかにするために私は、マルクスの理論について、資本主義における労働それ自体への批判として解釈する立場から、こうした諸前提を探究していく。そのことによって、資本制社会に対する異なる仕方での、より適切な批判理論を示唆することになるはずである。

　マルクスの分析を、資本主義における労働に対する歴史的に特殊な批判として解釈することは、伝統的マルクス主義の解釈とは大きく異なるかたちで資本制社会を理解することにつながる。例えばそれは、マルクスの分析において資本主義を特徴づけている社会的諸関係と支配の諸形態は、所有関係に根差し市場によって媒介される階級という観点からでは十分には理解できない、ということを示唆する。むしろ商品と資本についての彼の分析、すなわち、資本主義における労働によって構成される疑似‐客観的な社会的媒介の諸形態についての分析は、この社会の根本的な社会的諸関係についての分析として、理解されなければならない。こうした非人格的で抽象的な社会的諸形態は、資本主義の「現実の」社会的諸関係として伝統的にみなされてきたもの、つまり階級的な諸関係を、単に隠蔽しているのではない。むしろ、そうした非人格的で抽象的な社会的諸形態こそが、資本制社会の現実の諸関係なのであり、その動態的な軌道と生産の形態を構築しているのである。

マルクスの理論は労働を、あらゆる社会における社会の構成原理にして富の源泉であるとみなしているのでは決してない。むしろマルクスの理論は、資本主義の特徴をなす特異なものとは、まさに基本的な社会的諸関係が労働によって構成されているという点にあること、したがって究極的にはこの社会的諸関係は、非資本主義的な諸社会におけるそれとは根本的に異なるものである、ということを提起している。マルクスの批判的な資本主義分析が、搾取や社会的不平等や階級支配に対する批判を含んでいることは確かである。だがそれは、そこにとどまるものではない。むしろそれは、特定の構造化された実践の諸形態において社会構成を根拠づける理論によって、近代社会における社会的諸関係の網の目そのものと、そうした関係に内在している社会支配の抽象的な形態を明らかにしようとしているのである。

後期マルクスの批判理論をこのように再解釈することは、彼の批判の主な焦点を所有と市場をめぐる考察から引き離すことになる。この再解釈は、伝統的マルクス主義のアプローチとは異なり、資本制社会における生産、

三――アンソニー・ギデンズは、資本制社会は特殊なものであるという見解が、『経済学批判要綱』における非資本制社会の論じ方に暗示的に示されているという点に注目してきた。Anthony Giddens, *A Contemporary Critique of Historical Materialism* (London and Basingstoke, 1981), pp. 76-89 を参照。そうした見解について私は、マルクスの資本主義理解を再解釈し、まさしくその批判理論の性質を再考するために、カテゴリーを用いたマルクスの分析に、つまり、資本制社会における労働の特殊性という概念に根拠づけるつもりである。

仕事、そして「成長」が技術によってではなく社会的に構成されていることを強調し、それらの性質を批判するための基礎を与える。本書で提示される解釈は、このように資本主義批判の矛先を労働の領域へ向けることによって、工業的生産過程の批判へと向かう。すなわち、社会主義の基礎的な決定要因を再概念化し、資本主義のありうべき歴史的超克の過程でプロレタリアートに伝統的に割り当てられていた政治的・社会的役割を評価し直すことにつながるのである。

こうした再解釈が意味するのは、一九世紀の自由主義的な資本主義の諸条件に限定されない資本主義批判であり、それは工業的生産を資本主義的なものとして批判することになる。そのことによってこの再解釈は、現代の資本制社会の本質と原動力を明らかにする批判理論の基礎となりうる。このような批判理論はまた、「現存社会主義」を、不完全にではあれ資本主義を歴史的に否定した社会の形態としてではなく、資本蓄積のもう一つの(失敗した)形態として分析する出発点ともなりうるであろう。

伝統的マルクス主義の危機

こうした再考察を行なう背景には、伝統的マルクス主義の危機と、高度産業資本主義の発展における新段階であるかのようなものの出現がある。本書で言う「伝統的マルクス主義」とは、マルクス主義におけるある特定の歴史的傾向のことではない。それは資本主義を労働の視点から分析し、資本制社会を階級関係から、つまり生産手段の私有と市場経済によって構造化された階級関係という観点から本質的に特徴づけるような理論的アプローチのすべてを包括的に指す。その際、支配関係は、何にもまして階級支配と搾取から理解される。周知のようにマルクスは、資本主義の発展過程において資本主義の特徴をなす社会的諸関係と「生産諸力」との間に構造的な緊張が、すなわち矛盾が生じると論じた。この矛盾は一般的に、一方での私有財産および市場と、他方での工業的な生産の様式との対立として解釈されてきた。こうした解釈において私有財産と市場は資本主義の特質とみなされ、工業的生産は未来の社会主義社会の基礎として措定される。社会主義は暗黙のうちに、工業化を背景とした生産手段の集団的所有と計画経済との関連で理解される。つまり、資本主義の歴史的な否定とは、第一義的には、一つの階級による、もう一方の階級に対する支配と搾取が克服された社会として考えられるのである。

伝統的マルクス主義についてのこうした概略的で予備的な特徴づけが有効なのは、別の水準においては相互にかけ離れたものでもありうるような諸理論が幅広く共有している一般的な解釈の枠組みが示される限りにおいてである。本書で私が意図しているのは、マルクス主義の伝統内部でのさまざまな理論的方向性や諸学派の思想の歴史をたどることよりも、この一般的な理論的枠組みそのものの基本的諸前提を批判的に分析することである。

すべての伝統的マルクス主義の核心には、超歴史的な労働概念がある。マルクスの労働というカテゴリーは、一定の人間的欲求を満たすために特定の生産物を生み出すことによって人間と自然を媒介する、目的志向的な社会的活動という観点から理解される。そのようなものとして理解された労働は、あらゆる社会生活の中心にあるものとみなされる。すなわちそれは社会的世界を構成し、すべての社会的富の源泉である、と。このアプローチは、資本主義における労働の歴史的に特殊な性格としてマルクスが分析したものを、社会的労働へと超歴史的に帰してしまう。このような労働の超歴史的な概念化は、マルクスの経済学批判の基礎的な諸カテゴリーに対する特定の理解、したがって彼の資本主義分析に対するある特定の理解と結びついている。例えばマルクスの価値論は、一般的に、以下のことを示すための試みであると解釈されてきた。すなわち、社会的富はいつでもどこでも人間労働によってつくり出されており、また資本主義において市場によって媒介される非意識的で「自動的」な分配様式の基底をなしているのは労働である、と。[四] このような見方によれば、彼の剰余価値論が論証しようとし

四——Paul Sweezy, *The Theory of Capitalist Development* (New York, 1969), pp. 52-53（P・スウィージー『資本主義発展の理論』都留重人訳、新評論、一九六七年、六四—六五頁）; Maurice Dobb, *Political Economy and Capitalism* (London, 1940), pp. 70-71（M・ドッブ

ているのは、資本主義における剰余生産物は、その見かけに反して労働によってのみ、つくり出されており、資本家階級によって横領されている、ということである。したがって、この一般的枠組みにおいて、マルクスによる資本主義の批判的分析は、主として労働の立場からなされる搾取批判となる。それは第一に、労働が社会的富の真の源泉であることを明らかにすることによって、第二に、社会が搾取のシステムに基づいていることを論証することによって、資本制社会を脱神秘化するものとなる。

マルクスの批判理論はもちろん、出現しつつある自由な社会の可能性へと向かう歴史的な発展を描き出してもいる。伝統的な解釈によれば、資本主義の発展過程についての彼の分析は、次のようなものとして説明されうる。すなわち、自由市場資本主義の構造から工業的生産が勃興し、形成される社会的富の量は激増した。しかしながら資本主義においてその富は、搾取の過程によって抜き取られ続け、きわめて不平等な仕方で分配される。にもかかわらず、工業的生産と現存する生産諸関係の間で、昂進する矛盾が展開する。持続的な資本蓄積過程は競争と危機をその特徴とするが、その結果として、市場と私有財産を基礎とする社会的分配の様式は、発展した工業的生産にとってますます不適切なものとなっていく。しかしながら資本主義の歴史的原動力は、旧来の社会的生産諸関係を時代遅れのものにしてしまうだけでなく、一連の新しい社会的諸関係の可能性をも生じさせる。それは私有財産の廃絶、中央集権化された計画に至るための技術的、社会的、組織的な前提条件――例えば生産手段の中央集権化と集中、所有と経営の分離、工業プロレタリアートの組織化と集中といったもの――を生み出す。こうした発展は、搾取と階級支配が廃絶され、公正で理性的に管理された新しい分配様式がつくり出される歴史的可能性を生み出す。この解釈によれば、マルクスの歴史的批判の焦点は、分配の様式に求められることになる。

こうした説明は逆説的に聞こえるかもしれない。なぜならマルクス主義は、一般的には生産の理論であると考えられているからである。それゆえここで簡単に、伝統的解釈における生産の役割について考察してみよう。仮に生産諸力が（マルクスによればそれは資本主義的な生産諸関係と矛盾するようになる）工業的生産の様式と同一視されるとすれば、その様式は暗黙のうちに本質的に資本主義とは独立した純技術的過程として理解されることになる。資本主義は、生産過程に影響する一連の外部的な諸要素――すなわち、私的所有や市場経済において資本が増殖するための外因性の諸条件――として取り扱われる。これと関連して、資本主義における社会支配は本質的に階級支配として理解されるが、この支配関係は生産過程にとって外在的なものにとどまる。こうした分析が含意するのは、ひとたび工業的生産が、歴史的に構成されれば、それは資本主義から独立しているのであって、資本主義と内在的な関係を持たないということである。マルクスの言う生産諸力と生産諸関係の矛盾とは、一方での工業的生産と、他方での私有財産・市場との構造的な緊張として理解され、生産の方法と分配様式との矛盾として把握される。したがって資本主義から社会主義への移行は、生産様式ではなく分配様式（私有財産と市場）の転換であるとみなされる。反対に大規模工業生産の発展は、資本主義的な分配様式を、これまでとは別の仕方で分配を社会的に組織する可能性へとつなぐ歴史的媒介であるとみなされる。一方、プロレタリアの労働に基づく工業的生産様式は、ひとたび発展すると、歴史における最終的な様式であると考えられることになる。

こうした解釈が明確に表しているのは、資本主義を廃絶する条件を生み出し、社会主義の土台を構成する生産の方法であるとして、工業的生産を肯定する態度である。社会主義は、資本主義が生み出したのと同じ工業的生産方法を政治的に管理し経済的に統制する新たな様式であるとみなされる。つまり社会主義は、より公正であるだけでなく、工業的生産にとってより適切な分配の社会的形態でもある、と考えられるのである。それゆえ、この適切さは、公正な社会のための主たる歴史的前提条件である、とみなされる。このような社会批判は、本質的に分配様式に対する歴史的批判である。生産の理論としての伝統的マルクス主義は、生産そのものへの批判を含

『政治経済学と資本主義』岡稔訳、岩波書店、一九五二年、六七頁）; Ronald Meek, *Studies in the Labour Theory of Value* (2d ed., New York, 1956), p. 155（R・L・ミーク『労働価値論史研究』水田洋・宮本義男訳、日本評論社、一九五七年、一九二―九三頁）を参照。

意してはいない。むしろ正反対に、批判の立脚点と基準を与えているのは生産の様式なのであり、分配様式の歴史的な適切性はそれに照らして判断されるのである。

このような資本主義批判が含意する社会主義を別の仕方で概念化してみるならば、それは資本主義的諸関係による制約を受けない労働が、目に見えるかたちで社会生活を構築し、労働のつくり出す富がより公正に分配される社会、ということになる。伝統的な枠組みにおいて、労働の歴史的「実現」――労働が十全に発展し、社会生活と富の土台になること――は、社会的解放一般の原理的条件なのである。

労働の歴史的実現としての社会主義という見方は、プロレタリアート――工業的生産に本質的に関係づけられた労働者階級――が社会主義において普遍的階級としての本領を発揮する、という考えにおいてもはっきりと認められる。つまり、資本主義の構造的矛盾は、いま一つの水準においては階級対立であるとみなされ、そこでは生産を所有・支配する資本家と、自らの労働によって社会の（また資本家の）富をつくり出しながらも生き延びるために労働力を売らなければならないプロレタリアとが対立する。この階級対立は、それが資本主義の構造的矛盾に根拠を持つがゆえに、ある歴史的次元を有している。すなわち、資本家階級は現存秩序における支配階級であるのに対し、労働者階級は工業的生産に根差しており、したがって新たなる社会主義的秩序の歴史的基礎に根差している。これら二つの階級の対立は、搾取される者と搾取する者の対立であると同時に、普遍的利害と特殊的利害の対立であるとみなされる。資本主義の下では、労働者によって生産される社会的富一般は、すべての社会構成員に資するわけでなく、資本家の私的な目標のために横領される。労働に立脚する資本主義批判とは、普遍主義的な立場から、支配的な社会的関係（私有財産制）を特殊主義的であるとする批判である。普遍的であり真に社会的であるものは労働によって構成されるのであるが、それは特殊主義的な資本主義的諸関係によって、その十全たる実現を妨げられている。このような資本主義理解から示唆される解放の展望は、われわれが後に見るように、全体性を志向するものとなる。

私が「伝統的マルクス主義」と名づけた、こうした基本的な枠組みにおいては、きわめて重要な理論的および政治的な差異が存在してきた。例えば、社会的主体性と階級闘争を資本主義の歴史に不可欠なものとする試みは決定論的理論と対立してきたし、評議会共産主義者は政党共産主義者と対立してきた。またマルクス主義と精神分析の綜合や、文化と日常生活についての批判理論の発展をさまざまな仕方で追求する人々は、「科学的」理論と対立してきた。にもかかわらず彼らは皆、労働と資本主義および社会主義の本質的性格を右に概説したようなものとみなす基本的想定に依拠してきた限りにおいて、伝統的マルクス主義の枠組みに依然として拘束されている。またこの理論的枠組みが生み出してきた、さまざまな社会的、政治的、歴史的、文化的、経済的分析がどれほど鋭利であるとしても、二〇世紀におけるさまざまな発展に照らして、その限界はますますはっきりしてきた。例えばこの理論は、分配の主たる行為主体としての介入主義的国家によって、市場が部分的ないし全面的に取って代わられる段階までは、自由主義的資本主義の歴史的な軌道について分析できていた。しかし伝統的批判の焦点は分配様式に向けられたものであるがゆえに、国家介入主義的な資本主義の勃興はこの理論的アプローチに対して深刻な問題を提起した。仮に経済学批判のカテゴリーが、自己調整的な市場によって媒介される経済と、余剰の私的領有についてのみ当てはまるとすれば、介入主義的国家の成長は、これらのカテゴリーが現代社会への批判としては適当なものではなくなってきた、ということを意味する。もはやこれらのカテゴリーは、社会の現実を適切にはとらえていない。その結果、伝統的マルクス主義の理論は、ポスト自由主義的資本主義に対する歴史的批判を提供することがますます困難になり、結局二つの選択肢が残されることになる。それは二〇世紀における資本主義の質的変容を考察の対象外にし、存続している市場の形態の要素に集中する――そのことによってマルクス主義理論は部分的な批判になったということを暗黙のうちに認めることになる――か、あるいはマルクス的カテゴリーの適用可能性を一九世紀の資本主義に限定し、新しい批判、現代の諸条件により適合すると思われる批判を展開しようとするかのいずれかである。本書において私は以下、後者に分類されるいくつかの試みに含まれる理論的な困難について論じることになるだろう。

ポスト自由主義社会を扱う際の伝統的マルクス主義の弱点は、「現存社会主義」を体系的に分析する試みにおいて、特にはっきりとあらわになる。あらゆる形態の伝統的マルクス主義が、ソヴィエト連邦のような「現存社会主義」社会を支持したわけではない。にもかかわらず、この理論的アプローチによっては、「現存社会主義」のような社会形態に対する適切な批判的分析を行なうことができない。マルクスのカテゴリーは、伝統的な仕方で解釈されるならば、国家によって統制され支配される社会に対する社会的な批判を定式化するにあたって、ほとんど役に立たない。こうしてソヴィエト連邦は、私有財産と市場が廃絶されたことで社会主義的なものになったとしばしば考えられた。不自由な状態が続くのは、抑圧的な官僚制度のせいにされた。この立場が示唆するのは、社会経済的領域の性質と政治的領域の性格との間には何の関係もないということである。このことは次のことを意味する。すなわち、マルクスの社会批判のカテゴリー（例えば価値のような）は、それが市場と私有財産の観点から理解されるならば、「現存社会主義」において不自由な状態が強まっていったことの根拠を把握できないということ、それゆえこのような社会に対する歴史的な批判の基礎を与えることができないということである。このような枠組みにおいて、社会主義と自由の関係は偶然的なものとなる。だが、このことが意味するのは、社会主義の立場から企てられた資本主義への歴史的批判は、不自由と疎外の根源に対する人間解放一般の立場からの批判であるとはもはやみなすことができない、ということである。[五] これらの原理的な問題は、伝統的解釈の限界を指し示している。市場と私有財産にもっぱら焦点を合わせる資本主義分析は、もはや解放を目指す批判理論の適切な基礎という役割を果たし得ないことを、それは示しているのである。

この原理的な弱点がはっきりしてくるにつれて、伝統的マルクス主義は次第に疑義にさらされるようになってきた。加えて、その資本主義に対する社会的批判の理論的基礎――すなわち、人間労働がすべての富の社会的源泉であるとする主張――は、生産過程における科学的知識と技術発展の重要性が増大するなかで、批判を受けてきた。伝統的マルクス主義は、「現存社会主義」（あるいはその崩壊）に対する適切な歴史的批判のための基礎を与えることに失敗しただけでなく、その批判的な資本主義分析とその解放の理想もまた、先進工業諸国における現代の社会的不満という主題とその原因から、ますますかけ離れたものになってしまった。このことは、伝統的マルクス主義がもっぱら階級に焦点を当てて、工業プロレタリアの労働と、資本主義の特徴である特殊な生産形態や技術的「進歩」を肯定してきたことに、とりわけ当てはまる。このような「進歩」や「成長」に対する批判が高まり、環境問題への関心が強まり、労働の現存形態への不満が広がり、政治的自由についての関心が増し、階級に基づかない社会的アイデンティティ（例えば、ジェンダー、エスニシティ）の重要性が増大するなかで、伝統的マルクス主義は次第に時代錯誤なものとなっているかに見える。二〇世紀における発展によって、東洋においても西洋においても、伝統的マルクス主義は歴史に適応し得ないことが露呈してきたのである。

とはいえ伝統的マルクス主義の危機は、現代資本主義への適切な社会的批判の必要性を取り去るものでは全くない。[六] 反対にその危機は、そうした批判が必要であることに注意を促すのである。われわれの歴史的状況は近代資本制社会の変容という観点から理解できるが、その変容は、かつての自由主義から国家介入型資本主義への転換と同程度に、社会的、政治的、経済的、文化的意味において広範なものである。われわれは、発展した資本主義の、さらに新しい歴史的段階に入りつつあるように思われる。[七] この新しい段階の輪郭はいまだ明らかではない。

五――社会主義――計画経済と生産手段の公的所有に限定された社会主義――と、ジェンダーに基づく支配の超克との関係、という点についても同様の指摘ができよう。

六――Stanley Aronowitz, *The Crisis in Historical Materialism* (New York, 1981) を参照。

七――こうしたより新しい段階の資本主義を描き、理論化しようとする試みとして、David Harvey, *The Condition of Postmodernity* (Oxford and Cambridge, Mass., 1989)（D・ハーヴェイ『ポストモダニティの条件』吉原直樹監訳、青木書店、一九九九年）; Scott Lash and John Urry, *The End of Organized Capitalism* (Madison, Wisc., 1987); Claus Offe, *Disorganized Capitalism*, ed. John Keane (Cambridge, Mass., 1985); Michael J. Piore and Charles F. Sabel, *The Second Industrial Divide* (New York, 1984)（M・J・ピオリ／C・F・セーブル

しかし、ここ二〇年で示されてきたのは、国家介入型資本主義――中央集権化された生産、大規模な工業労働組合、政府による継続的な経済介入、巨大に膨張した福祉国家といったものを特徴とする形態――の中核をなしてきた諸制度と権力の中心が、その重要性を相対的に減少させたことである。明らかに対立する二つの歴史的傾向が、国家介入型資本主義段階における中心的諸制度の、このような弱体化に寄与してきた。一方では、生産と政治が部分的に脱中心化し、それとともに多様な社会集団、組織、運動、政党、サブカルチャーが出現した。他方には、グローバリゼーションと資本の集中過程があるのだが、それは新しい直接的な経験からかけ離れた、きわめて抽象的なレベルで生じており、今のところ国家による実効的な管理を超え出ている。

しかしながら、こうした傾向を直線的な歴史的過程という観点から理解すべきではない。これらの傾向には、伝統的理論における時代遅れで不十分な性格を白日の下にさらすような諸発展が含まれる。例えば、大衆的なエコロジー運動、女性運動、マイノリティ解放運動といった新しい社会運動に加えて、既存の労働形態と伝統的価値体系や諸制度に対する不満の高まり（および、それらの分極化）、といった事柄である。だが世界的な経済混乱、グローバルな規模での資本家間の競争の激化といった産業資本主義の「古典的な」兆候が再出現することも、一九七〇年代初頭以降のわれわれの歴史的状況の特徴である。合わせて考えると、これらの発展が示唆しているのは、現代資本制社会への批判的分析が適切なものたりうるには、その新しい重要局面のみならず、その基底において資本主義が継続していることをもまた把握することができなければならない、ということである。

言い換えれば、そのような分析は、伝統的マルクス主義の正統版における理論的一面性を避けなければならない。多くの場合、伝統的マルクス主義は、（介入主義的国家の出現にもかかわらず）危機と資本家間の競争が、資本主義の変わらざる特徴であることを示すことができる。しかしそれは、不平と反対を表明する社会的諸集団のアイデンティティや性格における歴史的な質の変化、すなわち彼らの欲求、不満、切実な願望の性格や、意識の形態における変化に取り組んではいない。だが分析が適切であるためには、歴史的変化だけを論じて「経済的領域」を無視したり、あるいは介入主義的国家の出現とともに経済について考察する重要性は低下したと単純に考えるような、同じく一面的な傾向をも避けなければならない。最後に、経済的問題に引き続き焦点を当ててきた分析と、社会と文化の質的変化に取り組んできた分析とを単純に合わせるだけでは――そのような批判の土台となる理論的諸前提が、伝統的マルクス主義のそれにとどまっている限り――適切な批判の定式化はなされ得ない。伝統的マルクス主義の、ますます時代錯誤的になるその性格と、解放を目指す批判理論としての、その重大な弱点は、内在的なものである。究極的にはそれらは、伝統的マルクス主義が資本主義を適切に把握し損なっていることに根差しているのである。

近代資本制社会の現代的変容のなかで、この把握の失敗はより明白なものとなった。大恐慌によって、市場に媒介された経済の「自己調整」の限界が露呈し、資本主義を自由主義的資本主義と同一視する考え方の欠点が証明されたのと全く同じように、戦後の繁栄と経済拡張の時代が終わり、危機に悩まされる現代は、介入主義的国家の経済統制能力の限界を明るみに出した。このことによって、自由主義的段階から国家中心の段階へという資本主義の発展の、直線的なとらえ方は疑わしいものとなった。第二次世界大戦後の福祉国家の拡大は、資本主義的な世界経済の長期的な上昇によって可能になったが、後にこの時代は資本主義の発展段階であったことが明らかになった。それは政治的領域が、経済的領域を恒常的に統制することに成功した結果によるのではない。実にここ二〇年の資本主義の発展は、国家の介入主義を弱め、それに制限を課すことによって、前時代において明白であった傾向を逆転させてきた。このことは、西側における福祉国家の危機において、そしてまた同様に、東側

『第二の産業分水嶺』山之内靖ほか訳、筑摩書房、一九九三年）; Ernest Mandel, *Late Capitalism*, trans. Joris De Bres (London, 1975)（E・マンデル『後期資本主義（一～三）』飯田裕康ほか訳、拓殖書房、一九八〇―八一年）; Joachim Hirsch and Roland Roth, *Das neue Gesicht des Kapitalismus* (Hamburg, 1986) を参照。

のほとんどの共産主義国家と政党の危機と崩壊において、明白なものとなった。この危機によってケインズ主義の終焉が宣告され、資本主義の矛盾をはらむ動態性が明確に再肯定されたのである。[八]

次のことは特筆に値する。すなわち、一九二〇年代後半において自由主義的資本主義が崩壊した後の状況と比較して、最近の資本主義の変容と結びついた世界的な危機と混乱が、資本主義のありうべき超克へ向かうような立場による批判的分析を促進することはほとんどなかった、ということである。このことは、確たる理論が存在していないことを表していると解釈できる。国家介入型資本主義の危機は、資本主義が半ば自律的な原動力によって発展し続けている、ということを示している。それゆえこの発展は、国家が市場に取って代わることで経済危機が実質的に終息すると解釈してきた諸理論を、批判的に再考するよう要求している。だが、資本主義の基底的な性質は、すなわち、自らを再び明確に表してきた動態的プロセスにおける性質は、判然とはしていない。「社会主義」が資本主義の諸問題に対する答えだと主張してみても、それが単に中央集権的な計画化や国有化（あるいは公有化であっても）を意味するだけであるなら、もはや説得力はない。

したがって、しきりに訴えられる「マルクス主義の危機」は、「現存社会主義」に対する幻滅に満ちた拒否、プロレタリアートへの失望、根本的な社会変革を担いうる他の社会的行為主体の不在、ということだけを表しているのではない。より原理的にはそれは、資本主義の本質的性質ならびにその超克が一体何を意味しうるのかを全く確信を持って考えられないことの表れなのである。一九六〇年代後半から七〇年代前半にかけての多くの新左翼集団による教条主義や、その後再出現した単に政治的な批判、さらに現代の多くの「ポストモダン」の諸立場に至るまで、ここ数十年のさまざまな理論的な立場は、資本制社会の性質について、このように確信が持てないことの表現として、さらにはそれを把握しようとする試みそれ自体からの逃避の表現としてすら、みなしうる。このような半信半疑の状態は、部分的には、伝統的マルクス主義によるアプローチの基本的な失敗の表れとして理解しうる。その弱点は、「現存社会主義」をめぐる困難、そして新しい社会運動が表明した欲求と不満にかかわる困難によって暴露されただけではない。より原理的に明らかになってきたのは、次のことである。すなわち、伝統的マルクス主義の理論的なパラダイムによっては、資本主義それ自体の性質について満足のいく概念は与えられない。つまり、資本主義の変転する条件についての適切な分析を基礎づけ、その歴史的転換の可能性を指し示すような仕方で、資本主義の原理的構造を把握することができないのである。伝統的マルクス主義によって示唆されてきた転換は、現代社会の病弊に対する「解答」としては、もはや説得力がない。

現代社会が資本制社会であり、それゆえ原理的次元において転換可能であると分析されうるのであれば、資本主義の原理的な核心は再概念化されなければならない。これを土台として、現代社会の性質と軌道についての、一つの異なる批判理論が定式化されうるであろう。それは現代社会における不自由と疎外の根源を、社会的かつ歴史的に摑もうと試みるものである。そのような分析は、民主主義的な政治理論に貢献するものでもあるだろう。伝統的マルクス主義の歴史が端無《はしな》くも示してしまったのは、政治的自由の問題はあらゆる批判的立場にとって中心的なものでなければならない、ということであった。にもかかわらず、民主主義の理論が妥当なものであるためには、自由の社会的条件の歴史的分析が必要であり、それは抽象的な規範の立場、あるいは政治の領域を実体化する立場から企てられうるものではない、ということもやはり事実なのである。

近代社会の批判理論を再構築する

私がマルクスの批判理論の性質を再概念化するのは、資本主義の歴史的変容と、右に概説した伝統的マルクス

八——この両者の歴史的な関係が示唆しているのは、「現存社会主義」も、西側の福祉システムも、大きく異なってはいるが、どちらも二〇世紀の世界資本主義における、一般的な国家介入主義の形態なのであり、原理的に異なる社会編制として理解されるべきではない、ということだ。近年の「現存社会主義」の崩壊は、社会主義に対する資本主義の勝利を証明するどころか、最も硬直的で脆弱で抑圧的な形態による国家介入主義的資本主義の崩壊を示すものとして理解できよう。

主義の弱点に対して応答するためである。[九]『経済学批判要綱』〔以下、『要綱』と略記〕――彼の経済学批判の、十全たる展開への予備段階――の読解を通して私は、後期の著作、とりわけ『資本論』において展開された批判理論を再評価することになった。私の考えではその理論は、伝統的マルクス主義とは異なるものであり、より説得的で、いっそう現代的な意義を持っている。私の見るところ、本書で示される、資本制社会を構築する基本的諸関係についてのマルクスの概念の再解釈は、伝統的マルクス主義の欠点の多くを乗り越え、近年の多くの問題や事態の進展に対してより満足のいく仕方で取り組むことのできる批判理論のための出発点となりうるであろう。

この再解釈は、ジェルジ・ルカーチ（特に『歴史と階級意識』）のアプローチおよびフランクフルト学派の批判理論から影響を受けているが、同時にそれらの批判を試みたものでもある。これらのアプローチは、マルクスによる批判に対する精緻な読解に基づくものであり、自由主義的で市場を中心とする資本主義の形態から、組織化され官僚制的な国家中心の資本主義のそれへという歴史的変容に対し、資本主義を再概念化することによって応答するものであった。こうした解釈の伝統においてマルクスの理論は、物質的生産や階級構造のみを対象とするものとはみなされず、まして経済学の理論でもない。むしろそれは、特定の物象化された社会的な客観性と主観性の諸形態が歴史的に構成されることについての理論として理解される。すなわち、マルクスの経済学批判は、資本主義文明の文化的諸形態と社会構造を批判的に分析する試みとしてとらえられるのである。[一〇]さらにマルクスの理論は、理論の文脈――すなわち資本制社会――を分析することによって、理論と社会の関係を自己再帰的に把握するものとされる。すなわちそれは、自己自身を歴史的に位置づけ、自己自身の立場の可能なる所以《ゆえん》を説明する方法である（理論的批判の可能性を社会的に根拠づけるこの試みは、対抗的・変革的な社会的行為の可能性を根拠づけるあらゆる試みに必要な側面であるとみなされる）。

解放への意志を持つ自己再帰的な社会理論によって、現代の資本制社会にふさわしい幅広く首尾一貫した社会的、政治的、文化的批判を展開する、という彼らの基本的な企図に私は共感する。にもかかわらず、後述するようにルカーチも、フランクフルト学派の他のメンバーも、いくつかの基本的な理論的前提のために、さまざまな意味において、その理論的目標を十分に達成することができなかった。彼らは一方では、一九世紀的にのみ――すなわち市場と私有財産制という観点から――資本主義を定義する近代批判の理論の不適切性に気づいていた。だが他方で、それでもなお、その種の理論のいくつかの前提に、とりわけその超歴史的な労働概念に縛られたままであった。二〇世紀に適合する資本主義の概念を展開するという彼らの綱領的な目標は、そのような労働の理解に基づいていては、実現され得なかった。私は、資本主義における労働の性質と意義についてのマルクスの分析を再解釈することによって、この解釈的伝統における批判的力を取り戻したいのである。

マルクスの資本主義分析には、搾取とブルジョワ的分配様式（市場、私有財産）への批判が確かに含まれている。とはいえ私の再解釈によれば、それは労働という観点からなされているのではない。むしろそれは、資本主

九――イーリング・フェッチャーもまた、より伝統的なものに近い資本主義批判に含まれる、社会主義についての主要な教条的観念を批判してきた。彼は、資本主義だけでなく、「現存社会主義」に対する民主主義的な批判の刷新を要求してきた。その批判は、抑え難い成長や現代の生産技術に対するものである。すなわちそれは、個人や文化の真の多様性のための社会的、政治的条件に関わっており、また人と自然のエコロジー的に健全な関係という問題に敏感に反応するものである。Iring Fetscher, "The Changing Goals of Socialism in the Twentieth Century," *Social Research* 47 (Spring 1980) を参照。これに先立つフェッチャーのこうした立場については、Fetscher, *Karl Marx und der Marxismus* (Munich, 1967)（I・フェッチャー『階級的自覚の論理』平井俊彦訳、人文書院、一九七一年）を参照。

一〇――こうした立場について詳しくは、例えば、Georg Lukács, *History and Class Consciousness*, trans. Rodney Livingstone (London, 1971)（G・ルカーチ『歴史と階級意識』城塚登・古田光訳、白水社、一九九一年）; Max Horkheimer, "Traditional and Critical Theory," in Max Horkheimer, *Critical Theory*, trans. Matthew J. O'Connell et al. (New York, 1972)〔著者：この訳は適切ではない〕（M・ホルクハイマー『哲学の社会的機能』久野収訳、晶文社、一九七四年）; Herbert Marcuse, "Philosophy and Critical Theory," in Stephen Bronner and Douglas Kellner, eds., *Critical Theory and Society* (New York and London, 1989); Theodor Adorno, *Negative Dialectics*, trans. E. B. Ashton (New York, 1973)（T・W・アドルノ『否定弁証法』木田元ほか訳、作品社、一九九六年）; Alfred Schmidt, "Zum Erkenntnisbegriff der Kritik der politischen Ökonomie," in Walter Euchner and Alfred Schmidt, eds., *Kritik der Politischen Ökonomie heute: 100 Jahre Kapital* (Frankfurt, 1968) を参照。

義における労働に対する批判に立脚している。マルクスの批判理論は、資本主義における労働が、社会的諸関係を媒介するという歴史的に独自な役割を果たしていることを示し、その媒介の形態の帰結を解明することを意図するものである。彼の労働への着目は、生産の物質的な過程が、社会生活の他の領域よりも必然的に重要であることを意味してはいない。むしろ、資本主義における労働の特殊性についての彼の分析は、資本主義における生産は単なる技術的な過程ではなく、この社会の基本的な社会的諸関係と密接不可分に結びつき、それによって形づくられている、ということを示している。後者、すなわち基本的な社会的諸関係は、それゆえ市場や私有財産を参照するだけでは理解され得ない。このマルクス理論の解釈によって、単に富や生産手段の私的領有を問題にするだけでなく、資本主義に特徴的な生産の形態と富の形態（すなわち価値）を批判するための基礎が与えられる。それは資本主義を、この社会における労働の特異な性質と結びついた抽象的な形態による支配という観点から特徴づけ、この社会における「成長」が狂奔的なものとなり、仕事や個人の存在までもがますます断片化していくことの究極の社会的な根拠を、この支配形態の中に位置づけるのである。このことはまた、資本主義にとって労働者階級は、その否定の具現化ではなく、むしろ不可欠なものであることを示唆している。これから見るように、かかるアプローチはマルクスの疎外の概念を、資本主義における労働に対する後期の批判に照らして再解釈し、この再解釈された疎外の概念を、彼の資本制社会への批判の中心に位置づけるのである。

　資本制社会に対するこのような批判が、多くの伝統的なマルクス解釈に特徴的な「生産主義」的批判――それはプロレタリア労働、工業的生産、解放された工業「成長」を肯定する――の類いとは全く異なることは明らかである。実際、本書で提示される再解釈の立場からすれば、生産主義的立場は根本的な批判にはなり得ない。なぜなら生産主義は、資本主義を超えた、ありうべき未来社会の展望を提示し得ないだけでなく、資本主義のいくつかの中心的側面を肯定しているからである。この点において本書が企てる後期マルクス理論の再構成は、マルクス主義の伝統における生産主義パラダイムを批判する視座を提供することになる。私は、マルクス主義の伝統において概して肯定的に扱われてきたものが、後期マルクスにおける批判の対象にほかならないことを示すだろう。私がこうした差異を主張しようとするのは、単にマルクスの理論が生産主義的ではないということを指摘し、その結果として、マルクスのテクストに依拠すると主張する理論的伝統に疑問を呈するためだけではない。それはまたマルクスの理論そのものが、いかにして生産主義パラダイムに対する強力な批判を提供しているかを示すためでもある。マルクスの批判は生産主義パラダイムを誤れるものとして単に拒絶するのでなく、それを社会的、歴史的諸条件のなかで理解可能なものとする。資本制社会を構築する社会的諸形態に、生産主義パラダイムにおける思考の可能性を理論的に根拠づけることによって、マルクスの理論はそうした理解を可能にするのである。こうしてマルクスによる資本主義のカテゴリー的［categorial］[一一]分析は、生産のパラダイムという立場に対する批判の基礎となりうる。この立場が、資本制社会の歴史的現実における一つの契機を表現しているのは確かであるのだが、ただしそのやり方は超歴史的で、それゆえ無批判的で肯定的なものなのである。

私はマルクスの歴史理論についても同様の解釈を行なう。歴史の発展が持つ内在的論理という彼の観念は、後期の著作においては、超歴史的なものでもなければ、肯定的なものでもない。それは批判的であり、また厳密に資本制社会を対象としてもいる。マルクスは、歴史の論理における、ある一つの特定の形態の根拠を、資本制社会に特殊な社会的諸形態に位置づける。彼の立場は、歴史における超歴史的な論理の存在を認めるものではないし、歴史に何らかの論理があることを否定するものでもない。そうではなく、マルクスの立場は、そのような人類の全歴史に投影することができるような――そして実際に投影されてきた――論理なるものを、むしろ資本制社会に特徴的なものとして扱うのである。

一一――「categorical」という用語が誤解を招くのを避けるために、私は「カテゴリー的［categorial］」という用語を、後期マルクスの批判における、カテゴリーを用いて近代的社会生活の形態を把握しようとする試みを指すものとして使用する。

マルクスの理論は思考の形態を、社会的・歴史的な観点から、このように説明することを通じて、自らのカテゴリーを再帰的に妥当なものとする試みである。したがって理論は、それが存在する社会的現実の一部として取り扱われる。私の提示するアプローチは、マルクスによる生産の批判という社会的カテゴリーに基づいて、生産中心のパラダイムの批判を定式化しようとするものであり、そのことによって理論の批判を社会批判の可能性へと結びつける試みである。このアプローチによって、現代社会に対する批判理論の基礎を得ることができるのである。それは近代性について、抽象的で普遍的な合理主義の立場から肯定することでもなければ、反理性、反近代の立場から批判することでもない。むしろそれは、こうした相反する立場を、歴史的に規定され、資本主義の社会的諸関係に根差したものとして扱うことによって、それら双方の立場を乗り越えようとするのである。

本書で提示されるマルクスの批判理論の再解釈は、彼の経済学批判において基本となる諸カテゴリー――すなわち価値、抽象的労働、商品、そして資本――の再検討に基づいている。これらのカテゴリーは、マルクスによれば、「この一定の社会の……定在諸形態（*Daseinsformen*）、実存諸形態（*Existenzbestimmungen*）」[一二]を表現している。これらは、いわば資本制社会の内側から企てられる批判的な民族誌のカテゴリーである。これらのカテゴリーは、資本制社会における生活の社会的、経済的、歴史的、文化的局面を構築する社会的な客観性と主観性の基本的諸形態を表現し、またそれ自体が社会的実践の特定の形態によって構成されたものである。

しかしながら、マルクスの批判における諸カテゴリーは、非常にしばしば純粋に経済的なものとして受け取られてきた。例えばマルクスの「労働価値説」[labor theory of value]は、「まず、均衡状態における相対価格と利潤率、次に交換価値および利潤の可能性の条件、最後に計画経済における財の合理的配分」[一三]を説明しようとするものとして理解されてきた。カテゴリーに対するこうした限定的なアプローチは、仮にマルクスの批判理論における社会的、歴史的、そして文化‐認識論的な次元を論じている場合でも、これらの次元を明示的に扱っている箇所を、彼のカテゴリー的分析の文脈から取り除いて参照することによってのみ、それらを理解するのである。

しかしながら、マルクスの批判理論の広がりと体系的な性質は、これらのカテゴリーが、資本主義における社会的存在を規定するものとして理解され、分析されてはじめて十全たる理解を得る。マルクスの［社会的、歴史的、文化‐認識論的次元に関する］明示的な言明が、彼のカテゴリーの展開に準拠して理解されたときにのみ、彼の批判の内的論理は適切に再構成されうる。それゆえ私は、マルクスの批判理論における基本的諸カテゴリーの規定と含意を再考することに大きな関心を払うのである。

マルクスの批判を解釈し直すことで、私はその体系的性質を再構築し、その内在的論理を復元するよう努めることになるだろう。私は後期マルクスの諸著作に、拡散的もしくは矛盾した傾向がある可能性を検討しないし、彼の思考の展開の跡を追うこともしない。方法論的に言えば私の意図は、マルクスの経済学批判において基本となる諸カテゴリーをできる限り論理的に一貫した、体系的に優れた方法で解釈することによって、これらのカテゴリーが示す資本主義の核心――資本主義それ自体の、その諸段階を貫いて定義するもの――についての理論を彫琢しようとする点にある。伝統的マルクス主義に対する私の批判は、最も首尾一貫したレベルでマルクスの理論をこのように再概念化することの一部なのである。

このアプローチは、マルクス自身の著作を歴史的に位置づける試みの出発点ともなりうるだろう。このような再帰的な試みは、マルクスの基本的諸カテゴリーによって示される資本主義の性質と軌道についての理論的立場から、後期マルクスの諸著作における、ありうべき内的緊張や「伝統的な」要素を見きわめることにもなりうる。これらの内的緊張のうちのいくつかは、マルクスの資本主義全体についてのカテゴリー的分析の論理と、自由主

一二――Karl Marx, *Grundrisse: Foundations of the Critique of Political Economy*, trans. Martin Nicolaus (London, 1973), Penguin Books, p. 106 (translation amended).（『マルクス資本論草稿集①一九五七―一九五八年の経済学草稿集Ⅰ』資本論草稿集翻訳委員会訳、大月書店、一九八一年、五九頁）［訳注：訳文は英訳の解釈に合わせた部分がある］

一三――Jon Elster, *Making Sense of Marx* (Cambridge, 1985), p. 127.

義的資本主義に対する彼のより直接的な批判との間の緊張として理解することができよう。すなわち、歴史的位置の、二つの異なるレベルの間の緊張という観点から理解することができよう。しかしながら本書で私は、マルクスの自己理解について、資本主義的社会編制の核心についての彼の理論における論理によって示されていると仮定して叙述する。資本主義を体系的に批判する社会理論の再構成に寄与することが、本書での私の望みである以上、マルクスの自己理解が実際に彼の論理に適合していたかどうかという問題は、この目的にとっては副次的な重要性しか持たないのである。

本書はマルクスの批判についての、私なりの再解釈の端緒にすぎない。理論を根本的に明確化する作業を主として意図しているのであって、彼の批判を完全に練り上げられたかたちで示すものではなく、ましてや、現代資本主義をめぐって展開されたものではないのである。それゆえ私は、発達した資本制社会の最新の様相を直接の対象とはしない。私が試みるのは、商品や資本というカテゴリーによって表現される、近代社会の土台を構築する基本的諸関係についてのマルクスの概念を解釈することである。そのことによって、これらのカテゴリーを、資本主義の発展の主たる諸段階のいずれかに限定してしまうことを避けるのである。おそらくは、それらのカテゴリーによって、社会編制総体の基底をなす性質を明るみに出すことが可能になる。このことによって、初期のブルジョワ的形態から資本主義が分離してしていくという観点から、二〇世紀の現代社会を分析するための基礎を得ることができるだろう。

私は、マルクスの『要綱』のいくつかの箇所の分析に基づいて、再解釈の大略を提示することから始める。それを基礎として、第二章において伝統的マルクス主義における基本的諸前提のより綿密な検証へと進む。第三章では私の方法をさらに明確にし、現代の批判理論との関連を示すために、フランクフルト学派の諸研究、とりわけフリードリッヒ・ポロックとマックス・ホルクハイマーによる試み、すなわち二〇世紀の資本制社会における、いくつかの重大な変容に適応するための批判的社会理論の展開に検討を加える。マルクスおよび伝統的マルクス主義の解釈を通じて私は、彼らの試みに含まれていた理論的なジレンマと弱点を検討する。これらは伝統的マルクス主義の根本的諸前提を維持しながら、ポスト自由主義的な資本主義を把握しようとする理論の限界を示しているということを、私は示すだろう。

この限界についての私の分析は、《批判理論》の理論的ジレンマへの批判的応答を意図したものである。ユルゲン・ハーバーマスの仕事ももちろん、もう一つの、そうした応答として理解されうる。しかし彼もまた、私が伝統的な労働理解とみなすものを維持している。したがって、そのような理解に対する私の批判は、ハーバーマスによるものとは異なるかたちで批判的社会理論を再構成する可能性を指し示そうとするものでもある。そうした理論は、進化論的な歴史の概念と、人間の社会生活は歴史の発展過程において「自らを実現する」存在論的*原理に基づくという観念（例えば伝統的マルクス主義における労働、あるいはハーバーマスの最近の著作におけるコミュニケーション的行為）を清算しようとするものである。[一四]

＊訳注：「存在論的（に）」(ontological, -ly) という用語を筆者はほぼ「超歴史的（に）」(transhistorical, -ly) と同義で用いている

本書の後半で私は、マルクスによる批判の再構築に着手する。それは遡及的にではあれ、私の伝統的マルクス主義批判の基盤を明らかにするだろう。『資本論』においてマルクスは、資本制社会の根本的な社会的諸形態を確定し、それを基礎として相互に関係する一連の諸カテゴリーを注意深く展開することで、資本制社会を解明しようとする。それら諸カテゴリーは、資本制社会の基底をなす諸作用を説明するものである。マルクスは商品、

一四——Jürgen Habermas, *The Theory of Communicative Action*, vol. 1: *Reason and the Rationalization of Society*, trans. Thomas McCarthy (Boston, 1984), and vol. 2: *Lifeworld and System: A Critique of Functionalist Reason*, trans. T. McCarthy (Boston, 1987)（J・ハーバーマス『コミュニケイション的行為の理論（上・中・下）』河上倫逸ほか訳、未來社、一九八五—八七年）を参照。

価値、抽象的労働といった社会編制の核心をなす構造を把握できると彼が考えたカテゴリーから始め、それらのカテゴリーを体系的に展開し、社会的現実のより具体的で複雑な次元を包含していく。本書における私の意図は、マルクスが分析の起点とする根本的な諸カテゴリー——すなわち、分析における最も抽象的で基礎的なレベル——を解明することである。私の見るところ、多くの解釈者たちは、あまりにも性急に社会的現実の直接的具体的な分析水準に向かったために、根本的な構造的カテゴリーそのものが有する、いくつかのきわめて重要な側面を見落としてしまったのである。

私は第四章において抽象的労働を、第五章において抽象的時間のカテゴリーを検討する。それを基礎として、第六章ではハーバーマスのマルクス批判に対して批判的な検討を加える。さらに第七・八・九章では、マルクスの資本概念のそもそもの諸規定、そして矛盾と歴史の動態性についての彼の考えを再構築する。これらの章では、マルクス理論の最も基礎的な諸カテゴリーを明らかにすることによって、私の伝統的マルクス主義に対する批判を根拠づける。そして、『資本論』におけるカテゴリーの展開の論理と、『要綱』における資本主義の矛盾ならびに社会主義の性質の説明とは一致した志向を有する、という私の主張の正当性を証明する。私の再構築をさらに発展させるための土台を築きながら、ときには議論を敷衍し、それが現代社会の分析にとって何を意味するかについても言及したい。こうした議論の敷衍は、現代資本主義の諸側面を最初に抽象的に規定するものであり、マルクスの批判理論の最も根本的なレベルを対象とする私の再構築に基づいている。したがってそれは、最も抽象的な諸カテゴリーに基づいて、社会的現実のより具体的な次元を何の媒介も経ることなく直接的に分析しようとするものではない。

本書で展開した議論を基礎として私は、将来の著作において、再構築のプロジェクトを遂行しようと考えている。本書によって私は、マルクスの経済学批判の再解釈と、それに関連する伝統的マルクス主義に対する批判の妥当性を論証することになる。本書は、マルクスの理論の持つ理論的な力と、それが現代社会に対する批判理論の再構築へとつながる可能性を示唆している。とはいえ、現代社会を対象とする批判理論としての妥当性という問題に適切に取り組むためには、このアプローチはより十全に展開されなければならないのである。

2　『経済学批判要綱』――マルクスにおける資本主義とその超克の概念を再考する

後期マルクスの批判理論を再解釈する私の仕事は、一八五七年から五八年にかけて書かれたマルクスの草稿である『経済学批判要綱』に対する考察から始まる。[一五] この『要綱』は、私の行なう再解釈の格好の出発点となる。まず『要綱』は、『資本論』よりも読み解きやすい。『資本論』は緻密な論理によって、内在的な批判として構築されているために――つまり、研究対象の外側からではなくその対象に内在する視点からなされる批判であるために――誤読されやすい性質を持っている。一方、『要綱』は厳密に構築されてはいないために、かえってカテゴリーを用いたマルクスの分析の、一般的な戦略的意図が、より理解しやすくなっている。マルクスが資本制社会における本源的矛盾という概念を提示する諸節は、殊にそうである。そこで彼が行なう資本主義の本質的核心の分析と資本主義の歴史的超克の性質の分析は現代的意義を持っており、市場、階級支配、搾取についての考察に重点を置くマルクス理論の解釈に疑義を投げかけるものである。[一六]

一五――この節で示される議論のいくつかは、以下に初出。Moishe Postone, "Necessity, Labor and Time," *Social Research* 45 (Winter 1978).

一六――『要綱』が持ちうる現代的意義については、ヘルベルト・マルクーゼによっても認められてきた。Herbert Marcuse, *One-Dimensional Man* (Boston, 1964).（H・マルクーゼ『一次元的人間』生松敬三・三沢謙一訳、河出書房新社、一九七四年）また最近では、ゴルツによっても認識されている。André Gorz, *Paths to Paradise: On the Liberation from Work*, trans. Malcolm Imrie (Boston, 1985).

マルクスの理論における諸カテゴリーが歴史的に特殊なものであること、彼の資本主義批判は資本主義における生産の様式と分配様式の双方に向けられたものであること、さらにマルクスが資本主義の基本的な矛盾と考えたものは単に市場および私有財産と工業的生産の矛盾として理解されうるようなものではないこと――これらを、先に言った『要綱』の諸節がいかにして示しているのかを、私は明らかにしようとする。別言すれば、『要綱』においてマルクスが資本主義の矛盾を扱う際の手法についての私の議論は、彼の後期批判理論の性質について広範な再考が必要であることを指し示している。この再考によって、具体的には、資本主義における労働についてのマルクスの分析が歴史的に特殊なものであること、そして彼の後期の批判理論が批判するのは資本主義における労働そのものであり、労働に立脚して資本主義を批判しているのではないということが示される。このことを立証した上で、マルクスの批判において、資本主義における社会生活の根本的なカテゴリーが労働のカテゴリーであるのはなぜかという問題に取り組むことが可能になる。こうしたことは決して自明ではないし、また人間の社会生活一般にとっての労働の重要性を指摘するだけで正当化されうるようなことでもない[一七]。

『要綱』でマルクスが分析する資本主義における矛盾、つまり「生産諸関係」と「生産諸力」の矛盾は、伝統的マルクス主義の唱える矛盾とは異なるものである。伝統的マルクス主義は、分配様式に焦点を当て、矛盾を分配の領域と生産の領域との矛盾として理解する。マルクスは、こうした理論的なアプローチ、つまり生産方法が変容しうる可能性を考慮せずに分配様式の観点から歴史的変容を概念化するようなアプローチを、明確に批判している。そのようなアプローチの例としてマルクスは、ジョン・スチュアート・ミルの叙述を挙げる。「富の生産の諸法則と諸条件にはいくぶん物理学的真理の性質がある。……富の分配についてはそうではない。それはもっぱら人間の制度の問題である」[一八]。マルクスによれば、この区別は不当である。「富の生産の『諸法則と諸条件』と『富の分配』の諸法則とは、異なった形態のもとにある同一の諸法則であって、どちらも変転し、同一の歴史的過程を経ていくのであって、総じてどちらも、一つの歴史的過程の諸契機にすぎないのである」[一九]。

分配様式についてのマルクスの考え方は、財や労働が社会的に（例えば市場によって）分配される方式に限定されているわけではない。彼はさらに進んで、「労働者の無所有、および、……資本による他人の労働の取得」[二〇]を、つまり資本主義の下での所有諸関係を、「分配様式は生産諸関係そのものなのであり、ただ『分配の相のもとにある』〔sub specie distributionis〕それらにすぎないのである」[二一]と記述している。これらの諸節は、分配様式というマルクスの観念が、資本主義における所有諸関係を包含していることを示している。また、これらの諸節が示唆するのは、マルクスの「生産諸関係」についての考えは、分配様式の観点からだけでは理解され得ないのであり、「生産の相のもとにある」ものとしても考察されなくてはならない、ということである。言い換えれば生産諸関係は、伝統的にされてきた仕方で理解されるべきではない。もしマルクスが、所有諸関係とは分配諸関係であると考えているとすれば[二二]、彼の生産諸関係という概念は、資本主義の下での階級諸関係――それは生産手段の私的所有に根差しつつ、権力と富の不平等な社会的分配として表現される――という観点からは十全には把握され得ない、ということになる。むしろこの概念は、資本主義における生産の様式をも参照して理解されな

（A・ゴルツ『エコロジー共働体への道――労働と失業の社会を超えて』辻由美訳、技術と人間、一九八五年）『要綱』そのものと、その『資本論』との関係についての充実した広範な分析は、Roman Rosdolsky, *The Making of Marx's "Capital,"* trans. Pete Burgess (London, 1977)（R・ロスドルスキー『資本論成立史（一～四）』時永淑ほか訳、法政大学出版局、一九七三―七四年）を参照。

一七――同様の議論は、言語を中心として社会生活を分析するような諸理論についても行なうことができるだろう。

一八――John Stuart Mill, *Principles of Political Economy* (2d ed., London, 1849), vol. 1, pp. 239-40.（J・S・ミル『経済学原理』末永茂喜訳、岩波書店、一九五九年、三五九―六二頁）(Marx, *Grundrisse*, p. 832〔『マルクス資本論草稿集② 一九五七―一九五八年の経済学草稿集Ⅱ』資本論草稿集翻訳委員会訳、大月書店、一九九三年、七〇八頁〕に引用されたもの）

一九――*Grundrisse*, p. 832.（『マルクス資本論草稿集②』、七〇八頁）

二〇――Ibid.（同右、七〇七頁）

二一――Ibid.（同右、七〇八頁）

二二――簡明にするために私は「分配の相のもとにある生産諸関係」を「分配諸関係」と呼ぶ。

ければならない。[23]

もし生産過程と、資本主義における根本的な社会的諸関係とが相互に関係しているとしても、最終的には資本主義的な生産諸関係と矛盾するようになる生産諸力と、生産の様式を同一視することはできない。そうではなく、生産の様式そのものが、資本主義と本質的に関係しているとみなされるべきなのだ。言い換えれば、先の『要綱』の諸節が示唆するのは、マルクスの言う矛盾は、工業的生産と市場および資本主義的私有財産との矛盾として理解されるべきではない、ということである。それゆえ、生産諸力および生産諸関係についてのマルクスの理解を根本から考え直す必要がある。マルクスが資本主義の超克について考えていたことには、既存の分配様式の変革だけでなく、生産様式の変革も明らかに含まれている。彼が、シャルル・フーリエの思想の意義を肯定的に指摘したのは、まさにこの点においてである。「労働は、フリエが望んでいるのとは違って、遊びとはなりえないが、そのフリエが、分配ではなくて生産様式それ自体をより高度の形態のなかに止揚することこそ究極の目的だ、と明言したことは、どこまでも彼の偉大な功績である[24]」。

「究極の目的」とは生産様式そのものの「止揚」、もしくは超克であると前提するのであれば、この様式は資本主義的諸関係を体現するものでなければならない。そして実際、資本主義的諸関係に対するマルクスの批判は後に、生産の歴史的転換の可能性を指し示すことになるのである。

> 格別の明敏さがなくても理解できるのは、機械は、たとえば農奴制の解体によって生じた自由な労働すなわち賃労働を出発点として、生きた労働に対立して、生きた労働にとって疎遠な所有および敵対的な力として、対立的にのみ発生しうるのだということ、すなわち、機械は、生きた労働にたいして、資本として対立せざるをえないのだということである。だが、同様に容易に見抜くことができるのは、機械は、それがたとえば連合した〔associirt〕労働者の所有となっても、社会的生産の動因であることをやめないであろうということである。

しかし、第一の場合には、機械の分配、すなわちそれが労働者に属していないということが、同様に、賃労働にもとづく生産様式の条件である。第二の場合が生じるとすれば、そこでの変化した分配は、生産の、歴史過程によってはじめて成立する変化した新たな基礎から生じるであろう。[二五]

マルクスの分析の性質をより明確に理解するためには、そしてまた、生産様式の変容ということで彼が言おうとしていることを明確に把握するためには、われわれは（資本主義的）生産の「基礎」についての彼の概念を検討しなくてはならない。すなわち、われわれは「賃労働に基づく生産様式」についてのマルクスの考えを分析しなければならないし、「生産の［……］変化した［……］基礎」とは何を意味しうるのかを考えなくてはならないのである。

資本主義の根本的な核心

マルクスの資本主義分析についての探究を私は、「ブルジョワ的生産の基礎（尺度としての価値）とその発展との矛盾」と題された、『要綱』のきわめて重要な節から始めることにする。[二六] マルクスは、この節を次のように

二三——後に詳しく論じるように、生産そのものの諸関係と分配諸関係との違いは、価値、剰余価値、価値増殖過程、蓄積のような『資本論』第一巻の諸カテゴリーと、価格、利潤、地代のような第三巻の諸カテゴリーとの関係を理解する上で重要である。マルクスによれば前者の諸カテゴリーは、資本主義の基底的な社会的諸関係、つまりその根源的な「生産諸関係」を表現しており、後者の諸カテゴリーは、分配のカテゴリーであるとされる。

二四——*Grundrisse*, p. 712.（『マルクス資本論草稿集②』、四九九—五〇〇頁）

二五——Ibid., pp. 832-33.（同右、七〇八頁）

二六——Ibid., p. 704 (first emphasis added).（同右、四八九頁、最初の強調は追加）［訳注：この節に付けられた表題は、英訳に付加されているもの］

始めている。「生きた労働の対象化された労働との交換は、すなわち社会的労働を資本と賃労働との対立という形態で措定することは、価値関係と価値に立脚する生産との究極の発展である」[27]。『要綱』のこの節の標題と最初の文章は、マルクスにとって価値というカテゴリーは、資本主義の基礎的な生産諸関係――すなわち、社会生活の一つの様式として資本主義を明確に特徴づけるような社会的諸関係――を表現するものであり、同じく資本主義における生産は、価値に基礎を置くものであることを示している。別言すれば価値とは、マルクスの分析において「ブルジョワ的生産の基礎」を構成するものなのである。

　価値というカテゴリーの特異性は、それが社会的諸関係の規定された一形態だけでなく、富の特殊な一形態をも表すとされているところにある。したがって、価値について検討することは、この双方の側面を明らかにすることでなければならない。われわれはこれまで、富のカテゴリーとしての価値が、一般には市場のカテゴリーとして理解されてきたことを見てきた。しかしながら、右に引用した箇所において、マルクスが「価値関係」を考察する過程で「交換」に言及するとき、彼は資本主義的な生産過程そのものとの関連において考察を行なっているのである。彼が述べている交換とは、「生きた労働の対象化された労働との交換」、すなわち流通における交換ではなく、生産における交換である。このことが示唆するのは、価値は単に商品の分配様式のカテゴリーとして、つまり、市場の自己調整の自動作用を基礎づけようとするものとして理解されるべきではなく、むしろ資本主義的な生産そのもののカテゴリーとして理解されるべきである、ということだ。したがって、生産諸力と生産諸関係の矛盾というマルクスの観念も、生産過程の諸契機の区分を論じたものとして再解釈されなければならないだろう。「価値に立脚する生産」と「賃労働に基礎づけられた生産様式」は密接に関連しているように思われる。このことは、さらなる考察を要求するのである。

　マルクスは、価値に立脚した生産を論じる際に、それを一つの生産様式として叙述している。「この生産の前提は、富の生産の決定的な要因としての、直接的労働時間の大量、充用される労働の量であり、またどこまでもそうである」。[二八] マルクスによれば、富の一形態としての価値の特徴をなすのは、価値が生産過程における直接的な人間労働の支出によって構成されているということ、価値が富の生産における決定的要因としての人間労働の支出に拘束され続けているということ、そして価値が時間的な次元を有するということである。価値とは、直接的労働時間の支出を表現し、またそれに基礎づけられた一つの社会的形態である。マルクスにとって、この形態こそが、資本制社会のまさに中心に位置するものなのだ。価値は、資本主義を構成する根本的な社会的諸関係のカテゴリーとして、資本主義における生産の基盤であり、またそうであり続けるものを表現する。だが、こうした資本主義的生産様式の根本とそれ自体の歴史的発展の帰結との間で緊張が生じ、増大していく。

ところが、大工業が発展するのにつれて、現実的富の創造は、労働時間と充用された労働の量とに依存することがますます少なくなり、むしろ労働時間のあいだに運動させられる諸作用因の力〔Macht〕に依存するようになる。そして、これらの作用因――それらの強力な効果〔powerful effectiveness〕――それ自体が……それらの生産に要する直接的労働時間には比例せず、むしろ科学の一般的状態と技術学の進歩とに……依存している。……現実の富の姿は、むしろ、充用される労働時間とこれの生産物のあいだの途方もない不比例のなかに、また同じく、〔いっさいの具体性を奪われて〕まったくの抽象にまで還元された労働とこの労働が監視している生産過程の猛威〔Gewalt〕とのあいだの質的な不比例のなかに、はっきり現われる。[二九]

二七――Ibid.（同右、四八九頁）
二八――Ibid., p. 704 (emphasis added).（同右、四八九頁、強調追加）
二九――Ibid., pp. 704-05.（同右、四八九頁）

価値と「現実的富」との対比、すなわち「労働時間と充用された労働の量」に依存する富の形態とそれに依存しない富の形態との対比はこの一節において要諦をなす箇所であり、マルクスの価値論と資本制社会の基礎的な矛盾についての彼の考えを理解する上でもきわめて重要である。ここで明らかなのは、価値が、富一般を意味するものではなく、資本制社会の基盤を把握するものとされる歴史的に特殊な過渡的カテゴリーを意味している、ということだ。さらに言えば価値とは、単なる市場のカテゴリー、すなわち、富の社会的分配の歴史的に特定な一様式でもない。こうした市場中心的な解釈は、分配様式については歴史的に変化しうるとみなすが、生産様式についてはそうは考えないミルの立場と関連するものであり、超歴史的な富の形態の存在を含意している。それは、さまざまな社会で異なる仕方で分配される、というわけだ。しかしながらマルクスによれば、価値とは歴史的に特殊な社会的富の一形態であり、歴史的に特殊な生産様式と内在的に関係している。富の形態が歴史的に特殊なものでありうるとすれば、それは明らかに、社会的富がすべての社会において同一でないことを意味する。後に見るように、価値のこうした側面についてのマルクスの議論は、労働の形態も、社会的諸関係の在り方そのものも、社会編制ごとに異なることを示唆している。

本書の議論を通じて私は、価値の歴史的性格を探究し、マルクスが価値と労働時間の間に措定した関係を明確化するよう努める。先取りして言えば、マルクスの分析に関してこれまで行なわれてきた、労働を唯一の価値の源泉としてとらえる多くの議論は、「現実的富」(もしくは「物質的富」)と価値との間にマルクスが設けた区別を理解していない。マルクスの「労働価値説」は、労働一般に固有な特性についての理論などではなく、富の一形態としての価値、およびその富を構成するとされる労働の歴史的特殊性を分析するものなのである。したがってマルクスの価値論を、労働(超歴史的な)富説[labor theory of (transhistorical) wealth]*を意図したものとして

＊訳注：ここで著者は、あらゆる富はもっぱら労働によって生産されるとする立場を「労働価値説」labor theory of value に引っ掛けた表現で言い表している

とみなし、それについて賛成だと言ってみても、ここにおけるマルクスの意図とは無関係である。すなわちマルクスが書いたのは経済学批判であって、経済学ではなかった。[三〇] マルクスにおける価値のカテゴリーを、歴史的に特殊なカテゴリーとして解釈したとしても、もちろんそのことによって彼の近代社会分析が正しいと証明されるわけではない。しかし、まさにこのことはマルクスの分析が、それ自身の歴史的に規定された諸関係において考察されることを要求するのであって、それをあたかも超歴史的な経済学理論であるかのように考えてはならない。その類いのものこそ、マルクスが厳しく批判した当のものである。

マルクスの分析枠組みにおいて、価値とは一種の批判的カテゴリーであり、資本主義に特徴的な富と生産の諸形態の歴史的特殊性を明るみに出すものである。先に引用したパラグラフが示しているのは、マルクスによれば、価値に基づく生産形態が発展することで価値それ自体の否定にまで至る歴史的可能性がある、ということだ。今日の状況にとって重要と思われる分析においてマルクスは、資本主義的な工業生産の発展過程で、価値が、生産される「現実的富」の尺度としての妥当性を次第に失いつつある、と論じる。彼は価値を、すなわち、人間の労働時間の支出に拘束された富の一形態を、近代の科学と技術が有する巨大な富を産出する潜勢力と対比する。価値は、自らが生み出した生産のシステムの潜勢力という観点からすれば、時代遅れとなる。そうした潜勢力の現実化は、価値の廃絶をもたらすであろう。

だが、こうした歴史的可能性が意味するのは、単に既存の工業的生産様式の基礎の上でいっそう多くの商品が産出されるようになり、産出された商品がより公正に分配されるようになる、ということだけではない。「現実

三〇 ——ヤン・エルスターの議論は、その一例である。「労働者が無から［*ex nihilo*］何かを生み出す神秘的な能力を有する」ということを否定することによって彼は、マルクスの価値と剰余価値の理論を批判する。その代わりに彼は、「環境を利用する人間の能力が、消費のあらゆる所与の水準を超える余剰を可能とする」と主張するのである（*Making Sense of Marx*, p. 141）。富の創造という問題を、超歴史的に論じることによってエルスターの議論は、価値を暗黙裡に超歴史的なカテゴリーとし、そのことによって価値と富を混同しているのである。

的富」と価値の矛盾が増大し、「現実的富」が社会的富の決定的な形態として価値に取って代わる方向へと向かうという論理は、いま一つの生産過程の可能性を、すなわち、新しい解放的な社会的労働の構造に立脚する生産過程の可能性を示すものでもある。

もはや、労働が生産過程のなかに内包されたものとして現われるというよりは、むしろ人間が生産過程それ自体にたいして監視者ならびに規制者として関わるようになる。……労働者は、生産過程の主作用因であることをやめ、生産過程と並んで現われる。この変換のなかで、生産と富との大黒柱として現われるのは、人間自身が行なう直接的労働でも、彼が労働する時間でもなくて、彼自身の一般的生産力の取得、自然にたいする彼の理解、そして社会体としての彼の定在を通じての自然の支配、一言で言えば社会的個人の発展である。現在の富が立脚する、他人の労働時間の盗みは、新たに発展した、大工業それ自身によって創造されたこの基礎に比べれば、みすぼらしい基礎に見える。[三二]

われわれが考察してきた『要綱』の一節は、マルクスにとって資本主義の超克とは、富の社会的形態としての価値の廃絶をも含むものであり、資本主義の下で発展してきた特定の生産の様式の超克をもたらすものである、ということを雄弁に物語っている。彼が価値の廃絶ということで明らかに言おうとしているのは、もはや労働時間は富の尺度としては役立たなくなるということ、そして富の生産はもはや生産過程における直接的人間労働から第一義的な影響を受けなくなるということである。「直接的形態における労働が富の偉大な源泉であることをやめてしまえば、労働時間は富の尺度であることを、だからまた交換価値は使用価値の［尺度］であることを、やめるし、またやめざるをえない」[三三]。

別言すれば、価値論によってマルクスは、資本主義の基礎的な社会的諸関係と、その富の形態と、その生産の物質的形態とを相互に連関したものとして分析しているのである。マルクスの分析によれば、価値に依拠する生産と、賃労働に基づく生産様式、そしてプロレタリアの労働に立脚した工業的生産は内在的に結びついている。それゆえ価値が時代に合わないものになりつつあるとすれば、資本主義の下で発展した工業の生産過程もまた時代遅れになりつつある、ということになる。マルクスによれば資本主義の超克は、生産の物質的形態、すなわち人間の働き方の根本的な変革を伴うものである。

こうした立場は明らかに、伝統的マルクス主義とは根本的に異なるものである。既に論じたように、伝統的マルクス主義はその批判を分配様式の変革にのみ集中し、工業的な生産様式を、資本主義と調和し得なくなっていく技術的発展としてとらえる。しかしながら、ここで明らかなようにマルクスは、資本主義の矛盾を工業的生産と価値の矛盾としては、すなわち、工業的生産と資本主義的な社会的諸関係との矛盾としては考えていなかった。むしろ彼は工業的生産を、価値によって形成されたものとして見た。工業的生産とは、「価値に基礎づけられた生産様式」なのである。マルクスが後の著作で工業的生産様式について、「独自に資本主義的な生産様式……(技術的にも)」[三三]と明示的に呼んでいるのは、まさにこの意味においてである。このように呼ぶことで含意されているのは、工業的生産様式も、資本主義の超克とともに変革されねばならない、ということである。

もちろんマルクスの基礎的な諸カテゴリーの意義は、わずか数行で要約されうるようなものではない。本書の後半部は、価値と、それが生産過程を形成する上で果たす役割についての彼の分析を精緻化することに費やされ

三一——*Grundrisse*, p. 705 (first emphasis added).(『マルクス資本論草稿集②』、四八九—九〇頁、最初の強調を追加)

三二——Ibid.(同右、四九〇頁)

三三——Marx, *Results of the Immediate Process of Production*, trans. Rodney Livingstone, in Marx, *Capital*, vol.1, trans. Ben Fowkes (London, 1976), p. 1024 (see also pp. 1034-35).(K・マルクス『直接的生産過程の諸結果』岡崎次郎訳、大月書店、一九七〇年、八六頁〔一〇三—〇五頁も参照〕)

るであろう。さしあたりここでは、『要綱』のこれらの箇所で示されていたように、マルクスの批判理論は技術決定論の形態をとるのではなく、技術と生産過程を、それらが価値によって形成されるという意味において、社会的に構成されるものとして取り扱うということだけを強調しておきたい。それゆえ技術ならびに生産過程は、「生産諸力」――それは資本主義的な社会的諸関係と矛盾を来すことになるとされる――という彼の観念と単純に同一視されるべきではない。にもかかわらずそれらは、一つの矛盾を確かに体現している。マルクスの分析は、価値によって構成される生産形態の現実態とその潜勢力を区別する。この潜勢力は、新しい生産形態の可能性の根拠を与えるのである。

　引用した箇所から明らかなように、『要綱』においてマルクスは資本主義の矛盾の超克を描き、また「労働者大衆自身が自分たちの剰余労働を取得しなければならない[三四]」と述べるが、その際に私有財産の収用や、剰余生産物をさらに合理的かつ人間的な仕方で効率よく使うといったことだけを論じているのではない。彼が語る領有は、これらをはるかに超える射程を持つ。なぜならそれは、資本主義の下で発展した生産諸力を、生産過程それ自体に再帰的に適用することをも含意しているからである。すなわち、彼が展望しているのは、発展した資本主義的生産に埋め込まれた潜勢力が、工業の生産過程そのものを変容させる手段となりうる、ということである。直接的労働時間と生産用具の歯車としての労働者の労働を横領することによって富が生み出されるような社会的生産のシステムは、廃絶されうるのである。マルクスによれば、資本主義的な工業の生産様式のこうした二側面は、相互に関連している。したがって資本主義の超克は、『要綱』において示されているように、賃労働に基づく生産様式を形式的な面においても物質的な面においても超克するということを暗示的に含んでいる。それは消費手段を獲得するために労働力を商品として賃金と交換することに基づく分配のシステムを廃絶することであり、それはまた、プロレタリア労働、すなわち資本主義的工業生産に特徴的な、一面的で断片化された労働に依拠する生産のシステムの廃絶を必然的に伴う。別言すれば資本主義の超克は、プロレタリアによって行なわれる具体的な労働の超克をも含むのである。

こうした解釈は、資本主義における生産の具体的形態に対する歴史的批判に基礎を与えることによって、資本主義的社会編制は人類の前史の終わりを画するという、マルクスの有名な言明[三五]の意味を明らかにする。プロレタリア労働の超克という観念が意味しているのは、「前史」においては剰余生産の継続的増大があり、しかもそれは主として直接的な人間労働に基礎を置く社会編制を指すものとして理解されるべきである、ということだ。こうした特徴は、奴隷、農奴、もしくは賃労働によって剰余が生み出されるような社会において共通している。しかしながらマルクスによれば、賃労働に基礎を置く社会編制の特異な性格はある動態性であり、そこから生産過程の内的要素としての人間労働に基礎を置く剰余生産が超克されうる歴史的可能性が生じる。新しい社会編制、すなわちそこでは「大衆の剰余労働はすでに一般的富の発展のための条件であることをやめてしまったし、同様にまた、少数者の非労働は人間の頭脳の一般的諸力〔Mächte〕の発展のための条件であることをやめてしまった[三六]」ような社会編制が、つくり出されうるのである。

したがって、マルクスにとって前史の終わりとは、肉体労働と精神労働との分離と対立の超克を意味する。ただし、彼の歴史的な批判の枠組みにおいて、こうした対立は、（例えば一九六〇年代の中華人民共和国において喧伝されたように）現存する肉体労働と精神労働を単に融合することによっては超克され得ない。『要綱』における彼の生産についての分析は、肉体労働と精神労働の分離のみならず、そのそれぞれの決定的特質が、現存の生産形態に根差すものであることを示している。両者の分離は、肉体労働と精神労働の現存の様式を変容させる

三四――― *Grundrisse*, p. 708.（『マルクス資本論草稿集②』、四九四頁）

三五――― Marx, *A Contribution to the Critique of Political Economy*, trans. S. W. Ryazanskaya (Moscow, 1970), pp. 21-22.（『マルクス資本論草稿集③経済学著作・草稿一八五八―一八六一年』資本論草稿集翻訳委員会訳、大月書店、一九八四年、二〇五―〇六頁）

三六――― *Grundrisse*, p. 705.（『マルクス資本論草稿集②』、四九〇頁）

ことによって、すなわち労働の新しい構造と社会的組織化を歴史的に構成することによってのみ、超克されうる。マルクスの分析によれば、そうした新しい構造は、剰余生産がもはや直接的人間労働に第一義的には依拠する必要がなくなったときに、はじめて可能になる。

資本主義・労働・支配

かくしてマルクスの社会理論は――伝統的マルクス主義者の立場に反して――資本主義の下で発達した生産の形態と、その根本的転換の可能性についての批判的分析を含意する。明らかにそれは、かかる形態に対する生産主義的な称賛を含むものではない。マルクスが価値を、分配のカテゴリーとしてだけでなく、歴史的に規定された特殊な生産様式のカテゴリーとしても扱ったということは――これは決定的に重要なことであるが――、価値を構成する労働は、超歴史的に存在しうるものとしての労働と同一視されるべきではない、ということを示唆している。むしろその労働は、資本主義の超克とともに実現されるのではなく廃絶されるであろうような、歴史的に特殊な形態なのである。資本主義における労働の歴史的特殊性についてのマルクスの考えは、資本制社会の特徴をなす社会的諸関係に対する彼の理解を根本的に再解釈することを要請する。マルクスによれば、かかる社会的諸関係は労働それ自体によって構成され、疑似 - 客観性を帯びた特異な性格を有する。それゆえ社会的諸関係は、階級関係の観点からは十分には把握され得ないのである。

資本主義の土台をなす社会的諸関係についての「カテゴリー的」解釈と「階級中心的」解釈との差異は、重要である。前者は資本主義における労働に対する批判であるが、後者は労働の立場からの資本主義批判である。このため両者は、資本主義において規定的な役割を果たす支配の様式について、したがってその超克の性質について、非常に異なる考え方をしているのである。資本主義における労働の特殊な性格が、いかにして基本的な社会的諸関係を構成し、またそれがいかにして富の形態としての価値の特殊性と、工業的な生産様式が持つ性質の基底となっているかについてのマルクスの議論をより綿密に分析するにつれて、これらの差異が帰結するところがより一層明らかになるだろう。少々先取りして言えば、その労働の特殊な性格は歴史的に特殊で、抽象的かつ非人格的な形態による社会支配の主要な構成基盤ともなっているのである。

マルクスの分析において、資本主義における社会支配は、その最も根本的なレベルにおいて、他の人間による人間の支配に存するのではなく、人間自身が構成する抽象的な社会構造による人間支配に存する。マルクスは、このような抽象的で構造的な支配形態――それは階級支配を包含しつつそれを超えて広がりゆく――を、商品と資本というカテゴリーによって把握しようとした。マルクスによると、この抽象的な支配は、資本主義における生産の目的ばかりでなく、その物質的形態をも規定する。マルクスの分析枠組みにおいて、資本主義の特徴をなす社会支配の形態は、究極的には私有財産に、すなわち剰余生産物と生産手段の資本家による所有に依拠しているのではない。むしろそれは、富が価値の形態を取ることとそれ自体に、すなわち、生きた労働（労働者たち）に対して構造的に疎遠かつ支配的な力として屹立する社会的富の形態を取ることに基礎づけられているのである[三七]。マルクスにとってこの社会的富と人間の対立が、資本制社会における労働の独特な性格にいかにして基礎づけられているのかを、私は示そうと思う。

マルクスによれば資本主義における労働は、人々を支配する抽象的な社会構造を構成するが、その過程は人間の生産力と知識における急速な歴史的発展をもたらす。だがそれは、社会的労働を断片化することによって――すなわち個々人を矮小で空虚なものにしていくという犠牲を払って――なされるのである[三八]。マルクスは、次のよ

三七――Ibid., p. 831.（同右、七〇六頁）
三八――*Capital*, vol. 1, pp. 458, 469, 481-82, 486, 547.（『マルクス＝エンゲルス全集 第二三巻 第一分冊』大内兵衛・細川嘉六監訳、大月書店、一九六五年、四四四、四五八、四七二―七三、四七八、五五一―五二二頁）

うに論じる。価値に基づく生産によって、莫大な富が生み出される可能性が開かれるのであるが、「個人の全時間を労働時間として措定すること、それゆえ個人をたんなる労働者に格下げ［……］すること」によってのみ、そうなるのである、と。[三九] 人間の力と知識は資本主義の下で非常に増大するが、しかしそれは人々を抑圧し、自然の破壊に向かう疎外された形態においてである。[四〇]

したがって資本主義の中心的な特徴は、人間が自らの生産活動を、あるいは自らの生産したものを実際に支配するのではなく、その生産活動の結果によって究極的には支配される、ということである。このような支配の形態は、個人と社会の対立として表現され、抽象的な構造として構成される。かかる支配形態についてのマルクスの分析は、彼が初期の著作において疎外と呼んだものを根拠づけ、かつ説明しようとする試みなのである。マルクスの初期著作と後の批判理論との関連についての広範囲にわたる議論には立ち入らないが、私が示そうと思うのは、初期著作の中心的な主題をマルクスは後にすべて棄て去ったのではなく、そのいくつか──例えば疎外──は、彼の理論の中心であり続けている、ということである。実際、後期の著作に至ってはじめて、マルクスが『一八四四年経済学・哲学草稿』［以後『経哲草稿』と略記］で示した立場──すなわち私有財産は、疎外された労働の社会的原因ではなく結果なのであり、それゆえ資本主義の超克は、私有財産の廃絶という観点からだけで考えられるべきではなく、そのような疎外された労働の超克を伴わなければならないとする立場──は、厳密に根拠づけられたのである。[四一] このような立場について彼は、後期の諸著作で、資本主義における労働の特殊な性格についての分析によって根拠づけている。それでもやはり、かかる分析は、初期における疎外の観念の修正を含んでもいる。後期マルクスの批判理論に含意された疎外論は、かつて労働者の所有物として存在していたものの疎外（したがってそれは労働者によって取り戻されるべきである）ということを言っているのではない。むしろ後期マルクスの批判理論は、社会的な諸力と知識が歴史的に構成されていく過程に言及するものであり、かかる諸力と知識は、プロレタリアートの無媒介な能力や技能によっては理解され得ないのである。資本というカテゴリーを用いてマルクスは、いかにしてこれら社会的な諸力と知識が、客体化された諸形態において構成されるのかを分析する。この諸形態はそれを構成する個人から半ば独立するようになり、彼ら個々人に対して抽象的な社会支配として機能するのである。

このような自己生成的な構造による支配の過程は、階級的な搾取と支配という観点からは十分には把握され得ないし、静態的で無方向な「共時性」という観点からも理解され得ない。近代社会の特徴をなす社会支配の根本的形態、すなわちマルクスが価値と資本の観点から分析したものは、それを構成する個々人の制御が及ばない歴史の動態性を生み出すものである。資本制社会における労働の特殊性についての分析でマルクスが主眼としたのは、この歴史的動態性を説明することである。すなわち、マルクスの資本についての批判理論とは、単なる搾取の理論、あるいは狭義に理解された経済的作用についての理論なのではなく、近代社会の歴史の性質についての理論なのである。そこではこの歴史を、社会的に構成されたものとしてとらえながらも、半ば自律した発展の論理を持つものとして取り扱う。

こうした予備的議論が含意するのは、伝統的マルクス主義が措定するのとは全く異なる、疎外の超克についての理解である。マルクスは、資本主義の下で発展した工業的生産様式と、かかる社会の内在的な歴史の動態性を、資本主義的社会編制に特有のものとみなした。したがって、こうした社会編制の歴史的否定とは、歴史的動態性

三九――― *Grundrisse*, p. 708.（『マルクス資本論草稿集②』、四九五頁）

四〇――― *Capital*, vol. 1, pp. 376, 638.（『マルクス＝エンゲルス全集 第二三巻 第一分冊』、三四六―四七、六五六―五七頁）

四一――― Marx, *Economic and Philosophic Manuscripts of 1844*, in Karl Marx and Frederick Engels, *Collected Works*, vol. 3: *Marx and Engels: 1843-44* (New York, 1975), p. 279ff.（『マルクス＝エンゲルス全集 第四〇巻』大内兵衛・細川嘉六監訳、大月書店、一九七五年、四四〇―四四二頁）マルクスの初期の手稿と後期の著作との関連についてより周到に議論するならば、次のことが明らかになるであろう。すなわち、前者の数多くの他の主題（例えば人間と自然、女性と男性、仕事と遊びの関係）は後期著作においても明示的ではないにせよ中心であり続けているが、しかしそれらは、資本主義における労働の歴史的に特殊な性格についての彼の分析によって変容している、ということである。

を有する抽象的な支配のシステムの廃絶とともに、工業の資本主義的な生産様式の廃絶をも伴うのである。同様に、疎外についての理論をより発展させるならば、資本主義の構造的核心が否定されることによって、歴史的に疎外された形態において構成されてきた諸力と知識を人々が領有することが可能になるとマルクスは理解していた、ということが明らかになる。そのような領有は、矮小化され窮乏化させられた個人と、疎外された社会的・一般的な生産的知識との分裂を、後者の前者への組み込みによって、物質的に超越することをもたらすだろう。こうして「たんなる労働者」[四二]は「社会的個人」[四三]になりうるのであり、そこにおいて、はじめは歴史的に疎外された形態において発展した人間の知識と潜勢力が合体されるのである。

社会的個人という観念は、資本主義の超克が、個人と社会の対立を超克することを含意する、というマルクスの思想を表現している。彼の分析によると、ブルジョワ的個人と、そうした個人に対立する抽象的全体としての社会という両者は、かつての社会生活の形態が、資本主義に取って代わられるにつれて構成されたのであった。だがマルクスにとってこの対立の超克とは、社会の下に個人を包摂すること、あるいはまた両者を無媒介に統一することのいずれをも含意してはいない。資本主義における個人と社会の関係に対するマルクスの批判は、一般に想定されてきたような、孤立し断片化されたブルジョワ的個人への批判に限定されはしない。マルクスは、工業的生産の立場から資本主義を批判しなかったのと全く同じように、すべての個人がそこでは部分となるような集団性を、原子化した個人を批判するための立脚点として肯定的に評価したのではない。マルクスは、モナド的個人の歴史的構成を商品流通の領域と関連づけるだけでなく、諸々の人格を単なる歯車にすぎないものとするメタ装置を、資本に規定された生産の領域に特有のものとして分析する。[四四] そのような集団性は、資本主義の超克を表すものでは全くない。したがって、原子化した個人と（一種の「超主体」としての）集団性の対立は、資本主義における社会生活の様式と、ポスト資本主義の社会におけるそれとの対立を表しているのではない。むしろそれは、個人と社会の関係を互いに一方の側からのみ規定することによってもたらされる対立なのであり、それらはともに資本主義的社会編制の、もう一つのアンチノミーを構成するのである。

マルクスにとって社会的個人とは、このような対立の超克を表すものである。この観念は、他の人々と共同で利他的に労働する人格を単に指しているのではない。むしろそれは、あらゆる人格が、十分かつ完全に発展した存在として生きる可能性を表現している。このような可能性を実現するための必要条件は、各人の労働が、社会全体の豊かさ、多彩さ、力、そして知識の全体に合致するような仕方で、十全かつ肯定的に自らを構成することである。すなわち、個人の労働はもはや社会の豊かさのための断片化した基盤であることをやめる。したがって疎外の超克とは、かつては存在していた本質の再領有ではなく、疎外された形態において構成されてきたものを領有することとなのである。

以上の議論が含意するのは、マルクスがプロレタリア労働そのものを、疎外された労働の物質化された表れとみなしていた、ということである。かかる立場が示唆するのは、私有財産が廃絶され、人々が集団的で社会的な責任ある態度を自らの労働に対して持つようになれば、労働の解放は実現するという主張は――各人の具体的労働が資本主義下でのそれと変わらないのであれば――空論にすぎなかろう、ということだ。これとは反対に、労働の解放は、社会的労働の新たな構造を前提とする。すなわちマルクスの分析枠組みにおいては、生産諸力の潜勢力が、労働過程の組織そのものを完全に変革するような仕方で用いられる時にのみ、労働は社会的個人を構成するものとなりうる。人々は、かつて自分たちがその内側で部品として労働していた直接的労働過程の外に踏み出し、それを上から管理できなければならない。「産業的な過程へと変容せられた自然の過程」[四五]に対する支配権

四二――*Grundrisse*, p. 708.(『マルクス資本論草稿集②』、四九五頁)
四三――Ibid., p. 705.(同右、四九〇頁)
四四――*Capital*, vol. 1, pp. 477, 547, 614.(『マルクス＝エンゲルス全集 第二三巻 第一分冊』、四六八、五五一―五二、六三一頁)
四五――*Grundrisse*, p. 705.(『マルクス資本論草稿集②』、四八九頁)

は、社会全体だけでなく、その社会の全構成員の手に入らなければならない。すべての個人が十全たる発展を遂げるのに必要不可欠な物質的条件とは、「物の類だけに任せておいてもよいようなことまで、労働というかたちで人間が行なっているばあい、そういう労働がなくなってしまうようなところまで進［む］[四六]」ことなのである。したがってマルクスの考えによれば、「労働者大衆自身が自分たちの剰余労働[四七]」を領有するときそれは、自己が物質的に変容する過程としての自己廃棄の過程をもたらす。資本主義の超克とは、プロレタリアートの実現をもたらすのでは決してなく、プロレタリア労働の物質的な廃絶をもたらす。労働の解放は、（疎外された）労働からの解放を要請するのである。

本書の進行とともに、われわれは以下のことを理解することになる。すなわちマルクスの分析において、資本主義はある種の社会編制であり、そこにおいて個人は消費するために労働をする一方で、社会的生産は生産それ自身を目的としている。私のこれまでの議論は、次のことを含意する。すなわちマルクスは、資本主義の否定をある一つの社会編制として思い描いたのであり、そこでは社会的生産が消費のためにある一方で、個人の労働はそれ自身のために十分な満足をもって追求されることになるのである。[四八]

資本主義の矛盾

マルクスによれば社会主義社会とは、直線的で進化論的な歴史の発展の結果として現れるものではない。先に概観した生産過程における根本的転換とは、科学技術的知識の急速な増大やその応用の自動的な帰結なのではない。むしろそれは、昂進してゆく内在的な社会的矛盾から生じる可能性である。

かかる矛盾の本質とは何であろうか。マルクスにとって明らかなのは、資本主義的発展が進行するなかで、社会的労働の新たな解放的構造へと向かう可能性が立ち現れるが、しかしながらその全般的実現は、資本主義の下では不可能である、ということだ。

資本は、それ自身が、過程を進行しつつある矛盾である。すなわちそれは、〔一方では〕労働時間を最小限に縮減しようと努めながら、他方では労働時間を富の唯一の尺度かつ源泉として措定する、という矛盾である。だからこそ資本は、労働時間を過剰労働時間の形態で増加させるために、それを必要労働時間の形態で減少させるのであり、だからこそ資本は過剰労働時間を、必要労働時間のための条件——死活問題——として、ますます大規模に措定するのである。[四九]

四六——Ibid., p. 325.（『マルクス資本論草稿集①』、三九八頁）

四七——Ibid., p. 708.（『マルクス資本論草稿集②』、四九四頁）

四八——後に第九章で議論するように、社会的労働についてのマルクスの分析において、必然性／必要性（necessity）と自由の二形態を区別するのは重要なことである。既に見たように、未来社会における社会的労働が、満足をもたらし楽しめるように構築されうるとマルクスが考えたからといって、そのような労働が遊びになりうるであろうと彼が考えた、ということにはならない。疎外されざる労働というマルクスの観念は、それが直接的および抽象的な社会支配の諸関係から自由である、ということなのである。すなわちその労働は、自己実現の活動となることができ、したがってまた、より遊びに似たようなものになりうる。だが、このような支配からの自由は、すべての拘束からの自由を意味するわけではない。というのも、いかなる人間社会も生き残るためには、何らかの形態での労働を必要とするからである。しかしながら労働が、絶対的自由の領域では決してあり得ないからといって、疎外されざる労働は、社会支配の諸関係によって拘束されていたのと同様の仕方で、かつ同程度にまで不自由である、ということになりはしない。換言すればマルクスは、労働の領域における絶対的自由の存在を否定する時、アダム・スミスの労働と自由および幸福との未分化な対立に逆戻りしたわけではないのである。（以下を参照のこと。*Grundrisse*, pp. 611-12.〔『マルクス資本論草稿集②』、三三九—四〇頁〕）

もちろんすべての一面的で断片化した仕事が、資本主義の超克とともに直ちに廃絶されうるものでないことは、明らかである。そのような仕事のいくつかは（それに要される時間が抜本的に減じられ、またかかる職務が、住民のあいだで交替して行なわれうるかもしれないとしても）、決して完全には廃絶され得ないであろうとも考えられる。もっとも、資本主義における労働についてのマルクスの分析、ならびにそれに関連した未来社会における労働についての彼の見解の主眼と私が考えるものを照らし出すために、そのような諸問題を本書では検討しない（このような諸問題に関する簡潔な議論についてはGorz, *Paths to Paradise*, p. 47ff.〔ゴルツ『エコロジー共働体への道——労働と失業の社会を超えて』、九四頁以下〕を参照のこと）。

四九——*Grundrisse*, p. 706.（『マルクス資本論草稿集②』、四九〇頁）

私は「必要労働時間」と「過剰労働時間」の問題について、後により詳細に検討する。ここでは以下の点に注目すれば十分である。すなわちマルクスによれば、資本主義には強大な生産諸力を発展させる傾向があり、その潜勢力が労働時間の直接的支出に基づく生産組織を次第に時代遅れなものにしていくにもかかわらず、資本主義はこのような生産諸力の十全たる実現を可能にし得ない。資本を構成する富の唯一の形態とは、労働時間の直接的支出に基づくものである。したがって価値は、生産される物質的富の尺度としてはますます不適当になっていくが、にもかかわらず、新たな富の形態に単に取って代わられるわけではない。そうではなく、マルクスによれば価値は、資本制社会の必然的な構造的前提条件であり続ける（もっとも彼が『資本論』第三章で論じるように、このことは明白に現れるわけではない）。それゆえ資本主義は、内在的な発展の動態性をその特徴とするにもかかわらず、かかる動態性は資本主義に縛りつけられたままである。つまりそれは、自分で自分を超克していくものではない。一方のレベルにおいて「過剰」となるものは、他方において「必要」であり続ける。換言すれば資本主義は、自己否定の可能性を実際にもたらすのであるが、他の何物かへと自動的に進化するわけではない。資本主義の発展によって、人間の直接的労働時間の支出は時代錯誤となるにもかかわらず、資本主義にとってそれは中心的かつ必要不可欠なままであり続ける、ということから内的緊張が生じる。私がこれから詳述するようにマルクスは、工業的生産の本質とその発展の軌道を、この緊張との関連において分析するのである。

マルクスの理解によれば、このような資本主義の根本的矛盾における重要な側面は、かかる矛盾が例えば階級闘争といったような敵対ないし紛争の具体的な社会的諸関係とただちに同一視されるべきではない、ということを示している。根本的矛盾は、資本制社会の構造的な諸要素に内在している。それは、矛盾をはらんだ動態性を全体に与え、新たな社会秩序の内在的可能性を生じさせる。さらに引用部分が示しているように、生産諸力と生産諸関係との構造的矛盾についてのマルクスの見解は、伝統的な仕方で解釈されるべきではない。伝統的解釈では、「生産諸関係」は分配様式の観点からのみ理解され、「生産諸力」は、純粋に技術的過程として理解された工業的生産様式と同一視される。そのような解釈においては、これら「諸力」が生産諸関係の「桎梏」から解放されたとしても、恐らくは生産の過程と労働の構造の具体的形態は同じものに基づいたまま、生産の動態性が加速されることになるだろう。だが右に論じた『要綱』の数節が示唆するのは、工業的生産様式と資本主義の歴史的動態性についてマルクスは、資本制社会の特徴をなす特性として扱っており、それらを資本主義的諸関係を超える方向へ向かいながらも資本主義的諸関係によって妨げられている歴史的発展であるとはみなしていない、ということである。資本主義の矛盾についてのマルクスの理解は、最も本質的には私的領有と社会化された生産との矛盾を指すものではなく、[五〇] 生産の領域それ自体の内側における矛盾を指すものと思われる。この生産領域は、直接的生産過程と、資本主義における労働によって構成される社会的諸関係の構造の双方を内包している。したがって、社会的労働の構造に関してマルクスが言及する矛盾とは、次のようなものとして理解されるべきである。すなわちそれは、人々が資本主義の下で行なっている労働の在り方と、人々が行ないうるであろう労働の在り方――価値が廃絶され、資本主義の下で発展した生産の潜勢力が、人間自身によって構成される疎外された構造による支配から自身を解放するために再帰的に用いられる場合の労働の在り方――との間で昂進する矛盾である。

本書の議論を通じて私は、マルクスがいかにしてこの矛盾を、資本主義を原理的に構築する社会的形態（すなわち商品）に基礎づけるかを示し、そしてまたマルクスにおいて、生産諸関係の「桎梏」から生産諸力を「解放

五〇――――アンソニー・ギデンズもまた、マルクスにとっての資本主義の第一義的な矛盾は構造的なものであり、単に社会的敵対にのみ言及しているわけではない、と主張してきた。しかしながらギデンズは、私的領有と社会化された生産との矛盾、すなわちブルジョワ的分配関係と工業的生産との間に、かかる矛盾を位置づけている。Anthony Giddens, *Central Problems in Social Theory* (Berkeley and Los Angeles, 1979), pp. 135-41（A・ギデンズ『社会理論の最前線』友枝敏雄ほか訳、ハーベスト社、一九八九年、一四九―五六頁）を参照。私の『要綱』の読解は、大きく異なる解釈を支持するものである。

すること」が、価値のみならず、資本主義における労働の特殊な性格をも廃絶することを、どのようにして必要とするのかについても詳述する。それは、資本主義的社会編制に特有の工業的生産様式を否定するだけでなく、歴史の内在的論理を否定することをも伴うであろう。

　このように疎外、そして資本主義の矛盾についてのマルクスの考えを予備的に説明することによって、彼の分析は資本主義の発展過程を、富裕化と窮乏化の両面的発展としてとらえようとするものであることが示される。このことは、かかる発展を知識と幸福の発展として、あるいは支配と破滅の「発展」として一面的な仕方で理解することは不適切である、ということを意味している。マルクスの分析によると、社会的労働の様式が万人を富ませるものとなりうる歴史的可能性が現れているにもかかわらず、現実にはそれは大多数の者を貧しくするものとなっている。それゆえ資本主義の下での科学技術的知識の急速な増大は、解放に向かう直線的な進歩を示すものではない。マルクスの商品と資本の分析によると、そのような増大した知識――それ自体社会的に構成されたものである――は、個人の労働を断片化し空虚なものにすることへと至り、知の客体化する活動の帰結として、人間の管理をますます強化するようになる。しかしその知はまた、労働が個人にとって豊かなものとなり、人類がその運命に対してより大きな支配力を行使しうる可能性をも増大させてきた。このような両面的発展は、資本制社会の疎外された諸構造に根差しており、超克されうるものである。したがってマルクスの弁証法的な分析は、直線的な科学の進歩や社会の進歩、あるいは両者の相互連関に対する実証主義者の信仰と決して同一視されるべきではない。[五一]

　かくしてマルクスの分析が示す資本主義の超克という観念は、工業的生産を人間の進歩の条件として無批判的に肯定するのでもなければ、技術的進歩それ自体をロマン主義的に拒絶するのでもないのである。マルクスの分析は、資本主義の下で発展した生産システムの潜勢力が、かかるシステムそのものを変容させるために用いられうることを指し示すことによってこれらの立場の対立を超克し、そのいずれもが歴史的発展のより複雑な一契機にすぎないものを全体であるかのように受け取っていることを示す。すなわちマルクスのアプローチは、直線的進歩への信仰とそのロマン主義的拒絶という対立を、その両者それ自身の観点から、資本主義の時代に特有な一つの歴史的アンチノミーを表現するものとして把握するのである。[五二] より一般的に言えば、彼の批判理論は、資本主義において歴史的に構成されたものを単に維持することを支持するのでもなければ、その廃絶を支持するのでもない。むしろ彼の理論は、疎外された形態において構成されたものが領有され、根本的に変革される可能性を指し示しているのである。

社会運動・主観性・歴史的分析

本書では、マルクスによる資本主義とその根本的矛盾の性質についての分析を再解釈することで、社会的階級と社会運動の関係という問題や、資本主義の超克の可能性について、考え直すことになる。本書のアプローチは、工業的生産様式は資本主義と根本的に緊張関係にあるという分析に反論することによって、プロレタリアートは資本主義に対する社会的な対抗原理である、という観念を拒絶する。マルクスによれば、資本の代表者と労働者の階級闘争は、例えば労働時間の問題や賃金と利潤の関係性をめぐって露呈するが、それは資本主義の構造に内在するものであり、したがってこのシステムの動態性を構成する重要な要素である。[五三] にもかかわらず彼の価値分

五一———私は第四章および第五章において、Jürgen Habermas, *Knowledge and Human Interests*, trans. Jeremy Shapiro (Boston, 1971)（J・ハーバーマス『認識と関心』奥山次良ほか訳、未來社、二〇〇一年）や、Albrecht Wellmer, *Critical Theory of Society*, trans. John Cumming (New York, 1974) によって提起されてきたように、より広範にこうした立場について論じるであろう。

五二———*Capital*, vol. 1, pp. 568-69, 798ff.（『マルクス＝エンゲルス全集 第二三巻 第一分冊』、五七七—七八頁、『マルクス＝エンゲルス全集 第二三巻 第二分冊』大内兵衛・細川嘉六監訳、大月書店、一九六五年、八四〇—四一頁）

五三———Ibid., p. 344.（『マルクス＝エンゲルス全集 第二三巻 第一分冊』、三〇五頁）

析は、資本の基盤はプロレタリア労働であり、そうであり続けるということを必然的に示唆している。したがってこの労働は、資本主義的社会編制を潜在的に否定する基盤ではない。『要綱』において提示される資本主義の矛盾は、プロレタリア労働と資本主義の間にはない。それはプロレタリア労働――すなわち現存の労働の構造――と、いま一つの生産様式の可能性との間にある。社会主義とは、資本主義の下に立ち現れた工業的生産様式を、より効率的で人道的かつ公正な仕方で運営することであるとする考え方を本書は批判するが、この批判はまた、革命の《主体》としてのプロレタリアート、すなわち歴史を構成し、社会主義において自己を実現する社会的行為者という意味でのプロレタリアートという観念に対する批判でもある。

このことは、労働者階級が自らを歴史的に構成し自己を主張するという要求および概念と、資本主義を乗り越えようとする欲求、要求、概念との間に直線的な連続性は存在しない、ということを示唆する。後者――例えば自己充足の活動への欲求を含むかもしれない――は、消費の領域や分配的正義の問題に限られるのではなく、労働の性質や資本主義の特徴である客観的諸制約の構造を問題とすることになる。このことが示唆するのは、資本主義とそのありうべき超克についての批判理論は、こうした欲求や意識形態がいかにして社会的に構成されるのかについての理論――歴史における主観性の質的変容を取り扱い、こうした観点から社会運動を理解することのできる理論――を含まなければならない、ということだ。こうしたアプローチは、プロレタリアートの自己廃棄というマルクスの観念に新たな光を投げ掛けうるし、ここ二〇年間の新しい社会運動を分析するにあたっても有効なものとなりうるだろう。

マルクスの批判理論の諸カテゴリーは、社会的「客観性」と「主観性」の両方（つまり社会的「客観性」のカテゴリーとしてだけでなく、もちろん経済的カテゴリーとしてでもなく）を決定づける、構造化された実践の諸形態のカテゴリーとして解釈されるならば、主観性についての歴史的理論の基礎となりうる。このような読解によって資本主義の動態的性格を分析することは、潜在的に、主観性の歴史的変容についての分析ともなる。さらに資本制社会を構造化する社会的諸形態が、矛盾をはらむものとして提示されうるのであれば、批判的・対抗的な意識を、社会的に構成されたものとして扱うことも可能になる。

だが、マルクスの言う矛盾を、このように「主観的」でもあり「客観的」でもあるものとして解釈することによって、対抗的な意識の必然的な出現が示唆されると理解されるべきではないし、ましてやそれは解放が自動的に達成されるということではない。ここでの私の関心は、蓋然性、例えばそのような意識が出現するであろうというような蓋然性の理論的次元にあるのではない。私はむしろ、可能性という次元について思考しているのであり、換言すればそれは、批判的ないし対抗的な意識の可能性も含む主観性がいかにして社会的に構成されるのかという問題に取り組むアプローチを、より原理的に公式化することについて思考している、ということである。矛盾という観念は、そのような意識の可能性を社会的に基礎づける理論をもたらしうる。資本制社会とは統一的な総体なのではなく、その社会的諸形態は「一次元的」ではないと考えられるとすれば、批判的・対抗的な意識の形態を、社会的に構成される可能性として分析することができるのである。

こうした理論は主観性（自分の置かれた状況に対して批判的な主観性をも含む）を社会的に構成されるものであるとするが、それは既存の秩序を肯定し永続化するような意識のみが社会的に形成されたものだとする、暗黙の機能主義的な観念に反対する。それはまた批判的、対抗的ないし革命的な意識は存在論的または超越論的な根拠を持つ——あるいは少なくとも社会生活において非資本主義的だとされる諸要素に根差す——ものでなければならない、とする考え方にも反対する。こうした考えは、前述の機能主義的な観念とひそかにつながっているのである。私がこれからその概略を示すアプローチは、今日依然として残っている非資本主義的な傾向の存在やその重要性を否定するものではない。それらは、支配的秩序に何らかの異成分を持ち込むかもしれないし、秩序に対して批判的な距離を取ることを促すかもしれない。しかし本書のアプローチは、資本主義を統一的な総体としてとらえているがゆえにこうした傾向にもっぱら焦点を合わせるような理論的試みを批判するための基礎を与えるのである。抵抗と対抗という問題に取り組むに際し、右のような方法を採るならば、資本制社会を単に物象化され畸形化したものとしてとらえ、批判的思考や実践を歴史的に規定されないものとして取り扱うことになる。これに対し、資本主義を矛盾する社会とみなす分析は、［支配的な秩序に対する］批判的な距離や異成分の存在する余地が、資本主義それ自体の枠内から社会的に生まれることを示そうとする。かかる分析は、主観性（対抗的諸形態をとる主観性をも含む）についての歴史的理論の土台を据えるが、私の判断ではそれは、現存の社会秩序と、批判的な形態をとる主観性および実践との間の、単純な敵対関係を想定するような理論的取り組みよりも、はるかに説得的である。こうしたアプローチによって、さまざまな批判的概念や実践とそれらが置かれた歴史的文脈との関係を――これらの意思と実践の観点からだけでなく、それらがもたらしうる歴史的影響の観点からも――精査することが可能になるのであり、そのことによって、これらの対抗的主観性と実践が、資本主義のありうべき規定された否定に関して果たしうる役割について考察することが可能になる。要するに、かかるアプローチによって、現存秩序が変革されうる可能性を分析することができるようになるのである。

こうした観点から資本主義を、矛盾をはらむものとして理解することで、自己再帰的で首尾一貫した社会批判が、つまり、それが置かれた文脈との関連において自身を理解する社会批判が可能になる。かかるアプローチによって、批判理論と、資本を否定しようとする欲求や対抗的意識の諸形態が大衆的な次元で出現することの内在的な関係――それが媒介されたものであれ――を分析することができるようになる。主観性についてのこうした再帰的な社会理論は、根本的に対抗的な意識が存在しうるということを、現存秩序に根拠づけることのできない批判［理論］と、著しい対照をなす。こうした批判理論は、せいぜい客観主義的にのみ根拠づけを行なうにすぎない。その際、批判する思想家の認識はどういうわけか社会的歪曲を免れており、彼らには特権的な地位が暗黙裡にあてがわれているのである。こうしたアプローチは、啓蒙主義時代の唯物論におけるアンチノミーに逆戻りするのであるが、それはマルクスの「フォイエルバッハ・テーゼ」が既に批判したものであった。いわく、人々は二種類に分けられる。社会的な限定を受ける多数者と、何らかの理由によって限定を受けない批判的な少数者に。[五四] 彼らは認識論的に首尾一貫しない社会批判の在り方を露呈しているのであり、その批判はそれ自身の存在を説明し得ず、ゆえに自己を悲劇めかした態度や前衛ぶった教導といったかたちで提示しなければならないのである。

今日への示唆

ここまで、マルクスの批判理論を『要綱』に基づいて解釈するアプローチについて概説してきたが、さらなるその含意について手短に示しておきたい。資本主義における労働の歴史的に特殊な形態に焦点を合わせることによって、市場に媒介された分配様式に本質的には依拠しない資本の概念と資本主義的社会編制の動態性を理解するための基礎が与えられる。言い換えればこうした分析手法は、資本主義を、その一九世紀における諸形態に拘束されたものとしてではなく分析することを可能にする。こうしたアプローチは近代社会の性質と動態性を、資本主義に基づくものとして分析するための基礎を与えうるのであり、それは国家的諸制度およびその他の大規模官僚制組織が社会的規制や分配において重要な、時には主要な行為主体となる時代の社会にも適用されうることだろう。かかる方法はまた、現在のグローバルな社会的および経済的な変容を、資本主義の変容として理解するための出発点の役割を果たしうるだろう。

さらには、生産への批判に焦点を当てることによって、社会主義についてのマルクスの考えを、ポスト資本主義における社会生活の形態として再生することが可能になる。マルクスにとって、社会主義と資本主義の歴史的

五四―――Marx, "Theses on Feuerbach", in Karl Marx and Frederick Engels, *Collected Works*, vol. 5: *Marx and Engels: 1845-1847* (New York), pp. 5-8.（『マルクス＝エンゲルス全集 第三巻』大内兵衛・細川嘉六監訳、大月書店、一九六三年、三―五頁）

関係性は、単に生産手段の私有を廃絶し、市場を計画へと置き換えるための歴史的前提という問題に尽きるものではない。この関係性はまた、資本主義における歴史的に特殊な労働の役割が、他の形態による社会的媒介に取って代わられる可能性——それは増しつつあるのだが——という観点からも把握されるべきである。マルクスによればこの可能性は、資本主義の発展が生み出す価値と「現実の富」〔real wealth〕との間の、ますます増大する緊張に根拠づけられる。この緊張は価値の構造的な廃絶の可能性を、つまり、抽象的支配および特定の形態での「成長」の抽象的な必然性と、生産の内的要素としての直接的人間労働の構造的な廃絶の可能性を指し示す。『要綱』におけるマルクスの説明によれば、無階級社会の物質的基盤とは、剰余生産物を生み出す主要因がもはや直接的人間労働ではないような生産の形態である。このアプローチによれば社会主義の根本問題は、資本家階級が存在するか否かではなく、プロレタリアートがなお存在するか否かということなのである。

ブルジョワ的分配様式の超克だけを問題にする資本主義批判の理論は、資本主義のこの次元を十全に把握することができず、さらに悪いことには、階級社会の超克は生産様式の基礎の超克を必然的に必要とする、ということを覆い隠しかねない。かくして伝統的マルクス主義の中には、「現存社会主義」諸国家の社会形態を正当化するイデオロギーと化したものもあった。「現存社会主義」の社会において、自由主義的ブルジョワ的分配様式は廃止されたが、資本によって規定された生産様式は廃絶されず、前者の廃絶は後者の存在をイデオロギー的に隠蔽する役割を果たしたのである。[五五]

それゆえポスト資本制社会についてのマルクスの考えは、国家指導による資本蓄積の諸様式とは区別されなければならない。ここまでその概略を述べてきた解釈は労働の特殊な形態を、資本を構成するものとして強調するが、かかる解釈は、世界経済の中心地における産業資本主義の発展と「周縁」諸国における国家の役割の増大との相互関係という観点から、「現存社会主義」諸国の出現を歴史的に分析する立場と符合する。すなわち、次のように論じうるだろう。グローバルな資本主義の発展局面にあって国家は、国民単位の総資本の形成を促した。

このような状況下では、商品、貨幣、そして資本の自由な流通が一時的に停止されたとしても、それは社会主義を意味したわけではなかった。むしろそれは、「資本主義革命」が世界市場の周縁部において進行しうるための、唯一のではないにしろ、数少ない手段の一つであった。このような周縁部において、ブルジョワ革命と国民的総資本の確立との間にもともとあった歴史的な結びつきは、もはや存在しなかった。その結果は、ポスト資本制社会ではなかったし、またそうであるはずもなかった。資本によって規定される社会は、単に市場や私有財産の結果ではない。それはブルジョワジーによる支配へと社会学的に切り縮められてはならないのである。

近代社会において国家による統制を担う諸機構を、資本主義を否定するものとしてではなく、資本主義的社会編制の発展という観点から考察してみることで、ポスト資本主義における民主主義の問題が問い直されることもまた明らかである。このような分析は、歴史的に言って資本主義に特殊な抽象的強制と拘束の様式を、価値と資本という社会的諸形態に根拠づける。これらのカテゴリーによって表される社会的諸関係は、市場および私有財

五五――本書において私は、資本主義の基礎的要素に関するマルクスの概念を再考するわけだが、その含意するところを、ポスト資本制社会の諸段階ないし諸形態（例えば「社会主義」や「共産主義」）といった問題に向けて追究することはしない。だが、次のことは記しておくべきだろう。すなわち資本主義の中心と特徴をなす社会支配と搾取の形態が、もはや生産手段の私有ではなく、商品と資本のカテゴリーによって表現される社会的諸関係の疎外された構造に求められるならば、また同様に、疎外の過程が所与の人間的本質からの離反としてではなく、社会的歴史的に構成された形態として理解されるならば、こうした問題に対する観点は変化するのである。この問題に対する別のアプローチについては、Stanley Moore, *Marx on the Choice between Socialism and Communism* (Cambridge, Mass., and London, 1980) を参照。ムーアは搾取を、資本主義における私有と同一視し、それを基に、交換は存在するが生産手段の私有は存在しない社会（彼の定義による「社会主義」）を、両者ともに存在しない社会（「共産主義」）に比して優れたものであると主張する（pp. viii-ix, 34-35, 82）。ムーアは、そのように規定された社会主義とは単にポスト資本制社会の不完全な形態であり、「共産主義」への前奏曲にすぎない、という見解に反論することを意図している。そのことによって彼は、「現存社会主義」社会における政治的、社会的、文化的抑圧に対するイデオロギー的な正当化を無効化しようとする（p. x）。この意味においてムーアのアプローチと、本書が提示する全く異なるマルクス解釈との間には、戦略的意図における並行関係がある。ムーアとわれわれの見方によれば、「現存社会主義」社会は、ポスト資本主義の社会とみなされるべきものでは全くないのである。

産と全く同じものではない。このことは、これらの強制が、分配におけるブルジョワ的諸関係がなくても存続し続けるかもしれない、ということを意味する。もしそうであるならば、ポスト資本主義における民主主義という問題は、政治を国家主義的にとらえるか、それとも非国家主義的にとらえるか、という対立の観点からだけでは適切には提起され得ない。そうではなく、価値と資本という形態が政治的決定に対して課すところの制約の性質という、より決定的な次元を考察しなければならないのである。換言すれば、本書で展開するアプローチは、ポスト資本主義における民主主義とは生産手段の私有を無くした「社会における」民主主義的な政治形態にとどまるものでは必然的にあり得ない、ということを示す。それはマルクスの諸カテゴリーによって把握された社会的諸形態に根差した、抽象的な社会的強制を廃絶することをも要求するであろう。

このように再構築することにってマルクスの理論は、こんにち近代社会を批判的に分析する方法として、より実りあるものとなる。それは、伝統的マルクス主義に対する批判を意図するものであると同時に、ゲオルク・ジンメル、エミール・デュルケム、マックス・ウェーバーといった偉大な社会思想家たちの悲観的な分析に応答しうる批判的社会理論のための基礎を据えようとするものでもある。これらの思想家たちはそれぞれ、近代社会の発展における否定的な諸要素を同定し、分析した（例えばジンメルは、豊穣化する「客観的文化」と、相対的に狭隘化する個人の「主観的文化」との間で増大する隔たりを考察し、デュルケムは、有機的連帯が機械的連帯に取って代わることによるアノミーの増加を研究し、そしてウェーバーは、社会生活の全領域における合理化を分析した）。彼らは、資本主義の自由主義的形態から、より組織化された形態への移行の時期に執筆したのであるが、資本主義批判の理論は、それが私有財産と市場に対する批判として理解されるならば、近代社会の本質的特徴を把握することはできない、とそれぞれの仕方で主張した。そして彼らはそれぞれ、分配様式と階級の力関係が変容しただけでは近代の産業社会における生活の最も重要な諸側面は手つかずのまま残る、ということを理解していた。これらの思想家たちにとって、伝統的マルクス主義が展望した、資本主義の社会主義への交替は、社会編制の本質的ではない変容——その否定的諸側面の昂進ではないにしても——を意味したのであった。

私が本書で提示するマルクスの批判理論の再解釈は、近代社会へのこうしたさまざまな批判によって提起された難問に応答するための試みである。それは、資本主義についてのより広く深い理論、すなわちこれらの批判を包括できる理論を展開することによってなされる。このようなアプローチは、さまざまな過程——例えば「主観的」文化と「客観的」文化との隔りの増大であるとか、近代生活の道具的な合理化の進展といった過程——を、宿命的発展がもたらす必然的で不可逆の結果であるとは考えない。そうではなくそれは、こうした過程を社会的実践の歴史的に規定された諸形態へと社会的に根拠づけ、その発展の軌道を、非直線的でそれゆえ変革可能なものとして把握することを可能にするのである。このようなマルクスの再解釈はまた、先に述べたように、主観性についての社会・歴史的理論を含意する。この理論を基礎として、近代性と合理化についてのウェーバー的問題に接近する強力なアプローチを発展させうるだろう。資本主義の発展にとって決定的な意義を持った思考形態および分化と合理化の持続的過程が重要であることに同意しつつ、マルクスの諸カテゴリーによって表現された社会生活の諸形態という観点から、かかる思考やそれらの過程それ自体を取り扱うこともできる。最終的にわれわれは、次のことを理解することになる。すなわちマルクスの理論は、近代社会の社会構造と歴史的動態性を、歴史的に規定された実践の形態によるものとして構成するのであるが、かかる理論は、最近ではピエール・ブルデューによって提示されているような洗練された理論として読むことが可能である、ということだ。[五六] すなわちそれは、実践や思考の日常的形態と社会構造とが相互に構成し合う関係についての理論である。このような理論は、このところ広がっている機能主義と方法論的個人主義とのアンチノミー——そのいずれもが社会生活の客観的次元と主観的次元とを内在的に関係づけることができない——を超克しうるであろう。

——五六—— Pierre Bourdieu, *Outline of a Theory of Practice*, trans. Richard Nice (Cambridge, 1977), pp. 1-30, 87-95.

だが最も重要なことは、資本主義の構造とその歴史的諸過程を、社会的に構成された性格であるとする理論は、それらのありうべき超克についての理論でもある、ということだ。この超克は、右にその概略を述べた弁証法的な反転の観点から、客観的文化を主観によって領有し変革することとして把握されうる。それは疎外された労働に究極的には根差している抽象的な社会的強制の構造を超克することによって、可能になる。資本主義がこのように定義されるならば、資本主義とそのありうべき歴史的否定との差異は、ある一つの社会編制と、それとは異なるいま一つの社会編制との差異として、正当に扱われうるだろう。

第二章

伝統的マルクス主義の諸前提

1 価値と労働

これまで概要を述べてきたように、私のアプローチは、伝統的なマルクス主義による資本主義批判とは根本的に異なる種類の批判理論を提示するものである。資本主義の性質、生産「諸力」と生産「諸関係」との基礎的な矛盾について伝統的になされてきた理解に対して疑問を提起すると同時に、社会主義についての伝統的な考え方や労働者階級の歴史的役割についても疑義を呈する。このアプローチは、伝統的な資本主義観——市場と私有財産に第一の力点を置く——を、生産の形態への批判によって補完するだけにとどまらない。[一]むしろそれは、資本

一——この二つの批判的アプローチの間の緊張関係こそは、エルネスト・マンデルの著作『後期資本主義』(Ernest Mandel, *Late Capitalism*, trans. Joris De Bres. [London and New York, 1978]〔E・マンデル『後期資本主義(一～三)』飯田裕康ほか訳、柘植書房、一九八〇—八一年〕)を特徴づけるものである。この著作は近代資本主義の歴史的発展の軌道を研究した大著である。資本主義の現代的局面、すなわち「第三次技術革命」によって特徴づけられる時期についての彼の探究は、『要綱』においてマルクスが行なった資本主義の矛盾についての

制社会の性質そのものを、もう一度概念化しようとするものである。その際に土台となるのは、マルクスの理論を近代資本制社会についての歴史的に特殊な批判理論として解釈することである。マルクスの理論は、近代資本制社会における労働、媒介の様式、生産の様式を批判するところにその基盤がある。このようなアプローチは、これまで概説してきた『要綱』の読解が示唆するものであるが、それは伝統的なマルクス主義的解釈の持つ基本的諸前提に対する批判を必然的に伴うものとなるし、後期マルクスの批判理論の主要なカテゴリーについて根本的な再解釈の必要があることを示すものとなる。

そのようなカテゴリーの再解釈が持つ複数の次元を解明するために、ここで私は伝統的なマルクス主義の批判が前提としているものを、より詳しく分析するところから始める（先述したように、本書はマルクス主義思想の通覧的研究ではないが、ある意味で、あらゆる型の伝統的マルクス主義が依拠する諸前提を解明するものである。ただし、これら伝統的マルクス主義の諸類型は、他の点ではさまざまなものでありうる）。ここでの考察が明らかにするのは、本書で示されるアプローチと伝統的マルクス主義のアプローチとが、根本的に異なる形態の社会批判だということだ。すなわち、伝統的マルクス主義の資本主義批判は労働の視点からなされているが、本書のアプローチは資本主義における歴史的に規定された労働の性質を、資本制社会を構成するものとして批判するのである（この検討の過程で私は、例えば価値のようなマルクスの諸カテゴリーに必然的に言及することになるが、これらのカテゴリーの十全たる意義は、本書の後半になってはじめて展開されうるものとなる）。

資本主義の特徴をなす社会的諸関係をマルクスは資本主義的「生産諸関係」と名づけたわけだが、これは彼の後期の経済学批判の基本的なカテゴリーによって把握される、ということがよく言われる。マルクスは近代資本制社会の批判的分析を、商品というカテゴリーによって始める。彼の分析枠組みにおいて、この商品というカテゴリーは生産物を指しているだけでなく、資本制社会を構築する最も根本的な社会的形態をも指しているのである。それは、歴史的に規定された社会的実践の様式によって構成される形態である。マルクスはさらに、貨幣や資本といった一連のカテゴリーを展開し、そのことによって資本主義の性質とその発展の動態性を説明しようと企てる。マルクスは商品というカテゴリーそのものを、彼が「価値」と「使用価値」と名づけるものとの対立という観点から分析する。[二]これらのカテゴリーについては以下でより詳しく検討するが、ここではさしあたって次のことを思い出しておけば十分である。すなわち『要綱』においてマルクスは、価値を、社会的諸関係の規定された形態と、資本主義の特徴をなす富の特定の形態の双方を表現するカテゴリーとして扱っている。マルクスの分析において価値は、資本主義的な社会的諸関係の第一の、そして論理的に最も抽象的な規定性なのである。[三]われわれはまた、マルクスの価値というカテゴリー、したがって彼の資本主義的生産諸関係についての概念は、分配様式の観点からだけでは適切に理解し得ず、生産様式との関係においても把握されなければならない、ということを見てきた。

こうした事柄を踏まえて、われわれはさらに進んで、マルクスの価値や「価値法則」、価値を構成する労働といったカテゴリーについてのよく知られた解釈のいくつかを分析することによって、伝統的マルクス主義のカテゴリー的な諸前提を検討することができる。『資本主義発展の理論』においてポール・スウィージーは、価値は狭い意味での経済学的カテゴリーとして理解されてはならず、「商品所有者間の社会的関係の外面形態」[四]として

分析を土台としている。にもかかわらず、マンデルはこのマルクスの分析が持つ意義を一貫したものとして取り出していない。競争や「不均等発展」の問題に焦点を当てて資本制社会の発展の諸段階を扱う際の彼のやり方は、伝統的マルクス主義の資本主義理解やソヴィエト連邦を社会主義とする理解に無意識に拘束され続けている。

二――Marx, *Capital*, vol. 1, trans. Ben Fowkes (London, 1976), p. 125ff.（『マルクス＝エンゲルス全集　第二三巻　第一分冊』大内兵衛・細川嘉六監訳、大月書店、一九六五年、四七頁以下）

三――Ibid., p. 174n34.（同右、一〇八―〇九頁の注三二）

四――Sweezy, *The Theory of Capitalist Development* (New York, 1969), p. 27.（P・スウィージー『資本主義発展の理論』都留重人訳、新評論、一九六七年、三一頁）

理解されるべきだ、ということを強調する。スウィージーによれば、この社会的関係の基本的性質は、「おのおの独立に働く個々の生産者が、事実においては、相互のために働いている」[五]ということである。言い換えれば、社会的な相互依存性は確かに存在するのであるが、それは社会組織においては明示的には表現されておらず、間接的に機能している。価値は、そのような非顕在的な相互依存性が上辺に現れるときの形態である。価値は、労働とその生産物の、社会的分配における間接的な様式を表現している。そこでスウィージーは、価値というカテゴリーをもっぱら市場との関連において解釈する。結果として彼は、マルクスにおける価値法則を次のように描き出す。「マルクスが『価値法則』とよんだところのものは、商品生産社会において作用しつつある次のような諸力の総括である。すなわちその諸力とはa)諸商品間の交換比率、b)生産される各商品の量、およびc)さまざまの生産部門への労働力の配分を規制するところの法則である」[六]。この解釈によれば、価値法則とは「結局のところ一般均衡理論」[七]である、ということになる。その主要な機能の一つは、「商品生産社会においては、集中化されかつ相互に調節された管理決定が存在しないにもかかわらず、そこには秩序があり、単なる混沌ばかりではないことを明らかにする点にある」[八]。したがって価値法則は、スウィージーに従えば、自己調節的な市場の働きを説明する試みであるということになるが、これによると、価値とはもっぱら分配のカテゴリーであって、資本主義における無意識的、「自動的」な、市場に媒介された分配様式の表現である、ということになる。それゆえスウィージーが、資本主義の原理としての価値を、社会主義の原理としての計画性に抽象的に対置するのは不思議なことではない[九]。分配を司る様式は、そうした解釈が行なう批判の本質的な焦点である。

マルクスにとって資本主義の超克が、分配の「自動的」な様式の超克を含んでいたことは否定できない。にもかかわらず、価値というカテゴリーは、分配様式の観点からだけでは適切には理解され得ない。というのはマルクスは、分配がいかにしてなされるかということのみならず、何が分配されるのかということも分析しているからだ。これまで見てきたように、マルクスは価値を、歴史的に特殊な富の形態として扱っており、それを『要綱』においては「現実の富」と対置している。しかしながら、価値が本質的に市場によって媒介される分配のカテゴリーであるとみなされるのであれば、価値は、一つの特殊な富の形態そのものとしてではなく、歴史的に特殊な富の分配様式として扱われることになる。われわれは次のことを見ることになる。すなわちマルクスによれば、富の一形態としての価値の出現は、特定の分配様式の発生と歴史的に関係していたにせよ、しかしそれはその様式に束縛されたままでいるわけではない。価値は、ひとたび社会的に十分に確立されると、多様なかたちで分配されることが可能となる。実際、私が論じていくのは、スウィージーやエルネスト・マンデル[一〇]や他の論者の想定とは反対に、価値と計画性の間には論理的・必然的な対立さえ存在しない、ということである。計画性が存在するからといって、価値が必然的に不在になるわけではない。すなわち価値は、計画性という手段によっても同様に分配されうるのである。

価値を富の分配のカテゴリーとする伝統的な解釈では、マルクスが価値を「物質的富」や「現実の富」等々と呼んだものと対置している点が見過ごされてしまう。そのため伝統的な解釈では、価値を構成する労働の形態の歴史的特殊性についての分析が不可能になってしまうのである。もし価値が、歴史的に特殊な富の形態であるならば、それを生み出す労働もまた歴史的に規定されたものでなければならない（その特殊性の分析によって、どのようにして価値形態が、分配の領域のみならず生産の領域をも構造化しているのかが分析可能になるだろう）。

五――Ibid.（同右）
六――Ibid., pp. 52-53.（同右、六四頁）
七――Ibid., p. 53.（同右）
八――Ibid.（同右）
九――Ibid., pp. 53-54.（同右、六四―六五頁）
一〇――Ernest Mandel, *The Formation of the Economic Thought of Karl Marx* (New York and London, 1971), p. 98.（E・マンデル『カール・マルクス――〈経哲草稿〉から〈資本論〉へ』山内昶・表三郎訳、河出書房新社、一九七一年、一二八頁）

ところがもし価値が、単に富の分配のカテゴリーにすぎないのであれば、富を生み出す労働は非資本主義的な［社会］編制における労働と本質的に変わらないことになる。両者の相違は外在的なものとなり、単にどのようにそれらが社会的に調整されているのか、という問題にすぎないものとなる。

それゆえ資本主義における労働の性格を特定しようとする伝統的な試みが、こうした外在的な相違を問題にする観点から行なわれてきたことは、驚くべきことではない。例えばヴィタリー・ヴィゴツキーは、スウィージーと同じく価値を、市場による分配のカテゴリーとして解釈したが、資本主義における労働の特殊性を次のように記述した。「あらゆる労働と同じように、社会的労働ではあるが、生産手段の私的所有という条件のもとでは、それは直接には社会的性格をおび［ているわけではない］」[一一]。ヴィゴツキーが「社会的」という語で言わんとしたことを分析する前に、彼の分析においては、資本主義における労働が、すべての社会における労働と本質的には同じであると考えられている点に注意が必要である。つまり資本主義における労働は、ただその社会的な性質が直接的に現れていないという点において異なっているだけなのである。エルネスト・マンデルも同様の解釈を示している。マンデルは私有財産が資本主義の核心であると考えている点でヴィゴツキーと異なるが[一二]、彼もまた資本主義における労働の特殊性を、その社会的性格の間接性にあるとしている。「個体的労働が、直接に社会的労働と認められる——まさにこれこそ、社会主義社会の根本的特徴の一つなのだ——ばあいに、この労働の社会的性質を《再発見する》ために、市場による回り路をすることは明らかにばかげたことである」[一三]。マンデルによれば、マルクスの価値論の目的は、資本主義において労働の社会的性質が規定されている間接的な在り方を表現することである[一四]。

資本主義における労働の性格を、間接的に社会的であることとして規定するそのような解釈は、きわめて一般的である[一五]。しかしながら銘記すべきは、こうした一般的な解釈者たちが、資本主義における労働の特殊な社会的「性格」や「質」として提示するものが、実際にはその分配の様式であるということである。そうした規定性は、労働そのものに対して外在的なものにとどまる。マルクスが資本主義における労働を、私的であると同時に社会的であるものとして特徴づけたとき、その労働の特殊性の外在的な規定と内在的な規定との区別を明らかにすることができるようになったのである。[一六]

右に引用した複数の文章は、価値が市場のカテゴリーとして解釈されるとき、資本主義における労働を私的でありかつ社会的であるとする記述は次のような意味に受け取られてしまう、ということを示している。すなわち、人々が「実際には」より大きな社会有機体の構成員として互いのために働いているがゆえに労働は社会的なのだが、しかし市場と私有財産によって構造化された社会において人々は、直接的には自分のために働き、間接的にのみ他者のために働いているがゆえに、労働は私的なものであるかのように見える、と。労働が資本主義的な生産諸関係によって媒介されているかぎり、その社会的な性格はそのものとしては現れ得ないのである、と。しかしながらそうした図式において、「社会的」という言葉は、単に「私的」ではないもの、個人的なものよりはむしろ集合的なものに関連するものとされるにすぎない。複雑な社会的諸関係が持つ特殊な性質についての究明はなされず、そうした一般的な概念である「社会的なもの」がもたらす、社会的なものと私的なものとの対立につ

一一——Vitali Solomonovich Vygodski, *The Story of a Great Discovery* (Berlin, 1973), p. 54.（V・S・ヴィゴツキー『資本論の生誕』富岡裕訳、新読書社、一九七七年、八一頁）

一二——Mandel, *The Formation of the Economic Thought*, p. 98.（マンデル『カール・マルクス——〈経哲草稿〉から〈資本論〉へ』、一二八頁）

一三——Ibid., p. 97.（同右、一二六—一二七頁）

一四——Ibid.（同右）

一五——例えば以下を参照せよ。Helmut Reichelt, *Zur logischen Struktur des Kapitalbegriffs bei Karl Marx* (Frankfurt, 1970), pp. 146–47; Anwar Shaikh, "The Poverty of Algebra," in Ian Steedman, Paul Sweezy, et al., *The Value Controversy* (London, 1981), p. 271.

一六——Marx, *A Contribution to the Critique of Political Economy*, trans. S. W. Ryazanskaya (Moscow, 1970), p. 34.（『マルクス資本論草稿集③経済学著作・草稿一八五八—一八六一年』資本論草稿集翻訳委員会訳、大月書店、一九八四年、二二一頁）

いても、究明はなされないのである。

そうした解釈が含意するのは、資本主義を超克するには、社会的諸関係の媒介された形態を、直接的な無媒介の形態に置き換えることが必要である、という考え方である。そうすれば労働は、その社会的性質を直接的に実現することができるだろう。こうした類いの批判的分析は、「真の」直接的に社会的で全体化する性質を持つ労働の観点から、資本主義における労働の個人化され、間接的な社会的性質を批判する。より一般的に言えばそれは、無媒介の（「直接的な」）社会的諸関係の観点から、媒介された社会的諸関係を批判する、というものである。

しかしながらそうした解釈とは正反対に、マルクスが資本主義における労働を私的でもあり社会的でもあると特徴づけるときに意図しているのは、労働の社会的次元の観点からその私的次元を批判する、ということではない。マルクスが言及しているのは、労働の真なる超歴史的な「本質」と、資本主義におけるその現象形態との差異ではなく、資本主義における労働そのものが持っている二つの契機なのである。「交換価値で表わされる労働は、個別化された個々人の労働として前提されている。それが社会的なものとなるのは、その正反対の形態、抽象的一般性の形態をとることによってである」[一七]。マルクスがここで行なっている労働の特徴づけは、商品によって規定された労働が持つ「二重の」あるいは「二層の」性格と彼が呼ぶものの分析の一環である。それは「個別化した個々人の労働」であり、それはまた「抽象的な一般性の形態をとる」のである（後に見るようにマルクスは、後者の形態を直接的もしくは無媒介的に社会的なものとして定義した）。資本主義における労働の二重の性格についてのマルクスの記述は、先に概説した「社会的なもの」についての未分化な考え方とは大きく異なるアプローチを含意していることを銘記しておく必要がある。彼の関心は、社会生活のある特定の形態の特殊性を把握することにあった。マルクスは、社会的なものと私的なものの対立を、潜在的に非‐資本主義的なものと資本主義に固有のものの対立としてとらえたりはしない。彼はその対立そのもの、その両項を、資本主義における労働と資本制社会それ自体が持つ特異な性格として取り扱うのである。言い換えれば、直接的に社会的な労働と私的労働の対立は、相補的・相互依存的でありながら、それぞれは一面的な両項の対立なのである。このことが示唆するのは、直接的に社会的な次元を持っているのは、まさしく資本主義における労働であるということ、さらに「直接的に社会的な労働」は、「私的労働」の存在をその特徴とする社会的枠組みにおいてはじめて存在する、ということである。マルクスは、先に概説した類いの解釈とは反対に、資本主義における労働の直接的に社会的な性格は資本制社会の核心に存する、と明確に主張している。彼は、この労働の直接的に社会的な性格が、資本主義の特徴をなす歴史的過程――すなわち、社会全般の諸力と富が、個人を犠牲にしながら発展する過程――の中心であると考える。

> 人間社会の意識的再建に直接に先行する歴史時代に人類一般の発展が確保され達成されるということは、じっさい、ただ個人的発達の極度の浪費によるよりほかはないのである。ここで述べている節約はすべて労働の社会的性格から生ずるのだから、労働者の生命や健康のこのような浪費を生みだすものは、じっさい、労働のこのような直接に社会的な性格にほかならないのである。[一八]

われわれが着手したのは、注目すべき一つの対立を明らかにすることであった。価値を市場のカテゴリーとする解釈によれば、労働は資本主義を除くすべての社会において直接的に社会的であるということになる。しかしマルクスによれば、労働が直接的に社会的な次元をも有するのは、資本主義においてのみである、ということに

一七――Ibid. (translation amended).（同右）

一八――Marx, *Capital*, vol. 3, trans. David Fernbach (Harmondsworth, England, 1981), p. 182 (translation amended, emphasis added).
（『マルクス＝エンゲルス全集 第二五巻 第一分冊』大内兵衛・細川嘉六監訳、大月書店、一九六六年、一一二頁、強調追加）

なる。伝統的なアプローチが、資本主義の超克において実現されるであろうとしているものは、マルクスにとっては廃絶されるべきものにほかならない。

本書の中心的な関心は、資本主義における労働の直接的に社会的な次元についてのマルクスの考え方を分析することによって、この基本的な差異を詳述することである。ここでその分析を要約して先取りしておくと次のようになる。後期マルクスの批判理論の枠組みにおいて、資本主義における労働は、社会的な媒介を行なう活動として機能するのだから、直接的に社会的である。この社会性は、歴史的に比類のないものであり、資本主義における労働を他の社会における労働と区別し、資本主義的編制における社会的諸関係の性格を決定づけている。労働の直接的に社会的な性格は、社会的媒介の不在を示しているどころか（つまり、無媒介な社会的諸関係の存在を示しているどころか）、資本主義に特有なかたちで規定された社会的媒介の形態を構成しているのにほかならない。

既に述べたように、資本制社会に対するマルクスの批判は、この社会における個人の社会的存在のアトム化された様態を、人々が構成部品として存在するような集合性の立場から批判しているものとして理解されるべきではない。そうではなく、マルクスは、孤立した個人と社会的な集合性が対立しているという点においてこそ、資本制社会を分析しているのである。批判は両項に対してなされる。つまり、マルクスの批判は、孤立した個人と社会的な集合性という両項が構造的に連関していること、そして両項は資本主義に特殊な対立を形づくっていることを主張するのである。この対立についてのマルクスの批判的分析は、資本主義の超克が歴史的に可能であるという観点から行なわれており、それは社会的個人というマルクスの観念によって表明されている観点である。同様に、資本主義における労働に対するマルクスの批判は、直接的に社会的な労働という観点から、労働の私的な性格を批判するものではないことを、われわれはいまや理解している。むしろマルクスの批判は私的労働と、直接的に社会的な労働を相互に補完し合うものとして批判するのであり、資本主義の特徴をなすところの原基的な対立における一面的な両項として批判するのである。

このようにマルクスを解釈することによって示唆されるのは、社会的諸関係を——すなわち社会的な相互依存の諸形態を——直接的であるととらえても間接的であるととらえても適切ではない、ということだ。マルクスの批判は、資本主義における社会的媒介の性質を批判するものであり、社会的諸関係が媒介される環境に対する批判にとどまるものではない。社会的な相互依存は、常に媒介されたものである（無媒介な社会的相互依存というのは語義矛盾である）。ある社会を特徴づけるのはその媒介性の持つ固有の性格であり、社会的諸関係の持つ固有の性格である。マルクスの分析は、労働に媒介された社会的諸関係に対する批判であり、それは歴史的に現れつつある、ありうべき別種の社会的・政治的媒介という立場からなされている。そのようなものとして、それは社会的媒介の形態についての批判理論なのであり、直接性の立場から媒介を批判するものではない。このように解釈することによって、後者の立場が陥りがちな陥穽を避けることができる。その陥穽とは、媒介そのものを克服するという観点からポスト資本制社会を可能にしようとするヴィジョンは、それが国家主義的なものであれ、ユートピア共同体的なものであれ、本質的に非政治的な社会主義のヴィジョンへと至りかねない、ということである。[一九] さらに言えば、マルクスの批判は、ポスト資本制社会における社会的・政治的媒介のありうべき諸形態に対する関心と共鳴する。実際、この理論は、そうした関心を社会的、歴史的に基礎づけることによって、ありうべきポスト資本主義的諸形態の歴史的な実現可能性とその社会的な帰結を評価することを可能にするのである。

一九——この点についての広範な議論のためには、Jean Cohen, *Class and Civil Society: The Limits of Marxian Critical Theory* (Amherst, Mass., 1982) を参照のこと。コーエンは、マルクスの批判を媒介性の克服であるとする伝統的な見方と同一視してはいるものの、媒介性そのものが超克されうるという考えを批判する彼女の戦略的な意図は、私の解釈における戦略と同じ方向を指している。

ここで私が概略を述べてきたのは、一つには歴史的に特殊な労働の形態の批判的探究を目的とする理論と、もう一つには、分配の諸形態の批判的検討に向かうに際して労働の形態が検討されざる出発点にとどまっている理論である。これら二つの理論の差異は、『要綱』において提示される社会主義のヴィジョン――そこでは資本主義に特有な富と労働の諸形態は資本主義的編制の超克によって廃絶されることになる――と、価値を市場のカテゴリーとする解釈によって示唆されるヴィジョン――それによれば、資本主義において媒介され分配されているのと同じ形態による富と労働が、社会主義においては直接的に調整されることになる――との相違に対応しているのである。この両者のズレこそが、分配様式を批判する諸理論における諸前提をさらに探究することを要求する。私はそれを、マルクスの批判と古典派経済学とを比較することで行なうことにしよう。

2 リカードとマルクス

モーリス・ドッブは『経済学と資本主義』で、スウィージーと類似した価値法則の定義を与えている。「価値法則は、労働力をも含めての商品相互の間の交換の原理であった。それは、広汎な社会的分業を行っている種種の産業の間に、労働が配分される様式を決定する要因であると同時にまた諸階級の間への生産物の分配を決定する要因でもあった[20]」。価値を市場のカテゴリーとして解釈することでドッブは、資本主義の本質を無意識的な社会的統制のシステムとして特徴づけている。ドッブによれば、価値法則が示しているのは、「商品生産および交換の体系が集団的な規制や単一的な企画なしに、それ自体で機能することができる[21]」ということである。彼はこの「自動的な」分配様式の働きを、古典派経済学の諸理論を参照することによって描き出している[22]。すなわち価値法則が示すのは、「この社会的労働力の配分は恣意的なものではなくて、アダム・スミスのいわゆる競争的諸力の『見えざる手』のおかげで、確乎たる費用法則に従って行われていた[23]」ということである。ドッブの定式化は、マルクス価値法則に対するそのような解釈に潜在しているもの――すなわちこの法則は基本的にアダム・スミスの「見えざる手」に類似しているという解釈――を顕在化させる。しかしながら問題は、両者が同一でありうるかどうかということである。より一般的に言えば、こうである。古典派経済学とマルクスの経済学批判との差異は何であるのか。

ドッブによれば古典派経済学者たちは、「レッセフェールの法則を論証することによって以前の社会秩序の批判を与えた。しかし彼らは資本主義そのものの歴史的批判を与えなかった」[二四]。後者の仕事は、マルクスによる貢献である[二五]。ここまでのところでは、ドッブの意見に異論を唱えるべきところはほとんどない。にもかかわらず、一般的な意味での社会批判という言葉と、特定の意味での資本主義批判という言葉によってドッブが何を言わんとしているのかを明確にしておく必要がある。

ドッブによれば、古典派経済学における批判の主眼は、重商主義の下では必須であると考えられた国家による社会統制は不要である、ということであった[二六]。さらに古典派経済学は、交換価値の作用を制御している諸関係が、生産者としての人々のあいだの諸関係であることを示すことによって、何よりもまず生産の理論となった[二七]。それが意味するのは、消費階級、つまり商品生産に何ら積極的な関与をしない階級は、社会において何ら経済的に積

二〇――Dobb, *Political Economy and Capitalism* (London, 1940), pp. 70-71.（M・ドッブ『政治経済学と資本主義』岡稔訳、岩波書店、一九五二年、六七頁）
二一――Ibid., p. 37.（同右、三三頁）
二二――Ibid., p. 9.（同右、八―九頁）
二三――Ibid., p. 63.（同右、六〇頁）
二四――Ibid., p. 55.（同右、五二頁）
二五――Ibid.（同右）
二六――Ibid., p. 49.（同右、四六―四七頁）
二七――Ibid., pp. 38-39.（同、三四―三六頁）

極的な役割を演じていない、ということであった。[二八] だからこそ、例えばリカード主義者はその理論を、地主階級を攻撃するに際して用いることができた。というのは、彼らの考えでは、生産における積極的な要素は労働と資本だけであり、地代はそうではないからである。[二九] ドッブによる社会批判の考え方を言い換えれば、生産性の観点から、非生産的な社会集団を批判することであった。

　ドッブによれば、マルクスによる資本主義の歴史的な批判は、古典的価値論を取り上げ、それを精緻化することによってブルジョワに対抗するものへと変えていくことを含んでいた。マルクスは、資本の持ついかなる固有の特性に鑑みても利潤は説明し得ないこと、そしてただ労働だけが生産的であることを示すことによってリカード主義者たちを超えた、とドッブは主張する。[三〇] マルクスの議論の核心は剰余価値の概念である。マルクスは資本制社会――そこでは一つの主要な階級の成員たちが財産を全く持たず、したがって自分自身の労働力を生存のために売ることを余儀なくされる――の階級構造の分析から始め、その後、一つの商品としての労働力の価値（その再生産のために必要な総量）が、労働がその活動において生み出す価値よりも少ないということを示した。[三一] この両者の差が、資本家たちによって横領されるところの「剰余」価値を構成するのである。

　マルクスの分析と、剰余価値説における古典派経済学との差異を測定するなかで、ドッブが前提にしているのは、両者は価値と価値法則について、実質的には同一の理論を共有しているということだ。[三二] このためドッブはマルクスについて、古典派経済学から価値論を「継承」し、それをより発展させ、利潤がただ労働にのみ属することを示した、[三三] と主張する。したがって、「マルクスと古典派政治経済学との本質的な差異は、餘剰価値の理論にあった[三四]」。このきわめて一般的な解釈に従えば、マルクスの価値論は本質的にはリカードの労働価値説を洗練させて、より一貫させたものということになる。[三五] それゆえマルクスの価値法則もまた、それと類似した機能、すなわち自由放任的な分配様式の働きを、労働の観点から説明する機能を持つことになる。しかしながらドッブは、古典派経済学によって展開された価値のカテゴリーと価値法則が古い社会秩序に対する批判を提供するにもかかわらず、古典派経済学それ自体は資本主義に対する歴史的な批判のための基盤を提供することはできない、という指摘をしている。[三六] ドップの立場が含意しているのは、マルクスの資本主義批判は、経済学批判が開始されたときのカテゴリー——つまり商品や抽象的労働や価値などの、彼の分析の最初の論理水準において展開されたカテゴリー——によってはまだ表現されていない、ということである。[三七] むしろマルクスの分析におけるこの水準は、批判への序説であると暗黙裡に受け取られている。つまりそれは、おそらく「本当の批判」へ向けた基礎を準備しているにすぎないのであり、本当の批判は剰余価値のカテゴリーの導入とともに始まる、ということなのである。[三八]

二八——Ibid., p. 50.（同右、四七頁）

二九——Ibid.（同右）

三〇——Ibid., p. 58.（同右、五四—五五頁）

三一——Ibid., pp. 58-62.（同右、五四—五九頁）

三二——Ibid., p. 67.（同右、六四頁）

三三——Ibid., pp. 56, 58.（同右、五三—五五頁）

三四——Ibid., p. 75.（同右、七一頁）

三五——例えば以下を参照。Mandel, *The Formation of the Economic Thought*, pp. 82-88（マンデル『カール・マルクス——〈経哲草稿〉から〈資本論〉へ』、一一〇—一一七頁）; Paul Walton and Andrew Gamble, *From Alienation to Surplus Value* (London, 1972), p. 179; George Lichtheim, *Marxism: A Historical and Critical Study* (New York and Washington, 1965), p. 172ff.（G・リヒトハイム『マルクス主義——歴史的・批判的研究』奥山次良ほか訳、みすず書房、一九七四年、一四六頁以下）

三六——Dobb, *Political Economy and Capitalism*, p. 55.（ドップ『政治経済学と資本主義』、五二頁）

三七——そのような立場は、『資本論』の最初の諸章を前資本主義的な「単純な商品生産」の段階の分析であると見る誤った解釈と、緊密に結びついている。私は以下でこの点についてさらに論じるつもりである。

三八——マーティン・ニコラウスは、このようなアプローチのより最近の事例を提供している。彼の『要綱』の翻訳の序文でニコラウスが述べているのは、『労働力』の概念によって、マルクスは古典的価値論が元来持っていた矛盾を解決した。彼は古典理論のうちの妥当なもの、つまり労働時間による価値の測定を残した……、古典理論が含む諸制約を突破すること……によって、マルクスは旧い理論をその反対物へと変えた。すなわち、ブルジョワによる支配の正当化から、いかにして資本家階級が労働者の『労働』から富を成長させるかを説明する理論へと」(Martin Nicolaus, Introduction, in Karl Marx, *Grundrisse: Foundations of the Critique of Political Economy*, trans. Martin Nicolaus [London, 1973], p. 46)。

マルクスの分析の最初のカテゴリーが資本主義批判を表しているかどうかという問題は、それらが資本制社会の歴史的に動態的な性質を理論的に基礎づけているか否かという問題に関わっている。[三九] 例えばオスカー・ランゲによれば、マルクス経済学の「本当の優位性」は「経済進化の過程を説明し予測する領野に」[四〇] ある。しかしランゲは、ドッブやスウィージーと似た価値法則の解釈から始めているために、「労働価値説の経済学上の意味は……静態的な一般均衡理論にほかならない」[四一] と述べることになる。そのようなものであるかぎり、労働価値説は実際には小規模な独立生産者による前資本主義的な交換経済にのみ適用可能であり、資本主義の発展を説明することはできない。[四二] マルクスにおける資本主義の動態性の分析の本当の基盤は、ランゲによれば「制度的与件」[institutional datum]である。つまり生産手段を有する階級と、自らの労働力しか持たない階級への人口分化である。[四三] 資本家の利益が、進歩する経済においてのみ存在しうるのは、まさにこの理由による。[四四] 技術の進歩は、賃金が上昇して利潤を吸収してしまうことを防ごうとする資本家たちの必要から生み出される。[四五] 言い換えるならばランゲは、マルクスの価値論が古典派経済学のそれと本質的に類似しているというよくある解釈から始め、マルクスの用いた静態的な「特殊な経済学的諸概念」と「資本主義において経済過程が進行する制度的枠組みの明確な叙述」との間にギャップが存在する、と主張する。[四六] 後者のみが、社会編制の歴史的な動態性を説明することができる。ランゲによれば価値法則は均衡理論であり、そうであるかぎり、それは資本主義の発展の動態性とは何の関係もないのである。

こうしてわれわれが見てきたのは、もしマルクスの価値論が基本的に古典派経済学のものと同じであるならば、それは資本主義の歴史的批判の基盤を、あるいはその動態的な性格を解明するための基盤を直接的には提供しないし、できもしない、ということである（したがって私の再解釈は、分析の最初の論理水準において展開されるマルクスの基本的なカテゴリーが、資本主義に対する批判を既になしており、内的で歴史的な動態性を確かに示唆していることを示さなければならない、ということになる）。

右に概説した諸解釈では、マルクスの労働価値説は、労働が社会的富の真の源泉であることを明らかにすることで、資本制社会を脱魔術化（もしくは「脱物神化」）するものである。その富は市場によって「自動的に」分配され、隠然たるやり方で資本家階級に横領される。したがって、マルクスの批判による本質的な要点は、等価物交換の外見の下に潜む階級的搾取の存在を明らかにすることである。市場と生産手段の私有は、本質的に資本主義的な生産諸関係であると考えられており、それは価値と剰余価値のカテゴリーによって表現される。社会支配は階級支配の結果としてとらえられており、階級支配は「土地および資本の私的所有」[四七]に根差すとされる。この一般的な枠組みにおいて、価値と剰余価値のカテゴリーは、労働とその生産物が市場を基盤とする階級社会においてどのように分配されるかを表現しているのである。しかしながら価値と剰余価値は、富と労働の特定の形態を表すカテゴリーとして解釈されてはいない。

そのような分配と横領のブルジョワ的様式に対する批判は、何を基盤としているのだろうか。ドッブの用語で言えば、それは「生産の理論」[四八]である。われわれが見てきたように、ドッブはそのような理論について、経済社

三九——以下を参照。Henryk Grossmann, *Marx, die klassische Nationalökonomie und das Problem der Dynamik* (Frankfurt, 1969).

四〇——Oskar Lange, "Marxian Economics and Modern Economic Theory," in David Horowitz, ed. *Marx and Modern Economics* (London, 1968), p. 76.（この記事は *The Review of Economic Studies* の一九三五年六月号に初出）

四一——Ibid.

四二——Ibid., pp. 78–79.

四三——Ibid., p. 81.

四四——Ibid., p. 82.

四五——Ibid., p. 84.

四六——Ibid., p. 74.

四七——Dobb, *Political Economy and Capitalism*, p. 78.（ドッブ『政治経済学と資本主義』、七三頁）

四八——Ibid., P. 39.（同右、三五頁）

会に対して真に生産的に貢献する諸階級を同定することによって、非生産的な諸階級の役割に疑義を呈するための基盤を提供する、と考えている。古典派経済学は、少なくともリカード的な形態において大地主階級は生産的でないことを示した。マルクスは剰余価値の理論を展開することで、ブルジョワジーについて同じことをした、とされるのである。

銘記されるべきは──そしてこれは決定的に重要なのだが──、そのような立場は、マルクスの資本主義批判が、旧来の社会秩序に対してブルジョワ階級がなした批判と基本的に同じ性格を持つと考えている、ということだ。どちらの場合においても、社会的諸関係に対する批判は、労働を立脚点としてなされる。しかし、もし労働が批判の立脚点であるならば、労働は批判の対象ではなく、またその対象になり得ない。ドッブが「生産の理論」と呼ぶものは、生産の批判ではなく分配様式の批判を必然的にもたらすものであり、富の「真なる」生産の源──労働──の分析を基盤として行なわれる。

ここで問われうるのは、マルクスによる批判が、本当にその構造において古典派経済学による批判と類似しているのかどうか、ということだ。これまで見てきたように、こうした理解が前提にしているのは、マルクスの価値論が古典派経済学のそれと同じであり、したがってマルクスの経済学批判は、彼の分析の最初の論理的水準においてはまだ現れていない、ということである。このように見られた場合、マルクスの批判は、『資本論』における理論の展開がもう少し進んでから、つまり労働と労働力のカテゴリーの区別と、これに関連して労働が剰余価値の唯一の源であるという主張がなされるところから始まることになる。言い換えれば彼の批判は、まず第一に、搾取が資本主義に構造的に内在することを示すためのものであると理解されている。また、マルクスの価値のカテゴリーが、基本的にはリカードと同じものであると仮定するならば、価値を構成する労働という彼らの考えも、基本的には同一でなければならないことになる。労働があらゆる富の源泉であるとともに社会的な批判の立脚点でもあるという考え方は、既に述べたように、ブルジョワ的な社会批判の典型である。少なくともそれはジョン・ロックの著作にまで遡り、リカードの経済学においてその最も首尾一貫した表現を得ている。伝統的なマルクス読解――マルクスのカテゴリーを分配（市場と私有財産）のカテゴリーとして解釈し、資本主義における生産力を生産の（工業的）過程と同一視する読解――は、価値の源泉としての労働というリカードの考え方をマルクスのそれと同一視することに究極的には依拠している。

しかしながらこの同一視は、一見もっともらしいだけである。マルクスの経済学批判と古典派経済学との本質的な差異は、まさに労働のとらえ方にある。

確かにマルクスは、リカードの分析を検討する際に、リカードを次のように称賛している。

> ブルジョア体制の生理学の……基礎、出発点は、労働時間による価値の規定である。そこからリカードは出発し、いまやこの科学にたいして……次のことについて答弁するように強要する。……すなわちこの体制の外観上の運動と真実の運動とのあいだの矛盾はそもそもどんな事情にあるのかということについてである。したがって、これこそは、この科学にたいするリカードの偉大な歴史的意義なのであ［る］。[四九]

しかしながらこの賛辞は、マルクスがリカードの労働価値説を採用したことを意味しているわけでは全くない。また二人の違いは、単に分析を表現する方法の相違として理解されるべきでもない。確かにマルクスによればリカードの説明は、労働時間による価値量を規定した後で、あまりにも性急かつ直接的に、他の経済的な諸関係と諸カテゴリーがその規定と矛盾するかどうか、あるいはその規定を修正するかどうかを考察することに向かって

四九――Marx, *Theories of Surplus Value*, part 2, trans. Renate Simpson (Moscow, 1968), p. 166.（『マルクス＝エンゲルス全集 第二六巻 第二分冊』大内兵衛・細川嘉六監訳、大月書店、一九七〇年、一二一―一二二頁）

いる。[五〇] マルクス自身は、それとは異なる進み方をした。『経済学批判』第一章の終わりで彼は、労働価値説への最もよくある反論を列挙し、こうした反論に対して賃労働、資本、競争、地代についての自らの理論によって応答すると述べている[五一]。その後、これらの理論は『資本論』全三巻において、カテゴリー的な方法によって展開される。にもかかわらず、それらの理論は「経済学理論の発展に格別に寄与したマルクスの貢献」[五二]を表現していると、マンデルのように主張することは誤解を招くだろう。なぜなら、それではマルクスは単にリカードの理論を敷衍しただけであり、それに対する根本的な批判を展開しなかったことになってしまうからである。

　リカードとマルクスの最大の違いは、もっとずっと根本的なところにある。マルクスは単に「労働時間による交換価値の規定」をより一貫性のあるものにしただけではない[五三]。リカードの労働価値説を受け入れ、それを洗練させるどころかマルクスは、商品を生産する労働の特殊性をさらに検討することなく価値の源泉としての「労働」について未分化な概念を措定したとして、リカードを批判しているのである。

　　リカードは、商品の相対的価値（または交換価値）は「労働の量」によって規定されるということから出発する。……ところで、リカードは、この労働の姿態――交換価値をつくりだすものとしての、または交換価値で表わされるものとしての、労働の特殊な規定――を、この労働の性格を研究していない[五四]。

　リカードは、社会的諸関係の商品形態と結びついている労働形態の歴史的な規定性を認識しておらず、かえってそれを超歴史化した。「リカードウは、労働のブルジョア的形態を社会的労働の永遠の自然形態とみなしている[五五]」。まさしくこうした価値構成的労働の超歴史的概念こそが、資本主義的社会編制の適切な分析を妨げるものなのである。

労働生産物の価値形態は、ブルジョア的生産様式の最も抽象的な、しかしまた最も一般的な形態であって、これによってこの生産様式は、社会的生産の特殊な一種類として、したがってまた同時に歴史的に、特徴づけられているのである。それゆえ、この生産様式を社会的生産の永遠の自然形態と見誤るならば、必然的にまた、価値形態の、したがって商品形態の、さらに発展しては貨幣形態や資本形態などの独自性をも見そこなうことになるのである。[五六]

マルクスによれば資本主義の分析は、資本主義における労働の歴史的に特殊な性格の分析から始めることによってのみ、適切なものたりうる。その特殊性の最初の、そして基礎的な規定性は、商品に規定された労働の「二重性」とマルクスが呼ぶところのものである。

五〇――Ibid., p. 164.（同右、二〇九―一〇頁）

五一――マルクスが列挙している反論は次のようなものである。第一に、もし労働時間を価値の内在的な尺度としてとるならば、その基盤の上にいかにして賃金は決定されるというのか。第二に、どのようにして生産は、単に労働時間によってのみ規定される交換価値を基盤としながら、労働の交換価値はその生産物の交換価値よりも少なくなるという結果を導くのか。第三に、いかにして交換価値の基盤の上にこの交換価値とは異なる市場価格が生じるというのか（言い換えれば、価値と価格は必然的に同一ではない）。第四に、労働を一切含まない商品が交換価値を持つということが、いかにして生じるのか（*A Contribution to the Critique*, pp. 61-63〔『マルクス資本論草稿集③』、二六〇―六三頁〕を参照）。マルクスの価値論に対する多くの批判者は、マルクスの提案した解決策の性質については言うまでもなく、彼がこうした諸問題についても認識していた、ということにも気づいていないように思われる。

五二――Mandel, *The Formation of the Economic Thought*, pp. 82-83.（マンデル『カール・マルクス――〈経哲草稿〉から〈資本論〉へ』、一一一頁）

五三――*A Contribution to the Critique*, p. 61.（『マルクス資本論草稿集③』、二六一頁）

五四――*Theories of Surplus Value*, part 2, p. 164.（『マルクス＝エンゲルス全集 第二六巻 第二分冊』、二〇九頁）

五五――*A Contribution to the Critique*, p. 60.（『マルクス資本論草稿集③』、二五九頁）

五六――*Capital*, vol. 1, p. 174n34 (translation amended).（『マルクス＝エンゲルス全集 第二三巻 第一分冊』、一〇八頁の注三二）

僕の本のなかの最良の点は次の二点だ。⑴（これには事実のいっさいの理解がもとづいている）第一章ですぐに強調されているような、使用価値で表わされるか交換価値で表わされるかに従っての労働の二重性、⑵剰余価値を利潤や利子や地代などというその特殊な諸形態から独立に取り扱っているということ。[五七]

資本主義における労働の「二重性」というマルクスの観念について、私は本書第二部でより詳細に論じる。ここではただ次の点を述べるにとどめる。マルクス自身の説明によれば、彼の資本主義批判は剰余価値カテゴリーの導入をもって始まるのではない。それは既に『資本論』のまさに第一章において、彼が商品に規定された労働の特殊性を分析することによって始まっている。このことが、マルクスの批判と古典派経済学との根本的な差異を、すなわち「事柄のすべての理解」がそれにかかっているところの根本的差異を示しているのである。マルクスによればスミスとリカードは、未分化な「労働」[五八]の観点から、商品を「単なる労働」[*Arbeit sans phrase*][五九]として分析している。その歴史的な特殊性が認識されないならば、資本主義における労働は超歴史的で、結局は無批判的な仕方で「労働『というもの』」[六〇]として考察されることになる。すなわち、「どんな社会的形態も性格規定もはぎ取られた、人間が自然との物質代謝をそれによって媒介する生産的活動一般」[六一]として考察されることになる。しかしながらマルクスによれば、社会的労働そのもの――「人間の生産的活動一般」――というものは単なる亡霊であり、それそのものとしてとらえてみれば、全く存在しない一つの抽象なのである。[六二]

　ということは、通常の解釈に反してマルクスは、リカードの労働価値説を継承してもいなければ、それにより多くの一貫性を持たせているわけでもなく、また利潤はもっぱら労働によって生み出されることを証明するためにそれを使用したのでもない、ということになる。彼は経済学の批判を、古典派経済学の労働価値説そのものの内在的な批判を書いたのである。マルクスは古典派経済学の諸カテゴリーを取り上げ、その検討されざる歴史的に特殊な社会的基盤を明らかにする。そのことによって彼は、それらのカテゴリーを、富の構成についての超歴史的なカテゴリーから、資本主義における富と社会的諸関係の持つ特殊な形態を批判するカテゴリーへと変換する。マルクスは、富の歴史的に規定された形態としての価値を分析し、それを構成する労働の「二重の」性質を明らかにすることによって、価値を生み出す労働が、通常理解されているような労働として——つまり、特定のやり方で物質の形態を変える意図的な活動として——把握されるのでは、適切な把握にはなり得ないと主張している。[六三]より正確に言えば、資本主義における労働は、社会的な次元をも持っているということである。マルクスによれば問題は、商品に規定された労働は社会的かつ歴史的に特殊であるにもかかわらず、人間と自然を媒介する活動として、つまり「労働」として超歴史的な形態で現れる、ということである。したがって古典派経済学は、歴史的に規定された社会的形態が持つ超歴史的な現象形態に自らの根拠を置いていることになる。

五七——Marx to Engels, August 24, 1867, in *Marx-Engels Werke* (hereafter *MEW*), vol. 31 (Berlin, 1956-68), p. 326.（『マルクス＝エンゲルス全集 第三一巻』大内兵衛・細川嘉六監訳、大月書店、一九七三年、二七三頁）

五八——Marx, *Results of the Immediate Process of Production*, trans. Rodney Livingstone, in *Capital*, vol. 1, trans. Ben Fowkes (London, 1976), p. 992.（K・マルクス『直接的生産過程の諸結果』岡崎次郎訳、大月書店、一九七〇年、三五—三六頁）

五九——Marx to Engels, January 8, 1868, *MEW*, vol. 32, p. 11.（『マルクス＝エンゲルス全集 第三二巻』大内兵衛・細川嘉六監訳、大月書店、一九七三年、一〇頁）

六〇——*Capital*, vol. 3, p. 954 (translation amended).（『マルクス＝エンゲルス全集 第二五巻 第二分冊』大内兵衛・細川嘉六監訳、大月書店、一九六七年、一〇四五頁）

六一——Ibid. (translation amended).（同右）

六二——Ibid.（同右）

六三——「商品が使用価値と交換価値との二重物だとすれば、商品に表わされる労働も二重の性格をもっていなければならない、という簡単なことを経済学者たちは例外なく見落としていたのだが、他方、スミスやリカードなどにおけるような単なる労働への単なる分解は至るところで不可解なものにぶつからざるをえない、ということ。これこそは、じつに、批判的な見解の秘密の全部なのだ」(Marx to Engels, January 8, 1868, *MEW*, vol. 32, p. 11.（『マルクス＝エンゲルス全集 第三二巻』、一〇頁）

古典派経済学に見られるような「労働」観念を基盤とした分析と、資本主義における具体的かつ抽象的な労働の二重の性格についての概念を基盤にした分析との差異は決定的である。それこそが、マルクスの言う「批判的な見解の秘密の全部」[六四]なのである。それが表現しているのは、それ自体は検討されないままの「労働」の観点から進められる社会批判と、労働の形態そのものがその批判的考究の対象である社会批判との差異である。前者が、資本主義的な社会編制の境界内に閉じ込められているのに対して、後者の立場は、それを超えていくのである。

古典派経済学が、「労働」の観点からなされる社会批判のための基盤を提供するものであるとすれば、経済学批判はその観点に対する批判を含むものである。したがってマルクスは、リカードによる経済学研究の目的の公式化を、すなわち、社会の多様な階級間での、社会的富の「分配を規定する諸法則を確定すること」という公式化を受け入れてはいない。[六五]というのも、そのような研究は、労働の形態と富の形態を当然のこととして受け入れているからである。マルクスの批判は、そうではなく、研究の対象そのものを再規定する。彼の関心の中心は、資本主義における富、労働、生産の形態にあるのであって、単に分配の形態だけにとどまりはしないのである。

マルクスは、批判的研究の対象を根本的に再規定した。このことは、資本制社会の秩序が有する構造に対して、重要な分析的再概念化がなされたということでもある。

古典派経済学は、国家と市民社会の間で増大しつつある歴史的な分化を表現しており、後者の領域を取り扱うものであった。マルクスの分析は、この仕事を引き継ぐものであり、市民社会については、資本主義の構造的諸形態によって支配される社会的領域として認識していた、ということがこれまで主張されてきた。[六六]しかしながら、私が後に詳述するように、マルクスのアプローチと古典派経済学のそれとの差異が示唆しているのは、マルクスは、国家と市民社会の対立という観点から資本制社会を把握することを超えて進もうとしている、ということだ。マルクスの経済学批判（大工業的生産の勃興の後に書かれた）は暗示的に、資本制社会の中心にあるのはその方向性を持った動態的な性格である、ということを論じている。この性格は、近代の社会生活におけるある一つの次元なのであって、近代社会の分化した領域のいずれにも適切には根拠づけられ得ない。むしろ彼は、資本制社会のいま一つの社会的次元を描き出すことによって、かかる動態性を把握しようとする。ここに、マルクスによる生産の分析の根本的意義がある。確かにマルクスは、分配のブルジョワ的諸関係という観点から、市民社会の領域を探究している。しかし、資本主義における労働の特殊性と資本主義的な生産諸関係の特殊性についての彼の分析は、もう一つ別の理論的目的を持っている。つまりそれは、資本制社会の歴史的な動態性の基盤を見出し、解明するという試みである。したがって、生産の領域についてのマルクスの分析は、「労働」の観点から理解されるべきではないし、「生産の現場」を他の社会生活の諸領域に比して特権化しているとみなされるべきでもない（実際のところマルクスは、資本主義における生産が、社会的諸関係によって制御される、純粋に技術的な過程ではなく、それら社会的諸関係を包含した過程であることを示している。生産は社会的諸関係を規定し、また社会的諸関係によって規定される）。資本制社会の歴史的に動態的な社会的次元を解明する試みとしての、生産についてのマルクスの分析は、この次元が国家や市民社会の観点からは把握し得ないことを暗示的に主張している。それどころか逆に、発達した資本主義の歴史的動態性は、ますますこれら双方の領域を組み込み、変容させつつある。それゆえ問題なのは、「経済」や「国家」の相対的な重要性ではなく、資本主義における社会的な媒介性の性質なのであり、その媒介性が資本制社会の方向性を持った動態的性格にどのように関係しているのか、ということなのである。

六四――Ibid.（同右）

六五――David Ricardo, *Principles of Political Economy and Taxation*, ed. P. Sraffa and M. Dobb (Cambridge, 1951), p. 5.（D・リカードゥ『経済学および課税の原理（上）』羽鳥卓也・吉沢芳樹訳、岩波書店、一九八七年、一一頁）

六六――例えば、以下を参照。Cohen, *Class and Civil Society*.

3　「労働」・富・社会的構成

まず第一に価値を、市場に媒介された分配様式のカテゴリーとして解釈する――伝統的マルクス主義がそうしてきたように――ことは、マルクスによる価値のカテゴリーと価値を生み出す労働についての理解が、古典派経済学のそれと同じである、とすることにほかならない。しかしながら、われわれがこれまで見てきたようにマルクスは、まさしく価値を構成する労働の問題をめぐって、古典派経済学の分析と彼自身の分析を区別するのであり、資本主義における労働を超歴史的な「労働」として概念化したとして古典派経済学を批判するのである。この区別は根本的なものである。というのはこの区別こそが、社会批判の基本的に異なる二つの形態における諸々の差異の根底にあるものだからである。こうした差異の重要性は、私がこれから伝統的な批判において「労働」が果たしている役割を詳述し、その役割の持つ理論的な含意のいくつかを素描するにつれて、より明確になるだろう。

私は、批判理論の立脚点がもし「労働」にあるならば、その批判の焦点は必然的に労働とその生産物の分配・領有の様式になるだろう、と論じてきた。[六七] 一方では、資本主義の特徴をなす社会的諸関係は労働そのものに対して外在的なもの（例えば所有の諸関係など）であると見られる。他方で、資本主義における労働の特殊性として提示されるものは、実際にはそれが分配される仕方の特殊性である、ということになる。[六八] しかしながらマルクスの理論は、資本主義の基本的な社会的諸関係について、大きく異なる概念を内包している。さらには、これから見ていくように、マルクスが資本主義における労働に特殊なものとして分析したものこそが、伝統的マルクス主義が超歴史的に理解された「労働」に帰するところのもの――すなわち、自然と人間の相互作用を媒介する活動としての「労働」――なのである。結果として伝統的な批判は、労働そのものに、人間社会と歴史に対する巨大な意義を付与することになる。しかもそれを、本書において展開される解釈の観点からすると、本質的に形而上学的で、労働が資本制社会において果たしている特殊社会的な役割を隠蔽するような仕方で行なうのである。

六七――ドッブはその極端な例を提供している。「彼の［マルクスの］関心は、リカードの場合よりも、なお一層本質的に、社会の主要階級の収入の運動に向けられていた。それは彼の分析が何よりもまず第一に明らかにしようとしていた『資本主義社会の運動法則』の鍵であったからである」(Dobb, *Political Economy and Capitalism*, p. 23［ドッブ『政治経済学と資本主義』、二一頁］)。しかしながらマルクスの分析において、収入の問題――ただ一つの階級によってつくり出された剰余価値を、社会におけるさまざまな階級のあいだで分配すること――は『資本論』第三巻で考察される。つまりそれは、生産の価値形態とその内在的動態性が考察された後のことである。後者は「運動法則」が展開される論理的な水準を表現しており、前者は、これらの「法則」が社会的行為者の背後で――つまり彼らは価値とその働きに気づかない――どのように行き渡るのかを示す試みの一部分なのである。

六八――分配様式に限定してなされる一面的な批判は、これまで長くそのようには認識されてこなかった。その一例は、ルドルフ・ヒルファディングの論文――Rudolf Hilferding, "Zur Problemstellung der theoretischen Ökonomie bei Karl Marx," *Die Neue Zeit* 23, no. 1 (1904-05), pp. 101-12――に見出すことができる。この論文において彼は、マルクスとリカードの差異を明らかにしようとする。その過程においてヒルファディングはリカードと同様、まず最初に分配の問題に取りかかる社会主義者たちを批判している(p. 103)。しかし、その見かけとは異なって、ヒルファディングの批判は、生産への批判の観点から形成されたものではない。彼が強調するのは、マルクスと違ってリカードは、資本主義における富の形態に踏み込まず(p. 104)、生産諸関係を所与の、自然で不変のものとして措定し(p. 109)、分配にしか関心を払わなかった(p. 103)、ということである。しかしヒルファディングの立場が本書の立場と同じように見えるのは、初めだけである。より詳しく検討してみると、ヒルファディングの解釈もやはり、基本的には分配様式の批判であることがわかってくる。富の形態についての彼の考察は生産の検討に結びついておらず、彼は生産を、単に人間と自然の関係の観点だけから考察している(pp. 104-05)。むしろ彼は、生産物が生み出された後に社会的にとる形態という観点だけから、富の形態を、自己調整的な市場に依存するものとして解釈するのである(p. 105ff.)。したがってヒルファディングは、実際には、物質的な富とは異なる社会的な富の形態としての価値という観念を持っているわけではない。代わりに彼は価値を、(同じ形態の)富がとる別の現象形態として扱っている(p. 104)。同様に彼は、価値法則を市場の作用の点から解釈し、生産諸関係を、市場に媒介され無意識に制御された、私的生産者の社会的諸関係としてのみ理解する(pp. 105-10)。最終的にヒルファディングは、次のように述べることによって、リカードはただ分配にしか興味を示さなかったという非難の範囲を限定し、狭めている。すなわちリカードは、さまざまな生産の領域において人々が、対立する諸階級へと分化していくことよりも、現存秩序における生産物の分配に焦点を当てたのである(p. 110)、と。言い換えれば、分配の問題を強調する社会主義者たちに対するヒルファディングの批判は、現存の生産様式内で財を公正に分配しようとする者たちへと向けられている。彼は、ブルジョワ的な分配の構造に疑問を提起する立場からそうするのであり、資本主義的な生産の構造に対して疑問を呈するわけではない。彼は分配諸関係への質的批判を標榜し、分配への量的な批判を批判するのであるが、前者をもって生産諸関係への批判であると勘違いしている。

まず第一に、伝統的解釈は「労働」を、社会的富の超歴史的な源泉であると理解している。この前提はジョーン・ロビンソンのような解釈の根底にあるものである。彼女の主張によればマルクスは、社会主義の下で労働価値説が実現する、と主張していることになる。[六九] それはまた、ドッブのような立場の特徴でもある。彼は、価値のカテゴリーに超歴史的な妥当性を帰することはしないが、しかしそれをもっぱら市場の観点からのみ解釈する。そのような立場は、価値のカテゴリーを歴史的に特殊な富の形態であるとは考えず、歴史的に規定された富の分配の形態として考えるのだが、それはまた別の意味で超歴史的である。というのは、それは暗黙のうちに、人間労働と社会的富との間の超歴史的な相互関係を措定しているからである。つまり、それが含意しているのは「価値形態」――この解釈では市場に媒介された分配形態――が社会主義において超克されても、生産過程における直接的人間労働は必然的に社会的富の源泉であり続ける、ということなのである。マルクスが『要綱』で取ったアプローチとは異なり、こうした類いの分析は、直接的人間労働と社会的富との「必然的な」つながりについて歴史的に問うことをせず、また科学と技術が持つ、価値を生み出す潜勢力の問題に対してカテゴリーを用いて取り組むこともしない。したがって、資本主義的生産に対するマルクスの批判はその視野の外にある。こうした立場は、なぜ労働だけが価値を構成するものとみなされるべきなのか、そして科学や技術はどのように理論的に考量されるべきか、といった事柄についての大きな混乱を導いたのである。

　こうした見方において「労働」は、超歴史的な富の源泉であると考えられているだけでなく、社会生活を第一義的に構成するものでもあると考えられている。両者の関係は明白である。例えばルドルフ・ヒルファディングが、オイゲン・ベーム＝バヴェルクのマルクス批判に答えて書いたもののなかに、次のような一節がある。「マルクスは、労働から――人間社会を構成する要素としての、および社会の発展が終局においてそれの発展によって規定される要素としての意義をもつ労働から、出発する。こうして、彼の価値原理のうちに、それの質と量……によって社会生活が因果的に支配される要因を、把握する」。[七〇]

ここでは「労働」が、社会の存在論的な基盤――社会生活を構成し規定し原因として支配するもの――となっている。もし伝統的な解釈が主張するように、あらゆる社会において労働が富の唯一の源泉であり、社会生活の本質的な構成要素であるとするならば、さまざまな社会のあいだの差異は、もっぱらこの統制的な要素が行き渡る仕方の違い――隠れた「間接的な」形態か、あるいは（こちらの方が好ましいが）開かれた「直接的な」形態か――がもたらす結果だ、ということになる。ヒルファディングは、それを次のように述べている。

> 経済学的考察の範囲は……歴史的発展の一定の時期に、財貨が商品となる一定の時期に限定される。いいかえるとそこでは、労働および労働にたいする支配力が、意識的に、社会的物質代謝と社会的権力地位の統制原理にまで高められてはいないで、かえって……右の統制原理が、無意識的に、自動的に物の物的属性として、みずからを貫徹するような範囲に限定される。[七一]

この一節は、資本主義における労働の性格をその間接的な社会性の観点からとらえ、価値を分配のカテゴリーであるとする立場の核心を明らかにしている。「労働」は、社会的権力の分配と「社会的物質代謝」を、超歴史

六九――Joan Robinson, *An Essay on Marxian Economics* (2nd ed., London, Melbourne, and Tronto, 1967), p. 23.（J・ロビンソン『マルクス経済学』戸田武雄・赤谷良雄訳、有斐閣、一九五一年、二三頁）この種の、マルクスの分析における価値の歴史的性格についての誤った解釈は、経済学批判における価値のカテゴリーの意義を理解することを不可能にしてしまう。

七〇――Rudolf Hilferding, "Böhm-Bawerk's Criticism of Marx," in Paul M. Sweezy, ed., *"Karl Marx and the Close of His System" by Eugen Böhm-Bawerk, and "Eugen Böhm-Bawerk's Criticism of Marx" by Rudolf Hilferding* (New York, 1949), p. 133 (translation amended).（R・ヒルファディング「ベーム＝バヴェルクのマルクス批判」：P・M・スウィージー編『論争・マルクス経済学』玉野井芳郎・石垣博美訳、法政大学出版局、一九六九年、一六三頁）

七一――Ibid., p. 133 (translation amended).（同右）

的に制御する原理であると受け取られている。したがって社会主義と資本主義との差異は、生産手段の私有の有無は別とすれば、労働が社会を構成し制御するものとして認識されて――そして意識的にそのようなものとして扱われて――いるのか、それとも社会的制御が無意識的に行なわれているのか、という問題として本質的には理解される。つまり資本主義においては、社会の存在論的原理が隠蔽されているのに対し、社会主義においてそれは包み隠さず現れるのである。

「労働」に立脚してなされるそのような批判は、形態と内容の関係という問題に関わっている。価値のカテゴリーは、資本主義において「労働」が行き渡るその無意識的・自動的な仕方を表していると言うことは、超歴史的で存在論的な内容がさまざまな社会においてさまざまな歴史的な形態をとっていると言うことと同じである。このような解釈の一例を与えるのは、ヘルムート・ライヒェルトである。

しかしながら、価値の内容と価値量とが経済の原理へと意識的に高められる場所では、マルクスの理論はその研究の対象を失っているはずだ。マルクスの研究対象は、ひとつの歴史的な対象としてのみ提示され把握されうるのであるが、それは、その内容が他の諸形態の内容として考察され、それゆえに、その歴史的な現象形態から切り離して描かれうるときにおいてなのである。[七二]

ヒルファディングと同様にライヒェルトは、資本主義における価値の内容が、社会主義においては「経済の原理へと意識的に高められる」であろうと主張している。かくして「形態」(価値)は、その「内容」(「労働」)から完全に分離可能である。すると形態とは、労働が持つ規定性のことではなく、労働の社会的な分配様式が持つ規定性である、ということになる。つまりこの解釈によれば、形態と内容の間にはいかなる内的な関係も存在しないし、存在し得ないのである。そもそも内容が超歴史的な性格を持つと想定されているのであれば、それは不可能である。

この形態と内容の関係についての解釈は、現象と本質の関係についての解釈でもある。マルクスの分析において価値は、社会的本質を表現すると同時にそれを覆い隠すものでもある。言い換えれば、現象形態としての価値は「神秘化する」のである。「労働」の概念に基づく解釈の枠組みにおいて、批判の機能は、理論的な脱神秘化（もしくは脱物神化）である。すなわち、その見かけにもかかわらず、労働は実際に社会的富の超歴史的な源泉であり、社会を統制する原理であることを明らかにすることである。したがって社会主義とは、資本主義の実践的な「脱神秘化」である。ポール・マティックが述べるように、そうした立場は、次のように主張する。「資本主義とともに終わりを告げるものは、労働の社会的組織が『価値法則』という形をとってあらわれるという神秘化の現象にほかならない。その白日の下にさらされた「脱神秘化された」結果が意識的に管理される経済に再登場するのである」[七三]。別言すれば「労働」が、社会生活の超歴史的な本質であると理解されているときには、神秘化は必然的に次のように理解される。つまり神秘化をもたらし、やがて廃絶されるべき、歴史における過渡的形態（価値）は、それが覆い隠すところの超歴史的本質（「労働」）とは別の独立したものである。したがって脱神秘化は、その本質が開かれたかたちで直接的に現れてくる過程として理解される。

しかしながら、「労働」の観点からなされる社会批判の特性として私が概説してきたものは、私がこれから示すように、後期マルクスの経済学批判の特性とは根本的に異なるものである。われわれがこれから見ていくのは、マルクスによれば労働は、実際に社会を構成し規定するが、それは資本主義においてのみそうである、というこ

七二———Helmut Reichelt, *Zur logischen Struktur*, p. 145.
七三———Paul Mattick, *Marx and Keynes: The Limits of the Mixed Economy* (Boston, 1969), p. 32.（P・マティック『マルクスとケインズ（新版）』佐藤武男訳、学文社、一九八二年、三七頁）

とだ。これは、資本主義における労働の歴史的に特殊な性格ゆえにそうなのであり、単に労働が人間と自然の物質的な相互作用を媒介する活動であるからなのではない。ヒルファーディングのような理論家が「労働」に帰するところのものは、マルクスのアプローチにおいては、資本主義における労働の特殊性の、超歴史的な実体化である。実際、労働の特殊性についてのマルクスの分析は、社会生活の超歴史的・存在論的な基盤と見えるものが実際には歴史的に規定されたものであることを示すのであるから、その分析は、伝統的マルクス主義の特徴をなす社会的存在論の類いに対する批判を必然的に含むのである。

資本主義における労働の特殊性についてのマルクスの分析はまた、資本主義における社会的形態と内容の関係に対する一つのアプローチ、「労働」の観点からなされる批判につきもののアプローチとは正反対のアプローチを必然的に帰結する。「労働」という観念が、ある種の神秘化の概念を伴うことを、われわれは見てきた。このような「労働」の観念に従えば、社会的な「内容」とその神秘化された形態との間には何ら内在的な関係は存在しないことになる。しかしながらマルクスの分析では、神秘化（あるいはマルクスが「物神化」と呼んだもの）の諸形態は、その「内容」に全く疑いの余地なく本質的に関係している——神秘化の諸形態は、それらが表現すると同時に隠蔽するところの「本質」の、必然的な現象形態としてとらえられる。[七四] 例えば、商品によって規定される社会的諸関係は、マルクスによれば、必然的に物神崇拝的な形態において表現される。すなわち社会的諸関係は、「そのあるがままのものとして現われるのである。すなわち、……諸個人の物的な諸関係および諸物の社会的な諸関係として」[七五] 現れる。言い換えれば、商品や労働のようなカテゴリーによって表現される疑似-客観的・非人格的な社会的諸形態は、資本主義における「本当の」社会的諸関係（すなわち階級諸関係）を単に隠蔽するのではなく、むしろこれらのカテゴリーによって表現される抽象的な諸構造が、資本主義の「本当の」社会的諸関係なのである。

したがって、マルクスの批判における形態と内容の関係は必然的であり、偶然的なものではない。現象形態の歴史的特殊性は、それが表現しているものの歴史的な特殊性を示唆している。というのは、歴史的に規定されたものは、超歴史的な「内容」の必然的な現象形態にはなり得ないからである。このアプローチの核心に位置するのが、資本主義における労働の特殊性についてのマルクスの分析である。すなわち、マルクスの分析における社会的な「内容」（あるいは「本質」）は、「労働」ではなく、歴史的に特殊な労働の形態なのである。

マルクスは、資本主義における社会的形態と内容との内的で必然的な関係に取り組むことができなかったとして、古典派経済学を非難している。「しかし、経済学は、なぜこの内容があの形態をとるのか、つまり、なぜ労働が価値に、そしてその継続時間によって計測された労働の一定量が労働生産物の価値量に、表わされるのか、という問題を、いまだかつて提起したことさえなかったのである」[七六]。歴史的に規定された内容の特殊性、つまり資本主義における労働の特殊性についての彼の分析は、この疑問に対する彼の回答の出発点を提供している。われわれが後に論じるように、資本主義における労働の特徴は、マルクスによれば、それが価値という形態において存在しなければならない、というところにある（価値はさらにまた別の諸形態において現れる）。資本主義における労働は、それを表現しかつ隠蔽する一つの形態において必然的に現れる。しかしながら、超歴史化された区別なき「労働」の観念に基づいて解釈するならば、その「内容」と価値形態の関係は偶然的であるということになり、結果としてそうした解釈は、古典派経済学と全く同様に、社会的な内容と形態の関係という問題を扱うことができないのである。

マルクスの批判における社会的な形態と内容との必然的な関係は、次の事柄を示している。資本主義の超克

七四――『資本論』第一巻におけるマルクスの相対的および等価な価値形態についての議論を参照のこと。*Capital*, vol. 1, pp. 138–63.（『マルクス＝エンゲルス全集 第二三巻 第一分冊』、六四―九六頁）

七五――Ibid., p. 166 (translation amended).（同右、九九頁）

七六――Ibid., p. 174 (translation amended).（同右、一〇七頁）

――その本当の脱神秘化――を把握する際に、必然的に神秘化された形態において現れるところの「内容」の変革を含まないような仕方でそれを行なうことは、彼の分析に全く反する、ということだ。つまり、価値とそれに結びついた抽象的な社会的諸関係を超克することは、価値を生み出す労働の超克と不可分である。マルクスの批判によって把握される「本質」とは、人間社会の本質ではなく、資本主義の本質である。それは資本制社会の超克において廃絶されるべきものであり、実現されるべきものではない。しかしながら、われわれがこれまで見てきたように、資本主義における労働が「労働」として実体化される場合には、資本主義の超克は、価値の「内容」をその神秘化された形態から解放することとして考えられる。かかる解放によって、「内容」が「経済の原理へと意識的に高められる」ことが可能になるとされる。これは単に社会主義の原理としての計画性を、資本主義の原理としての市場に対して抽象的に対置することを、やや洗練させて表現したにすぎないのであり、私はこのことをこれまで批判してきたのである。それは、何が計画されるべきか、また計画性というものが構造的支配の命令に対してどの程度まで真に意識的であり、それから自由であるのか、という問題について取り組むことがない。分配様式に限定してなされる一面的な批判は、労働についての超歴史的な社会的存在論とつながっているのである。

マルクスは、資本主義における労働に対する批判を、その歴史的特殊性の分析に基づいて定式化することによって、労働価値説に基づく社会批判の性質を、「肯定的」なものから「否定的」な批判へと変容させた。古典派経済学と出発点――超歴史的で区別のない「労働」の観念――を共有し、それを構造的な搾取の存在を証明するために用いる資本主義批判は、形式的に言えば「肯定的」な批判である。そのような、現存する社会的諸条件（搾取）と諸構造（市場と私有財産）に対する批判は、既に現存しているもの（工業的生産の形態における「労働」）を基盤としてなされる。それが暴露すると称するのは、労働が、その見かけに反して「実際には」私的なものではなく社会的なものであり、利潤が、「実際には」もっぱら労働に依存する、ということである。このことは社会的な神秘化についての一つの考え方と結びついており、この考え方によれば、資本制社会の真の基底をなすもの(「労働」)とそれを隠蔽する社会的な現象形態との間には、何ら内的な関係はない。肯定的な批判――それは現存するものへの批判であるが、それが依拠するものもまた現存するものである――は、究極的には、現存する資本主義的社会編制の別バージョンを目指している。われわれがこれから見ていくのは、資本主義的労働に対するマルクスの批判が、いかにして「否定的」な批判――存在しうるものを基盤として存在するものを批判する――の基礎を提供しているのか、ということである。それは、いま一つの社会編制の可能性を指し示す。この意味で(そして、この非社会学的還元という意味においてのみ)、二つの社会批判のあいだの差異は、「ブルジョワ的」社会批判とブルジョワ社会の批判との差異になる。資本主義における労働の特殊性を批判する視点からすれば、「労働」の観点からの批判は、結果として資本制社会の本質の実現をもたらすような社会主義の構想である、ということになる。

4　労働に立脚した社会批判

これら社会批判の二つの型はまた、その規範的、歴史的な次元においても異なっている。これまで見てきたように、マルクスが古典的労働価値説を採用し、それを洗練させ、そのことによって剰余価値(したがってまた利潤)の生成が労働にのみ依存することを証明したという主張は、「労働」についての歴史的な区別を欠いた概念に基づいている。彼の批判は、分配様式と分配諸関係――無意識的で「無政府的」な分配様式と、資本家階級による剰余価値の隠された私的横領――への批判であると理解されてきた。社会支配は、本質的に階級支配の観点から考えられている。かくして価値の超克は、媒介された、無意識的な分配様式の廃絶という観点から理解され、そのことによって意識的、理性的に制御される社会生活の様式が可能になるとされる。剰余価値の超克は、私有財産の廃絶、またしたがって、労働によってのみ生み出される一般的な社会的剰余を、非生産的階級が略取していることを廃絶するという観点から考えられている。つまり、生産的な労働者階級が自らの集団的労働の成果を再領有しうるのである。[七七] したがって、社会主義において労働は、社会生活を統制する原理として公然と現れ、かかる原理は、一般的な諸原理に基づく合理的で公正な社会を実現するための基礎を提供するとされる。

　われわれが見てきたように、そのような批判は、初期のブルジョワが土地所有貴族と旧来の社会の諸形態を批判したときのそれと、その性格において本質的に同一である。それは規範的な批判であり、「真に」生産的である社会集団の視点から非生産的な社会集団を批判するものである。つまりその批判は、「生産性」を社会的に価値あるものの基準とする。さらにこの批判は、社会が全体として労働によって構成されていることを前提としているので、労働を（したがって労働者階級を）社会の普遍的利害と同一視し、資本家階級の利害は特殊な、一般的利害に反するものとして扱う。その結果、こうした理論的攻撃は、非生産的な集団が重要な、あるいは支配的な役割を演じる階級社会として社会秩序を特徴づけ、普遍の名の下に特殊を批判する、という性格を持っている。[七八] 最後に、この見方において労働は、人間と自然の関係を構成しているがゆえに、人間同士の社会的諸関係を判定することのできる観点として機能する。つまり、労働と調和しその根本的重要性を反映する諸関係は、社会的に「自然」であると考えられる。それゆえ「労働」に立脚する社会批判は、疑似‐自然的な観点からの批判であり、社会的存在論という観点からの批判でもある。それは社会の「真の」性質という名の下に、人為的なものを批判する。したがって伝統的マルクス主義における「労働」のカテゴリーは、社会的批判の規範的な観点を、正義、理性、普遍性、そして自然の名の下に提供するのである。

「労働」の観点はまた、歴史的な批判を含意する。この批判は、現存する諸関係を糾弾するだけでなく、それらがますます時代錯誤なものになっていること、そして良き社会の実現が資本主義の発展とともに現実の可能性となりつつあることを示そうとする。「労働」が批判の立脚点であるとき、生産の発展の歴史的水準は、現存する諸関係の相対的な適切性を決定するものとして受け取られるが、その諸関係は現存する分配様式の観点から解釈される。工業的生産は、歴史的批判の対象ではなく、「進歩的な」社会的次元として措定されている。それは私有財産と市場によって、ますます「拘束され」るようになるのと同時に、社会主義社会の基盤となるはずのものである。[七九] 資本主義の矛盾は、「労働」と、価値および剰余価値のカテゴリーによって把握されるはずの分配様式との矛盾であるとみなされる。この枠組みにおいては、資本主義が発展するにつれて、市場と私有財産は時代遅れのものとなり——ますます工業的生産の諸条件にとって不適当なものとなり——、その廃絶の可能性が生じる。したがって社会主義は、工業的生産に適合した分配様式の確立——私有財産が撤廃された上での公共的計画——をもたらすのである。

社会主義とは分配様式の転換であり、分配様式を工業的生産の様式に適合したものにすることであると考えられている場合には、この歴史的な適合性は、普遍的な人間的自由の条件であると暗黙のうちに考えられることになる。したがって人間の自由は、ひとたびそれが「価値」（つまりは市場）と私有財産の束縛から解放されるならば、工業的生産様式において根拠づけられる。この見方において、解放の根拠は「労働」のうちにある。すなわち、解放が実現されるのは、「労働」がその直接的な社会的性格を実現し、社会の本質的要素として公然と出現した社会編制においてである。当然ながらこの考え方は、社会主義革命とは労働者が「その本領を発揮するこ

七七———例えば、以下を参照。Dobb, *Political Economy and Capitalism*, pp. 76–78.（ドッブ『政治経済学と資本主義』、七一—七三頁）

七八———この点が示すのは、古典派経済学とサン＝シモンの社会批判との内的な関係である。両者の持つ契機が、ヘーゲル哲学の諸相を補完する。後期マルクスの資本主義分析は、よく知られたイギリス経済学、フランス社会理論、ドイツ哲学の三本柱を超えたところに向かう内在的な批判をもたらすものであり、それらを資本主義文明の限界のうちにとどまる思考形態として取り扱う。それに対して、ここで論じられた伝統的マルクス主義の立場はいくつかの点において、それら三本柱の「批判的」合成である。

七九———例えば、以下を参照。Karl Kautsky, *Karl Marx's oekonomische Lehren* (Stuttgart, 1906), pp. 262–63.（K・カウツキー『マルクスの経済学説——「資本論」入門』相田慎一訳、丘書房、一九九九年、二四〇—四二頁）

と」であるという考え方と分かちがたく結びついている。つまり、社会の生産的な要素たる労働者階級は、社会主義において自らを普遍的階級として実現するのである。

このように「労働」を基盤とする規範的・歴史的批判は、その性格において肯定的である。つまり、その立脚点は現存している労働の構造とそれを遂行する階級である。解放が実現されるのは、既に存在している労働の構造が、もはや資本主義的諸関係によっては抑制されず、特定の利害を満たすことに用いられなくなり、すべての人々の利害のための意識的制御へとゆだねられるときである。したがって、社会主義において資本家階級は廃絶されるべきであるが、労働者階級はそうではない。つまり剰余の私的横領と市場という分配様式は歴史的に否定されるべきものであるが、生産の構造はそうではないとされる。[八〇]

しかしながら、資本主義における労働の特殊な性質を批判する観点からすれば、現存する社会編制における一つの次元をもう一つの現存する次元の観点から批判すること——つまり分配様式を工業的生産の観点から批判すること——は重大な弱点を持ち、深刻な帰結をもたらすものとなる。「労働」の観点からなされる伝統的な肯定的批判は、資本主義の社会的形態を超えていくことを志向するというよりはむしろ、資本主義における歴史的に特殊な富や労働の形態を実体化し、全歴史と全社会に投影するものとなる。そのような投影は、労働が独特の構成的役割を果たしている社会の特殊性を考察することを妨げ、資本制社会のありうべき超克の本質を不明瞭なものにしてしまう。社会批判の二つの在り方の差異は、近代社会内部において階級搾取や階級支配の形態としての資本主義を批判的に分析するか、それとも、近代社会の形態そのものを批判的に分析するかの違いである。

資本主義の理解がこのように異なっているならば、批判における規範的次元へのアプローチも異なったものとなる。例えば「労働」を基盤とする批判が、資本主義に特殊なものを超歴史的に投影してしまうという私の主張は、別のレベルでは、「労働」を基盤とする批判において規範的な立脚点となっている理性や普遍性、正義といった概念について歴史的に再考することを伴う。資本主義についての肯定的な批判の枠組みにおいて、こうした諸概念(歴史的にはブルジョワ革命の理念として表現された)は、近代社会の非資本主義的な契機を表している。すなわち、それらは資本家階級の特殊利害のために資本制社会ではまだ実現されていないものの、社会主義においては実現されるであろう、と考えられている。したがって社会主義は、近代社会の理念の普遍的・社会的な実現をもたらすと考えられており、その意味で、近代社会そのものの完璧な実現を表すことになる。本書第二部で私が論じるのは、理性、普遍性、正義といった理念は、伝統的マルクス主義の社会批判と旧いブルジョワ的社会批判の両者が理解するような意味で、近代社会の非資本主義的要素を表しているわけではない、ということだ。むしろそれらの理念は、資本主義における労働によってもたらされる社会構成の観点から理解されるべきである。実際のところ、まさしく伝統的な批判の特徴であるところの対立――抽象的普遍性と具体的特殊性の対立――は、資本主義を超えたところの理想と資本制社会の現実との対立なのではない。むしろそれは、資本制社会の一つの特徴をなすところの対立なのであり、労働に媒介された社会構成の様式そのものに根差しているのである。

そうした規範的な諸概念[理性、普遍性、正義]は、資本制社会の特徴をなす社会構成の形態と関係づけることが可能であり、それら諸概念は実際には資本主義的社会編制の境界を超えてはいないと主張することは、それら諸概念が資本家階級の利害をイデオロギー的に隠蔽する偽装であると言っているわけではないし、そうした理想と資本主義の現実とのギャップは解放的意義を何ら持たないと言っているわけでもない。しかしながらこの主張は、そのようなギャップとそれに暗黙裡に結びつけられた解放の形態が、いまだ資本主義の境界にとどまっている、ということこそを言っているのである。問題なのは、批判が資本主義を問題化する水準である。すなわち、

八〇――以下を参照のこと。Dobb, *Political Economy and Capitalism*, pp. 75-79.(ドッブ『政治経済学と資本主義』、七一―七四頁)。私は後に、批判の立脚点としての生産諸力の観念へと戻って論じるつもりであるが、それは現存する生産の観点からではなく、ありうべき生産という立場からなされるところの否定的批判を素描する試み、という文脈においてである。

資本主義を社会の一形態として理解しているのか、それとも単に階級支配の形態として理解しているのか、また、社会的な価値観と諸概念を機能主義(もしくは観念論)の観点ではなく、社会構成の理論という観点からとらえているかどうか、ということである。これらの規範的諸概念が近代社会の非資本主義的な契機を表しているという考え方も、それらが単なる偽装であるとする考え方も、どちらも資本主義を近代社会内部での階級搾取と階級支配の様式として理解する点で同じである。

資本主義における労働の特殊な性格に対する社会的な批判は、伝統的な批判とは異なって、近代社会そのものを構成している社会的実践を構造化し、またそれによって構造化される特定の諸形態についての理論である。それは、近代社会の諸理念と現実の両方をそれらの社会的諸形態に根拠づけることによって、近代社会の特殊性を理解しようとする試みである。同時にそれは、ブルジョワ社会の理想が社会主義において実現されるであろうという非歴史的な考え方を、そのアンチノミー的な対立項、すなわちブルジョワ社会の理想は偽装であるという考え方とともに回避しようとする試みである。この社会構成についての理論は、私が記述しようとする否定的批判の基礎となる。私が試みるのは、理論的かつ実践的な批判の可能性を、近代資本制社会の理想と現実のギャップに見出すのではなく、近代資本制社会を構成している社会的媒介の形態における矛盾をはらんだ性質に見出すことである。

伝統的理論の規範的側面は、本質的にその歴史的次元と結びついている。近代社会の諸理念がその社会の非資本主義的な契機を表しているという考え方は、プロレタリアを基盤とする工業的生産の様式——それは近代社会における非資本主義的な契機であるとされる——と、市場および私有財産との間に構造的な矛盾が存在する、という考え方に対応している。こうした考え方は、その批判の立脚点として「労働」を採用し、資本主義における富と労働の歴史的特殊性という概念を欠いている。それゆえそれが含意するのは、資本主義の下では私的所有者の階級によって収奪されていたものと同じ富の形態が、社会主義においては集団的に領有され意識的に統御される、ということである。同様にそれは、社会主義における生産の様式は、資本主義におけるそれと本質的に同じになる、ということを示唆している。つまり労働者とその労働は、社会主義において「本領を発揮する」のである。

生産の様式は本質的には資本主義と無関係であるという考え方は、技術の進歩――「労働の進歩」――についての一次元的で直線的な理解を含意している。そして労働の進歩はまた、しばしば社会の進歩と同一視される。こうした理解は、マルクスの立場と大きく異なっている。マルクスの立場からすれば、資本に規定された工業的な生産の様式は人類の生産力を大幅に増大させたが、しかしそれは疎外された形態においてであった。それゆえこの増大した力はまた、労働する諸個人を支配し、自然を破壊することとなる。[八一]

二種類の批判の差異は、資本主義の特徴をなす社会支配の基本的形態を理解する方法においても、はっきりと現れている。「労働」に立脚する社会批判は、支配の形態を、本質的に階級支配の観点から、すなわち生産手段の私有に根差すものとして理解する。これに対して、資本主義における労働に対する社会的批判は、その社会における最も根本的な支配形態を、非人格的で構造的な支配形態として特徴づけ、それが資本主義の歴史的動態性の基底をなす、とする。このアプローチは、その抽象的な支配の形態を、価値と価値を生む労働の歴史的に特殊な社会的諸形態のうちに根拠づける。

後者の仕方でマルクスの資本主義批判の理論を読むことで、抽象的な支配――人間の労働による人間の支配――についての射程の長い批判のための基盤を得ることができる。またそれと関連して、方向性を持った内在的動態性を特徴とする社会生活の形態が社会的に構成されることについての理論のための基盤も与えられるのである。しかしながら伝統的マルクス主義の手にかかると、批判は平板化され、市場と私的所有に対する批判へと切

八一――Capital, vol. 1, p. 638.(『マルクス＝エンゲルス全集 第二三巻 第一分冊』、六五七頁)

り縮められる。それは、資本主義に特徴的な労働の形態と生産様式を、未来の社会主義へと投影してしまうのである。伝統的理論によれば「労働」の発展は、工業的生産とともにその歴史的な終着点に到達する。つまり、ひとたび工業的生産様式が市場と私有財産の枷から解放されたならば、「労働」は社会の疑似‐自然的構成原理としての自己自身の姿に立ち返るとされるのである。

既に述べたように、伝統的マルクス主義と旧いブルジョワ的批判は歴史的進歩の考え方を共有しており、歴史の進歩とは、逆説的だが、「自然的な」人間へと向かう、つまり存在論的に人間的なるもの（例えば《理性》、「労働」）がそれ自身へと立ち返り、現存する人工的なものに優越するようになる可能性へと向かう運動である、と考えられている。したがってこの点で、「労働」を基盤とする社会批判は、マルクスが一般には啓蒙主義の諸側面に、また個別には古典派経済学に向けて突きつけた批判にさらされることになる。「経済学者たちは一つの奇妙なやり方をもっている。彼らにとってはただ二つの種類の制度があるだけである。人為的と自然的と。封建制の制度は人為的で、ブルジョアジーの制度は自然的である。……こういうわけで、かつては歴史というものがあったこともあるが、もはやそれはないのである」[八二]。もちろん「経済学者」と伝統的なマルクス主義理論では、自然な制度とみなされているものは同じではない。しかしながら、思考の型は同じである。つまり、彼らはともに、社会的に構成されている歴史的に特殊なものを自然化し、歴史を自分たちが「自然的人間」とみなすものの実現へと向けた運動であるとみなすのである。

これまで見てきたように、資本主義の規定的な諸関係を、自己調節的な市場と生産手段の私有の観点から解釈することは、マルクスの価値のカテゴリーを、古典派経済学の枠組みに縛られたまま理解することに基づいている。結果として、そのような批判的社会理論の形態そのもの――「労働」の観点からなされる社会批判――が、古典派経済学の枠組みに縛られたままであることになる。もちろんそれは、いくつかの点で経済学と異なってはいる。例えばそれは、ブルジョワ的な分配様式を最終的なものとして受け入れず、歴史的な意味で疑問視する。

にもかかわらず、その批判的関心の中心にとどまっているのは、分配の領域である。労働の形態（したがって、生産の形態）がマルクスの批判の対象であったのに、伝統的マルクス主義にとっては、検討されざる「労働」が超歴史的な富の源泉であり、また社会構成の基盤である。結果的にそれは、経済学批判ではなく批判的経済学、すなわち分配様式のみの批判となるのである。労働の扱いに関して言えば、それは「リカード的マルクス主義」の名に値する批判である。[八三] 伝統的マルクス主義は、生産と分配の様式に対するマルクスの批判を、分配様式のみの批判に置き換え、労働者の自己廃棄の理論を、労働者の自己実現の理論に置き換えてしまう。資本主義批判の二つの型の相違は重大である。マルクスの批判においては資本主義批判の中心的対象であったものが、伝統的マルクス主義においては自由の社会的基盤になってしまうからである。

この「転倒」は、釈義学的方法――例えば、マルクスの著述はマルクス主義の伝統においては正しく解釈されてこなかったという主張――に準拠しては適切に説明され得ない。必要なのは、社会的かつ歴史的な説明であり、それは二つのレベルで進められるべきである。第一にそれは、伝統的な資本主義批判の可能性を理論的に基礎づけるものであるべきである。例えばマルクスの手続きに従いながら、資本主義の社会的諸関係が明らかになるようなかたちで、その理論の可能性に根拠を与える、ということである。私は以下、この方向に進み、資本主義における労働の歴史的に特殊な性格が、いかにして超歴史的な「労働」として現れるのかを、マルクスに従って示していく。さらなる一歩――本書では触れるだけになるだろうが――においては、なぜ分配の諸関係が社会批判の唯一の焦点となったのかを、『資本論』第一巻と第三巻との関係の意味を明らかにすることによって示してい

八二――Ibid., p. 175n35.（同右、一〇九頁の注三三）

八三――「リカード左派」と呼ばれるものについてのさらなる批判に関しては、以下を参照。Hans Georg Backhaus, "Materialien zur Rekonstruktion der Marxschen Werttheorie," *Gesellschaft: Beiträge zur Marxschen Theorie* (Frankfurt), no. 1 (1974), no. 3 (1975), and no. 11 (1978).

く。第一巻における価値と資本のカテゴリーは、資本主義の基底をなす社会的諸関係、その根本的な生産諸関係に向けられており、第三巻における生産価格と利潤のカテゴリーの分析は、分配諸関係に向けられている。生産諸関係と分配諸関係は関係してはいるが、同一ではない。マルクスが示すのは、分配諸関係は直接的な日常経験のカテゴリーであり、生産諸関係の現象形態であって、それは分配諸関係が生産諸関係であると誤認されうるような仕方でこれら生産諸関係を表現すると同時に隠蔽する、ということである。伝統的マルクス主義におけるように、生産諸関係というマルクスの概念が分配様式の観点からだけ解釈されるときには、現象形態が全体であるとして受け取られることになる。こうした類いの体系的な誤認は、資本主義的な社会的諸関係の規定された現象形態にその原因があるのだが、それこそマルクスが「物神性」の概念において把握しようとしたものにほかならない。

　第二に、そのような「批判的経済学」が、社会的諸関係の現象形態そのものにおいて成り立ちうる根拠を証明（混乱した思考のせいにするのではなく）したならば、そのような思考形態が生じる歴史的諸条件の解明を試みることができるだろう。[八四] そうした取り組みにおける重要な要素として、一九世紀後半と二〇世紀前半における労働者階級の運動が社会理論を我が物とし定式化したことについての分析が、おそらく含まれるに違いない。それは彼らが自らを構成し、承認を獲得し、社会的・政治的な変化を引き起こそうと奮闘するなかで行なわれた。右に概説された立場が、労働の尊厳を主張し、労働の本質的な重要性が物質的および道徳的な観点から承認されるような社会の実現に貢献しようとするものであることは、明らかである。それは、生産過程における直接的人間労働を超歴史的な富の源泉として措定し、それゆえ価値の超克を、生産における直接的人間労働を超克するという観点からではなく、直接的人間労働が脱神秘化されたかたちで社会的に表現されることとしてとらえている。その結果は、富と権力の不平等な分配に対する批判、そして生産の要素としての直接的人間労働の比類なき重要性に対する社会的承認の欠如に対する批判であって、それはかかる労働の批判でもなければ、それが廃絶される歴史的可能性の分析でもない。しかしながらこのことは、理解できることではある。というのも、労働者階級およびその組織の形成と強化の過程において、労働者の自己廃棄や彼らがなしている労働についての疑問は、中心的問題とはほとんどなり得なかったからである。社会的富の源泉としての「労働」の肯定を基盤とするプロレタリアートの自己実現という観念は、それと関連した自由市場と私的所有に対する批判と同様に、その歴史的文脈の直接的必要性に適応したものであった。しかしながらこの観念は、社会主義が規定するものとして未来へと投射された。それが意味しているのは、資本の発達したかたちでの存続であり、廃絶ではない。

マルクスにとって資本の廃絶は、労働の尊厳のために必要な前提条件である。というのはその時にのみ、社会的労働の別の構造、労働と余暇の別の関係、個々人の労働の異なる諸形態が、社会的に一般的なものとなりうるからである。伝統的な立場は、断片化され疎外された労働に尊厳を与える。そうした尊厳は、労働者階級の古典的な運動の核心に存するが、それは労働者たちの自尊心にとって重要であり、工業化された資本制社会の民主化と人道化の強力な要因であり続けてきた。このことは当然の事実であろう。だが、そのような立場における皮肉とは、そうした「断片化され疎外された」労働の永続化と、それと本質的に関係している成長の形態を、人間存在にとって不可欠なものとして暗黙のうちに措定していることである。マルクスが「たんなる労働者」の歴史的

八四 ――― ここで提案されている手続きは、マルクスの分析をマルクス主義を検証するのに使用することを意味するが、それに似ている――全く外見上のことにすぎないが――のは、カール・コルシュの「マルクスの唯物弁証法的原理を、マルクス主義の歴史全体に」適用するという考え方である（Karl Korsch, *Marxism and Philosophy*, trans. Fred Halliday [New York and London, 1970], p. 56［K・コルシュ『マルクス主義と哲学』石堂清倫訳、三一書房、一九七五年、九七頁］）。コルシュは『資本論』の認識論的な次元を活用していないが、『資本論』において思想の諸形態は、資本主義の社会的諸関係の諸形態と関係づけられているのである。彼はまた、社会批判――分配のみに対する批判と対照をなすものとしての生産と分配への批判――の持つ実質的な性格の問題には第一義的な関心を払っていない。コルシュの手続きはもっと外在的なものにとどまっており、彼は、革命的な時期と全体的で急進的な社会批判との相関関係、非革命的な時期と断片的でより学問的で受動的な社会批判との相関関係を確証しようとしている（Ibid., pp. 56–67［同右、九七―一一〇頁］）。

な超克を、完全なる人間存在の実現のための前提条件とみなしていたにもかかわらず[八五]、伝統的な立場によれば、完全なる人間存在は「たんなる労働者」として実現されるべきだ、ということになるのである。

私が本書で示す解釈もまた、歴史的に理解されなければならない。資本制社会における労働と富の諸形態の特殊性についての分析に基づく資本主義批判は、先の第一章——それは伝統的解釈の不適切性を露わにした——で素描された歴史的発展の文脈において、理解されるべきである。私が明らかにしようとしてきたように、伝統的マルクス主義に対する私の批判は、単に回顧的なものではない。すなわちそれは、伝統的マルクス主義の欠点や陥穽を避けつつ、同時に、諸々のカテゴリーについての伝統的解釈を自らのカテゴリー解釈のうちに根拠づけるようなアプローチを展開することによって、自らの妥当性を立証しようとする。そうすることで、自らの可能性を社会的に根拠づける作業を開始することとなる。

5　労働と全体性——ヘーゲルとマルクス

伝統的マルクス主義の根本的な諸前提に対するこの短い検討を締めくくるために、ここでまた先を急がなければならない。近年、歴史の《主体》としてのプロレタリアートとマルクス主義における全体性について、非常に多くの批判的な議論がなされてきた。すなわちこの概念を、社会批判の立脚点として肯定的に措定することがもたらす政治的な問題性についての議論である[八六]。マルクスの分析における両概念の意義と重要性は、彼の後期における批判とヘーゲル哲学との関係性という問題に本質的に結びついている。この問題についての詳細な議論は本書の範囲をはるかに超えてしまうが、この関係性についての大まかな概説を、これまでの議論を踏まえて行なっておくことは必要である。以下では、マルクスの《主体》についての考え方と全体性の概念に関して、資本主義における労働の特殊性について彼の分析が示唆するところから手短に説明し、これらの概念を、「労働」を基盤とした伝統的批判が含意するところと対比することにしよう。

ヘーゲルは、すべての現実は、それが自然的なものであれ社会的なものであれ、主観的なものであれ客観的なものであれ、実践によって——より具体的には《精神》、すなわち世界史の《主体》の客体化する実践によって——構成されているとする理論によって、古典的理論の主客二元論を超克することを企てる。《精神》は、外化あるいは自己対象化の過程によって客観的現実を構成し、その過程において自己自身を再帰的に構成する。客観性も主観性も、弁証法的に展開する《精神》によって構成されているのであるから、どちらも同じ実体の部分であり、必然的に異質なものではない。つまり両者は、実質的に同質的な一般的総体——すなわち全体性——の契機なのである。

したがってヘーゲルにとって《精神》は、主観的でありかつ客観的である。それは同一的な主体／客体［the identical subject-object］なのであり、「主体」であるところの「実体」である。「さらに言うと、生ける実体とは、存在ではあっても、真実には主体であるところの存在、或は言いかえると、真実に現実的であるところの存在であるが、そうであるのは、ただ実体が自己自身を定立する運動であるかぎりにおいてのみのことであり、言いかえると、己れの他となりながら、そうなることを己れ自身と媒介し調停する運動であるかぎりにおいてのみのことである」[八七]。

八五——*Grundrisse*, p. 708.（『マルクス資本論草稿集②』、四九五頁）

八六——西欧マルクス主義におけるこの問題についての非常に優れた議論は、下記を参照。Martin Jay, *Marxism and Totality* (Berkeley and Los Angeles, 1984).（M・ジェイ『マルクス主義と全体性——ルカーチからハーバーマスへの概念の冒険』荒川幾男ほか訳、国文社、一九九三年）

八七——G. W. F. Hegel, Preface to the *Phenomenology*, in Walter Kaufmann, ed. *Hegel: Texts and Commentary* (Garden City, N.Y., 1996), p. 28 (translation amended, emphasis added).（G・W・F・ヘーゲル『精神の現象学（上）』金子武蔵訳、岩波書店、一九七一年、一七頁、強調追加）

この自己運動する実体／《主体》、つまり《精神》が、弁証法的に展開するにつれて主観性と客観性を構成する過程は歴史的な過程であり、それは全体性の内的な矛盾に根拠づけられている。ヘーゲルによれば、この自己客体化の歴史的過程は自己疎外の過程であり、その展開において疎外されていたものを、最終的には《精神》が取り戻していくこととなる。すなわち、歴史的な発展は終局を持つ。それは《精神》が全体化しつつ全体化される《主体》として自己を実現するときである。

ジェルジ・ルカーチは、その才気に満ちた小論「物象化とプロレタリアートの意識」において、ヘーゲルの理論を「唯物論的」的に援用しようと企図して、その妥当性を社会的現実に限定する。そうすることによって彼は、実践のカテゴリーを弁証法的な社会理論の中心に位置づけようとする。ルカーチがヘーゲルを援用したのは、二〇世紀の資本主義に適応した資本主義批判の定式化を目指すという彼の理論における基礎的な試みの中核としてである。この文脈でルカーチは、近代社会を合理化の歴史的プロセスの観点から特徴づけるマックス・ウェーバーの見解を採用し、その分析をマルクスの資本主義分析の枠組みのうちに組み込もうとする。それは合理化のプロセスを、商品形態を資本制社会の基礎的構造原理とするマルクスの分析において根拠づけることによってなされる。このようにしてルカーチは、合理化のプロセスが社会的に構成されていること、それは非直線的に展開すること、ウェーバーが近代的生活の「鉄の檻」として描き出したのは「脱伝統的」社会のいかなる形態にも必然的に付随するものではなく資本主義の作用であること——したがって転換されうること——を示そうとする。かくしてルカーチは、所有諸関係は近代社会の最も根本的な構造的特性ではないというウェーバーの主張に対し、それをより広義の資本主義概念の枠組みに組み込むことで、応えるのである。

ルカーチの主張のいくつかの側面は、非常に豊かで有望である。彼は資本制社会を、あらゆる生活領域の合理化の観点から特徴づけ、このプロセスの根源を社会的諸関係の商品形態に根拠づけるが、これによって暗黙のうちに目指されているのは、私有財産を基盤とする搾取のシステムという概念よりも深く広範な資本主義の概念である。さらにルカーチは、ヘーゲルを唯物論的に援用することによって、マルクスの諸カテゴリーが古典的な主客二元論を克服しようとする力強い企てを表すものである、という考えを明らかにする。それらのカテゴリーが指し示すのは実践の構造化された諸形態であるが、それらは同時に客観性と主観性の諸形態である。このアプローチによるならば、どのようにして歴史的に特殊な社会的諸構造が実践を構成し、また同時にそれらが実践によって構成されるのかを分析することが可能になる。それはまた、私が本書で後に精緻化するように、資本主義における思想の諸形態とその変容についての理論を目指しており、そうした理論は下部構造／上部構造モデルがもたらす唯物論的還元主義と数多の文化主義的モデルの観念論とを回避するのである。このアプローチを基盤としてルカーチは、ブルジョワ社会の思想と諸制度を批判的に分析し、第二インターナショナルの決定論的なマルクス主義をも批判的に分析する。

しかしながらルカーチにおける資本主義の再概念化の試みは、たとえ才気に満ち溢れたものであるにせよ、深いところで一貫性に欠けている。彼のアプローチは、伝統的マルクス主義を超えることを目指すものであるにもかかわらず、その基本的な理論的諸前提のいくつかにいまだ束縛されている。ルカーチはヘーゲルを唯物論的に援用するのだが、そのことによって彼は、伝統的な理解と同じく、社会を労働によって構成された全体性として分析している。ルカーチによればこの全体性は、ブルジョワ的な社会的諸関係の断片化された個別主義的性格によって覆われているが、社会主義においては公然と現実化されるであろうものである［訳注：「個別主義的」は原典ではparticularisticである。particularism「個別主義」とは自分たちの属する集団で結束し、他を排斥するような態度を指している］。したがってこの全体性は、資本制社会に対する彼の批判的分析の立脚点を提供している。これと関連してルカーチは、「唯物論化」されたヘーゲル主義の観点から、プロレタリアートを歴史的過程における同一的な主体／客体とみなしており、社会的世界と自らを、労働を通して構成する歴史的な《主体》であるとみなしている。この歴史的な《主体》は、資本主義的秩序を転覆することによって、自らを実現する。八八しかしながら、プロレタリアートが社会生活におけるポスト資本主義的形態の可能性を具現化するという考え方が意味をなすのは、資本主義が生産手段の私有という観点から本質的に定義され、「労働」が批判の立脚点であると考えられる場合においてだけである。言い換えればルカーチの分析は、もし資本主義批判が近代性に対する批判理論として適切なものであろうとすれば、資本主義を伝統的な観点から定義することはできない、ということを含意しているにもかかわらず、まさしくそうした伝統的な観点から批判の立脚点を考えることをやめないために、自らの潜在的な洞察を台無しにしているのである。

ルカーチのアプローチについての議論をより完全に行なうならば、商品形態の観点から合理化の歴史的過程を分析しようとする彼の試みが、ヘーゲルを唯物論的に援用するにあたっての彼特有の仕方のためにどれだけ妨げられたか、ということがより詳細に示されるだろう。だが、そのような議論に真正面から取り組むよりも私は、ただルカーチのアプローチとマルクスのそれとの重要な差異を示すにとどめたい。ルカーチの読解は、特に彼がプロレタリアートを同一的な主体／客体とみなしている点において、非常にしばしばマルクスの立場と同一視されてきた。[八九]にもかかわらず、彼の同一的な主体／客体の理解は、リカードの労働価値説と同じぐらい、マルクスの理論的アプローチとは距離がある。マルクスの経済学批判は、ルカーチの読解の根底にある諸前提とは大きく異なる一連の諸前提に基づいているのである。『資本論』において、マルクスは確かに、ヘーゲルが《精神》の概念によって把握しようとしたものを、社会的かつ歴史的に説明しようと試みている。しかしながらマルクスのアプローチは、ルカーチのそれ、すなわち全体性を批判の立脚点として肯定的にとらえ、ヘーゲルの同一的な主体／客体をプロレタリアートと同一視するアプローチとは根本的に異なる。マルクスによる歴史的なヘーゲル批判と、ルカーチによる唯物論的なヘーゲル援用との差異は、われわれが検討してきた社会批判の二つの形態の間の差異と直接関係している。この差異は、全体性とプロレタリアートの概念に関して、またより一般的に言えば、資本主義の基本的性格とその歴史的な否定に対する理解に関して、広範な影響を及ぼす。

マルクスによるヘーゲル批判の性質は、彼の後期の理論においては、初期の著作群におけるものとは大きく異なる。[九〇] もはや彼は『ヘーゲル法哲学批判序説』（一八四三年）において行なったような、フォイエルバッハ流の主観・客観の転倒という手法はとらないし、『経哲草稿』（一八四四年）におけるように労働を超歴史的なものとして扱ったりもしない。『経哲草稿』におけるマルクスはヘーゲルについて、労働を《概念》の労働として形而上学化したと主張していた。『資本論』（一八六七年）におけるマルクスは、ヘーゲルの概念を「唯物論的」なやり方で単に転倒したりはしない。資本主義における社会的諸関係の特殊な性質を把握するためにマルクスは、ヘーゲルの観念論的諸概念が資本制社会について社会的に妥当することを分析する。ところがそうした概念は、かつてマルクス自身が、神秘化された転倒だとして糾弾したところのものであった。それゆえ『聖家族』（一八四四年）でマルクスは「実体」という哲学的概念を批判し、特にヘーゲルが「実体」を「《主体》」として理解する

八八――Georg Lukács, "Reification and the Consciousness of the Proletariat," in *History and Class Consciousness*, trans. Rodney Livingstone (London, 1971), pp. 102-21, 135, 145, 151-53, 162, 175, 197-200.（G・ルカーチ『歴史と階級意識』城塚登・古田光訳、白水社、一九九一年、一九〇―二二四、二四六―四七、二六五―六六、二七五―七八、二九二―九四、三一三、三四九―五三頁）この小論についての非常に優れた議論は以下を参照。Andrew Arato and Paul Breines, *The Young Lukács and the Origins of Western Marxism* (New York, 1979), pp. 111-60.

八九――例えば以下を参照。Paul Piccone, General Introduction, in Andrew Arato and Eike Gebhardt, eds., *The Essential Frankfurt School Reader* (New York, 1978), p. xvii.

九〇――本書の進行に従って明らかになるように、私の解釈は、アルチュセールのような読解、すなわちマルクスの初期の「哲学的」著作と後期の「科学的」な著作との間に断絶を措定するような解釈を認めない。しかしながら、構造主義的な新客観主義に対する人間主義的な反動もまた、マルクスの批判的分析の発展における大きな変化を認識し損なうものである以上、認めることはできない。初期の著作において、マルクスのカテゴリーはまだ超歴史的であった。彼の初期の関心は後の諸著作においても中心であり続けている――例えば疎外の分析など――のではあるが、それらは歴史化され、そのことによって変容したのである。マルクスの後期の諸著作において社会的諸形態の歴史的な特殊性が中心を占めていることは、この特殊性を超歴史化するような理論に対する批判と対をなしている。このことが示すのは、初期の著作におけるカテゴリーは、経済学批判におけるカテゴリーとは直接には同一視され得ず、言い換えれば、前者は後者を直接に説明するものではない、ということである。

ことを批判しているのに対し[九一]、『資本論』冒頭においては、彼自身が「実体」のカテゴリーを利用するのである。彼は価値を、ある「実体」を持つものと呼び、それを抽象的人間労働に見定める。[九二]そしてマルクスは、もはや「実体」を単に理論的な実体化であるとは考えず、いまや労働に媒介された社会的諸関係の特性として、つまり特定の種類の社会的現実を表現しているものとして考えるのである。『資本論』において彼は、使用価値、価値、その「実体」という彼のカテゴリーから商品形態および貨幣形態を論理的に展開することで、その社会的現実の性質を探究する。これを基盤としてマルクスは、彼の資本のカテゴリーによって表現される社会的諸関係の複雑な構造の分析に着手する。彼はまず、資本を価値の観点から規定する――すなわちそれを、カテゴリーの観点から、自己増殖する価値として描き出す。叙述のこの部分でマルクスは、彼の資本の概念を、ヘーゲルの《精神》の概念にはっきりと関係づけるようなかたちで記述している。

> 価値は、この運動のなかで消えてしまわないで絶えず一方の形態から他方の形態へと移って行き、そのようにして一つの自動的な主体に転化される。……しかし、実際には、価値はここでは一つの過程の主体になるのであって、この過程のなかで絶えず貨幣と商品とに形態を変換しながらその大きさそのものを変え……自分自身を増殖するのである。なぜならば、価値が剰余価値をつけ加える運動は、価値自身の運動であり、価値の増殖であり、したがって自己増殖であるからである。……価値がここでは、突然、過程を進行しつつある、自分自身で運動する実体として現われるのであって、この実体にとっては商品や貨幣は両方ともただの形態でしかないのである。[九三]

したがってマルクスは資本の性格を、自己運動し、《主体》であるような実体としてはっきりと特徴づけている。マルクスは、そのように述べることで、ヘーゲル的な意味での歴史の《主体》が資本主義において確かに実在することを示唆している。しかし彼はそれを、プロレタリアートのようないかなる社会集団とも同一視せず、また人類とも同一視していない。むしろマルクスはそれを、社会的諸関係の構造という観点から分析するのであるが、かかる構造は、客体化の実践の諸形態によって構成され、資本の（したがって、価値の）カテゴリーによって把握される。彼の分析が示唆しているのは、資本主義の特徴をなす社会的諸関係が非常に特異なものである、ということだ——それらはヘーゲルが《精神》に与えた属性を持っている。したがって、ヘーゲルの考えた歴史的《主体》が資本主義において実在するというのは、まさにこの意味においてである。

マルクスの資本概念における予備的な諸規定から、資本は物理的、物質的な観点——すなわち、資本家の所有する建物、原材料、機械、貨幣などのストックという観点——からでは適切に理解しえない、ということが明らかになるはずである。つまり、それが指しているのは、社会的諸関係の形態である。だが、たとえ社会的な観点から理解された場合でも、右に引用した一節は、マルクスの資本のカテゴリーは私有財産、ブルジョワによるプロレタリアートの搾取と支配という観点からでは完全に把握することはできない、ということを示している。マルクスは、ヘーゲルが《精神》の概念によって概念化しようとしたものは、資本のカテゴリーによって表現される社会的諸関係の観点から理解されるべきであることを示し、資本主義の特徴をなす社会的諸関係は、階級の観点からだけでは適切に概念化され得ないような特異かつ弁証法的な歴史的性格を有している、と示唆する。マルクスはまた、これら諸関係がヘーゲルの概念そのものに対して社会的な基礎を構成していることを示唆する。以上二つの契機が示しているのは、マルクスの批判理論における性質の変化——したがってそれはまた、彼の唯物

九一——Marx, *The Holy Family*, in Lloyd D. Easton and Kurt H. Guddat, eds., *Writings of the Young Marx on Philosophy and Society* (Garden City, N.Y., 1967), pp. 369-73.（『マルクス＝エンゲルス全集 第二巻』大内兵衛・細川嘉六監訳、大月書店、一九六〇年、五六—六〇頁）

九二——*Capital*, vol. 1, p. 128.（『マルクス＝エンゲルス全集 第二三巻 第一分冊』、五二頁）

九三——Ibid., pp. 255-56（translation amended, emphasis added).（同右、二〇一頁、強調追加）

論的なヘーゲル批判における性質の変化——であり、それは主観と客観の関係をめぐる認識論的問題、歴史の《主体》の問題、全体性の観念といったもののとらえ方に対して重大な影響を与えるのである。

マルクスは、資本のカテゴリーに準拠して歴史の《主体》を解釈するのであるが、このことが示しているのは、本質的に階級闘争の観点から理解された社会的諸関係の理論から、価値や資本といったカテゴリーによって表現される社会的媒介の形態についての理論への移行である。この差異は、私がこの章で論じてきた社会批判の二つの型の差異と関係している。すなわち資本主義を、近代社会内部における階級搾取と階級支配のシステムとして理解することと、資本主義をまさに近代社会の基礎構造を構成するものとして理解することとの違いである。マルクスにとって《主体》は、近代社会の基礎構造の概念的な規定なのである。これまで見てきたように、ヘーゲルの観念論的《主体》概念と、マルクスがこの概念の唯物論的な「合理的核心」として提示するものとの差異は、前者が抽象的で人間を越えたものであるのに対し、後者は具体的で人間的である、ということではない。実際、マルクスによればヘーゲルの《主体》の観念は、歴史的・社会的な妥当性を確かに有しているのであるが、その《主体》は、集合的であれ個人的であれ、具体的で人間的な社会的行為主体ではない。マルクスの分析する歴史の《主体》は、客体化された諸関係、つまり資本主義の特徴をなす主観的・客観的なカテゴリーの諸形態からなっているが、その「実体」は抽象的な労働である。つまり、資本主義における社会的に媒介する活動としての労働が持つ特殊な性格である。したがってマルクスの《主体》は、ヘーゲルの《主体》と同じく抽象的であり、いかなる社会的な行為者にも同定できない。さらに両者は個人の意志とは無関係に、時間において展開していくのである。

『資本論』においてマルクスは、発展の弁証法の観点から資本主義を分析しようとするが、この弁証法は、個人の意志から実際に独立しており、それゆえ自らを一つの論理として提示する。その弁証法的論理の展開について彼は、実践によって構成されるにもかかわらず、疑似-独立的に存在する疎外された社会的諸関係の現実的な表出として探究している。彼はその論理を、幻影として扱ったりはしないし、あるいは単に人間の不十分な知識のもたらす結果として扱ったりもしない。彼が指摘しているように、知識だけではそうした諸関係の性格を変えることはできない。[九四]これから見ていくように、マルクスの分析枠組みにおいて、そのような発展の論理は、究極的には資本主義の社会的諸形態によるものであり、人間の歴史そのものの特徴ではないのである。[九五]《主体》として見た場合、資本は驚くべき「主体」である。ヘーゲルの《主体》が超歴史的で、知る主体であるのに対して、マルクスの分析においてそれは歴史的に規定され、かつ盲目的である。実践の一定の諸形態によって構成される構造としての資本は、逆に、社会的実践と主体性の形態を構成するものでもありうる。しかしながら《主体》として、それは自我を持たない。それは自己再帰的であり、社会的形態として自己意識を誘発することはできるが、ヘーゲルの精神とは違って、自己意識を持たないのである。別言すれば、主体性と社会・歴史的な《主体》は、マルクスの分析においては区別されなければならない。

同一的な主体／客体を、社会的諸関係の規定された諸構造として同定することは、主体性の理論にとって重要な意義を持つ。そのことが示すのは、マルクスが、既に主観—客観のパラダイムと認識論から脱却して、社会的意識論へと向かっていた、ということである。すなわちマルクスは、同一的な主体／客体の概念（古典的認識論

九四———Ibid., p. 167.（同右、一〇〇頁）

九五———この点についてのルイ・アルチュセールの立場は、ルカーチの立場に対して一面的な反対をしているものと考えることができる。ルカーチがヘーゲルの精神について、主体主義的にプロレタリアートと同一視するのに対して、アルチュセールはマルクスの、歴史は主体なき過程であるという思想について、それはヘーゲルに負っていると主張する。言い換えればアルチュセールは、マルクスが『資本論』において歴史的に特殊な、構成された社会的諸関係の構造として分析したものを、客観主義的なやり方で、《歴史》として、超歴史的に実体化するのである。ルカーチの立場もアルチュセールの立場も、資本のカテゴリーを適切に把握することができない。以下を参照。Louis Althusser, "Lenin before Hegel," in *Lenin and Philosophy*, trans. Ben Brewster (New York and London, 1971), pp. 120–25.（L・アルチュセール『レーニンと哲学』西川長夫訳、人文書院、一九七〇年、一一八—一二六頁）

の主客二元論を超克しようとしたヘーゲルの試み）を社会的行為主体と単純に同一視しないことによって、認識論的問題の条件を変更する。彼は認識をめぐる問題の焦点を、認識する個人（もしくは超個人）という主体とその外的（外化された）世界との関係から、社会的諸関係の形態へと移行させる。社会的諸関係は、社会的主観性の諸規定であるとともに社会的客観性の諸規定であるとみなされる。認識の問題は、いまや社会的媒介の諸形態と思考の諸形態との関係の問題になる。実際のところ、私が以下に触れるように、マルクスによる資本主義的社会編制の分析が意味しているのは、自律的主体が客観的世界に対して鋭い矛盾に直面するというかたちで叙述されてきた古典的認識論の問題そのものを、社会的かつ歴史的に分析する可能性である。[九六]古典的な主客二元論に対するこのような批判は、マルクスが自らの後期批判理論において暗示的に展開するアプローチの特徴をなしている。ある種の批判――例えば現象学の伝統に属するもの――は、古典的思考は主体を脱具体化し、脱文脈化して考えているが、「現実において」人々は特定の文脈に常に埋め込まれていると主張する。マルクスの批判はこうした批判とは異なる。マルクスのアプローチは、古典的な主客二元論のような立場を単に誤った思考の結果として片づけてしまう（それは、反論する立場の「より優れた」洞察がどこからやってきたのかについては答えないままである）のではなく、そうした考え方を、その文脈の性質を参照することによって理解できるものとし、歴史的に説明しようとする。つまり諸々の立場は、資本制社会を構成する、構造化されかつ構造化する社会的諸形態に関連した思考形態として分析されるのである。

　したがってマルクスのヘーゲル批判は、ルカーチによるヘーゲルの唯物論的援用とは全く異なる。というのもマルクスの批判は、自分自身を歴史的に展開し、自己再帰的な客体化の過程を通じて完全なる自己意識に到達するような、具体的で意識的な社会的《主体》（例えばプロレタリアート）を認めないからである。そのような《主体》を認めるならば、「労働」を、資本主義的諸関係によって自己の実現を妨げられている《主体》を構成する実体として暗黙のうちに措定することになる。私が「リカード的マルクス主義」についての議論で言おうとしたのは、そのような場合の歴史の《主体》とは、「労働」を通じて自分自身と世界を構成していくブルジョワ的主体の集合版である、ということである。「労働」概念とブルジョワ的主体（個人として解釈されようと、階級として解釈されようと）は、本質的に結びついている。それらは歴史的に特殊な社会的現実を、存在論的な形態で表現しているのである。

マルクスのヘーゲル批判は、このような立場の諸前提とは絶縁する（にもかかわらず、そうした立場は社会主義の伝統において優勢となったのであるが）。資本主義的諸関係を、《主体》の外部にあり、その十全たる実現を妨げるものとして見るのではなく、マルクスはそれらをまさに《主体》を構成する諸関係として分析するのである。この根本的な差異は、先に概観したこととも関係がある。マルクスの経済学批判のカテゴリーによって把握される疑似‐客観的な構造は、資本主義の「現実の」社会的諸関係（階級諸関係）を隠蔽するのでもなければ、「現実の」歴史的《主体》（プロレタリアート）を覆い隠すのでもない。そうではなく、それらの諸構造は資本制社会の根本的な諸関係なのであり、その独特な特性によって、ヘーゲルが歴史の《主体》として把握したものを構成するのである。この理論的転回が意味するのは、マルクスの理論は未来の社会において自身を実現するプロレタリアートのような歴史的なメタ《主体》の概念を措定するのでもなければ、それに拘束されているわけでも

九六——マルクスが主観―客観パラダイムから脱却したことはきわめて重要であるが、このことは、これまで見過ごされてきた。ハーバーマスは、彼のコミュニケーション的行為の理論への転回を、解放を企図する批判理論のための基礎を据える試みとして正当化したが、この批判理論は、古典的な主観―客観パラダイム——ハーバーマスの意見ではそれは、マルクス主義を機能不全に陥らせた——の持っている主観主義的かつ認知的・道具的な含意に拘束されるものではない、という（以下を参照。Jürgen Habermas, *The Theory of Communicative Action*, vol. 1: *Reason and the Rationalization of Society*, trans. Thomas McCarthy [Boston, 1984], p. xl [J・ハーバーマス『コミュニケイション的行為の理論（上）』河上倫逸ほか訳、未來社、一九八五年、一六―一七頁]）。しかしながら、後に私が論じるように、実際のところマルクス自身が主観―客観パラダイムへの批判を提供していた。それは、社会的媒介の歴史的に特殊な諸形態についての理論へと赴くことによってなされたのであり、私の見方では、ハーバーマスが向かった超歴史的な進化論的理論よりも、批判的社会理論のより適切な出発点を提供するのである。

ない、ということだ。実際、集合的（ブルジョワ的）主体の理論から、疎外された社会的諸関係の理論へと移行したということは、そのような概念に対する批判がそこにあることを意味している。それは、批判の視点が、「労働」を基盤とする社会批判から、資本主義における労働の特異な性質を社会的に批判することへと大きく移行したことの一面であり、そのことによって前者の立脚点は、後者における批判の対象となるのである。

この移行は、全体性の概念を考えてみれば、より明確なものとなる。これは単に一般的な意味での「全体」に言及するものとして漠然と考えられるべきではない。ヘーゲルにとって《精神》は、一般的で実質的に同質的な全体性――すなわち歴史過程の始点としての《存在》であるだけでなく、展開され、自らの発展の結果となるような全体性――を構成する。《精神》の完全なる展開、自己自身の実現は、この発展の終点である。われわれが見てきたように、資本主義における労働と社会的諸関係に関する伝統的な諸前提から始めると、ヘーゲルの全体性の概念を次のようなかたちで「唯物論的」に採り入れて翻訳することに帰結してしまう。すなわち、社会的な全体性は「労働」によって構成されるが、それは資本主義的諸関係によって隠され、見かけ上断片化され、自己自身の実現を妨げられている。それは現在の資本主義を批判するための立脚点を表しており、社会主義において実現されるものであるとされるのである。

資本についてマルクスは、歴史の《主体》であるとカテゴリー的に規定したが、しかしそれは全体性が彼の批判の対象となっていることを示している。後に見るように、マルクスの批判において社会的全体性は、資本主義的編制の本質的な特徴であり、疎外の表現である。マルクスによれば、資本主義的な社会編制が特異であるのは、質的に均一な社会的「実体」によって構成されており、したがってそれが社会的な全体性として実在しているためである。これほどまでに全体化された社会編制は、他に存在しない。というのも、他の諸々の社会編制における根本的な社会的諸関係は質的に均一ではないからである。資本主義以外の社会編制は、「実体」の概念によって把握し得ないし、単一の構造原理から展開することもできず、内在的で必然的な歴史の論理を示すこともできないのである。

マルクスがプロレタリアートや人類ではなく、資本こそが全体的な《主体》であると主張するとき、それが明確に意味しているのは、資本主義の歴史的な否定は、全体性の実現ではなく廃絶をもたらす、ということである。ということは資本の全体性の展開を駆り立てる矛盾もまた、全く異なる仕方で考えられなければならない。矛盾はおそらく、全体性を駆り立てて、その完全な実現へと向かわせるのではなく、その歴史的廃絶の可能性へと向かわせるのである。すなわち矛盾は、全体性を超えたところに向かうことで、全体性の時間的な有限性を表現している（私は矛盾についてのこうした理解と、伝統的マルクス主義の理解との差異を後に論じる）。マルクスが資本主義の歴史的な否定について、全体性の実現ではなく、その廃絶という観点から構想していたことは、社会主義は人類史の終わりではなく始まりを表すという彼の考え方と結びついており、また資本主義の否定が、社会的な媒介性そのものの克服ではなく、社会的媒介の特定の形態の超克をもたらす、という考え方とも結びついている。別の水準で考えるならば、それが示しているのは、後期マルクスの歴史理解は、世俗的な形態をとった、本質的には終末論的な概念として把握される限り、適切にはとらえられない、ということである。

最後に、資本が歴史の《主体》を構成するという考え方はまた、ポスト資本制社会における政治の領域は、資本主義においてその十全たる出現を妨げられているとされる全体性という観点から理解されるべきではない、ということを示唆する。実際のところ、それは反対のことを意味している。つまり、制度を通じて全体化していく政治の形態は、資本の超克ではなく、全体性としての資本に対する政治的調整を表現するものとして解釈されるべきであり、それは資本の抑圧と命令に服従しているのである。したがって全体性が廃絶されるならば、それまでとは全く異なる、全体化しないかたちでの社会の政治的調整および統制を構成することが可能になるだろう。

一見したところ、歴史の《主体》として資本を規定することは、人間の歴史をつくる実践の否定であると見えるかもしれない。しかしながらそのような規定は、疎外された社会的諸関係に照らして、方向性を持った資本主義の動態性を説明しようとする分析と一貫している。この疎外された社会的諸関係は、構造化された実践の形態によって構成されつつも、疑似‐独立的な実在性を獲得し、人々を一定の疑似‐客観的な制約の下に服従せしめる。この解釈はまた、明示的にせよ暗示的にせよ労働者階級を歴史の《主体》として同定するような解釈には不可能な解放的契機を有している。「唯物論的」なヘーゲル解釈は、階級や人類を歴史の《主体》として措定するわけだが、それは歴史の創造における実践の役割を強調することによって、人間の尊厳を高めるように見える。しかし、そうした解釈の解放性は見かけ上のものでしかない。というのは、《主体》の完全なる実現を要求することは、疎外された社会的形態の完全なる実現を意味しているにすぎないからである。他方で、こんにち流行している多くの立場は全体性を肯定することを、解放の名の下において批判するが、それは全体性の実在を否認することによってなされる。[九七] そのようなアプローチは、全体性を特定の理論的立場による単なる作り事として扱い、疎外された社会的構造の現実性を無視するので、資本制社会の歴史的な傾向を摑むこともできなければ、現存の秩序に対する適切な批判を定式化することもできない。一方には肯定するためだけに全体性の実在を主張する立場があり、他方には社会的全体性の実現が解放にとって有害であると認識し、それゆえその実在そのものを否定する立場があるのだが、本書の提起してきた視点からすれば、両者はアンチノミー的な関係にある。どちらの立場も一面的である。というのも、双方ともに反対のやり方で、現に在るものと在るべきものとの間に超歴史的な同一性を措定しているからである。

　全体性に対するマルクスの批判は、歴史的に特殊な批判であり、それは現に在るものと在るべきものとを融合することはない。全体性の問題に、存在論的な観点からアプローチすることがないのである。換言すればそれは、全体性の超歴史的な実在を肯定するのでもなければ、全体性が実在することを否定する（それは、資本が現に実在している以上、単に全体性を神秘化することになりかねない）のでもない。そうではなく、マルクスの批判は、資本制社会を構築する諸形態の観点から全体性を分析するのである。ヘーゲルにおいて全体性は、《主体》の実現として展開する。伝統的マルクス主義では、これが具体的な《主体》としてのプロレタリアートの実現となる。マルクスの批判において全体性は、歴史的に特殊なものとしてその根拠が明らかにされ、その廃絶の可能性を指し示すかたちで展開する。マルクスが《主体》を、階級ではなく資本であるとして歴史的に説明したことは、ヘーゲルの弁証法を社会的に基礎づけ、そのことによってそれへの批判を提供しようとする試みである。[九八]
『資本論』におけるマルクスの議論は弁証法的に展開するが、その構造は、ヘーゲルに対するメタ注釈として読まれるべきである。マルクスはヘーゲルを、古典派経済学に「適用」したのではなく、ヘーゲルの諸概念を資本制社会の社会的諸形態という観点から文脈化したのである。すなわち後期マルクスにおけるヘーゲル批判は、『資本論』のカテゴリーの展開のうちに内在している――ヘーゲルが諸概念を展開する方法と並行することによって、それらが表現している社会・歴史的な文脈を暗に示している。マルクスの分析の観点からすると、弁証法、矛盾、同一的な主体／客体などのヘーゲルの概念は、資本主義の現実の根本的な諸側面を表現してはいるのだが、それらを適切に把握するものではない。[九九] ヘーゲルのカテゴリーは、資本を疎外された生産様式の《主体》として解明することはないし、その特異な内的矛盾によって前進すべく駆動される諸形態の歴史的に特殊な動態性を分析することもない。その代わりヘーゲルは、《精神》を《主体》として措定し、弁証法を運動の普遍的法則とし

九七――マーティン・ジェイは、特に過去一〇年でフランスにおいて徐々に人気を博すようになってきたそのような立場についての便利な概観を提供してくれている。以下を参照。Jay, *Marxism and Totality*, pp. 510-37.（ジェイ『マルクス主義と全体性』、八一〇―五六頁）

九八――同様の議論として以下を参照。Iring Fetscher, "Vier Thesen zur Geschichtsauffassung bei Hegel und Marx," in Hans Georg Gadamer, ed., *Stuttgarter Hegel-Tage 1970* (Bonn, 1974), pp. 481-88.

九九――この指摘はまた、アルフレート・シュミットとイーリング・フェッチャーによってなされている。彼らの以下の著書におけるコメントを参照のこと。W. Euchner and A. Schmidt, eds., *Kritik der politischen Ökonomie heute: 100 Jahre Kapital* (Frankfurt, 1968), pp. 26-57. また以下も参照。Hiroshi Uchida, *Marx's Grundrisse and Hegel's Logic*, ed. Terrell Carver (London and Boston, 1988).（内田弘『中期マルクスの経済学批判――『要綱』とヘーゲル『論理学』』有斐閣、一九八五年）

て措定する。言い換えれば、マルクスが暗黙のうちに主張しているのは、ヘーゲルは抽象的で矛盾した資本主義の社会的諸形態を確かに把握したのだが、それはその歴史的な特殊性においてではなかった、ということである。その代わりヘーゲルは、それらの諸形態を、観念論的な方法で実体化し、表現した。にもかかわらず、ヘーゲルの観念論は、それらの社会的諸形態をたとえ不適切にではあっても、確かに表現してはいる。ヘーゲルはそれらを、主客の同一性であり、それ自身の生命を持つものとして現れるカテゴリーを用いて表している。こうした［マルクスの］批判的分析は、これらの［ヘーゲルの］観念論的なカテゴリーをただ人間学的に転倒するような唯物論とは大きく異なっている。後者のアプローチでは、資本主義の特徴である疎外された社会的諸構造を適切に分析することは不可能である。それらは人々を現に支配し、実際に人々の意志から独立しているからである。

それゆえ後期マルクスの批判は、もはやヘーゲルの観念論的弁証法の「唯物論的」、人間学的な転倒を必要とはしない。ある意味でそれは、ヘーゲルの唯物論的な「弁護」である。マルクスは、ヘーゲル弁証法の「合理的な核心」はまさしくその観念論的な性格にこそあることを暗に示そうとしている。[100] つまりそれは、社会的諸関係の諸構造によって構成された社会支配の在り様を表現している。そうした社会的諸関係は、疎外されているがゆえに、諸個人に対立する疑似 - 独立性を獲得しており、また特異な二元的性質のために、その性格において弁証法的である。マルクスによれば歴史の《主体》とは、資本主義的編成を構成する社会的媒介の、疎外された構造なのである。

したがって『資本論』は、リカード批判であるとともにヘーゲル批判でもある。マルクスの見解では、二人の思想家は、現存の社会形態の内部に拘束された思考のうちでは最も発達した形態を表している。マルクスは、単にリカードを「急進化」したり、ヘーゲルを「唯物論化」したのではない。彼の批判は——資本主義における労働の歴史的に特殊な「二重性」から始めているがゆえに——本質的に歴史的である。彼が主張するのは、リカードとヘーゲルは、「労働」と《精神》というそれぞれの概念によって、彼らの研究対象の歴史的に特殊な性格を超歴史的なものとして措定してしまい、それゆえそれを十全に把握することができなかった、ということである。したがって、後期マルクスの分析がとる説明の形式は、彼が商品について批判的に研究したからといってリカードの価値論を「継承」しているということにはならないのと同じように、ヘーゲルの弁証法を資本の問題に「応用」したものではない。それどころかマルクスの議論は、内在的に批判的な説明なのであり、それはヘーゲルとリカードの理論を、その背景にある社会的諸形態の特異な性格を参照することによってその根拠を探り、理解可能なものにしようとするのである。

マルクス自身の分析は、逆説的ではあるが、全体性を歴史的に限定することによって、現在の全体性そのものの限界を乗り越えることを目指している。私が以下で論じるように、マルクスの内在的な資本主義批判は、思考の対象の歴史的な特殊性を示すことが、再帰的にその理論の歴史的な特殊性、つまり対象を把握する思考そのものの歴史的特殊性を示唆するものとなる、という批判なのである。

要約すると、私が「伝統的マルクス主義」と名づけたものは、リカード＝ヘーゲルの「唯物論的」、批判的綜合である。全体性と弁証法というヘーゲルの概念を社会理論において肯定すること（例えばルカーチによってなされたように）は、確かに、資本制社会の一側面に対する有効な批判のみならず、第二インターナショナルのマルクス主義における進化論的、宿命論的、決定論的な傾向に対する有効な批判を提供しうるかもしれない。にもかかわらずそれは、資本主義の歴史的な否定という立場からなされる資本主義批判を表現するものとみなされるべきでは断じてない。プロレタリアート（または人類）を歴史の《主体》と同一視することは、突き詰めれば、「リカード的マルクス主義」と同様に、「労働」についての歴史的な区分を欠いた概念に依拠していることになる。「労働」は、社会的富の超歴史的な源泉として措定され、《主体》の実体として、社会を構成するものであるとみ

——以下を参照。M. Postone and H. Reinicke, "On Nicolaus," *Telos* 22 (Winter 1974-75), p. 139.

なされる。資本主義における社会的諸関係は、《主体》が自己を実現するのを妨げるものとして理解される。批判の立脚点は、「労働」によって構成されるものとしての全体性であるとされ、マルクスの弁証法は、歴史的に特殊な、資本制社会の疎外された社会的諸形態の自己駆動的な運動ではなく、人間の歴史をつくり出す実践の表現へと改変される。どのような理論であれ、プロレタリアートや人間を《主体》として措定する理論が含意するのは、《主体》を構成する活動は超克されるべきものであるよりも実現されるべきものだ、ということだ。この場合、その活動それ自体が疎外されたものとみなされることはない。「労働」に依拠する批判において疎外は、労働そのものの外部、具体的な《他者》、つまり資本家階級による支配のうちにその原因がなければならないことになる。したがって社会主義とは、《主体》による自己実現を意味し、資本主義において私的に収奪されていたその同じ富を再領有することとなのである。それは「労働」が自己自身に立ち返ることをもたらす。

このような一般的な解釈の圏内では、マルクスの批判の性格は、本質的に「仮面を剝ぐ」性質のものであるとされる。それは、その外見に反して「労働」は富の源泉であり、プロレタリアートは歴史の《主体》、すなわち自己を構成する人類を表している、と証明することになる。そのような立場は、社会主義がブルジョワ革命の普遍的な諸理念、ブルジョワ階級の特殊利害によって裏切られた諸理念の実現をもたらす、という考え方と緊密に結びついているのである。

私は以下で次のことを示そうとする。すなわちマルクスの批判は、そのような暴露を確かに含んではいるが、かかる暴露は、資本制社会における現実とともに諸理念も、社会的かつ歴史的に構成されていることについてのより根本的な理論の一契機としてある、ということだ。マルクスは、社会的諸関係と歴史の弁証法が労働によって構成されることを、資本主義の深層構造の特徴をなすものとして分析するのであって、社会主義において完全に実現されるはずの人間社会の存在論的な根拠として分析するのではない。したがって、ただ労働だけが富を生み出し社会を構成するものであると超歴史的に主張し、またブルジョワ社会の諸理念をその現実に対して肯定的に突きつけて、「労働」の立場から分配様式に対する批判を定式化するような批判はすべて、全体性の領域に必然的にとどまるのである。そのような批判は、一方における市場と私有財産、他方における工業プロレタリアートに基づく生産との間に矛盾を措定する。かかる矛盾は、ブルジョワ階級の廃絶を指し示すが、それは社会的な全体性を超えることを指し示しはしない。むしろそれは、発達した資本主義的生産諸関係に、国家的なレベルでより適合しうる形態によって、初期のブルジョワ的分配諸関係を、歴史的に超克することを指し示す。すなわちそれが表現するのは、旧くて外見上はより抽象的な全体性の形態を、外見上はより具体的な形態によって入れ替えることである。仮に全体性そのものが資本であるということが理解されるならば、そうした批判は、資本を疑似‐具体的な全体性として完全に実現することをひそかに志向しているのであって、その廃絶を志向してはいないことが明らかになる。

第三章

伝統的マルクス主義の限界と《批判理論》の悲観論への転回

これまでの章で私は、伝統的マルクス主義の根本的な諸前提について検討してきた。伝統的マルクス主義は、資本主義の根本的な矛盾を、市場ならびに私的所有と工業的生産との矛盾として解釈してきたのである。このような解釈の限界とジレンマは、ポスト自由主義的な資本主義の歴史的な展開とともに次第に明らかになってきた。本章で私は、その限界をさらに詳しく検討するために、資本主義の歴史的展開に対する最も豊かで強力な理論的応答における基本的な諸点を検討する。「フランクフルト学派」もしくは《批判理論》として知られるようになったアプローチがそれである。

《批判理論》の一般的枠組みを定式化した人々――フランクフルトの社会研究所もしくは同研究所の雑誌『社会研究』に関係したテオドール・アドルノ、マックス・ホルクハイマー、レオ・ローウェンタール、ヘルベルト・マルクーゼ、フリードリッヒ・ポロックなど――が目指したのは、変容したポスト自由主義的な資本主義の状況に対応しうる根本的な社会批判を展開することであった。ジェルジ・ルカーチの『歴史と階級意識』の影響も部分的にはあった（プロレタリアートを単一の歴史の主体‐客体とみなすことはなかったが）ことから彼らは、マルクスの理論を、資本主義における生活の社会的、経済的、政治的、文化的諸次元の内在的な相互関係に対する批判的・自己再帰的分析として理解することから出発した。二〇世紀に生じた資本主義の重大な変容に立ち向かい、それを概念化するなかで、彼らは道具的理性と自然の支配に対する批判、文化とイデオロギーに対する批判、政治的支配に対する批判を展開し、それらを関心の中心に据えた。こうした企ては、社会批判の射程を大いに拡大深化させるものであり、伝統的なマルクス主義が、ポスト自由主義的な現代社会に対する批判として適切かどうか、疑義を呈するものであった。だが、より適切な批判を定式化しようとするに際して《批判理論》は、深刻な理論的困難とジレンマに逢着した。こうした事柄は、一九三〇年代後半の理論的転回において顕在化した。この時代にポスト自由主義的な資本主義は、完全に管理され統合された一次元的な社会として、すなわち、もはや社会的解放の内在的な可能性をいかなる意味でも生じさせない社会として、把握されるようになった。

私は、こうした悲観論への転回に伴って生じた諸問題を検討し、次のように論じる。すなわち《批判理論》は、伝統的マルクス主義による資本主義批判の限界を意識していたとはいえ、その批判に含意されていた最も根本的な諸前提を超克することができなかったのである。それゆえこうした理論的転回の分析は、伝統的マルクス主義の限界を明らかにし、現代社会により適した批判理論のための諸条件を提示するために役立つ。

ポスト自由主義的な資本主義に対する《批判理論》の悲観的展望を検討するなかで、私はその理論的基礎を、既に述べた「労働」に立脚する社会批判と、資本主義における労働の歴史的に特殊な性質に対する批判との区別に照らしながら、明らかにしていきたい。したがってこうしたアプローチは、《批判理論》の悲観論への転回を、その歴史的文脈に直接言及することによってのみ考察するのではない。こうした文脈——すなわち西欧諸国にお

一——本章で提示される議論のいくつかは、以下において最初に検討を試みている。Barbara Brick and Moishe Postone, "Critical Pessimism and the Limits of Traditional Marxism," *Theory and Society* 11 (1982).

ける革命の失敗、スターリン主義の展開、国家社会主義の勝利、さらに後には戦後資本主義の性格――を考えてみれば、確かにこうした悲観的な反応は理解しやすい。にもかかわらず《批判理論》の悲観論的な分析が持っていた特殊な性格は、第二次世界大戦やホロコーストといった歴史的事件との関連のみでは、十全には明らかにし得ない。こうした事件が理論に大きな影響を与えたことは確かであるが、その分析を理解するには、根本的な理論的諸前提を理解することもまた必要である。というのも《批判理論》は、そうした大きな展開を、それら諸前提を基礎として解釈したからである。[二] 私は、そうした歴史的事件や事変に直面した《批判理論》の悲観的な反応が、資本主義の発展の性質や経路に関する数々の伝統的な諸前提に深く根差したものであることを示していく。《批判理論》を定式化した人々は、きわめて早くからポスト自由主義的な資本主義の形態変化の重要性を理解し、そのいくつかの次元を注意深く分析しさえした。しかしながら彼らは、こうした変化を、新しい形態による社会的全体性が構成されつつあるという観点から解釈した。この新しい形態の社会的全体性は、内的な構造的矛盾を持たず、したがって新しい社会編制が生じうる可能性の源泉となる内的な歴史的動態性を持たない、とされた。[三] したがって、ここで私の言う悲観論は偶然ではなかった。それは、重要な政治的社会的変化が生じる見込みへの懐疑を単に表していたのではない。むしろそれは、二〇世紀の資本制社会に生じた広範な諸変化に対する《批判理論》の分析にとって、欠くことのできない一契機であった。すなわちそれは、必然的な悲観論なのである。それは、資本主義の超克についての内在的な歴史的可能性そのものを問題としたのであり、それが起こる蓋然性のみを問題としたのではなかった。[四] こうした悲観的な分析は、《批判理論》そのものの基礎を不確かなものにしてしまった。

私は、この必然的な悲観論の基礎的諸前提を探究するために、フリードリッヒ・ポロックとマックス・ホルクハイマーによって一九三〇年代と四〇年代に書かれた、いくつかの論文を検討する。それらは《批判理論》の発展において、中心的な重要性を有するものであった。とりわけ私は、ポスト自由主義的な資本主義における国家と市民社会の関係の変化についてのポロックの分析と、一九三七年から一九四一年にかけてホルクハイマーに生じた批判的社会理論の理解における変化を探究する。社会的な矛盾という問題に焦点を合わせることで、一九三〇年代のポロックの仕事が、ホルクハイマーの理論における悲観論への転回に対し暗示的な経済学的諸前提を与え、彼の社会批判に関する考え方に変化をもたらしたことが示される。より一般的に言えば、私はポロックの論考についての検討に基づいて、《批判理論》の経済学的次元とその社会的、政治的、認識論的諸次元との内的関連性を論じようとするのである。[五] 後に見るように、ポスト自由主義的な資本主義についてのポロックの解釈は、

二――《批判理論》の展開に対する歴史的な変化の直接的な諸影響をより強調した解釈としては、Helmut Dubiel, *Theory and Politics: Studies in the Development of Critical Theory*, trans. Benjamin Gregg (Cambridge, Mass., and London, 1985) を参照のこと。《批判理論》のより包括的な検討として、マーティン・ジェイの先駆的著作、*The Dialectical Imagination* (Boston and Toronto, 1973) (M・ジェイ『弁証法的想像力――フランクフルト学派と社会研究所の歴史 1923-1950』荒川幾男訳、みすず書房、一九七五年)、ならびに、Andrew Arato and Eike Gebhardt, eds., *The Essential Frankfurt School Reader* (New York, 1978); Seyla Benhabib, *Critique, Norm, and Utopia: On the Foundations of Critical Social Theory* (New York, 1986); David Held, *Introduction to Critical Theory* (London, Melbourne, Sydney, Auckland, Johannesburg, 1980); Douglas Kellner, *Critical Theory, Marxism and Modernity* (Baltimore, 1989); Rolf Wiggershaus, *Die Frankfurter Schule* (Munich and Vienna, 1986) を参照せよ。

三――私は、矛盾という問題に焦点を当てることによって、階級闘争や革命の《主体》としてのプロレタリアートといった問題を直接的に扱うよりもむしろ、全体性としての資本主義の有する形態と動態性を問題にする。マルクスの分析における資本主義の歴史的弁証法は、階級闘争を含むものではあるが、それに還元されはしない。したがって、もはや社会的な全体性は内在的な矛盾を持たないとする立場は、もはや労働者階級が統合されているという主張以上のものである。

四――マルクーゼは、この点においてやや例外に属する。彼は、ポスト自由主義的な資本主義を一次元的な全体性として把握する場合においてすら、解放の内在的可能性の基礎づけを考え続けた。例えば、Herbert Marcuse, *Eros and Civilization* (New York, 1962) (H・マルクーゼ『エロス的文明』南博訳、紀伊国屋書店、一九五八年) において彼は、矛盾の場所を精神形成の次元へと移行させることで、そうした可能性を基礎づけようとした (pp. 85-95, 137-43 [八二―九二、一三七―四三頁])。

五――私と同様にジェレミー・ゲインズは、ポロックの政治経済的諸前提が、ホルクハイマーの批判的社会理論の発展において果たした役割の重要性を分析し、それに基づいて、ホルクハイマーの理論によって媒介された政治経済的諸前提と、アドルノ、ローウェンタール、マルクーゼの美学理論との関係についての洞察に富んだ考究を企てた。Jeremy Gaines, "Critical Aesthetic Theory" (Ph.D. dissertation, University of Warwick, 1985).

確かに伝統的マルクス主義の批判理論としての妥当性に疑義を呈するものであり、その解放の理論としての限界を主張するものであった。しかしながらポロックのアプローチは、伝統的マルクス主義の基礎的諸前提に対して十分な範囲の見直しを行なっておらず、その結果、そうした諸前提のいくつかに縛られたままとなっている。そこで私は、以下のように論じる。すなわちホルクハイマーが、ポロックと本質的に類似した、ポスト自由主義的な資本主義についての分析を採用した際に、ホルクハイマーの批判理論の性格は、認識論的な自己再帰性の可能性を閉ざすようなかたちで変容し、根本的な悲観論に帰結するものとなった。ホルクハイマーの悲観的分析のなかに、われわれは、伝統的マルクス主義の諸前提に立脚したアプローチの限界を、理論的かつ歴史的に見出すのである。

私は、伝統的マルクス主義の資本主義理解における限界を検討し、どの程度《批判理論》がそれにとらわれ続けたかを検討することによって、《批判理論》に現れている必然的悲観論に対して疑義を呈する。[六]《批判理論》の理論的ジレンマについての私の分析は、批判的な社会理論の再構成を目指すものである。それは、ルカーチとフランクフルト学派のアプローチにおける主要な論点を、根本的に異なる形態による社会批判の枠組みに取り込むものとなる。それはハーバーマスによる近年の試み、すなわち批判理論の可能性を解放への意図によって理論的に甦らせようとする企てとは異なるものである。ハーバーマスの理論もまた、《批判理論》の理論的ジレンマを背景に定式化されたものであるが、[七]それが依拠する伝統的マルクス主義と《批判理論》の限界についての理解は、私とは異なっている。こうした分析とマルクス理論の第一段階の再構築に基づいて私は、ハーバーマス自身もまた、《批判理論》の伝統的諸前提のいくつかを採用しており、その結果、現代社会の批判理論を再構成しようとするその努力は阻害されている、と主張することになる。

1 批判と矛盾

こうした根源的悲観主義を検討する前に私は、矛盾という概念と、内在的な社会批判におけるその重要性について手短かに論じておかなければならない。もしマルクスのように社会に対して批判的であり、また人間が社会的に構成されるということを前提とする理論が一貫性を保とうとするならば、暗示的であれ顕示的であれ、それ自身の社会的世界の外部にあるような立脚点から出発することは許されない。そのような理論が、内在的な社会批判なのである。すなわちそれは、そうした文脈の内部に自らが埋め込まれているとみなさなければならない。その場合、それが考究するもの（批判それ自身の文脈）に対して外在的な規範的立場をとることは許されない。脱文脈化されたアルキメデスの点という概念そのものを、まがい物とみなさなければならないのである。したがって、そのような社会理論に用いられる諸概念は、その文脈と関連づけられねばならない。その文脈そのものが探究の対象となるとき、そうした諸概念の性質は、その対象の性質と内的に結びつけられることになる。つまり、

ポロックの政治経済的諸分析と《批判理論》の他の諸次元との関連については以下を参照せよ。Andrew Arato, Introduction in A. Arato and E. Gebhardt, eds., *The Essential Frankfurt School Reader*, p. 3; Helmut Dubiel, Einleitung, *Friedrich Pollock: Stadien des Kapitalismus* (Munich, 1975), pp. 7, 17, 18; Giacomo Marramao, "Political Economy and Critical Theory," *Telos* 24 (Summer 1975), pp. 74-80; Martin Jay, *The Dialectical Imagination*, pp. 152-58.（ジェイ『弁証法的想像力』、二一七―二二四頁）

六――《批判理論》における根本的な悲観主義に対する私の批判は、資本を分析する際の伝統的な解釈の限界を検討することを意図してのことである。ポスト資本制社会の実現性に関して楽観的な評価を下す理論が、必然的により適切な社会理論である、などと主張したいわけではない。

七――Jürgen Habermas, *The Theory of Communicative Action* vol. 1: *Reason and the Rationalization of Society*, trans. Thomas McCarthy (Boston, 1984), pp. 339-99.（J・ハーバーマス『コミュニケイション的行為の理論（中）』藤沢賢一郎ほか訳、未來社、一九八六年、九五―一七八頁）

内在的な批判は「存在［ある］」に対して、その対象の外部にある概念的な立場から、例えば超越的な「当為［べし］」から、批判的な判断を下してはならないのである。むしろそれはその「当為」を、それ自身の文脈の一つの次元として、つまり現在の社会に内在する可能性として位置づけることができなければならない。そうした批判はまた、それ自身を再帰的に把握し、それ自身が存在しうる所以をその社会的文脈の性質に根拠づけることができなければならないという意味においても、内在的なものでなければならない。すなわち、かかる批判が内的に首尾一貫したものであろうとするならば、自らの立脚点を、批判の対象を把握する際に自らが用いる社会的諸カテゴリーにおいて根拠づけることができなければならず、立脚点を単純に措定したり前提したりしてはならないのである。別言すれば、存在するものはそれ自体として、それへの批判の可能性を含むような仕方で把握されなければならない。すなわち批判は、その社会的文脈がそれ自身の性質によって、この文脈そのものに対する批判的な立場の可能性を生み出すものであることを示せなければならない。したがって内在的な社会批判は、その対象、すなわち自らがその一部でもあるような社会全体が統一的な総体ではない、ということを示さなければならないのである。さらにはそうした批判が、歴史的発展を社会的に根拠づけ、超歴史的な進化論的発展を措定することによって歴史を実体化することを避けようとするのであれば、それは社会の根本的な連関諸構造を、方向性を持った絶えざる動態性を生み出すものとして示さなければならない。

近代社会の諸構造が、つまりその基底となる社会的諸関係が矛盾をはらんでいるという考え方は、そのような内在的な歴史的批判に対して理論的な基盤を提供する。この観念によって可能になるのは内在的な批判であり、それは、社会編制に内在した歴史的動態性――すなわち現に「ある」ものに内在し、それへの批判の視座の役割を果たす、実現可能な「あるべき」ものへ向かって自己を乗り越えようとする弁証法的動態性――を明るみに出す。そうしたアプローチによれば、社会的な矛盾とは、歴史に内在する動態性と社会批判それ自体の存在の双方が依拠する前提条件なのである。社会批判の可能性は、批判的な距離と対抗における別の形態を社会が生み出しうるかということと本質的に関連しているし、それは民衆のレベルにおいても同様である。すなわち社会的矛盾という観念は、既存の秩序を乗り越えようとする民衆的対抗の諸形態が歴史的に構成されてきたことについての理論をも可能にする。かくして社会的矛盾の観念は、資本主義における経済危機の基盤という経済学的な狭義の解釈を超えた意義を有している。既に述べたように、それは単に、労働する階級と搾取する階級との社会的な敵対として理解されるべきではない。むしろ社会的矛盾とは、社会の組成そのものを、つまり社会的諸関係の構造に内在する自己生成的な「非同一性」――それゆえこの構造は、安定した統一的総体を構成することがない――を、指し示すものなのである。

　内在的な社会的矛盾がその社会全体を特徴づけているという考え方に基礎を置く古典的な批判的社会理論といえば、もちろん、マルクスのそれである。資本制社会についてマルクスが、内的に矛盾をはらみ、方向づけられた動態性を持つものとしてどのように分析し、そうした基本的な特徴を、資本主義における労働の歴史的に特殊な性格にどのように基礎づけようとするのか――このことを私は以下で論じる。そうすることでマルクスは、彼の批判の可能性を、自己再帰的で認識論的に首尾一貫したやり方で根拠づけ、かつ人類史総体に内在する発展の論理という考え方とあらゆる意味で決別するのである。

　既に述べたように、マルクスの資本主義に対する内在的な批判は、この社会の現実をその理想に対して単純に対置することで成り立っているわけではない。内在的な批判をそのようなものとして理解するならば、批判の本質的目的とは、等価交換のようなブルジョワ・イデオロギーをはぎ取り、それが覆い隠している浅ましい現実――例えば搾取――を暴露することである、と前提していることになる。明らかにこれは、既に概説した「労働」に立脚した資本主義批判である。[八] しかしながら、資本主義における労働の特殊性の分析に立脚する批判は、

一八――内在的な批判が、近代資本制社会の理念と現実のギャップを明らかにするという考えは、例えば以下の著作で提示されている。

それとは異なる性格を有している。すなわちそれは、その下にある「労働」によって構成された社会的全体性に、ブルジョワ社会の表面を（「資本主義的な」ものとして）批判的に対置するために、この社会の外観のレベルの背後を透視しようとするだけではない。マルクスが『資本論』で展開した内在的な批判は、基底をなす全体性それ自体を——表面的なレベルだけでなく——資本主義の特徴として分析する。この理論は、表面と基底をなす現実との両方を、その全体の歴史的超克を可能とするような仕方で把握することを試みる。すなわち別のレベルでそれは、資本制社会の現実と理想の両方を、両者の歴史的に規定された性格を明らかにしつつ説明しようとする。このような仕方で理論の対象を歴史的に特定化することは、理論それ自体を歴史的に特定化することになるのである。

内在的な社会批判はまた、実践的契機をも有している。すなわちそれは自らを、社会的および政治的な変革に貢献するものとして理解しうるのである。内在的な批判は既存の秩序、すなわち「存在［ある］」を肯定する立場も、それに対するユートピア的な批判も拒絶する。その批判の立脚点は、その対象に対して外在的なものではなく、むしろそれに内在した可能性である以上、批判の性格は、理論的にも実践的にも、外挿法的なものではあり得ない。社会的および政治的行為の真の帰結は、それらの行為の正当化や目標に関わりなく、つねにそれが生じる文脈によって決定されている。内在的な批判は、その文脈を分析することで、自身の内在的な可能性を明らかにするものである以上、それは自らの可能性の実現に貢献しうる。潜在的なものを現実的なものにおいて露呈させることは、行為を、社会変革の方向へと意識的に導いていく際の一助となるのである。

内在的な社会批判の妥当性は、そこで用いられるカテゴリーの妥当性にかかっている。批判の根本的な諸カテゴリー（例えば、価値）が資本制社会についての適切な批判的カテゴリーとみなされるためには、それらのカテゴリーは、その社会の特殊性を表現するものでなければならない。さらにそれらは、歴史的批判のカテゴリーとして、その社会の歴史的な否定の可能性へと向かう、すなわち、「存在」に内在する歴史的可能性として生じる

「当為」へと向かう、その社会に内在する動態性の基礎を把握するものであることが示されなければならない。それに関連して、社会を矛盾をはらむものとして想定するならば、社会的関係の基礎的諸形態を表すために用いられる諸カテゴリーは、この矛盾を表現するものでなければならない。前章で見たように、こうした矛盾は、現存する全体性を超えていこうとするものでなければならない。カテゴリーそれ自体がそうした矛盾を表現しうる場合にのみ、批判は、肯定的な批判であることを免れ得るのである。肯定的批判とは、言い換えれば、存在するものを批判するのだが、その立脚点もまた存在するものであるがゆえに、既存の全体性を真に超えることのできないものである。適切な否定的批判は、存在するものに立脚するのではなく、ありうべきもの、すなわち既存の社会に内在する潜勢力として存在するものに立脚して企てられる。最後に、解放の意図を有する内在的な社会批判の諸カテゴリーは、資本主義における不自由さを規定している基盤を適切に把握しなければならない。そのときに諸カテゴリーが示したものの歴史的な廃絶が、社会的、歴史的な自由の可能性を示唆することになるだろう。

内在的な批判が適切なものたりうるためのこれらの条件は、「労働」に立脚する社会批判によっては充たされ得ない。ポロックとホルクハイマーは、ポスト自由主義的な資本主義の変化した性格を分析しようとしているが、その試みが示しているのは、伝統的な批判の諸カテゴリーが、資本主義の核心や資本制社会における不自由さの根源を表現する上で適切ではないということであり、それらのカテゴリーが表現する矛盾は、現在の全体性を乗

Theodor Adorno in "On the Logic of the Social Sciences," *The Positivist Dispute in German Sociology*, trans. Glyn Adey and David Frisby (London, 1976), p. 115.（T・W・アドルノ／K・R・ポパー『社会科学の論理――ドイツ社会学における実証主義論争』城塚登ほか訳、河出書房新社、一九九二年、一四一頁）一般的に、《批判理論》とそれに同調する論者たちは、マルクスの社会批判の内在的な性格を積極的に強調する。だが、彼らはその内在的な批判の性質を、自由主義的ブルジョワジーの諸理念を基礎として資本制社会の現実を判定するものとして理解しているのである。例えば、以下の著作を参照。Steven Seidman, Introduction, in Seidman, ed., *Jürgen Habermas on Society and Politics* (Boston, 1989), pp. 4-5. 彼の理解が示しているのは、《批判理論》が、「労働」に立脚する伝統的な批判の基礎的な諸前提にどれほどとらわれたままであるか、ということである。

り越えて社会の解放に至るものではない、ということである。ポロックもホルクハイマーも、そうした諸カテゴリーの不適切性を示しはしたものの、それらのカテゴリーの伝統的な諸前提に疑問を呈してはいない。結果として彼らは、より適切な社会批判を再構成することができなかった。彼らのアプローチのこうした二つの要素の結びつきこそが、《批判理論》の悲観主義を帰結したのである。

2 フリードリッヒ・ポロックと「政治的なものの優越」

私は、《批判理論》の悲観論への展回についての議論を、フリードリッヒ・ポロックの分析における経済学的諸前提を検討することから始めたい。その分析は、介入主義的国家の台頭に連動した資本主義の変容に関するものである。もともとポロックは一九三〇年代の初頭に、こうした分析をゲルハルト・マイヤーとクルト・マンデルバウムとともに展開しているが、彼は続く一〇年間でそれをさらに拡張した。大恐慌が発生し、その結果として社会経済的領域に対する国家の介入が次第に積極化し、またソヴィエト連邦の計画経済が進展するなかでポロックは、経済統制と社会問題の分節化の焦点として、政治的領域が経済的領域に取って代わったと結論する。彼はこうした変容を、経済に対する政治の優越として特徴づける。[九] それ以来広まっていったこの観念が含意しているのは、[一〇] マルクスの経済学批判は資本主義の自由放任的段階においては妥当であったが、ポスト自由主義的な資本主義の再政治化された社会においては時代錯誤なものとなった、ということである。このような立場は、二〇世紀における資本主義の変容がもたらした自明な帰結であると思われるかもしれない。だが以下で示すように、それは一連の疑わしい諸前提に依拠しており、その諸前提はポスト自由主義的な資本主義についての分析において重大な諸問題を引き起こす。私の批判は、ポロックの基本的な洞察――すなわち介入主義的国家の発展は、広範囲にわたる経済的、社会的、政治的諸帰結をもたらすということ――を問題視するものではない。そうではなく、そうした変化を分析するポロックの理論的な枠組み、すなわち経済的領域ならびに生産諸力と生産諸関係との基本的矛盾についての彼の理解が持つ含意の問題性を明らかにするものである。

ポロックは大恐慌から生じた社会秩序について考えをめぐらせたが、それはますます悲観的なものとなる二つの段階からなっている。彼は、資本主義の諸矛盾についての伝統的な解釈を出発点として、大恐慌の根本的原因とその来るべき歴史的帰結の両方を分析する。ポロックは、一九三二年から一九三三年にかけて書かれた二つの論文——「資本主義の現状と計画経済的な新秩序の展望」[一一]、「世界恐慌について」[一二]——において、資本主義の発展の行程を、(工業的生産様式として解釈される)生産諸力と「自己調整的な」市場によって社会的に媒介される私的な横領との矛盾の増大という伝統的な観点から特徴づけている。[一三] こうした増大する矛盾が、経済危機の基底をなす。危機は、生産諸力を暴力的に減少させることによって(例えば、機械をフル操業させないことや、原材料を廃棄すること、何千という労働者を失業させることなど)、資本主義が矛盾を「自動的に」解決しようとするための手段なのである。[一四] この意味において、世界的な不況には、いかなる目新しさも存在しない。しかしながら恐慌の熾烈さや生み出される社会的な富——それは潜在的には人類全体の必要を満たしうるものである——と

九——Friedrich Pollock, "Is National Socialism a New Order?" *Studies in Philosophy and Social Science* 9 (1941), p. 453.

一〇——例えばハーバーマスは、この立場を、以下の論文で提示している。"Technology and Science as 'Ideology,'" in *Towards a Rational Society*, trans. Jeremy J. Shapiro (Boston, 1970).(J・ハーバマス『イデオロギーとしての科学と技術』長谷川宏訳、平凡社、二〇〇〇年)さらにそれを発展させたものとして、*Legitimation Crisis*, trans. Thomas McCarthy (Boston, 1975)(J・ハバーマス『晩期資本主義における正統化の諸問題』細谷貞雄訳、岩波書店、一九七九年)。

一一——Pollock, "Die gegenwärtige Lage des Kapitalismus und die Aussichten einer planwirtschaftlichen Neuordnung," *Zeitschrift für Sozialforschung* 1 (1932).

一二——Pollock, "Bemerkungen zur Wirtschaftskrise," *Zeitschrift für Sozialforschung* 2 (1933).

一三——"Die gegenwärtige Lage," p. 21.

一四——Ibid., p. 15.

人口の大部分の窮乏化との尋常ならざる隔たりは、自由市場もしくは自由主義的な資本主義の時代の終わりを示している。[一五]それらが示唆するのは、「現在の経済形態は、それ自身の発展が社会の万人の利益になるようにその諸力を利用し得ない、ということである」。[一六]こうした発展は、歴史的な偶然によるのではなく、自由主義的な資本主義それ自体の動態性から帰結するのであるから、自由主義経済のメカニズムに基礎を置く社会組織を再構成しようとするあらゆる企ては、歴史的に失敗を運命づけられているだろう。「すべての兆候によれば、自由市場経済の技術的・経済的・社会心理的諸条件を再建しようとする試みは、無駄な努力であろう」[一七]。

ポロックによれば、自由主義的な資本主義の再構成は不可能であるにせよ、それは従来の社会秩序の諸問題を解決しうる新しい社会秩序の可能性を生み出した。すなわち、自由市場資本主義の発展の基礎をなす生産諸力と生産諸関係の弁証法が、中央集権的な計画経済の可能性を生じさせたのである。[一八]しかしながら――これが決定的な転換点であるのだが――そのような経済が社会主義的である必要はない。ポロックは、自由放任と資本主義が必ずしも同じものではなく、経済状況は、資本主義それ自体の枠組みの内部で、国家による大規模かつ継続的な経済介入を通して安定化できる、と主張する。[一九]ポロックは、社会主義を計画と同一視するのではなく、計画経済の主要な二類型を区別する。すなわち、「生産手段の私有に基づく、したがって階級社会という社会的枠組みにおける資本主義的計画経済、そして階級なき社会という社会的枠組みにおける生産手段の社会的所有によって特徴づけられる社会主義的計画経済」[二〇]である。

ポロックは、資本主義の自動的な崩壊を告げるあらゆる理論を拒絶し、資本主義の後に社会主義が必然的に続くわけではないことを強調する。その歴史的な実現は、経済的、技術的な要因だけでなく、既存の秩序の重荷を担う人々の抵抗の力にも依存する。しかもポロックによれば、プロレタリアートの側の大規模な抵抗は、近い未来においては想定できない。それは経済過程における労働者階級の重要性が低下しているからであり、また兵器テクノロジーの発展や、大衆の心理的・文化的支配のための手段の新しい発展の結果でもある。[二一]

ポロックは大恐慌の結果として、社会主義よりも、資本主義的な計画経済が生じる可能性のほうが高いと考える。「終焉しつつあるのは、資本主義でなく、その自由主義的局面である」[二二]。この段階におけるポロックの考えでは、計画の時代における資本主義と社会主義の差異は、生産手段が私有であるか公有であるかの違いに還元されている。いずれの場合においても自由市場経済は、国家統制によって置き換えられることになるのである。

しかしながら所有形態に基づくこの区別さえも、問題含みのものとなった。ポロックは、危機に対する資本主義の反応を叙述するなかで、生産諸力の激しい減少ならびに国家の介入を通じた「拘束のゆるみ」――すなわち「生産諸関係」の修正――が生じる、と論じる[二三]。一方で彼は、その両方が資本主義システムの基礎――私有財産と価値増殖――に一指も触れることなく生じることがありうる、と論じた[二四]。他方で彼は、国家の継続的な介入によって、個々の所有者が自らの資本を自由に処分する力は多かれ少なかれ大幅な制約を受けると述べ、それを既に第一次世界大戦前から生じていた傾向、すなわち所有と経営の分離に関連づける[二五]。このとき資本主義を私有財産の観点から規定することが、いくぶん曖昧になっている。ポロックは一九四一年の論文で、この規定を用いる

一五――Ibid., p. 10.
一六――"Bemerkungen," p. 337.
一七――Ibid., p. 332.
一八――"Die gegenwärtige Lage," pp. 19-20.
一九――Ibid., p. 16.
二〇――Ibid., p. 18.
二一――"Bemerkungen," p. 350.
二二――Ibid.
二三――Ibid., p. 338.
二四――Ibid., p. 349.
二五――Ibid., pp. 345-46.

ことが事実上なくなり、そこでは政治的なものの優越という理論が十全たる展開をみせているのである。

ポロックは、この年の論文――「国家資本主義」および「国家社会主義は新秩序か？」――において[二六]、新たに出現した社会秩序を国家資本主義として分析する。ここで用いられた方法は、理念型の構築である。すなわち彼は、一九三二年には社会主義と資本主義的計画経済を対置していたのであるが、一九四一年になると、全体主義的な国家資本主義と民主的な国家資本主義を、新しい秩序の二つの主要な理念型として対置する[二七]（一九四一年においてポロックは、ソ連を国家資本主義的社会であると述べている）[二八]。全体主義的な形態において国家は、ビジネスと国家と政党における指導的官僚の融合体という、新しい支配層の手に落ちる。他方で、民主主義的な形態において国家は、人民によって支配される[二九]。ポロックによる理念型分析は、全体主義的な形態による国家資本主義の分析に集中している。全体主義に特殊な諸側面を取り去ってみれば、国家と市民社会の関係において生じた根本的変化に対する彼の検証は、ポスト自由主義的な資本主義に関する批判理論一般における経済学的次元を構成するものとみなすことができる。そしてそれは、ホルクハイマーやマルクーゼ、アドルノらによってより十全に展開されることになるのである。

ポロックによると、国家資本主義的な秩序の中心的特質は、経済的領域が政治的領域によって置き換えられる、というところにある。生産と分配の調整は、市場よりも国家の機能となった[三〇]。市場や価格体系や賃金は残りうるにせよ、それらはもはや経済過程を調整する役割を果たすことはない[三一]。さらには私有財産という法的制度は維持されるとしても、その経済的諸機能は実質的には廃棄されている。個々の資本を処理する権利は、個々の資本家から国家の手中に大きく移動しているからである[三二]。資本家は、単なる金利生活者へと姿を変えた[三三]。国家は、一般的計画を策定し、その実行を迫る。その結果、私有財産や市場の法則や他の経済的「諸法則」――利潤率の平均化やその傾向的低落のような――は、かつては本質的であった諸機能をもはや有してはいない[三四]。自律的で自己運動する経済的な領域など、国家資本主義においては存在する余地がない。それゆえ交換過程の諸問題は、行政管

理の諸問題に取って代わられたのである。[三五]

ポロックによると、こうした移行には広範な社会的影響がある。彼は、自由主義的な資本主義の下では、あらゆる社会的諸関係は市場によって決定される、と論じる。すなわち人々と諸階級は、公共圏において半ば自律的な行為主体として、お互いに対峙する。システムの非効率性や不公平性があるとしても、市場関係が含意するのは、公共圏を統治する諸規則は、互いを拘束しあっている、ということである。法とは、二重化された合理性であり、支配される者とともに支配する者にも適用される。このような非人格的な法的領域は、公的領域と私的領域の分離をもたらし、また暗黙のうちにブルジョワ的個人の形成に資する。社会的立場は、市場と収入に左右される。被雇用者は、飢餓の恐れとより良い生活への希望によって、働くよう強いられることになる。[三六]

国家資本主義の下では国家が、社会生活のあらゆる領域の規定因となる。[三七] つまり官僚制に基づく政治的組織のヒエラルキーが、社会生活の中心となる。市場関係は、命令体系の関係によって置き換えられ、そこにおいては一面的な技術的合理性が法の位置を占める。人口の過半数は事実上、政治的な機構のために働く賃労働者となる。

二六——Pollock, "State Capitalism," *Studies in Philosophy and Social Science* 9 (1941); "Is National Socialism."
二七——"State Capitalism," p. 200.
二八——Ibid., p. 211n1.
二九——Ibid., p. 201.
三〇——Ibid.
三一——Ibid., pp. 204-05; "Is National Socialism," p. 444.
三二——"Is National Socialism," p. 442.
三三——"State Capitalism," pp. 208-09.
三四——Ibid.
三五——Ibid., p. 217.
三六——Ibid., p. 207; "Is National Socialism," pp. 443, 447.
三七——"State Capitalism," p. 206.

すなわち彼らには、政治的な諸権利も、自己を組織化する力も、ストライキの権利も存在しないのである。仕事へと駆り立てられる要因は、一方では政治的な恐怖によって、他方では心理的な操作によってもたらされる。個人も集団も、もはや自律的ではあり得ず、全体へと従属する。すなわち人々は、その生産力ゆえに、目的としてではなく手段として扱われるのである。しかしながら、このことは隠蔽される。というのも彼らは、独立を失う代償として、かつての社会規範のいくつかを、とりわけ性的な諸規範を逸脱することを社会的に承認されるからである。そうした補償は、社会と国家から親密圏を分かつ障壁を解体することによって、さらなる社会的な操作を可能にする。[三八]

ポロックによれば、市場と私有財産、すなわち（伝統的に理解された）資本主義の基本的な社会的諸関係は、国家資本主義において実質的に廃棄されてきた。しかしながらその社会的、政治的、文化的な諸帰結は、必ずしも解放的なものではなかった。ポロックは、こうした見解をマルクス的なカテゴリーによって表現し、国家資本主義における生産が、もはや商品生産を伴うものではなく、使用に向けて方向づけられてきた、と論じる。しかしながら、生産が使用に向けられるからといって、それは、生産が「調和のとれた社会における自由な人間の必要」[三九]に奉仕することを保証するものではない。

国家資本主義の非解放的な性質についてのポロックの分析、ならびに自由主義的な資本主義への回帰は不可能であるという彼の主張を受け入れるならば、問題は、社会主義が国家資本主義に取って代わることが可能かどうか、ということになる。[四〇]その可能性は、もはや現在の社会に内在している——すなわち、経済の自己運動を基礎づけている内在的矛盾の展開から出現する——ものとして考えることはできない。なぜならポロックによれば経済は、完全に統制可能なものになっているからである。彼の主張によれば統制経済は、自由市場経済とは対照的に、不況の経済的原因を抑制する手段を手にしている。[四一]ポロックは、国家資本主義の働きを妨げたり限界を設けたりするような経済的法則や機能など存在しないことを、再三にわたって強調している。[四二]

もしそれが正しいとすれば、国家資本主義を超克するいかなる可能性も存在しないことになるのだろうか。ポロックは、暫定的な回答として、政治的危機の理論の第一歩を素描している。すなわちそれは、政治的正統性における危機についての理論である。ポロックによれば国家資本主義は、歴史的には、自由主義的資本主義における経済的諸病理に対する解決策として生じた。したがって新しい社会秩序の主要な任務は、古い社会構造の基礎を維持する一方で、完全雇用を維持し、生産諸力を自由に発展させることである[四三]。国家による市場の代替が意味するのは、大量失業がただちに政治的な危機、すなわち、システムそれ自体に疑問を投げかけるような危機を生じさせるだろう、ということだ。国家資本主義は、自らを正当化するために、完全雇用を必然的に必要とするのである。

国家資本主義が全体主義的である場合には、さらなる問題に直面する。その秩序は、敵対的な社会の、最悪の形態を表象するものである。「そこにおいて人々は、支配階級の権力的利害によって、生産力を自らの福祉のために十全に用いることも、社会的な組織や活動を統御することも許されない」[四四]からである。この強力な敵対性ゆえに、全体主義的な国家資本主義は、一般的生活水準の目に見える上昇をもたらし得ない。なぜならそうした上昇が生じれば、人々は自らの状況を批判的に省みるようになり、自由と正義への要求を伴った革命的精神を生じ

三八———"Is National Socialism," pp. 448-49. 多くの点において、この問題についてのポロックの簡潔な注解は、後にマルクーゼが、抑圧的な脱昇華［repressive desublimation］という概念を使ってより十全に展開したものを予示している。
三九———"Is National Socialism," p. 446.
四〇———Ibid., pp. 452-55.
四一———Ibid., p. 454.
四二———"State Capitalism," p. 217.
四三———Ibid., p. 203.
四四———Ibid., p. 223.

させかねないからである。[四五]

それゆえ全体主義的な国家資本主義は、完全雇用の維持という問題に直面し、さらなる技術的進歩を推進するが、生活水準が目に見えるかたちで向上することは許容しない。ポロックによれば、継続的な戦時経済だけが、これらの課題を同時に達成しうる。この全体主義的な形態に対する最大の脅威は、平和である。平和な経済状態においてこのシステムは、大衆的な心理操作やテロルをもってしても、自らを維持し得ないであろう。[四六] それは高度な生活水準を許容することもできなければ、大量失業を生き抜くこともできないのである。高度な生活水準は、民主的な国家資本主義であれば維持しうるかもしれない。しかしポロックは、その形態は不安定で過渡的なものである、と述べる。すなわち階級的差異が顕著なものとなり、民主的な国家資本主義が全体主義的な方向へと展開してしまうか、国家の民主的統制が階級社会の最後の残滓を駆逐し、社会主義に至るかのどちらかである。[四七] しかしながら、後者の可能性は、ポロックのアプローチの枠組みにおいては――すなわち経済の統制可能性に関する彼のテーゼや、戦争なき永続的な戦時経済を可能にする「戦時」政策が国家資本主義時代の特徴である、とする彼の認識を考慮する限り――、低いように思われる。[四八] ポロックによる国家資本主義の分析は、民主的な国家資本主義を確立し、それが社会主義へと向かうよう、さらに発展させることができるという彼の希望を根拠づけることはできない。彼の立場は、根本的に悲観的である。新しい秩序の超克は、システムそれ自体から内在的に引き出されうるのではなく、むしろそれは世界平和といった、ありそうにない「外在的」環境に依存するようになったのである。

3 ポロックのテーゼの前提とジレンマ

ポロックの分析のいくつかの側面には問題がある。彼の自由主義的な資本主義についての分析は、その動的発展と歴史性を示している。それは自由主義的な資本主義における生産諸力と生産諸関係との内在的な矛盾が、その歴史的否定としての計画経済的な社会の可能性をいかにして生じさせたのかを示している。しかしながらポロックの国家資本主義の分析の方は、こうした歴史的次元を欠いている。それは静的であり、単にさまざまな理念型を祖述しているにすぎない。ポロックの政治的危機論における元々の定式化は、確かに、不安定性と対立の諸契機を露わにすることを目指したものであった。しかしながらそうした諸契機は、そこから別種の社会形態の輪郭や可能性が生じうるような内在的な歴史的動態性といかなる関係もない。それゆえわれわれは、なぜポロックにとって、「経済的なものの優位」によって特徴づけられる資本主義の段階が矛盾をはらみ動態的であるのに対して、「政治的なものの優位」によって特徴づけられる資本主義の段階はそうではないのか、を問わなければならないのである。

この問題は、経済的なるものに対するポロックの理解を考察することで解明しうる。経済に対する政治の優位性を主張する際に彼は、経済について、半ば自律的な市場に媒介される、必需品と資源の調整という観点から概念化している。そこでは価格メカニズムが、生産と分配を導くと考えられているのである。[四九]自由主義的な資本主

四五――Ibid., p. 220. 政治的なものの優位の時代における大衆意識についてのポロックの考察は、生活水準の向上が革命的な影響をもたらしかねないという曖昧な観念と、外部操作の観点からのみ、なされているように思われる。彼が国家に規定される社会を論じる際に、この形態の内在的な側面としての社会的意識という概念は存在しない（もっとも、市場によって規定される社会に対する彼の考察はそうではないのだが）かのようである。ポロックは、社会的な主観性と客観性の関係についての観念を適切に検討していない、と言えるかもしれない。それゆえ彼は、批判的思考を可能にする最も外的な「物質的諸条件」を特定するだけで、なぜ思考が一定の方向性において批判的でありうるのかを示し得ていないのである。

四六――Ibid.

四七――Ibid., pp. 219, 225.

四八――Ibid., p. 220.

四九――Ibid., p. 203.

義の下では、利潤と賃金が、経済過程の内部で資本の流れと労働力の分配を方向づける。[五〇] 市場は、ポロックの経済理解にとって中心的である。国家が市場に取って代わるときに経済的な「諸法則」はその本質的機能を失うという彼の主張が示しているのは、そうした諸法則が、市場の様式による社会統制にのみ根差している、ということだ。経済についてのポロックの考えにおける市場の中心性は、カテゴリーのレベルにおいても、商品に対する彼の解釈によって示されている。すなわち財は、市場によって循環するときにのみ商品であり、そうでない場合には使用価値であるとされる。当然のことながらこのアプローチは、マルクスの価値というカテゴリー――資本主義における生産諸関係の基本的カテゴリーとされるもの――を、ただ市場の見地から解釈するものである。別言すればポロックは、経済の領域を、また暗黙のうちにマルクスの諸カテゴリーを、分配の観点からのみ理解しているのである。

　結局のところポロックは、生産諸力と生産諸関係との矛盾を、工業的生産とブルジョワ的分配様式（市場、私有財産）との矛盾として理解している。かくして彼は、次のように主張する。すなわち、生産の集積と集中が昂進するにつれて私有財産制度は、ますます機能不全と時代錯誤の度合いを深めてゆく。その一方で周期的恐慌は、統制の「自動的な」様式が均整を欠いていること、[五一] 経済的諸法則の無秩序な作動が、ますます破壊的なものになったことを示している。[五二] それゆえこの矛盾は、一つの動態性を生み出す。それはブルジョワ的な分配様式を、私有財産の実質的な廃止および計画性をその特徴とする形態によって置き換えることを要求し、また可能にするのである。

　こうした考察から帰結するのは、国家が分配の主体として市場に取って代わるとき、経済の領域は本質的に機能を停止される、ということである。その際、ポロックによれば、社会科学としての経済学はその研究対象を失う。「かつて経済学者は、交換過程の謎を解くために頭を悩ませてきたものである。しかしながら国家資本主義のもとで経済学者が直面するのは、行政管理の諸問題なのである[五三]」。別言すれば、国家による計画によって、非意識的な経済の様式は、意識的な様式による社会的統制と分配に置き換えられたのである。政治的なものの優越というポロックの観念は、分配様式の重視を前提とする経済理解に基づいている。

そのような解釈に従うならば、なぜ国家資本主義が内在的な動態性を持たないのかは明らかだろう。内在的な動態性とは、システムに内在する矛盾に基づいた、意識的制御の埒外にある発展のロジックのことである。ポロックの分析においては、必要性と統御について無意識であるような社会の全構造の源が市場である。その結果として市場は、資本主義的な社会編制の「運動法則」の基礎を構成する。ポロックはさらに、計画のみが完全に意識的な統御を意味し、それはいかなる経済法則によっても限定されない、と主張した。したがって、国家による計画が市場に取って代わることは、盲目的な発展法則に終止符が打たれることを意味するに違いない、ということになる。つまり歴史的発展は、いまや意識的に統御されるのである。さらに、生産諸力と生産諸関係との矛盾を、分配と生産との矛盾——それは発展した工業的生産の諸条件に対して、市場と私有財産がますます妥当性を失っていることに示されている——として理解するならば、計画と私有財産の実質的廃絶に基づく様式はこうした諸条件にとってふさわしい、ということになる。分配を中心として生産諸関係を解釈する伝統から生じた理論の枠内では、本質的な社会的矛盾は、もはや新しい「生産諸関係」と工業的生産様式との間には存在しない。こうして資本主義の矛盾をはらむ性格というマルクスの考えは、暗黙のうちに、自由主義的な資本主義の時代のものとされるのである。したがって、政治的なものの優越というポロックの考えが示しているのは一つの敵対的社会であり、それはかかる社会の否定としての社会主義の可能性へと向かう内在的な動態性を持たない。彼の理論

五〇——"Is National Socialism," p. 445ff.
五一——"Bemerkungen," p. 345ff.
五二——"Die gegenwärtige Lage," p. 15.
五三——"State Capitalism," p. 217.

にあるのである。

の悲観主義の根は、ポスト自由主義的な資本主義を、不自由でありながら矛盾のない社会として分析するところにあるのである。

ポロックの分析が示しているのは、分配様式の優位を前提とする、社会編制についての批判に関連する諸問題である。ポロックの理念型的分析によれば、国家資本主義の発展とともに価値は破棄され、私有財産は実質的に廃絶された。だが、そうした社会的諸関係の廃絶が、必然的に「良き社会」の基礎となるわけではない。反対にそれは、より強い抑圧と圧政の諸形態、すなわち価値というカテゴリーの手段によってはもはや適切に批判できないような諸形態につながりうるし、また実際につながってきたのである。さらに彼の解釈に従うならば、市場の超克が意味するのは、商品生産のシステムを使用価値の生産のシステムによって置き換えることである。しかしながらポロックは、それが解放を十分には規定しないことを示す。すなわち市場の超克は、必ずしも、「自由な人間の欲求が調和した社会で」満たされることを意味しないのである。しかしながら価値と商品を、資本主義的な社会編制に対する批判的カテゴリーとして適切なものとみなしうるのは、それらが資本制社会の歴史的否定の可能性に向かう社会編制の内在的動態性を根拠づける場合においてのみである。価値や商品を廃絶することが、自由についての社会的な基盤をもたらすよう、批判的カテゴリーは、そうした矛盾をはらむ社会の核心を十分に把握しなければならない。ポロックの分析が示しているのは、マルクスのカテゴリーは、分配様式の観点から理解されるならば、資本主義における不自由さの根源を適切にとらえることができない、ということである。しかしながらポロックは、諸カテゴリーのそうした限界の源、すなわち分配様式の一面的な強調について再考することはなかった。その代わり彼はその強調を維持し、暗黙裡にマルクスのカテゴリーの妥当性を、自由主義的な資本主義に限定したのである。

分配の優越というポロックの伝統的な前提は、彼が国家資本主義を論じる際に、深刻な理論的困難を引き起こす。ポロックによれば、既に見たように資本主義は国家資本主義として、市場と私有財産がなくても存続しうる。

しかしながら市場と私有財産は、伝統的なマルクス主義理論によって定義された、資本主義の二つの本質的な性質である。そうした「生産諸関係」が消失したとき、何が資本主義の新しい局面を特徴づけるのだろうか。ポロックは、その性格を規定するにあたって、次のような根拠を列挙する。「国家資本主義は、私有財産に基づく資本主義の後継者である。……国家が、私人資本家の重要な諸機能を担う。利潤獲得への関心は、依然として重要な役割を演ずる。……そしてそれは、社会主義ではない」[五四]。一見したところ、ポスト自由主義的な階級社会を資本主義的なものとするポロックの規定の鍵は、利潤獲得への関心が重要な役割を演じる、という主張であるように思われる。ポロックによれば、そうした関心は全般的計画に従属するようになるものの、「いかなる国家資本主義的政府も、利潤への動機を不用とすることはないし、またそれをなくすこともできない」[五五]。それがなくなれば、「システム全体の性格」が破壊される[五六]。「システム全体」の特殊な性格は、利潤についての考察によって解明しうるかのように思われるのである。

しかしながら、ポロックがそのような規定を行なうことはなかった。ポロックは、利潤についての分析――それは新しい社会形態の資本主義的性格を規定するのに役立つはずであった――に取り組む代わりに、そのカテゴリーを不明確な仕方で取り扱っている。

国家資本主義の下での状況の変化のもうひとつの側面は、利潤獲得の動機が、権力獲得の動機に取って代わられることである。確かに、利潤獲得の動機は、権力獲得の動機の特殊な形態である。……しかしながら、その

五四――Ibid., p. 201.
五五――Ibid., p. 205.
五六――Ibid.

違いは、権力獲得の動機が本質的に支配集団の権力的立場と結びついているのに対し、利潤獲得の動機は個人のみに属する、というところにある。[五七]

権力への動機から権力関係をひそかに導き出す立場の弱点についてはひとまず言わないとしても、このアプローチが、国家資本主義の政治的な性質を、その資本主義的な次元をさらに解明することなく強調しているにすぎないことは明らかである。ポロックによれば経済的領域は、もはや本質的な役割を演じていないが、そのことは、彼の利潤についての基本的には無内容な扱いに反映されている。経済的カテゴリー（利潤）は政治的カテゴリー（権力）の亜種となっているのである。

ポスト自由主義の社会を国家資本主義として特徴づけるポロックの究極の基盤は、それが敵対的なものに、すなわち階級社会にとどまり続ける、ということにある。[五八]しかしながら「資本主義」という術語は、社会的な敵対性という以上の規定を必要とする。というのも、すべての発展した社会の歴史的諸形態は、社会的余剰が、その直接生産者から搾取されており、万人のために使われるわけではないという意味において、敵対的であり続けてきたからである。さらには「階級」という術語もまた、もっと明確な規定を必要とする。すなわち「階級」は、敵対的関係にある社会的諸集団を単純に意味しているわけではない。むしろ後に示すように、階級と階級闘争というマルクスの観念は、内在的な矛盾をはらんだ動態的システムのカテゴリーとしてのみ、十全たる意味を獲得する。別言すれば、社会的敵対性と社会的矛盾は同一ではないのである。

国家資本主義という概念が必然的に意味するのは、資本主義が政治的に統制されているということである。したがってそれは、資本の概念を必要とする。しかしながらそうした考察は、ポロックの分析には見出すべくもない。彼が「国家資本主義」という術語を用いた戦略的な意図は明らかであろう。すなわち、市場と私有財産の廃絶だけでは、資本主義から社会主義への転換には不十分であることを強調するためである。ところがポロックは、敵対性をはらむポスト自由主義的な社会を資本主義的なものとして特徴づける自らの分析を、適切に根拠づけることができていないのである。

さらにポロックの立場は、ポスト資本主義の時代にも階級的敵対性が存続する原因を説明することができない。経済的領域についての彼の理解は、国家資本主義と社会主義との差異の基底となる物質的諸条件を曖昧にしてしまう。伝統的マルクス主義の分析において、市場と私有財産に基づくシステムは、ある特殊な階級システムを必然的に意味することになる。それゆえ、そうした生産諸関係を克服することが、階級なき社会のための経済的前提であると理解されている。根本的に異なる社会組織をもたらすのは、根本的に異なる経済組織である。ポロックは、自由主義的な資本主義の構造に関しては伝統的マルクス主義と同じ諸前提から出発している一方で、ポスト自由主義的な社会を扱う際には、経済組織と社会構造の内在的結びつきが断たれている。彼は、国家資本主義を階級システムとして特徴づけるにもかかわらず、その（広い意味における）基本的な経済組織は、社会主義の組織と同じものであると考えている。すなわちそれは、発展した工業的生産という条件下での中央集権的な計画と私有財産の実質的な廃絶である。それが意味するのは、階級システムと階級なき社会との区別が、両者の経済組織における根本的な差異と関係を持たない、ということである。むしろその区別は、もっぱら行政管理の様式と目的によっている。かくして社会の基本的構造は、その経済的な形態からは独立したものになるだろう。ポロックのアプローチによれば、社会構造と経済組織との間にはもはやいかなる関係も存在しない、ということになる。

この逆説的な帰結は、ポロックの理論的出発点に潜んでいる。もしマルクスの諸カテゴリーと生産諸関係とい

五七——Ibid., p. 207.
五八——Ibid., p. 219.

う観念が分配様式の観点から理解されるならば、その結論は不可避的に、経済発展の弁証法が、市場と私有財産の超克によって完成する、ということになる。こうして出現する政治的に媒介された経済組織は、分配様式の歴史的な終着点を示す。それゆえ、そのような状況において階級社会がさらに存続することを、こうした分配様式に根拠づけることはできないことになる。なぜならこの分配様式は、階級なき社会の基底をなすものと考えられるからである。またこの点に関して、階級的敵対を生産の領域に基礎づけることもできない。既に見たように、マルクスのカテゴリーに対する伝統的な解釈によれば、生産諸関係が変容するときにもたらされるのは工業的生産様式の変化ではなく、この生産様式にとって適切であるような「調整」である。おそらくそれは、その歴史的最終形態を既に獲得しているとされているからだ。それゆえこうした枠組みにおいて、階級社会の存続は、生産においても分配においても根拠づけられ得ないことになるのである。

別言すれば、ポロックの分析において経済組織は、歴史を通じて不変なものになっている。すなわちそれは、さまざまなありうべき政治的諸形態の基礎となるものであり、もはや社会構造には関係づけられていないのである。ポスト自由主義的な社会についてのポロックの分析において、社会的諸構造と経済組織との間に何の関係性も存在しない以上、彼は政治的領域を、単に階級的な差異を維持し強化するだけでなく、その源泉でもあるものとして措定しなければならない。階級的諸関係は権力の諸関係に還元されるが、その源泉は曖昧なままにとどまっている。しかしながら彼の出発点を考慮するならば、ポスト自由主義的な社会における社会生活の再政治化をかくも還元主義的に分析することは、あってはならないはずのことと思われる。

ポロックの基礎的な前提は、ポスト自由主義的な資本主義の形態変化を適切に把握するには限界がある。そしてそれは最終的には、資本主義の生産諸関係についての彼の分析を通じて明らかになる。生産諸関係という概念そのものは、資本主義を資本主義として特徴づけるものを、すなわち社会編制の本質を指し示している。ポロックの解釈の論理は、それに対する根本的再考を促すはずのものであった。というのは、もし市場と私有財産が資本主義的生産諸関係であると本当にみなされるならば、ポスト自由主義的形態の理念型［例えば国家資本主義］は、資本主義的なものとみなされるべきではないからである。逆に新しい形態を、そうした諸関係の構造［市場と私有財産］が廃絶されている（と仮定される）にもかかわらず資本主義的なものであると特徴づけるならば、それは資本主義にとって本質的な生産諸関係に対する別様な規定を必要とすることだろう。別言すればそうしたアプローチは、市場と私有財産を資本制社会の生産諸関係の本質と同一視することに疑義を呈することになる。そしてそのことは、資本主義の自由主義的段階についても当てはまる。

しかしながらポロックは、そうした再考に着手しようとはしない。その代わり彼は、生産諸関係についての伝統的規定の妥当性を資本主義の自由主義的段階に限定し、かつそれは政治的な分配様式に取って代わられると主張する。その帰結として、一連の新しい理論的な諸問題と弱点が生じることになる。それらは、伝統的な理論に対するより根源的な再検討の必要性を指し示しているのである。ポロックのように、資本主義的な社会編制が、異なる「生産諸関係」の体系を次々に獲得すると主張するのであれば、そうした諸関係の体系のいずれによっても完全には把握されないような、その編制の核心が措定されなければならない。しかしながら、このように社会編制の本質があらゆる特定の生産諸関係から分離されるのであるならば、それはそれら生産諸関係が不適切に規定されてきたことを示しているのである。さらにポロックの分析において本質として残され続けているもの、すなわち「階級」的敵対は、歴史的にあまりに漠然としており、資本主義的社会編制を規定するのに寄与するものではない。こうした弱点のすべてが意味しているのは、ポロックの出発点にはらまれていた不適切性と限界である。すなわちそれは生産諸関係を、ただ分配の問題としてのみ論じたことである。

ポスト自由主義的な資本主義の発展と結びついた社会生活と支配構造の重要な変容についてのポロックの分析は、多くの重要な洞察を含んでいる。しかしながら彼の分析は、もっと確固とした理論的基盤の上に置かれなければならない。後に論じるように、そうした基盤は、ポロックの悲観主義の必然性にも疑問を呈することになるだろう。

ここではっきりさせておくべきなのは、伝統的マルクス主義の諸前提から出発するポロックの批判について、不適切であると私が考えていることである。国家による干渉が一般化した資本主義においても、市場の競争と私有財産は、消え去ったりその機能を喪失したりしたわけでは決してないということを指摘すれば、再びその分析に動態性を導入することができるかもしれない（これはもちろん、国家資本主義の変種である「現存社会主義」にはあてはまらない。伝統的マルクス主義の弱点の一つは、そうした社会を適切に批判するための基盤を提供できないところにある）。実際のところ、直接的経験からやや離れたレベルにおいて、市場資本主義のあらゆる要素が超克された段階へとブルジョワ資本主義が到達することが、そもそも可能かどうかが問われなければならない。とはいえ、依然として市場と私有財産に重大な意義を与えることに基づきつつ、国家介入主義的な資本主義についての分析に動態性を再導入するだけでは、ポロックの悲観主義の根源に至ることはできない。それは発展がその終着点——すなわち、そうした「生産諸関係」の廃絶——に至ったと考えられるときに提起される根本的な諸問題を、単に避けてしまうからである。そこで問われるべきは、そうした廃絶が本当に社会主義にとっての十分条件たりうるのか、ということである。私が示そうとしてきたように、ポロックのアプローチがその静態的性格や問題の多い理論的基盤にもかかわらず確かに示しているのは、生産諸関係、したがって価値を分配の領域の観点から解釈していては、資本主義における不自由の核心を十分には把握し得ない、ということである。それゆえ分配に重点を置く解釈の立場からポロックを批判するならば、彼の分析に対する考察において生じた問題のレベルから、一歩後退することになってしまうだろう。[五九]

ポロックの理念型的アプローチは、それにまつわる諸問題にもかかわらず、伝統的マルクス主義の持つ諸前提の問題性を意図せざるかたちで示しているという点で、価値がある。「労働」の観点からなされる、分配様式に対する一面的な批判の枠組みにとどまっていては、マルクスのカテゴリーが社会的な全体性を批判的にとらえることはあり得ない。しかしながらこのことは、市場が分配の担い手としての中心的な役割を失ったときにはじめて、歴史的に明白なものとなった。その結果生じた政治的に統御された社会秩序を、伝統的な解釈に基づいて資本主義的なものとして特徴づけるあらゆる試みは、不確実なものにとどまらざるを得ない、ということをポロックの分析は示している。それはまた市場と私有財産制の廃絶だけでは、すなわち工業的生産が「その真価を発揮する」だけでは、人間の解放の条件としては不十分であることを明らかにしている。ポスト自由主義的な資本主義についてのポロックの分析が如実に示しているのは、資本主義の最も基礎的な社会的カテゴリーの規定としては、市場と私有財産は適切ではないこと、したがって伝統的マルクス主義の諸カテゴリーは、資本主義における社会的全体性を批判的に分析するカテゴリーとしては不適切であるということだ。これらのカテゴリーが表現するものを廃絶しても、それが一般的な自由の条件になるわけではないのである。

ポロックの分析は、まさにマルクス主義の伝統的解釈の、そうした限界を如実に示している。それはまた資本主義的社会編制の特質としての矛盾というマルクスの観念が、社会的な敵対性と同一のものでないことをも示している。敵対的な社会形態は静態的なものでありうるのに対し、矛盾という観念は内的な動態性を必然的に含意する。ポロックのアプローチは、国家資本主義をそのような動態性を持たない敵対的な形態として考察すること

五九――例えば、Giacomo Marramao, “Political Economy and Critical Theory” を参照せよ。ポロックの著作を、ホルクハイマーやマルクーゼ、アドルノの著作と関係づけるマラマオの基本的な考えに私は同意するし、ポロックが「弁証法的な諸要素」を、資本主義の新しい段階に位置づけることができていない、という彼の基本的な結論にも同意する。しかしながらマラマオは、ヘンリク・グロスマンの分析の諸論点を、マルクス主義の伝統において支配的であったものとは全く異なるマルクス解釈であるとして、肯定的に提示していながら（p. 59ff.)、その意義を追究してはいない。その代わりに彼は、生産諸力と生産諸関係の対立についてのポロックの解釈をマルクスのそれと同一視することで、それを暗黙のうちに受け入れてしまっているのである（p. 67)。この結果彼は、自らの批判――すなわちポロックが、錯覚としての現象のレベルを見誤って本質としているとする批判（p. 74）――を裏づけることができていない。マラマオの立場は、伝統的マルクス主義の限界を超える可能性のあるものであったのだが。

によって、階級や所有についての考察にとどまらないかたちで構造的に位置づけられなければならないような社会的矛盾という問題に関心を集めることになる。最終的にポロックは新しい社会形態を、最も抽象的なかたちにおいてすら十分に社会主義的たりうるものではないと考えたわけだが、その結果彼は、政治的、社会的、そして文化的支配における新たな、より否定的な様式を明らかにすることができたのである。

ポロックや他のフランクフルト学派のメンバーたちは、伝統的マルクス主義と、ある決定的な点において異なっている。ポロックの基本的な洞察の一つは、私有財産制が実質的には存在しないなかでの中央集権的な計画のシステムは、そうした分配の形態が工業的生産にとって適切なものであるにもかかわらず、それ自体としては解放的なものではない、ということにある。このことは暗示的に「労働」──例えば工業的生産様式において、あるいは別のレベルでは労働によって構成される社会的全体性において──が人間の一般的な自由の基盤である、という考えに疑問を呈するものである。だがポロックの分析は、そうした適切な批判を構成するには、伝統的マルクス主義のいくつかの根本的な諸前提にあまりにもとらわれすぎている。分配様式を一面的に強調した結果、ポロックの伝統的理論からの決別は、資本主義における労働の性質についての伝統的マルクス主義の基本的諸前提を克服するものではなくなっている。むしろ彼は、「労働」という観念を保持した上で、その役割への評価を暗黙のうちに逆転させているのである。ポロックによれば、歴史の弁証法はその道程を走り終えた。「労働」は、既に自己を実現している。全体化は、実現しているのである。しかしながらその帰結は、いかなる意味においても解放的なものではない。それゆえ彼の分析が示唆するのは、そうした帰結は「労働」の性格に根差すものであるに違いない、ということである。「労働」は、自由の座とみなされてきたにもかかわらず、いまやそれは不自由さの源泉とみなされるようになったのである。後に明らかにするように、こうした逆転は、ホルクハイマーの諸著作において一層はっきりと現れている。私が検討してきた悲観的立場も楽観的立場も、資本主義における労働を「労働」とみなす点で共通しているが、こうした理解は、後期マルクスのリカード＝ヘーゲル批判のレベルから後退するものである。ポロックはこうした考えを持ち続け、資本主義の矛盾を生産と分配の間にあるものと想定し続けた。それゆえ彼は、国家資本主義には内在的矛盾は存在しないと結論づける。彼の分析は、敵対的で抑圧的な社会的全体性という概念に帰結したが、それは本質的に無矛盾的で、内在的な動態性を欠いたものとなった。このような概念は、「労働」ならびに全体性の実現に帰せられた解放的な役割に対して、疑問を投げ掛けるものである。しかし究極的にはそれは、伝統的マルクス主義の資本主義批判の地平を超えて進むものではないのである。

4 マックス・ホルクハイマーの悲観論への転回

ポロックは、ポスト自由主義的な資本主義を矛盾なき全体性として分析したが、それが示していた資本制社会の質的な変容——したがって社会批判の対象の質的変容——は、批判それ自体の性質の変容をもたらすはずのものであった。私は、この変容とそれがもたらす問題を、ポロックの分析がマックス・ホルクハイマーの《批判理論》の概念に対して持つ意味を考えることによって探究する。従来こうした《批判理論》の変容は、経済学批判が、政治批判、イデオロギー批判、そして道具的理性への批判によって置き換えられていくプロセスとして描かれてきた。[六〇] しばしばそれは、社会生活の一局面にのみ焦点を合わせる近代社会の批判的分析から、より広く深い方法への移行として理解されてきたのである。だが私は、こうした評価が修正されなければならないことを論じる。《批判理論》の出発点が、ポロックによって明示されていたように、マルクスの基礎的な諸カテゴリーに対する伝統的な理解にあり、しかもこうした伝統的なカテゴリーが、二〇世紀の資本主義の発展によって不適切な

六〇 —— 以下を参照。A. Arato, Introduction, in *The Essential Frankfurt School Reader*, pp. 12, 19.

ものとなったことを承認したところにあることを、われわれは既に確かめた。にもかかわらず、こうした承認は、マルクス主義の諸カテゴリーそれ自体の根本的な再概念化にまで至らなかったがゆえに、資本主義への社会的批判を拡張しようとする《批判理論》の試みは、数々の深刻な理論的困難をきたすことになった。それはまた、マルクスの経済学批判における中心的な関心事であった資本制社会の諸側面を把握する理論的能力を弱めることにもなったのである。

別言すれば、経済学批判と道具的理性（その他）への批判の違いを、社会生活の特定の諸領域の何を重視するかという単なる相対的な問題とみなすことは誤りである。マルクスの分析にとって労働が中心的であるのは、彼が物質的生産それ自体を社会生活の最重要な側面、もしくは人間社会の本質であるとみなしているからではない。そうではなく、それは彼が、資本制社会の中心的な特質を、特異に抽象的で一定方向への動態性を持った性格に見出し、そうした基本的な諸特徴が、資本制社会における労働の歴史的に特殊な性質によって把握され解明されうる、と主張しているからである。マルクスは、そうした歴史的特殊性についての分析を通じて、抽象的形態による社会的諸関係と支配を資本主義の特徴として明らかにし、それを社会的に根拠づけようとするのである。彼の批判は、資本主義が内的矛盾をはらんだ一つの全体性であり、それゆえ内在的に動態的であることを示す、という仕方で行なわれている。この点に関して、仮に政治的諸制度や道具的理性への批判が、マルクスの経済学批判に取って代わる（拡張する、もしくは補足するというよりも）ものとみなされうるとすれば、それはそうした批判が――例えば研究対象の性質に内在する矛盾を指し示すことによって――社会編制の歴史的動態性を説明できた場合に限られる。私の見るところ、それはおよそあり得ない命題である。先述したような《批判理論》における焦点の移行は、ポスト自由主義における社会的全体性は矛盾を含まないものとなるがゆえにそこではあらゆる歴史の内的動態性が失われる、という前提と正確に対応するものであった。こうした分析は、根本的に悲観的な立場を帰結しただけでなく、《批判理論》が内在的な批判として常に自己再帰的であり続ける可能性をも無効化した。さらにそれは、振り返って考えるならば、歴史的にも疑わしいものであったことが証明されているのである。

私は、これらの論点を展開し、ホルクハイマーが一九三七年と一九四〇年に書いた二つの論考を検討することによって、国家資本主義を矛盾を含まない社会として分析するような批判が、その性質を変容させたことを検証する。ホルクハイマーは、彼の古典的論文「伝統的理論と批判」[六一]においてはまだ、批判理論を資本制社会の矛盾をはらんだ性格に根拠づけている。彼は、次の前提から出発する。すなわち、主観と客観の関係は、双方における社会的な構成という観点から理解されなければならない、ということである。

実際、社会的実践の中には、いつも現存し、応用される知識というものもひそんでいる。知覚される事実はそれゆえ、認識する個人によって企てられる自覚的、理論的加工に先だって、すでに人間的表象や概念によって規定されている。……高度の文明段階では、自覚的、人間的実践は、無意識的ではあるにしても、知覚の主観的側面を規定するだけではなく、いっそう高い程度において対象を規定する。[六二]

こうしたアプローチが含意するのは、思想は歴史的に規定されたものであるということ、したがって伝統的理論も批判理論も、社会・歴史的に根拠づけられなければならないということである。ホルクハイマーによれば、伝統的理論とは、主観と客観が歴史的に構成された全体性において常に内在的に関連しているにもかかわらず、

六一——Max Horkheimer, "Traditional and Critical Theory," in Horkheimer, *Critical Theory*, trans. Matthew J. O'Connell et al. (New York, 1972), pp. 188–243.（M・ホルクハイマー『哲学の社会的機能』久野収訳、晶文社、一九七四年、三六―一〇二頁）

六二——Ibid., pp. 200–01 (translation amended).（同右、五一頁）

資本主義においては、この内在的な関係が露わにならない、という事実の表現である。資本制社会において、社会的綜合の形態は媒介されたものであり抽象的であるがゆえに、人間の共同行為によって構成されるものは疎外され、そのため疑似－自然的な事実性として現れる。[六三] この疎外された現象形態は、例えば主観・客観と理論の関係が本質的に不変であるとするデカルト主義的前提において、その理論的な表現を見出す。[六四] このような思惟と存在の実体化された二元論のために、伝統的理論は、理論と実践の統一を概念化することができない、とホルクハイマーは主張する。[六五] さらに言えば、資本主義に特徴的な社会的綜合の形態は、生産活動のさまざまな分野が相互に関係しながら一個の全体を構成するものとしては現れず、断片化され、見た目にはお互いが偶然的に関係し合いつつ媒介されて存在するものとなる。その帰結として生じるのが、生産活動の個々の分野が独立しているかのような幻想である。それは、ブルジョワ社会において経済的主体としての個々人は自由である、という幻想と似ている。[六六] その結果、伝統的理論においては、思想もしくは独立した諸学問分野が、科学的および理論的発展を内在的に司るとみなされる。そうした発展が、現実の社会的諸過程との関連において理解されることはないのである。[六七]

ホルクハイマーは、思惟と存在の適合性に関する問題を、社会的活動によってそれらが構成されているとする理論の見地から取り扱わなければならない、と主張する。[六八] ホルクハイマーによれば、カントはそうしたアプローチを発展させることに着手したのだが、それは観念論的な方法によってであった。すなわちカントは、感覚的現象が知覚され意識的に評価されるとき、既に超越論的な《主観》によって、すなわち理性的な活動によって構成されていると主張したのである。[六九] ホルクハイマーは、カントが展開した諸概念は二重の性格を有している、と主張する。そうした諸概念は、統一と目的志向性を表す一方で、不透明で無意識的な次元をも表しているというのである。ホルクハイマーによれば、こうした二重性は、資本制社会を表現しているのだが、自己意識的にそうであるわけではない。それは「近代における人間的活動の矛盾にみちた形式」[七〇] に対応したものである。「社会における人間の協同の仕方は、人間の理性が現実に存在する仕方である。人間は、自分の力をそういう仕方で使い、自己の本質を確証する。けれども同時に、この過程は、過程の諸結果をも含めて、人間自身から疎外され、……労働力と人間生活のあらゆる浪費をともなった、変えようのない自然的暴力、超人間的運命として現われる」[七一]。

ホルクハイマーはこの矛盾を、生産諸力と生産諸関係との矛盾に根拠づけている。彼の提示する理論的枠組みにおいて、人間の集団的な生産は、潜在的には理性的に組織されうる一個の社会的総体を構成する。だが私有財産に基づく、市場に媒介された社会的結合の形態と階級支配は、そうした社会的総体に、断片化された非合理な形態を付与する[七二]。かくして資本制社会は、盲目的で機械的な発展の必然性によって特徴づけられるのである。その特徴は、自然に対する人間の発達した支配力を、一般的利益よりも、相互に対立する特定の利益のために利用することにある[七三]。ホルクハイマーは資本主義の軌道を、次のように説明している。商品形態に基づく経済システムは、その初期段階においては、個人の幸福と社会の幸福の一致という観念をその特徴としていた。そのシステムが出現し、強固になるにつれ、それは人間諸力の発達、個人の解放、自然に対する支配の増大などを伴うようになる。しかしながら、それ以来その動態性は、もはや人間を発展させるのではなく、むしろそれをますます管

六三――Ibid., pp. 199, 204, 207.（同右、四八―四九、五四―五五、五八―五九頁）

六四――Ibid., p. 211.（同右、六三頁）

六五――Ibid., p. 231.（同右、八七頁）。ホルクハイマーは、理論と実践の一致を、単に政治活動という見地からのみではなく、より根本的に、社会の構成というレベルにおいて論じている。

六六――Ibid., p. 197.（同右、四七頁）

六七――Ibid., pp. 194-95.（同右、四三―四五頁）

六八――Ibid., p. 202.（同右、五二―五三頁）

六九――Ibid.（同右）

七〇――Ibid., p. 204（translation amended）.（同右、五四頁）

七一――Ibid.（translation amended）.（同右）

七二――Ibid., pp. 207, 217.（同右、五八―五九、七〇―七一頁）

七三――Ibid., pp. 213, 229.（同右、六六、八四―八五頁）

理し、人類を新たな野蛮へと追いやっていくような社会を生み出してしまった。[七四] こうした枠組みにおいて生産は、社会的に全体化していくが、疎外され、断片化され、ますます市場と私有財産にとらわれたかたちで発展する。資本主義的な社会的諸関係は、全体性の実現を妨げるのである。

ホルクハイマーの主張によれば、この矛盾は、批判理論が可能となる条件でもある。批判理論は、断片化された現実の諸層を必然的所与として受け入れることはせず、社会を一個の全体として把握しようとする。このことは必然的に、その内的な諸矛盾の認識をもたらす。すなわち全体性を断片化し、それを理性的な全体として実現することを妨げているものについての認識である。かくして全体を把握することは、その現在の形態を単に修正するだけでなく、それを理性的、人間的な条件によって置き換えていくことへの関心を内包するものとなる。[七五] したがって批判理論は、所与の社会秩序を受け入れるものでも、この秩序をユートピア的見地から批判するものでもない。[七六] ホルクハイマーは、批判理論を資本主義の内在分析と呼んだ。それは資本制社会の内在的矛盾の基礎の上で、存在するものと存在しうるものとの間において増大するズレを暴き出すのである。[七七]

ホルクハイマーの論文において、理性、社会的生産、全体性、そして人間の解放は相互に絡み合っており、歴史的批判の立脚点をなしている。彼にとって、すべての成員にとって適切であるような理性的社会組織——すなわち自由な人々の共同体——という観念は、人間の労働に内在する一つの可能性である。[七八] もし過去において、生産に従事する人口の大部分の悲惨な生活が、技術発展の未熟さによってある程度条件づけられており、ある意味では「道理に適った」ものであったとしても、今ではそれは妥当ではない。飢えや失業、恐慌や軍国主義などといった否定的な社会的諸状況は、いまや「現状はもはや適合しなくなった生産諸関係」[七九] にのみ基づくものである。いまやそうした諸関係が、「自然支配の精神的、物理的全手段の適用」[八〇] を妨げている。時代遅れの個別主義的な諸関係が引き起こす社会の全般的な困窮は、生産諸力の潜在的な可能性から言って、道理に適わないものとなった。この潜在的な可能性は、資本主義に特有の市場に媒介された盲目的な制御の形態が、合理的に計画された社会的統制と発展によって置き換えられる可能性を生み出す。そのことによって、この形態が非合理であることも明らかになる。[八一] 最後に別のレベルにおいて、労働に基づく合理的な社会組織の歴史的な可能性は、現代社会における主観と客観の二元論的関係の非合理な性格を示すものともなる。「今日のカオス的経済における思考と存在、悟性と感性、人間的欲求とその満足との謎にみちた一致、市民的時代においては、偶然として現われる、この一致は、未来社会においては理性的意図とその実現の関係になるはずである」[八二]。

ホルクハイマーがその概要を示した内在的な弁証法的批判は、伝統的マルクス主義を認識論的に洗練させたものである。生産諸力は、生産の社会的過程とみなされており、その潜在的可能性の実現は、市場と私有財産制によって妨げられている。こうしたアプローチによれば、この市場と私有財産制という諸関係が、労働によって構成される社会的世界の全体性と相互連関を断片化し、覆い隠してしまうことになる。ホルクハイマーは、労働を単純に、自然に対する支配とみなしている。彼は、その組織化と応用の在り方を問題にしたが、その形態を問うことはなかった。したがってマルクスにとっては、（後に見るように）資本主義における社会生活の構造の構成は、人間同士の関係と、人間と自然の関係を媒介する労働によって定められるのに対し、ホルクハイマーにとってそれは、後者の媒介のみ、つまり「労働」によってのみ定められることになる。既存の秩序に対して理性と正

七四——Ibid., pp. 212–13, 227.（同右、六四—六六、八二頁）
七五——Ibid., pp. 207, 217.（同右、五八—五九、七〇—七一頁）
七六——Ibid., p. 216.（同右、六九—七〇頁）
七七——Ibid., pp. 207, 219.（同右、五八—五九、七二—七三頁）
七八——Ibid., pp. 213, 217.（同右、六五、七〇—七一頁）
七九——Ibid., p. 213 (translation amended).（同右、六六頁）
八〇——Ibid.（同右）
八一——Ibid., pp. 208, 219.（同右、五九—六〇、七二—七三頁）
八二——Ibid., p. 217 (translation amended).（同右、七一頁）

義の名の下に行なわれる彼の批判の立脚点は、「労働」によって与えられる。ホルクハイマーは、解放の可能性と理性の実現を、「労働」において根拠づける。それは社会的な全体性を構成するものとして隠れることなく出現し、自己自身を実現しようとするような「労働」なのである。[八三] したがって批判の対象となるのは、そうした隠れなき出現を妨げている諸関係の構造である。そうした立場は、マルクスによる批判よりも、むしろ先に述べたリカードとヘーゲルの綜合により近いものだ。

ホルクハイマーの思想において、「労働」と全体性に対する肯定的な見方は、後に、自然の支配によってもたらされる諸効果に対するより否定的な評価に道を譲ることになるが、それは彼が生産諸関係について、生産諸力に見合うものになってきたと考えるようになったときのことである。しかしながら彼は、生産過程については一貫して、自然に対する人類の関係においてのみ、概念化しているのである。

後期ホルクハイマーの思想における悲観主義への転回を、プロレタリア革命の失敗やファシズムに対する労働組合の敗北と直接的に結びつけたり、それのみで説明したりすべきではない。というのもホルクハイマーは、国家社会主義が権力を掌握したはるか後に「伝統的理論と批判理論」を書いているからである。にもかかわらず彼は社会編制について、本質的に矛盾をはらんだものとして解釈し続ける。つまり、内在的な批判を展開し続けているのである。確かに彼の政治情勢の評価は、相当に悲観的である。しかしその悲観論は、必然的な性格をいまだ具《そな》えてはいない。ホルクハイマーは、労働者階級の退潮、イデオロギー的偏狭、腐敗などのために批判理論は、しばらくのあいだ少数者のグループによって担われることになる、と主張する。[八四] だが彼は、依然として批判理論の可能性を、現在の秩序の矛盾において根拠づけようとしている。それが意味するのは、労働者階級の統合や敗北それ自体は、社会編制がもはや矛盾を含まないということを表してはいない、ということだ。別言すれば、ホルクハイマーにとって矛盾という観念は、直接的な階級対立よりももっと深層の構造的レベルに言及するものである。したがって彼は、批判理論は社会変革の一要素として被支配階級との動的な一体性の下にあるが、しかしその階級と直接的に同一であるわけではない、と主張する。[85] 仮に批判理論が、被支配階級の現在の感情や見解を受動的に定式化するにすぎないものであるとするならば、それは構造的に言って、専門諸科学と選ぶところのないものとなるだろう。[86] 批判理論は現在を、その内在的な可能性において論じる。それは、所与の事柄にのみ立脚するものではないのである。[87] 明らかに、この時点でのホルクハイマーの悲観論は、予見しうる未来に社会主義的な転換が起こりうる蓋然性についてのものである。そうした転換の可能性は、彼の分析において、資本主義の矛盾をはらんだ現在に依然として内在しているのである。

確かにホルクハイマーは、資本主義の性格が変容したために、批判理論の諸要素も変更されなければならない、と論じている。そして加速度的に進展する資本の集積と集中の帰結として、非常に強力な権力者の小さなサークルが意識的に社会を支配するようになる新しい可能性を描き出していった。この変化について彼は、それまで相対的な自律性を保っていた文化領域の立場が失われ、より直接的に社会支配の枠組みのなかに埋め込まれるようになるという歴史的傾向と関係している、と論じる。[88] ここでホルクハイマーは批判の焦点を、政治支配とイデオ

八三――*Dämmerung*（一九二六年から一九三一年のあいだに書き継がれ、一九三四年にハインリッヒ・レジナス Heinrich Regius の偽名で出版された）においてホルクハイマーは、「働かざるもの食うべからず」という格率を、資本主義の現状維持を支える禁欲主義的イデオロギーとして批判している。にもかかわらず彼は、未来の合理的な社会においては、それは妥当するようになると主張する。彼の批判は、この格率に基づいた資本主義的秩序の正当化を問題にするが、労働が社会生活の根本的な構成原理であるという考えを疑問視することはない。以下を参照。Horkheimer, *Dawn and Decline*, trans. Michael Shaw (New York, 1978), pp. 83-84.

八四――Horkheimer, "Traditional and Critical Theory," pp. 214-15, 241.（ホルクハイマー『哲学の社会的機能』、六六―六八、九八―九九頁）

八五――Ibid., p. 215.（同右、六八頁）

八六――Ibid., p. 214.（同右、六六―六七頁）

八七――Ibid., pp. 219-20.（同右、七二―七五頁）

八八――Ibid., pp. 234-37.（同右、九〇―九四頁）

ロギー操作、そして文化産業に定めることの根拠づけを行なっているのである。だが彼は、理論の基礎は、社会の基礎的な経済構造が変わっていない以上、不変であると論じている。[八九]

この時点においてホルクハイマーは、社会の基礎的な経済構造が根本的に変化したために、経済的領域が政治的領域によって置き換えられた、と論じているわけではない。逆に彼が論じているのは、私有財産と私益がいまだに決定的な役割を演じているということであり、いまや人々の生活は、より直接的に社会生活の経済的次元によって決定されるようになった、ということである。そうした経済的次元の制約なき動態性が、新しい発展と不幸を未曾有の速度で発生させる。[九〇] ここで提案されている、批判理論における研究対象の変化、つまり意識的な支配や操作の重視は、市場が――したがってそれと結びついている間接的で隠された支配形態も――、自由主義的な資本主義において担っていた役割をもはや演じてはいない、という考えと結びついている。しかしながらこの変化は、ここではまだ、生産諸力と生産諸関係の内在的な矛盾は克服されているという展望と結びついてはいない。ホルクハイマーの批判は、内在的なものであり続けている。しかしながらその性格は、第二次世界大戦勃発後に変化する。こうした変化は、政治的なものの優越というポロックの考えによって表現された、理論的な評価における変化と関連しているのである。

一九四〇年に書かれた論文、「権威主義的国家」[九一]においてホルクハイマーは、新しい社会組織を「国家資本主義、現代の権威主義的国家」[九二]と呼んだ。ここで展開された立場は、基本的にはポロックと同じものである。だが、ホルクハイマーはソヴィエト連邦を、国家資本主義の最も首尾一貫した形態であると、より明確に特徴づけ、ファシズムについては、国家の支配下で獲得され分配された剰余価値が、利潤という旧い名の下に大工業家と大地主に引き渡される混合形態とみなしている。[九三] 国家資本主義のあらゆる形態は抑圧的で、搾取的で、敵対的なものである。[九四] そして彼は、国家資本主義は経済恐慌を経験しないであろうと予測するが、それは市場が既に克服されているからである。にもかかわらず彼は、国家資本主義の形態について、それは安定したものというよりも、結

局のところ過渡的なものであると論じるのである。[九五]

国家資本主義が過渡的性格を有する可能性を論じるなかでホルクハイマーは、生産諸力の解放的な潜勢力について新しい態度を表明しているが、それは深くて両義的である。依然としてこの論文は（伝統的に解釈された）生産諸力を、潜在的に解放的な力を持つものとして記述する文章を含んでいる。つまり彼は生産諸力について、支配の条件として意識的に抑えられていると論じている。[九六] 生産、分配、行政管理が、ますます合理化され単純化されるにつれて、既存の政治的支配の形態は時代遅れとなり、ついには非合理なものとなる。国家が潜在的に時代遅れになるにつれて、それはより権威主義的なものとなる。自らを維持するためにそれは、物理的暴力と戦争の脅威の永続化にいっそう依存しなければならなくなるのである。[九七] 確かにホルクハイマーは、システムの崩壊が起こりうることを予測していた。彼はそれを、官僚機構による生産の制限に基礎づける。彼の主張によれば、生産が人間の必要を充たすためでなく支配のために用いられることによって、危機が生み出される。しかしながらその危機は、（市場資本主義の場合のように）経済的なものではなく、永続的な戦争の脅威と結びついた、国際的な政治的危機であるだろう。[九八]

八九——Ibid., pp. 234-35.（同右、九〇—九二頁）

九〇——Ibid., p. 237.（同右、九四頁）

九一——Horkheimer, "The Authoritarian State," in Arato and Gebhardt, eds. *The Essential Frankfurt School Reader*, pp. 95-117.（M・ホルクハイマー『権威主義的国家』清水多吉編訳、紀伊國屋書店、一九七五年、九—五二頁）

九二——Ibid., p. 96.（同右、一〇頁）

九三——Ibid., pp. 101-02.（同右、一九—二二頁）

九四——Ibid., p. 102.（同右、二二頁）

九五——Ibid., pp. 97, 109-10.（同右、一一、三四—三七頁）

九六——Ibid., pp. 102-03.（同右、二〇—二二頁）

九七——Ibid., pp. 109-11.（同右、三五—四〇頁）

確かにホルクハイマーは、生産諸力に押しつけられた制約について言及している。しかし存在するものと、そうした制約がない場合に存在しうるであろうものとの間に置かれるギャップによって強調されるのは、システムの敵対的で抑圧的な性質であるにすぎない。すなわちシステムは、もはや内的矛盾という形態を持たないのである。ホルクハイマーは、彼が概略を描くところの国際的な政治危機を、システムのありうべき規定的否定が生じる契機としては扱っていない。むしろ彼はそれを、そうした否定を必要とする危険な帰結として提示する。ホルクハイマーは崩壊について語ってはいるが、その前提条件については詳述していない。その代わりに彼は、人々がその悲惨な境遇と生存の危機からそうしたシステムに反対することを望みつつ、国家資本主義において実現されず圧し潰されている民主主義的で解放的な可能性を明らかにしようとしているのである。

さらに言えばこの論文は主として、（伝統的に理解された）生産諸力の発展と権威主義的な政治支配の間には、実際にはいかなる矛盾も存在しないし、必然的分離さえも存在しない、ということを主張している。むしろホルクハイマーは、いまや懐疑的に次のように述べる。生産力の発展は解放の可能性を増大させたかもしれないが、それはまた、疑いなく、より大きな抑圧を招いてきた[九九]。市場と私有財産制の拘束から解き放たれた生産諸力は、自由や合理的な社会秩序の源泉とはならないことが明らかになった。「完遂された計画のすべての側面にわたって、抑圧の側面は基本的に過剰なものとなったといってよいだろう。計画が完遂されたかわりに、さまざまな計画のコントロールのもとで、ますます強い抑圧が結晶化したのである[一〇〇]」。

新しい分配の様式は、生産諸力の発展に見合ったものであるにもかかわらず、その帰結は否定的なものであることが明らかになった。「ときとして、国家資本主義は、ほとんど階級なき社会のパロディーに見える[一〇一]」というホルクハイマーの言明は、抑圧的な国家資本主義と解放的な社会主義が、同じ「物質的」基盤を持つことを示している。そしてそれは、伝統的なマルクス主義理論の極点に達したジレンマを照らし出しているのである。しかしながらホルクハイマーは、こうしたジレンマに直面しても、（ポロックと同様に）理論の基礎的な諸規定を再考しようとはしない。むしろ彼は生産諸力を、工業的生産様式と同一視し続ける[一〇二]。その結果彼は、生産を再評価し、歴史と解放の関係を再考せざるを得なくなる。ホルクハイマーはいまや、生産諸力の発展に基礎を置く、あらゆる社会的な蜂起に対して徹底した懐疑の目を向ける。「ブルジョア的繁栄は、実際のところ、成熟そのものである。宗教改革者たちの昔から、ファシズムの合法的革命にいたるまでの繁栄の結果は、資本主義の進歩の特徴である技術的、経済的成果と結びついてきた[一〇三]」。

ここにおいて彼は生産の発展を、資本主義文明における支配の展開の基盤であるとして、否定的に評価している。いまやホルクハイマーは、悲観的な歴史論へと転回し始める。生産諸力と生産諸関係の矛盾によって駆動される歴史的発展の諸法則は、国家資本主義へと行き着いてしまった。そのため、そうした歴史的発展に依拠する革命理論――「計画のための計算書がますます増大され、分配がますます合理的に具体化されるべきだ」と要求する理論――は、単に国家資本主義的形態への移行を早めることができたにすぎないのである[一〇四]。結果的にホルクハイマーは、社会革命に二つの契機を与えることで、解放と歴史の関係を再概念化する。

社会革命は一方において、たとえ自発性がなくとも起るもの、つまり、生産手段の社会化や、生産の計画的指導や、測り知れない自然支配などを生じさせる。しかし他方、社会革命は、熾烈なレジスタンスや、たえず新

九八――Ibid.(同右)
九九――Ibid., pp. 106-07, 109, 112.(同右、二九―三二、三四―三五、四〇頁)
一〇〇――Ibid., p. 112 (translation amended).(同右、四〇頁)
一〇一――Ibid., p. 114 (translation amended).(同右、四五頁)
一〇二――Ibid.(同右)
一〇三――Ibid., p. 106 (translation amended).(同右、三〇頁)
一〇四――Ibid., p. 107.(同右、三一頁)

たにされる自由への努力なしにはありえないもの、すなわち、搾取の終焉をもたらすものなのだ。[一〇五]

ホルクハイマーが革命にこうした二つの契機を与えたということは、彼が必然と自由のアンチノミーによって特徴づけられる立場へと転落したことを示している。彼の歴史に対する見方は、完全に決定論的なものとなった。いまや彼は歴史を、労働が自らを実現する完全に自律的な発展として――すなわち解放の源としてではなく――提示する。自由は、純粋に主意主義的な仕方で根拠づけられている。すなわち歴史に反逆する意志としてである。[一〇六]

こうした文章から明らかなのは、いまやホルクハイマーは次のように仮定しているということである。すなわち、万人にとって自由が完全に実現されうるような生活の物質的諸条件は、万人にとって自由が否認される条件と同一である。つまり、そうした物質的諸条件は、自由の問題とは本質的に無関係であり、それはまた自動的に生じるものである、と。こうした諸前提を問うために、自由が自動的に達成されることは決してないという彼の立場に異を唱える必要はないだろう。ホルクハイマーは、資本主義と社会主義の物質的な諸条件についての伝統的マルクス主義の見方に縛られているために、私有財産が撤廃された上で公共的に計画された工業的生産は、社会主義の物質的な十分条件であるという前提を、疑問視しないのである。彼はまた、工業的生産そのものを、社会的観点から考察すること、すなわち資本という社会的形態によって形成されたものであると考えるのが最適ではないか、とも考えない。もしそう考えていたならば、別種の生産の形態に到達することは、自由を達成することと同様に、自動的な過程とはならないはずである。だがホルクハイマーはそうした再考をせず、自由について、規定された歴史的な可能性ではなく、歴史的にも社会的にも規定されないものとみなすのである。

批判理論は……つねに可視的な可能性をもって歴史にあたる。……生産方法の改良などということは、現実には、たんに抑圧のチャンスを改良したばかりではなく、その廃止をも改良したかも知れないのだ。だが、今日なら史的唯物論から引き出される結論、昔ならルソーやバイブルから引き出された結論、つまり、恐怖に終焉をもたらすのは「今か、さもなければ百年の後にか」という洞察は、いかなる歴史上の瞬間にも立ち現われてきたのである。[一〇七]

この立場は、自由を拡大していくことは常に可能であったし、いまもそうあり続けている、ということを強調している。しかし自由の性格が歴史的に規定されていないために、さまざまな社会・歴史的文脈やさまざまな自由の概念が、特定の文脈においてどのような種類の（どれほどの、というよりも）解放の達成と関係しているのかについて考察できないでいる。ホルクハイマーが用いている一例を借りれば、この立場は、もしマルチン・ルターではなくトマス・ミュンツァーが成功していたとしたら獲得されていたであろう自由が、今日考えられている自由と比較しうるものかどうか、ということを問題にしない。[一〇八]ホルクハイマーの歴史の観念は不明瞭なものとなった。すなわち右に引用した文章において彼は、資本主義の歴史について述べているのか、それとも歴史そのものについて述べているのかが、明らかでないのである。こうした限定性の欠如は、自然支配としての労働という歴史的に規定されていない観念と関係している。それは、生産の発展に対する初期ホルクハイマーの肯定的な姿勢と、それを補完する後期の否定的な姿勢との、双方の基底をなすものである。

　ホルクハイマーは国家資本主義を、資本主義の諸矛盾が超克された形態とみなすことで、伝統的マルクス主義は、解放の歴史理論としては不適切であることを認識するに至る。だが彼は、より適切な歴史理論を可能にする

一〇五――Ibid.（translation amended).（同右）
一〇六――Ibid. pp. 107–08, 117.（同右、三一―三四、五〇―五一頁）
一〇七――Ibid. p. 106（translation amended).（同右、二九―三〇頁）
一〇八――Ibid.（同右）

ようなものとして、マルクスの資本主義批判を再構築することに取り組むには、その諸前提にあまりにもとらわれすぎている。この二元論的な理論的立場は、解放と歴史のアンチノミー的な対立によって表現されており、またホルクハイマーがその初期の弁証法的な自己再帰的認識論から離脱したことによっても示されている。もし解放というものが、歴史的に規定された矛盾にもはや根拠づけられないのであれば、解放を志向する批判理論もまた、歴史から立ち去らなければならない。

われわれはホルクハイマーの認識論が、社会の構成は「労働」に依存するという前提に基づくものであることを見てきた。その「労働」とは、資本主義においては断片化され、その生産諸関係によって十全たる展開を妨げられていたはずのものである。いまや彼は資本主義の矛盾を、抑圧的発展の原動力にすぎなかったものとみなし始める。彼はそれを、カテゴリーを用いて次のように表現している。「商品概念の自己運動は、しょせん国家資本主義の概念に通ずるだけのものであり、それはちょうど、ヘーゲル哲学における感覚的確実さが絶対知に通ずるようなものである[一〇九]」。かくしてホルクハイマーは、諸カテゴリー間の矛盾が全体性としての《主体》の自己展開的実現へと至る（全体性の廃絶ではなく）というヘーゲル的弁証法は、ただ既存の秩序の肯定を帰結しうるにすぎない、と結論するに至った。だが彼はその立場について、既存の秩序の限界を乗り越えていくような仕方で、例えばマルクスによるヘーゲルやリカードへの批判と同じようなかたちで定式化することはない。その代わりホルクハイマーは、彼の初期の立場を反転させる。こうして、初期における批判の立脚点であった「労働」と全体性は、いまや抑圧と不自由の基盤となるのである。

その帰結はいくつもの断裂である。ホルクハイマーは、解放を歴史の外に置くだけでなく、その可能性を救うために、概念と対象との分離を導入することを余儀なくされる。「理念と現実の一致とは、普遍的な搾取の場合のことをいう。……概念と現実との落差が革命的実践の可能性を基礎づけているのであって、たんなる概念がこの可能性を基礎づけているのではない[一一〇]」。こうした歩みが必然的なものとなったのは、ホルクハイマーが、人類の全般的な解放について依然として情熱を有しているにもかかわらず、資本主義の内在的な矛盾が超克された秩序として国家資本主義を分析しているためである（もっとも先に見たように、一九四〇年においては、こうした分析は徹底して明確であったわけではない）。既に概略を述べたように、内在的な社会批判は、その対象――すなわちその文脈である社会的世界――とそれを把握するカテゴリーとが一次元的でないことを前提としている。ところが、資本主義の矛盾が超克されたと信じるとすれば、社会的な対象は一次元的になっていることになる。そうした枠組みにおいて「当為」は、もはや矛盾をはらんだ「存在」の内在的な一面ではない。したがって、現存するものを把握する分析の結果は、必然的に肯定的なものとならざるを得ない。いまやホルクハイマーは全体について、内在的に矛盾をはらんだものとは考えない。それゆえ彼は、ありうべき別の現実に余地を残すために、概念と現実との間に差異を措定するのである。いくつかの点でこの立場は、必然的に肯定的なものとしての（すなわち矛盾をはらんだものではなく、完全に展開されたときであっても自己自身を乗り越えようとはしない）全体性というアドルノの観念と一致する。こうした一歩を踏み出すことによってホルクハイマーは、彼の議論の認識論的な一貫性を弱めてしまうのである。

ホルクハイマーは、商品という概念の自己運動や、理念と現実の一致についての彼の見解によって示されているように、観念と現実が別物であるという立場を唐突に採用したわけではない。むしろ彼の見解が示しているのは、概念はその対象に実際に妥当するのだが、それは批判的な意味でというよりも肯定的な意味でそうである、ということだ。そうした立場の根本的な諸前提を所与とするとき、もし理論が自己再帰的なものであり続けるべきであるならば、おそらくその対象と完全に対応することはもはやないような概念を、概念の十全たる規定とみ

一〇九――Ibid., p. 108.（同右、三二頁）
一一〇――Ibid., pp. 108-09.（同右、三三―三四頁）

なすことはできない。批判は概念の外部に基礎づけられねばならないとするホルクハイマーの立場は、必然的に、非規定性を批判の基盤として措定することになる。そうした立場が主張するのは、本質的には次のような事柄である。すなわち、全体性が生活のすべてを包摂することはないために、解放の可能性は、たとえ見込みの薄いものであるにせよ、消滅することはない。だが、この立場は、既存の社会秩序の否定の可能性をはっきりと指し示すこともできなければ、自らを一つの規定された可能性として、したがって社会的世界を適切に批判する理論として位置づけることもできないのである。

ホルクハイマーの批判理論がその自己再帰的な性格を保持し得たとすれば、それは自らが措定した概念とその対象との肯定的な関係を、批判と歴史的転換の内在的可能性を理論的に確保しうるような、別様のより包括的な一連の諸概念のなかに埋め込むことができた場合に限られていただろう。しかしながらホルクハイマーは、そうした再考を行なおうとはしなかった。仮にそうしていたならば、別のレベルにおいて伝統的マルクス主義の諸カテゴリーを、より本質的で「抽象的」で複雑な一連のカテゴリーに基づいて批判しなければならなかっただろう。それを行なう代わりにホルクハイマーは、一次元的とみなされた社会的世界の内部に自由の可能性を維持するために、概念と現実との非同一性を措定し、彼自身の批判を自己再帰的に説明する可能性を切り詰めたのである。概念と現実の分離を主張することによって彼自身の立場は、伝統的理論のそれと選ぶところのないものになってしまった。実のところ彼は、一九三七年に、理論はそれが存在する社会的世界の一部であると理解されておらず、偽の独立的な立場を与えられていると指摘し、伝統的理論を批判していたのである。概念と現実の分離についてのホルクハイマーの理解は、奇妙にもその対象から浮き上がっている。それはそれ自身を説明することができないのである。

こうした悲観論への転回に伴う認識論的なジレンマは、首尾一貫しているように見えたホルクハイマーの、初期の認識論の弱点を遡及的に浮き彫りにする。「伝統的理論と批判理論」において、包括的な社会批判の可能性は、資本主義的編制の超克と同様に資本制社会の矛盾をはらんだ性格に根拠づけられていた。だがそうした矛盾は、社会的な「労働」と、それが全体的なものとして実現されるにあたってそれを寸断し、十全に発展することを妨げる生産諸関係との矛盾として解釈されていた。そのような解釈において、価値や資本といったマルクスの諸カテゴリーは、そうした障害となる諸関係を表現しており、究極的には「労働」という概念そのものの外部に位置するものである。このことは、商品や資本といった諸カテゴリーが、そうした解釈の内部では、たとえ社会的全体性の矛盾をはらんだ性格を表現しているにせよ、それを真に把握してはいない、ということを示唆している。その代わり、そうしたカテゴリーは、資本制社会の一次元、すなわち分配の諸関係のみを規定する。この次元は、それと異なるもう一方の次元、すなわち社会的「労働」と次第に対立するようになるのである。別言すれば、市場と私有財産の観点だけから、マルクスの諸カテゴリーが理解されるときには、それらは本質的に、当初から一次元的なのである。それらは矛盾ではなく、両次元のうちのただ一つを把握しているにすぎない。このことが意味しているのは、ホルクハイマーの初期の論文においても、批判は、そうした諸カテゴリーにおいて根拠づけられているのではなく、むしろカテゴリーに対して外在的である、ということだ。それは、そうした諸カテゴリー［資本・価値］によって表される社会的諸形態に対して「労働」の観点からなされる、批判なのである。

伝統的なマルクス主義的批判の洗練されたバージョン——マルクスの諸カテゴリーを、社会的存在と社会的意識の規定された諸形態として扱うもの——において、そうした諸カテゴリーが一面的であることは暗黙のうちに了解されており、そのことはルカーチの用いた「物象化」という術語に反映している。この点を詳述することは本書の範囲を超えてしまうが、この術語が伝統的マルクス主義の解釈とウェーバーの合理化という概念の収束点を表しているということには注意を促しておきたい。この二つの流れは、一次元性を共有している。ルカーチによって西欧マルクス主義の系譜に接続されたウェーバーの遺産は、両義性を持つ。それは、マルクス主義の諸カテゴリーの射程を「水平的に」拡大し、そのことによってカテゴリーは、狭義の正統的な解釈においては無視されていた社会生活の諸次元を包摂しうるものとなったが、それは同時にカテゴリーの「垂直的な」平坦化を伴うものであった。だが、『資本論』におけるそれらの諸カテゴリーは、矛盾をはらんだ社会的全体性の表現である。それらは二次元的なのである。しかしながら、西欧マルクス主義における物象化の観念は一次元的であり、それゆえ現存の秩序の規定された否定の可能性は、それを把握するはずの諸カテゴリーの内部に根拠づけられ得ないのである。

ホルクハイマーの初期の批判理論は、一見すると弁証法的性格を持つように見えるにもかかわらず、批判としての自己自身をその概念のうちに根拠づけることに成功していない。そのためには、マルクスの諸カテゴリーに、矛盾を含んだ性格を回復させることが必要であった。それには歴史的に規定された労働の形態を、その次元の一つとして包摂できるよう、マルクスの諸カテゴリーを再概念化する取り組みが必要であったはずである。商品と資本のカテゴリーをより適切に定式化するためのそうした取り組みは、「労働」を疑似‐自然的な社会的過程の一つとして、すなわち人類の共同作業による自然の技術的支配という問題として、超歴史的な仕方で扱うようないかなる見解とも根本的に異なる。そうした再概念化を欠くとき、資本主義についての自己再帰的な分析は、自らを商品と資本というカテゴリー的諸形態そのものに根拠づけるのではなく、それらのカテゴリー的諸形態と「労働」との矛盾において根拠づけることによって批判的であるほかはない。後者が肯定的な批判を構成するのに対し、前者は否定的な批判のためのカテゴリー的な条件である。

ホルクハイマーが伝統的マルクス主義から出発したことは、最初から次のことを意味していた。すなわち現実に対する概念の妥当性は暗黙のうちに肯定されていたのだが、それは全体性の一つの次元にのみ関わるものであった。批判はカテゴリーの外部に、すなわち「労働」の概念に根拠づけられた。市場と私有財産の廃絶が抑圧的な結果をもたらし、「労働」はもはや解放の原理たり得ないと考えられるようになったとき、かつての理論的な弱点がジレンマとして前景化してきたのである。

このジレンマは、出発点の不適切さを明るみに出す。ポロックについて論じる際に、私は以下のように述べた。すなわち、ポスト自由主義的な社会を国家資本主義として特徴づける彼の試みの弱点が露呈させているのは、市場と私有財産制によって資本主義の本質的生産諸関係を規定することがつねに不適切であった、ということである。同じくホルクハイマーの自己再帰的な社会理論の弱点が示しているのは、「労働」の観念に基づく批判理論の不適切性である。それぞれの弱点が示しているのは、私が前章で批判した、マルクス主義のリカード的形態とヘーゲル的形態とは概念的に関連している、ということだ。生産諸関係を分配諸関係と同一視することは、リカードの労働価値説に基づいている。ところが、分配のブルジョワ的諸関係だけを超克しても、資本を超克することにはならない。むしろそれは、自由主義的な諸形態によってではなく、巨大官僚制組織によって媒介されるとき、資本が全体的なものとして存在するような、より具体的な様式が出現することを意味する。同様に、「労働」概念を基盤とする唯物論的な弁証法の理論は、結局のところ、展開された全体性を肯定することになる。マルクスは、資本主義における労働によって媒介された社会的諸関係を明らかにし、そこから翻って労働の具体的な形態を考えようとしているのだが、リカード＝ヘーゲル的マルクス主義の中心にある「労働」概念が含意しているのは、そうした媒介的活動が、資本主義の社会的諸関係に対立するものとして肯定的に把握されることがある、ということだ。その結果として批判は、自由主義的な資本主義にのみあてはまるものとなり、資本を超克することのない歴史的な否定の立場——すなわち国家資本主義の立場——から行なわれることになるのである。

ホルクハイマーは、こうした理論の不適切性を自覚するようになったものの、その諸前提を考え直そうとはしなかった。その結果が、初期の伝統的なマルクス主義的立場からの反転である。一九三七年においてホルクハイマーは、いまだ「労働」を肯定的にとらえ、それが資本主義の社会的諸関係と矛盾するがゆえに、批判的思考と解放の可能性の根拠を構成するとみなしている。しかしながら一九四〇年になると彼は、——はっきりとしたかたちではないにせよ——生産の発展を、支配の進展とみなすようになった。『啓蒙の弁証法』（一九四四年）、『理性の腐蝕』（一九四七年）において、生産と解放との関係についてのホルクハイマーの評価は、より明確に否定的なものとなる。「啓蒙のための技術的手段の進歩には非人間化の過程が付きまとっている」[一一]。社会支配の性質は変化し、ますますテクノクラート的あるいは道具的な理性に依拠するようになったと彼は主張し、その理性を「労働」に根拠づけるのである。[一二]生産は、不自由の源泉となった。確かにホルクハイマーは、現代における個人の凋落と道具的理性の支配は、技術や生産それ自体にではなく、それが生じる社会的諸関係の諸形態に求められるべきであると主張してはいる。[一三]しかしながら、そうした諸形態についての彼の観念は、空虚なままである。彼は技術の発展を、自然の支配という歴史的にも社会的にも規定されていない仕方でとらえているからである。ポロックにならってホルクハイマーも、ポスト自由主義的な資本主義を、敵対的な社会であるとみなす。そこにおいて経済的な重要性の指標となるのは、万人にとっての必要ではなく、権力構造にとっての有用性である。[一四]彼は、ポスト自由主義的な資本主義の社会形態を、権力関係と、経済のリーダーたちの個別主義的な政治的実践という観点から、還元主義的に分析する。[一五]社会形態についてのこうした考え方が技術と関わるとしても、それは外在的にのみ、すなわちその使用法という観点からのみ関わることができるにすぎない。その社会形態の観念は、生産の形態と内在的な関連を持つことができないのである。だが、世界の道具化についての、技術的ならざる社会的な説明は、そうした内在的関係を基礎としてのみなされうる。したがってホルクハイマーは、道具的理性の支配や個性の破壊が生産それ自体に帰せられるべきではなく、社会的な観点から説明されるべきだと主張するにもかかわらず、私から見れば彼は実際のところ、道具的理性と「労働」を関連づけているのである。[一六]

ホルクハイマーの思い描いたポスト自由主義的な世界における解放の可能性は、きわめて貧弱なものとなった。一九四一年にマルクーゼが展開した考えを精緻化しながら[一七]ホルクハイマーは、次のように述べる。おそらく個体性を破壊するような経済的・文化的過程だけが、イデオロギー色の薄い、より人間的な時代の基礎を新たに築きうる。しかしながら、彼は直ちに次のように付け加える。そうした可能性の兆候は、実際にはきわめて弱々しいものである、と。[一一八] 内在的な歴史的批判の可能性が奪われたとき、批判哲学の仕事は、言語に沈潜した反道具的な諸価値を発見すること、すなわち文明の現実と理想との隔たりに注意を喚起し、人々の自覚を高めることを願うにすぎないものとなる。[一一九] 批判理論はもはや、より人間的な在り方が可能になるような秩序の社会的基盤を明らかにすることができない。実現されるならば解放的な結果をもたらしうるかもしれないような決定的要因を言語に認めようとする試みは、むしろ根拠薄弱であり、そうした理論が警世的なものとなってしまったことを如実に示している。[一二〇]

しかしながらこの警世的性格は、二〇世紀の産業資本主義の変容の不幸な、というよりも「不可避」の帰結である。それは、そうした変容を解釈してきた諸前提の帰結なのである。ポロックとホルクハイマーは、官僚制に

一一一――Horkheimer, *Eclipse of Reason* (New York, 1974), p. vi.（M・ホルクハイマー『理性の腐蝕』山口祐弘訳、せりか書房、一九八七年、六頁）

一一二――Ibid., p. 21.（同右、三〇頁）

一一三――Ibid., p. 153.（同右、一八一―一八二頁）

一一四――Ibid., p. 154.（同右、一八二―一八三頁）

一一五――Ibid., p. 156.（同右、一八四―一八五頁）

一一六――Ibid., pp. 21, 50, 102.（同右、三〇、六一―六二、一二三―一二四頁）

一一七――"Some Social Implications of Modern Technology," *Studies in Philosophy and Social Science* 9 (1941) においてマルクーゼは、現代テクノロジーの否定的で非人間的な諸効果について述べている。彼はこうしたテクノロジーは、技術的というよりも、むしろ社会的なものであると述べ、その解放的効果の可能性についても論じ続けている (pp. 414, 436-39)。しかしながらマルクーゼは、このいわゆる社会的性格については詳細に論じてはいない。彼は、現代テクノロジーに秘められた解放の可能性の契機を、内的な矛盾にではなく、標準化や技能の不要化といった否定的な発展の只中から生じる積極的な諸効果の可能性に根拠づける。全面的な疎外状態がその対立物を生み出しうるというこの考えを、マルクーゼは後に『エロス的文明』においてさらに展開した。

一一八――Horkheimer, *Eclipse of Reason*, pp. 160-61.（ホルクハイマー『理性の腐蝕』、一八九―一九〇頁）

一一九――Ibid., pp. 177-82, 186-87.（同右、二〇九―二一五、二一九―二二一頁）

一二〇――Ibid., pp. 179-80.（同右、二一一―二一三頁）

基づく国家資本主義という全体性の新しい形態の出現が、社会的にも政治的にも文化的にも、否定的な諸帰結をもたらすであろうことに気づいていた。こうした社会編制の新しい局面は、いわゆる解放の理論としての伝統的マルクス主義に対して、「実践的な反証」となる。しかしながらポロックもホルクハイマーも、伝統的理論の基本的な諸前提のいくつかを保持していたため、その「反証」をより根本的で適切な資本主義批判へと組み入れることができなかった。その結果、彼らの最終的な立場は、数々の理論的弱点をその特徴とするものとなった。例えば一九四〇年代半ばにホルクハイマーとアドルノが展開した理性批判は、振り返ってみると、《批判理論》をジレンマに直面させることになった。ゲルハルト・ブラントなどの論者は、『啓蒙の弁証法』について、「ブルジョワ思想の物象化された性格は、マルクスからルカーチに至る唯物論的なイデオロギー批判においてそうであったのとは異なり、もはや商品生産には根拠づけられてはいない。むしろいまやそれは、人類と自然の相互作用のなかに、類としての人間の歴史に根拠づけられている」[二二]と論じている。そうした立場は、結果として、批判理論の企てそのものを弱体化させることになる。つまり、そうした理論がそれ自身の存在条件を社会的に基礎づけ、またそれに関連し、ありうべき歴史的転換の条件を根拠づける可能性を無効化するのである。

　本書で提示した分析は、このジレンマの基底をなしている諸前提が何であったのかについて、説得力のある解釈を提示する。既に見たように、一九三七年にホルクハイマーは、「労働」が超歴史的に社会を構成すること、また商品が分配様式のカテゴリーであること、この二つの前提から出発していた。彼はそれを基礎として、物象化されたブルジョワ思想と解放的な理性との差異を、資本主義的分配様式と「労働」との対立に根拠づけたのである。ホルクハイマーが後に採用することになるポロックの国家資本主義テーゼによれば、この対立はもはや存在しない。労働は自己を実現した。だが抑圧も物象化された理性の支配も、いっそう強まったのである。既に示したように、こうした発展の源泉は、いまや「労働」それ自体に求める以外にないのである。したがって、「労働」に基礎づけられ物象化された理性の起源は、商品形態が広まり支配的になる以前の時期に求められなければならなくなる。それは人類が自然と交わす相互作用の過程それ自体に位置づけられなくてはならないのである。《批判理論》は、資本主義における労働の特殊な性格という概念を欠いているがゆえに、その帰結を労働それ自体へと帰した。《批判理論》が、経済学の分析から道具的理性の批判へと移行したことはしばしば指摘されてきたが、それはフランクフルト学派の理論家たちが、後者のために前者を放棄したことを単に意味するわけではない。[二二二] こうした移行はむしろ、経済学に対する特定の分析から帰結し、またそれに基づくものであった。より直截に言えばそれは、マルクスの経済学批判についての伝統的理解に基づいていたのである。

社会的全体性を、矛盾なきもの——すなわち一次元的なもの——であると同時に敵対的で抑圧的なものとするポロックとホルクハイマーの分析が含意するのは、歴史が動かなくなってしまった、ということである。私はそれを、むしろ「労働」という観念に依拠するあらゆる批判理論の限界を示すものである、と論じてきた。『啓蒙の弁証法』と『理性の腐蝕』において、かくも強烈に表現されている批判的な悲観主義は、その歴史的文脈を参照するだけでは理解し得ない。それはまた、伝統的マルクス主義の限界の自覚の表現であるとみなされなければならない。だがそれは、いくつもの重大な変容にもかかわらず、依然として弁証法的な社会的全体性であり続けているものに対する弁証法的批判を根本的に再構成することを欠いているのである。

こうした見解は、資本主義の現下の歴史的変容によって補強されてきた。いまや西側の福祉国家（と東側の全体主義的な政党国家）の限界は、劇的なまでに明るみに出され、それは政治的なものの優越というテーゼの「実

二二一——Gerhard Brandt, "Max Horkheimer und das Projekt einer materialistischen Gesellschaftstheorie," in A. Schmidt and N. Altwicker, eds., *Max Horkheimer heute: Werke und Wirkung* (Frankfurt a. M., 1986), p. 282. ブラントは、続けて次のように論じている。すなわち、一九五〇年から一九六九年にかけてのホルクハイマーのノートが示しているのは、彼が後に、社会調査の対象の歴史的特殊性に焦点を合わせることが、可能性のある批判であることを強調し始めた、ということである。

二二二——以下を参照。S. Seidman, Introduction, in Seidman, ed., *Jürgen Habermas on Society and Politics*, p. 5.

質的な否認」であるとみなすこともできる。振り返ってみるとこのことは、《批判理論》が行なった資本主義の初期の主要な変容に対するウェーバー流の分析があまりに直線的であることを示しており、同時に、全体性は実際には弁証法的であり続けていることを強く示唆している。

以下の諸章では、ポスト自由主義的な弁証法的全体性という観念の理論的基礎の概略を示すが、それは伝統的マルクス主義への私の批判の基盤ともなっている。議論を展開するなかで、《批判理論》の必然的悲観主義を理論的に乗り越えようとする私の試みが、この問題に対するハーバーマスのアプローチとは異なることが明らかにされる。本章で分析された理論的転回——ホルクハイマーの悲観主義や、道具的理性に対する彼の批判、そして示唆される「言語論的転回」の開始——は、ユルゲン・ハーバーマスが一九六〇年代に、労働に帰せられていた社会統合的・構成的役割を問題化していく際の、理論的文脈における重要な次元であった。彼の戦略的な意図は、労働の中心性に疑問を呈することによって、《批判理論》の悲観主義を超克することにあった、とみることができる。もはや労働は、自由の基盤としては、おそらくは不適切なものと考えられるようになったからである。別言すれば彼の意図は、解放の可能性を理論的に再建することにあった。私は以下で、初期ハーバーマスのマルクス批判におけるいくつかの側面を議論する。今のところ、次のように述べておくべきであろう。すなわち、《批判理論》の悲観主義の克服を企てるにあたって、依然としてハーバーマスは、伝統的な労働理解をポロックおよびホルクハイマーと共有しており、その結果、労働の社会的意義の範囲を限定するよう試みることになっている。彼は、マルクスがリカードを批判したまさにその理由であるところの「労働」の概念から出発する。しかしながら、資本主義における労働の二重の性格についてのマルクスの分析は、後期資本主義に対する批判のための基盤の役割を果たしうるのであり、私の見るところ、資本主義における労働に対する伝統的解釈から出発する分析——「労働」が解放的なものとして積極的に評価されようが、より否定的に道具的な活動とみなされようが——よりも適切なものなのである。

第二部

商品——マルクスによる批判の再構築へ向けて

第四章
抽象的労働

1 カテゴリーの再解釈への諸条件

　ここまでの展開によって、マルクスの批判理論を再解釈するための基礎を得ることができた。第一章で示した『要綱』の諸節が示している資本主義批判は、その前提からして、伝統的なそれとは大いに異なるものである。この諸節は、後の『資本論』における「分別のある」分析からは排除されるユートピアめいた展望を示しているのではなく、その分析を理解するための鍵なのである。すなわちその諸節は、後期マルクスにおける批判の基本的カテゴリーを再解釈するための出発点を与え、それによって伝統的マルクス主義のパラダイムの限界を乗り越えることを可能にする。このパラダイムの諸前提に対するこれまでの検討によって、かかる再解釈が充たすべき諸条件が浮き彫りになってきたのである。

　批判の立脚点としての「労働」という超歴史的な観念から出発して、資本主義の特徴をなす社会的諸関係を分配様式の観点からのみ概念化し、システムの根本的な矛盾を分配様式と生産様式との間に位置づけるようなアプローチについて、私は検討してきた。この検討において中心をなした議論は、マルクスの価値のカテゴリーは、単に市場に媒介された富の分配の形態を表すものとしてのみ理解されてはならない、ということである。カテゴリーの再解釈は、それゆえ価値と物質的な富との区別に照準しなければならない。そしてそれは、彼の分析において価値は、本質的には市場のカテゴリーではないこと、また「価値法則」は単なる経済の一般均衡の法則ではないことを示すに違いない。資本主義における「富の生産の決定的な要因としての直接的労働時間」というマルクスの言明は、彼の価値のカテゴリーが、時間によって規定される特殊な富の形態として検討されなければならないということを示唆している。価値の再解釈が適切なものであるためには、価値の時間による規定［the temporal determination of value］が、マルクスの批判と資本主義の歴史的動態性の問題にとって重要であることを論証しなければならない。

価値の問題は、労働の問題に結びついている。これまで示してきたように、価値というカテゴリーが――したがって資本主義における生産諸関係が――市場と私有財産の観点から適切に理解されうると考える限り、労働の意味は一見明らかであるように思われる。その場合、かかる諸関係は、労働とその生産物が社会的に組織され、分配されるための手段であるとみなされる。換言すれば生産諸関係は、労働そのものにとって外在的であるとされる。その結果、資本主義における労働は、一般に理解されているような労働として受け取られうることになる。すなわちそれは、ある規定されたやり方で物質を変容させることを伴う目的志向的な社会的行為であり、それは人間社会の再生産のために不可欠な条件である、と。かくして労働は、超歴史的な仕方で理解されるのである。歴史的に変化するのは、その社会的な分配と管理の様式にすぎない。したがって労働と生産過程は、変化する一

――*Grundrisse: Foundation of the Critique of Political Economy*, trans. Martin Nicolaus (London, 1973), p. 704.（『マルクス資本論草稿集②一九五七―一九五八年の経済学草稿集Ⅱ』資本論草稿集翻訳委員会訳、大月書店、一九九三年、四八九頁）

連の生産諸関係のなかに埋め込まれた「生産諸力」なのであり、その際、生産諸関係は、労働と生産に対して外在的なものであり続けるとされる。

本書のアプローチによれば、価値は物質的富とは異なる、歴史的に特殊な富の様式として再定式化されうる。つまり価値を構成する労働を、あらゆる社会的諸編制における労働に超歴史的に妥当するような観点から理解することはできないということである。むしろそのような労働は、資本主義の社会編制に特殊な、ある種の社会的に規定された性質を持つものとみなされなければならないのである。私はその特殊な性格を、右に述べたマルクスの資本主義における労働の「二重の性格」という概念を解明することによって分析するであろう。そのことによって、そうした労働を、伝統的な「労働」の観念から区別することが可能になる。その基礎の上にはじめて、富と社会的諸関係の歴史的に特殊な一つの形態として価値を適切に規定すること、そして生産過程は「生産諸力」と「生産諸関係」の両者を内包しており、単に生産諸力のみを含むのではないことを適切に示しうるだろう。それは、マルクスの分析に即して、資本主義における生産の様式が単なる技術的過程ではなく、(価値や資本のように)社会的諸関係の客体化された諸形態によって塑造されていることを論証することによってなされる。かくしてマルクスの批判は、単に労働における搾取と社会的分配様式に対する批判ではなく、むしろ資本主義における労働それ自体に向けられたものであること、資本主義の全体性がはらむ根本的な矛盾とは、単に生産の領域と分配の領域との間に広がる矛盾なのではなく、生産の領域それ自体にこそ内在するものとして理解されなければならないことが明らかになるだろう。つまり私は、マルクスの諸カテゴリーを再規定し、それらのカテゴリーによって社会的全体性の核心が矛盾をはらむものとして真に把握されうるようになることを意図している。したがって、マルクスのカテゴリーは、「労働」の次元にせよ、あるいはそれに対立する次元にせよ、矛盾の一方の次元にのみ言及するものではない。このようにマルクスにおける矛盾を再解釈することによって、「労働」の観念に対する批判に立脚するアプローチは、《批判理論》のジレンマを回避することができ、ポスト自由主義的な資本主義が「一次元的」ではないことを提示することができるだろう。かくして対象に対する概念の妥当性は批判的なものであり続けることができ、肯定的なものにならなくともよい。それゆえ社会批判は、ホルクハイマーが考えたように概念とその対象との分離に根拠づけられる必要はなく、概念それ自体に、すなわちカテゴリー的諸形態において根拠づけることができるだろう。またこのことによって、批判の自己再帰的な認識論的一貫性を再構築することができるだろう。

これまで論じてきたように、批判が適切であるためには、その諸カテゴリーは、全体性における矛盾をはらんだ性格のみならず、その特徴である不自由さの根本にあるものをとらえなければならない。カテゴリーによって表現される社会的諸関係の歴史的な廃絶とは、自由の社会的な基盤を含む、ある規定された可能性であることが示されなければならないのである。マルクスによれば、資本主義に特徴的な社会支配の形態は、社会的労働の形態と結びついている。『要綱』において、彼は三つの基本的な歴史的社会形態を素描している。第一に、さまざまな形態をとる「人格的な依存諸関係」[二]に基づくものである。この形態は、社会の「第二の大きな形態」——資本主義、すなわち商品形態に基づく社会的支配に歴史的に取って代わられ、[三]それは物象的依存性〔*objective (sachlicher) dependence*〕のシステムの枠内における人格的独立性をその特徴とする。[四]この「物象的」依存性を構成するのが、社会的なものである。すなわちそれは「独立した諸個人に自立的に対立する社会的な諸連関にほ

二———Ibid., p. 158.（『マルクス資本論草稿集① 一八五七—一八五八年の経済学草稿集Ⅰ』資本論草稿集翻訳委員会訳、大月書店、一九八一年、一三八頁）

三———Ibid.（同右）

四———Ibid.（同右）マルクスは第三の大きな社会形態、すなわち、資本主義の後のありうべき社会形態を「諸個人の普遍的な発展のうえにきずかれた、また諸個人の共同体的〔gemeinschaftlich〕、社会的〔gesellschaftlich〕生産性を諸個人の社会的力能として服属させることのうえにきずかれた自由な個体性」（Ibid.〔同右〕）という観点から特徴づける。

かならない、すなわち諸個人自身に対立して自立化した相互的な生産諸関連〔Produktionsbeziehungen〕にほかならない」[五]。

資本主義の一つの特徴は、その本質的な社会的諸関係が、ある独特な仕方で社会的である、ということだ。それらは目に見えるような人間関係としてではなく、諸個人に対立する半ば独立した構造群、すなわち非人格的な「物象的」必然性と「物象的依存性」の領域として存在しているのである。したがって資本主義の特徴をなす社会支配の形態は、目に見えるようなかたちでは社会的ではないし、人格的なものでもない。すなわち、「この物象的依存関係は、また次のようにも現われる。……すなわち諸個人は以前には相互に依存しあっていたのだが、いまではもろもろの抽象〔Abstraktionen〕によって支配されているというように[六]」。資本主義とは、抽象的、非人格的な支配のシステムである。以前の社会形態と比べて人々は自立しているように見えるが、実際には、社会的にではなく「客観的」に見える社会支配のシステムに従属しているのである。

マルクスは、資本主義に特有な支配形態を、生産による人々の支配としても描いている。「諸個人は、一つの宿命として彼らの外部に存在する社会的生産のもとに従属して〔subsumirt〕いる。しかし社会的生産は、それを彼らの共同的力能〔gemeinsames Vermögen〕として処理する諸個人のもとに従属してはいない[七]」。この一節は中心的な重要性を有している。諸個人が生産に包摂されていると言うことは、彼らが社会的労働によって支配されていると言うことにほかならない。このことは、資本主義における社会支配を、少数者による、多数者および彼らの労働に対する支配、あるいは統制として理解するのでは十分でないことを示唆する。資本主義において社会的労働は、支配と搾取の対象であるだけでなく、それ自体が支配の本質的な土台なのである。資本主義に特徴的な非人格的、抽象的、「客観的」な支配の形態は、諸個人が自らの社会的労働によって支配されることと本質的に結びついているように思われる。

抽象的支配、すなわち資本主義の特徴をなす支配形態を、単純に市場の諸機能と同一視することはできない。

この抽象的支配は、資本主義における階級支配が、市場を媒介として行なわれていることだけを指しているのではない。こうした市場中心の解釈は、社会支配の不変の基礎が階級支配にあること、変化するのは（直接にであれ、市場を通じてであれ）階級支配が行き渡る際の形態にすぎない、ということを前提にしている。この解釈は、「労働」が富の源泉であり超歴史的に社会を構成しているとみなして、「労働」の分配が実行される様式にのみ批判的な検討を加える立場と密接に結びついているのである。

本書の提示する解釈に従えば、抽象的支配という観念は、右のような考え方とは区別されることになる。抽象的支配とは、商品に規定された労働に媒介された、社会的関係の抽象的で半ば自立した諸構造による人間支配であり、それこそマルクスが価値と資本というカテゴリーによって把握しようとするものである。マルクスの後期の諸著作において、かかる社会的関係の諸形態は、完全に発達した疎外の社会・歴史的具象化を、自己生成的な支配として提示する。マルクスの資本のカテゴリーを分析しながら、私はかかる社会的諸形態が、諸個人を規制し強制するような歴史的発展の、動態的論理の基礎となっていることを示したい。このような相関的諸形態は、市場の観点からは適切には把握され得ない。それらは半ば自立した諸形態であり、個人や階級の上位に存在し、この両者と対立しているがゆえに、顕在的な社会的諸関係（例えば、階級関係）の観点からは十分には理解され得ないのである。これから見るとおり、資本主義はもちろん階級社会であるが、マルクスによれば階級支配は、この社会における社会支配の究極の基礎ではなく、それ自体、より高次の「抽象的」な支配形態の結果なのである。[八]

五――― Ibid., p. 164.（同右、一四八頁）
六――― Ibid.（同右）
七――― Ibid., p. 158.（translation amended).（同右、一三九頁）
八――― *Legitimation Crisis*（Trans. Thomas McCarthy［Boston, 1975］)（J・ハバーマス『晩期資本主義における正統化の諸問題』細谷

《批判理論》の軌跡を論じながら、私は既に抽象的支配の問題に言及した。ポロックは、政治的なものの優位を定理としたのだが、それは事実上、マルクスのカテゴリーによって把握された抽象的支配の体系が、新しい形態の直接的支配に取って代わられたと主張したに等しい。このような立場が前提としているのは、マルクスが分析したあらゆる客観的依存の形態、および抽象的な社会的必然性のあらゆる無意識の構造は、市場に根拠を有する、ということである。このような立場を問い直すことは、次のような前提、すなわち国家が市場に取って代わることによって、特定の領域における無意識的な構造が、意識的な統制によって単に置き換えられただけではなく、そのことによって抽象的な強制のあらゆる構造が超克され、したがって歴史の弁証法が超克されたという前提を問い直すことである。

言い換えれば、抽象的支配をいかに理解するかは、価値のカテゴリーをいかに解釈するかに密接に関わっている。富の一形態としての価値が抽象的支配の構造の核心に位置しており、その重要性は市場や流通の領域を超える（例えば生産の領域に至るまでの）射程を有する、ということを私は示す。そのような分析は、価値が依然として富の形態である限り、計画化それ自体は抽象的支配の要請に従うものにすぎないことを含意している。そもそも公共的計画化は、それ自体としては抽象的支配のシステム――資本主義の特徴をなす、非人格的かつ無意識的で、［誰かの］意志に基づいているのではない、必然性の媒介形態――を超克するのに十分ではないのである。したがって、資本主義に対する社会主義の原理としての公共的計画化は、市場と抽象的に対立させられるべきものではない。

このことは、人間の一般的自由のありうべき十全たる実現のための、根本的な社会的前提条件が再概念化されなければならないことを示唆している。その実現は顕在的な社会的・人格的支配の諸形態の克服に加えて、抽象的支配の構造の克服をも必然的に含み込むものであるだろう。資本主義における不自由の究極の基礎たる抽象的支配の諸構造を分析すること、そしてかかる諸構造を把握するマルクスの批判的諸カテゴリーを再規定することは、伝統的マルクス主義において問題とされてきた、社会主義と自由の関係を再定義するための第一歩となるだろう。

この第二部で私は、『資本論』において展開されるマルクスの批判的叙述の最初の、そして最も抽象的な論理的レベル、すなわち商品形態の分析に関するマルクスの理論を再構築するところから出発する。第二章で示された伝統的解釈とは反対に、マルクスの分析の開始点である諸カテゴリーは、実際には批判的で歴史的動態性を内包していることを提示するつもりである。

2 マルクスによる批判の歴史的に規定された性格

マルクスは、財、つまり使用価値であると同時に価値であるところの商品を分析することから『資本論』を始めている。[九] 次に彼は、こうした商品の二つの次元と、労働が有する二重の性格を結びつける。商品は、特定の使用価値としては特定の具体的労働の生産物であるが、価値としては抽象的人間労働の客体化である。[一〇] これらのカ

貞雄訳、岩波書店、一九七九年）においてハーバーマスは、抽象的支配に言及している。しかしそれは、直接的社会支配とは異なった、そこにおいて諸個人と階級が構造化される、抽象的で半ば独立した社会的諸形態による人々の支配をもたらすような支配の形態としてではない。その代わり彼は、かかる支配を、直接的社会支配の別様の現象形態として、すなわち、非政治的な交換形態によって隠蔽される階級支配としてとらえている（p. 52［八二―八四頁］）。ハーバーマスによれば、この支配形態の存在は、社会システムの発展が危機へと向かう傾向を、資本の運動法則の経済的分析によって把握しようとするマルクスの試みに基礎を与えた。ポスト自由主義的な資本主義における社会システムの再政治化によって、支配は再び公然たるものとなる。それゆえ、マルクスの試みの妥当性は、自由主義的資本主義に限られるということになる（ibid.［同右］）。ハーバーマスが言う抽象的支配の観念は、このように伝統的マルクス主義のそれ――自己調整的市場によって媒介される階級支配――なのである。

九――Marx, *Capital*, Vol. 1, trans. Ben Fowkes (London, 1976), pp. 125–29.（『マルクス＝エンゲルス全集 第二三巻 第一分冊』大内兵衛・細川嘉六監訳、大月書店、一九六五年、四七―五三頁）

テゴリー――特にマルクスが「経済学の理解にとって決定的な跳躍点」[一一]とみなした商品を生産する労働の二重性というカテゴリー――の探究に進む前に、まずはその歴史的特殊性を強調することが重要である。

マルクスの商品分析は、任意の社会で生じる、たまたま交換された生産物についての考察ではない。それは社会的文脈から引きはがされた商品の、つまり多くの社会で偶然的に現れうる商品の探究ではないのだ。そうではなく、マルクスが分析するのは「生産物の一般的な必然的な社会的形態としての商品の形態」[一二]であり、「富の一般的な基本的な形態」[一三]としての商品形態である。だが、マルクスによれば商品は、資本主義においてのみ、生産物の一般的な形態なのである。[一四]

それゆえマルクスの商品分析は、資本制社会における生産物の一般的な形態についての分析であり、最も基本的な富の形態の分析なのである。[一五] 資本主義において、「商品であることがその生産物の支配的で規定的な性格」[一六]なのであれば、このことは必然的に、「労働者自身がただ商品の売り手としてのみ、したがって自由な賃金労働者としてのみ現われ、したがって労働が一般に賃労働として現われる」[一七]ということを意味する。言い換えれば、マルクスが『資本論』で考察した商品は賃労働を、したがって資本を前提としている。それゆえ「商品生産一般の、またその一般的な絶対的な形態〔は〕、資本主義的商品生産〔である〕」[一八]。

ロマン・ロスドルスキーの指摘によれば、マルクスの経済学批判において、資本主義の存在は、諸カテゴリーの説明のまさに最初から前提となっている。それぞれのカテゴリーは、その後に続くものを前提としている。[一九] 私は、マルクスがこのような方法で説明を行なったことの意義について、この後で論じるつもりである。ただしここで銘記しておくべきは、マルクスの商品分析が資本のカテゴリーを前提としているのであれば、彼が規定する商品というカテゴリーは、商品そのものに当てはまるものではなく、一般的な社会的形態としての商品、すなわち資本主義において存在する商品にのみ当てはまる、ということだ。例えば、単に交換が存在するからといって、社会的カテゴリーを構成するものとしての商品が存在するわけではないし、社会的労働が二重の性格を持つわけでもないのである。ただ資本主義においてのみ、社会的労働は二つの性格[二〇]を持つのであり、価値は人間活動の特殊な社会的形態として存在するのである。[二一]

『資本論』の初めの諸章においてマルクスは、歴史的な方法で説明を行なっている、としばしばみなされてきた。というのも、まず商品のカテゴリーの説明から始まり、次に貨幣、それから資本の考察へと進むからである。しかしながらこうした議論の展開は、商品の最初の出現から資本主義システムの十全たる発達へと至る、論理的な歴史的発展に内在する分析として解釈されるべきではない。マルクスの諸カテゴリーが示す社会的諸形態は、歴史の始まりからあったのではなく、資本主義のなかで［はじめて］存在し、十全に発達したのであり、マルクス

一〇——Ibid., pp. 128-37.（同右、五二—六四頁）

一一——Ibid., p. 132 (translation amended).（同右、五六頁）

一二——Marx, *Results of the Immediate Process of Production*, trans. Rodney Livingstone, in *Capital*, vol. 1 p. 949 (translation amended).（K・マルクス『直接的生産過程の諸結果』岡崎次郎訳、大月書店、一九七〇年、一五二—五三頁）

一三——Ibid., p. 951.（同右、一五五頁）

一四——Ibid.（同右）

一五——Ibid., p. 949.（同右、一五二—五三頁）

一六——Marx, *Capital*, Vol. 3, trans. David Fernbach (Harmondsworth, England, 1981), p. 1019.（『マルクス＝エンゲルス全集 第二五巻 第二分冊』大内兵衛・細川嘉六監訳、大月書店、一九六七年、一一二四頁）

一七——Ibid. (translation amended).（同右）

一八——Marx, *Capital*, Vol. 2, trans. David Fernbach (London, 1978), p. 217.（『マルクス＝エンゲルス全集 第二四巻』大内兵衛・細川嘉六監訳、大月書店、一九六六年、一七一頁）

一九——Roman Rosdolsky, *The Making of Marx's Capital*, trans. Pete Burgess (London, 1977), p. 46.（R・ロスドルスキー『資本論成立史（1）』時永淑ほか訳、法政大学出版局、一九七三年、七三—七四頁）

二〇——Marx, *Capital*, vol. 1, p. 166.（『マルクス＝エンゲルス全集 第二三巻 第一分冊』、九九頁）

二一——Marx, *Theories of Surplus Value*, part1, trans. Emile Burns (Moscow, 1963), p. 46.（『マルクス＝エンゲルス全集 第二六巻 第一分冊』大内兵衛・細川嘉六監訳、大月書店、一九六九年、一五頁）

はそのことを明確に述べている。

理論においては、価値の概念は資本の概念に先行するが、他方またみずからを純粋に展開するためには、資本を基礎とする生産様式を前提してもいるとすれば、同じことは実践においても生じる。[二二]

したがって経済学的諸範疇を、それらが歴史的に規定的な範疇であったその順序のとおりに並べるということは、……誤りであろう。むしろ、それらの序列は、それらが近代ブルジョア社会で相互にたいしてもっている関連によって規定されているのであって、この関連は、……歴史的発展の順位に照応するものとは、ちょうど反対である。[二三]

例えば『資本論』第一章における価値形態の分析の箇所[二四]で資本主義へと至る論理的な歴史的発展が示されているとしても、その論理は内在的な必然としてではなく、遡行によって現れるものとして理解されなくてはならない。マルクスに従えば、確かに内在的な必然としての歴史的論理の形態は存在するが、これから私たちが見ていくように、それは資本主義的な社会編制だけの属性なのである。

このようにマルクスの経済学批判において、カテゴリーとして把握された社会的諸形態は、歴史を通じて規定されたものであり、他の社会に単純に当てはめることはできない。それらはまた、歴史を通じて規定するものでもある。マルクスは、カテゴリーを用いた彼独自の分析を開始するにあたって、それは資本主義の特殊性の探究として理解されなければならないと明確に述べている。「労働生産物の価値形態は、ブルジョア的生産様式の最も抽象的な、しかしまた最も一般的な形態であって、これによってこの生産様式は、社会的生産の特殊な一種類として、したがってまた同時に歴史的に、特徴づけられているのである[二五]」。

マルクスの批判の出発点である商品の分析は、言い換えれば歴史的に特殊な社会的形態の分析である。構造化され、構造化する実践の形態としての商品、つまり資本主義的社会編制における社会的諸関係の、最初にして最も一般的な規定について論じることに彼はとりかかる。一般的かつ全体化していく形態としての商品が、資本主義的編制の「基本形態」であるならば[二六]、その探究はマルクスの資本主義分析の本質的な諸規定、特に労働の特殊な性格を明らかにするであろう。というのも労働の特殊な性格は商品形態の基底をなし、商品形態によって規定されているからである。

歴史的特殊性――価値と価格

これまで見てきたように、マルクスが分析しているのは、資本制社会の核心にある一般化された社会的形態としての商品である。それゆえマルクスが価値法則を、つまり商品形態の一般化を、資本主義以前の状況に適合するものとして理解していたとするのは正しくない。しかしながら、例えばロナルド・ミークは、マルクスの価値論の第一の定式は前資本主義的な社会モデルを前提にしているという想定から出発する。その資本主義以前の社会では、「たとえ商品生産と自由競争が多かれ少なかれ極度に支配的であると仮定されていても、労働者は依然として彼らの労働の生産物全体を自らのものとする」[二七]。第二章で概観したオスカー・ランゲと違ってミークは、

二二――*Grundrisse*, p. 251.（『マルクス資本論草稿集①』、二九二頁）

二三――Ibid., p. 107.（同右、六一頁）

二四――Marx, *Capital*, vol. 1, pp. 138-63.（『マルクス＝エンゲルス全集 第二三巻 第一分冊』、六四―九六頁）価値形態（相対的価値形態と等価形態）の非対称性は、マルクスが商品の物神性についての議論を展開する上で非常に重要なものであるが、それは貨幣を前提としており、マルクスの商品交換の分析が、直接的な物々交換とは何の関係もないことを示している。

二五――Ibid., p. 174 n34 (translation amended).（『マルクス＝エンゲルス全集 第二三巻 第一分冊』、一〇八―一〇九頁の注三二）

二六――Ibid., p. 125.（同右、四七頁）

価値法則の妥当性をそのような資本主義以前の社会に単純には当てはめない。ミークはまた、ルドルフ・シュレジンガーのように、マルクスはより単純な前時代の社会に適合する諸法則を基にして資本主義に妥当する諸法則を展開しようとしたのであり、そもそもそのような議論の出発点が根本的に誤っていた、と主張したりもしない。[二八]そうではなくミークは、マルクスは資本主義以前の社会を前提としていたが、それはいかなる意味でも正確な歴史的現実の表象を意図したものではなかった、と想定する。むしろその社会モデルは――ミークはそれをアダム・スミスの言う、鹿やビーバーの狩猟者たちの住む「初期未開」の社会と本質的に同様であるとみなしているのだが――「明らかに、きわめて複合的な分析装置の一部分」[二九]である。資本主義がそのような社会にいかにして浸透していくかを分析することによって、「マルクスは、……おそらく、資本主義的生産様式の真の本質を暴露しかかっているのだ、と考えた」[三〇]。ミークに従えばマルクスは、『資本論』第一巻において、前提としての前資本主義的モデル、[三一]つまり「単純な商品生産」[三二]システムから出発している。だが、第三巻でマルクスは、「その最も完全な意味において『資本主義的に変更される』にいたった商品関係および価値関係を取り扱っている。ここでの彼の『歴史的』出発点は、まったく十分に発展した資本主義制度」なのである。[三三]

しかしながらマルクスの価値分析は、ミークの解釈が示すよりもずっと歴史的に特殊なものである。マルクスは、商品と価値のカテゴリーを用いて、資本主義の核心を摑もうとしている。マルクスの経済学批判の枠組みからすれば、資本主義以前の段階における単純な商品流通という概念こそが、まがい物である。ハンス・ゲオルグ・バックハウスが指摘したように、この概念は、マルクスではなくエンゲルスに由来する。[三四]マルクスは価値法則について、それは商品所有者からなる資本主義以前の社会に妥当するとか、そうした社会に由来するという観念を明快かつ強固に否定している。ミークは、アダム・スミスが用いた価値法則と、マルクスが用いた価値法則を同一視してしまっている。だがマルクスは、まさに価値法則の妥当性を資本主義以前の社会に当てはめているという理由で、スミスを批判しているのである。

たしかにアダムは、商品の価値をそれに含まれている労働時間によって規定しはするが、そのあとでふたたびこの価値規定の現実性をアダム以前の時代へ移している。言い換えれば、彼にとって単純商品の立場では真実だと思われることが、単純商品に代わって、資本、賃労働、地代等々のいっそう高度で複雑な諸形態が現われてくるやいなや、彼にははっきりしなくなるのである。このことを彼はこう表現する、すなわち商品の価値がそれに含まれている労働時間によって測られたのは、人間がまだ資本家、賃労働者、土地所有者、借地農業者、

二七――Ronald Meek, *Studies in the Labour Theory of Value* (2d ed., New York and London, 1956), p. 303.（R・L・ミーク『経済学とイデオロギー――経済思想の発展にかんする研究』時永淑訳、法政大学出版局、一九六九年、一四五頁）

二八――この議論については、Rudolf Schlesinger, *Marx: His Time and Ours* (London, 1950), pp. 96-97 を参照。ジョージ・リヒトハイムもまた、同様の主張を行なっている。「原始的社会状態から導き出された労働‐生産費価値説を、もっと高度の段階に属する経済のモデルに適用したために、古典経済学派のひとびとは異なったレベルの抽象を混同する誤りを犯したと論ずることもできる」(George Lichtheim, *Marxism* [2d ed., New York and Washington, 1963], pp. 174-75 [G・リヒトハイム『マルクス主義――歴史的・批判的研究』奥山次良ほか訳、みすず書房、一九七四年、一四八頁])。この箇所でリヒトハイムは、「古典経済学派」とマルクスを区別していない。彼は『資本論』第一巻と第三巻の関係についての、さまざまな対立する解釈を綜合したり、それらの差異を克服したりすることなく、ひとまとめにして説明してしまっている。この箇所で彼は、『資本論』第一巻の価値法則は、前資本主義的なモデルに基づいていると示唆しているのだが、その数ページ後では、モーリス・ドッブに拠りながら、分析の水準を「理論上の『近似値』という実際的な条件」(p. 181 [一五三頁]) として説明している。

二九――Meek, *Studies in the Labour Theory of Value*, p. 303.（ミーク『経済学とイデオロギー――経済思想の発展にかんする研究』、一四六頁）

三〇――Ibid.（同右）

三一――Ibid., p. 305.（同右、一四八―四九頁）

三二――Ibid., p. xv.（第二版の序言からの引用であるため、邦訳なし）

三三――Ibid., p. 308.（同右、一五三頁）

三四――Hans Georg Backhaus, "Materialien zur Rekonstruktion der Marxschen Werttheorie," *Gesellschaft: Beiträge zur Marxschen Theorie* (Frankfurt), no. 1 (1974), p. 53.

高利貸等々としてではなく、ただ単純な商品生産者および商品交換者として相対していたにすぎなかった市民階級の失われた楽園においてである、と。[三五]

だがマルクスによれば、独立商品生産者によって構成される社会など、これまで存在したことがない。

本源的な生産は原生的な共同体〔urwüchsiges Gemeinwesen〕に基づいている。その共同体の内部では私的交換は、まったく外面的で、ことのついでに行なわれる例外としてしか現われない。しかし、このような共同体が歴史的に解体するとすぐに、支配・従属の諸関係、強制〔Gewaltsamkeit〕の諸関係が現われ、これもまた、穏和な商品流通およびそれに照応する諸関係と、はなはだしく矛盾している。[三六]

マルクスは、価値法則を引き出す仮説的構成としてもそのような社会を前提しはしなかったし、価値法則が純粋に作用する社会モデルを想定し、そのような社会を資本主義がいかにして「侵蝕する」のかを探究することによって資本主義を分析しようとしたのでもない。それどころかロバート・トレンズやアダム・スミスへの批判が明らかに示しているように、価値法則についてマルクスは、資本主義にのみ妥当すると考えている。

トレンズは、……A・スミスに立ち帰っているのであって、このスミスによれば、人々がまだ商品所持者や商品交換者としてのみ相対している「初期の段階には」、なるほど商品の価値はそれに含まれている労働時間によって規定されているが、しかし資本と土地所有とが形成されてしまえば、そうではなくなるのである。このことは、商品としての商品にあてはまる法則は、商品が資本または資本の生産物とみなされるようになれば、……その商品にはあてはまらない、ということにほかならない。他方では、生産物は、資本主義的生産の発展とともに、またその土台のうえに……、はじめて全面的に商品の姿態を受け取るのである。そうだとすれば、〔スミスが〕商品の法則が存在すると言っているのは、商品を産出しない（またはただ部分的にだけ産出する）生産のなかであることになり、生産物の商品としての存在をその基礎とする生産を土台にして存在するのではない、と言っていることになる。[三七]

それゆえマルクスによれば、商品形態と価値法則は、資本主義においてのみ十全に発達するのであり、資本主義的社会編制の根本的な規定である。それが他の社会にも当てはまると考えられるのなら、「ブルジョア社会の領有法則が真理性をもつ時期は、ブルジョア社会それ自体がまだ存在していなかった時代へと移しかえられなければなら［ない］」[三八]ことになってしまう。

マルクスにとって価値論とは、資本主義的社会編制の「領有法則の真実」を摑むものであり、他の社会に当てはまるものではない。したがって、『資本論』の最初で示される諸カテゴリーが、歴史的に特殊なものであることは明らかである。そして、それらのカテゴリーが、資本主義の基底をなす社会的諸形態を把握するものなのである。もちろん、こうした基礎的な諸カテゴリーの歴史的特殊性を全面的に論じるためには、それらが「資本、

三五―――Marx, *A Contribution to the Critique of Political Economy*, trans. S. W. Ryazanskaya (Moscow, 1970), p. 59 (translation amended).（『マルクス資本論草稿集③経済学著作・草稿一八五八―一八六一年』資本論草稿集翻訳委員会訳、大月書店、一九八四年、二五八頁）

三六―――Marx, "Fragment des Urtextes von *Zur Kritik der politischen Ökonomie*," in Marx, *Grundrisse der Kritik der politischen Ökonomie* (Berlin, 1953), p. 904.（『マルクス資本論草稿集③』、一一一頁）

三七―――Marx, *Theories of Surplus Value*, part 3, trans. Jack Cohen and S. W. Ryazanskaya (Moscow, 1971), p. 74 (translation amended, emphasis added).（『マルクス＝エンゲルス全集 第二六巻 第三分冊』大内兵衛・細川嘉六監訳、大月書店、一九七〇年、九〇頁、強調追加）

三八―――"Fragment des Urtextes", p. 904.（『マルクス資本論草稿集③』、一一一頁）

賃労働、地代等々のいっそう高度で複雑な諸形態」[三九]に当てはまらないように見える理由を考えるべきであろう。私は、この問題に取り組もうとしたマルクスの試みを、『資本論』第一巻における価値の探究と、第三巻における価格の探究――つまり、「いっそう高度で複雑な諸形態」の探究――との関係を分析することによって概説しようと思う。とはいえ本書でこの問題を十分に分析することはできないので、ここでは関連する諸論点について予備的に検討しておくのがよいだろう。

第一巻と第三巻の関係をめぐる論争は、一八九六年にオイゲン・フォン・ベーム＝バヴェルクによって口火が切られた。[四〇]ベーム＝バヴェルクの指摘によれば、第一巻でマルクスが価値に基づいて資本主義を分析する際に、「資本の有機的構成」（「可変資本」として表される生きた労働と、「不変資本」として表される客体化された労働との比率）はさまざまな生産部門において等しいと想定していた。しかしながらマルクス自身が後で認めているように、事実はそうでない。このことによってマルクスは第三巻で、価格が価値から逸脱することを認めざるを得なくなるのであるが、ベーム＝バヴェルクによれば、それは本来の労働価値説とは全く矛盾するものであり、その不十分さを示している。ベーム＝バヴェルクの批判以降、『資本論』における（価格への価値の）「転形問題」については、おびただしい議論がなされてきた。[四一]私の見解では、それらの多くが、マルクスが批判的経済学を書こうとしていたという想定にとらわれてきた。

ベーム＝バヴェルクの主張については、まず二つの点が確認されるべきである。第一に、ベーム＝バヴェルクの想定とは反対に、マルクスは『資本論』の第一巻を最初に完成させたのではないし、後になってはじめて、つまり第三巻を書いている間に、価格は価値から逸脱することを、したがって自身の出発点が覆されたことを認識したのではない。マルクスは、第三巻の草稿を一八六三年～六七年に書いていた。つまり、第一巻が出版される以前にである。[四二]

第二に、第二章で述べたように、マルクスは価格の価値からの逸脱に驚いたり困惑したりするどころか、早くも一八五九年の『経済学批判』において、商品の市場価格が交換価値から逸脱しているという理由からなされる労働価値説への批判については分析の後の段階で論じる、と書いているのである。[四三] 実際、マルクスはこうした逸脱について認識していたばかりか、それが資本主義の理解とその神秘化の中核をなすものであることを主張していた。彼はエンゲルスに以下のような手紙を書いている。「デューリング氏が価値規定にたいして出している控え目な異論についていえば、彼は第二巻では、価値規定がブルジョア社会では『直接には』ほとんどあてはまらない、ということを知って驚くだろう」[四四]。

転形問題についての多くの議論の問題点は、一般に、マルクスが市場の作用を説明する目的で価値法則を操作可能なものにしようとした、と想定しているところにある。しかしながら、マルクスの意図が異なっていたことは明らかである。[四五] 価値と価格の関係についてのマルクスの論じ方は、ドッブが解釈したような、資本主義の現実

三九——*A Contribution to the Critique of Political Economy*, p. 59.（『マルクス資本論草稿集③』、二五八頁）

四〇——Eugen von Böhm-Bawerk, "Karl Marx and the Close of His System" in Paul M. Sweezy, ed., *"Karl Marx and the Close of His System" by Eugen von Böhm-Bawerk, and "Böhm-Bawerk's Criticism of Marx" by Rudolf Hilferding* (New York, 1949).（E・v・ベーム＝バヴェルク「カール・マルクスとその体系の終結」：P・M・スウィージー編『論争・マルクス経済学』玉野井芳郎・石垣博美訳、法政大学出版局、一九六九年、二九—一四八頁）この論文は、*Zum Abschluss des Marxschen Systems* として、オットー・フォン・ボーエンニック（Otto von Boenigk）編集の *Staatswissenschaftliche Arbeiten* (Berlin, 1896) に初出のもの。

四一——この議論のスウィージーによる要約は次を参照せよ。*The Theory of Capitalist Development* (New York, 1969), pp. 109–30.（スウィージー『資本主義発展の理論』都留重人訳、新評論、一九六七年、一三三—五九頁）

四二——以下を参照。Engels's introduction to Volume 3 of *Capital*, p. 93.（『マルクス＝エンゲルス全集 第二五巻 第一分冊』大内兵衛・細川嘉六監訳、大月書店、一九六六年、七頁）同じく以下も参照。p. 278n27.（同右、二二四頁）

四三——*A Contribution to the Critique*, p. 62.（『マルクス資本論草稿集③』、二六二頁）

四四——Marx to Engels, January 8, 1868, in *Marx-Engels Werke* (hereafter *MEW*), Vol. 32 (Berlin, 1956–68), p. 12.（『マルクス＝エンゲルス全集第三二巻』大内兵衛・細川嘉六監訳、大月書店、一九七三年、一一頁）

四五——ヨゼフ・シュンペーターは、価格の価値からの逸脱に基づいてマルクスを批判することは、マルクスとリカードを混同することであると認めている。『経済分析の歴史』を参照。Joseph Schumpeter, *History of Economic Analysis* (New York, 1954), pp. 596–97.（J・

への「継起的な諸接近」の一つではない。[四六]むしろそれは、資本制社会の核心を構成するものとしての商品と資本の分析を説得的なものにするための、非常に複雑な議論上の戦略の一部なのであり、さらには価値のカテゴリーが経験的には資本主義に当てはまらないように思えてしまうという事実（これこそアダム・スミスが価値のカテゴリーを資本主義以前の社会に当てはめてしまった理由である）を説明するものなのである。『資本論』においてマルクスは、彼が資本主義的社会編制の根本的規定として前提としてきたもの（価値と資本）の妥当性と矛盾する（価格、利潤、地代のような）諸現象が、これらの規定の表現にほかならないことを示すことによって――言い換えれば、後者が前者の表現であり、かつまたその隠蔽であることを示すことによって――、この問題を解決しようとした。この意味においてマルクスは、価値のカテゴリーと価格のカテゴリーによってそれぞれ把握されるものの関係を、本質とその現象形態との関係として示している。資本制社会の一つの特異性――それこそがこの社会の分析を非常に難しくしているのだが――は、この社会には価値として客体化された本質があるのだが、それはその現象形態によって隠蔽されてしまう、ということである。

俗流経済学者というのは、現実の、日々の交換関係と価値量とが直接には同一ではありえないということに、少しも気がつかない者のことです。……俗流学者は、内的連関の暴露にたいして、現象面では事態が違うのではないかと言いつのって、大発見でもしたような気になるのです。これはじっさいには、仮象にしがみつき、これこそ究極のものである、と言いつのっているのと同じことなのです。[四七]

マルクスの分析において、価格によって表される社会的現実という水準は価値の現象形態を表しており、それは根底にある本質を隠蔽するのである。価値のカテゴリーは、資本主義の現実への粗雑な近似値でもなければ、資本主義以前の社会に妥当するカテゴリーでもない。そうではなく、価値のカテゴリーは資本主義的社会編制の

「内的連関」(inneren Zusammenhang) を表しているのである。

それゆえ『資本論』第一巻から第三巻にかけてのマルクスの説明の進展は、資本主義の「現実」へとアプローチする進展としてではなく、資本主義の表面的な現象の多様な諸形態へとアプローチするそれとして理解されるべきである。マルクスは、十全に発達した資本主義システムをこれから検討しようという宣言から第三巻を始めているわけではないし、資本主義の現実をより適切に把握するために新たな接近方法を導入すると主張しているのでもない。そうではなくマルクスは、「だから、われわれがこの第三部で展開するような資本のいろいろな姿は、社会の表面でいろいろな資本の相互作用としての競争のなかに現われ生産当事者自身の日常の意識に現われるときの資本の形態に、一歩ごとに近づいて行くのである」[四八]と宣言している。第一巻におけるマルクスの価値分析が資本主義の本質の分析であったのに対して、第三巻における価格の分析はそうした本質が「社会の表面」にどのようにして現れるのかを分析しているのである。

それゆえ価格の価値からの逸脱は、マルクスの分析に内在する論理的矛盾というよりも、マルクスの分析に不可欠なものとして理解されるべきである。すなわち彼の意図は価格理論を定式化することではなく、いかにして価値がそれを隠蔽するような現象の次元を呼び寄せてしまうかを示すことにあった。『資本論』第三巻でマルクスは、原価や利潤のような経験的なカテゴリーを、価値と剰余価値のカテゴリーから導き出しており、前者と後

A・シュンペーター『経済分析の歴史（中）』東畑精一・福岡正夫訳、岩波書店、二〇〇六年、四〇七―〇九頁）

四六――Dobb, *Political Economy and Capitalism* (London, 1940), p. 69.（M・ドッブ『政治経済学と資本主義』岡稔訳、岩波書店、一九五二年、六五頁）

四七――Marx to L. Kugelmann, July 11, 1868, in *MEW*, vol. 32, p. 553 (second emphasis added).（『マルクス＝エンゲルス全集 第三二巻』、四五五頁、二つ目の強調を追加）

四八――*Capital*, vol. 3, p. 117 (emphasis added).（『マルクス＝エンゲルス全集 第二五巻 第一分冊』、三四頁、強調追加）

者がいかに矛盾しているように見えるかを示している。例えば第一巻でマルクスは、剰余価値が労働によってのみつくり出されると主張していた。だが第三巻では、富の形態としての価値の特殊性と、価値を構成する労働の特殊性がどのようにして隠蔽されるのかを示しているのである。マルクスは、個別資本に生じる利潤は実際には個別資本が支配する労働によって生じる剰余価値と同一ではない、ということに注目するところから出発している。彼はこのことを、剰余価値とは社会全体に関わるカテゴリーであって、それは個別資本が社会的総資本に占める相対的割合に従って個別資本のあいだで分配される、と主張することによって説明しようとしている。だが、このことが意味しているのは、直接的な経験の次元における個別資本の利潤は、実際には労働（「可変資本」）にのみ依存するのではなく、既に存在している総資本にも依存する、ということである。[四九] それゆえ直接的な経験の次元においては、富と社会的媒体の形態としての価値の独特な性質――すなわち労働によってのみ構成されるということ――が、隠蔽されてしまう。

マルクスの議論には多数の次元がある。私が既に言及したのはその第一の次元であり、すなわち、マルクスが『資本論』第一巻で展開している商品、価値、資本、剰余価値のような諸カテゴリーは資本制社会の深層構造のカテゴリーである、ということだ。これら諸カテゴリーに基づいてマルクスは、資本制社会の根本的な性質とその「運動法則」、つまり資本主義における生産と社会的生活のあらゆる局面にわたる変容過程を解明しようとしている。マルクスは、こうした社会的現実のレベルは、価格や利潤のような「表面的な」経済のカテゴリーでは解明できないと主張する。彼はまた、資本主義の深層構造の諸カテゴリーを説明する際に、そうした構造的な諸カテゴリーに矛盾するような出来事が、実際には諸カテゴリーの現象形態であることを示している。このようにしてマルクスは、深層構造についての自身の分析を有効なものにすると同時に、いかにして社会編成の「運動法則」が直接的・経験的な現実の次元では見えなくなってしまうのかを示そうとしているのである。

価値の分析の次元で把握されたものと、価格の分析の次元で把握されたものとの関係は、さらに社会の深層にある諸構造と日常的行為や思考との相互構成についての（完成されなかった）[五〇]理論を構成していると理解することができる。この相互構成の過程は、深層の諸構造の現象形態によって媒介され、それが行為や思考の文脈を構成する。日常の行為や思考は、深層の諸構造の顕在的な諸形態に基づくものであるが、同時に行為や思考がそうした諸構造を再構成する。このような理論は、いかにして資本主義の「運動法則」が諸個人――彼らは法則の存在に気づいていなくとも――によって構成され、広がりゆくのかを説明しようとするものである。[五一]

こうした理論を練り上げるなかで、マルクスはまた、経済学の理論と日々の「日常的意識」は現象の次元に束縛されており、経済学の探究の対象は価値と資本の神秘化された現象形態であることを示そうとした。換言すれば、まさに第三巻においてマルクスは、スミスとリカードへの批判、すなわちより狭い意味での彼の経済学批判を完成させているのである。例えば、リカードは自身の経済学を以下のように始めている。

大地の生産物――つまり労働と機械と資本とを結合して使用することによって、地表からとり出されるすべての物は、社会の三階級の間で、すなわち土地の所有者と、その耕作に必要な資財つまり資本の所有者と、その勤労によって土地を耕作する労働者との間で分けられる。

四九――Ibid., pp. 157-59.（同右、八一―八四頁）

五〇――『資本論』第二巻と第三巻は［完成せず］、エンゲルスが草稿を編集して出版した。

五一――この意味においてマルクスの理論は、ピエール・ブルデューが概説したような実践の理論に似ている（Pierre Bourdieu, *Outline of a Theory of Practice*, trans. Richard Nice [Cambridge, 1977]）。ブルデューは、「客観的構造と認知・動機づけの構造の弁証法的関係――前者が後者を生産し、後者が前者を再生産しようとする――」（p. 83）に取り組み、「行為主体が気づいていない規則によって客観的に支配されている実践について、服従の意図がないままに服従が生産されるメカニズム、という問題を隠蔽せずに説明」（p. 29）しようとした。社会・歴史的認識論と「客観的構造」の現象形態の分析を手段としてこのような関係を媒介しようとする試みは、ブルデューのアプローチと共鳴するものではあるが、同一のものではない。

だが、社会の異なる段階においては、大地の全生産物のうち、地代・利潤・賃金という名称でこの三階級のそれぞれに割りあてられる割合は、きわめて大きく異なるであろう。……

この分配を規定する諸法則を確定することが経済学における主要問題である。[五二]

リカードはその出発点において、分配を一面的に強調し、富と価値を暗黙のうちに同一視しており、富と労働の超歴史的な本質を前提にしている。マルクスは『資本論』第三巻で、この前提を説明するために、資本主義において、社会的かつ歴史的に特殊な、社会的諸関係の構造化する諸形態がいかにして自然化され、超歴史的な形態で表面に現れるのかを示している。したがって、既に述べたようにマルクスは、資本主義における労働の歴史的に特異な社会的役割が、以下のような事実によって覆い隠されると論じる。すなわちそれは、個別資本によって獲得された利潤が労働にのみ依存しているのではなく、既にある総資本(換言すれば、多様な「生産の諸要素」)に依存するという事実によってである。さらにマルクスによれば、労働によってのみつくり出されるその価値は、賃金形態によって隠される。つまり賃金は、労働力の価値に対する報酬であるよりも、労働の価値に対する報酬であるように見えるのである。このことによって、労働がつくり出す価値の量と、労働力の価値との差である剰余価値のカテゴリーは不透明なものとなる。その結果として、ついに利潤は労働によって生じるものではないように見えるに至る。そこからマルクスは、いかにして資本が利子の形態において自己増殖的で労働から独立しているように見えるのかを示す。そして最後に、剰余価値が地主に分配される際の収入形態である地代がいかにして土地と内的に結びついているように見えるかを示す。言い換えれば、経済学の理論が依拠している経験的な諸カテゴリー——利潤、賃金、利子、地代など——は、価値と商品生産労働の現象形態であり、そうした現象形態は自身が表しているものの歴史的・社会的な特殊性を正しく伝えないのである。マルクスは、第一巻における資本主義の物象化された「本質」の検討から始まり、より神秘化された現象の次元へと進む長く複雑な分析の後に、第三巻の終わりで、彼が「三位一体的定式」と呼ぶものを検討することによって、その分析を要約している。

資本‐利潤、またはより適切には資本‐利子、土地‐地代、労働‐労賃では、すなわち価値および富一般の諸成分とその諸源泉の関係としてのこの経済的三位一体では、資本主義的生産様式の神秘化、社会的諸関係の物化、物質的生産諸関係とその歴史的社会的規定性との直接的合生が完成されている。[五三]

したがってマルクスの批判は、リカードの出発点を導出するところで終わっている。マルクスの内在的なアプローチに一貫しているのは、彼がリカードのような理論を批判する際に用いる手段は、もはや論駁という形態をとらないということである。そうではなくマルクスは、そうした理論を自らの分析カテゴリーの観点から説得的なものとすることによって、自身の理論に組み込んでしまう。言い換えれば彼は、スミスやリカードが用いる労働、社会、自然についての根本的な諸前提を、そうした諸前提の超歴史的な性格を説明することで、自身の諸カテゴリーに基礎づけるのである。さらにマルクスは、そうした理論の個々の議論が歴史的に特殊な深層構造の、まぎらわしい現れである「与件」に基づいていることを示す。彼は、資本制社会の「本質」から「表面」へと分析を進めることで、自身のカテゴリーによる分析が資本制社会の問題とそのリカードによる定式化の両方をいかにして説明できるのかを示そうとしているのであり、そのことによって、社会的全体性の本質を把握する試みとして後者は不十分であることを示している。マルクスは、リカード理論の基礎となっているものを現象形態とし

五二――Ricardo, *Principles of Political Economy and Taxation*, ed. P. Sraffa and M. Dobb (Cambridge, England, 1951), p. 5.（D・リカードウ『経済学および課税の原理（上）』羽鳥卓也・吉澤芳樹訳、岩波書店、一九八七年、一一頁）

五三――*Capital*, vol. 3, pp. 968–69.（『マルクス＝エンゲルス全集 第二五巻 第二分冊』、一〇六三頁）

て解明することで、リカード経済学に対する適切な批判を与えようとしているのだ。

それゆえマルクスに従えば、価値法則の妥当性を資本主義以前の社会モデルに当てはめようとするスミスやトレンズのような経済学者たちの傾向は、単なる誤った思考の帰結なのではない。そうではなく、そうした傾向は資本主義的社会編制の特異性に基づいているのである。すなわち、資本主義的社会編制の本質は「資本、賃労働、地代等々のいっそう高度で複雑な諸形態」には当てはまらないように見える。現象の次元を理論的に突破できず、現象と資本主義的社会編制の歴史的に特殊な社会的本質との関係を規定できないために、「経済学者たちは」価値を他の社会に超歴史的に当てはめたり、ただ「誤った見せかけ」の観点からのみなされるような資本主義分析に陥ったりするのである。

再帰的かつ歴史的に特殊なアプローチを用いた帰結として、歴史的に規定されたものを超歴史的にとらえる理論を批判することが、マルクスの探究の中心となった。マルクスは、資本主義システムの歴史的に特殊な核心を発見したと主張したために、その歴史的規定性が見えづらい理由を説明しなければならなかった。これから見ていくように、マルクスのこうした認識論的な批判の次元の中心には、資本主義に特有な社会的諸構造は、「物神的」形態として現れる――つまり、社会的諸構造は「客観的」で超歴史的であるように見える――という主張がある。マルクスは、彼の分析する歴史的に特殊な諸構造が、現象形態としては超歴史的なものとして現れるということを示し、さらにそうした現象形態が、さまざまな理論――特にヘーゲルやリカードの理論――の対象として扱われていることを示す。そのことによって、これらの理論をその文脈（資本制社会）の中心にある規定的な社会的諸形態を表現してはいるが十分には理解していない思考形態として、社会的かつ歴史的な観点から説明し批判することに成功しているのである。マルクスの内在的な社会的批判は歴史的に特殊な性格を持っているが、そのことが示すのは、「虚偽」とは一時的には妥当な思考形態であるということだ。それは自己再帰性を欠き、自らの特殊な歴史的背景を認識できないものであるがゆえに、自らを「真実」であると、つまり超歴史的な妥当性を持っていると思いなすのである。

『資本論』全三巻で展開されているマルクスの主張は、ある次元において彼が描く唯一の十全たる批判的唯物論の方法を示しているものとして理解されなければならない。「じっさい、分析によって宗教的な幻像の現世的な核心を見いだすことは、それとは反対にそのつどの現実の生活関係からその天国化された諸形態を説明することよりも、ずっと容易なのである。あとのほうが、唯一の唯物論的な、したがって科学的な方法である」[五四]。マルクスの叙述方法における重要な点は、彼が価値と資本から――つまり、「現実の生活関係」のカテゴリーから――経済学者や社会的行為者によって「天国化された」表面上の現象形態（原価、利潤、賃金、利子、地代など）を説明していることである。そのことによって彼は、表面上の諸形態を説明しながら、深層構造についての自らのカテゴリーを説得的なものにしようとしている。

マルクスは、彼が資本主義の本質を分析するために用いた諸カテゴリーの説明から、その諸カテゴリーと矛盾するように見える現象を論理的に導き出すことによって、さらには他の諸理論（とほとんどの社会的行為者が直接的に持つ意識）が、資本主義の本質の神秘化された現象形態に拘束されていることを示すことによって、自身の批判的分析の厳密さと威力をはっきりと示している。

歴史的特殊性と内在的批判

してみれば諸カテゴリーの歴史的特殊性は後期マルクスの理論の中心をなしており、彼の初期著作との非常に重要な差異を印づけているのである[五五]。このような歴史的規定性への「理論的」転換は、マルクスの批判理論の本

五四――*Capital*, vol.1, p. 494n4.（『マルクス＝エンゲルス全集 第二三巻 第一分冊』、四八七頁の注八九）

五五――本書において、マルクスの初期の作品群と後期のそれとの相違については、幅広くは論じない。しかしながら、後期マルクスの

質にとって幅広い含意――すなわち後期マルクスの批判の出発点に固有の含意――を有している。『要綱』の英語版の序文において、その訳者であるマーティン・ニコラウスはこの転換について注意を促して、次のように論じている。すなわち、マルクスによる『要綱』の序説は誤った出発点であることが明らかになった。というのも、そこで使用されている諸カテゴリーは、ヘーゲル的なカテゴリーが唯物論的な語彙に直接的に翻訳されたものにすぎないからである。例えば、ヘーゲルが自身の『大論理学』を純粋で無規定な「存在」とともに開始し、そこから直ちにその反対である「無」を導き出すのに対応して、マルクスは当該序説を「物質的生産」（一般）から始め、そこからその反対である「消費」を直ちに導き出している。当該序説のなかでマルクスは、この出発点に関する自身の不満を示しており、［『要綱』の］草稿を書き上げた後に、（末尾に付け加えて）「価値」と題された節を改めて書き始める。マルクスはそのようにして異なる出発点から始める。それは彼が『経済学批判』や『資本論』でも引き続き採用した、商品という出発点である。[五六]『要綱』を執筆する間にマルクスは、自身の議論の様式を構造化する要素を発見した。これが、『資本論』において彼が資本主義的編制の諸カテゴリーを展開する際の出発点となる。マルクスは超歴史的な出発点から、歴史的に規定された出発点へと移動する。マルクスの分析において「商品」というカテゴリーは、単に対象を指すのではなく、社会的諸関係の歴史的に特殊な「客観的」形態を、つまり、社会的相互依存の根源的に新しい形態を構成する社会的実践を構造化しかつ構造化される形態を指す。この形態は、使用価値と価値、具体的労働と抽象的労働という、社会システムの核心に位置するとされる歴史的に特殊な二重性によって特徴づけられる。マルクスはこの二重の形態、つまり非同一的な統一体としての商品というカテゴリーから始め、そこから全体性としての資本制社会を支配する構造や、その構造の歴史的発展の内在的論理、そしてまた資本制社会の基底をなしている構造を包み隠す直接的な社会的経験の諸要素を展開しようとする。換言すれば、マルクスの経済学批判の枠組みのなかで商品は、資本の核心にある本質的なカテゴリーであり、彼はこれを資本の性質とその内在的な動態性を描き出すために展開するのである。

この歴史的特殊性への転回によってマルクスは、自身の初期の、社会的な矛盾についての超歴史的な諸概念と内在的な歴史の論理の存在とを歴史化する。マルクスはいまや資本主義に特殊なものとしてそれらをとらえ、商品や資本といった資本主義の基本的な社会的諸形態を特徴づける物質的・社会的諸契機の「不安定な」二重性の根底にそれらを据える。『資本論』についての分析のなかで私は、マルクスによってこの二重性がどのように外部化され、特異な歴史の弁証法を生起させるのかを示す。マルクスは探究の対象を、歴史的に特殊な矛盾という観点から描き出し、かかる弁証法を資本主義的社会編制の基底をなす特異な社会的諸形態（労働、商品、生産過程など）に根拠づける。そのことによってマルクスは、いまや人類史の内在的論理という観念や超歴史的弁証法のあらゆる形態を、それが自然を含むものであれ歴史に限定されるものであれ、暗黙のうちに排除するのである。後期マルクスの諸著作における歴史の弁証法は、主体、労働、自然の相互作用や、《主体》の「労働」の物質的客体化が、主体自身に再帰的に作用することによって生じるのではない。むしろそれは、資本主義的な社会的諸形態の矛盾をはらむ性格に根差している。

超歴史的な弁証法は、存在そのもの（エンゲルス）、あるいは社会的存在（ルカーチ）に存在論的に根拠づけられなければならない。しかしながら、マルクスの歴史的に特殊な分析に照らすならば、現実もしくは社会的諸関係一般が本質的に矛盾を含んでおり弁証法的であるという観念は、説明も根拠づけもできないものであること

経済学批判について論じることで私が提起したいのは、マルクスの初期の作品群において明示された諸テーマや諸概念（疎外批判や、人間活動のありうべき諸形態——それは仕事、遊び、余暇という狭い観点から定義されるものではない——に対する関心、男女両性の関係というテーマなど）は、暗示的にとはいえ、後の諸著作においても中心的な位置にあり続けている、ということである。とはいえ疎外の概念に言及しながらこれから論じるように、これらの概念のうちのいくつかは、資本主義における労働の特殊性についての分析に基づく歴史的に特殊な社会批判をマルクスが明確に発展させたときにはじめて、十分に練り上げられ——そして修正され——たのである。

五六——Martin Nicolaus, Introduction, in *Grundrisse*, pp. 35-37.

が露呈する。それは形而上学的に仮定されうるにすぎない。[五七]別言すれば、資本主義の原理的な社会構造の特異性という観点から歴史の弁証法を分析することによって、マルクスはかかる弁証法を歴史哲学の領域から取り去り、歴史的に特殊な社会理論の枠組みの内部に位置づけるのである。

超歴史的な出発点から歴史的に特殊なそれへと移動することは、諸カテゴリーのみならず理論形態そのものも歴史的に特殊である、ということを意味する。もしマルクスが、思想は社会に埋め込まれていると前提しているとするならば、資本制社会――彼自身の社会的文脈でもある――における諸カテゴリーの歴史的特殊性についての分析へと転回したことで、マルクスは自身の理論の歴史的特殊性についても思考を向けざるを得なくなる。探究の対象の歴史的相対化はまた、理論自体に再帰するものなのである。

このことが含意するのは、自己再帰的な、新しい社会批判が必要であるということだ。その立脚点は、超歴史的にあるいは超越論的に位置づけることのできないものである。そのような概念的枠組みにおいては、すべての理論――マルクスの理論を含む――は、絶対的・超歴史的妥当性を持たない。また理論それ自体の形態が、外在的ないし特権的な理論的立場など存在しないということと、無自覚的に背馳してはならない。こうした理由からマルクスは、資本制社会に対する批判の提示を厳密に内在的な仕方で構築することを、言うなればその社会自身の言葉で資本制社会を分析することを余儀なくされるのである。かかる批判の立場は、その社会的対象に内在する。つまりそれは、資本制社会の矛盾をはらむ性格に基礎づけられるのであり、かかる性格は資本制社会が歴史的に否定される可能性を示しているのである。

かくして『資本論』におけるマルクスの議論の様式は、批判的分析の形態を開拓する試みとして理解されるべきである。それはその探究の対象――すなわちその探究自体のコンテクスト――の歴史的特殊性と一致するだけでなく、その概念の歴史的特殊性とも再帰的に一致する。われわれがこれから見ていくように、マルクスは商品というただ一つの構造原理から出発し、そこから貨幣と資本というカテゴリーを弁証法的に展開することによって、資本主義文明の社会的全体性を再構築しようとする。かかる議論の様式は、マルクスの新しい自己理解という観点から見るならば、それ自体がここで探究されている社会的諸形態の特異性を表現している。例えば、資本主義の特異な性質は、単一の構造原理から展開されうる均質な全体性として資本主義が存在することであるということを、そのような方法それ自体が表現している。叙述の弁証法的特徴は、社会的諸形態が弁証法を基礎づけるような独特の仕方で構成されていることを表現していることになる。換言すれば『資本論』は、その探究の対象から独立した論理形態を持つことのない議論を構築する試みである。というのも、その対象は議論それ自体のコンテクストであるからだ。マルクスは、この議論の方法を次のように描いている。

もちろん、叙述の仕方は、形式上、研究の仕方とは区別されなければならない。研究は、素材を細部にわたってわがものとし、素材のいろいろな発展形態を分析し、これらの発展形態の内的な紐帯を探りださなければならない。この仕事をすっかりすませてから、はじめて現実の運動をそれに応じて叙述することができるのである。これがうまくいって、素材の生命が観念的に反映することになれば、まるで先験的な〔a priori〕構成がなされているかのように見えるのかもしれないのである。[五八]

「先験的な〔a priori〕構成」として現出するのは、議論自体の歴史的特殊性に妥当するように意図された議論の様式である。とすればマルクスの議論の性質は、論理的演繹のそれであるとされてはならない。つまり、かか

五七——以下を参照。M. Postone and H. Reinicke, "On Nicolaus," *Telos* 22 (Winter 1974-75), pp. 135-36.
五八——Marx, "Preface to the Second Edition," *Capital*, vol. 1, p. 102.（マルクス『マルクス＝エンゲルス全集 第二三巻 第一分冊』、二二頁）

る議論は、そこからほかのすべてが得られるような、絶対確実な第一原理から始まるわけではないのである。というのも、そのような手続きの形態こそが、超歴史的な立場を含意しているからである。むしろマルクスの議論は、非常に特異な、再帰的な形態を有している。その議論の出発点――すなわち社会編成を構造化する根源的な核心として措定される商品――の妥当性は、商品が展開される議論によって遡及的に証明される。すなわち、それが資本主義の発展的傾向を説明する能力、そしてそれが最初の諸カテゴリーの有効性と一見矛盾する現象について説明する能力によって証明されるのである。つまり、商品のカテゴリーは資本のカテゴリーを前提としており、商品がその出発点の役割を果たしている資本主義分析の厳密さと力によって、その妥当性が証明されるのである。マルクスは、この手順を以下のように簡潔に描く。

もし私の本に「価値」にかんする章が一章もないとしても、私がやってみせた現実の諸関係の分析が、現実の価値諸関係の証明と実証を含むことになる。価値概念を証明する必要がある、などというおしゃべりができるのは、問題とされている事柄についても、また科学の方法についても、これ以上はないほど完全に無知だからにほかなりません。……価値法則がどのように貫徹されていくかを、逐一明らかにすることこそ、科学なのです。だから最初から、この法則に矛盾するように見える諸現象を「説明」しようとすれば、科学以前の科学を持ち出さなければならないことになるでしょう。[五九]

これに照らせば、価値および資本制社会の性質と歴史性についてマルクスが実際に行なった議論は、『資本論』における諸カテゴリーの全展開をまって理解されるべきである。したがって、価値の存在を導き出している『資本論』第一章の明示的な議論は、価値という概念の「証明」として意図されたわけではないし、そのようなものとして理解されるべきでもない。[六〇] むしろかかる議論をマルクスは、この社会――その基底的な社会的諸形態がまさにいま批判的に分析されている――に特徴的な思想の形態として提示しているのである。次の節で検討するように、かかる議論――例えば「抽象的労働」の最初の規定――は超歴史的であり、既に神秘化された形態において提示されている。同じことは、議論の形態にも当てはまる。それはデカルトに代表される思考様式を表しているが、脱文脈化された論理的に演繹的な流儀で進行し、変転する現象世界の背後に「真の本質」を発見するのである。[六一] 言い換えれば、私がここで提示しようとしているのは、価値を演繹するマルクスの議論は、資本制社会に特徴的な思考の諸形態（例えば、近代哲学や経済学の伝統）についてのメタレベルの絶えざる注解の一部として読まれるべきである、ということだ。その「注解」は、彼の議論における諸カテゴリーの展開に内在しており、そうであることによって、これらの思考形態をその文脈である社会の社会的諸形態へと暗示的に結びつけている。マルクスの議論の様式がその対象に内在するように意図されているために、諸カテゴリーは「それ自体の視点から」――この場合は脱文脈化されたものとして――提示される。つまり分析は、その文脈の外部の観点を取ると称するものではない。批判が十全たるものとして現出するのは、それが提示される過程それ自体においてのみである。その過程は、探究の対象を基礎的に構造化している社会的諸形態を展開していくなかで、対象の歴史性を示すのである。

五九――Marx to L. Kugelmann, July 11, 1868, in *MEW*, vol. 32, p. 552-53.（『マルクス＝エンゲルス全集第三二巻』、四五四頁）

六〇――マルクスは『資本論』第一章において、さまざまな商品は非物質的要素を共通して持っていなければならないと論じることによって、価値を「演繹」する。彼の演繹のやり方は、脱文脈的かつ本質主義的なものである。価値は、すべての商品に共通する実体（ここでの「実体」とは、伝統的な哲学で用いられる意味でのそれである）の表現として演繹されるのである。*Capital*, vol. 1, pp. 126-28（『マルクス＝エンゲルス全集 第二三巻 第一分冊』、四八―五一頁）を参照せよ。

六一――ジョン・パトリック・マリーは、マルクスが価値を導き出した議論の構造と、デカルトが「第二省察」において、変化する蜜蠟の外見の基礎に横たわる実体として、抽象的な第一性質の事項を導き出した構造との類似性を指摘している。またマリーは、この類似性を、マルクスによる暗示的な議論の表れとみなしている。以下を参照せよ。John Patrick Murray, "Enlightenment Roots of Habermas' Critique of Marx", *The Modern Schoolman*, 57, no. 1 (November 1979), p. 13ff.

そのような議論の欠点は、マルクスの再帰的・内在的なアプローチが誤解されやすいということである。もし『資本論』が何かしら内在的な批判ではないものとして読まれるならば、マルクスが批判を試みようとするもの(例えば、社会を構成するものとしての労働の、歴史的に規定された機能)を肯定していると解釈する読解が生じてしまうのである。

つまり、この弁証法的な議論の様式は、その対象に対してふさわしく、その対象の表現であるように意図されている。内在的な批判であるマルクスの分析は、それがその対象を弁証法的なものとして示すがゆえに、自らを弁証法的であると主張する。対象に対する概念の適合性をこのように考えるならば、超歴史的な歴史の弁証法も、個別的な諸問題に対して普遍的有効性を持つ方法としての弁証法という観念も、存立の余地がないということになる。実際、『資本論』はわれわれが検討してきたように、脱文脈化された非再帰的な方法の概念化——弁証法的なもの(ヘーゲル)であれ、弁証法的でないもの(古典派経済学)であれ——に対する批判を与える試みである。

マルクスは歴史的特殊性へと転回することによって、弁証法的批判によって表現される批判的意識の特徴をも変化させる。弁証法的批判の出発点は、その帰結を前提としている。先述したように、ヘーゲルにおいては弁証法的過程の始まりである《存在》は《絶対者》であり、展開されることによって、自身の発展の帰結となる。結果として、理論が自らの立脚点を自覚するときに得られる批判的意識は、必然的に絶対知であらざるを得ない。[六二] マルクスの批判の出発点としての商品もまた、全体の完全な展開を前提としている。しかしその歴史的な規定性は、展開する全体性の有限性を含意する。対象つまり資本主義の本質的な社会的諸形態の歴史性を示すことは、それを把握する批判的意識の歴史性を示すことである。つまり、もし資本主義が歴史的に超克されるとすれば、その弁証法的批判の否定もまたもたらされるのである。それゆえ資本主義を構造化する基礎的な社会的諸形態の、歴史的特殊性への転回は、マルクスの理論の自己再帰的な歴史的特殊性を意味する。したがって、かかる転回は絶対知への要求の最後の遺物から内在的な批判を解き放ち、その批判的な自己再帰を可能にするのである。

マルクスは、自身の属する社会の矛盾をはらむ性格を詳らかにすることによって、認識論的に一貫した批判を発展させ、最終的に、フォイエルバッハに関する第三テーゼで彼が概説した唯物論の初期形態におけるジレンマを乗り越える。[六三] 社会に対して批判的であり、人間とその意識の様態は社会的に形成されると想定するような理論は、その理論自身がなぜ存在しうるのかということ自体を説明できなければならない。マルクスの批判は、この可能性をその批判が用いる諸カテゴリーの、矛盾をはらんだ性格に根拠づける。諸カテゴリーは、マルクスの批判が属する社会の本質的な連関構造を表現すると同時に、社会的存在と意識の諸形態を把握するものとされる。それゆえその批判は、また別の意味でも内在的である。すなわち、自身の文脈の非統一的な性格を示すことで、かかる批判は分析対象に内在する可能性として自らを説明しうるようになるのである。

マルクスの経済学批判の最も強力な側面の一つは、自らを超歴史的に有効な実証科学としてではなく、それが検証する対象の歴史的に規定された一側面として位置づける手法にある。すなわちそれは、それが分析する社会的諸形態と意識の諸形態との相互作用の上に立ち、歴史における唯一の（つまり、偽の）例外を構成する手法ではない。かかる批判が、その対象の外部にある視点を採用することはなく、それゆえ自己再帰的であり、認識論的に一貫しているのである。

六二 ―― *Knowledge and Human Interests* (trans. Jeremy Shapiro [Boston, 1971])（J・ハーバーマス『認識と関心』奥山次良ほか訳、未來社、一九八一年）においてハーバーマスは、ヘーゲルが批判的意識と絶対知を同一視したことについて、批判的な自己再帰の土台を無効化するものとして批判する。ハーバーマスは、ヘーゲルにおけるかかる同一化の理由を、ヘーゲルが主観と自然を含む客観との絶対的同一化を前提としていたことに求めている。しかしながらハーバーマスは、さらに進んで、自然が排除されているとしても、超歴史的な弁証法はそれがどのようなものであれ、認識論的な自己再帰に対して否定的影響を及ぼすと考えることはない。p. 19ff（二七頁以下）を参照せよ。

六三 ―― Marx, "Theses on Feuerbach," in Karl Marx and Frederick Engels, *Collected Works*, vol. 5: *Marx and Engels: 1845-47* (New York, 1976), p. 4.（『マルクス＝エンゲルス全集 第三巻』大内兵衛・細川嘉六監訳、大月書店、一九六三年、三―四頁）

3 抽象的労働

資本主義における労働の歴史的に特異な性格についての分析こそが、マルクスの批判理論の中核に存するものだという私の主張は、本書で提示される解釈の中心をなすものである。私が既に示したのは、マルクスの批判は二重の社会的形態としての商品を考察するところから始まるということ、そして彼は、資本制社会の根本的構造をなす社会的形態の二重性を商品生産労働の二重の性格において根拠づける、ということであった。いまやかかる二重の性格、とりわけマルクスが「抽象的労働」と呼ぶものの次元が分析されねばならないのである。

マルクスは、使用価値を生み出す具体的な有用労働と、価値を構成する抽象的人間労働との間に区別を設けるが、これによって彼が言っているのは、二つの異なる種類の労働ではなく、商品に規定される社会における同じ労働の二つの側面である。すなわち、「以上の叙述から次のような結論が生じる。商品のうちに二つの異なる種類の労働が含まれているのではないが、しかし、同一の労働が、その生産物としての商品の使用価値に関係させられるか・あるいはその単に対象的な表現としての商品価値に関連させられるかによって、異なって・しかも対立的にさえ・規定されている」[六四]。しかしながら、商品生産労働のこの二重の性格を論じる際の、マルクスの内在的な表現方法のために、彼が資本主義の批判的分析のためにこの区別に明示的に帰している重要性を理解することが困難になっている。さらには『資本論』第一章において彼が与える抽象的人間労働の諸定義は、非常に問題含みである。というのも、それらの定義が、抽象的人間労働は生物学的な残留物である、それは人間の生理学的エネルギーの支出であると解釈されるべきである、と指摘しているように思われるからだ。例えば、マルクスは次のように述べている。

すべての労働は、一面では、生理学的意味での人間の労働力の支出であって、この同等な人間労働または抽象的人間労働という属性においてそれは商品価値を形成するのである。すべての労働は、他面では、特殊な、目的を規定された形態での人間の労働力の支出であって、この具体的有用労働という属性においてそれは使用価値を生産するのである。[六五]

生産活動の規定性、したがってまた労働の有用的性格を無視するとすれば、労働に残るものは、それが人間の労働力の支出であるということである。裁縫と織布とは、質的に違った生産活動であるとはいえ、両方とも人間の脳や筋肉や神経や手などの生産的支出であり、この意味で両方とも人間労働である。それらは、ただ、人間の労働力を支出するための二つの違った形態でしかない。[六六]

だが同時にマルクスは、われわれが取り扱っているのは社会的なカテゴリーであることを明確に述べている。彼は抽象的人間労働に言及するのだが、それは商品の価値の次元を「すべての商品に共通な社会的実体[六七]」として構成する。したがって、使用価値としての商品は物質的であるものの、価値としての商品は純粋に社会的な物なのである。

六四――Marx, *Das Kapital*, vol. 1 (1st ed. 1867), in Iring Fetscher, ed., *Marx-Engels Studienausgabe*, vol. 2 (Frankfurt, 1966), p. 224.（K・マルクス『資本論――初版第一章および価値形態』宮川實訳、青木書店、一九四八年、三一頁）
六五――*Capital*, vol. 1, p. 137.（『マルクス＝エンゲルス全集　第二三巻　第一分冊』、六三頁）
六六――Ibid., pp. 134-35.（同右、五九―六〇頁）
六七――Ibid., p. 128.（emphasis added）（同右、五二頁、強調追加）

商品体の感覚的に粗雑な対象性とは正反対に、商品の価値対象性には一分子も自然素材ははいっていない。……とはいえ、諸商品は、ただそれらが人間労働という同じ社会的な単位の諸表現であるかぎりでのみ価値対象性をもっているのだということを思い出すならば、商品の価値対象性は純粋に社会的である。[六八]

さらには既に引用した次の一節が示すように、マルクスは、この社会的カテゴリーは歴史的に規定されたものとして理解されるべきである、ということを明確に強調している。「労働生産物の価値形態は、ブルジョア的生産様式の最も抽象的なしかしまた最も一般的な形態であって、これによってこの生産様式は、社会的生産の特殊な一種類として、したがってまた同時に歴史的に、特徴づけられているのである[六九]」。

抽象的人間労働のカテゴリーが社会的規定であるのならば、それは生理学的カテゴリーではあり得ない。さらに、本書第一章での『要綱』についての私の解釈が示したように、またここでの一節が確言しているように、価値［のカテゴリー］が歴史的に特定の社会的な富の形態として理解されるべきであるということは、マルクスの分析にとって最も重要な事柄である。そのような次第で、価値の「社会的実体」はすべての社会編制における人間労働に共通な超歴史的、自然的残留物ではあり得ないのである。イサーク・I・ルービンは次のように論じている。

次のふたつのうちのどちらかである。抽象的労働が生理学的意味での人間エネルギーの支出を表すものであれば、価値もまた物的・素材的性格をもつ。あるいは、価値は社会的現象である、そして、この場合には抽象的労働も同じく、生産の一定の社会的形態と結びついた社会的現象として理解されなければならない。抽象的労働の生理学的理解を、この労働が形成する価値の歴史的性格と和解させることもまた不可能である。[七〇]

それゆえ問題は、マルクスの与えた抽象的人間労働の生理学的定義を超えて、その根底にある社会的および歴史的意義を分析することである。さらに分析が適切であるためには、抽象的人間労働は社会的性格を有するということを示すだけでは不十分である。歴史的に特殊な社会的諸関係がなぜ出現し、なぜマルクスはそれを生理学的なものとして――超歴史的、自然的、したがって歴史的には無内容なものとして――提示するのかを説明するために、価値の基底をなすそうした社会的諸関係を探究することをもなさなければならないのである。換言すれば、こうしたアプローチは、抽象的人間労働のカテゴリーを、マルクスの分析における「商品の物神性」――資本制における社会的諸関係は物同士のあいだの関係として現れ、したがって超歴史的なものに見えるという分析――の基底をなす、最初にして主要な規定として考究するものであるだろう。そのような分析はマルクスにとって、カテゴリー的な現象形態である交換価値や、そのより明白な水準での現れである価格と利潤だけでなく、「価値」や「抽象的人間労働」といった資本制社会の編制の「本質」をなす諸カテゴリーですら物象化されている、ということを示すであろう。このことは、次のことを明らかに示すがゆえに、この上なく重要である。すなわち、さまざまなカテゴリー的現象形態の基底をなす本質的諸形態を分析する際にマルクスが用いる諸カテゴリーは、超歴史的に妥当する存在論的なカテゴリーとして意図されたものではなく、それ自身歴史的に特殊なものである社会的諸形態を把握することを趣旨としたカテゴリーである。だが、これらの社会的諸形態は、その特異な性格ゆえに、存在論的なものとして現れる。したがってわれわれの直面する課題は、本質的なカテゴリーとしての抽象的人間労働の「背後」にある、歴史的に特殊な社会的現実を露わにすることである。よってわれわれは、

六八――Ibid., pp. 138-39.（translation amended）（同右、六四頁）

六九――Ibid., p. 174n34（translation amended）.（同右、一〇八―〇九頁の注三二）

七〇――Isaak Illich Rubin, *Essays on Marx's Theory of Value*, trans. Milos Samardzija and Fredy Perlman（Detroit, 1972）, p. 135.（I・I・ルービン『マルクス価値論概説』竹永進訳、法政大学出版局、一九九三年、一二六頁）

この特殊な現実が独特の形態で存在する理由を、つまりそれが存在論的に基礎づけられ、したがって歴史的に特殊なものではないものとして現れるのはなぜなのかを説明しなければならない。

マルクスの批判を理解するに際しての抽象的労働のカテゴリーの重要性は、ルーチョ・コレッティによっても、論考「ベルンシュタインと第二インターナショナルのマルクス主義」において論じられている。[七一] コレッティの主張によれば、現代の諸状況は第二インターの理論家たちによって最初に展開された労働価値説の解釈が不適切であることを露呈させた。コレッティによれば、その解釈は依然として流布している。それはマルクスの価値論をリカードのそれに還元し、経済的領域を狭く理解することになる。[七二] ルービンと同じくコレッティは、マルクスの価値論は、彼の物神崇拝論と同一であるということがほとんど理解されてこなかった、と主張する。説明されねばならないのは、なぜ労働の生産物が商品という形態をとり、人間の労働が物の価値として現れるのか、ということである。[七三] 抽象的労働のカテゴリーは、その説明において中心的なものであるのだが、しかしコレッティによれば、ほとんどのマルクス主義者――カール・カウツキー、ローザ・ルクセンブルク、ルドルフ・ヒルファディング、ポール・スウィージーを含む――はこのカテゴリーをこれまで本当には解明してこなかった。抽象的労働は暗黙のうちに、現実的な何かの表現としてではなく、さまざまな具体的労働の精神的に一般化したものとして扱われてきた。[七四] それが仮に事実だとすれば、価値もまた純粋に精神的構築物だということになる。そして、ベーム＝バヴェルクが価値とは使用価値一般であり、マルクスが論じたような質的に異なるカテゴリーではないと論じたのは正しかった、ということになってしまう。[七五]

実際、抽象的労働は現実的な何かを確かに表現しているということを示すために、コレッティは労働の抽象化の源泉とその意義を検討する。それを行なうにあたって彼は、交換過程に焦点を合わせ、次のように論じる。すなわち人々が生産物を交換するためには生産物を均一化しなくてはならず、翻ってそこから、さまざまな生産物のあいだの物理的‐自然的差異からの抽象、さまざまな労働のあいだの差異からの抽象が必然的に生じる、と。

抽象的人間労働を構成するこの過程は、疎外の過程である。そのようなものとしての労働はそれ自体で一つの力となり、個人から分離される。コレッティによれば価値は、人々から独立しているのみならず、人々を支配しもするのである。[七六]

コレッティの議論は、本書で展開される議論のいくつかの側面と近似する。ジェルジ・ルカーチ、イサーク・ルービン、バーテル・オールマン、デレク・セイヤーと同様に彼は、価値と抽象的労働を歴史的に特殊なカテゴリーであると考え、マルクスの分析を資本主義の特徴である社会的諸関係と支配の諸形態に関わるものとみなしている。にもかかわらずコレッティは、疎外された労働についての自身の記述を本当には基礎づけておらず、彼自身の解釈の含意を追究していない。コレッティは、抽象的労働の検証から、伝統的マルクス主義の解釈に対するより根本的な批判へ、そしてそのことによって生産形態への批判、資本主義における労働の中心性への批判へと進み出てはいない。このことをなすには、伝統的マルクス主義における労働概念が再考されねばならず、資本主義における労働についてのマルクスの分析は社会的媒介の歴史的に特殊な形態についての分析であることが理解されなければならなかったはずである。資本主義における労働の歴史的に特異な役割に焦点を当てる批判を展開することによってのみ、コレッティ――および、価値と抽象的労働の歴史的特殊性を支持した理論家たち――

七一――Lucio Colletti, "Bernstein and the Marxism of the Second International," in *From Rousseau to Lenin*, trans. John Merrington and Judith White (London, 1972), pp. 45–110.

七二――Ibid., p. 77.

七三――Ibid., pp. 77–78.

七四――Ibid., pp. 78–80. 例えばスウィージーはこのカテゴリーを次のように定義する。「要するに、抽象的労働とは、マルクス自身の用語法がはっきりと示しているように、『労働一般』と同じことである。それは、すべての生産的な人間活動に共通のものである」。*The Theory of Capitalist Development*, p. 30.（スウィージー『資本主義発展の理論』、三五頁）

七五――Colletti, "Bernstein and the Marxism of the Second International," p. 81.

七六――Ibid., pp. 82–87.

は、伝統的マルクス主義と基本的な理論において訣別することができたはずだ。だが、そうはせずにコレッティは、「労働」の観点からの社会批判の限界にもっぱらとどまっている。彼が言うには、社会批判の機能は商品の世界を「脱物神崇拝化」し、そのことによって価値と資本の本質は賃労働自体の客体化にあるということに賃労働者が気づくよう助けることだ、とされる。[七七] 印象的なことにコレッティは、論考のこの部分を、抽象的労働についてのスウィージーの見解に対する批判によって始めるにもかかわらず、その結論においては、社会主義の原則としての計画性に対して、資本主義の原則としての価値を絶対的かつ歴史抽象的に対置するスウィージーを肯定的に引用するのである。[七八] すなわちそれは、抽象的労働という問題に対してコレッティは再考を加えたものの、その結論は大して変わりはしなかった、ということである。抽象的労働の問題は、些細な解釈の問題に実質的には還元されている。コレッティは、ほとんどのマルクス主義者たちの労働価値説解釈はリカード的なものであると主張し、マルクスの分析における疎外された労働としての抽象的労働の重要性を強調しているにもかかわらず、結局のところ、自身の批判した立場をより洗練されたかたちで再生産する羽目に陥っている。彼の批判は、分配様式への批判にとどまっているのである。

　したがってわれわれの直面している理論的問題は、生産様式に対する批判に基礎を与えるようなかたちで、抽象的労働のカテゴリーを再考することである。かかる批判は、別言すれば、第二インターナショナルのマルクス主義——歴史上のそれであれ、超歴史的形態でのそれであれ——とは原理的に異なる批判である。

4　抽象的労働と社会的媒介

　マルクスにおける商品、価値、抽象的労働といった相互に連関したカテゴリーは、規定された形態による社会的相互依存のカテゴリーとしてアプローチすることによって、理解可能なものとなり始める（ありがちな問題設定――例えば、市場における交換は何によって規制されるのか、それは対象化された労働の相対的な量によってであるのか、効用を考慮することによってであるのか、それとも他の諸要素によってであるのか、といった問題設定――から議論を始めてしまうと、マルクスの諸カテゴリーは不当に狭く取り扱われ、それらはある前提を持つ経済学的なカテゴリーとして取り扱われることになる。しかし、かかる前提こそ、実際にはマルクスが説明しようとしている当のものである）[七九]。商品が生産物の一般的形態であり、したがって価値が富の一般的形態であるような社会は、社会的相互依存の特異な形態をその特徴とする。その特徴とはすなわち、人々は自ら生産するものを消費せず、他の商品を獲得するために商品を生産し交換するということである。

商品になるためには、生産物は、生産者自身のための直接的生活手段として生産されてはならない。われわれが、さらに進んで、生産物のすべてが、または単にその多数だけでも、商品という形態をとるのは、どんな事情のもとで起きるのかを探究したならば、それは、ただ、まったく独自な生産様式である資本主義的生産様式の基礎の上だけで起きるものだということが見いだされたであろう[八〇]。

七七――Ibid., pp. 89–91.

七八――Ibid., p. 92.

七九――マルクスの理論は、一つの水準においては、生産物の普遍的な交換可能性を特徴とする社会における基底的構造の根拠を分析する試みとして理解されるべきである。つまり、かかる社会においては、すべての商品、そして人々の商品への関係が、「世俗的」――多くの「伝統的」社会とは異なり、すべての商品が「モノ」[objects]とみなされ、人々がすべての商品から選択することが理論的には可能であるという意味において――となった。このような理論は、市場における交換の理論とは原理的に異なる。市場における交換の理論は、労働価値説であれ、効用の等価性の理論であれ、マルクスの商品分析がまさに説明しようとした当のものを基礎的条件とし、その前提としている。さらには後に見るように、マルクスの商品分析は、資本の本質の解明に基礎を与えることを企図しているが、すなわちそれは、彼の理論は資本制社会の歴史的動態性を説明する試みであるということだ。後に詳しく述べるが、マルクスによれば、かかる動態性は具体的労働と抽象的労働との弁証法に根差しており、市場における交換にのみ焦点を当てるような理論によっては把握され得ない。

われわれが取り扱っているのは、新しい種類の相互依存性なのである。それは歴史において、ゆっくりと、自然発生的に、偶発的な仕方で現れた。しかしながら、この相互依存性の新形態に基づく社会編制がひとたび十全に発展すると（それは労働力そのものが商品化したときに起こったのだが）、それは必然的で体系的な性格を獲得した。それは規模においてグローバルになりつつ、他の社会的諸形態をますます侵食し、中に組み入れ、それに取って代わるようになったのである。私の関心は、この相互依存性の性質とその構成的原理を分析することにある。相互依存性のこの特異な形態とその構成において労働が果たす特有の役割を検証することによって、私はマルクスによる資本制社会の最も抽象的な諸規定を解明するであろう。資本主義の特徴をなす富の形態、労働の形態、そして社会的諸関係の形態に対するマルクスのそもそもの規定を基礎とすることによって、抽象的な社会支配という彼の観念を解明することができるだろう。かかる解明は、これらの諸形態がいかにして疑似‐客観的な仕方で諸個人と対峙するのかを分析し、それら諸形態がいかにして特定の生産様式と内在的な歴史的動態性を生起させるのかを分析することによって果たされるのである。

商品に規定された社会において、ある人の労働が客体化されたものは、他者によって生産された財を獲得するための手段である。つまり人は、他の生産物を獲得するために労働する。こうしてある人の生産物は、財、使用価値として他の誰かの役に立つ。またそれは生産者にとっては、他者の労働生産物を獲得する手段としての役割を果たす。生産物が商品であるとは、この意味においてである。すなわち商品としての生産物は、［生産者の］他者にとっては使用価値であると同時に、生産者にとっては交換の手段である。このことは、ある人の労働は二重の機能を有しているということを示す。つまり一方ではそれは特定の種類の労働であり、他者のために何らかの財を生み出す。しかし他方で労働は、その特定の内容と無関係のものとして、他者の生産物を獲得する手段として生産者の役に立つ。換言すれば労働は、商品に規定される社会において財を獲得する特異な手段となる。すなわち生産者の労働の特殊性は、彼らが自己の労働によって獲得する生産物から抜き取られる－抽象される(abstracted)。費やされた労働の性質と、その労働という手段によって獲得された生産物の特定の性質との間に、内在的な関係は存在しないのである。

　これは、商品生産と交換が支配的でない社会編制と大いに異なる点である。そうした社会編制においては、労働とその生産物の社会的分配は、さまざまな慣習や伝統的紐帯、顕在的な権力関係、またおそらくは意識的な決定による影響を受ける。[八三] 非資本制社会において労働は、明白な社会的諸関係によって分配される。しかしながら、商品形態が普遍的であることを特徴とする社会において個人は、顕在的な社会的諸関係を通じて他者の生産した

八〇――*Capital*, vol. 1, p. 273.（『マルクス＝エンゲルス全集 第二三巻 第一分冊』、二二二頁）

八一――Ibid., p. 274.（同右、二二三頁）

八二――ダイアン・エルソンも、次のように論じた。すなわち、マルクスの価値論の対象は労働であり、マルクスは抽象的労働のカテゴリーによって生産過程が人間を支配するのであって、その逆ではない社会編制の基盤を分析しようとした、と。しかしながら彼女は、このアプローチを基礎として資本主義における基本的諸関係に対する伝統的な理解に疑問符をつけてはいない。Diane Elson, "The Value of Labour," in Elson, ed., *Value: The Representation of Labour in Capitalism* (London, 1979), pp. 115-80 を参照せよ。

八三――カール・ポランニーも、近代資本制社会の歴史的特異性を強調した。他の社会においては経済が社会的諸関係のなかに埋め込まれているのに、近代資本主義においては、社会的諸関係が経済システムのなかに埋め込まれている。Karl Polanyi, *The Great Transformation* (New York and Toronto, 1944), p. 57（K・ポランニー『［新訳］大転換――市場社会の形成と崩壊』野口建彦・栖原学訳、東洋経済新報社、二〇〇九年、一〇〇―〇一頁）を参照せよ。しかしながらポランニーは、もっぱら市場にのみ焦点を当て、十全に発展した資本主義は、それが擬制――すなわち人間労働、土地、そして貨幣は、あたかもそれらが商品であるかのように取り扱われるが、本当はそれらは商品ではない――に基づくという事実によって定義される、と主張する（p. 72［一二五頁］）。これによって彼は、商品としての労働生産物の存在を、社会的に何か「自然」なものとしてしまっていることになる。このような非常にありふれた見解は、マルクスのそれとは異なるものである。マルクスにとって、「生まれつき」商品であるものなどなく、商品のカテゴリーは、物、人、土地、貨幣よりも、歴史的に特殊な社会的諸関係に関わる。実に、この社会的諸関係の形態は、何よりもまず歴史的に規定された社会的労働の形態に関わっている。ポランニーのアプローチは、その暗黙裡の社会的存在論と市場のみの焦点化によって、資本主義における社会的諸関係の「客観的」形態と、その内在的な歴史的動態性についての考察から注意を逸らせてしまっている。

財を獲得することはない。その代わり労働そのものが——直接的に、あるいはその生産物に表現されたものとして——他者の生産物を獲得する「客観的」手段として機能することにより、それらの諸関係に置き換わる。労働そのものが、目に見えるような社会的諸関係に代わって、社会的媒介を構成するのである。つまり、新たなる相互依存の形態が存在し始める。誰も自らの生産するものを消費しないが、にもかかわらず、ある人の自らの労働ないし労働生産物は他者の生産物を入手するのに必要な手段として機能する。このような手段として機能することによって、労働とその生産物は、明白な社会的諸関係に属していた機能を実際に奪ってしまう。かくして商品によって規定される労働は、顕在的に、あるいは「認識できるほどに」社会的であるような諸関係によって媒介されるのではなく、——後に見るように——労働それ自体が構成する一連の構造によって媒介されるのである。労働とその生産物は、資本主義においては自己自身を媒介する。それらは社会的に自己媒介しているのである。かかる社会的媒介の形態は特異である。マルクスのアプローチの枠組みにおいて、この社会的媒介の形態は、資本制社会をその他すべての既存の社会生活の諸形態から区別するのに十分なほど特異であり、前者に比すれば後者は「すべて」共通の特徴を有しているとみなしうる——それらは、他の点ではお互いにどれほど違ったものであるとしても、「非資本制」社会であると考えうるのである。

使用価値の生産において、資本主義における労働は特定の仕方で素材を変換する意図的な活動——マルクスが「具体的労働」と名づけるもの——とみなしうる。社会的媒介の活動としての労働の機能は、彼が「抽象的労働」と名づけるものである。われわれが労働とみなすものは、さまざまな形で、すべての社会に存在する（それが、具体的労働というカテゴリーによって示唆される、一般的かつ「世俗化された」形態においてではないとしても）。だが、抽象的労働は資本主義に特殊なものであり、それゆえより詳細に考察されるべきであるのは当然である。抽象的労働のカテゴリーが、特定の種類の労働や具体的労働一般を指すものでないことは、既に明らかであるだろう。それは生産活動としての「通常の」社会的機能に加えて、資本主義に特殊な、特異な労働の社会的機能を表現するのである。

むろん労働は、すべての社会編制において社会的性格を帯びている。しかし第二章で述べたように、この社会的性格は、それが「直接的」であるか「間接的」であるかという観点からだけでは適切には把握され得ない。非資本制社会において、働くという活動が社会的であるのは、それが埋め込まれている顕在的な社会的諸関係という母体のためであり、こうした母体はそれらの社会における構成的原理である。さまざまな労働は、これらの社会的諸関係を通じて、自らの社会的性格を獲得する。[八四] 資本制社会の観点からすると、資本主義以前の諸編制における諸関係は個人的であり、目に見えるかたちで社会的であり、質的に特定の（社会的集団、社会的身分、等々に従って分化された）ものとして描かれうる。それゆえ働くことは明白に社会的であり、質的に特定のものとして規定される。つまり、さまざまな労働は、その文脈となる社会的諸関係によって意味を賦与されるのである。

資本主義においては、労働そのものが、そのような諸関係という母体に代わって社会的媒介を構成する。このことは、顕在的な社会的諸関係によっては労働に対して社会的性格が与えられない、ということを意味する。そうではなく労働はそれ自体を媒介するのであり、それは顕在的な社会的諸関係のシステムに取って代わる社会的構造を構成し、その社会的性格を自らに与えるのである。この再帰的契機が、労働の自己媒介された社会的性格という特殊な性質、およびこの社会的媒介によって構造化される社会的諸関係という特殊な性質を規定する。これから私が示すように、こうした資本主義における労働の自己根拠づけの契機は、労働に、その生産物に、そして労働が構成する社会的諸関係に「客観的な」性格を与える。資本主義における社会的諸関係の性格および労働の社会的性格は、労働の社会的機能——それは顕在的な社会的諸関係の機能に取って代わる——によって規定されるようになる。言い換えれば労働は、その社会的な媒介活動としての歴史的に特殊な機能によって、資本主義

八四 —— *Capital*, vol. 1, pp. 170-71.（『マルクス＝エンゲルス全集 第二三巻 第一分冊』、一〇三—〇四頁）

における自らの社会的性格を根拠づける。この意味で、資本主義における労働は、労働それ自身の社会的基礎となるのである。

自己を根拠づける社会的媒介を構成することにおいて、労働はある規定された一種の社会的総体——全体性——を構成する。全体性のカテゴリーとそれに結びつく普遍性の形態は、商品形態と関連したある種の一般性を考察することによって解明されうる。各生産者は諸々の商品を生産するが、それら商品は特殊な使用価値であるのと同時に社会的媒介としても機能する。商品の社会的媒介としての機能は、その特殊な物質的形態から独立しており、それはすべての商品に共通である。この意味で一足の靴は、一袋のジャガイモと同一である。かくして各商品は、使用価値としては特殊であると同時に社会的媒介としては一般である。後者としての商品は価値なのである。労働とその生産物は、直接的な社会的関係によって媒介されて社会的性格と意味を与えられるのではないため、二つの次元を獲得する。それらは質的には特殊であるが、同時に基底をなす一般的次元を持っているのである。この二重性に対応するのは、労働（あるいはその生産物）はその質的な特殊性のために購買されるのだが、販売されるのは一般的手段としてであるという状況である。その結果として商品生産労働は、特殊——具体的労働、特定の使用価値をつくり出す一定の活動として——であると同時に、抽象的労働、他者の財を獲得する手段として、社会的に一般的なものなのである。

資本主義における労働の二重性に対するこうした初期規定は、文脈から外れて理解されるべきでない。この初期設定は、具体的労働のさまざまな形態はすべて労働一般の諸形態であるという意味で単純に理解されてはならない。かかる所説は分析的に無益である。というのもそれは、すべての社会における働くという活動に関して——商品生産が周辺的な重要性しか持たない社会に関してすら——唱えうるものであるからだ。結局のところ、労働のすべての形態は、それらが労働であるという点で共通である。しかし、かかる無規定的な解釈は資本主義の理解に資するところがないし、またその可能性もない。その端的な理由は、抽象的労働と価値は、マルクスによれば資本主義の社会編制に特殊なものである、というところにある。資本主義において労働が一般的なものとなるのは、単にそれがさまざまな特殊な種類の労働すべてに対する公約数であるという自明の理によってではない。そうではなく、労働を一般的にするのは、労働の社会的機能にほかならないのである。社会的媒介の活動としての労働は、その生産物の特殊性から抽象され、それゆえ固有の具体的形態による特殊性から抽象される。マルクスの分析において、抽象的労働のカテゴリーは、この現実の社会的抽象過程を表現している。つまりそれは、概念的な抽象過程にのみ依拠しているのではない。社会的媒介を構成する実践として、労働は労働一般なのである。さらに、われわれが取り扱っているのは、商品形態が一般的なものとなっており、それゆえ商品形態が社会的に規定的なものとなっている社会である。すなわちそれは、すべての生産者の労働が、他者の生産物を入手できる手段として機能する社会である。その結果「労働一般」が、媒介する活動として社会的に一般的な仕方で機能する。だが抽象的労働としての労働は、それがすべての生産者のあいだでの媒介を構成するという意味で、社会的に一般的であるだけではない。その媒介の性格もまた社会的に一般的なのである。

　このことは、さらなる解明を要する。すべての商品生産者の労働は、合算するならば、さまざまな具体的労働の集積である。その各々は、全体における特定の部分である。同様に彼らの生産物は、使用価値の形態において「巨大な商品の集積」[八五]として現れる。と同時に彼らの労働は、社会的媒介を構成する。しかし個々人の労働は、他のすべての者たちが行なうのと同じ仕方で社会的媒介の機能を果たすのであるから、彼らの抽象的労働が合算されたものによって構成されるのは、さまざまな抽象的労働の巨大な集積ではなく、一般的な社会的媒介なのである。言い換えれば、構成されるのは、社会的に全体化された抽象的労働なのである。かくして彼らの生産物は、社会全体的な媒介――すなわち価値――を構成する。この媒介が一般的である所以は、それがすべての生産者を

八五　Ibid., p. 125.（同右、四七頁）

つなぐだけでなく、その性格が一般的である——すべての物質的特殊性およびあらゆる顕在的な社会的特殊性から抽象されている——というところにある。それゆえこの媒介は、総体としての社会の次元と同様の一般的な性質を、個人の次元においても有する。総体としての社会の視点から見るならば、個人の具体的労働は特殊であり、かつ質的に異種混淆的な総体における部分である。だがそれは、抽象的労働としては個別化された契機であり、質的に同質で一般的な社会的媒介の契機として社会的全体性を構成する。[八六] この具体的なものと抽象的なものとの二重性が、資本主義的社会編制の特徴をなすのである。

具体的労働と抽象的労働の区別を打ち立てた上で、労働一般について既に述べたことを修正し、次のように述べることができる。すなわち商品形態という社会的諸関係によって、具体的なものと抽象的なものとの二重性が構成されることから、必然的に二つの異なる種類の一般性が構成されることになる。私は既に、抽象的一般的次元の性質について概略を述べた。それは労働の社会的媒介活動としての機能に根差している。すなわち労働と労働生産物は、どのような形態のものであれ、等価なものとして現れる。だが、さらに労働のこの社会的機能は、それぞれ多様な労働および労働生産物のあいだで、また別の形態の共通性を打ち立てる。つまり個々の労働と労働生産物は、単なる労働と労働生産物とに事実上分類されることになる。あらゆる特定の労働が抽象的労働として機能することができ、あらゆる労働生産物が商品として機能することができるからこそ、他の社会においてであれば同種のものとは分類され得ない活動や生産物が、資本主義においては同種のものとして、（具体的）労働のさまざまなヴァリエーションに、あるいはさまざまな特定の使用価値に分類される。言い換えれば、抽象的労働によって歴史的に構成された抽象的一般性こそが、「具体的労働」と「使用価値」を一般的カテゴリーとして確立するのである。しかしここで言う一般性は、同質的全体性のそれではなく、異種混淆的な総体におけるそれであり、個々のものから成り立っている。資本制社会における一般性と特殊性の歴史的に構成された諸形態の弁証法を考察するにあたっては、これら二つの一般性の形態、すなわち全体性と総体のこうした区別に留意しなければならない。

社会は単なる個人の集積ではない。それは社会的諸関係によってつくられている。マルクスの分析で中心を占める議論は、資本制社会の特徴をなす諸関係は、非資本制社会の特徴をなす顕在的な社会的諸関係――例えば親族関係や、個人的ないし直接的な支配関係といったもの――とは全く異なる、というものである。非資本制社会における諸関係は、顕在的に社会的であるだけでなく、そのそれぞれが質的に特殊でもある。すなわち単一の抽象的で同質的であるような関係が、社会生活のあらゆる面の基底となっているのではないのである。

だがマルクスによれば、資本主義においては事態は異なる。顕在的かつ直接的な社会的諸関係は、確かに存在し続ける。しかし、究極的には資本制社会は、基底となる水準における新しい社会的相互関係性によって構造化されているのであり、かかる相互関係性は人々や集団――階級を含む――のあいだでの顕在的な社会的諸関係という観点からでは適切に把握され得ない。[八七] 当然ながらマルクスの理論は、階級搾取と階級支配の分析を確かに含んではいる。しかしマルクスの理論は、資本主義における富と権力の不平等な分配を精査することを超えて、資

八六――次のことを明記しておくべきである。すなわち、この解釈は――例えばサルトルのそれに反して――「契機」と「全体性」の概念を存在論的に前提としない。それは、一般に総体はその部分において現前するものとして把握されるべきである、と主張するものではない。以下を参照。Jean-Paul Sartre, *Critique of Dialectical Reason* (London, 1976), p. 45.（J・P・サルトル『弁証法的理性批判I』竹内芳郎・矢内原伊作訳、人文書院、一九六二年、四四頁）しかしながら、アルチュセールと異なり本書の解釈は、これらの概念を存在論的に拒否することはない。以下を参照。Louis Althusser, *For Marx* (New York, 1970), pp. 202-204.（L・アルチュセール『マルクスのために』河野健二ほか訳、平凡社、一九九四年、三四七―四九頁）むしろ本書の解釈は、契機と全体性との関係を歴史的に構成されたものとして、マルクスが彼の諸カテゴリー――価値、抽象的労働、商品、そして資本といった――によって分析した社会的諸形態の、特異な属性によるものとして扱うのである。

八七――マルクスの批判の試みにおいて階級分析は、基礎的なものであり続けてはいるものの、社会的形態としての価値、剰余価値、そして資本の分析は、階級のカテゴリーという観点からでは十全には把握され得ない。階級の考察に限定されたままにとどまるマルクス主義の分析は、由々しくも、マルクスの批判を社会学的に切り縮めることになる。

本主義の社会的組成の性質そのもの、その富の特異な形態、そしてその支配の内在的形態を把握するのである。

マルクスにとって基底となる社会構造の組成がかくも特異なものとなるのは、それが労働によって、資本主義における労働の歴史的に特殊な性質によって構成されているためである。資本主義において特殊で、その特徴をなす社会的諸関係は、労働という媒介においてのみ存在する。労働とは自らを生産物のうちに必然的に客体化する活動である以上、商品によって規定される労働の社会的媒介活動としての機能は客体化という行為と解きがたく絡み合っている。商品を生産する労働は、特殊な使用価値における具体的労働として自らを客体化する過程において、自らを社会的諸関係における抽象的労働として客体化しもするのである。

したがってマルクスによれば、近代ないし資本制社会の顕著な特徴の一つは、この社会の本質的な特徴をなす社会的諸関係が労働によって構成されているために、それら諸関係は客体化された形態においてのみ存在する、ということである。それら諸関係は特異に客観的で形式的な性格を有し、その社会性は顕在的なものではなく、具体的なものと抽象的なものとの、特殊なものと同質的で一般的なものとの、アンチノミー的な二重性が全体化していくという特徴を持つ。商品に規定された労働によって構成される社会的諸関係は、顕在的に社会的な仕方で人々を互いに結びつけることはない。それどころか労働は、客体化された社会的諸関係の領域を構成するのであり、かかる領域は見た目には非社会的で客観的な性格を有し、後に見るように、個人の社会的集合体およびその直接的な諸関係から切り離され、それらと対立している。[八八] 資本主義的編制の特徴をなす社会的領域は客体化されているがゆえに、それを具体的な社会的諸関係の観点から適切に把握することはできないのである。

労働の商品への客体化の二つの形態に対応するのは、社会的富の二つの形態――価値と物質的富――である。物質的富は、生産された生産物、すなわちその量と質に左右される。富の一形態としてそれは、さまざまな種類の労働、つまり人間の自然への能動的関係の客体化を表現する。しかしながら物質的富はそれ自体としては、人々のあいだの諸関係を構成するわけではないし、富の分配を規定するわけでもない。それゆえ物質的富が社会的富の主たる形態として存在するとき、それが意味するのは、物質的富を媒介する顕在的な形態による社会的諸関係が存在するということなのである。

他方で価値は、抽象的労働の客体化である。マルクスの分析においてそれは、富の自己分配形態である。すなわち、諸商品の分配は諸商品に内在すると思われるもの――価値――によってなされる。したがって価値とは媒介のカテゴリーである。それは歴史的に規定された自らを分配する富の形態であると同時に、客体化された自らを媒介する社会的諸関係の形態である。後に見るようにその尺度は、物質的富のそれとは大いに異なる。さらには既に述べたように、価値は社会的全体性のカテゴリーである。商品の価値は、客体化された一般的な社会的媒介の個別化された契機である。つまり価値は、客体化された形態で存在するがゆえに社会的媒介として客観的な性格を有し、その社会性は顕在的なものではなく、すべての特殊性から抽象されており、直接的に人格的な諸関係から独立している。社会的紐帯は社会的媒介としての労働の機能から生じるのであるが、社会的媒介としての労働は、これらの性質ゆえに、直接的な社会的相互関係に依存しておらず、空間的および時間的隔たりにかかわらず機能しうる。価値は抽象的労働の客体化された形態として、資本主義的生産諸関係の本質的カテゴリーである。

かくして使用価値であると同時に価値でもあるとマルクスが分析した商品は、資本主義における労働の二重の性格――具体的労働でもあり、社会的媒介の活動でもある――の物質的な客体化である。それは資本主義の根本的な構造原理であり、人間と自然の関係だけでなく人間同士の相互関係の客体化された形態である。商品は生産物であると同時に社会的媒介である。それは価値を有する使用価値なのではなく、具体的かつ抽象的な労働の物質化された客体化として、価値であるところの使用価値なのであり、それゆえ交換価値を有するのである。この

一八八――*Grundrisse*, pp. 157-62.（『マルクス資本論草稿集①』、一三七―四五頁）

ような労働とその生産物の形態における実質的次元と抽象的次元の同時存在性は、資本主義におけるさまざまなアンチノミー的な対立の基盤であり、また後に示すように、資本主義の弁証法的で究極的には矛盾をはらんだ性格の基底をなしている。具体的であると同時に抽象的、質的に特殊であると同時に質的に一般的‐均一的であるというその二面性において商品は、資本主義の根本的性格の最も基本的な表現である。物としての商品は物質的形態を有する。だが、社会的媒介としての商品は、社会的形態なのである。

マルクスの批判的カテゴリーの、まさに第一義的な諸規定の考察を果たし終えたところで、次のことが銘記されるべきだろう。すなわち『資本論』第一巻における商品、価値、資本、剰余価値についての彼の分析は、探究における「ミクロ」と「マクロ」のレベルを厳密に区別するものではなく、総体としての社会のレベルにおいて構造化された実践の形態を分析するものである。資本主義の特徴をなす社会的媒介の根本的諸形態のレベルにおける社会分析は、主観性の形態についての社会・歴史的理論をも可能にする。この理論は機能主義的なものではなく、また社会的地位や社会的利害のみを基準として思想を根拠づけたりはしない。そうではなく、それは思想を、より広くは主観性を、社会的媒介の歴史的に特殊な諸形態という観点から分析する。つまり、社会的世界を構成する日常的実践の形態は一定の仕方で構造化されているという観点から、分析するのである。[八九] 直接の社会生活から大きく離れているように見える哲学のような思考の形態であっても、この枠組みにおいては、かかる思考様式そのものが歴史的に特定の社会的諸形態との関連において理解可能であるという意味で、社会的かつ文化的に構成されたものとして分析される。

既に述べたように、マルクスの批判における諸カテゴリーの展開は、哲学的思惟一般、特にヘーゲル哲学の社会的構成についての内在的なメタ注釈として読みうる。ヘーゲルにとって、《絶対的なもの》、主体／客体のカテゴリーの全体性は、それ自身を根拠づけるものである。《主体》であるところの自己運動する「実体」として、それは真の自己原因［*causa sui*］であると同時に、それ自身の発展の終点でもある。『資本論』においてマルクスは、商品によって規定される世界の基底をなす諸形態を、次のような諸観念――すなわち本質と現象の区別、実体という哲学的概念、主客二元論、全体性の観念、そして資本のカテゴリーの論理的レベルにおいては同一的な主体／客体が展開する弁証法――の社会的文脈を構成しているものとして提示する。[九〇] 資本主義における労働の

八九――本書では概略を述べるにとどめるが、主観性の次元についてのマルクスの理論によれば、近代社会の生活は、社会的実践の特定の構造化された形態によって構成されている。しかし私は、主観性の社会的構成における言語のありうべき役割――例えば、言語相対性仮説の形（サピア／ウォーフ）であれ、言説理論の形であれ――という問題には取り組まない。文化的に特殊な思考形態を言語の形態に関係づける試みについては、Edward Sapir, *Language* (New York, 1921)（E・サピア『言語――ことばの研究序説』安藤貞雄訳、岩波書店、一九九八年）、および Benjamin L. Whorf, *Language, Thought and Reality* (Cambridge, Mass., 1956)（B・L・ウォーフ『言語・思考・現実』池上嘉彦訳、講談社、一九九三年）を参照せよ。言語は既に存在している観念を単に運ぶのではなく、主観性を共に決定するものだという考えが、社会的かつ歴史的な分析と綜合されうるのは、言語と社会についての次のような理論――すなわち理論がその客体を理解する仕方において、かかる媒介を考慮に入れる理論――を基礎とすることによってのみである。本書における私の第一の意図は、社会理論的アプローチを詳述することであり、それは社会的集団、物質的利害等々よりも社会的媒介の形態に焦点を当てる。このようなアプローチは、唯物論と観念論との古典的対立を乗り越えて、近代世界における社会と文化の関係を考察するための、一つの出発点となりうる。かかる対立は、経済主義的あるいは社会学中心主義的な社会理論と、言説と言語についての観念論的理論との間で反復されてきた。だがこうしたアプローチの結果として生じる社会理論は、言語に特化した理論によって提起された問題に取り組むに際して、通常の「唯物論的」アプローチよりも、内在的により優れたものとなりうる。かかる社会理論はまた、言語と主観性の関係についての理論に対して、歴史的特殊性と、絶えざる大規模な社会転換という問題を認知しそれに取り組むための内在的能力を持つことを求めることになる。

九〇――ギリシアにおける哲学の勃興は、わけてもアルフレッド・ゾーン＝レーテルによって、紀元前六～五世紀における貨幣の発展と商品形態の拡張に関係づけられてきた。Alfred Sohn-Rethel, *Geistige und körperliche Arbeit* (Frankfurt, 1972)（A・ゾーン＝レーテル『精神労働と肉体労働――社会的総合の理論』寺田光雄・水田洋訳、合同出版、一九七五年）および George Thomson, *The First Philosophers* (London, 1955)（G・トムソン『最初の哲学者たち』出隆・池田薫訳、岩波書店、一九五八年）、さらには R. W. Müller, *Geld und Geist* (Frankfurt, 1977) を参照。ゾーン＝レーテルの著作の改訂版は、英語で刊行されている。*Intellectual and Manual Labour: A Critique of Epistemology*, trans. Martin Sohn-Rethel (Atlantic Highlands, N. J., 1978). しかしながら、ゾーン＝レーテルは、商品生産が広汎に広がったとはいえ、それがいかなる意味でも支配的な生産形態とはなっていなかった五世紀のアッティカのような状況と、商品形態が全体化する資本主義の状況とを区別していない。それゆえ彼は、ジェルジ・ルカーチが強調したギリシア哲学と近代合理主義との区別を社会的に根拠づける

二重性、すなわち生産的活動としての労働と社会的媒介としての労働という二重性についての分析によって、彼はこの労働を非形而上学的な、歴史的に特殊な「自己原因」として理解することができるようになるのである。このような労働は自己を媒介するのであるから、自己自身を（社会的に）根拠づけるものであり、それゆえ哲学的な意味での「実体」の属性を有している。既に見てきたようにマルクスは、抽象的人間労働のカテゴリーに言及する際に明確に哲学用語としての「実体」を用いているのだが、それは労働によって社会的全体性が構成されることを表現している。この社会的形態が全体性であるのは、それがさまざまな特殊性の集積ではなく、それ自身の土台である一般的かつ同質的な「実体」によって構成されているからである。全体性は、自ら自己を根拠づけ、自己媒介し、客体化されるがゆえに、まるで自存するかのごとくに存在する。後に示すように、資本のカテゴリーの論理的なレベルにおいて、この全体性は具体化し、自己運動するようになる。マルクスによって分析されたように資本主義は、形而上学的諸属性――絶対的な《主体》の諸属性――を有する社会生活の形態なのである。

このことは、マルクスが社会的カテゴリーを哲学的な方法で取り扱っているということではない。そうではなく彼は、彼の分析する社会的諸形態の特異な属性に言及しつつ、哲学的カテゴリーを取り扱っている。彼のアプローチによれば、社会的カテゴリーの属性は、哲学的カテゴリーとして実体化された形態で表現される。例えば資本主義における労働の二重性についての彼の分析は、自己定立性を、《絶対的なもの》の属性としてではなく、歴史的に特殊な社会的形態の属性として取り扱うことになる。このことは、出発点として自己定立的な第一原理を要求する哲学的思考の伝統を歴史的に解釈していることを意味している。マルクスの諸カテゴリーによる主体と客体の構成の把握は、ヘーゲルのそれと同様に、同一的な主体／客体の展開に言及することによってなされる。しかしながら、マルクスのアプローチにおいて、同一的な主体／客体の展開は資本主義における社会的諸関係のカテゴリー的形態の点から規定されるのであり、かかる形態は商品によって規定される労働の二重性に根差している。ヘーゲルが全体性の概念によって把握しようとしたものは、マルクスによれば絶対的で永遠なのではなく、歴史的に規定されたものである。自己原因は実際に存在するのだが、それは社会的なのである。そしてそれは、その自己発展の真の終点ではない。つまり、最終的な終点なるものは存在しない。資本主義が超克されるとすれば、それは「実体」が、すなわち社会的媒介を構成するに際しての労働の役割が廃絶される——実現されるのではなく——こと、したがって全体性が廃絶されることを意味する。

まとめよう。後期マルクスの著作において、労働が社会生活の核心に位置するという考えが表しているのは、単に物質的生産はつねに社会生活の前提条件であるということではない。また生産が——財の生産としてのみ理解されるかぎり——資本主義文明を決定づける歴史的に特異な領域であるということでもない。一般に資本主義における生産の領域は、人間と自然の物質的相互行為の観点からのみ理解されるべきではない。労働によってなされる自然との間での「物質代謝」が、あらゆる社会における生存の前提条件であることは明らかに真実であるが、社会的諸関係の性質もまた社会を規定するのである。マルクスによれば資本主義の特徴は、その原理的な社会的諸関係が労働によって構成されるところにある。資本主義における労働は自らを物質的生産物において客体化するのみならず、客体化された社会的諸関係においてもまた自らを客体化する。前者はすべての社会編成に当

ことができない。ルカーチによれば、ギリシア哲学は「物象化現象をたしかに知ってはいたが、しかし全存在の普遍的形態として物象化を体験したのではない。またギリシア哲学は、一方の足では物象化現象のなかに、だが他方の足ではまだ自然成長的にかたちづくられた社会のなかに立っていた」。[他方]近代合理主義は、「人間の自然生活と社会生活のなかにあらわれるすべての現象を連関づける原理を発見すべきである、という権利要求」をその特徴としていた(Lukács, *History and Class Consciousness*, trans. Rodney Livingstone [London, 1971], pp.111, 113〔G・ルカーチ『歴史と階級意識』城塚登・古田光訳、白水社、一九九一年、二〇五、二一〇頁〕)。にもかかわらずルカーチ自身は、「労働」についての彼の前提、そしてそれゆえの彼の全体性の主張ゆえに、資本主義の時代に関しては十分に歴史的ではない。彼は、ヘーゲルの《世界精神》の弁証法的展開という観念を、資本主義の時代の表現として分析することができないのである。その代わりに彼は、資本主義を超越する思考形態の観念論版として《世界精神》を解釈する。

てはまるが後者はそうではない。かかる二重の性格のために労働は、客観的、疑似‐自然的な社会的領域を全体性として構成する。この領域は、直接的な社会的諸関係に還元することはできず、後に見るように抽象的《他者》として諸個人や諸集団の総計に対峙して屹立する。言い換えれば、商品によって規定される労働の二重性とは、資本主義における労働の領域が他の［社会］編制においては顕在的な社会的相互行為の領域として存在する諸関係を媒介する、ということなのである。この二重性が意味するのは、資本主義における労働は、社会的に綜合的な性格を有しているということである。他の［社会］編制における労働はそのような性格を有してはいない。[九一]労働そのものが、［つねに］本質的に社会を構成するわけではない。だが、資本主義における労働は、資本制社会を構成するのである。

5　抽象的労働と疎外

マルクスによれば資本主義の本質的な社会的諸関係の客観的かつ一般的な特質とは、それら諸関係が全体性を構成していることである、ということをわれわれは見てきた。かかる全体性はただ一つの構造的形態、すなわち商品から解き明かしうる。この議論は『資本論』におけるマルクスの説明の重要な側面である。『資本論』は、商品という基本的形態から資本制社会の中心をなす特徴を理論的に再構築しようとするものである。商品のカテゴリーおよび社会的媒介としての労働の第一の規定から進み、マルクスは貨幣と資本のカテゴリーを展開することによって、資本主義的全体性に対するさらに進んだ規定を加える。この過程において彼は、次のことを示す。すなわち、資本主義の特徴である労働に媒介された社会的諸関係の形態は、そこで諸個人が位置を占め、互いに関係する社会的母体を単に構成するだけではない。もともと（他者の生産物を獲得する）手段として分析される媒介は、それが媒介する諸個人から独立した、いわばそれ自体の生命を獲得する。それは諸個人に優越し対立す

る一種の客観的システムへと発展し、人間の活動の目的と手段を次第に決定するようになる。[九二]
マルクスの分析はこの社会「システム」の存在を、概念的に物象化された仕方で存在論的に前提してはいない、ということを銘記しておくことが重要である。私が示したようにマルクスの分析は、むしろ近代の生活の根本的構造のシステムのごとき性質を、社会的実践の一定の形態に根拠づけるのである。資本主義を根本的に規定する社会的諸関係はその性格において「客観的」であり、「システム」を構成するものである。なぜなら、かかる諸関係は歴史的に特殊な社会的に媒介する活動としての労働、つまり抽象的で同質的であるような客体化する実践の形態によって構成されているからである。逆に社会的活動はこれらの根本的構造の現象形態によって、つまりこれらの社会的諸関係が直接的経験に対して顕在的なものとなり、それを形成するその仕方によって条件づけられる。換言すればマルクスの批判理論は、資本制社会においてはシステムと行為が相互的に構成されるということについての複雑な分析をもたらす。かかる分析は、システムと行為という対立そのものの存在を超歴史的に措定するのではなく、その対立と各対立項とを近代の社会生活の一定の諸形態に根拠づけるのである。
抽象的労働によって構成されるシステムは、社会支配の新しい形態を形づくる。それは社会的強制の形態を作動させるのであるが、その非人格的、抽象的、そして客観的な性格は歴史的に新しいものである。かかる抽象的

九一――――後ほどさらに展開するように、商品生産労働の二重性についての分析は、ハーバーマスの『認識と関心』によって口火を切られた論争における双方の立場が――その論争とは、労働はマルクスがそれに対して要求したすべてのことを満たすほど十分に綜合的な社会的カテゴリーであるのか、それとも労働の領域は相互行為の領域によって概念的に補完されなければならないのかを論点とするのだが――労働を「労働」として画一的で超歴史的な仕方で扱っており、経済学批判において分析された、資本主義における労働の特殊で歴史的に特異な綜合的性格に言及していない、ということを示している。

九二――――本書で私は、次の問題、すなわち歴史的動態性が内在する社会的全体性としての資本制社会の構成と、社会生活がさまざまな領域へますます分化していくこと――それはこの社会の特徴をなす――との関係という問題には取り組まない。この問題に対する一つのアプローチとしては、Georg Lukács, "The Changing Function of Historical Materialism," in *History and Class Consciousness*, esp. p. 229ff.(ルカーチ『歴史と階級意識』、とりわけ三七八頁以下)を参照せよ。

な社会的強制の第一の規定は、諸個人は生きるために商品を生産し交換するよう強制されるということだ。このように作用する強制力は、例えば奴隷や農奴の労働におけるような直接的な社会的支配に依存するのではない。むしろそれは「抽象的」かつ「客観的」な社会的諸構造の機能であり、抽象的、非人格的な支配の形態を表している。究極的にはこの支配の形態は、いかなる人格や階級あるいは制度にも根差してはいない。支配の究極的な中心は資本制社会を構築する広がりゆく社会的諸形態であり、その諸形態は特定の諸形態による社会的実践によって構成されている。[九三]社会は、疑似的に独立し抽象的で普遍的な《他者》として諸個人に対立して聳え立ち、諸個人に対して非人格的な強制力を発揮するが、それは資本主義における労働の二重の性格によって、一つの疎外された構造として構成される。資本主義的な生産諸関係の基本的カテゴリーとしての価値のカテゴリーは、疎外された社会構造の第一の規定でもある。資本主義的な社会的諸関係と、疎外された諸構造は同じものである。[九四]

よく知られているようにマルクスは、初期の諸著作において、生産物において自らを客体化する労働は必ずしも疎外をもたらすものではないと主張し、ヘーゲルは疎外と客体化を区別しなかったとして批判している。[九五]だが、疎外と客体化の関係をどのように概念化するかは、どのように労働を理解するかにかかっている。もし超歴史的な「労働」の観念から出発するのであれば、客体化と疎外の差異は、客体化の活動にとって外在的な諸要因に根拠づけられねばならないのは必然である。例えば所有の諸関係、つまり直接的生産者が自己の労働とその生産物を自ら差配することができるか否か、あるいは資本家階級がそれらを横領しているか否かといった要因にである。疎外された労働についてこのように考えたのでは、ある種の社会的に構成された抽象的必然性——その分析に私は着手したのだが——を適切に把握することはできない。マルクスの後の著作において疎外は、商品に規定される労働の二重性に根差しており、それゆえかかる労働そのものの性格にとって内在的である。社会的に媒介する活動としての労働の機能は、独立した抽象的な社会的領域として具現化され、その社会的領域が、それを構成する人々に対して非人格的な形態による強制力を発揮する。資本主義における労働は、労働を支配する社会的構造を生起させる。この自己生成的な再帰的支配の形態が、疎外なのである。

疎外について、このように分析するとき、客体化と疎外の差異について別様の理解が導かれる。後期マルクスの諸著作においてこの差異は、具体的労働やその産物に降りかかる事柄に依存しているのではない。それどころか彼の分析が示すのは、労働によって客体化されるものが社会的諸関係であるとき、客体化は実際のところ疎外であるということである。だが、この同一性は歴史的に規定されている。それは資本主義における労働の特殊な性質によるものである。それゆえ、それが超克される可能性は存在するのである。

こうして、後期マルクスの批判が、資本主義における労働の特殊性の分析によって、ヘーゲルの立場――この場合は客体化は疎外であるという立場――の「合理的核心」を首尾よく摑んでいることが再び明らかになる。私は先に、次のように述べた。すなわち、歴史的に均一な「労働」観念に基づいて、ヘーゲルの思考を「唯物論的に変換」するならば、歴史の《主体》というヘーゲルの概念は社会的集団化という観点から社会的に理解されうるにすぎず、社会的諸関係の超人間的な構造という観点から理解されることはない、と。そうした唯物論的な変換はまた、疎外と客体化の（歴史的に規定されているにもかかわらず）内的な関係を把握し損ねていることを、

九三――マルクスの理論における商品と資本という社会的諸形態から導かれる支配の形態についての本書の分析は、ミシェル・フーコーが近代西洋社会の特徴とみなした、非人格的で内在的な浸透するような権力の形態に対する、異なるアプローチを与える。Michel Foucault, *Discipline and Punish: The Birth of the Prison*, trans. Alan Sheridan (New York, 1977)（M・フーコー『監獄の誕生――監視と処罰』田村俶訳、新潮社、一九七七年）を参照せよ。

九四――バーテル・オールマンもまた、その浩瀚で洗練された研究において、疎外の観念をマルクスの批判の中心的な構造原理としてとらえている。そこでは価値のカテゴリーは、資本主義的な社会的諸関係を、疎外の諸関係として把握するカテゴリーとして解釈されている。Bertell Ollman, *Alienation* (2d ed. Cambridge, 1976), pp. 157, 176 を参照せよ。

九五――Marx, *Economic and Philosophic Manuscripts of 1844* in Karl Marx and Frederick Engels, *Collected Works*, vol. 3: *Marx and Engels: 1843-1844* (New York, 1975), pp. 329-35, 338-46.（『マルクス＝エンゲルス全集 第四〇巻』大内兵衛・細川嘉六監訳、大月書店、一九七五年、四九二―九九、五〇二―一二頁）

いまやわれわれは理解している。いずれの問題［社会的諸関係の超人間的な構造／疎外と客体化の内的な関係］についても、資本主義における労働の二重性についてのマルクスの分析は、ヘーゲルの思考のより適切な社会的適用を可能にするのである。[九六]

こうして、疎外された労働は抽象的支配の社会的構造を構成する。しかしこのような労働は、労苦や抑圧、あるいは搾取と必ずしも同一視されるべきではない。農奴による労働の一部は封建領主に「帰属する」が、それはそれ自体で自ずから疎外されているわけではない。かかる労働における支配と搾取は、労働そのものに内在してはいない。まさしくこの理由から、かかる状況における収奪は直接的な強制に基づいていたのであるし、そうでなければならなかった。剰余が存在し、それが不労階級によって収奪される社会においては、疎外されざる労働は必然的に直接的な社会的支配に結びつけられている。対照的に搾取と支配は、商品に規定された労働の場合には、労働に内蔵された契機である。[九七]独立商品生産者の労働さえもが、工業労働者のそれと同程度ではないにせよ、既に疎外されている。なぜなら、労働が社会的に媒介する活動として機能する際に、労働によって客体化された社会的諸関係の結果として、社会的強制が抽象的に実現されるからである。資本主義の特徴をなす抽象的支配と労働の搾取は、究極的には不労階級による剰余の横領ではなく、資本主義における労働の形態に基礎づけられているのである。

抽象的支配の構造は社会的に媒介する活動としての労働行為によって構成されるが、社会的に構成されたものであるようには見えず、むしろ自然化された形態で現れる。その社会的かつ歴史的な特殊性はさまざまな要素によって覆い隠される。作用する社会的必然性の形態——私はその第一の規定について論じただけである——は、いかなる直接的、人格的、社会的支配も不在なままに存在する。行使される強制力が非人格的で「客観的」であるがゆえに、それは社会的であるようには少しも見えず、「自然」であるように見え、そして後に説明するように、それは自然的現実が社会的に概念化される際の条件を形づくる。この構造は、暴力による脅威やその他の社会的制裁ではなく、自己の欲求がかかる必然性の源泉であるように見えるという構造なのである。

抽象的支配のこのような自然化は、社会的労働に結びつけられる二つの全く異なる種類の必然性が重なり合うことによって強化される。ある形態における労働は、人間の社会的存在そのものの必然的な前提条件――超歴史的ないし「自然な」社会的必然性――である。この必然性によって、商品生産労働の特殊性――すなわち、人は自分の生産するものを消費しない一方で、労働は消費される生産物を獲得する必然的な社会的手段であるということ――が覆い隠されうる。こちらの方の必然性は、歴史的に規定された社会的必然性である（後に明らかになるように、これら二種類の必然性の区別は、資本主義以後の社会における自由についてのマルクスの構想を理解するためには重要である）。商品生産労働によって演じられる特殊な社会的媒介の役割は覆い隠され、かかる労働は労働そのものとして現れるがゆえに、これら二つの種類の必然性は見たところ超歴史的に妥当する必然性の形態において融合されてしまう。つまり人々は生きるために労働しなければならないということになる。かくして資本主義に特殊な社会的必然性の形態は、「物事の自然の秩序」として現れる。この見かけ上は超歴史的な必

九六――マルクスの*Economic and Philosophic Manuscripts of 1844*（『経哲草稿』）における疎外された労働という議論は、彼が独自の分析の基盤をまだ完全には確立していなかったことを示している。一方で彼は、疎外された労働が資本主義の核心に位置し、それは私有財産に基づくのではなく、反対に私有財産が疎外された労働の産物である、とはっきり述べている（pp. 279-80［『マルクス＝エンゲルス全集 第四〇巻』、四四〇―四一頁］）。他方で彼は、資本主義における労働の特殊性という発想をまだ明確には確立しておらず、それゆえこの議論を真に基礎づけることができていない。疎外に関する彼の議論は後になってはじめて十全に確立されるのであり、それは資本主義における労働の二重の性格という彼の概念に基づいてのことである。翻って、この概念が彼の疎外の観念そのものを変容させる。

九七――ギデンズは次のように記している。すなわち資本主義以前の「階級に分裂した」社会において、被支配階級は生産過程を営むために支配階級を必要とはしない。しかし資本主義においては、勤労者は生計を立てるために雇用者を確かに必要とする。Anthony Giddens, *A Contemporary Critique of Historical Materialism* (London and Basingstoke, 1981), p. 130 を参照せよ。この論点は、資本主義における労働支配の特殊性の非常に重要な側面を描き出している。だが本書における私の意図は、この特殊性のいま一つの側面、すなわち労働による労働の支配という側面を強調することにある。生産手段の所有にのみ焦点を合わせると、この形態は見過ごされてしまいかねない。

然性――個人の労働が、自身（またその家族）の消費のための必然的手段であるということ――は、資本主義のあらゆる段階を通して、総体としての資本主義的社会編制を正当化する根本的イデオロギーの基盤として機能する。かかる正当化のイデオロギーは、資本主義の最も基礎的な構造を肯定するものとして、資本主義の特定の段階により一層密接に結びついたイデオロギー――例えば、市場に媒介される等価物の交換に関係づけられるイデオロギー――よりも一層根本的である。

資本主義における労働の特殊性についてのマルクスの分析は、彼の疎外という概念に関して、さらなる含意を持っている。疎外の意味するところは、それを「労働」という観念に基づく理論の文脈において考察するのか、あるいは資本主義における労働の二重性の分析という文脈において考察するのかによって、かなり違ったものとなる。前者の場合、疎外は哲学的文化人類学の概念になる。すなわちそれは、あらかじめ存在する人間の本質の外化を示す。また別のレベルでは疎外は、資本家が労働者の労働や生産物を意のままに処分する権力を保持している状況を示す。かかる批判の枠組みにおいて疎外は、超克可能な諸条件に基づいているにもかかわらず、全面的に否定的な過程である。

ここで私が提示している解釈において疎外は、抽象的労働の客体化の過程である。疎外はあらかじめ存在する人間の本質の外化を意味するものではない。むしろそれは、人間諸力が疎外された形態においてこそ生まれ出てくるということを含意している。別言すれば疎外とは、社会的に媒介する活動として自らを客体化する労働によって発揮される人間諸力が、歴史的に構成される過程を示している。かかる過程を通じて、抽象的で客観的な社会的領域が立ち現れ、自ら生命を宿した上で、諸個人に支配を及ぼし諸個人と対立する抽象的支配の構造として存在するのである。マルクスは資本制社会の中心的諸相を、かかる過程との関連において解明し基礎づける際に、その帰結を全面的に否定的なものとしてではなく、二面的なものとして評価する。それゆえ例えば、『資本論』

において彼は、普遍的な社会形態が疎外された労働によって構成されることを以下のように分析する。すなわち、かかる社会形態とは人間の諸能力がその只中で歴史的に創造される構造であり、なおかつ抽象的支配の構造でもあると。この疎外された形態は社会的富と人間の生産力との急速な蓄積を引き起こし、なおかつ労働の断片化の進展と、時間の形式的な統制と、自然の破壊を伴うのである。抽象的支配の諸構造は社会的実践の規定的な諸形態によって構成され、人間の制御を超えたところにある社会的過程を生み出す。とはいえ、マルクスの分析においてかかる諸構造は、疎外された形態において人々が社会的に構成してきたものを彼らが制御しうるようになる歴史的可能性をも生み出すのである。

社会的構成過程としての疎外のこのような二面性は、普遍性と平等性についてのマルクスのとらえ方においても見て取ることができる。既述のとおり、以下のような考え方が広く受け入れられてきた。マルクスは、一七・一八世紀のブルジョワ革命において表明された諸価値を、資本制社会の底に横たわっている個別主義的で不平等な現実と対比することによって資本制社会を批判した、という考え方である。もしくはマルクスは、ブルジョワ市民社会の普遍主義的諸形態について、ブルジョワジーの特殊利益を隠蔽するものであるとして批判した、という認識である。[九八] しかしながらマルクスの理論は、単純に――そして肯定的な仕方で――、普遍的なものと特殊的なものとを対立させたり、普遍的なものを単なる表面的な見せかけとして片づけたりするものではない。社会的構成論としてのマルクスの理論はむしろ、近代の普遍性と平等性の性格を批判的に検証し、社会的に根拠づける。マルクスの分析によれば、普遍的なものとは超越的な観念ではなく、社会的諸関係が商品によって規定された形態が発展し強化されるとともに、歴史的に構成されるものである。だが、歴史的に出現するのは普遍的なものその

九八――例えば、Jean Cohen, *Class and Civil Society: The limits of Marxian Critical Theory* (Amherst, Mass., 1982), pp. 145-61 を参照のこと。

れ自体ではなく、特定の普遍的形態なのであって、かかる形態はそれがその一部分であるところの社会的諸形態と関連している。したがってマルクスは例えば『資本論』において、資本主義的諸関係の拡大と一般化について、諸労働の具体的な特殊性を抽象すると同時に人間労働という共通の分母に還元する過程として描いている。[九九] マルクスによれば、この普遍化の過程が人間の平等性という通俗的な観念が立ち現れるための社会・歴史的な前提条件を構成するのであり、近代の古典派経済学の理論は、翻ってこの観念を土台として形成される。[一〇〇] 換言すれば、平等性という近代的な概念は、商品形態の発展——すなわち疎外の過程——に付随して歴史的に発生した平等性という社会的形態に根差しているのである。

この平等性という歴史的に構成された形態は二面的な性格を持つ。一方ではそれは普遍的であり、人々のあいだでの共通性を打ち立てる。ところがそれは、特定の諸個人あるいは諸集団の質的な特殊性から抽象された形態においてなされる。疎外の歴史的過程の上に、普遍的なものと個別的なものとの対立が生じるのである。かくして、構成された普遍性と平等性は、肯定的な政治的・社会的な諸帰結を生んできた。しかし、普遍性と平等性は特殊性の否定を伴うので、否定的な諸結果をも生んできた。当該の対立が、かかる両義的な諸帰結を生むような事例は多数ある。例えばフランス革命後のヨーロッパにおけるユダヤ人の歴史は、あるレベルでは、以下の二者の間にとらわれた集団の歴史として理解することができる。すなわち一方には普遍主義の抽象的形態があり、それは抽象的な諸個人としてのみ人々を解放することを可能にする。他方にはそれに対する具体的で反普遍主義的なアンチテーゼがあって、そこでは人々や諸集団は個別主義的に同定され、判定される。例えばそれは、ヒエラルキー的な、あるいは排他的な、あるいはまたマニ教的な仕方で行なわれる。

啓蒙時代の抽象的普遍性と個別主義的特殊性のこうした対立は、脱文脈化された仕方で理解されるべきではない。この対立は歴史的に構成された対立であり、資本主義における規定された社会的諸形態に根差すのである。具体的特殊性と対立するものとしての抽象的普遍性を、ポスト資本制社会においてはじめて実現されうる理想であるとみなすならば、資本制社会に特徴的な対立の枠組みの内部に束縛され続けることになる。

普遍的なもののこのような抽象的形態に関連した支配の形態は、普遍主義的な外観によって隠蔽された単なる階級関係であるのではない。そうではなく、マルクスの分析する支配とは、普遍主義の歴史的に構成された特殊な形態そのものによる支配にほかならないのであり、彼はそれを価値と資本のカテゴリーによって把握しようとする。かくして、彼の分析する社会的枠組みの特徴は、抽象的な社会的領域と諸個人との対立が歴史的に構成されているというところにもある。商品に規定される社会において、近代的個人――すなわち人格的関係による支配、義務、依存から独立しており、疑似‐自然的で固定された社会的地位にはもはや明示的には埋め込まれておらず、ある意味では自己決定する人格――は、歴史的に構成されている。だがこの「自由な」個人は、法のごとき仕方で機能する抽象的客観的諸制約の織りなす社会的領域に直面させられる。マルクスの言葉で言えば、人格的依存の関係を特徴とする前資本主義的環境から、新しい環境が出現したのであり、それは「物象的依存性」[一〇一]という社会的枠組みにおける個人の人格的自由を特徴とする。マルクスの分析によれば、自由で自己決定的な個人と客観的必然性という外在的領域との近代的対立は、商品に規定された社会的諸関係の形態が勃興し広がりゆくのに伴って歴史的に構成される「実在する」対立であり、それは主体の世界と客体の世界という一般的に構成される対立と関連している。だがこの対立は、ただ単に諸個人と彼らの疎外された社会的状況との対立ではない。それは諸個人自身の内部での対立でもあるとみなしうるし、あるいは近代社会における諸個人のさまざまな規定性の間での対立であると言った方がよい。こうした諸個人は、意志に基づいて行為する自己決定的な「主体」で

九九――*Capital*, vol. 1, pp. 159-60.（『マルクス＝エンゲルス全集 第二三巻 第一分冊』、九〇―九一頁）
一〇〇――Ibid., p. 152.（同右、八一頁）
一〇一――*Grundrisse*, p. 158.（『マルクス資本論草稿集①』、一三八頁）

あるのみならず、諸個人の意志から独立して作用する客観的な強制力と諸制約のシステムに従属してもいる――そしてその意味で「客体」でもある。商品と同じく、資本制社会において構成される個人は二重性を有しているのである。[一〇二]

それゆえマルクスの批判は、ただ単に近代市民社会の価値観と諸制度を、階級関係を隠蔽する見せかけであると「暴露する」だけでなく、カテゴリーによって把握された社会的諸形態との関連においてそれらを基礎づける。かかる批判は、ブルジョワ社会の理想の実現も、その廃絶も要求してはいない。[一〇三]またそれは現存の［社会］編制の抽象的で同質的な普遍性を実現することや、普遍性の廃絶を示唆しているのでもない。そうではなく、それは社会的諸関係の規定された諸形態の観点から、抽象的普遍主義と個別主義的な特殊性との対立を社会的に根拠のあるものとして解明するのである。そして後に見るように、それらの諸形態が発展することこそが普遍主義のいま一つの形態、すなわち、あらゆる具体的特殊性の抽象に基づかない普遍主義が可能であることを指し示すのである。資本主義の超克とともに、疎外された形態において既に構成されている社会の統一は、政治的実践の諸形態によって、質的特殊性を否定する必要のない仕方で、別様に実現されうるであろう。（このアプローチに照らすならば、近時の社会運動――特に女性運動、およびさまざまなマイノリティ運動――におけるいくつかの傾向は、次のように解釈することができるだろう。すなわち、それらは同質的普遍主義と普遍主義を排除する個別主義の形態とのアンチノミー――それは商品という社会的形態と結びついている――を乗り越えようとする試みであると。これらの運動についての分析が的確であるためには、当然それは歴史的であるべきである。つまりその分析は、それらの運動を、基底的な社会的諸形態の発展と関係づけることによって、資本主義の特徴をなすこのアンチノミーを超えようとするそうした試みの歴史的な出現を説明しなければならない。）

歴史的に構成された抽象的普遍性に対するマルクスの暗示的な批判と、工業的生産は本来的に資本主義的であるとする彼の分析との間には概念的な並行関係がある。『要綱』を論じる際に述べたように、マルクスにとって資本主義の超克は、同じ工業的な生産様式に基づく新しい分配様式を意味するのではないし、過去の数世紀において発展した潜在的生産力を廃絶することを意味するのでもない。そうではなく、社会主義において生産の形態は、その目的とともに別なものとなるのである。それゆえマルクスの批判は、普遍性の分析と生産過程の分析の双方において、現存の形態を実体化することと、それを将来の自由な社会のための必須条件として措定することを避け、またその一方では資本主義において構成されたものが社会主義においては完全に廃絶されるであろうという観念をも斥けている。換言すれば、疎外の過程の二面的性質が示すのは、疎外された形態において社会的に構成されてきたものを人々が我が物とする——単に廃絶するというよりも——ということなのである。マルクスの批判は、この点において抽象的な合理主義者のそれとも、ロマン主義的な資本主義批判とも異なる。

それゆえ後期マルクスの諸著作において疎外の過程は、実践の構造化された諸形態が資本制社会における基礎的な社会的諸形態、思考の形態、そして文化的価値観を歴史的に構成する過程と一体になっている。当然のことながら、価値観は歴史的に構成されているという考え方は、価値観が永遠のものではないことを理由にそれはまがい物であるか慣習的なものにすぎず妥当性を持たないとする議論として受け取られるべきではない。社会生活の諸形態が構成される仕方についての自己再帰的な理論は、このような抽象的絶対主義のアプローチと抽象的相対主義のアプローチ——そのいずれもが、人間はどういうわけかその社会的諸領域の外側で行為し思考しうると言っている——との対立を超えて進まねばならない。

一〇二——それゆえミシェル・フーコーは、超越論的経験的二重体としての近代の「人間」を広範囲にわたって論じたが、マルクスの枠組みは、近代社会における個人の主観／客観の性質という問題に対するアプローチを、フーコーによる展開とは違ったかたちで示すことになる。Michel Foucault, *The Order of Things* (New York, 1973), p. 318ff.（M・フーコー『言葉と物——人文科学の考古学』渡辺一民・佐々木明訳、新潮社、一九七四年、三三八頁以下）を参照。

一〇三——*Grundrisse*, pp. 248-49.（『マルクス資本論草稿集①』、二八六—八七頁）

マルクスの資本制社会論に従うならば、労働によって疎外された形態で構成される社会的諸関係が、先在する社会的諸形態を浸食し変容させるわけだが、このことが示すのは、こうした先在の諸形態もまた構成されたものであるということだ。にもかかわらず、そこに含まれる社会的構成の種類は区別されるべきである。資本主義における人間は、労働を手段として彼らの社会的諸関係と彼らの歴史を構成する。彼らは自らが構成したものに支配されてもいるのだが、それでも彼らは人々が資本主義以前の諸関係（マルクスはこれを自生的かつ半ば自然的なもの［naturwüchsig］であると特徴づけた）を「作る」のとは別の意味で、またより強い意味で、これらの諸関係と彼らの歴史を「作る」のである。マルクスの批判理論を、ヴィーコの格言――人間は、自らの作ったものではない自然を知りうる以上に、人間の作った歴史を知ることができる――に関係づけるのであれば[一〇四]、それは、資本制社会を「作る」ことと資本主義以前の社会を「作る」ことを区別した上で、なされるべきである。労働によって媒介される疎外された社会的構成の様式は、伝統的な社会的諸形態を単に弱体化させるのではなく、その過程で新しい種類の社会的文脈を導入する。その社会的文脈とは、社会を総体として社会的に省察し分析することを可能にする――また、おそらくはそれを促す――ような諸個人と社会との隔たりの形態を特徴とするものである[一〇五]。さらには資本主義が持つ内的な動態性の論理ゆえに、ひとたび資本の形態が十全に発展してしまえば、このような省察は必ずしも過去志向のものにはとどまらない。「作られた」諸関係という疎外された動態的な構造を、伝統的な「疑似‐自然的」な社会的諸形態に取って代わらせることによって資本主義は、さらに新たな「作られた」諸関係の形態が打ち建てられる客観的および主観的可能性を準備する。その形態は、労働によって「自動的に」構成されるものではもはやなくなる。

6　抽象的労働と物神性

いまや私は、マルクスが彼の内在的な分析において抽象的労働を生理学上の労働として提示するのはなぜなのか、という問題に取りかかることができる。労働は、社会的に媒介する活動というその歴史的に規定された機能において「価値の実体」、すなわち社会編制を規定する本質であるということをわれわれは見てきた。社会編制の本質について語ることは、いかなる意味でも自明なことではない。本質というカテゴリーは、現象形態のカテゴリーを前提とする。存在するものとその現れとの間に何の差異も存在しないときに本質について語るのは意味がない。したがって、本質の特徴とは、それが直接的には現れず、また現れ得ないのだが、別個の現象形態において表現を見出さなければならない、というところにある。このことが含意するのは、本質と現象との必然的な関係である。すなわち本質は、それが現に現れているところの現象形態において必然的に現れるという性質を有していなければならない。例えば価値の価格との関係についてのマルクスの分析は、いかにして本質が現象によって表現され隠蔽されるかについての、分析の一つである。ここでの私の関心の対象は、それに先立つ論理的レベル、すなわち労働と価値の関係である。

資本主義においては労働が社会的諸関係を構成する、ということをわれわれは見てきた。一方、労働は客体化を行なう社会的活動であり、それは人間と自然を媒介する。したがって、資本主義において労働が社会的に媒介する活動としての機能を果たすのは、必然的に、かかる客体化の活動としてのことである。それゆえ資本主義に

一〇四――例えば、Martin Jay, *Marxism and Totality* (Berkeley and Los Angeles, 1984), pp. 32-37（M・ジェイ『マルクス主義と全体性――ルカーチからハーバーマスへの概念の冒険』荒川幾男ほか訳、国文社、一九九三年、五一―五六頁）を参照せよ。

一〇五――この意味で商品形態の勃興と拡大は、ブルデューが「ドクサの領域」と呼ぶものの変容とそれが部分的に代替されることに関係していると言えるだろう。ブルデューは「ドクサの領域」を、「組織の客観的秩序と主観的諸原則とが（古代社会におけるように）疑似的に完全に一致し、それによって自然的および社会的世界が自明なものとして現れる」ものとして特徴づけている（Pierre Bourdieu, *Outline of a Theory of Practice*, p. 164）。

おける労働の特殊な役割は、生産活動としての労働の客体化という現象形態において必然的に表現されなければならない。だが、労働の歴史的に特殊な社会的次元は、労働の外見上は超歴史的な「物質的」次元によって表現され、かつ隠蔽される。このような目に見える諸形態は、資本主義における労働の独特な機能の必然的な現象形態である。他の社会において働くことは、顕在的な社会的母体のなかに埋め込まれており、したがってそれは「本質」であるわけでも「現象形態」であるわけでもない。資本主義における労働の特異な役割こそが、労働を本質であると同時に現象形態としても構成する。言い換えれば、資本主義の特徴をなす社会的諸関係は労働によって媒介されるがゆえに、その社会編成は本質を有するという特異性を示すのである。「本質」は存在論的規定である。しかしながら、私がここで考察している本質は、歴史的――労働の歴史的に特殊な社会的機能――である。だが、この歴史的特異性は容易に見えるものではない。労働によって媒介される社会的諸関係は自己を根拠づけるものであり、本質を有しており、社会的なものとは全く見えず、客観的で超歴史的なものに見えるということをわれわれは見てきた。換言すれば、このような諸関係は、存在論的なものとして現れる。マルクスの内在的分析は、社会的存在論の立場からの批判ではない。むしろそれは、存在論的に見えるものが実際には資本主義に特殊歴史的であることを示すことによって、こうした立場に対する批判を与えるのである。

私は本書で既に、資本主義における労働の特異性はその間接的性格にあると解釈し、「労働」の立場からの社会批判を定式化する立場を批判的に検討した。こうした立場が、資本主義の基礎的な社会的諸形態の存在論的見かけを「額面通り」に受け取っているということは、いまや明らかである。というのは、労働が社会的本質であるのは、資本主義においてのみであるからだ。こうした社会的秩序は、本質それ自体、すなわち労働の歴史的に特殊な機能と形態を廃絶しない限り、歴史的に超克され得ない。非資本制社会は、労働によってのみ構成される社会ではないのである。

資本主義における労働の特定の機能を把握しない立場は、社会的に綜合する性格を労働それ自体に帰してしまう。つまり労働を、社会生活の超歴史的な本質として取り扱うのである。しかしながらなぜ「労働」としての労働が社会的諸関係を構成しなければならないのかということは、説明され得ない。さらには、われわれがいま検討した本質と現象の関係は、このような「労働」の立場からの批判によっては解明され得ない。われわれが見たように、かかる解釈は、歴史的に可変的な現象形態(市場のカテゴリーとしての価値)と歴史的に非可変的な本質(「労働」)との分離を前提としている。このような立場によれば、すべての社会は「労働」によって構成されている一方で、非資本制社会はおそらくは直接的にまた顕在的にそうである、ということになる。第二章において私は、社会的諸関係は決して目に見えるかたちで社会的であることはできないために、必然的に客体化された形態で存在しなければならないということを指摘することで、この批判を補足することができるだろう。伝統的立場は、資本主義の本質を人間社会の本質として実体化することによって、本質とその現象形態との内在的関係を説明することができない。資本主義のメルクマールは、それが本質を有するということであるが、伝統的立場はそれを考慮することができないのである。

いま概説した誤った解釈は、確かにありうべきものである。というのもそれは、いま考察している形態に内在する一つの可能性であるからだ。価値とは労働そのものの客体化ではなく、労働の歴史的に特殊な機能の客体化である、ということをわれわれは見たところである。他のさまざまな社会編制においては、労働がそのような役割を演じることはないか、あったとしてもそれは周縁的なものにすぎない。それゆえここから帰結するのは、社会的媒介の構成において労働の「果たす」機能は、労働それ自体に内在する属性ではない、ということである。つまり、かかる機能は、人間労働そのものの特徴に何ら根差すものではないのである。問題は、商品を検討するところから分析を進め、その価値を構成するものを発見しようとするならば、その分析は労働の媒介する機能ではなく［単なる］労働に行き当たるにすぎない、という点にある。この媒介という特殊な機能は、労働の属性としては現れないし、また現れ得ない。それは、労働を生産活動として検討することによっても発見され得ない。なぜなら、われわれが労働と名づけるものは、すべての社会編制における生産活動であるからだ。資本主義における労働の独特な社会的機能は、労働の属性としては直接的に現れ得ない。というのも労働は、それ自体が自ずと社会的に媒介する活動ではないからである。顕在的な社会的関係だけが、そのようなものとして現れることができる。労働の歴史的に特殊な機能は、さまざまな形態による価値（商品、貨幣、資本）として[一〇六]、客体化されてのみ現れ得るのである。それゆえ社会的に媒介する活動としての労働の明示的な形態は、そこにおいて労働が必然的に客体化されるところの形態――価値――の背後に着目することによっては発見できない。この形態［＝価値］は、商品、貨幣等々として物質化されてのみ、それ自体の出現が可能となる。もちろん、労働は確かに現れる――しかしその現象形態は、社会的媒介としてのそれではなく、単に「労働」それ自体としてのものである。

労働それ自体を検討することによっては、社会的諸関係の媒介を構成するものとしての労働の機能を発見することはできない。精査されなければならないのは、労働の客体化されたものなのである。それゆえマルクスは、労働からではなく、資本主義の社会的諸関係の最も基礎的な客体化である商品から、彼の説明を開始しているのである[一〇七]。しかしながら、社会的媒介としての商品を精査することにおいても、現象は欺く。われわれが見たように、商品は財であり、また客体化された社会的媒介である。使用価値あるいは財としての商品は、特定のものであり、特定の具体的労働の客体化である。他方で、価値としての商品は一般的であり、抽象的労働の客体化である。だが商品は、両方の規定性を同時に満たすことはできない。商品は、特定の財としてと同時に一般的媒介として機能することはできないのである。

このことが意味するのは、各商品の社会的媒介としての一般的性格は、各商品の特定の性格と切り離された表現の形態を持たなければならない、ということだ。このことは、価値形態から貨幣の分析に至るマルクスの分析の出発点である。[一〇八] 各商品の一般的媒介としての存在は、諸商品のあいだの等価物として、独立し物質化された形態を獲得する。すべての商品の価値の次元は、他のすべての商品のあいだでの普遍的等価物として振る舞う一商品——貨幣——の形態のうちに外在化される。こうして貨幣は、普遍的媒介として現れる。かくして使用価値および価値としての商品の二重性は、一方では商品形態のうちに、他方では貨幣のうちに、外在化され出現するのである。だが、この外在化の結果として商品は、社会的媒介そのものとしては現れない。その代わりそれは、純粋に「物的な」対象、財として現れ、貨幣によって社会的に媒介される。それと同様に貨幣は、商品（および労働）の抽象的で一般的な次元の物質化された外在化として現れるのではなく——すなわち、社会的媒介の特定の形態の表現としてではなく——、普遍的媒介そのものとして、つまり社会的諸関係の外にあるものとして現れる。こうして、資本主義における社会的諸関係の、客体によって媒介されているという性格は、その現象形態によって、諸対象のあいだの外在化された媒介（貨幣）として表現され、かつ隠蔽される。それゆえ、かかる媒介の存在は慣習の結果であると受け取られうるようになるのである。[一〇九]

そして商品が単に財あるいは生産物として現れることは、価値および価値をつくり出す労働の概念を条件づける。すなわち商品は、価値、つまり社会的媒介であるとは見えず、むしろ交換価値を持った使用価値であると見える。価値が富の特定の形態であり、客体化された社会的媒介であって、それが商品のうちに物質化されるとい

一〇六——価格と利潤についてのマルクスの分析に従えば、客体化された現象は、価値というレベルでさえも、現象のより表層的なレベルによって覆い隠されている。

一〇七——Marx, "Marginal Notes on Adolf Wagner's *Lehrbuch der politischen Ökonomie*," in Karl Marx and Frederick Engels, *Collected Works*, vol. 24: *Marx and Engels: 1874–1883* (New York, 1975), pp. 544-45.（『マルクス＝エンゲルス全集 第一九巻』大内兵衛・細川嘉六監訳、大月書店、一九六八年、三六九頁）

一〇八——*Capital*, vol. 1, pp. 138-63.（『マルクス＝エンゲルス全集 第二三巻 第一分冊』、六四—九六頁）

一〇九——Ibid., pp. 188-244.（同右、一二五—一九〇頁）

うことは、もはや明らかではなくなる。商品が、貨幣によって媒介される財として現れるのと同様に、いまや価値は、資本主義においては市場によって分配される（超歴史的な）富として現れる。こうして、分析されるべき問題は、資本主義における社会的媒介の性質という問題から、交換比率の決定の問題へと移し替えられる。交換比率は商品に対して外在的な要因によって究極的に決定されるのか、それともそれは——例えば生産に投入された労働の相対的な量によって——内在的に決定されるのか、といったことを論じることがいまや可能になる。しかしながら、いずれの場合でも、この社会的形態の特殊性——価値は客体化された社会的媒介であるという特殊性——は、ぼやかされてしまうことになる。

価値が市場によって媒介される富であると解され、かつその富が労働によって構成されると想定されているとき、価値を構成する労働は、労働の生産物が交換される状況のなかで単に富をつくり出す労働であるように見える。換言すれば、資本主義の基礎的な社会的諸形態の規定された性質が、それらの眼に見える形態のために把握されていないときには、価値が商品の属性であるとみなされる場合においても、価値は生産物としての商品の属性とみなされ、社会的媒介としての商品の属性であるとはみなされない。その結果として価値は、社会的に媒介する活動としての労働ではなく、生産活動としての労働——財と物質的富を生産するものとしての労働——によってつくり出されるように見える。労働は、表面的にはその具体的特殊性に関わりなく価値をつくり出すがゆえに、単にそれは生産活動一般としての能力によってそうするもののように見える。かくして価値は、労働そのものの支出によって構成されるように見える。価値が歴史的に特殊なものと考えられるとしても、それは「労働」の支出によって構成されるものの分配の形態として、歴史的に特殊なものと考えられているにすぎない。

それゆえ労働の特異な社会的機能によって無規定的な労働の支出が価値を構成するものとなるのだが、その特異な機能は、直接には明らかにされ得ない。既に論じたようにこの機能は、そこにおいて労働が必然的に客体化される形態の背後を探し求めることによっては解明され得ない。かかる解明の代わりに、価値は単なる労働の支出によって構成されるものとして現れ、その際、労働を価値構成的たらしめるところの労働の機能は考慮されないまま、ということになる。物質的富と価値との差異は、非資本制社会における社会的諸関係によって媒介される労働と、資本主義における労働そのものによって媒介される労働との差異に根差しているが、かかる差異は区別し得なくなる。言い換えれば、商品が交換価値を有する財として現れ、それゆえ価値が市場に媒介される富として現れるとき、価値をつくり出す労働は、社会的に媒介する活動としてではなく、富をつくり出す労働一般として現れる。したがって、労働は単にその支出によって価値をつくり出すように見えるのである。かくして抽象的労働は、マルクスの内在的分析において、すべての社会における人間労働のすべての形態の「基底となる」もの——すなわち筋肉、神経、その他諸々の支出——として、現れる。

資本主義の社会的「本質」が、いかなる意味で、社会的諸関係の媒介としての労働という歴史的に特殊な機能であるかを、私は示してきた。だがマルクスの説明——それはカテゴリーの諸形態において既に内在的であり、商品から始まって、その価値の源泉を検討する——の枠組みにおいては、抽象的労働のカテゴリーは労働そのもの、具体的労働一般の表現であるように見える。内在的分析において、資本主義の歴史的に特殊な「本質」は、生理学的、存在論的本質として、あらゆる社会に共通する形態、すなわち「労働」として現れる。かくしてマルクスの提示する抽象的労働のカテゴリーは、彼が物神性という観念によって展開するものの第一の規定である。資本主義の基底をなす諸関係は労働によって媒介され、そのことによって客体化されるがゆえに、歴史的に特殊で社会的なものとしては現れず、存在論的に根拠づけられた超歴史的に妥当する形態として現れる。資本主義において労働の媒介的性格が生理学的労働として現れることは、資本主義における物神性の原理的核心なのである。

労働の媒介する役割が労働一般として物神化されて現れること、そしてそれを額面通りに受け取ってしまうことが、「労働」の立場からなされるさまざまな社会批判——私はそれを「伝統的マルクス主義」と名づけた——の出発点である。マルクスにおいては批判の対象であったものが変換され、伝統的マルクス主義においては「生産のパラダイム」によって肯定される対象となってしまうということは、ゆえなきことではない。マルクスによればそうした事情は、資本主義の核心が、社会生活の本質として実体化されうる必然的な現象形態を有している、ということに根差している。この意味でマルクスの理論は、資本主義に特殊な社会的諸形態のなかに、生産のパラダイムの歴史的な「合理的核心」があることを把握しうるような、生産のパラダイムに対する批判を目指しているのである。

　抽象的人間労働のカテゴリーについてのこうした分析は、マルクスの批判の内在的性質の具体的な彫琢である。このカテゴリーをマルクスは生理学的に定義したが、それは資本主義をそれ自身の観点から、つまり資本主義が自らを表現する形態において分析することの一部である。批判はその対象の外側に立つ視点を取ることはなく、諸カテゴリーとその矛盾の全面的な展開に依拠するのである。マルクスの批判の自己理解という観点からすると、社会的関係の諸形態を把握するカテゴリーは、社会的客観性と主観性のカテゴリーであるのと同時に、それ自体がかかる社会的現実の表現でもある。これらのカテゴリーは記述的なものではない。つまり、その対象に対して外的なものではなく、それゆえそれらは対象に対して偶発的な関係にあるのではない。まさにこの内在的な性格ゆえに、マルクスの批判は実に容易に誤解されうるのであり、文脈から引きはがされた引用や概念が、実証的[positive]な「科学」を構築するために用いられてしまいうるのである。[一〇] 伝統的なマルクス解釈と資本主義についての物神化された理解は並行しており、相互に関連している。

　したがって、マルクスの「唯物論的」批判における《物質》[*Materie*]は、社会的なもの――社会的関係の諸形態――である。資本主義の特徴をなす社会的次元は、労働に媒介され、客体化された形態においてのみ現れうる。マルクスの分析は、物象化された諸形態の歴史的および社会的内容を暴露することによって、こうした労働とその対象の諸形態を実体化するさまざまな唯物論に対する批判にもなる。彼の分析は、観念論と唯物論とを、それぞれ歴史的に特殊な、物象化され疎外された社会的諸関係のなかに根拠づけることによって、双方に対する批判を提供するのである。

7　社会的諸関係・労働・自然

資本主義を特徴づける社会的関係の諸形態は、顕在的には社会的でない。したがってそれは、全く社会的なものとしては現れず、非常に特殊な自然の観念を内包しつつ、「自然的」に現れる。資本主義的な社会的諸関係の現象形態は、社会的世界の理解を条件づけるだけでなく、ここで示されるアプローチが提起しているように、自然的な世界の理解をも条件づけるのである。先に導入した主観性についてのマルクスの社会・歴史的理論についての議論を敷衍し、自然の概念化とその社会的文脈との関係——これについてはここでは少しだけ触れるにとどめざるを得ないが——という問題へのアプローチを提起するため、以下では、資本主義的諸関係の疑似 - 客観的な性格についてさらに検討する。それは労働とその諸対象に与えられる意味の問題について簡潔に考察することによって行なわれるであろう。

理解を容易にするために、伝統的な社会的諸関係と資本主義的な社会的諸関係との非常に単純化された比較からもう一度、進めていくことにする。既述の通り、伝統的社会においては働くこととその生産物は顕在的な社会

一一〇——例えばコルネリュウス・カストリアディスは、マルクスの批判は形而上学的なものであり、労働の存在論化を含んでいると想定することによって、その内在的な本質を見落としている。Cornelius Castoriadis, "From Marx to Aristotle," *Social Research* 45, no. 4, (Winter 1978), esp. pp. 669–84 を参照せよ。カストリアディスは暗黙のうちに、マルクスの否定的な批判を肯定的［positive］な科学として読み、それを基にして批判を加えている。彼は、マルクスのカテゴリー的批判と商品フェティッシュの観念との関係を考慮することなく、信じられないほどの不整合性をマルクスに転嫁している。彼によればマルクスは『資本論』の同一の章内で、彼が物神崇拝論で批判的に分析している疑似 - 自然的、非歴史的立場を、まさに主張しているということになる。

的諸関係によって媒介され、それに埋め込まれているが、資本主義においては労働とその生産物は自らを媒介する。労働とその生産物が社会的諸関係の母体に組み入れられている社会において、それらはその諸関係によって社会的性格を吹き込まれ授けられる――ただし、さまざまな労働に与えられる社会的性格は、その労働に内在しているように見える。このような状況において生産活動は、純粋な手段としては存在しないし、道具や生産物も単なる物としては現れない。その代わり、それらは社会的諸関係によって性格づけられることによって――顕在的に社会的にであれ疑似‐宗教的にであれ――、それらに内在しているように見える、意味と重要性を吹き込まれる。[一二]

このことは、注目すべき転倒を招く。社会的諸関係によって無意識的に規定される活動、用具、あるいは物は、結果として象徴的な性格を帯びるがゆえに、社会的に規定する性格を持つかのごとく立ち現れる。例えば、厳格な伝統的社会の枠組みのなかでは、物もしくは活動は、社会的な地位やジェンダー的な定義を体現し、規定するように見える。[一三] 伝統的社会において働くことは、単に労働として現れるのではなく、労働のそれぞれの形態が社会的に性格づけられ、社会的存在の特定の規定性として現れる。労働のこのような諸形態は、資本主義における労働とは全く異なる。そのような諸形態を道具的行為として理解するのは、適切ではあり得ない。それだけではなく、そのような労働の社会的性格は、資本主義における労働の特殊な社会的性格として私が描いてきたものと混同されるべきではない。非資本制社会における労働は、社会を構成しない。というのも、非資本制社会における労働は、商品に規定される労働を印づける特異な綜合的性格を持たないからである。非資本制社会における労働は社会的ではあるが、社会的諸関係を構成するのではなく、それによって構成される。伝統的社会における労働の社会的性格はもちろん、「自然的」であるように見える。しかしながら、この自然的なものという観念は――したがって自然という観念も――商品形態が行き渡っている社会におけるそれとは全く異なる。伝統的社会における自然は、社会を特徴づける社会的諸関係と同じように「本質的」に多様であり、人格化され、非合理的な性格を賦与されているのである。[113]

既に見てきたように、資本主義における労働は、社会的諸関係によって媒介されるのではなく、むしろそれ自身が社会的媒介を構成する。伝統的社会においては、社会的諸関係が労働に意味や重要性を与えるとすれば、資本主義においては、労働が「客観的な」性格を自らと社会的諸関係とに与える。この客観的性格は、他の社会では顕在的な社会的諸関係によって、さまざまに特殊な意味を授けられていた労働が、自らを媒介し、そのことによって、かかるさまざまな意味を否定するとき、歴史的に構成される。この意味で客観性は、非顕在的に社会的な「意味」であるとみなされうるのであり、この「意味」は、客体化する作用を持つ社会的活動が再帰的に自らを社会的に規定するとき、歴史的に生じるのである。そういうわけで、このアプローチの枠組みにおいては次のように考えることができる。伝統的社会においては、社会的諸関係が労働や用具、物を規定するのだが、翻って、労働、用具、物は社会的に規定する性格を持つものとして現れる。資本主義においては、労働とその生産物が客観的な社会的諸関係の領域をつくり出す。そこでは労働とその生産物は、実際は社会的に規定する作用を持つにもかかわらず、そのようなものとしては現れない。むしろそれらは、純粋に「物質的」なものとして現れるのである。

この後者の転倒は、さらなる検討に値する。私は以下のことをこれまで示してきた。つまり、資本主義におけ

一一一――ジェルジ・マールクシュの以下の論考における、資本主義以前の社会での直接的、明示的な諸規範や社会的な諸構造と、物と道具との関係についての優れた議論を見よ。György Márkus, "Die Welt menschlicher Objekte: Zum Problem der Konstitution im Marxismus," in Axel Honneth and Urs Jaeggi, eds., *Arbeit, Handlung, Normativität* (Frankfurt, 1980), esp. pp. 24-38.

一一二――例えばマールクシュは、一つの集団に属している物を、他の集団の構成員は触れることもしない――例えば男性の武器を女性や子どもは触れるべきではない――ような社会に言及している (Ibid., p. 31)。

一一三――ルカーチは、自然の概念化へのこのようなアプローチを提起している。Georg Lukács, "Reification and the Consciousness of Proletariat," in *History and Class Consciousness*, p. 128（ルカーチ『歴史と階級意識』、二三五―二三六頁）を参照せよ。

る労働の特殊な媒介的役割は、必然的に客体化された形態で現れ、労働の属性として直接的に現れるのではない、ということである。その代わり資本主義における労働は、自らに社会的性格を授けることによって、単なる労働一般として現れるのであり、かつて伝統的な社会においてさまざまな労働に与えられていた社会的意味のアウラは引きはがされる。逆説的だが、資本主義における労働の社会的次元が再帰的に構成され、またかかる次元は顕在的な社会的諸関係によって与えられる属性ではないというまさにそのことによって、かかる労働は、実際にはこの社会編制において媒介的活動であるにもかかわらず、そのようには現れない。むしろかかる労働は、その一面においてのみ現れる。つまり道具的な仕方で社会的に適用され規制されうる技術的活動である具体的労働としてのみ現れるのである。

こうした資本制社会における労働の「客体化」の過程はまた、社会的対象としての商品の、逆説的な「世俗化」の過程でもある。一つの客体としての商品は、社会的諸関係の結果として社会的性格を獲得するのではなく、（物質化された社会的媒介であるという意味で）本質的に一つの社会的客体である。にもかかわらず、商品は単なる物であるかのように現れる。既に述べたように商品は、使用価値であると同時に価値でもあるのだが、後者の社会的次元は普遍的等価物、つまり貨幣の形態において外化する。商品がこのように商品と貨幣とに「二重化」することの結果として、貨幣は抽象的な次元の客体化として現れ、商品は単なる物として現れる。別言すれば、商品そのものが物質化された社会的媒介であるという事実が意味しているのは、「モノ以上の」（社会的もしくは超俗的な）意義を対象に吹き込むような顕在的な社会的諸関係は存在しない、ということだ。媒介としての商品は、それそのものが「モノ以上の」モノなのである。それゆえその媒介性の次元の外化がもたらす帰結として、商品が純粋に物質的な対象として現れるのである[一一四]。

労働とその生産物の「世俗化」は、伝統的な社会的諸紐帯が、二重の（具体的‐物質的かつ抽象的‐社会的）性格を持つ社会的媒介によって解体され変容する歴史的過程の一契機である。前者の［具体的‐物質的］次元の沈澱は、後者の［抽象的−社会的］次元の構築とともに進行する。したがって、これまで見てきたように、顕在的な社会的諸関係と支配の諸形態に結びついた諸規定と諸制約を克服することによって、人類はいまやその労働を差配する、ということは見かけ上のことにすぎない。資本主義における労働は、実際には無意識的な社会的規定から自由になってはおらず、それ自体がそのような規定の媒体となっているので、人々は一つの新しい強制力に直面する。まさしくそれは伝統的社会形態の諸紐帯が持つ強制力を克服したところのもの、つまり労働によって媒介された、疎外され抽象化された社会的諸関係に基盤を持つ強制力なのである。こうした諸関係が構成するのは「客観性」の枠組みであり、そのなかで自己決定的な個人が自らの利益を追求するような、見た目には非社会的な制約である。その制約によって「個人」と「利益」は、社会的に構成されているというよりはむしろ存在論的に存在しているように見えるのである。すなわち新しい社会的文脈が構成されるのであるが、それは社会的であるようにも文脈的であるようにも見えない。簡潔に言えば、資本主義に特徴的な社会的文脈化の形態は、見かけ上、脱文脈化の形態として現れるということである。

（したがって、解放された社会における無意識的な社会的強制力の克服は、世俗化された労働をその社会的媒介としての役割から「自由にする」ことを必然的に含むであろう。人々はそのとき、伝統社会的な諸制約からも疎

一一四——私は本書における抽象的な分析のレベルにおいては、資本主義における使用価値に与えられた意味の問題には向かわないが、以下のことを示しておく。すなわちこの問題について検討しようとするならば、資本制社会と非資本制社会とでは、客体（および労働）と社会的諸関係との関係性は全く異なる、ということを必ず考慮に入れるべきである。資本主義において客体は、伝統的諸社会におけるのとは異なるかたちで意味を与えられていると思われる。意味は、客体に内在的な「本質的な」属性とはみなされない。むしろ客体は、意味を有する「物的な」物なのである。つまり客体は、シニフィアンとシニフィエの間に何の必然的な関係もないという意味で、記号のようなものである。「本質的なもの」と「偶然的なもの」との差異や、客体の持つ「モノ以上の」諸属性、そしてまた趣味判断の社会的重要性の歴史的発展といったものを、資本制社会において全体化する社会的形態としての商品の発展に関係づける試みは可能であろう。しかしながら、本書ではこの主題は扱わない。

外された客観的な社会的強制力からも自由であるような仕方で、労働とその生産物を差配することができるようになるであろう。他方で労働は、世俗的であるにもかかわらず、いま一度、意義を吹き込まれる。無意識的な伝統の結果としてではなく、その認められた社会的重要性とまたそれが個人に与えることのできる実質的な満足と意義のゆえに。）

したがってマルクスの資本主義分析によれば、商品に規定された労働の二重性は、具体的な次元と抽象的な次元を特徴とする社会的領域を構成する。前者は直接的な感覚的経験の変化に富んだ表面として現れ、後者は一般的、同質的で、あらゆる個別性から抽象化されたものとして存在する。しかし、どちらの次元も資本主義における労働の自己媒介的な特質によって、客観的な性格を付与されている。具体的な次元は、モノのようなものとして、すなわち「物質的」「物的」であるという意味で、客観的なものとして構成されている。抽象的な次元もまた客観的な性質を持っているが、それは意志とは無関係に法則的な仕方で機能する、抽象的必然性の同質的一般的領域であるという意味で客観的である。資本主義を特徴づける社会的諸関係の構造は、「物的」な自然と、抽象的で普遍的な「客観的」自然法則との疑似-自然的な対立、すなわち、社会的なもの、歴史的なものが消失した対立の形態を持っている。したがって、これら客観性の二つの世界の関係は本質と現象の関係として解釈され、あるいは一つの対立の関係として解釈される[一一五]（歴史的には、例えばロマン主義的な思考様式と実証的・合理的な思考様式との対立として表現されてきたように）。

これまでに分析されてきた、これらの社会的諸形態が持つ諸特徴と、例えば一七世紀の自然科学によって概念化された自然の諸特徴との間には、多くの類似点が存在する。こうした類似点が示唆するのは、ひとたび社会的実践の構造化された形態としての商品が普及すると、それは世界（自然的世界であれ社会的世界であれ）が把握される仕方を条件づける、ということである。

商品の世界とは、諸物と行為に聖なる意味が吹き込まれることがもはやないような世界である。それは世俗的な世界であり、そこでは「物的」な諸物が貨幣という光り輝く抽象によって結び合わされ、その周りを循環する。ウェーバーの言い回しを用いるならばそれは、脱魔術化された世界である。次のように仮定してみることも可能だろう。すなわち、このような社会的世界を構成し、またそれによって構成される実践が、脱生命化され世俗化された「物的」なものという自然の概念を生み出すという仮説、さらに言えば、かかる自然の特徴は、具体的客体と抽象的媒介としての商品の特定の性格に関係づけられうるという仮説である。日常的レベルにおいて商品を扱うことによって、「物的」なものという社会的共通性が諸財のあいだに確立され、絶え間ない抽象化の作用が生じる。各商品は、具体的な物質的量において計測される特殊で具体的な質のみを有しているのではない。すべての商品は、価値を、すなわち（後に見るように）時間的に規定される量を持った、非顕在的な抽象的質をもまた共有している。商品の価値量は、具体的な物質的量の計測ではなく、抽象的計測に服することになる。商品は社会的形態として、その物質的内容から完全に独立しているのである。言い換えればこの形態は、質的に特殊な物体の形態なのではなく、抽象的であり数学的に把握されうるものなのである。それは「形式的な」性格を獲得する。商品は、特定の感覚的物体である（そして、そのようなものとして買い手から評価される）と同時に価値、すなわち（例えば時間や貨幣の観点から）数学的に分割可能で計測可能な、抽象的同質的な実体の契機なのである。

一一五——以下を参照。M. Postone, "Anti-Semitism and National Socialism", in A. Rabinbach and J. Zipes, eds., *Germans and Jews Since the Holocaust* (New York and London, 1986), pp. 302–14. このなかで私は、近代の反ユダヤ主義を、資本制社会における社会生活の具体的な「自然」の領域と抽象的普遍的な領域との間のこのような疑似‐自然的な対立との関連性において、分析している。抽象的次元と具体的次元とを対立させるならば、資本主義をその抽象的次元の観点からのみ把握し理解することを許容することになる。そのことによって、その具体的次元は、非資本主義的な次元であると理解されうるようになる。近代の反ユダヤ主義は、フェティッシュ化された一面的形態による反資本主義として理解可能である。それは、資本主義を抽象的次元の観点からのみ把握し、その抽象的次元を生物学的にユダヤ人と同一視し、そして資本主義の具体的次元を「アーリア人」と同一視するのである。

それと同様に、古典的な近代自然科学においては、具体的世界の複雑で質的な現れの背後に共通の実体からなる世界が運動しているのだが、それは「形式的な」質を有しており、数学的に把握されうる。両次元ともに「世俗化され」ている。現実の基底をなす本質の次元は、それが主観性から独立し、理性によって把握されうる法則に従って作動するという意味で、「客観的」領域である。商品の価値が、使用価値としての商品の質から抽象されるのと全く同じように、例えばデカルトによれば、真の自然はその「第一性質」、すなわち運動する物質に存するのであるが、それは質的特殊性（「第二性質」）という見かけ上の次元から抽象することによってのみ把握されうる。後者の次元は、感覚器官、「見る者の目」に依存する。客体と主体、精神と物体、形態と内容は、実体的に異なり、対立するものとして構成される。両者のありうべき一致がいまや問題となる。それらは、いまや媒介されなければならないのである。[一一六]

　社会的諸関係の形態としての商品と、近代ヨーロッパ的な自然の概念（例えば、その非人格的な法則的作用の様式）との近似性という論点については、さらに記述し分析することが可能であろう。これに基づいて、古典物理学のパラダイムのみならず、一七・一八世紀における《理性》の特殊な形態と概念の出現も、商品形態の疎外された諸構造と関係している、と仮説することもできるであろう。一九世紀における思考形態の諸変化を、十全に発展した資本の形態の動態的性格に関係づけようと試みることさえ可能だろう。だが現時点で私は、このような研究を推し進めることは意図していない。ここでの簡潔な概説は、自然の概念および自然科学のパラダイムは社会的かつ歴史的に根拠づけられうるということを示唆することだけを意図している。抽象的時間という問題を論じる際に私は、諸カテゴリーの認識論的な含意について引き続き検討するだろう。とはいえ本書において、自然の概念とその社会的文脈との関係について幅広く探究することはできない。しかしながら、ここで私が概説したことが、科学に対する社会の影響を検討しようとする類いの試み――そこにおいて社会的なものは集団や階級の利害や「優先順位」等々といった直接的な意味で理解されている――とは、ほとんど何の共通点もないことは、はっきりさせておくべきである。このような考察は科学の応用を検討する際には非常に重要ではあるものの、かかる考察によって、自然の概念あるいは科学の諸パラダイムそのものを説明することはできない。

マルクス的な批判によって提起された非機能主義的な社会・歴史的認識論が主張するところによれば、資本制社会において人々が世界を知覚し把握する方法は、人々の社会的関係の諸形態によって形成されているのであり、かかる諸形態は日々の社会的実践の構造化された諸形態であると解される、ということになる。「反映論」的な認識論は、このような理論とほとんど共通点を持たない。本書で提起したアプローチは、認識論的カテゴリーとしての社会的諸関係の形態を強調する。そのことによってフランツ・ボルケナウやヘンリク・グロスマンが行なったような、自然科学を唯物論的に説明する試みとも、区別される。ボルケナウによれば、近代科学の勃興、「数学的－機械論的思考」の勃興は、マニュファクチュア・システムの出現――職人システムの破壊と労働の一つ屋根の下への集中――と密接に関わっていた。[一一七] ボルケナウは、自然科学とマニュファクチュアとの間に彼が実用性の観点から前提した関係を説明しようとはしない。それどころか彼は、マニュファクチュアの時代にあっては、つまり大規模工業生産が出現するまでは、生産過程において自然科学の果たした役割は無視しうるものである、と書いている。ボルケナウが前提する生産と科学の関係は間接的なものだ。一七世紀初頭にマニュファクチュアにおいて発展した労働過程が、自然哲学者にとって現実のモデルを提供した、というのが彼の主張である。かかる労働過程は、相対的に熟練を要しない作業へと極度に細分化された分業を特徴とするが、それは均質的な労働一般という根底にある基層を出現させた。次いでこのことは、社会的労働という概念の発展を、したがって

一一六――先に述べたように、この点について、マルクスによる使用価値と対立するものとしての価値の最初の「導出」の形態は、デカルトが第二性質との対立において第一性質を導出することと密接に並行していることは注目に値する。

一一七――以下の要約については、Franz Borkenau, "Zur Soziologie des mechanistischen Weltbildes," *Zeitschrift für Sozialforschung* 1 (1932), pp. 311-35 を参照せよ。

労働時間の単位の量的な比較を可能にした。ボルケナウによれば、機械論的な思考は機械的な生産の組織化の経験から生まれた、というのである。

抽象的労働のカテゴリーを具体的労働の組織化から直接導き出そうとするボルケナウの試みについてはいまは措くとしても、なぜ人々がマニュファクチュアにおける生産組織によく似た仕方で世界を理解し始めたのかは、全く明らかになっていない。確かにボルケナウは、一七世紀における社会的対立を描き出す際に、その新しい世界観が新興の社会的、経済的、そして政治的な秩序と結びついており、そのために闘う諸集団にとって有利なものであったことを指摘する。しかしながらそのイデオロギー的機能は、かかる思考形態の基盤をほとんど説明できない。具体的労働の構造について、このように社会的対立の観点から補って考察しても、社会・歴史的認識論の基礎として十分なものにはならないのである。

ヘンリク・グロスマンはボルケナウの解釈を批判するが、彼の批判は経験的なレベルに限定されている。[一一八] グロスマンは、ボルケナウがマニュファクチュア時代に帰するところの生産の組織化は、実際には工業的生産とともに初めて出現するのだと主張する。すなわち一般にマニュファクチュアは、労働の分解と均質化を伴うものではなく、労働様式をそれとわかるほど変えることなく熟練工を一つの工場に寄せ集めるのである。さらに彼は、機械論的思考の出現を一七世紀に求めるのではなく、それ以前の、レオナルド・ダ・ヴィンチに求めるべきだと主張する。そしてグロスマンは、機械論的思考の起源について別の説明を提起する。すなわち、機械論的思考は、熟練の手工業者が新しい機械装置を発明し生産する、その実践的活動から現れたのであると。

グロスマンの仮説とボルケナウのそれとの共通点は、その仮説が生産活動としての労働の考察から直接に思考形態を導き出そうとしているところにある。しかしながらアルフレッド・ゾーン＝レーテルが『精神労働と肉体労働』のなかで指摘するように、グロスマンのアプローチは不十分である。なぜなら彼の論考では機械論的思考をもたらすものと仮定されたその機械装置は、既にかかる思考の論理から理解され説明されているからである。[一一九]

ゾーン＝レーテルに従えば、その特定の思考形態の起源は、より深層のレベルに求められねばならない。本書で概説した解釈と同様に、ゾーン＝レーテルのアプローチは、基底的な思考の諸構造――例えばカントが非歴史的に超越論的でア・プリオリな諸カテゴリーとして措定したようなもの――を、社会的綜合の諸形態によって構成されるものであるという観点から分析する。しかしながらゾーン＝レーテルによる社会構成の理解は、本書で提示したものとは異なる。ゾーン＝レーテルは、資本主義における労働の特殊性を、社会的に構成するものとして分析するのではない。むしろ彼は社会的綜合の二つの形態――一つは交換によって、もう一つは労働によってもたらされる――を措定するのである。彼は、価値形態に含意されている類いの抽象と社会的綜合の形態は、労働の抽象ではなく交換の抽象なのだと主張する。[一二〇] ゾーン＝レーテルによれば、資本主義における労働の抽象化は存在するが、その抽象化は交換過程よりもむしろ生産過程において生じるという。[一二一] しかしながらゾーン＝レーテルは、労働の抽象化という観念を、疎外された社会構造の創出と関連づけることはしない。その代わり彼は、工業的生産における労働によってもたらされたとされる社会的綜合の様式を、非資本主義的なものとして肯定的に評価し、交換によってもたらされた社会的関係化の様式をそれに対置しながら否定的に評価する。[一二二] ゾーン＝レーテルによれば、社会的綜合の後者の様式のみが、資本主義の本質を構成するのである。資本主義の矛盾についての

一一八――以下を参照。Henryk Grossmann, "Die gesellschaftlichen Grundlagen der mechanistischen Philosophie und die Manufaktur," *Zeitschrift für Sozialforschung*, 4 (1935), pp. 161–229.（H・グロスマン「機械論的哲学の社会的基礎とマニュファクチャー」：F・ボルケナウ『封建的世界像から市民的世界像へ』水田洋ほか訳、みすず書房、一九六五年、六七五―七三九頁）

一一九――Sohn-Rethel, *Geistige und körperliche Arbeit*, p. 85n20.（ゾーン＝レーテル『精神労働と肉体労働――社会的総合の理論』、一〇二頁）

一二〇――Ibid., pp. 77–78.（同右、九四―九五頁）

一二一――Ibid.（同右）

一二二――Ibid., pp. 123, 186.（同右、一四一頁、二〇四頁）

こうした種類の伝統的解釈は、ゾーン＝レーテルをして次のように主張させるに至る。すなわち、ある社会が潜在的に無階級でありうるのは、その社会が交換に媒介された領有を通じてではなく、生産過程から直接的に社会的綜合の形態を獲得するときなのである、[一二三]と。そうした解釈はまた、マルクスの諸カテゴリーを認識論的に読解する彼の洗練された試みを弱めることにもなる。

本書の枠組みにおいて社会関係化の綜合は、「労働」が持つ機能では決してなく、生産がなされるところの社会的諸関係の形態が持つ機能である。労働はただ資本主義においてのみかかる機能を担うのだが、それはわれわれが商品形態を考察することによって明らかにしたところの労働の歴史的に特殊な性質の結果としてである。しかしながらゾーン＝レーテルは、商品形態を商品に規定された労働にとって外在的なものとして解釈し、社会関係化において生産が持っていないところの役割を生産それ自体が持つとする。このことによって彼は、労働に媒介された社会関係化によってつくり出されるこれら諸々の疎外された社会的構築物の性格と、資本主義における生産過程の特殊性を、十分把握することができないのである。

私は第五章で、資本のカテゴリーによって把握される疎外された諸々の社会的構築物をより基本的なレベルで規定するものとして、抽象的な時間によって作動させられる社会的強制を考察する。ゾーン＝レーテルが非資本主義的なものとして肯定的に評価したのは、まさにこれらの社会的構築物なのである。「現代の連続的労働工程を特徴づける、統一的時間秩序の機能的必然性のなかに、あたらしい種類の社会関係化的総合の諸要素が、含まれている」[一二四]と彼は言う。そうした評価は、資本主義における労働にとって完全に外在的な市場の現象として抽象化を理解し、資本主義における労働を暗黙のうちに「労働」とみなすアプローチと一致することになる。したがって、実際には資本主義における労働がもたらす疎外された社会的綜合の形態は、労働それ自体がもたらす社会関係化の非資本主義的な形態として、肯定的に評価されるのである。

かかる立場のためにゾーン＝レーテルは、一九・二〇世紀における思考の諸形態——そこにおいては資本に規定された生産の形態それ自体が物神化された形態を帯びる——を取り扱うことができない。交換を強調し、商品形態が労働に対して持つ影響についてのいかなる検証をも排除する結果、彼の社会的認識論は、静態的かつ抽象的で機械論的な思考形態についての考察に限定されたものとなっている。このことによって彼の批判的な社会的認識論の視界からは、数多くの近代的思考形態が必然的に排除されることになっている。資本主義における労働の媒介的役割を考慮し損ねている点で、綜合形態についてのゾーン＝レーテルの理解は、私がここで展開してきた社会的諸関係の形態についての理解とは異なる。私の解釈は、抽象的思考および哲学、自然科学の歴史的出現を抽象的な社会的諸形態と関連づけようとするゾーン＝レーテルの試みといくつかの点で相応じるものではあるが、それら諸形態の性格と構造についての異なる理解に基づいているのである。

それでもやはり社会的諸形態についての理論は、批判理論にとって最も重要である。資本主義文明の勃興とともに科学的思考は、質（使用価値）への関心、実質的な「何が」と「なぜ」への問いから、量（価値）への関心、より道具的な「いかにして」を扱う問いへと移行した。私の考えでは、社会的諸関係が商品形態をとることについての分析に基づく理論は、こうした移行が生じた条件を、高度な論理的抽象のレベルにおいて説明することができるのである。

8　労働と道具的行為

資本主義的な社会的関係の諸形態は「文化的な」意味を持つ、と私は論じてきた。そうした諸形態が、社会的

一二三——Ibid., p. 123.（同右、一四一頁）
一二四——Ibid., p. 186.（同右、二〇四頁）

世界ばかりでなく自然についての理解をも条件づけるのである。近代自然科学の基本的な特徴は、その道具的な性格――いかにして自然が機能するのかという問いに専心し、意味についての問いを除外していること、すなわちその実質的な目標に関しては「価値自由な」性格――にある。私は、そのような自然科学の社会的基礎づけという問題を、ここで引き続き直接追究はしない。とはいえこの問いに対しては、労働は道具的活動と考えられるべきか否かという問題を検討し、そのような活動と資本主義の特徴をなす社会的構成の形態との関係を考察することによって、間接的に光を当てることができる。

マックス・ホルクハイマーは『理性の腐蝕』のなかで労働を道具的理性と関係づけるが、この理性について彼は、工業化とともに支配的になった、縮減された理性の形態として特徴づける。ホルクハイマーによると道具的理性とは、所与の目的のための正しい、または最も効率のよい手段についての問いにのみ関心を持つ。それはウェーバーの、実質的合理性と対立するものとしての形式的合理性の観念に関わるものである。諸々の目的それ自体は、理性によって確かめうるとはみなされない。[一二五] 理性それ自体は道具との関連においてのみ意味のある妥当性を持つ、あるいは理性それ自体が道具なのだとする考えは、自然科学を唯一の知識モデルとして実証主義的に神格化することと密接につながっている。[一二六] そのような考えは、実質的な諸目的や道徳、政治、そして経済のシステムについての完全な相対主義に帰結する。[一二七] ホルクハイマーは次のように述べて、かかる理性の道具化を、ますます複雑になっていく生産方法に関連づける。

> 世界を目的の世界ではなく手段の世界へと完全に変えてしまうことは、それ自身生産手段の歴史的発展の結果である。物質的生産と社会組織がより複雑になり物象化されるにつれ、手段を手段として認知することはますます困難となる。というのは、それらが自律的な存在の様相を帯びてくるからである。[一二八]

確かにホルクハイマーは、道具化が昂進するこの過程が、生産それ自体に起因するのではなく、生産の社会的文脈によると述べる。[一二九] しかしながら前述したようにホルクハイマーは、いくらか多義的な言い方であるにせよ、労働それ自体を道具的行為と同一視するのである。私は道具的行為と道具的理性との間につながりがあることには同意するが、彼が道具的行為を労働それ自体と同一視することには反対する。ホルクハイマーは生産の複雑性の増大という観点から、世界がますます道具的性格を帯びてくることを説明するが、それは全く説得的ではない。労働は、たとえどのような意味が与えられようとも、それとは別に、特定の目的を達成するための実用的な技術的手段であることができる。だがこのことは、世界の道具的性格が発展していくこと——諸々の実質的な価値と目的を、ますます「価値自由な」手段が支配すること、すなわち世界が手段の世界に変容すること——をほとんど説明できない。労働が道具的行為の一段と優れた例であるように見えるのは、ただ一見したところにおいてのみである。例えばジェルジ・マールクシュとコルネリュウス・カストリアディスのいずれもが、社会的労働は単なる道具的行為では決してない、と説得的に論じている。[一三〇] かかる命題は、私がここで展開している議論の観点から修正されうる。すなわち社会的労働それ自体は、道具的行為ではない。しかしながら、資本主義における労働は、道具的行為である。

一二五——Horkheimer, *Eclipse of Reason* (New York, 1974), pp. 3-6.（M・ホルクハイマー『理性の腐蝕』山口祐弘訳、せりか書房、一九八七年、一一—一四頁）

一二六——Ibid., pp. 59ff., 105.（同右、七四頁以下、一二六頁）

一二七——Ibid., p. 31.（同右、四〇—四一頁）

一二八——Ibid., p. 102.（同右、一二三頁）

一二九——Ibid., pp. 153-54.（同右、一八一—一八二頁）

一三〇——Cornelius Castoriadis, *Crossroads in the Labyrinth*, trans. Kate Soper and Martin H. Ryle (Cambridge, Mass., 1984), pp. 244-49（C・カストリアディス『迷宮の岐路』宇京頼三訳、法政大学出版局、一九九四年、二七一—七七頁）; György Márkus, "Die Welt menschlicher Objecte," p. 24ff.

世界が目的の世界ではなく手段の世界に変容することは人間にまで及ぶ過程であるが、[一三一] それは商品に規定された手段としての労働の特定の性格と関わりがある。社会的労働は常に目的に対する一手段であるが、このことだけによって労働が道具的になるわけではない。既に述べたように、例えば資本主義以前の社会において労働は、顕在的な社会的諸関係によって意味を付与され、伝統によって形づくられる。商品を生産する労働は、そのような諸関係によって媒介されないため、いわば意味を剝ぎ取られ、「世俗化される」のである。かかる展開は、世界の道具化の昂進の必要条件であるかもしれないが、しかしそれは労働の道具的性格――労働が純粋な手段として存在すること――の十分条件ではない。労働の道具的性格は、資本主義における労働が純粋な手段であることの結果なのである。

これまで見てきたように、商品に規定された労働は、具体的労働としては、ある特定の生産物を生産するための一手段である。そしてより本質的には、商品に規定された労働は、抽象的労働として、自己を媒介するのである。すなわちそれは、他者の生産物を獲得する社会的手段である。したがって、生産者たちにとって労働は、その具体的生産物から抽象され、純粋な手段として機能する。つまりそれは生産物を獲得するための道具なのであるが、この際の生産物はそれを得るための生産活動の実質的性格と何ら内在的関係を持たない。[一三二]

資本主義における生産の目的は、生産された物質的財でもなければ、労働活動が生産者にもたらす再帰的効果でもなく、ただ価値、より正確に言えば剰余価値なのである。だが価値は、純粋に量的な目標である。つまるところ、小麦の価値と武器の価値との間にはいかなる質的差異もない。富の形態としての価値は客体化された手段であるがゆえに、純粋に量的である。すなわち価値は、抽象的労働――その労働自らが生産しなかった財を獲得する客観的な一手段としての労働――の客体化である。したがって、(剰余) 価値のための生産は、その目的それ自体が手段であるような生産なのである。[一三三] それゆえ資本主義における生産は、必然的に、剰余価値の不断の増大を目指して量的に方向づけられている。このことは、マルクスが資本主義における生産を、生産のための生産として分析することの基礎をなしている。[134] そのような枠組みにおいて世界の道具化は、社会的媒介のこのような歴史的に特殊な形態による、生産と社会的諸関係の規定性によるものである。すなわち世界の道具化は、物質的生産それ自体の、増大する複雑性によるのではない。生産のための生産が意味するのは、生産はもはや実質的な目的のための手段ではなく、それ自体が手段であるところの目的に至るための手段、決して終わることなき膨張の連鎖における一契機となっている、ということである。資本主義における生産は、手段のための手段になっているのである。

ホルクハイマーが指摘しているように、実際には手段であるところの社会的生産という目的が出現したことが、手段が目的をますます支配していくということの根底にはある。それは特定の生産物をつくり出す、規定された物質的手段としての具体的労働の性格に根差しているのではない。むしろそれは疑似‐客観的で、顕在的な社会的諸関係に取って代わる社会的手段としての、資本主義における労働に根差している。ホルクハイマーは事実上、

一三一 ――Horkheimer, *Eclipse of Reason*, p. 151.（ホルクハイマー『理性の腐蝕』、一七九―八〇頁）

一三二 ――抽象的労働についてのかかる分析は、とりわけアンドレ・ゴルツやダニエル・ベルが指摘したような、労働者が二〇世紀において労働者／生産者というよりも、むしろ労働者／消費者として自己を把握していく展開についての、抽象的かつ第一の論理的規定を与える。André Gorz, *Critique of Economic Reason*, trans. Gillian Handyside and Chris Turner (London and New York, 1989), p. 44ff.（A・ゴルツ『労働のメタモルフォーズ――働くことの意味を求めて 経済的理性批判』真下俊樹訳、緑風出版、一九九七年、八〇頁以下）; Daniel Bell, "The Cultural Contradictions of Capitalism," in *The Cultural Contradictions of Capitalism* (New York, 1978), pp. 65-72（D・ベル『資本主義の文化的矛盾（上）』林雄二郎訳、講談社、一九七六年、一四九―一六三頁）を参照のこと。

一三三 ――理論的形式主義のみならず、社会的および政治的形式主義の発生は、かかる形式と内容の分離過程――そこでは形式が内容を支配する――との関連で検証することができるだろう。別のレベルにおいて、ギデンズは次のことを提起している。すなわち商品化の過程は、伝統的諸価値と生活様式を破壊し、同時に形式と内容のかかる分離を必然的に伴うがゆえに、それは無意味感の蔓延を招くのである、と。Giddens, *A Contemporary Critique of Historical Materialism*, pp. 152-53 を参照のこと。

一三四 ――*Capital*, vol. 1, p. 742.（『マルクス＝エンゲルス全集 第二三巻 第二分冊』、七七五頁）; *Results of the Immediate Process of Production*, pp. 1037-38.（マルクス『直接的生産過程の諸結果』、一〇七―〇八頁）

資本主義における労働の特殊な性格の帰結を労働一般に帰しているのである。

　道具化の過程は、資本主義における労働の二重の性格に論理的に含まれるものではあるが、この過程は、人間を手段に変えることによって、はるかに強化される。私がこれから詳しく述べるように、かかる変容の第一段階とは、労働力としての労働それ自体の商品化（マルクスが「資本のもとへの労働の形式的包摂」と呼んだもの）であるが、必ずしもそれは生産の物質的形態を変えるものではない。第二段階は、剰余価値を生産する過程が、自らの姿の通りに労働過程を形成するその時（「資本のもとへの労働の実質的包摂」）である[一三五]。実質的包摂とともに、資本主義的生産の目的——それは実際には手段である——は、その実現のための物質的手段を形成する。生産の物質的形態とその目的（価値）の関係は、もはや偶然的なものではない。むしろ抽象的労働は、具体的労働を量化し、自らの姿に似せて形成し始める。価値の抽象的支配は、労働過程それ自体のなかで具現化され始めるのである。マルクスによれば、実質的包摂のメルクマールは以下の点にある。生産過程で実際の原料となるのは、その見かけに反して、物質的生産物に変えられるところの物理的素材ではなく、労働者——彼らの客体化された労働時間が全体性の生きた血液を構成する——である[一三六]。実質的包摂とともに、価値増殖過程のかかる規定は物質化される。すなわち個人は、文字通り手段となるのである。

　資本主義における生産の目標は、必然性の形態で生産者たちに作用する。労働の目標——生産物の観点から定義されるのであれ、労働が生産者たちに及ぼす効果の観点から定義されるのであれ——は、社会的伝統によって与えられるのでもなければ、意識的に決定されるのでもない。むしろ、目的は人間の支配を逃れるのである。人々は価値（あるいは剰余価値）を目的として定めることはできない。というのも、かかる目的は外在的な必然性として人々に立ちはだかるからである。人々は、どの生産物が、得られる（剰余）価値を最大化しそうであるかを決めることはできる。目的としての物質的生産物の選択は、それらの実質的な質のためになされるのでもなければ、満たされるべき必要のために行なわれるのでもない。しかしながら、諸々の実質的目標のあいだに実際に君臨している「神々の闘争」――ウェーバーの言葉を借りれば――が純粋な相対主義であるように見えるのは、見かけ上のことにすぎない。この相対主義は、ある生産の目的の利点を、他の目標と比較して実質的な根拠に基づいて判断するのを妨げる。それは、資本に規定された社会において、すべての生産物は、同一の基底的な生産の目的――価値――を具現する、という事実に根差しているのである。しかしながらこの実際の目標は、それ自体実質的なものではない。したがって純粋な相対主義が現れる。資本主義における生産の目的は、絶対的な所与であるのだが、逆説的にもそれは手段であるにすぎない。しかもそれは、それ自身以外にはいかなる目的も持たないような手段なのである。

具体的労働と、労働に媒介された相互作用の二重性として、資本主義における労働は社会構成的な性格を持つ。このことはわれわれを、次のような見かけ上は逆説的な結論に直面させる。すなわち、資本主義における労働が道具的行為であるのは、まさしくその社会媒介的性格のためである。資本主義における労働の媒介的な性質は直接的には現れ得ないために、道具性が労働それ自体の客観的属性として現れるのである。

自己媒介するものとしての労働の道具的性格は、同時に、労働に媒介された社会的諸関係の道具的性格でもある。資本主義における労働は、この社会の特徴をなす社会的媒介を構成する。そのようなものとして労働は「実践的」活動なのである。われわれはいまや、さらなる逆説に直面する。資本主義における労働が道具的行為であるのは、まさにその歴史的に規定された「実践的」性格のためである。逆に「実践的」領域、すなわち社会的相互作用の領域は、労働の領域と融合し道具的性格を持つ。したがって資本主義における労働と社会的諸関係が双

一三五――*Results of the Immediate Process of Production*, p. 1034ff.（マルクス『直接的生産過程の諸結果』、一〇三―〇六頁）
一三六――*Capital*, vol. 1, pp. 296-97, 303, 425, 548-49.（『マルクス＝エンゲルス全集 第二三巻 第一分冊』、二四八―四九、二五六―五七、四〇八、五五二―五三頁）

方ともに持つ道具的性格は、その編制における労働の特殊な社会的役割に根差している。道具性は、資本主義における社会構成の（労働に媒介された）形態に根差しているのである。

しかしながら、かかる分析は必ずしも第三章で論じた《批判理論》の、必然的悲観主義を意味するものではない。これまで探究してきた道具的性格は、資本主義における労働の二重性によるものである——そして労働それ自体によるものではない——のだから、それは内的に矛盾した形態が持つ属性の一つとして分析されうる。世界の道具的性格の増大は、生産の発展と結びつけられた直線的な永遠の過程として理解される必要はない。そうした社会的形態は、自身に道具的性格を与えるだけでなく、同じ二重性から根本的な批判の可能性とその自己廃棄が可能となる諸条件をもたらすものとみなすことが可能である。換言すれば、労働の二重の性格という概念は、資本制社会の根本的矛盾の意味を再考する出発点を与えるのである。

9　抽象的かつ実質的な全体性

私は、労働の自己支配、つまり生産者たちが彼ら自身の労働の歴史的に特殊な媒介の次元によって支配されることを表現するカテゴリーとして、価値を分析してきた。前節における資本の下への労働の包摂についての簡潔な議論を除いて、ここに至るまでの私の分析は、資本主義における労働によって構成される疎外された社会的全体性を、実質的なものというよりは形式的なものとして取り扱ってきた。つまりそれは、生産活動であると同時に社会的媒介活動でもあるという労働の規定性の結果生じる、諸個人のあいだでの外在化された社会的紐帯である。仮に探究がここにとどまるならば、資本主義における疎外された社会的紐帯として私が分析してきたものは——その形式的性格を考え併せると——、根本的に市場と異ならないように見えるかもしれない。これまで提示してきた疎外の分析は、媒介活動としての労働ではなく交換媒体としての貨幣に焦点を当てる理論によって、流用され再解釈されうるかもしれない。

しかしながらこの探究を継続し、マルクスの剰余価値のカテゴリー、したがって資本のカテゴリーを考察することでわれわれは、マルクスの分析において、資本主義における疎外された社会的紐帯は、形式的で静態的なままであり続けるのではないということを理解するであろう。むしろ、それは方向性を持った動態的性格を有するのである。マルクスの分析において、内在的な歴史的動態性によって資本主義が特徴づけられるのは、富と社会的媒介の価値形態に内在する抽象的支配形態のためである。前述のように、かかる動態性の本質的特徴とは、生産のための生産の不断に加速する過程である。資本主義を特徴づけるのは、深層システムのレベルにおいて、生産は消費のためではないということである。究極的には生産は、資本主義における労働の二重性によって構成された抽象的強制のシステム――それは生産を生産自身の目的として措定する――によって駆り立てられる。換言すれば、資本主義における生産を究極的に媒介する「文化」は、それ自体労働によって構成されているために、他の社会におけるものとは根源的に異なるのである。[一三七] 社会的媒介の活動としての労働という観念に基づく批判理

一三七――この意味において、マルクスは自らの理論に、資本主義における使用価値の歴史的かつ文化的特殊性についての分析――あるいはより一般的には、生産を媒介する文化についての分析――を組み込まずに済ませてしまったという批判は、それが焦点を当てている資本主義における社会生活の論理的レベルの点で、後期マルクスの批判が解明しようとしたものとは異なる。さらにかかる批判は、次の事実を見逃している。すなわちマルクスは、資本主義的社会編制の本質的特徴と駆動力を社会的媒介の歴史的に独特な形態であるとみなしており、それは消費のためではなく生産のための生産に帰結するとみなしている、という事実である。本書における分析は、これから見ていくように、確かに使用価値のカテゴリーに取り組むのであるが、それは消費とのみ同一視されるものではない。にもかかわらず、この分析は、消費に駆り立てられる生産についての諸々の理論は、資本主義的生産に必然的な動態性を説明できない、と論じる（私が本書で提示する解釈は、消費を文化と主観性の場と同定する近年の社会理論における傾向――そこでは生産は本質的に技術的で「客観的」なものと考えられるべきだとされている――に、疑問を投げ掛けるものである。つまり、私が示す解釈は、より根本的にはどこでも、またいついかなる時でも同じ仕方で構成されるような超歴史的で普遍的なカテゴリーとして「文化」をとらえるいかなる考え方にも疑問を投げ掛けるものである）。とはいえそうした批判は確かに、使用価値についての別様の考察――例えば消費に関しての――が、より具体的なレベルで資本制社会を探究することにお

論を、市場や貨幣に焦点を当てるアプローチと区別するのは、前者の批判理論における資本の分析――近代社会における生産の方向性を持った動態性と、軌道をとらえるその能力――である。

私がマルクスの資本のカテゴリーを探究するにつれて、社会的全体性は労働の実質的な社会的次元を組み込むことによってその動態的性格を獲得することが明らかになるだろう。ここに至るまで私は、資本主義における労働の特殊かつ抽象的で社会的な次元を、社会的媒介活動とみなしてきた。かかる次元は、生産活動としての労働の社会的性格と混同されるべきではない。マルクスによれば後者は、生産過程の社会的組織化、労働人口の平均的技能、発展段階、科学の応用、その他の諸要因を含んでいる。[一三八] かかる次元――生産活動としての具体的労働の社会的性格――は、ここまでは私の考察の対象外であった。というのも私は労働の機能を、特定の具体的労働から独立して遂行される、社会的媒介活動として取り扱ってきたからだ。しかしながら、資本主義における労働のこれら二つの次元は、ただ単に互いに並存しているのではない。いかにしてそれら二つの次元が互いに規定し合うのかを分析するために、私はまず第一に、価値の量的かつ時間的次元を検討しようと思う。そのことによって私は次のことを――労働と時間の弁証法を解明することによって――示すことができるだろう。すなわち、具体的労働の社会的次元は、資本形態によって、抽象的労働によって構成される疎外された社会的次元のなかに組み込まれる。これまでのところ私が抽象的なものとして取り扱ってきた全体性は、生産活動の社会的性格を領有することによって、実質的性格を獲得する。私は、マルクスの資本のカテゴリーを理解する基礎を与えるために、本書の第三部でかかる分析に取りかかるであろう。その探究が進むに従って、資本のカテゴリーによって表現される社会的全体性もまた、商品形態の二つの次元に根差した「二重の性格」――抽象的かつ実質的な――を有することを示すだろう。その違いは、資本によって、労働の二つの社会的次元は双方ともに疎外され、ともに強制力として諸個人に対峙するということである。こうした二重性のために、全体性は静態的なものとならず、内在的で歴史的方向性を持った動態性の基礎となる、内的に矛盾をはらんだ性格を獲得するのである。

このように疎外された社会的諸形態を、形式的であると同時に実質的であるが矛盾をはらんだものとして分析することは、ゾーン＝レーテルの分析のようなアプローチとは異なる。彼のアプローチは、資本主義の矛盾をその抽象的で形式的な次元と実質的な次元――プロレタリアを基礎とした工業的生産過程――との間に位置づけようとし、後者の実質的次元は資本に規定されたものではないと思い込む。それと同時に、私のアプローチが含意するのは、全体性とは「一次元的」支配構造（内在的矛盾を持たないもの）であるとする根本的に悲観的ないかなる考え方も、マルクスの分析に十分適合するものではない、ということである。商品に規定された労働の二重性に根差すところの疎外された社会的全体性は、例えばアドルノが主張したような社会的に非同一的なものを自身に組み込むことによって、支配の普遍化を導きつつ全体を矛盾なき統一体にしていくような同一性なのではない。[一三九] 全体性が内的に矛盾をはらんだものであることの立証は、全体性が同一性と非同一性の、本質的に矛盾したままの同一化であること、非同一的なものを完全に同化した単一の同一性にはなっていないことを示すことなのである。

いて重要であることを示している。しかし、決定的に重要なのは、分析の諸レベル間の相違を見分け、それらを媒介するものを把握することである。右のマルクス批判については、Marshall Sahlins, *Culture and Practical Reason* (Chicago, 1976), pp. 135, 148ff.（M・サーリンズ『人類学と文化記号論――文化と実践理性』山内昶訳、法政大学出版局、一九八七年、一七七―七八、一九五頁以下）および William Leiss, *The Limits to Satisfaction* (Toronto and Buffalo, 1976), pp. xvi–xx（W・リース『満足の限界――必要と商品についての考察』阿部照男訳、新評論、一九八七年、一七―二一頁）を参照。

一三八――*Capital*, vol. 1, p. 130.（『マルクス＝エンゲルス全集、第二三巻 第一分冊』、五四頁）

一三九――Theodor W. Adorno, *Negative Dialectics*, trans. E. B. Ashton (New York, 1973).（T・W・アドルノ『否定弁証法』木田元ほか訳、作品社、一九九六年）

第五章
抽象的時間

1　価値量

資本制社会を本質的に構造化する社会的諸形態についてのマルクスの分析を検証するにあたって、ここまで私は、抽象的労働という彼のカテゴリーに注目するとともに、資本主義に特徴的な社会的諸関係は労働によって構成されているという彼の議論の基本的な含意に焦点を当ててきた。マルクスによればかかる社会的諸形態のさらなる特徴は、それの持つ時間的な次元と定量化可能性である。価値量の問題を考察する際にマルクスは、商品形態におけるそれらの側面を早い段階で自らの議論に導入している。私は、マルクスのこの問題に対する取り扱いを論じ、資本制社会の性質の分析において、この問題が中心的な重要性をなしていることを示してゆく。これを基礎として私は、価値と物質的富との差異についてより詳しく考察するとともに、資本主義と時間性という問題についての検証を開始する。このことは、マルクスの行なった資本主義的発展の軌道の概念化についての本書第三部における考察に基礎を与えるだろう。またこの過程で、既に概説した認識と主観性についての社会・歴史的理論の諸側面をさらに展開する。このことによって、ユルゲン・ハーバーマスのマルクス批判を批判的に検証する準備が整えられる。《批判理論》の軌道についての私の議論は、二〇世紀に妥当する社会批判を形成する試みである。そのようにして私は、マルクスの資本というカテゴリーの再構築を開始する態勢を整えるのである。

一見したところ価値量の問題は、価値や抽象的人間労働のカテゴリーよりもはるかに単純で直接的であるかのようである。例えば、フランツ・ペートリ、イサーク・イリイチ・ルービン、ポール・スウィージーは、価値量の問題を「質的価値論」と対比させて、「量的価値論」として扱ってきた。[二] こうした区別を設けることによって彼らは、マルクスの価値論は狭い意味での経済理論であるだけでなく、資本主義における社会的諸関係の基礎的構造を解明する試みである、と強調する。社会的諸関係についての彼らの分析について批判的に考察することはさて措くとしても、彼らの理論は不十分なものである。彼らは、価値の社会的内容についての質的分析に取り組んではいるが、価値量については量的な観点からのみとらえる。しかしながら価値を歴史的に特殊な社会的形態として分析するならば、価値量を考察する際の観点は転換されるべきである。[三] よく参照されてきたようにマルク

一——Marx, *Capital*, vol. 1, trans. Ben Fowkes (London, 1976), pp. 129ff.（『マルクス＝エンゲルス全集 第二三巻 第一分冊』大内兵衛・細川嘉六監訳、大月書店、一九六五年、五二頁以下）

二——Franz Petry, *Der soziale Gehalt der Marxschen Werttheorie* (Jena, 1916), pp. 3-5, 16（F・ペートリ『マルクス価値論の社会的研究』友岡久雄訳、弘文堂書房、一九二六年、六—一一頁、三三—三四頁）; Isaak Illich Rubin, *Essays on Marx's Theory of Value*, trans. Milos Samardzija and Fredy Perlman (Detroit, 1972), pp. 67, 119, 173（I・I・ルービン『マルクス価値論概説』竹永進訳、法政大学出版局、一九九三年、六四、一一二、一六一頁）; Paul Sweezy, *The Theory of Capitalist Development* (New York, 1969), p. 25.（P・スウィージー『資本主義発展の理論』都留重人訳、新評論、一九六七年、二八頁）

三——一般的に、価値のカテゴリーの質的分析を強調する立場は、古典派経済学がかかる分析を無視してきたことに対するマルクスの批判を出発点にしてきた。「古典派経済学の根本欠陥の一つは、商品の、また特に商品価値の分析から、……価値の形態を見つけだすことに成功しなかったということである。A・スミスやリカードのような、まさにその最良の代表者においてさえ、古典派経済学は、価値形態を、まったくどうでもよいものとして、または商品そのものの性質には外的なものとして、取り扱っているのである。その原因は、価値量の分析にすっかり注意を奪われてしまったということだけではない」(*Capital*, vol. 1, p. 174n34 (translation amended)〔『マルクス＝エンゲルス全集、

スは、古典派経済学は「なぜ労働が価値に……表わされるのかという問題〔を〕いまだかつて提起したことさえなかった」と書くだけでなく、なぜ「〔労働の〕継続時間による労働の計測が労働生産物の価値量に……表されるのか」とも問うている。[四] この二つ目の問いが意味するのは、価値形態の質的な検証だけに取り組み、価値量の問題を除外してしまっては不十分であるということだ。後者の問題もまた、質的な社会的分析を必然的に伴うのである。

右に言及したようなマルクス解釈は、確かに経済学がするように、価値量の問題を狭い量的な意味で――つまり相対的交換価値の問題という観点のみから――とらえるものではない。しかしながら、かかる諸解釈は、価値量の問題を、価値の質的次元の数量化としてしか扱わず、さらに進んで社会編制を質的に規定するものとして論じることまではしない。例えば、スウィージーは次のように述べる。「単なる交換比率の決定のほかに、量的価値の問題とは、……商品生産者の社会において、それぞれ異なった生産領域への労働力の配分を支配する法則にかんする研究であって、それ以上のものでもなければ、それ以下のものでもない」[五]。スウィージーにとっては、質的価値論の課題が、社会的諸関係の性質と意識の在り方という観点からそれらの法則を分析することであるならば、量的価値論の課題は、純粋に量的な観点からその性質を考察することである。[六] 同じような仕方でルービンは、以下のように述べる。

マルクス批判者たちの大部分が犯している基本的誤りは次の二点にある。(1)マルクスの価値論の質的・社会学的側面をまったく理解していない。(2)量的側面の研究も物の交換割合……に限定し、……個々の生産部門と個々の企業の間に配分される社会的労働総量の量的相互関係を無視している。〔その〕価値量〔は〕社会的労働の量的配分の規制者〔である〕。[七]

他方でペートリは「量的価値の問題」を、プロレタリアートによって生産された全価値が、さまざまな社会階級

のあいだで収入の形態で分配される、という観点から考察するのである。[八]

量的価値の問題についてのこれらの諸解釈は、商品や労働（あるいは収入）の社会的分配は無意識的に調整されているということをもっぱら強調する。かかるアプローチは、資本主義における意識的な社会的調整の欠如という観点からのみ、価値のカテゴリーと価値量について解釈する。それは暗黙のうちに、私有財産が廃止された状況下での公共的計画という観点からしか、資本主義の歴史的否定をとらえていない、ということである。かかるアプローチによっては、資本に規定される生産の形態をカテゴリー的に批判するための十分な土台は与えられない。しかしマルクスの価値量の分析は、まさにそのような批判における枢要な契機である。それは、資本主義的社会編制における労働、時間、社会的必要性の間の関係を質的に規定することを必然的に含む。価値法則は、市場の均衡メカニズムの理論であるどころか、歴史的動態性と生産の特定の物質的形態とを含意するものである、と私は先に述べた。以下では、マルクスの諸カテゴリーの持つ時間性の次元を検証することによって、そのことを論証することができるだろう。

マルクスによれば価値の尺度は、物質的富の尺度とは非常に異なる種類のものである。富の物質的形態は、原料に対するさまざまな具体的労働行為によってつくり出され、これら諸労働の客体化されたものによって、すな

第二三巻 第一分冊』、一〇八頁の注三二〕。しかしながらこれは、価値形態の質的分析を行なえば、古典派経済学における価値量の分析を維持しつつ簡単に補訂することができる、ということを意味するわけではない。

四――Marx, *Capital*, vol. 1, p. 174.（『マルクス＝エンゲルス全集 第二三巻 第一分冊』、一〇七頁）

五――Sweezy, *The Theory of Capitalist Development*, pp. 33-34.（スウィージー『資本主義発展の理論』、三九―四〇頁）

六――Ibid., p. 41.（同右、五〇頁）

七――Rubin, *Essays on Marx's Theory of Value*, pp. 73-74.（ルービン『マルクス価値論概説』、七〇―七一頁）

八――Petry, *Der soziale Gehalt*, pp. 29, 50.（ペートリ『マルクス価値論の社会的研究』、六二―六四、一〇六―〇七頁）ただしマルクスは、すべての価値がさまざまな社会階級のあいだで収入の形態で分配されることを、価値のレベルにおいてではなく、価格と利潤という論理レベルにおいて論じる。

わち生産された特定の財の量や質によって計測されうる。この計測の様式は、生産物、それを生産する活動、それが満たすであろう欲求、慣習といったものの質的特殊性に依存している。別言すれば、物質的富の計測の様式は特殊なものであり、一般的なものではない。それゆえそれが富の支配的尺度となるためには、さまざまな社会的諸関係によって媒介されなければならない。物質的富が自らを社会的に媒介することはないのである。物質的富が富の主たる社会的形態であるところでは、それは顕在的な社会的諸関係——伝統的な社会的紐帯、権力関係、意識的な決定、欲求についての配慮など——によって「評価」され、分配される。支配的な富の社会的形態が物質的富であるということは、媒介の様式が目に見えるかたちで社会的であることと関係しているのである。

ここまで見てきたように、価値は富の特異な形態である。それは顕在的な社会的諸関係によって媒介されるのではなく、それ自身が媒介であるからである。価値は商品の自己媒介的な次元である。このことは、価値の尺度が、生産された財の量に直接依存していないことに表れている。前述のような物質的尺度は、明白に社会的であるような媒介の様式を意味するだろう。物質的富と同様に価値も、労働の客体化であるが、それは抽象的労働の客体化である。一般的で「客観的な」社会的媒介を構成するものとしての抽象的労働は、諸々の特定の具体的労働の客体化という観点から表現されるわけでもなければ、それらの量によって計測されるわけでもない。抽象的労働の客体化は価値——客体化された具体的労働の形態から、すなわち特定の生産物から切り離しうる形態——である。それと同様に価値量、つまり抽象的労働の客体化の量的尺度も、生産され交換されるさまざまな商品の物理的な量(五〇エレの布、四五〇トンの鉄、九〇〇バレルの原油など)とは異なる。しかし、その量的尺度は、そのような物理的な量に翻訳可能である。結果として、諸商品の質的・量的通約可能性は、客観的な社会的媒介として表現されるのである。その通約可能性は、この媒介を構成し、かつこの媒介によって構成される。そうすると価値は、さまざまな労働の特定の客体化という観点からではなく、すべての労働がその特殊性とは無関係に共通して保持しているもの——すなわち労働の支出——という観点から計測される。その生産物の量や質に依存しない人間労働の支出の尺度は、マルクスによれば時間なのである。「では、それの価値の大きさはどのようにして計られるのか？　それに含まれている『価値を形成する実体』の量、すなわち労働の量によってである。労働の量そのものは、労働の継続時間で計られ、労働時間はまた一時間とか一日とかいうような一定の時間部分をその度量標準としている」[九]。

それゆえ、労働自体が諸生産物を媒介する一般的な疑似‐客観的手段として振る舞うとき、これによって諸生産物の特殊性から独立した、したがって顕在的な社会的紐帯・社会的文脈の特殊性から独立した、一般的な疑似‐客観的である富の尺度が構成される。マルクスによればその尺度とは、社会的に必要な人間労働時間の支出である。この時間とは、以下で考察するように、規定された「抽象的な」時間の形態である。資本主義における労働は媒介するという性格を持つため、それを計測することもまた、社会的媒介としての性格を持つ。富の形態（価値）およびその尺度（抽象的時間）は、資本主義における労働によって「客観的な」社会的媒介として構成されるのである。

抽象的人間労働のカテゴリーは、そこに含まれるさまざまな具体的労働の特殊な質を抽象し、人間労働という共通分母に還元するような社会的過程を指している[一〇]。同様に価値量というカテゴリーは、交換される生産物の物理的な量を抽象し、非顕在的な共通分母――生産物の生産に投入された労働時間――へと還元することを指している。本書第四章において私は、商品形態についてのマルクスの分析の社会‐認識論的な含意について触れた。その分析は、次のようなものとして理解される。対象、活動、個人の具体的特殊性を絶えず抽象化し、一般的で「本質的な」共通分母へと還元する過程を含む、日常的実践の構造化された諸形態についての分析である。抽象

九――Marx, *Capital*, vol. 1, p. 129 (translation amended).（『マルクス＝エンゲルス全集 第二三巻 第一分冊』、五二―五三頁）
一〇――Ibid., pp. 159-60.（同右、九〇―九一頁）

的普遍主義と具体的個別主義との対立が近代に立ち現れたことはその分析の観点から理解されうるだろう、と私は指摘した。商品形態が指し示す抽象化というこの社会的過程はまた、数量化の規定された過程を必然的に含む。尺度としての時間そのものを検証するなかで私は、この社会的諸関係の商品形態という次元に取り組むことになるだろう。

ここで以下のことを確認することは重要である。すなわち、社会的に必要な労働時間の支出が価値の尺度であるという『資本論』第一章におけるマルクスの主張は、まだ彼の立場の十全たる論証にはなっていないということだ。本書第四章で指摘したように、『資本論』におけるマルクスの議論はそれを提示する様式、つまりその諸カテゴリーの展開の全体に内在するものである。そこでは展開されるものがそれに先行するものを、つまりその論理的前提を遡及的に論証するよう意図されている。われわれが見るのは次のようなことである。マルクスは、価値とその尺度についての最初の諸規定を基盤に、資本主義における生産過程とその発展の軌道を分析することによって、価値量は社会的に必要な労働時間の観点から規定されるという自身の主張を遡及的に論証しようとする。こうしてマルクスの議論は、価値量の時間的な規定について、生産ならびに全体の動態性の双方をカテゴリー的に規定するものとして論証しようとするのである。それは単に、交換における調整のカテゴリーとして――初めはそう見えてしまうかもしれないが――論証されるのではない。

2　抽象的時間と社会的必要性／必然性

マルクスにおいて抽象的人間労働は、一般的な社会的媒介を構成するのであるから、価値の尺度として機能する労働時間は、個別的で偶然的なものではなく、社会的かつ必然的なものである。

> 商品世界の諸価値となって現われる社会の総労働力は、……ここでは一つの同じ人間労働力とみなされるのである。……これらの個別的労働力のおのおのは、それが社会的平均労働力という性格をもち……したがって、一商品の生産においてもただ平均的に必要な、または社会的に必要な労働時間だけを必要とするかぎり、他の労働力と同じ人間労働力なのである[一一]。

マルクスは社会的必要労働時間について、以下のように定義する。「社会的に必要な労働時間とは、現存の社会的に正常な生産条件と、労働の熟練および強度の社会的平均度とをもって、なんらかの使用価値を生産するために必要な労働時間である[一二]」。ある一つの商品の価値は、個別的な対象に費やされた労働時間に左右されるのではなく、その生産のために社会的に必要な労働時間の量に依存する。「だから、ある使用価値の価値量を規定するものは、ただ、社会的に必要な労働の量、すなわち、その使用価値の生産に必要な労働時間だけである[一三]」。

社会的に必要な、もしくは平均的な労働時間という観点から商品の価値量を規定することは、その参照点が社会全体であることを表している。この平均がどのようにして構成されるのかという問題――それは「一つの社会的過程によって生産者の背後で確定され」た結果であり、「〔いろいろな労働種類がその度量単位としての単純労働に換算されるいろいろな〕割合は……したがって生産者たちにとっては慣習によって与えられたもののように思われる[一四]」――には、ここでは立ち入らないが、この「社会的過程」は個人の行動を社会一般的に媒介することを含むということは確認しておく。その必然的な帰結は、個人の行動によって一般的で外在的な規範が構成され、

一一――Ibid., p. 129 (translation amended).（同右、五三頁）
一二――Ibid. (translation amended).（同右）
一三――Ibid.（同右）
一四――Ibid., p. 135.（同右、六〇頁）

その規範が各個人に対して再帰的に作用する、ということである。

「社会的必要労働時間」という術語で表現される類いの必要性［necessity］は、この再帰的で一般的な媒介の結果である。一見しただけではそれは、特定の商品を生産するのに必要な時間の平均的な量を単に記述的に述べたものにすぎない。しかしながらより詳細に考察するならば、このカテゴリーは商品に規定された労働によって構成される社会支配の形態――すなわち、超歴史的で「自然な」社会的必要性を上回り、かつそれに対立するものとして、「歴史的に規定された」社会的必要性と呼んできたもの――のさらなる規定性である、ということが明らかになる。

特定の商品の生産に支出された時間は社会的に一般的な仕方で媒介され、生産物の価値量を規定する平均へと変換される。そのとき社会的必要労働時間というカテゴリーは、生産者たちの行動の結果生じる一般的な時間的規範を表現し、彼らはそれに順応しなければならない。生きてゆくために商品を生産し交換することを強いられるだけでなく、もし人がその人の労働時間の「十全な価値」を得ようとするのであれば、その時間は社会的必要労働時間によって表される時間的規範と等しくなければならない。全体性のカテゴリーとして、社会的必要労働時間は、生産者が直面させられる疑似‐客観的な社会的必然性［necessity］を表現している。それは資本主義における疎外された社会的諸関係の構造の特徴をなす、抽象的支配の持つ時間的な次元である。労働によって客観的な一般的媒介として構成された社会的全体性は、時間的性格を有しているのであり、そこでは時間は必然性になるのである。

私は既に、マルクスの『資本論』第一巻における諸カテゴリーは、その論理的抽象度のレベルが非常に高いと指摘した。そこでは、資本主義総体の「本質」が扱われているのである。同巻のカテゴリーによる分析においてマルクスは、以下のことを戦略的に意図した。すなわち、自由な自己決定する個人と、客観的必然性という外在的な領域としての社会との間で生じる近代的な対立を、資本主義における社会的諸関係の観点から歴史的に根拠づけるということである。この対立は、富の価値形態と社会的諸関係の価値形態とに内在する。価値は特定の商品の生産によって構成されるにもかかわらず、ある商品の価値量は構成された一般的な社会的規範に再帰的に依存する。別言すれば、ある商品の価値は、一般的な社会的媒介の個別化された契機である。つまり商品の価値量はその特定の商品の生産に要する実際の労働時間に依存するのではなく、社会的必要労働時間というカテゴリーによって表される一般的な社会的媒介に左右されるのである。したがって価値の尺度は、特定の財の量および質に依存する物質的富の尺度とは違って、ある規定された関係を表しているのである。その関係とは、特定のものと抽象的・一般的なものとの関係であり、それは〔個別化された〕契機と全体性との関係という形態を取る。こうした関係の両項は、労働が生産的活動として、そしてまた社会的媒介の活動として機能することによって構成される。この労働の二重の性格は、資本主義における社会的な富の疑似‐客観的で抽象的時間的な尺度の基盤をなしている。またかかる性格は、特定の生産物あるいは特定の労働の領域と、その特定の労働を構成し、またそれによって構成される抽象的・一般的な次元との対立をも生じさせるのである。

また別のレベルでは、支配的な社会的形態としての商品は、個人と社会との緊張と対立を必然的に含意し、かかる緊張・対立は社会による個人の包摂へと向かう傾向がある。労働が社会的諸関係を媒介し構成するとき、それは諸個人を支配する全体性の中心的な契機となる。にもかかわらず、このとき諸個人は、人格的支配の諸関係から自由である。「このように時間によって測られる労働は、実際にはさまざまな主体の労働としては現われないで、むしろ労働するさまざまな個人のほうが、同じ労働の単なる諸器官として現われるのである」[一五]。

一五——Marx, *A Contribution to the Critique of the Political Economy*, trans. S. W. Ryazanskaya (Moscow, 1970), p. 30 (translation amended).(『マルクス資本論草稿集③経済学著作・草稿一八五八—一八六一年』資本論草稿集翻訳委員会訳、大月書店、一九八四年、二一七頁)

資本制社会は、単に諸個人に対立するだけでなく、彼らを包摂しようとする全体性として構成される。諸個人は全体の「単なる諸器官」になるのである。このようにマルクスの商品形態の分析にあっては、そもそも諸個人の包摂は全体性によるものとして規定されている。このことは、彼が後に、資本主義における生産過程を、かかる包摂の具体的物質化として批判的に検証することを予示している。伝統的なマルクス解釈によればマルクスは、全体性の観点から資本主義における個人の存在のアトム化した性格を批判した、ということになる。しかしマルクスは、そのような批判を行なっているのでは決してなく、抽象的客観的諸構造の下に諸個人が包摂されるということを、資本のカテゴリーによって把握される社会形態の特性として分析するのである。この包摂についてマルクスは、個人のアトム化をアンチノミー的に補完するものとみなし、このアトム化と包摂という二つの契機とその対立は資本主義的編制に特徴的なものである、と論じる。こうした分析は、次のような社会主義の観念の危険な一面性を明らかにする。すなわちそれは、資本主義をブルジョワ的分配様式と同一視して、社会主義社会を公に労働によって構成される全体性として措定し、諸個人はかかる全体性の下に包摂されるものとするのである。

価値の時間的規定性についての以上の議論は、予備的なものである。マルクスの資本のカテゴリーについて考察する際に私は、これをより十全に展開していく。とはいえ、マルクスの分析における価値と物質的富との差異の意義について、現時点でより適切に考察することは可能である。さらに私は、社会的必要労働時間のカテゴリーによって、どのような時間が表現されるのかを考究し、社会構成の理論にとってこのカテゴリーが有するより一般的な意味を考究することによって、資本主義と時間性について再検討するであろう。

3　価値と物質的富

価値を物質的富と区別する際に私は、前者を、客体化された社会的関係でもあるような富の形態として分析してきた。つまり価値は、それ自身を社会的に媒介するのである。他方で物質的富が富の支配的形態として存在するということは、それを媒介する顕在的な社会的諸関係が存在するということを意味する。既に見たように、社会的な富のこれら二つの形態は、異なる尺度を持っている。つまり物質的富は、つくり出された生産物の量と質の観点から測られるのに対して、価値量は抽象的労働時間の支出の関数である。この相違は、価値と労働生産力との関係性について、そして究極的には、資本主義における根本的な矛盾の性質について、重要な含意を有しているのである。

先述したように個別の商品の価値量は、その生産に要する社会的必要労働時間に依拠する。平均的な生産力が増大すれば、単位時間当たりに生産される商品の平均的な数量は増加する。そのため、一つの商品の生産に要する社会的必要労働時間は減少し、したがって、それぞれの商品の価値も減少する。一般的に、「つまり、一商品の価値の大きさは、その商品に実現される労働の量に正比例し、その労働の生産力に反比例して変動するのである」[一六]。

生産力が増大するならば、生産されるそれぞれの商品の価値は減少することになる。なぜなら社会的必要労働時間が、より少なく支出されるからである。このことは、特定の区切られた時間(例えば一時間)において産出される全体の価値は一定であり続ける、ということを示している。平均的な生産力と一つの商品の価値量との関係性が反比例であるのは、生産される総価値量はひとえに抽象的人間労働時間の支出量にかかっていることによる。平均的な生産力が変化しても、同じ時間につくり出される全体の価値は変化しない。つまり、もし平均的な生産力が二倍になれば、同じ一定の時間に二倍の量の商品が生産されるが、それぞれの商品の価値は従来の半分となる。なぜなら、その時間における全体の価値は同じにとどまるからである。全体の価値を規定する唯一のも

一六 ―― *Capital*, vol. 1, p. 131 (translation amended).(『マルクス＝エンゲルス全集 第二三巻 第一分冊』、五五頁)

のは、支出される抽象的労働時間の量であり、それは一定の時間的単位で計られる。したがってそれは、生産力の変化からは独立しているのである。「それゆえ、同じ労働は同じ時間には、生産力がどんなに変動しようとも、つねに同じ価値量に結果するのである。しかし、その労働は、同じ時間に違った量の使用価値を、すなわち生産力が上がればより多くの使用価値を、生産力が下がればより少ない使用価値を、与える[一七]」。

われわれが見ることになるのは、生産力と抽象的時間の関係性という問題は、この最初の規定によって示されるものよりもっと複雑である、ということだ。とはいえマルクスの価値のカテゴリーは、資本主義において単に市場によって媒介される物質的富ではないということは既に明らかになっている。価値と物質的富は質的かつ量的な意味で全く異なる富の形態であり、それらは対立することすらありうる。「より大きい量の使用価値は、それ自体として、より大きい素材的富をなしている。二着の上着は一着の上着よりも、そうである。二着の上着は二人に着せられるが、一着の上着は一人にしか着せられないというように。それにもかかわらず、素材的富の量の増大にその価値量の同時的低下が対応することがありうる[一八]」。

価値のカテゴリーに対するこうした検証によって示されたのは、資本主義における社会的な富の支配的形態は、それが価値の物質化された「担い手」としての商品において表現されなければならないにもかかわらず、非物質的である、ということだ[一九]。それは使用価値の次元――財の物質的な量、もしくは質――ではなく、労働時間の支出に直接的に依存する。かくしてマルクスは、『資本論』冒頭の言明――「資本主義的生産様式が支配的に行われている社会の富は、一つの『巨大な商品の集まり』として現われ……[二〇]」――は見かけ上でしか妥当しないことを示したことになる。資本主義においては、具体的物質的な量ではなく、抽象的時間的な尺度が社会的富の尺度である。この違いは、次のような事態の第一の規定をなす。つまり資本主義においては、貧困層にとってだけでなく社会全体にとっても、（物質的な富という意味での）豊かさの只中で、（価値の観点での）貧困が存在しうるということである。資本主義における物質的富は、究極的には外見的な富でしかない。

物質的富と価値との相違は、マルクスの資本主義批判の中心をなす。マルクスによればその相違は、資本主義的社会編制における労働の二重の性格に根差している。[二一] 物質的富は具体的労働によってつくり出されるが、労働は物質的富の唯一の源泉ではない。[二二] むしろ富の物質的形態は、人々が自然力の助けを借りながら物を変容させることから生じる。[二三] つまり物質的富は、有用労働によって媒介される人と自然の相互作用によって生じるのである。[二四] 既に見たように、物質的富の尺度は直接的人間労働の時間的支出ではなく、具体的労働によって客体化されたものの量および質の関数である。したがって、物質的富をつくり出すことは、そのような労働時間の支出に必ずしも結びつけられているわけではない。生産力の増大は、労働時間の支出量が増加するかどうかにかかわらず、物質的富の増大に結実するのである。

ここで、以下のことを確認しておくことは重要である。すなわち、資本主義における労働の具体的ないし有用的な次元は、社会的に構成する活動としての労働——つまり抽象的労働——の歴史的に特殊な次元とは異なる社会的性格を有する、ということだ。マルクスは生産力、つまり「労働の生産力」(*Produktivkraft der Arbeit*) を具体的有用労働の生産力として分析している。[二五] それは生産の社会的組織化、科学の発展と応用の段階、そして労

一七——Ibid., p. 137.（同右、六二頁）
一八——Ibid., pp. 136-37.（同右）
一九——Ibid., p. 126.（同右、四八—四九頁）
二〇——Ibid., p. 125.（同右、四七頁）
二一——Ibid., p. 137.（同右、六二—六三頁）
二二——Ibid., pp. 134, 136-37.（同右、五八、六二—六三頁）
二三——Ibid.（同右）
二四——Marx, "Critique of the Gotha Program," in Karl Marx and Frederick Engels, *Collected Works*, vol. 24: *Marx and Engels: 1874–1883* (New York, 1975), p. 81.（『マルクス＝エンゲルス全集 第一九巻』大内兵衛・細川嘉六監訳、大月書店、一九六八年、一五頁）
二五——*Capital*, vol. 1, p. 137.（『マルクス＝エンゲルス全集 第二三巻 第一分冊』、六二—六三頁）

働者の獲得した技能によって規定される。[二六] 言い換えると労働の具体的次元は、マルクスの把握によれば、社会的性格を有している。この社会的性格は、社会的組織化と社会的知識――私が「生産活動としての労働の社会的性格」と名づけたもの――によって形成され、かつその組織化と知識の諸相を包含する。この性格は直接的労働の支出に制限されはしない。マルクスの分析において生産力は、この社会的性格の、つまり人類の獲得した生産的能力の表現なのである。それは労働の具体的な次元に依存し、歴史的に特殊な社会的媒介を構成するものとしての労働に依存するのではない。

価値、すなわち資本主義における富の支配的形態の諸規定は、物質的富の諸規定とは全く異なる。価値が特異であるのは、それが富の一形態であるにもかかわらず、自然と人間の関係を直接的に表現するのでなく、人間同士の諸関係を労働に媒介されたものとして表現する点においてである。したがってマルクスによれば、自然的素材は価値の構成には直接的には全く関与しない。[二七] 社会的媒介としての価値は、ただ（抽象的）労働によってのみ構成されるのである。価値は、資本主義における社会的に媒介する活動としての労働、疎外された社会的諸関係の「実体」としての労働の、歴史的に特殊な社会的次元の客体化である。したがって価値量は、つくり出された生産物の量や用いられた自然的諸力を直接的に表すものではない。そうではなく価値量は、ただ抽象的労働時間にのみ依存するのである。言い換えれば、生産力が増大すればより多くの物質的富が生み出されるのにもかかわらず、それによって単位時間当たりの価値が増大することはない。社会的諸関係の形態でもある富の形態としての価値は、人類の獲得した生産的諸能力を直接的には表さない（後にマルクスの資本のカテゴリーの概念化について論じる際に、労働の使用価値次元の諸規定であるこの生産的諸能力がいかにして資本の属性となるのかを、私は検証する）。もし価値が労働によってのみ構成されているとすれば、そしてその価値の唯一の尺度が直接的な労働時間であるとすれば、価値の生産は、物質的富の生産とは異なり、直接的人間労働の支出に必然的に拘束される、ということになるのである。

これから見ていくように、この価値と物質的富の区別は、マルクスの資本主義分析にとって決定的に重要である。しかしながら、先に進む前に注意しておくべきことは、かかる区別は直接的な経験のレベルでは明白なものではないとマルクスが論じてもいるということだ。われわれが既に見たように、死後に出版され、『資本論』第三巻として編集されることになる草稿においてマルクスが意図したことの一つは、自らの価値論が妥当しないかのように見えてしまうこと――特に、労働のみが価値を構成するようには見えないということ――を、彼の価値論に基づいて示すことであった。例えば『資本論』第三巻の地代論におけるマルクスの目的の一つは、自然が価値産出の一要因であるかのように見えるのはいかにして可能となるかを示すことである。その結果として、資本主義における労働の特殊な性格と労働一般との区別が不明瞭になる。価値と物質的富との差異も同様である。[二八]（それゆえ、資本主義の矛盾をはらんだ性格の本質と展開についてのマルクスの分析を十全に説明することによって、以下のことが解明されるはずである。すなわち、諸々の行為者がそれと意識しないところで、カテゴリー的な区別――価値と物質的富とのそれのような――がいかにして実際に社会的に作用しているのか、ということである。人々は、資本主義の基底的な本質的諸構造を隠蔽する現象形態に基づいて行為しつつ、その基底的諸構造を再構成するが、それがいかにして行なわれるかが示される必要があるだろう。かかる解明を行なうならば、現象形態によって媒介されるこれらの基底的構造が、社会的構成を行なう諸々の実践をいかにして構成するかということだけでなく、かかる構成によってある規定された動態性と特定の諸制約とが社会全体に与えられるのはいかにしてかということもまた明らかにされよう。しかしながら、私が行なおうとしているのは、資本制社会に

二六――Ibid., p. 130.（同右、五四頁）

二七――Ibid., p. 138.（同右、六四頁）

二八――Marx, *Capital*, vol. 3, trans. David Fernbach (Harmondsworth, England, 1981), pp. 751-970.（『マルクス＝エンゲルス全集 第二五巻 第二分冊』大内兵衛・細川嘉六監訳、大月書店、一九六七年、七九三―一〇六五頁）

ついてのマルクスの批判的分析の性質を、その基本的な諸カテゴリーの観点から明示することのみである。それゆえ本書では、これらの問題を論じ尽すことはできない。)

　価値と物質的富との諸々の差異は労働の二つの次元を表しており、価値と技術の関係という問題、また資本主義における基本的な矛盾の問題に関わっている。機械についてのマルクスの議論は、物質的富とは異なった、歴史的に特殊な富の形態としての価値についての分析という文脈においてとらえられるべきである。マルクスによれば、確かに機械は、より多くの物質的富を産出するが、新たな価値をつくり出すわけではない。むしろ機械は、その生産に注ぎ込まれた価値(直接的労働時間)の量を伝えるにすぎない。あるいは機械は、(労働者の消費手段の価値を減少させることによって)間接的に労働力の価値を減少させ、そのことによって資本家たちが剰余として略取しうる価値量を増加させる。[二九] 機械が新しい価値を全くつくり出さないということはパラドックスでもないし、技術的発展にかかわりなく直接的人間労働を、富の本質的な社会的構成要素として措定するという還元主義的な主張をマルクスが行なっていることを示すものでもない。むしろそれは、物質的富と価値との差異に基づいているのである。この差異は、商品形態によって表される二つの社会的次元の間で昂進する矛盾としてマルクスが分析するものに土台を与える。これから検討するように、機械による生産の潜勢力は、そのような矛盾についてのマルクスの理解において、実際重要な役割を果たしているのである。

　本書第一章において私は、『要綱』におけるいくつかの箇所を検討した。そこでは、マルクスにおいて資本主義の基本的な矛盾は、工業的生産とブルジョワ的な分配諸関係との間に生じるのではなく、生産の領域それ自体に存するということが示されていた。このことを基礎として私は、マルクスの分析は資本主義における労働や生産に対する批判なのであって「労働」の観点からの批判ではない、ということを論じた。『資本論』の冒頭でマルクスが行なった価値と物質的富の区別はかかる解釈と完全に一致し、かつそれを補強する。この二つの富の形態をマルクスが区別したことと、価値、生産力、物質的富の間にもたらされる複雑な関係性から、『要綱』において提示されている基本的矛盾を推論することが実際にできるのである。

後により徹底的に解明するように、一方でマルクスの分析は、価値に基礎づけられた生産システムが、労働の組織化における変化、技術的発展、そして生産への科学の応用可能性の増大に基づいて、生産力の水準の永続的な増大を引き起こすということを示唆している。生産の技術的進歩に伴って物質的富は、高水準の生産力に依存するようになり、富をつくり出す科学技術の潜勢力に依拠するようになるのである。直接的な人間労働時間の支出は、もはやそのような富の生産と何ら意味ある関係を持たない。しかしそれでもマルクスによれば、より多くの物質的富が生産されたからといって、それ自体ではより多くの量の価値——すなわち、資本主義における社会的富の規定的形態であるもの——がつくり出されたということにはならない。実際、物質的富と価値との差異は、資本主義における根本的な矛盾についてのマルクスの議論にとって決定的に重要である。既述の通り、生産力が増大したからといって、単位時間当たりに生み出される価値の量が増大するわけではない。この理由から、科学や技術の応用などの生産力を増大させるすべての手段は、単位時間当たりに産出される価値の量を増加させることはない。しかしそれは、生産される物質的富の量を大きく増加させるのである。[三〇] マルクスによれば、資本主義の中心的矛盾の基盤をなすのは、生産力の発展に関係なく、価値が、資本主義における富や社会的諸関係を規定する形態であり続ける、ということなのである。しかしながら価値はまた、それが生じさせる生産諸力の物質的富を生産する潜勢力という観点からすれば、ますます時代錯誤になってゆく。

この矛盾の中心的な契機は、直接的人間労働が生産過程において果たす役割である。一方で価値と資本という

二九——Marx, *Grundrisse: Foundations of the Critique of Political Economy*, trans. Martin Nicolaus (London, 1973), p. 701.（『マルクス資本論草稿集②一九五七—一九五八年の経済学草稿集Ⅱ』資本論草稿集翻訳委員会訳、大月書店、一九九三年、四八三—八四頁）

三〇——単純かつ明確にするために、剰余価値や労働の強化といった問題についてはここでは考慮していない。

社会的形態は、生産力を途方もなく上昇させることによって、直接的人間労働がもはや富の第一義的な社会的源泉ではなくなるような、新しい社会編制の可能性を生じさせる。ところが他方で、これらの社会的諸形態において直接的人間労働は、生産様式にとって必要であり続け、かつ一層断片化されアトム化されてゆく(かかる必然性が存続する構造的基盤については、生産過程の物質的形態の分析と、それが持つ含意とともに本書第三部において議論する)。この解釈によればマルクスは、直接的人間労働と社会的富との必然的な関連性を、技術の発展と無関係に措定しているのではない。むしろマルクスの内在的な批判が主張するのは、そうしているのは他ならぬ資本主義それ自体なのだ、ということである。

かくしてマルクスが『要綱』において概説している資本主義の矛盾は、価値と物質的富との間で昂進する矛盾という観点から理解されうる。しかしながらこの矛盾は、富の二形態の差異が社会の「表面」、つまり直接的経験のレベルにおいては不明瞭になっているために、そのようなものとしては現れない。いまや明らかなはずだが、人間の労働時間の支出によって測られるような、富の歴史的に特殊な形態として価値を理解しない限り、この矛盾についてのマルクスの分析は究極的には把握しえない。価値と物質的富との間にマルクスが設けた区別は、以下のような私の論点を補強するものである。すなわちマルクスの価値のカテゴリーは、社会的富はいつでもどこでも直接的人間労働に依存するとか、資本主義においてこの超歴史的な「真実」は神秘化のさまざまな形態によって覆い隠されているとか、社会主義においてこの人間存在の「真実」が公然と現れる、などといったことを示そうとするものではない。そうではなく、マルクスが実際に示そうとしているのは以下のことである。つまり諸現象の表面下で、資本主義における支配的な富の社会的形態は確かに(抽象的)労働によってのみ構成される。しかしそれを覆い隠す表層の諸形態のみならず、かかる「本質的な」形態それ自体が、マルクスの批判対象なのである。価値と物質的富の区別に注意を促すことによって私は、以下のことを提示することに着手した。すなわちマルクスの「労働価値説」の批判的機能は、資本主義における社会的剰余が、労働者階級の搾取によって生み出されることを「証明」することだけではない。むしろ、かかる批判的機能は、資本主義において労働が果たす社会的綜合の役割に対して歴史的な批判を加えることで、労働が廃絶される可能性を指し示すのである。

これまでのところで、マルクスの諸カテゴリーが現代における発展の分析にどのように応用できるかについての多くの議論が、価値と物質的富とを区別し損なっているために限定的なものにとどまってきたことが明らかになったはずである。このことは、技術と価値の関係性についての問いに関して、とりわけ当てはまる。価値のカテゴリーは、社会的富一般のカテゴリーとしばしば同一視されてきたため、次のいずれかのような主張が優勢だったのである。すなわち労働は常に富の唯一の社会的源泉であるとして物質的富を価値の下に包摂してしまう主張や、価値は労働にのみ依存するのではなく科学と技術的知識の応用から直接的につくり出されうるのであるとして、物質的富の下に価値を包摂してしまう主張である。例えばポール・ウォルトンとアンドリュー・ギャンブルは、労働の独特な価値創出の能力を強調することによって、マルクスのアプローチを擁護した。しかしながら彼らは、この富の形態の特殊性を考慮に入れるよりも、あたかも労働がその特別な質のために超歴史的に唯一の社会的富の源泉であるかのように論じてしまう。[三一] 一方で彼らは、なぜ機械が（単に富として理解されるものとしての）価値を生産しないのかについて、説得力を持って説明することができないのである。これとは反対に、今日の科学と技術が富を創出する明白な可能性に説明を与えようとしてジョーン・ロビンソンは、人間労働のみが剰余価値を生産すると主張しているとしてマルクスを批判する。[三二] しかしながら同時にロビンソンは、マルクスによる価値と資本のカテゴリーを富一般の観点から解釈し、富や社会的諸関係の特殊な諸形態としては解釈しない。

三一 —— P. Walton and A. Gamble, *From Alienation to Surplus Value* (London, 1972), pp. 203–04.

三二 —— Joan Robinson, *An Essay on Marxian Economics* (2nd ed., London, Melbourne, Toronto, 1967), p. 18.（J・ロビンソン『マルクス経済学』戸田武雄・赤谷良雄訳、有斐閣、一九五一年、二一一―二一二頁）

このためロビンソンは、物質的富を生産するものと、価値を生産するものとを区別しない。その代わりロビンソンは、資本を富そのものとして物象化するのである。「資本と産業に科学を応用することは非常に生産的であるが、しかし、独占にまで発展した私有財産制度が有害なのは、まさにわれわれが必要とする資本の種類と量を獲得するのをそれが妨害しているからである、という方がより効果的である」[三三]。ロビンソンのアプローチは、価値および資本を物質的富と同一視することによって、資本主義における社会的諸関係と私有財産を、伝統的な方法において必然的に同一視するのである。

　マルクスの価値のカテゴリーを超歴史的に妥当する富のカテゴリーとして措定したり、それとは反対にこのカテゴリーは次第に時代遅れとなる性格を持っており、それがこのカテゴリーの理論的な瑕疵を示しているとしたりする解釈は、価値と物質的富を混同している。そのようなアプローチは、マルクスの価値のカテゴリーからその歴史的特殊性を抜き去ってしまい、資本制社会の基底をなす基本的な社会的諸形態が持つ矛盾した性格についてのマルクスの概念を把握することができない。こうしたアプローチは生産様式を、社会的諸力・諸制度によって影響を受けるような、本質的に技術的な過程とみなす傾向がある。つまり生産の歴史的発展を、私有財産のような外在的な諸要因によって抑制されうる直線的な技術的発展であるとみなしてしまい、矛盾をはらみながら発展する内在的に技術的-社会的な過程とはみなさない傾向にあるのである。そのような諸解釈は、端的に言えば、マルクスの批判的分析の性質を根本的に誤解している。

　価値と物質的富の差異についてのマルクスの分析は、資本制社会の矛盾をはらむ性格を彼が概念化するにあたって、その中心に位置している。確かに価値は、科学と技術の持つ富を生産する潜勢力には適合しないのだが、それでもなお資本主義における富と社会的諸形態を基本的に規定するものであり続ける、とマルクスは主張する。究極的にはこの矛盾は、資本主義における労働の二重性に根差している。それは昂進する内的緊張を構造化し、こうした緊張が、資本制社会における広範囲にわたる歴史的諸発展や社会現象に形態を与えるのである。本書第三部で私は、この内的緊張という観点から、資本制社会の内在的な動態性と、資本主義の生産過程の具体的な布置とに関する諸問題に取り組むであろう。その箇所で私は、資本主義における生産様式は、社会的「生産諸関係」から切り離された技術的「生産諸力」という観点からではなく、価値と物質的富の矛盾という観点から理解されるべきであること、つまり、生産様式は資本主義における労働の二つの次元の物質化された表現として、したがって、生産諸力と生産諸関係双方の物質化された表現として理解されるべきことを論じるだろう[三四]（例えばそ

三三――Ibid., p. 19.（同右、二三頁）

三四――クラウス・オッフェは、資本制社会における近年の諸変化を概念化する試みにおいて、資本主義における労働の二つの次元を、二種類の異なった労働として扱っている。オッフェは、その生産物が市場のためにつくられているかどうかに基づいて、労働の種類を区別する（以下を参照。Claus Offe, "Tauschverhältnis und politische Steuerung: Zur Aktualität des Legitimationsproblems," in *Strukturprobleme des kapitalistischen Staates* [Frankfurt, 1972], pp. 29-31.〔C・オッフェ『後期資本制社会システム――資本制的民主制の諸制度』寿福真美編訳、法政大学出版局、一九八八年、八四―八五頁〕）オッフェは抽象的労働を「生産的」な、つまり剰余価値を生産する労働として定義し、具体的労働を、「非生産的」な労働として定義する。彼は、後期資本主義において国家やサービス部門が成長したことによって、商品を生産せず、またそれ自身も商品ではない「具体的労働」が増大することになる、と主張する。このことは、資本主義的な要素と非資本主義的な要素の二元論へと帰結する（p. 32〔同右、八六頁〕）。オッフェによれば、そのような「具体的労働」の諸形態は、究極的には価値形成に寄与する機能を果たすものであるかもしれないが、必ずしも商品形態に拘束されてはおらず、それゆえ等価交換に依拠する社会的正統性を衰退させるに至る、という。

オッフェのアプローチは、いくつかの重要な点で、マルクスのアプローチと異なる。抽象的労働や具体的労働といったマルクスのカテゴリーは、二種類の異なる労働を指しているのではない。さらに言えば、生産的労働というカテゴリーと、商品としての労働力というカテゴリーは同じものではない。マルクスの言う、資本主義における労働の二つの次元による弁証法は、全く異なる労働の形態に基づく社会の歴史的な可能性を志向しているが、これに対してオッフェが非資本主義的労働と呼ぶものは、そのような質的に異なる形態を表しているわけではないのである。オッフェは、労働の現存する諸形態に対する大衆的な不満を説明することを意図して、サービス部門の仕事にあっては、仕事内容との自己同一化がより一層進み、また仕事内容がより一層重要なものとなることがその特徴である、と論じているように思われる（p. 47〔同右、九九頁〕）。このことは、サービス部門のある非常に特殊な部分においては当てはまるかもしれない。しかし、サービス部門において最も増大してきたのは、管理人や清掃の仕事、厨房での仕事、家事労働の分野であるという事実に照らせば、かかるテーゼは、一般的な説明としては疑わしい（以下を参照。Harry Braverman, *Labor and Monopoly Capitalism* [New York and London, 1974], p. 372.〔H・ブレイヴァマン『労働と独占資本――二〇世紀における労働の衰退』富沢賢治訳、岩波書店、一九七八年、四〇五頁〕）。オッフェの議論の要点は、資本主

の矛盾は、さまざまな社会運動によって表現されるような欲求や意識の歴史的変容という問題について、非常に抽象的なレベルにおいて分析を加えるための出発点を与える、ということもまた後に提示することになるだろう)。

以下では、この社会の構造的な社会的諸形態の二重性に根差した労働と時間の弁証法という観点から、資本主義の動態性を解釈してゆく。しかしながら、それを行なうために、まず社会的に必要な労働時間と関連する抽象的な時間形態について検証し、マルクスの諸カテゴリーの時間的次元をめぐる私の議論の、社会-認識論的な含意について考察しなければならない。

4 抽象的時間

価値量について論じた際に私は、社会的に必要な労働時間について、「社会的」という側面と「必要」という側面について検証した。しかし、いかなる種類の時間を、われわれは論じているのだろうか。よく知られているように、時間の観念は文化や歴史によってさまざまであるが、最もよく言われるのは、循環的時間概念と直線的時間概念の区別である。例えばG・J・ウィットロウは、一般に、循環するものとしての時間の概念が、時計や暦で測られ直線的に進行するものとして理解される時間に取って代わられたのは、ヨーロッパにおいてはここ数百年のことであるにすぎない、ということを指摘している。[三五] 私は、時間のさまざまな形態(そして、さまざまな時間の概念)について考察し、それらを別の仕方で——すなわち時間が従属変数なのか独立変数なのかによって——区別していくが、それは社会的に必要な労働時間というカテゴリーが、近代資本制社会における時間の性質ならびに当該社会の歴史的に動態的な性格に対して持つ関係を探究するためである。

諸々の出来事に依拠する、さまざまな種類の時間のことを、私は「具体的」「時間」と呼ぶことにする。かかる時間は、自然の周期や人間生活の周期性、例えば米を料理すること、あるいは祈りを奉げることといった、特定の作業もしくは過程に必要な時間を指し、またそれらのことを通じて理解されるものである。[三六] 西ヨーロッパで近代資本制社会が勃興し発展する以前の、時間についての諸々の支配的な概念は、さまざまな具体的な時間の形態をとっていた。時間は諸々の出来事から独立した自律的なカテゴリーではなく、善か悪か、聖か俗かといった、質的に規定されうるものであった。[三七] 具体的な時間は、循環的な時間よりも広いカテゴリーである。というのも、本質的に具体的でありかつ直線的である時間の概念が存在するからである。例えば、出エジプトやバビロン捕囚、メシアの到来によって定義されるユダヤ教の歴史の観念や原罪、キリストの受難、その再臨といったキリスト教の歴史概念などがそれに当たる。具体的時間においては、それが方向性を持つということよりも、むしろそれが従属変数であるということがその特徴をなしている。例えばユダヤ教やキリスト教における歴史についての伝統的な観念にあっては、いま述べた諸々の出来事は時間のなかで起こるのではなく、時間を構造化し規定するのである。

具体的時間と結びついた諸々の計測様式は、一定の時間単位の継続的な連なりに依拠するのではなく、出来事――例えば日、月の満ち欠け、あるいは季節といった反復的な自然の営み――か、もしくは変化する時間の単位

義の本質的な規定因とその社会的正統性の基礎は市場にあり、それは国家やサービスの諸部門の成長によって次第に侵食されつつある、ということだ。オッフェは、マルクスの資本主義批判は資本主義の正統性の形態に対する批判として把握されるのが適切であり、その正統性の基礎は市場と同定されうる、ということを基本的前提としているのである。

三五――G. J. Whitrow, *The Nature of Time* (Harmondsworth, England, 1975), p. 11.（G・J・ウィットロウ『時間 その性質』柳瀬睦男・熊倉功二訳、法政大学出版局、一九九三年、一一―一三頁）

三六――E. P. Thompson, "Time, Work-Discipline and Industrial Capitalism", *Past and Present*, 38 (1967), p. 58. トムスンの論文は、民族誌的・歴史的素材に富み、産業資本主義の発展に伴う時間の理解、時間の計測、そして労働と時間の関係における変化について、優れた説明を行なっている。

三七――Aaron J. Gurevich, "Time as a Problem of Cultural History", in L. Gardet et al. *Cultures and Time* (Paris, 1976), p. 241.

に基づく。時間計測の後者の様式――おそらく古代エジプトにおいて最初に発展し、古代世界、極東、イスラム世界の至るところで広く普及し、ヨーロッパにおいては一四世紀まで支配的であった――は、さまざまな長さの単位を用い、昼と夜を一定数の部分に分けた。[三八] つまり、一日の明るい時間帯と暗い時間帯を、それぞれ季節ごとに長さの異なる十二「時間」に等分したのである。[三九] 春分と秋分の日にだけ、昼の「時間」と夜間の「時間」は等しくなった。かかる可変的な時間単位は、しばしば「可変」の、あるいは「不定時法」の時間と呼ばれる。[四〇] そうした時間計測の形態は、季節や昼夜の周期に依拠する農民的な生活と仕事の「自然の」リズムによって強く支配された社会生活の諸様式と相関していると思われる。時間の尺度と、それが含む時間の種類との間に関係性が存在するのである。時間単位が一定でなく、それ自体が可変的であるということは、この時間形態が従属変数であって、行事や出来事、行為に依存しているということを示している。

他方で、「抽象的時間」によって私が指しているのは、単一で連続的で等質である「空虚な」時間であり、それは諸々の出来事から独立している。抽象的時間の概念は、西ヨーロッパでは一四世紀から一七世紀の間に徐々に支配的なものになっていったわけだが、それはニュートンの「他の何者にもかかわりなく、一様に流れる[……]絶対的な、真の、そして数学的な時間」[四一]という定式化において非常に強く表現された。抽象的時間は独立変数である。つまりそれは、その内部で運動や出来事、行為が生じるところの、独立した枠組みを構成する。そのような時間は均等で一定の、非‐質的な単位に分割することができる。

ジョセフ・ニーダムによれば、現象をその関数として持つ独立変数としての時間概念は、近代西欧においてのみ発展した。[四二] そのような理解は、時間に関数的に従属する、場所の変化としての運動という観念に関係しており、古代ギリシア、イスラム世界、中世初期ヨーロッパ、インド、あるいは中国（ただし、後の時代には一定の時間単位が確かに存在した）にも存在しなかった。通約可能で交換可能な部分への時間の分割は、古代や中世初期の世界にとっては無縁のものであったはずである。[四三] とするならば抽象的時間は、歴史的に独特なものということになるが、それはいかなる条件の下で出現したのだろうか。

　抽象的時間の起源については、資本主義の前史に、つまり中世末期に探し求められるべきである。それは社会的実践の規定され構造化された形態と関係づけられうる。かかる形態は一四世紀にヨーロッパ社会のいくつかの領域における時間の社会的意味の変容をもたらし、一七世紀の終わり頃までには社会的ヘゲモニーを握り始めていた。より正確に言えば、抽象的時間という概念の歴史的な起源は、商品に規定された社会的諸関係の形態が普及するとともに、社会的現実がそうした時間によって構成されるようになったという観点から、理解されるべきである。

三八——Whitrow, *The Nature of Time*, p. 23（ウィットロウ『時間 その性質』、三二—三四頁）; Gustav Bilfinger, *Die mittelalterlichen Horen und die modernen Stunden* (Stuttgart, 1892), p. 1.

三九——バビロニア人と中国人は、一日を一定の時間単位に細分するシステムを持っていたと見られる。Joseph Needham, Wang Ling, and Derek de Solla Price, *Heavenly Clockwork: The Great Astronomical Clocks of Medieval China* (2nd ed. Cambridge, England, 1986), p. 199ff.; Gustav Bilfinger, *Die babylonische Doppelstunde: Eine chronologische Untersuchung* (Stuttgart, 1888), pp. 5, 27-30. ただし、かかる一定の時間単位が近代の一定の時間単位とは同一視され得ないということ、独立変数としての時間の概念を含意していないことを、私は後に簡潔に説明する。

四〇——Whitrow, *The Nature of Time*, p. 23（ウィットロウ『時間 その性質』、三二—三四頁）; Bilfinger, *Die mittelalterlichen Horen*, p. 1.

四一——Isaac Newton, *Principia*, as quoted in L. R. Heath, *The Concept of Time* (Chicago, 1936), p. 88.（I・ニュートン『プリンシピア——自然哲学の数学的原理』中野猿人訳、講談社、一九七七年、二一頁）確かにニュートンは、絶対的な時間と相対的な時間を区別する。彼は相対的時間について「運動というものによって測られる持続の、ある感覚的な、また外的な……測度であり、普通には真の時間の代わりに用いられる。すなわち、一時間、一日、一か月、一年といったたぐいである」と言及している。しかしながらニュートンが、それらの単位のあいだに区別を設けなかったという事実からすれば、ニュートンは相対的時間を、何か別の時間形態というよりもむしろ、絶対的時間に感覚的に近似する様式とみなしていたことになる。

四二——Joseph Needham, *Science in Traditional China* (Cambridge, Mass., and Hong Kong, 1981), p. 108.（J・ニーダム『中国科学の流れ』牛山輝代訳、思索社、一九八四年、一五〇—五一頁）

四三——Gurevich, "Time as a Problem of Cultural History", p. 241.

既に述べたように、一四世紀までの中世ヨーロッパでは、古代と同様に時間は連続的なものとしては概念化されなかった。一年は四季や十二宮――そこでは各々の時期はそれ自身の特別な影響力を持つと考えられていた――に従って質的に分割されていたのである。[四四]また一日は古代的な可変的な時間に分割されて、それは「聖務日課」、すなわち教会の時課の基礎となった。[四五]つまり、中世ヨーロッパにおいて時間が守られていたとすれば、それは教会の時間が守られていたということである。[四六]この時間計測の様式は、一四世紀中に劇的に変容した。グスタフ・ビルフィンガーによれば、近代的な時間、すなわち一定した時間は一四世紀前半のヨーロッパの文献において現れ始め、一五世紀初頭までには古典古代の可変的時間や時課に広く取って代わった。[四七]可変的な時間に基づく時間計測の様式から、一定した時間に基づくそれへの歴史的な移行は、抽象的時間の出現、つまり独立変数としての時間の出現を暗黙のうちに示している。

通約可能で交換可能な一定不変の時間の体系へと時間計測の仕方が移り変わったことは、一三世紀末もしくは一四世紀初頭に西ヨーロッパで機械仕掛けの時計が発展したことと非常に密接に関連している。[四八]ルイス・マンフォードの言葉を借りれば、時計は「時間を人間的事象から分離し[た]」。[四九]とはいえ抽象的時間の出現は、機械仕掛けの時計の発明といった技術的発展を参照することだけでは、説明され得ない。むしろ、機械仕掛けの時計の登場こそ、社会的文化的な過程を参照しつつ理解されねばならないのであって、その登場が翻って、かかる過程を強く促したのである。

交換可能な一定不変の時間単位に基づく時間計測の様式の発展は社会的に理解されなければならず、技術の影響の観点からだけでは理解され得ないということは、多くの歴史的事例が指し示している。機械仕掛けの時計が発展するまで（その改良版が一七世紀のクリスティアーン・ホイヘンスの振り子時計の発明である）、最も洗練され広く知られていた時間管理の形態はクレプシドラ、つまり水時計であった。さまざまな種類の水時計は、ヘレニズムやローマの社会で用いられ、ヨーロッパとアジアの両方で普及した。[五〇]われわれの目的にとって重要なのは、水時計が、水の流れという大体のところ均一な過程に基づいて機能したのにもかかわらず、可変的な時間を示すために用いられた、ということである。[51] これは一般的には、水が流れる割合は一定だが、その表示は季節によって異なる、という仕方で時間を表示するよう時計の部品を組み立てたことによる。入り組んだメカニズムによって、水の流れを季節によって変化させるよう仕掛けていた例もあった。これに基づいて（可変的な）時間を鐘の音で知らせる複雑な水時計が組み立てられた（八〇七年にこのタイプの時計が、カリフ・ハールーン・アッラシードからカール大帝に贈られたようである）[52]。いずれの例においても、水時計に一定で均一な時間を刻ませることは、技術的にはより簡単であったはずである。したがって可変的な時間が刻まれていたということは、明らかに技術的な制約によるものではなかった。むしろその理由は、社会的かつ文化的なものであったと思われる。明らかに可変的な時間は重視されていたのに対して、均等な時間はそうではなかったのである。

四四——Whitrow, *The Nature of Time*, p. 19.（ウィットロウ『時間 その性質』、二五—二六頁）

四五——David S. Landes, *Revolution in Time* (Cambridge, Mass., and London, 1983), p. 403n15; Bilfinger, *Die mittelalterlichen Horen*, pp. 10-13. ビルフィンガーによれば時課の起源は、「世俗の」時間に基づいてローマ人が一日を四つの当直時間に分割したことに求められる。中世初期には、さらに二つの時間的な区切りがそれに加えられた。

四六——Landes, *Revolution in Time*, p. 75; Jacques Le Goff, "Merchant's Time and Church's Time in the Middle Ages," in *Time, Work, and Culture in the Middle Ages*, trans. Arthur Goldhammer (Chicago and London, 1980), pp. 29, 30, 36.（J・ル・ゴフ『もうひとつの中世のために——西洋における時間、労働、そして文化』加納修訳、白水社、二〇〇六年、五〇—五二、五八頁）

四七——Bilfinger, *Die mittelalterlichen Horen*, p. 157.

四八——Landes, *Revolution in Time*, pp. 8, 75; Bilfinger, *Die mittelalterlichen Horen*, p. 157; Le Goff, "Labor Time in the 'Crisis' of the Fourteenth Century," in *Time, Work, and Culture in the Middle Ages*, p. 43.（ル・ゴフ『もうひとつの中世のために』、七三—七四頁）

四九——Lewis Mumford, *Technics and Civilization* (New York, 1934), p. 15.（L・マンフォード『技術と文明』生田勉訳、美術出版社、一九七二年、二八頁）

五〇——Landes, *Revolution in Time*, p. 9.

五一——Bilfinger, *Die mittelalterlichen Horen*, p. 146; Landes, *Revolution in Time*, pp. 8, 9.

五二——Bilfinger, *Die mittelalterlichen Horen*, pp. 146, 158-59; Landes, *Revolution in Time*, fig. 2 (following p. 236).

抽象的時間と機械仕掛けの時計の出現は、社会的かつ文化的な問題であり、単に技術力や、もしくは何らかの一定した時間単位が存在するかどうかの問題ではないということを明瞭に示すものとして、中国の例がある。あらゆる点で中国における技術的発展のレベルは、一四世紀以前の中世ヨーロッパのそれよりも高かった。実際、紙や火薬といった中国における発明に西洋は飛びつき、重要な諸帰結をもたらした。[五三] しかし中国人は、均等な時間を刻み、かつ社会生活を組織する際に第一義的にそのような目的で用いられるような、機械仕掛けの時計やその他の時間管理の装置を開発することはなかった。紀元前一二七〇年頃から中国で使用されるようになった、古くからの可変的な時間の体系が、一定した時間の体系に取って代わられた——紀元前二世紀以降に中国で用いられた時間計測の体系は、一日を十二の一定の「二時間」単位に等分するバビロニア人の体系であった[五四]——ことを考えると、このことは特に不思議に思われる。さらに中国人は、そうした一定した時間を計る技術力を発展させた。紀元後一〇八八年から一〇九四年の間に、外交官であり官僚であった蘇頌は、水を動力とする巨大な天文「時計塔」の建築を、皇帝のために計画し組織した。[五五] おそらくこの「時計」は、二世紀から一五世紀の間に中国で開発された時計を動かすメカニズムのうちで、最も洗練されたものであった。[五六] それは第一義的には、天体の動きを表し研究するためのメカニズムであったが、一定した時間や「1／4時」（「刻」k'o）をも表した。[五七] にもかかわらず、この装置やそれによる均等な時間の表示が大きな社会的効果を持ったとは思われない。そのような装置が——より小さくて改良されたものでさえ——、大規模に生産されることはなかったし、日常生活を管理するために使用されたこともなかった。つまり機械仕掛けの時計が中国で発明されなかったという事実は、洗練された技術がなかったとか、一定した時間についての知識がなかったということでは説明できないのである。より重要であると思われるのは、一定した「二時間」単位が、社会生活を組織するという観点からすれば明らかに重要ではなかった、ということである。

デビッド・ランデスによれば、中国において、時間や分といった一定した単位で表される時間は、社会的にはとんど必要とされなかった。田園地帯においても都市においても、生活は自然の営みや日課仕事の繰り返しによって規則づけられており、単位時間当たりの産出量という意味での生産性の観念は知られていなかった。[五八] 都市における時間管理が当局によって規則化されたときでも、かかる時間管理は五つの「夜警の時間」を参照しながら行なわれていたようであり、それらは可変的な時間区分であった。[五九]

そうであるとすれば、中国で用いられた一定した「二時間」単位の意味とは何であったのか。この問題に関する満足な議論は本書の範囲を超えてしまうが、それらの時間単位には連続した数字が割り振られたのではなく、名前が与えられたということが重要である。[六〇] このことは、毎時を知らせるための方法（例えば銅鑼《どら》や鐘）が不正確だったということを意味するだけでなく、かかる時間単位は均等であったにもかかわらず抽象的――つまり、通約可能で交換可能――ではなかった、ということをも示唆している。十二の「二時間」は決して取り替えのきかない十二宮図の星座の天文学的な系列とそれぞれ対応してつながっているという事実に照らしてみれば、この印象は強まる。[六一] 太陽の日ごとと年ごとの軌道と「月」や「時間」には同じ名前が与えられており、両者は意識的に並行させられていた。[六二] あわせてこのシンボル体系は、調和的で対称的な宇宙の体系を指し示していたのである。

五三――Needham, *Science in Traditional China*, p. 122.（ニーダム『中国科学の流れ』、一六八頁）

五四――Needham et al., *Heavenly Clockwork*, pp. 199–203; Bilfinger, *Die babylonische Doppelstunde*, pp. 45–52.（私は Rick Bierncki の指摘のおかげで、中国で使用された一定的な時間という問題に注目することになった。）

五五――Landes, *Revolution in Time*, pp. 17–18; Needham et al., *Heavenly Clockwork*, pp. 1–59.

五六――Needham et al., *Heavenly Clockwork*, pp. 60–169.

五七――Landes, *Revolution in Time*, pp. 18, 29–30.

五八――Ibid., p. 25.

五九――Ibid., p. 26, p. 396n24; Needham et al., *Heavenly Clockwork*, pp. 199, 203–05.

六〇――Landes, *Revolution in Time*, p. 27.

六一――Needham et al., *Heavenly Clockwork*, p. 200.

しかしながらこの「宇宙の体系」は、日常生活の「実践的」な領域とわれわれがみなすものを組織化することに寄与しなかった、と考えられる。中国の水車の塔が、第一義的には時計としてではなく、天文学に関する装置として企図されたものであったことは、既に見た通りである。したがってランデスが言うように、その正確性は、「時間と天体とではなく、天体の写しと天体とを比較することによって[六三]」確かめられた。中国の時計仕掛けのメカニズムに刻まれた宇宙の体系の様相と、「実践的」領域とがこのように明白に分離していることは、中国人が太陽年を計測していたにもかかわらず、社会生活の調整には太陰暦を用いていたという事実からも示唆される[六四]。また中国人は、天体の位置を突きとめるために、「バビロニアの」十二宮図における十二の「宿」ではなく、二八の部分から成る「月の十二宮図」を使用した[六五]。最後に、既に述べたことだが、中国で用いられた一定した「二時間」という単位は、日常の社会生活を組織するためには使われなかった。蘇頌の技術的装置がこの点では何ら重要でなかったということは、中国で用いられた「バビロニア的」時間単位が、機械仕掛けの時計と結びつくような一定した時間単位と同種のものではなかった、ということを示唆している。かかる時間単位は、実際には抽象的な時間単位、つまりその関数としての現象に対する独立変数としての時間単位ではなかったのである。むしろそれは、「天上の」具体的な時間の単位として理解されるのが最も良いかもしれない。

したがって抽象的時間の起源は、社会的時間の組織化に関係すると考えられる。抽象的時間については、それが一定不変の時間単位という観点からだけでは理解し得ないのと同様に、その起源を技術的な諸装置に帰すこともできないのは明らかである。中国の水車の塔が、社会生活の時間的な組織化において何ら変化をもたらさなかったのと全く同様に、イエズス会の宣教師マテオ・リッチが一六世紀後半に機械仕掛けの時計を中国に紹介しても、この点において何の影響も与えなかった。大量のヨーロッパの時計が宮廷やその他の高官の人々のために中国に輸入され、粗悪な模造品すらそこでは生産された。しかしながらそれらの時計は、本質的に玩具として取り扱われたと見られている。すなわちそれらは、実践的な社会的意義を獲得しなかったと思われるのである[六六]。中国における生活も仕事も、一定の時間単位に基づいて組織化されてはいなかったし、機械仕掛けの時計が紹介されたことによって、そのように組織化されることもなかった。[六七] つまり機械仕掛けの時計それ自体は、必ずしも抽象的時間をもたらしはしないのである。

この結論は、日本における事例によってさらに補強される。日本では一六世紀に機械仕掛けの時計をヨーロッパから取り入れた後も、古くからの可変的な時間が保持されていた。日本人は、機械仕掛けの時計に改良すら加え、時計の文字盤上に可動式の数字を組み立て、伝統的な可変的時間を指し示すようにした。[六八] 一九世紀後半には日本で一定した時間が採用されたが、これは機械仕掛けの時計の導入の結果として起きたのではなく、資本主義の世界に経済的・社会的・科学的に適応しようとする――それが明治維新の特徴である――計画の一部としてであった。[六九]

最後に、以下に挙げるヨーロッパの例は、抽象的時間という一定した時間の歴史的出現は、社会的な意義の観点から理解されるべきことを実証するのに十分なはずである。一二七六年にカスティーリャ王国において、アルフォンソ十世のために準備された本『天文学の知識の書［*Libros del Saber de Astronomia*］』のなかで、ある時計が描写されている。その時計は、内部が仕切られた車輪の負荷によって動力を得ており、その内部の区画の一

六二――Bilfinger, *Die babylonische Doppelstunde*, pp. 38–43.
六三――Landes, *Revolution in Time*, p. 30.
六四――Bilfinger, *Die babylonische Doppelstunde*, pp. 33, 38.
六五――Ibid., p. 46.
六六――Landes, *Revolution in Time*, pp. 37–52; Carlo M. Cipolla, *Clocks and Culture, 1300–1700* (London, 1967), p. 89.（C・M・チポラ『時計と文化』常石敬一訳、みすず書房、一九七七年、八三―八四頁）
六七――Landes, *Revolution in Time*, p. 44.
六八――Ibid., p. 77.
六九――Ibid., p. 409n13; Wilhelm Brandes, *Alte japanische Uhren* (Munich, 1984), pp. 4–5.

部は水銀で満たされていて、それが慣性を生み、かつブレーキとして機能した。[七〇]そのメカニズムは一定不変の時間を示すことができるものであったが、その文字盤は可変的な時間を表示するよう作られていた。[七一]そしてこの時計に取り付けられていた鐘は、そのメカニズムの性質ゆえに等間隔の時刻を打ち鳴らしていたにもかかわらず、この書の著者は、それを意味のある時間単位とはみなしていなかったのである。[七二]

これらのことから、独立変数として理解される時間の起源と、機械仕掛けの時計の発展という二つの問題は、社会生活の組織化において一定不変の時間が意味のある形態になった状況の出現と合わせて検証されるべきなのである。

時間とその計測に対する関心の高まりにおいて際立っている、中世ヨーロッパの社会生活の制度的文脈が二つある。それは修道院と都市の中心部である。中世修道院の秩序において礼拝は、六世紀のベネディクト会の掟によって時間的に定められ、可変的な時間に委ねられていた。[七三]この修道院の一日に関する規定は、徐々に厳格なものへと改制され、一一、一二、一三世紀には時間の規律の重要性はより強調されるようになった。とりわけこのことは、一二世紀初頭に創立されたシトー修道会の戒律に当てはまるが、この修道会は比較的大規模な農業、手工業、鉱業の事業に着手した。そこでは仕事だけでなく、祈り、食事、睡眠の組織化においても、時間の規律が強調された。[七四]時間の区切れ目は、修道士が鐘を手で打ち鳴らすことで刻まれた。このように時間が重視されるようになったことと、一二、一三世紀に水時計への需要がさらに高まり改良がなされたことには、関係があったと考えられる。水時計は、(可変的な)時間がいつ刻まれるべきかをより精確に確かめるために必要とされたと推定されるのである。それに加えて、鐘を装備し機械で動いたと見られる、単純な形態の「タイマー」が、夜の勤行のために鐘を鳴らす修道士の目を覚ます目的で用いられた。[七五]

しかしながら、修道院において時間の規律が強調され、それに伴い時間管理の諸機構が発達したにもかかわらず、可変的な時間の体系から一定した時間の体系への移行と、機械仕掛けの時計の発展は、修道院ではなく、中世後期の都市の中心部にその起源を持つことは明らかである。[七六] なぜそうなったのだろうか。一四世紀初頭までに西ヨーロッパの自治都市は、先立つ諸世紀における経済的拡大によって成長し、その恩恵を大いに被っていたのだが、その活動を調整するために、さまざまな鐘を使用し始めたのである。都市生活には段々と、さまざまな鐘の響きによって、指標が打たれるようになった。この鐘は、諸々の市場の始まりと終わりを知らせたり、労働時間の始まりと終わりを示したり、さまざまな集会について知らせたり、夜間外出や酒の販売をそれ以降は禁じる時間を告げたり、火事や危険についての警報を鳴らしたりした。[七七] つまり修道院と同じように都市でも、時間をもっと規制することへの要求が高まっていったのである。

しかしながら、一定した時間の体系が修道院ではなく都市で発生したという事実は、重要な違いを示している。ビルフィンガーによればそれは、古くからの時間計測の体系を維持することへの関心が大きく異なることに根差していた。問題となっていたのは、時間の定義およびその社会的管理と社会的支配の関係である。ビルフィンガーによれば教会は、時間を計ることには関心があったかもしれないが、古い可変的な時間の体系（聖務日課）を変化させることには全く関心がなかった。この体系は、ヨーロッパ社会における教会の支配的地位と緊密に結びつくようになっていたのである。[七八] 他方で都市は、かかる古い体系の維持には全く関心を持っておらず、それゆえ

七〇――Landes, *Revolution in Time*, p. 10.
七一――Bilfinger, *Die mittelalterlichen Horen*, p. 159.
七二――Ibid., p. 160.
七三――Landes, *Revolution in Time*, p. 61.
七四――Ibid., pp. 62, 69.
七五――Ibid., pp. 63, 67–69.
七六――Ibid., pp. 71–76; Bilfinger, *Die mittelalterlichen Horen*, pp. 160–65; Le Goff, "Labor Time in the 'Crisis,'" pp. 44–52.（ル・ゴフ『もうひとつの中世のために』、七四―八九頁）
七七――Bilfinger, *Die mittelalterlichen Horen*, pp. 163–65.

時間の新しい体系を導入するにあたって、機械仕掛けの時計の発明を十全に利用することができた。[七九] したがってビルフィンガーによれば、一定した時間の発展は教会的な時間区分から世俗的なそれへの移行に根差しており、都市部のブルジョワジーの繁栄と関わっていた。[八〇] 私の意見では、この議論には不明確な部分がある。ビルフィンガーは、一定した時間の体系を教会が採用するのを阻害した諸要因に焦点を当てており、都市部のブルジョワジーにはそうした制約がなかった、と述べている。つまり、一定した時間の体系は、社会的制約がないところで、技術的な発明から生じてきた、ということになる。しかしながら、既に指摘したように、一定した時間を計測する技術的な諸手段は、一四世紀よりもずっと前から存在していた。また、一定した時間を採用しない理由が単になかったということだけでは、それがなぜ採用されたかを説明するには十分ではないと思われる。

　デビッド・ランデスは、一定した時間の体系は都市居住者による「人工的な」一日の時間的な組織化に根差しており、これは農民の「自然的な」一日の組織化とは異なっていた、と論じる。[八一] しかしながら、都市部と地方の環境の相違や、それぞれにおいてなされる仕事の相違は、説明としては不十分である。結局のところ、大都市というものは、一定した時間が西ヨーロッパの都市で生じるはるか以前から、世界の多くの場所に存在していた。ランデス自身も中国について、都市と地方における生活や仕事のパターンは、自然の営みに伴った同じ一日の繰り返しによって決められていたと述べている。[八二] それだけでなく、中世ヨーロッパの都市における労働日――大体においてそれは聖務日課によって区切られた――は、一四世紀までは、日の出から日没までというように可変的な「自然の」時間によって定義されていたのである。[八三]

　とすると、一四世紀ヨーロッパの都市中心部における、可変的な時間から一定した時間単位への移行は、都市生活そのものの性質という観点からでは適切には理解され得ないということになる。むしろより特定の、それによってかかる移行が社会的に基礎づけられるような理由が必要である。二つの時間の体系によって示唆される、時間に対する異なる関係性は、単に時間的規律が日々の生活や仕事を構造化するに際して重要な役割を果たすかどうか、という問題ではない。既に見たようにそのような規律は、修道院生活における非常に大きな特性であった。むしろ、可変的な時間の体系と一定したそれとの相違は、二種類の異なる時間的規律においても表されている。中世の修道院で発展した生活形態は時間によって厳密に規定されていたが、この規制は諸々の活動がいつ行なわれるべきかを示す一連の時点という観点から、実行されていた。この時間的規律の形態は、一定した時間単位を要請することも含意することもなく、それに依存することもない。かかる形態はむしろ、時間単位が活動の尺度としての役割を果たすような時間的規律の形態とは明確に異なる。以下で示すように、一定した時間単位への移行は、社会的諸関係の新しい形態という観点から、つまり、「農民生活」や「都市生活」といった社会学的カテゴリーの観点からでは十全に把握し得ないところの新しい社会形態の観点からさらなる規定がなされるべきであって、これが抽象的時間と結びつけられるのである。

ジャック・ル・ゴフは、かかる移行――教会の時間から商人の時間への移行[八四]、あるいは中世の時間から近代の時間への移行[八五]として彼が描写するもの――についての探究のなかで、中世ヨーロッパの都市において、さまざまな鐘が増殖したこと、特に一四世紀に布を生産する街に現れ一気に普及した労働の鐘に着目している。[八六]ル・ゴフ

七八――Ibid., pp. 158-60.
七九――Ibid., p. 163.
八〇――Ibid., p. 158.
八一――Landes, *Revolution in Time*, p. 72.
八二――Ibid., p. 25.
八三――Le Goff, "Labor Time in the 'Crisis,'" p. 44.（ル・ゴフ『もうひとつの中世のために』、七四頁）
八四――Le Goff, "Merchant's Time," pp. 29-42.（ル・ゴフ『もうひとつの中世のために』、五〇―七二頁）
八五――Le Goff, "Labor Time in the 'Crisis,'" p. 43-52.（ル・ゴフ『もうひとつの中世のために』、七三―八九頁）
八六――Ibid., pp. 47-48.（ル・ゴフ『もうひとつの中世のために』、七八―八〇頁）デビッド・ランデスも、労働の鐘の重要性に着目している。下記を参照。*Revolution in Time*, pp. 72-76.

の議論に基づいて私は、一定した時間の体系とそれに関連して機械仕掛けの時計が出現した際に、労働の鐘がいかに重要な役割を果たしたかについて簡潔に述べていく。労働の鐘それ自体が、特に中世の毛織物産業のなかで出現し始めた、新しい社会形態の表れであった。この産業はほとんどの中世の諸「産業」とは異なり、当地の市場のために主として生産するのではなく、金属業のように輸出のために大規模に生産がなされた初めての例であった。[八七] 他のほとんどの産業では職人が、自分たちの生産したものを売っていた。しかし繊維産業においては、羊毛を労働者たちに配布し織られた布を彼らから回収して販売する布商人と、労働力しか保持しておらず、多くが「純粋な」賃金取得者であった労働者との間で、はっきりした分離が生じていた。仕事は一般的に小さな仕事場で行なわれ、その場所は親方の織工、縮絨《しゅくじゅう》工、染物職人、羊毛を刈る職人などが管轄した。彼らは織機などの設備を所有するか借りるかしており、原料だけでなく賃金をも布商人から受け取り、雇われ労働者を監督していた。[八八]
別言すれば、中世の毛織物産業における規律の組織化は、資本‐賃労働関係の初期形態であった。それは比較的大規模の、私的に管理された交換のための（つまり利潤のための）生産であり、賃労働に基礎づけられていた。それは中世社会のいくつかの部門における貨幣交換の拡大を前提とし、また、その拡大に寄与した。この生産形態が意味するのは、生産性の重要性である。商人の目的である利潤は、生産される布の価値［worth］と彼らが払った賃金との差異に――つまり彼らが雇い入れた労働者の生産力に――ある程度、依存していた。生産性――ランデスによれば、中国においては（「忙しさ」とは対照的に）知られていなかったカテゴリー[八九]――は、中世の西ヨーロッパの繊維産業において、少なくとも暗黙のうちに重要な社会的カテゴリーとして構成されたのである。

もちろん労働生産性は、労働がどの程度、規則正しく規律化され調整され得たかに左右された。ル・ゴフによればこれは、毛織物産業に強い影響を与えた一三世紀後半の経済危機の結果として、毛織物労働者と使用者の間で次第に論争の的となった。[九〇] 労働者には日ごとに賃金が支払われたため、その対立は労働日の長さと定義をめぐるものに集中していった。[九一] 一四世紀初頭に、経済危機の結果として実質的な価値が下がっていた賃金が引き上げられるよう労働日の延長を最初に求めたのは、労働者であったようだ。しかしながら商人は、労働日の長さという問題を瞬く間にとらえて、より綿密にそれを規制することで自らに有利になるよう試みた。[九二]ル・ゴフによれば、まさにこの時期に、労働日の開始と終了や食事時間を公式に告げていた労働の鐘が、ヨーロッパの繊維製品を生産する街々に普及したのである。[九三]労働の鐘の第一義的な機能の一つは、非常に多くの労働者の労働時間を調整することにあった。当時のフランダース地方で布を製造する諸都市は大規模な工場のようであった。朝の街路は作業場へ向かう数千の労働者で溢れかえった。作業場で彼らは、市営の労働の鐘が一撃打ち鳴らされることによって仕事を始め、また終えた。[九四]

それと同程度に重要なのは、労働の鐘は時間の区切り——労働日——を刻んだ、ということである。従来それは、日の出と日没によって「自然に」規定されていた。労働者から、より長い労働時間（つまり日中よりも長い時間）についての要求がなされたことは、既に「自然の」時間とのつながりが失われ、時間の継続を計る別の方法が現れていたことを意味した。もちろんこれは、標準的で均等な時間のシステムがすぐに導入されたことを意味するのではない。労働日の時間が、季節によって変動する従来の可変的な時間であり続けるのか、それとも、最初から夏の時間と冬の時間とに標準化されているのかが明確でない移行期があった。[九五]とはいえ以下のように論

八七——Henri Pirenne, *Belgian Democracy*, trans. J. V. Saunders (Manchester, 1915), p. 92.
八八——Ibid., pp. 92, 96, 97.
八九——Landes, *Revolution in Time*, p. 25.
九〇——Le Goff, "Labor Time in the 'Crisis,'" pp. 45-46.（ル・ゴフ『もうひとつの中世のために』、七五—七七頁）
九一——Landes, *Revolution in Time*, pp. 73-74.
九二——Le Goff, "Labor Time in the 'Crisis,'" p. 45.（ル・ゴフ『もうひとつの中世のために』、七五—七六頁）
九三——Ibid.（同右）
九四——Eleanora Carus-Wilson, "The Woolen Industry," in M. Postan and E. E. Rich, eds., *The Cambridge Economic History of Europe* (Cambridge, 1952), vol. 2, p. 386.

じることはできよう。すなわち、太陽の周期にもはや直接的には縛られない、規則正しくて、標準化された労働日がひとたび歴史的に構成されてしまえば、そこには均等な時間単位への移行が潜在的に立ち現れているのである。労働日は、日中と夜間の長さの季節的な変動の従属変数ではない時間性という観点から、定義されるようになった。これが、一四世紀の労働者の諸闘争において中心的な問題となったのは一日の労働時間であったという事実が持つ意義である。[九六]労働日の長さが、日の出と日没によって「自然に」規定されているときには、それは問題にはならない。伝統ではなく闘争の結果によって労働日の長さが問題となり規定されるようになったということは、時間性における社会的特性の変容を意味している。労働日の長さをめぐる闘争は、アンソニー・ギデンズが述べているように、単に「資本主義経済における階級対立の最も直接的な表れ[九七]」であるだけでなく、活動の抽象的な尺度として時間が社会的に構成されたことの表れであり、同時にこの闘争がその成立の一因ともなる。

活動の尺度としての時間性は、出来事によって計られる時間性とは異なる。それは単一的であるような時間を含意するのである。これまで見てきたように労働の鐘のシステムは、賃労働に基づく交換のための大規模な生産を背景として発展した。かかるシステムは、賃金水準と時間的に計られる労働生産高との間に事実上の社会的関係性が歴史的に出現したということを表している——翻ってこのことは、生産性の観念、すなわち単位時間当たりの労働生産高という観念を含意する。換言すれば、布製品の生産を行なっていた西ヨーロッパの自治都市において、社会的諸関係の初期資本主義的な諸形態が発生したことによって、活動の尺度であり、ついには活動のための強制的規範となっていく時間形態が出現したのである。そのような時間は、一定した単位に区分することが可能である。そのような時間の単位は、出現しつつあった商品形態によって構成された社会的枠組みのなかで、社会的にも意義あるものとなるのである。

このように私は、かかる新しい時間形態の出現は、商品形態という社会的諸関係の発展と関係があると考えている。その出現は商品生産の領域のみならず、商品流通の領域にもまた根差している。ハンザ同盟が支配していた地域と地中海において、商業のネットワークが組織されたことによって、尺度としての時間は、ますます重視されるようになった。このことは、生産における労働の継続時間が決定的に重要な問題になったことで生じたのである。それはまた、商業航海に要する時間や、商取引の進行中における価格の上下といった要素が、徐々に重要な計測の対象になっていったことにもよる。[九八]

西ヨーロッパで機械仕掛けの時計が発展したのは、まさにこうした社会的文脈においてである。塔の上部に置かれた、（教会ではなく）地方自治体の所有する時計を打ち鳴らすことが取り入れられたのは、一四世紀中盤に労働の鐘のシステムが導入され、ヨーロッパの大都市部で急速に普及したすぐ後のことである。[九九] 機械仕掛けの時計は、一定した時間の体系の普及に確かに寄与した。一四世紀末までには、六〇分からなる一時間が西ヨーロッパの大都市で確立され、労働時間の根源的な単位としての昼間に取って代わっていたのである。[一〇〇] しかしながらこの説明でわかるのは、そうした時間的体系の諸起源や、抽象的数学的時間という観念が徐々に出現してきたことを、機械仕掛けの時計の発明や普及に帰することはできない、ということだ。この技術的発明そのものや抽象的時間という観念は、むしろそのような時間の「実践的な」構成という観点から理解されなければならない。つまり一定した時間単位を、したがって抽象的時間を、社会的に「現実的」であり意味のあるものとして生じさせた

九五――Sylvia Thrupp, "Medieval Industry 1000-1500," in Carlo M. Cipolla, ed. *The Fontana Economic History of Europe* (Glasgow, 1972), vol. 1, p. 255.

九六――Le Goff, "Labor Time in the 'Crisis,'" p. 47.（ル・ゴフ『もうひとつの中世のために』、七八頁）

九七――Anthony Giddens, *A Contemporary Critique of Historical Materialism* (London and Basingstoke, 1981), p. 120.

九八――Le Goff, "Merchant's Time," p. 35.（ル・ゴフ『もうひとつの中世のために』、五七―五八頁）; Kazimierz Piesowicz, "Lebensrhythmus und Zeitrechnung in der vorindustriellen und in der industriellen Gesellschaft," *Geschichte in Wissenschaft und Unterricht* 31, no. 8 (1980), p. 477.

九九――Le Goff, "Labor Time in the 'Crisis,'" p. 49.（ル・ゴフ『もうひとつの中世のために』、八〇―八一頁）

一〇〇――Ibid.（同右）

社会的諸関係の形態が出現しつつあったという観点から、それらは理解されなければならないのである。[一〇一] Ａ・Ｃ・クロンビーによれば、「パリのパレ・ロワイヤルに一三七〇年に設置された、アンリ・ド・ヴィックの二十四時間に分割された機械仕掛けの時計の頃には、実践的な生活の時間は、科学の世界に属する記数法上の単位である抽象的数学的時間へと変化しようとしていた」[一〇二]。

中世後期に抽象的時間が社会的に発生したとはいえ、それが一般化するのは、もっとずっと後のことである。地方における生活は季節のリズムに左右されていたが、抽象的時間が直接的に影響を及ぼしたのは、都市部においてすら、商人と比較的少数の賃労働者の生活に対してだけであった。それだけでなく抽象的時間は、何世紀ものあいだ、特定の地域の時間であり続けた。広い範囲で同じ時間が共有されるのは、ごく最近の発展によるのである。[一〇三] 一日の始まりであるゼロ時ですら、機械仕掛けの時計が普及した後も、場所によって大いに異なっていた。ようやくそれが真夜中に、つまり日の出と日没というはっきりした変化から独立した「抽象的」な時点に標準化されるまでは、ゼロ時は場所によって全くまちまちであった。かかる抽象的なゼロ時の標準化こそが、ビルフィンガーが「ブルジョワ日」と呼んだものの創出を完成させたのである。[一〇四]

支配的な時間形態としての抽象的時間の「進歩」は、生活形態としての資本主義の「進歩」と分かちがたく結びつく。商品形態がその後の数世紀で少しずつ社会生活の支配的な構造形態になっていくにつれて、抽象的な時間は徐々に普及していった。一七世紀のホイヘンスの振り子時計の発明によって、機械仕掛けの時計はようやく信頼できる計測機械となり、抽象的数学的時間の観念が明示的に形成された。既に概説した一四世紀初頭の諸変化は、当時、重要な諸結果をもたらしたのである。明るさ、暗さ、季節といった感覚的な現実を抽象した、均等かつ分割可能で一定した時間単位は、（それがすべての都市居住者に等しく影響を与えたわけではないにせよ）都市の日常生活の特性となった。それと並行して、諸生産物の感覚的な現実から抽象され、貨幣形態として表される均等で分割可能な価値が、抽象的時間と関係しながら、都市生活の特性となった。日々の生活の対象物が抽象化され数量化されていったこと――実際それは日々の生活の諸相そのものの抽象化・数量化である――は、おそらく社会的意識の変化において重要な役割を果たした。例えばこのことは、時間に与えられた新しい重要性や、一四世紀ヨーロッパにおける算術の重要性の増大、[一〇五]パリ学派によるインペトゥス理論の発展とともに開始された近代的な力学によっても示されているのである。[一〇六]

一〇一――例えばデビッド・ランデスは、時間単位の変化を、機械仕掛けの時計それ自体において根拠づけようとしてきたと思われる。下記を参照。*Revolution in Time*, pp. 75-78.

一〇二――A. C. Crombie, "Quantification in Medieval Physics," in Sylvia Thrupp, ed., *Change in Medieval Society* (New York, 1964), p. 201. E・P・トムスンもまた、仕事の時間管理が、時計の普及に先立っていたと論じている。下記を参照のこと。"Time, Work-Discipline and Industrial Capitalism", p. 61.

一〇三――Le Goff, "Labor Time in the 'Crisis,'" p. 49.（ル・ゴフ『もうひとつの中世のために』、八〇―八一頁）

一〇四――G. Bilfinger, *Der bürgerliche Tag* (Stuttgart, 1888), pp. 226-31. 上記は下記からの引用。Kazimierz Piesowicz, "Lebensrhythmus und Zeitrechnung in der vorindustriellen und in der industriellen Gesellschaft", p. 479.

一〇五――ランデスはこの点を重視しているが、時間の同等性にのみ着目し、またこの同等性を機械仕掛けの時計それ自体に基礎づけることについてマルクスのカテゴリー的分析が含意する事柄を、他にもいくつか提示してきた。社会的関係の諸形態と主観の諸形態との関係性についての考察は、認識の諸形態に限定される必要はない。かかる考察は、主観性の他の諸相や、主観性の諸様式の歴史的変化へと拡大されうるのである。例えば、日常的な過程としての抽象化や抽象的数量化の諸過程の影響、またそれに関連して商品形態による支配の進行によって広く普及することとなった合理性の諸形態の影響は、学校教育の形態や、近代初期に生じた子供時代についての諸規定の変化を参照することによっても、検証できる（下記を参照。Philippe Ariès, *Centuries of Childhood* [New York, 1962]［P・アリエス『〈子供〉の誕生――アンシァン・レジーム期の子供と家族生活』杉山光信ほか訳、みすず書房、一九八〇年］）。資本主義文明についてのカテゴリー的分析を参照することによって検証されうるであろう、主観性の歴史的変化の他の側面としては、近代初期の心理的、社会－習慣的諸変化がある。その例として、羞恥心を感じる閾値の低下があり、これはノルベルト・エリアスが、Norbert Elias, *The Civilizing Process* (New York, 1982)（N・エリアス『文明化の過程（上・下）』、赤井慧爾ほか訳、法政大学出版局、二〇〇四年）で描いている。また他の例として、業績主義は、資本制社会における現実原則の特殊歴史的形態である、というマルクーゼのテーゼもある（Herbert Marcuse, *Eros and Civilization* [New York, 1962]［H・マルクーゼ『エロス的文明』南博訳、紀伊国屋書店、一九五八年］）。一般的に、思考の諸形態のみならず、心理的諸構造やこの世界で生きるに際しての明文化されない方法といったレベルにおいて、主観性が社会的かつ歴史的にどのように構成されるのか、という問題に取り組むにあたって、社会的諸形態に関する理論は有用でありうると私には思われる。

社会的諸関係の新しい構造と結びついた抽象的時間形態は、新しい支配形態の表れでもある。時計塔――しばしば教会の鐘塔の反対側に建築された――によって宣言された新しい時間は、新しい社会的秩序と結びついたブルジョワジーの支配する時間であり、ブルジョワジーは、政治的かつ社会的に都市を管理しただけでなく、教会から文化的なヘゲモニーを簒奪し始めた。[一〇七] 社会制度によって公然と管理された時間性の形態である教会の具体的時間とは異なり、抽象的時間は、資本制社会における支配のさまざまな他の諸相と同様に「客観的」である。しかしながらこの「客観性」を、ブルジョワジーの具体的で個別的な諸利益を偽装する覆いとしてしか扱わないのは誤りであろう。本書で検証される他のカテゴリー的な社会的諸形態と同じく、抽象的時間はブルジョワジーによる支配の発展に伴って歴史的に出現したのであり、それは当該階級の諸利益に貢献した。しかし抽象的時間はまた、かかる諸利益を（実に「諸利益」というカテゴリーそのものを）歴史的に構成するのであり、階級支配そのものとは次元の異なる支配の形態を表すのである。時間の社会的諸形態は、以下で示すようにそれ自身の生命を持ち、資本制社会のすべての成員に対して強制力を発揮する――たとえそれが物質的に富ませるのは、ブルジョワ階級であるにせよ。社会的に構成されているとはいえ、資本主義における時間は、抽象的形態による強制力を発揮するのである。アーロン・グレーヴィチが述べているように、

都市は、……時間が、教会による支配から闘い取られたという意味で、自らの時間の主人となった。しかし、まさにその都市においてこそ、人間が時間の主人であることを止めたということもまた真実なのである。時間は、いまや自由の身になり、人間と出来事とから独立して進む。時間は、専制状態を確立し、人々はそれに服従することを強いられるからだ。[一〇八]

資本制社会における時間による専制は、マルクスのカテゴリー的な分析において中心的な次元をなす。社会的

に必要な時間というカテゴリーについてのここまでの考察で、このカテゴリーは単に特定の商品の生産のために支出される時間を表現しているのではない、ということを私は示してきた。むしろそのカテゴリーは、もし自らの労働時間に完全に見合った価値を生産者が受け取るつもりであれば、支出しなければならない時間の量を、一般的社会的媒介の過程によって規定するようなカテゴリーである。言い換えれば、一般的社会的媒介の結果として、労働時間の支出は、個人の行動から抽象されるだけでなく、その上に立ち、またそれを規定するような時間的規範へと変容するのである。ちょうど労働が、諸個人の行動から、諸個人がその下に包摂されるような全体性の疎外された一般的原則へと変容するように、時間の支出も、活動による結果から、活動のための規範的尺度へと変容するのである。社会的に必要な労働時間の量は、以下で見るように、社会全体の従属変数であるにもかかわらず、個人の活動に関しては独立変数である。この過程は、人間の活動の具体的な従属変数がその活動を支配する抽象的な独立変数となる過程であり、架空のものではなく現実である。これは労働によって実現される、疎外された社会的構成の過程に本源的に具わるものである。

このような時間的疎外の形態が、時間の性質そのものの変容をもたらすことを私は論じてきた。社会的に必要な労働時間が「客観的な」時間的規範として構成され、生産者に対して外から強制力を発揮するというだけでなく、時間そのものが絶対的かつ抽象的なものとして構成されてきたのである。一つの商品の価値量を規定する時間の量は、従属変数である。しかしながら時間そのものは、それが個人的なものであれ、社会的なものであれ、

一〇六――Le Goff, "Labor Time in the 'Crisis,'" p. 50.（ル・ゴフ『もうひとつの中世のために』、八一―八二頁）
一〇七――Le Goff, ibid., p. 46（ル・ゴフ、同右、七六―七七頁）; Bilfinger, *Die mittelalterlichen Horen*, pp. 142, 160–63; Gurevich, "Time as a Problem of Cultural History", p. 241.
一〇八――Gurevich, "Time as a Problem of Cultural History", p. 242. また、下記も参照。Guy Debord, *Society of the Spectacle*（Detroit, 1983）.（G・ドゥボール『スペクタクルの社会』木下誠訳、筑摩書房、二〇〇三年）

自然的なものであれ、活動からは独立するようになった。それは独立変数となり、一定で、継続的で、通約可能かつ交換可能な、型にはまった単位（時間、分、秒）で計られ、支出としての労働と運動の絶対的尺度として機能する。一般的には出来事と行動が、個別的には労働と生産が、いまや時間――抽象的で、絶対的で、均質的になった時間――のなかで生起し、かつそれによって規定されるのである。[一〇九]

商品形態と資本形態によって構成される時間的支配は、生産過程に限られるのではなく、生活のすべての領域へと拡大する。ギデンズは、以下のように述べる。

時間の商品化……は、資本主義の出現によってもたらされる日々の生活の最深部における変容の鍵を握っている。かかる変容は、生産諸過程の組織化において中心となる現象と、「仕事場」、そして日々の社会生活がどのように経験されるかという皮膚感覚の構造とに関連する。[一一〇]

本書で私は、日常生活における経験の構造に対する、かかる時間的支配による影響については触れない。[一一一]その代わり私は、時間性についてわれわれが探究してきたことの、社会的‐認識論的な含意について、議論することになるだろう。そして第三部において、資本制社会における時間の社会的構成という問題に立ち戻るであろう。そこでは資本主義の基底をなしている社会的諸形態における時間の二重性について探究し、それに基づいてマルクスによるカテゴリー的理論が含意する歴史の観念について概説することになる。

抽象的時間と具体的時間の対立は、資本制社会における時間と非資本制諸社会における時間の対立と重なり合う部分があるが、完全には一致しない。資本主義の台頭によって、抽象的時間は具体的時間の先行形態に確実に取って代わることになる。例えばE・P・トムスンは、工業化以前の社会における職務中心の時間記録による支配と、産業資本主義の発展につれてそれが労働時間の表示に取って代わられたことを描いている。[一一二]前者の事例では労働によって時間が計られるが、後者の事例では時間が労働を計る。私は、単に二種類の時間計測の様式があることだけではなく、二種類の異なる時間が関係していることを強調するために、具体的時間と抽象的時間について論じてきた。さらに第八章で詳述するように、抽象的時間は、資本制社会において構成される時間の唯一の形態ではない。具体的時間の特異な形態もまた、構成されるのである。資本主義的発展の弁証法は、あるレベル

一〇九――ルカーチもまた、資本制社会の産物としての抽象的時間を分析している。抽象的時間についてルカーチは、その特性において本質的に空間的であると考えている。「こうして時間はその質的な、変化する、流動的な性質を失う。すなわち時間は、厳密に限界づけられ、量的に測定できる連続体へ、量的に測定できる『物』……によって充たされた連続体へ、つまり一つの空間へと凝結するのである」（*History and Class Consciousness*, trans. Rodney Livingstone [London, 1971], p. 90［G・ルカーチ『歴史と階級意識』城塚登・古田光訳、白水社、一九九一年、一七二頁］）。ルカーチの分析の問題点は、抽象的時間の静的な特質と歴史的過程とを対置していることであって、まるで歴史的過程が、それ自体として非資本主義的な社会的現実を表しているかのように彼は分析を行なう。しかしながら第三部で論じるように資本主義は、不変的な抽象的時間によってだけでなく、人間による制御を超えた歴史的動態性によっても特徴づけられる。歴史的過程それ自体は、資本主義とは対立し得ないのである。ルカーチの立場は、以下のことを示している。ルカーチの、資本のカテゴリーについての理解がいかに不適切であるかということ、またその理解がヘーゲルの同一的な主体／客体とプロレタリアートとの同一視にいかに関係しているか、ということである。

一一〇――Giddens, *A Contemporary Critique*, p. 131.

一一一――デヴィッド・グロスは、いくつかの点においてルカーチを引き継いで、「時間的諸関係を空間的諸関係へと濃縮する傾向」を意味する「思想と経験の空間化」という観点から、日常生活に対する抽象的時間の諸々の影響について考察している（David Gross, "Space, Time, and Modern Culture," *Telos* 50 [Winter 1981-82], p. 59）。グロスは、かかる「空間化」の社会的諸帰結を、極度に好ましくないものとして、現代社会において歴史的記憶を必然的に喪失させ、社会批判の可能性の破壊を確実に進行させるものとして扱う（pp. 65-71）。グロスの批判的な描写は啓発的だが、彼は「空間化」の歴史的構成を、資本主義に特徴的な社会的関係の諸形態へと基礎づけていない。かかる諸関係を階級的諸関係としてしか理解していないために、グロスは空間化を、都市化と技術の発展そのものへ（p. 65）と、また支配的なエリートの利害へ（p. 72）と基礎づけようとする。しかしながら、ここまで私が示そうとしてきたように、社会的関係の諸形態を参照することなく、都市化と技術について考察するのは不十分である。そのような考察は、例えば抽象的時間の諸起源について妥当な説明をすることができない。それだけでなく、支配層の諸利益についての考察に頼っていては、かかる利害を構成し、それに奉仕するはずの諸形態の生成、その性質や社会的有効性を説明することはできない。

一一二――Thompson, "Time, Work-Discipline and Industrial Capitalism," pp. 58-61.

においては、資本制社会において構成される二種類の時間の弁証法であり、それゆえそれは、具体的時間の全形態が抽象的時間に取って代わられたという考え方では、適切には理解し得ないのである。

5 社会的媒介の諸形態と意識の諸形態

私の解釈では、価値量に関するマルクスの規定が含意しているのは、時間が独立変数として、すなわちわれわれの社会における社会生活の多くの部分を組織するようになった等質的で絶対的・数学的な時間として、社会的に構成されてきたということである。抽象的・数学的な時間およびその概念を、商品に規定された社会的諸関係の形態に関係づけようとするこの試みは、本書で提示される認識と主観性についての社会・歴史的理論の一例である。この理論は、社会的客観性と社会的主観性の両方を、歴史的に特殊な構造化された実践の諸形態によって社会的に構成されるものとして分析する。そのような理論は、主観−客観関係についての古典的な認識論的問題を変容させ、この問題における両項そのものを再概念化し批判することになる。

主観による認識の対象の構成という観念は、対象［そのもの］の検討から認識の主観的条件の考察へというカントの「コペルニクス的転回」の中心をなす。カントは、伝統的に考えられてきた主観−客観の問題機制によって生み出されるアンチノミーを明らかにした後に、この「転回」を企てる。構成についてカントは、主観の構成する役割という観点から考える。カントは現実それ自体、物自体は人間の認識には与えられないものであると論じ、物事の認識は知覚がそれによって組織されるところの超越論的でア・プリオリな諸カテゴリーの結果である、と主張した。つまり、認識や知覚がそのような主観的な諸カテゴリーによって組織されることで、われわれは知覚される現象を共通的に構成する。しかしながらこの構成の過程は、行為の結果ではなく、対象を参照しているのでもない。むしろそれは、認識する営みの主観的な諸構造の結果なのである。カントによれば時間と空間は、このような超越論的でア・プリオリなカテゴリーである。

ヘーゲルはこれを批判し、カントの認識論はジレンマに陥っていると論じる。それによればカントの認識論は、認識能力についての知を、知の前提条件として要求してしまっている。[一一三] ヘーゲルは、主観による認識対象の構成についての別様の理論を用いて、主客二元論を、それらの内在的なつながりを論証することによって超克しようとする。私は、どのようにしてヘーゲルが自然を含む現実のすべてを実践によって——すなわち世界史の《主体》の外化、所産、表出として——構成されるものとして扱っているかを議論してきた。すなわち《精神》は、自らを展開しながら、自身の規定された客体化として客観的現実を構成し、またそれが自己意識の規定された展開を再帰的にもたらす。別言すれば《精神》は、客観的現実を構成する過程の只中で自身を構成する。《精神》とは、同一的な主体／客体なのである。ヘーゲルによれば、適切なカテゴリーとは、カントが提出したような有限な認識の主観的形式や物事の現象形態を表すものではない。そうではなくそれは、主観と客観の同一性を、絶対知の構造として把握するものである。《絶対的なもの》は、主観的‐客観的なカテゴリーの全体性である。つまりそれは自己を表出し、個人の意識に浸透するのである。ヘーゲルにおける同一的な主体／客体という観念は、主観と客観、意識と現実のありうべき関係についての認識論的問題を解決しようとする、彼の試みの中心をなしている。その試みは、主観性と客観性の構成についての理論によって、認識以前に認識能力について知らなければならないというジレンマを回避するのである。

マルクスもまた、客観性と主観性の内在的なつながりを、実践を通じてそれらが構成されるという理論を用いて確立しようとする。しかしながら、そのように構成される領域は、社会的である。ヘーゲルと異なり、マルク

一一三——以下を参照。Jürgen Habermas, *Knowledge and Human Interests*, trans. Jeremy Shapiro (Boston, 1971).（J・ハーバーマス『認識と関心』奥山次良ほか訳、未來社、一九八一年、一四―一五頁）

スは、絶対知という考え方を排して、自然自体が構成されたものであるということを否定する。実践を通じた構成というマルクスの理論は社会的であるが、それは人間的な歴史の《主体》によって社会的客観性の世界が構成されているとする理論、という意味で社会的なのではない。むしろマルクスの理論は、人間が社会的媒介の諸構造を構成し、翻ってその諸構造が社会的実践の諸形態を構成するその仕方をめぐる理論なのである。だから既に見てきたようにマルクスは、ヘーゲルが歴史の《主体》としたもの——つまり同一的な主体／客体——の資本主義における実在を確かに措定したが、それを個別的であれ集団的であれ人間的な主体として同定するというよりも、むしろ資本のカテゴリーによって表される、疎外された社会的諸関係の形態として同定する。そのことによってマルクスは、認識論の問題を、「客観的現実」と個人あるいは超個人的な主体の知覚・思考とのありうべき相関関係という問題から、社会的諸形態の構成についての考察へと移行させるのである。マルクスのアプローチは、社会的客観性および主観性を、関係づけられなければならない二つの存在論的に異なる領域として分析するのではなく、彼の諸カテゴリーによって把握される社会生活の諸形態における、内在的に関係している二つの次元として分析する。［社会的］構成と構成的実践を理解する方法を転換することによってマルクスは、以上のように焦点を移行させ、そのことによって認識の問題は社会理論の問題へと変容するのである。

　例えば私は、マルクスの価値量に関する規定が、社会的現実でもあり一つの概念でもある絶対的で数学的な時間の出現についての社会・歴史的な理論を含むということを示してきた。換言すれば、このアプローチは暗黙のうちに、認識の超越論的でア・プリオリな条件としてカントが解釈したところの、構造化された先験的な知の位相を、社会的に構成されるものとしてとらえているのである。[一一四] 社会的構成についてのマルクスの理論は、カントの超越論的な認識論が陥っている循環的なジレンマ——われわれは知ることの前提条件として（認識能力を）知らなければならない——としてヘーゲルが同定したものを超克しようとする。しかしながらそれは、ヘーゲルの絶対知という考えに頼ることなくなされる。マルクスの理論は、暗黙のうちに自己知という条件（つまり明確に知るためには、われわれは既に知っていなければならない）を社会的なものとして分析する。かかる理論は、この先験的な知を、社会的に形成される意識の前意識的構造として把握し、かつそれを普遍的な超越論的ア・プリオリとして措定せず、絶対知という仮定の上にも据えない。この社会・歴史的な認識論は、知覚と認識の主観的諸条件についての社会的かつ歴史的な諸規定を検証することにとどまらない。マルクスの批判理論は絶対知の可能性を却下するが、しかしそれは社会的・歴史的に相対化された類いのカント的認識論であるわけではない。というのも、その批判理論は、関連する主観性の諸形態とともに、社会的客観性の諸形態の構成を把握しようとするからである。

したがってマルクスの批判は、本来の意味での認識論を含意するものではない。そうではなく、むしろそれは、同時に社会的主観性と社会的客観性の形態であるような、歴史的に特殊な社会的諸形態の構成についての理論を含意するのである。このような理論的枠組みにおいては、世界を理解するためのカテゴリーと行為の規範は、その両者が究極的には社会的諸関係の構造に根差しているため、つながりのあるものとして理解されうる。こうした解釈は、マルクスの理論においては認識論が社会的認識論として根源的なものとなる、ということを示している。[一一五]

一一四――ジャック・ル・ゴフもまた、三次元的な空間の社会的構成に関して、同じような議論を行なっている。Le Goff, "Merchant's Time," p. 36.（ル・ゴフ『もうひとつの中世のために』、五八―五九頁）

一一五――マルクス理論の認識論的含意についてのこの解釈は、ハーバーマスのそれとは異なる。このことは第六章で概説する。より一般的な次元では、マルクスの諸カテゴリー――社会的存在の歴史的諸形態と意識の歴史的諸形態との内的なつながりの表現としてのそれ――についての私の解釈は、客観的妥当性を、いかなる絶対的なものの観念からも切り離し、それを歴史的に相対化することになる。ただし、この立場は、客観的次元も主観的次元も相対化するのであるから、歴史的相対性と客観的妥当性との対立という観念も排除する。客観的妥当性の基準は、絶対的であるというよりも、社会的妥当性である。それゆえマルクスは、以下のように述べることができるのである。「このような諸形態こそはまさにブルジョア経済学の諸範疇をなしているのである。それらの形態こそは、この歴史的に規定された社会的生産様式の、商品生産の、生産関係についての社会的に認められた、つまり客観的な思想形態なのである」Marx, *Capital*, vol. 1, p. 169（『マルクス＝エンマルクスの『資本論』においてカテゴリー的に把握される社会的諸形態の展開は、かつて彼が「フォイエルバッハに関するテーゼ」において単に措定するにとどまっていた社会的実践論の十全たる精緻化である。

これまでのあらゆる唯物論……の主要欠陥は対象、現実、感性がただ客体の、または観照の形式のものでのみとらえられて、感性的人間的な活動、実践として、主体的にとらえられないことである。

人間的思惟に対象的真理がとどくかどうかの問題はなんら観想《テオリー》の問題などではなくて、一つの実践的な問題である。

あらゆる社会的生活は本質的に実践的である。[一一六]

後期マルクスの批判は、客観性と主観性の関係を、社会的媒介の諸構造、つまり構成しかつ構成される社会的実践の規定された諸様式という観点から分析する。明瞭なはずだが、ここでマルクスの言う「実践」とは、革命的実践のみならず、社会的に構成する活動のことでもある。労働は、マルクスの批判における諸カテゴリーによって把握される社会生活の諸形態を構成する。しかしながらこの社会的に構成する実践は、労働そのもの、つまり具体的労働一般の観点からでは適切に把握され得ない。マルクスが分析する世界をつくり出すのは、具体的労働だけではない。そうではなく、その世界をつくり出すのは労働の媒介的な特質であり、それが抽象的、一般的、客観的な次元と、具体的で特殊な次元とのアンチノミーを特徴とする、疎外された社会的諸関係を構成するのである。そのアンチノミーは、自らを諸生産物のうちに客体化しさえする。この二重性は、資本主義のうちに社会的存在という単一化された領野のごときものを生じさせる。同一的な主体／客体（資本）は、全体化していく歴史の《主体》として存在し、単一のカテゴリーから展開されうる。なぜなら、マルクスによれば社会生活の二つの次元——人々のあいだの諸関係と、人々と自然の諸関係——は、資本主義においては、その両方が労働によって媒介されることによって融合されているからである。この融合は、資本主義における生産形態と社会的諸関係の形態を形づくり、両者を内在的に関係づける。マルクスの経済学批判の諸カテゴリーが、社会生活の二つの次元を、ただ一つの単一化された形態（にもかかわらず、それは内的に矛盾をはらんでいる）において表していることは、かかる現実の融合から生じているのである。

したがって資本主義における社会的実践についての後期マルクスの理論は、労働による社会的諸形態の構成についての理論なのである。この社会的諸形態は、人々同士の諸関係ならびに人々と自然の諸関係を媒介し、と同

ゲルス全集 第二三巻 第一分冊』、一〇二頁）。

存在するものを批判可能なものとする拠り所となる基準［は何か］という問題を、ここでは十分に論じることができない。しかしながら、マルクスのアプローチにおいて、批判の源泉や基準もまた、社会的現実の現存の諸形態に依拠することは明白である。歴史的相対性とは「何でもまかり通る」ことだとする理解は、それ自体が、客観的妥当性は絶対的な基礎づけを要するという仮定に縛られている、と言えよう。この意味で、歴史的相対性と客観的妥当性の対立は、抽象的合理主義と懐疑主義の対立と似ていると考えられる。どちらの対立においても、社会理論へと転回するならば、その対立における両項の内的な関係が明らかにされ、その両項がさまざまな可能性の世界を規定してはいないことが示され、問題の両項は変容する。かかる抽象的対立の基底をなす諸前提に対する有力な批判としては、以下を参照のこと。Ludwig Wittgenstein, *Philosophical Investigations*, trans. G. E. M. Anscombe (New York, 1958).（L・ウィトゲンシュタイン『哲学探究』藤本隆志訳、大修館書店、一九七六年）。本書で提示されるものと異なりはするが、共鳴するところのある批判である。

社会理論における批判の基準の問題は、当然のことながら、厄介である。だがマルクスのアプローチは確かに、首尾一貫した認識論的自己再帰の理論的可能性を示している。その理論は、これによって、その社会的領域の外部にある諸基準から社会を見ていると仮定している——それゆえ自らを説明することができない——批判的社会思想の諸形態が陥る落とし穴を避けるのである。実際、マルクスのアプローチが含意するのは、社会外的な不変の領域に批判を基礎づけようとする試み（例えば自然法理論の古典的な伝統にあるように）は、それそのものが、自らを非社会的で超歴史的なものとして提示する社会的諸形態という観点から分析されうる、ということだ。

一一六　———"Theses on Feuerbach," in Karl Marx and Frederick Engels, *Collected Works*, vol. 5: *Marx and Engels: 1845-1847* (New York, 1976), pp. 3-5 (translation amended).（『マルクス＝エンゲルス全集 第三巻』大内兵衛・細川嘉六監訳、大月書店、一九六三年、三—五頁）

時に存在と意識の諸形態でもある。それは社会的実践のみならず、行為を形成する社会的な知識、規範、欲求の規定され構造化された諸形態も社会的・歴史的に構成される、とする理論である。マルクスが分析する社会的諸形態は、社会的実践によって構成されるにもかかわらず、直接的な相互行為のレベルだけでは把握され得ない。マルクスの実践論は、社会的媒介の諸形態の構成と、そのありうべき変容についての理論なのである。

　マルクスの理論をこのように解釈するならば、労働と思想の関係という伝統的問題は、具体的労働と思想の関係ではなく、労働に媒介された社会的関係の諸形態と思考の諸形態の関係という観点から定式化されることによって、転換される。社会的構成が抽象的労働にだけ依存するのではないのとちょうど同じように、マルクスの分析において、社会的実践による意識の構成は、個々の主体あるいは社会的集団と、それを取り巻く自然環境との労働によって媒介された相互作用という観点からだけで理解されるべきではない、と私は論じてきた。このことは、自然的現実についての諸概念にさえも当てはまる。かかる諸概念は、単に自然と闘争することや、自然を造り変えることから、プラグマティックに獲得されるのではない。私が示そうとしてきたように、それらの概念はまた、そうした自然との相互作用を構造化する、規定された社会的諸形態の性格にも根差しているのである。言い換えれば生産的活動としての労働は、それ自体では意味付与を行なうものではない。むしろ、ここまで論じてきたように、労働ですら、自らが埋め込まれている社会的諸関係のなかから自らの意味を得るのである。かかる社会的諸関係が労働自体によって構成されるとき、労働は「世俗的な」形態として存在し、道具的な行為として分析しうるものとなる。

　つまり、労働が社会を構成するというマルクスの観念は、物質的生産としての労働へと社会的実践が還元されることに基づいているのではない。そのような還元においては、自然と人間の相互作用が相互作用のパラダイムとなってしまう。[一一七] もしマルクスが実践を「労働」の観点から理解していたとすれば、そういうことになっただろう。しかしながら後期マルクスの諸著作において、社会的に構成する実践としての労働という概念は、社会生活の諸次元が労働によって媒介されていることについての彼の分析とつながっている。他の諸社会において、社会生活がそのように媒介されることはない。マルクスによれば、かかる分析は、資本主義的社会編制における社会的諸関係や生産、意識の諸形態の特殊性を、適切なかたちで批判的に理解するには必要不可欠なものである。右に述べた、資本主義における社会生活の二つの次元の融合があるからこそ、マルクスは、実践の一形態（労働）の観点から社会的構成を分析することができるようになり、また社会的な客観性と主観性の内在的な関係を、構造化された実践の諸カテゴリーというひとまとまりの観点から探究することができるのである。資本制社会以外の社会、すなわち生産と社会的諸関係が、ただ一つの構造原理によって社会的客観性の全体化する領域として構成されることのない社会においては、構成的実践の単一の形態が存在するという考え方は変容を被らなければならないだろう。その際、意識の諸形態と社会的存在の諸形態の関係性は、別様に把握されなければならないのである。

ユルゲン・ハーバーマスとアルフレート・シュミットもまた、マルクスの分析は社会的客観性と社会的主観性の構成の理論を含んでいる、と論じた。実践的構成についてのマルクスの理論に対する彼らの評価の仕方は、互いに大きく異なっている。にもかかわらず両者はともに、かかる構成過程を「労働」の観点からのみ、つまり具体的労働の結果として外的な物理的自然が変容し、また再帰的に人間そのものが変容するという観点からのみ考察するのである。[一一八]

一一七――アルブレヒト・ヴェルマーは、この批判を、以下の論文で定式化している。Albrecht Wellmer, "Communication and Emancipation: Reflections on the Linguistic Turn in Critical Theory," in John O'Neill, ed. *On Critical Theory* (New York, 1976), pp. 232-33.

一一八――以下を参照。Habermas, *Knowledge and Human Interests*, pp. 25-63（ハーバーマス『認識と関心』三三―七四頁）; Alfred Schmidt, *Der Begriff der Natur in der Lehre von Marx* (Frankfurt, 1971), pp. 107-28.（A・シュミット『マルクスの自然概念』元浜晴海訳、法政大学出版局、一九七二年、一三八―六九頁）シュミットの立場は、「伝統的理論と批判理論」("Traditional and Critical Theory," in *Criti-*

労働は生産的活動としての機能によってのみ社会的に構成するという観念は、伝統的にマルクスに帰せられてきたが、それは誤りである。マルクスの批判は、このような観念それ自体を、資本主義における社会的諸形態の特殊性から説明することができるのである。ここまで考察してきたように、商品に規定される労働は、特異な、歴史的に特殊な次元を特徴とするにもかかわらず、理論家にとっても社会的行為者にとっても「労働」であるように見えうる。このことは、社会的実践としての労働の認識論的な次元についても当てはまる。例えば私は、人間の自然に対する関係における二つの契機は区別されなければならない、ということを主張してきた。それは社会的労働の結果としての自然、物質、環境の変容と、自然的現実の性格について人々が抱く観念との区別である。これまで論じてきたように、後者は、ただ前者の直接的な結果として、つまり労働に媒介された人間と自然の相互作用の直接的な結果として説明することはできず、かかる相互作用が生じる場である社会的関係の諸形態との関連において考察されなければならない。しかしながら、資本主義において、人間の自然に対する関係における両契機は、どちらも労働の関数［所産］である。それゆえ、具体的な社会的労働が自然を変容させると、かかる変容が、現実について人々が持つ諸観念の条件をなすように見えるのである――あたかも労働に媒介された自然との相互作用だけが意味の源泉であるかのように。その結果、未分化な「労働」の観念が構成の原理であると受け取られ、自然的現実についての知識は、人間による自然の支配の程度に直接的に依拠して発展する、と思いなすことが可能になる。一九三七年にホルクハイマーが取っていたこのような立場は、マルクスに帰せられてきたわけだが、このことは部分的には、社会主義を奉じる伝統的な労働階級諸政党が「労働」を支持したことから生じており、また部分的には、マルクスの内在的な議論の様式から生じている。

伝統的マルクス主義、すなわち「労働」による社会的構成についての理論としてここまで提示してきたものは、ある面では主観性と客観性の対立を解決しようとする試みとして理解されうる。つまりそれは究極的には、古典的な近代哲学が定式化してきた問題の概念的枠組みの内部にとどまる。しかしながらここまで示してきたように、マルクスのアプローチは、かかる対立を解決しようとする試みではない。むしろそれは、主観性と客観性の関係を社会的に分析することによって、問題の両項を転換するのである。その目的は、古典的な問題機制それ自体――外在的な法則のごとき客観性の領域と、自己決定する個別的な主体の対立――の諸前提を、近代資本制社会の社会的諸形態に基礎づけることにある。一一九

社会的構成の問題に対するこれら二つのアプローチのさらなる差異は、疎外の過程と、疎外と主体性の関係についての異なる理解に表される。通常、「労働」による社会的構成という観念と結びつけられる理解は、以前に私が引用したベーム＝バヴェルクに対するヒルファディングの応答のなかに見ることができる。ヒルファディングは人間社会を統制する原理として「労働」を措定し、それは資本主義においては隠されているが、社会主義においては人間生活を動かす原理として公然と現れるとされる。「労働」は社会の不変の土台としてあり続ける以上、資本主義において労働が現出する形態はその内容から、つまり「労働」そのものから切り離すことができる。社会的構成は「労働」によってもたらされるというこの考えは、具体的な歴史の《主体》の存在を含意してい

---

cal Theory. trans. Matthew J. O'Connell et al. [New York, 1971]〔M・ホルクハイマー『哲学の社会的機能』久野収訳、晶文社、一九七四年〕）におけるホルクハイマーの立場と非常に似通っている。シュミットは、知に対する人間の主体的能力と経験的世界を構成する上での、具体的労働の役割を強調する。確かにシュミットは、自然の概念は社会構造にも依存するという趣旨のアルノルト・ハウザー、エルンスト・ブロッホ、マルクスによる議論を肯定的に引用している（p. 126〔一六四―六五頁〕）。しかしながらこの立場は、シュミットの議論の本体と、体系的には統合されていない。自然科学を論じる際にシュミットは、実験と応用自然科学に焦点を当て、自然的現実についての諸パラダイムについての考察を排するに至る（pp. 118-19〔一五二―五五頁〕）。論じてきたように、これらのパラダイムは、具体的な社会的労働のみから導き出されることはあり得ず、それが出現する文脈の役割を果たす社会的関係の諸形態という観点から解明されなければならない。

一一九――この意味でマルクスのアプローチは、脱文脈化、脱身体化された知る主体という観念は何の意味も持たず、人々は常に前意識的な背景に埋め込まれていると主張して主観‐客観の二元論を批判するものとは異なる。マルクスのアプローチは、主観‐客観の二元論に対して批判的であるが、脱文脈化された主体を措定する立場を単純に斥けるわけではない。そうではなくそれは、見掛け上の脱文脈性を、資本制社会の規定された文脈の特徴として分析することによって、こうした立場を説明しようとするのである。

るが、それは疎外を、かかる《主体》の所有物として既に存在するものが疎隔されている状態として理解することと関係している。つまり疎外は、主体と客体の単なる反転をもたらす過程として扱われているのである。これはまた、知覚や意識についても同様である。商品形態の神秘化を描く際にヒルファディングは、「人間の主観的な観念諸形態（時間および空間）が物の客観的属性としてあらわれるように、人間の社会的性格は事物の対象的属性としてあらわれる」[二〇]と書いている。

ヒルファディングが、「人間の社会的性格」と、超越論的でア・プリオリなカント的カテゴリー（「人間の知覚の主観的諸形態」）との間に描くアナロジーが示すのは、どちらの場合においても主観性は社会的に構成されるのではなく、あらかじめ存在する構造を持っているとヒルファディングが前提している、ということである。したがって資本主義の特殊性は、主観的次元での属性として既に存在しているものが、客観的次元での属性として現れる、ということに由来していることになる。かくしてヒルファディングは、マルクスの疎外論を、「主観的なものが客観的なものとなり、客観的なものが主観的なものとなる入れ替わり」[二一]として理解する。この立場によれば、商品の物神性というマルクスの観念は、諸主体の属性がそれらのつくり出すものの属性となって現れる一種の錯覚［仮象］を指すものとして理解されることになる。これは、商品形態は単に「労働」の神秘化された形態であるというヒルファディングの考え方に直接、関係している。資本主義における労働が、「労働」という超歴史的な観点から分析されるとき、労働の特殊性は、分配様式の観点から外在的にしか理解されず、疎外は既に存在しているものを神秘化する転倒として了解される。かかる枠組みのなかで疎外の超克は、脱神秘化と再領有の過程として、すなわち神秘化された現象形態という覆いの背後から社会的に存在論的なものが再出現することとして理解される。別言すれば疎外の超克は、歴史の《主体》の自己実現をもたらすのである。

私が本書で提示する解釈によれば、マルクスの批判における諸カテゴリーは、主観性と客観性の「入れ替わり」を表してはおらず、むしろそれらの次元それぞれの構成を表しているのである。抽象的時間の場合について論じたように、規定された主観の諸形態は、その諸形態が把握する客観性とともに、社会的諸関係の一定の疎外された諸形態によって構成される。すなわち、かかる諸形態は、疎外されているために諸物の客観的諸属性として現れるところの、あらかじめ存在する普遍的諸形態ではないのである。さらにこのことは私の主張、すなわちマルクスは疎外論を、資本主義における労働の二重の性格についての分析によって、社会的構成の歴史的に特殊な様式についての理論として展開した、という主張を補強する。この特殊な様式の下では、規定された社会的諸形態――抽象的普遍的、客観的で、疑似‐法則的な次元と、「物的で」特殊な次元との対立をその特徴とする――が、実践の構造化された諸形態によって構成され、翻ってそれら諸形態が、実践と思想をかかる諸形態と同型に形づくるのである。これらの社会的諸形態は、矛盾をはらんでいる。この特質によってこそ、全体性に動態性が与えられ、その全体性への批判と、ありうべき変容の可能性が生じるのである。

この理論は、社会的客観性と社会的主観性は、疎外の過程によって社会的かつ歴史的に規定されたかたちで構成されるとする理論であるが、これは資本主義における社会生活のさまざまな次元の特殊性についての批判的分析と一体である。この理論は、ただ単に《主体》――あるいは諸主体――から、既にそれらの属性として存在していたものが疎隔されることを非難するのではない。むしろそれは、人間諸力が、疎外された形態で歴史的に構成されることを分析する。この見方によると疎外の超克は、自らを根拠づけ自らを運動する《主体》（資本）の廃

一二〇――Hilferding, "Böhm-Bawerk's Criticism of Marx," in Paul M. Sweezy, ed., *"Karl Marx and the Close of His System" by Eugen Böhm-Bawerk and "Böhm-Bawerk's Criticism of Marx" by Rudolf Hilferding* (New York, 1949), p. 195 (translation amended).（R・ヒルファディング「ベーム＝バヴェルクのマルクス批判」：P・M・スウィージー編『論争・マルクス経済学』玉野井芳郎・石垣博美訳、法政大学出版局、一九六九年、二二四頁）

一二一――Colletti, "Bernstein and the Marxism of the Second International," in *From Rousseau to Lenin*, trans. John Merrington and Judith White (London, 1972), p. 78.

絶と、疎外の構造を構成しかつそれによって構成される労働の形態の廃絶を必然的に伴う。このことによって人類は、疎外された形態において構成されてきたものを領有することが可能になるだろう。歴史の《主体》の超克によって、人々は初めて、自らの社会的諸実践の主体となることができるのである。

物神性というマルクスの観念は、彼の社会的構成としての疎外という理論と、中心的な関係を結んでいる。この観念は、単に社会的に構築される錯覚を指しているのではなく、主観性のさまざまな形態を社会的に説明しようとするものである。それは社会的構成についてのマルクスの理論と一体であり、この理論は、思想や世界観、信念の諸形態を社会的関係の諸形態に関連づけ、また当該諸形態がいかにして直接的な経験において現れるかということに関連づける。マルクスが『資本論』において把握しようとしたのは、歴史的に特殊な社会的深層構造が社会的実践の諸形態によっていかにして構成されるのか、ということである。その社会的実践の諸形態は、翻って、かかる諸構造によって生み出された現象形態に基づく信念や動機によって導かれる。しかしながら全体は、静的に循環したり一義的であったりするのでなく、動態的で矛盾を含んでいる。資本主義における主観性と客観性の諸形態の構成についてのマルクスの理論を適切に精密化するならば、構造と実践の相互作用は、全体性の矛盾をはらむ動態性の性質という観点から分析されることになる。そしてこれを基礎にして、主観性の歴史的変容についての理論を展開することが可能になるだろう。それは欲求と知覚——そこには、システムを永続化させる傾向を持つものと、システムに疑問を投げ掛けるものの両方が含まれる——の社会的構成とその歴史的発展を解明しうるものとなるであろう。

意識と社会的存在の構成についてのこのような理論は、「労働」もしくは経済が社会の「下部構造」を形成し、思想は「上部構造的」要素であるとする諸解釈とは、ほとんど何も共有するところがない。私の理論は、主観性についての非機能主義的な社会理論であって、階級の位置や階級的利害をはじめとする社会的立場や社会的利害に対する考察に基礎を置くのではなく、社会的関係の諸形態についての分析に究極的な基礎を置く。後者の分析は、意識の諸形態の一般的な、歴史的に変化する枠組みをもたらすが、前者の考察が検証可能になるのはその枠組みにおいてである。社会的意味づけと社会的構造が関連づけられるとするならば、それらを把握する諸々のカテゴリーは、内的に関連づけられねばならないということ——別言すれば、社会生活における物質的次元と文化的次元という広く受け容れられている理論的二元論は、かかる対立をその概念に既に含んだ諸概念に基づいており、外在的に超克されうるものではないということ——を、このアプローチは想定している。[一二二] このような立場に立つならば、ここで提示された主観性についての社会的かつ歴史的な理論は、思考と「社会的諸条件」を関係づけようとする試みから区別される。後者は、特定の形態の思想の社会的機能と社会的諸帰結を説明することはできるが、その思想の特殊性を社会的に根拠づけ、それが置かれている文脈へと内在的に関係づけることはできない。マルクスの理論は、それを行なおうとする試みにほかならない。一般的にマルクスの理論は、意味を物理的物質的基礎の副次的反映として還元的な唯物論的方法で扱うことはしないし、観念論的な仕方で自らが自らによって基礎づけられるような完全に自律的な領域として扱うことも当然ない。むしろマルクスの理論において、社会生活を把握するためのカテゴリーは、意味の構造を社会的諸関係の構成的かつ被構成的な構造の本質的契機として取り扱うことを可能にするものなのである。[一二三]

一二二——このアプローチは、理念が世界像を創出し、その世界像が、利害の動態性によって人間の行為が推し進められる軌道を転轍手のごとく規定する、というウェーバーの有名なメタファーによって表現されたアプローチとは大きく異なる（Max Weber, "The Social Psychology of the World Religions," in H. H. Gerth and C. W. Mills, eds., *From Max Weber* [New York, 1958], p. 280［M・ウェーバー『宗教社会学論選』大塚久雄・生松敬三訳、みすず書房、一九七二年、五八頁］）。このメタファーは、社会的あるいは物質的次元と文化的次元を、外在的かつ偶然的にのみ関係づけている。それが表す立場は、物質的生活の主観的側面を認識しているにせよ、その仕方は多くの経済主義的諸理論と似通っている。つまり、そのメタファーは、かかる次元を、利害に対する考慮とだけ同一視するのである。結果として、主観性の他の諸形態は観念論的な仕方で扱われる一方で、社会的かつ歴史的に構成された特殊な主観性の形態として分析されるべきもの（「利害」）は、所与のものとしてあらかじめ前提される。このように、主観性の諸形態と社会的関係の諸形態との本質的な関係に対する無理解は、物質的生活を、社会生活を媒介する規定された諸形態の観点から把握しないアプローチと相関している。

一二三 ——デュルケムもまた、『宗教生活の原初形態』のなかで認識論を提示し、思想の諸カテゴリーを社会的に根拠づけようとする(Émile Durkheim, *The Elementary Forms of the Religious Life* (trans. Joseph Ward Swain [New York, 1965] [E・デュルケム『宗教生活の原初形態(上・下)』古野清人訳、岩波書店、一九七五年])。このアプローチに基づいてデュルケムは、古典的に定式化されてきた認識論的諸問題の諸項目に取り組み、それらを変化させる力を、社会的認識論が持っていることを示し得ている。しかしながら(彼の機能主義的な諸側面はさておき)、デュルケムの理論は、社会的媒介の諸形態ではなく、社会における社会的組織化に焦点を当てている——したがってデュルケムは、同時に主観性と客観性の諸カテゴリーにもなりうるような、社会生活のカテゴリーの概念を欠いている。デュルケムのアプローチは、思想と社会的文脈との関係の問題に関しては曖昧である。それは、社会的意味の問題を看過するような自然科学的な社会生活の理解に対して批判的でありながら、同時にまたそれ自体が超歴史的であり客観主義的である。デュルケムは、科学自体が社会的に埋め込まれていると示唆するにもかかわらず、科学がすべての現実を客観の観点から考察する傾向を、規定された意味の体系として扱うことはない。むしろ彼は、かかる傾向を、社会の進化論的発展の表れであるとみなしてしまう。

社会生活についてのデュルケム自身の二元論的解釈は、本書で提示されたマルクス的なアプローチの観点から把握可能である。デュルケムが設定した社会と個人、心と身体、抽象的で一般的なものと具体的で特殊なものといった対立——そこでは、それぞれの対立の第一の抽象的な項のみが社会的なものとして理解される——は、商品形態の実体化と投影として把握されうる。以下を参照。*The Elementary Forms of the Religious Life*, pp. 21-33, 169-73, 258-60, 306-08, 467-94.(デュルケム『宗教生活の原初形態(上)』、二九—四七、二六〇—六六、四〇七—一一頁、同書(下)、六六—七〇頁、三二九—七三頁)

第六章

ハーバーマスのマルクス批判

資本制社会における労働や、価値と物質的富との差異についてのマルクスの分析、そして彼のカテゴリー的分析が示唆する意識と主観性についての一種の社会・歴史的理論をめぐって、ここまで議論を展開してきた。これを基礎として、ここでユルゲン・ハーバーマスによるマルクスへの批判のいくつかの側面を検討することによって、《批判理論》の来歴に関する私の議論に結論を与えておくことにする。ハーバーマスのマルクス批判は、ポスト自由主義的な資本主義の変質に適応すべく批判的社会理論を再構築しようとする彼の取り組みと一体のものであり、第三章で論じた《批判理論》の悲観主義を乗り越えようとするものである。[1] 既に触れたように、ハーバ

一―――以下を参照。J. Habermas, *Knowledge and Human Interests*, trans. Jeremy Shapiro (Boston, 1971), pp. 60-63（J・ハーバーマス『認識と関心』奥山次良ほか訳、未來社、一九八一年、七二―七四頁）; *Communication and the Evolution of Society*, trans. Thomas McCarthy (Boston, 1979); *The Theory of Communicative Action*, vol. 1: *Reason and the Rationalization of Society*, trans. Thomas McCarthy (Boston, 1984), and vol. 2: *Lifeworld and System: A Critique of Functionalist Reason*, trans. Thomas McCarthy (Boston, 1987)（J・ハーバーマス『コミュニケイション的行為の理論（上・中・下）』河上倫逸ほか訳、未來社、一九八五―八七年）

ーマスのマルクス批判は、彼が初期の著作から展開し始めた労働と相互行為の区別と緊密に結びついているのだが、それはポロックとホルクハイマーの著作を貫いているいくつかの基本的想定に根拠を置いている。[二] ハーバーマスは、彼らの研究の限界を乗り越えようとした。それは彼らが伝統的マルクス主義に則って、中心的な構成的役割を「労働」に与えたことに疑問を呈することによってであった。しかしながら彼は、「労働」という観念そのものは批判していないのである。ハーバーマスは初めの頃のマルクス批判以来、社会理論に対するアプローチを修正してきてはいるが、労働についての伝統的な理解は彼の著作に一貫している。このことが、現代社会に対する適切な批判的社会理論を打ち立てようとする彼の試みを脆弱なものにしている、と私は論じる。本章は、ハーバーマス理論の展開についての全面的な検討ではなく、伝統的な「労働」概念に縛られたままで現代資本主義の変質に対応しようとするあらゆる社会批判の持つ限界――たとえそれがハーバーマスのごとく、《批判理論》の根源的悲観主義を回避することに成功しているとしても――に関する、これまでの私の議論を敷衍する一つの試みである。

1　初期ハーバーマスのマルクス批判

初期の諸著作におけるハーバーマスの関心の中心は、ポスト自由主義的資本主義のテクノクラティックな性質および「現存社会主義」における官僚主義的、抑圧的な性質を批判的に把握する理論的枠組みのなかで、批判的意識の可能性を検討することにあった。『認識と関心』において彼は、根源的な認識批判の観点からこの問題構制に取り組んでいる。こうした批判について彼は、認識と科学の実証主義的な同一化――それ自身昂進する社会のテクノクラティックな組織化の表現であり、促進要因にほかならない――を防ぐために、そして科学がありうべき認識の一つの様式にすぎないことを理解するために不可欠であると述べている。[三] ハーバーマスは、こうした根源的な認識批判は、社会理論としてのみ可能であると主張し、こうした考えはマルクスの社会理論のなかにすでに暗黙裡に存在している、と述べている。[四] にもかかわらずハーバーマスによれば、マルクスの方法論的自己理解は、厳密な経験的科学と批判との区分を不明瞭なものにしてしまうために、そのような根源的批判を適切に根拠づけていない。この理由からマルクスは、実証主義の勝利に対抗する理論を展開することができなかった、とされる。[五]

ハーバーマスは、マルクスの理論についての議論を、ヘーゲルによるカント批判を土台にして展開している。ハーバーマスによれば、この批判によってヘーゲルは根源的な認識批判——自己再帰をその特徴とする——の可能性を開いた。[六] ヘーゲルはカントの認識論について、認識の前に認識能力について知らなければならないという循環にとらわれていると批判し、この認識論において反省されることのない暗黙の前提があることを明らかにした。[七] これらの諸前提には、科学の規範的な概念、固定的な認識する主体、そして理論理性と実践理性の区別が含まれる。認識論についてヘーゲルは、カントが主張したようには諸前提から自由でないし、自由ではあり得ないが、実際にはそれは自己形成の過程から生じる批判的意識の上に自己を基礎づけるものである、と論じた。それゆえ認識に対する批判は、自らの自己形成の過程に自覚的でなければならず、それ自体が反省の経験のなかに一要素として組み込まれていることを認識しなければならない。この反省の過程は、理論理性と実践理性が一体

二——以下を参照。Habermas, "Labor and Interaction: Remarks on Hegel's Jena *Phenomenology of Mind*", in *Theory and Practice*, trans. John Viertel (Boston, 1973); and "Technology and Science as 'Ideology'" in *Towards a Rational Society*, trans. Jeremy J. Shapiro (Boston, 1970).（J・ハーバマス『イデオロギーとしての技術と科学』長谷川宏訳、平凡社、二〇〇〇年）〔訳注：英訳『理論と実践』には、オリジナルにはない「労働と相互行為」が加えられている〕

三——Habermas, *Knowledge and Human Interests*, pp. 3-5.（『認識と関心』、一一—一四頁）

四——Ibid., p. vii.（同右、三頁）

五——Ibid., pp. 24, 61.（同右、三三、七二頁）

六——Ibid., pp. 5, 19.（同右、一三—一四、二七頁）

七——Ibid., p. 7.（同右、一四頁）

であるところの、規定された否定の過程として展開するのである。そこでは世界を了解する諸カテゴリーと行動の諸規範とが結合している。[八] 認識の諸前提を自己批判に従属させることによってヘーゲルは、認識論を根本的に改革した。だが、ハーバーマスによればヘーゲルは、この方向をさらに進めることはなかった。認識批判の改革を徹底する代わりに、ヘーゲルはそれを抽象的に否定した。すなわち、（世界と認識する主体との）同一性の哲学の諸前提とそれに伴う絶対知の観念を基礎として、認識批判それ自体を——変容させるのでなく——超克することを目指したのである。[九]

ハーバーマスによればマルクスは、同一哲学の基本的前提を共有することはなかった。[一〇] 彼は自然の外部性を認めていたからである。それゆえ彼は、根源的な認識批判を展開しうる立場にいたのだが、しかしそれをしそこなった。この失敗の原因はマルクスの唯物論の哲学的基盤に、とりわけ労働に認めた役割に根を持つ、とハーバーマスは論じる。[一一] ハーバーマスは次のように主張する。マルクスの社会理論において労働は、人間的な物質的存在のカテゴリーであると同時に認識論的カテゴリーである、と。それは、社会生活の再生産に不可欠の前提条件であるだけでなく、われわれを取り巻く自然をわれわれにとっての客体的自然として構成するという意味で、「経験の対象の可能的客観性の先験的諸条件」[一二] をもつくり出すものである。このように労働は、自然との物質的交換を制御すると同時に世界を構成している。すなわち、その機能とは綜合である。

マルクスにおける労働を通じた綜合という観念は、ハーバーマスによれば、フィヒテによる自我の哲学の唯物論的転換を含意するものである。自我の哲学において自我は、自己意識の行為の只中で構築される。根源的自我は自らと対立する非我を措定することによって自我を措定するのである。[一三] マルクスの理論において労働する主体は非我、つまりその環境に対峙し、労働を通じて同一性を獲得する。主体はこうして自らの労働の客体であり、先行世代の労働の客体であった自然との相互作用を通じて、自身の同一性を獲得する。この意味で人類は、生産過程において自身を社会的主体として措定する。[一四] マルクスは、労働を通じた人間性の自己展開という観念によっ

て、哲学的人類学と超越論的哲学との双方に無効を宣するのである。[一五]

しかしながらハーバーマスは、そのような唯物論的な綜合の概念によっては、より根源的な認識批判のための適切な基礎を得ることはできない、と論じる。[一六] 綜合が労働を介してなされるのであれば、その結果が表出される基体は象徴連関ではなく、社会的労働のシステムであることになる。[一七] ハーバーマスにおいて労働とは、道具的行為である。したがって社会的労働を通じた綜合という概念は、道具主義的な認識論に帰着することとなる。そして、自然科学における認識の客観性が可能であるための条件は、労働に根拠を有することとなる。しかしながら現象学的経験、つまり自己反省は、別の次元、すなわち象徴的相互行為の次元に存する。[一八] ハーバーマスの主張によればマルクスは、確かにこの社会的次元——それは生産諸関係の次元にほかならない——を彼の唯物論的諸探究に組み入れてはいる。ところがカテゴリーのレベルでは、マルクスの哲学的枠組みのうちで、人類の自己生成的行為は労働に還元されている、という。[一九] ハーバーマスによればマルクスは、生産を範型として反省の過程を理解したために、この過程を道具的行為のレベルに還元してしまった。そのことによって彼は、歴史の原動力とし

八——Ibid., pp. 13-19.（同右、二一—二七頁）
九——Ibid., pp. 9, 20, 23, 24.（同右、一七、二八、三一、三二頁）
一〇——Ibid., pp. 24, 33, 34.（同右、三二、四二、四三頁）
一一——Ibid., p. 42.（同右、五三頁）
一二——Ibid., p. 28.（同右、三七頁）
一三——Ibid., p. 38.（同右、四八頁）
一四——Ibid., p. 39.（同右、四九頁）
一五——Ibid., pp. 28-29.（三七—三八頁）
一六——Ibid., p. 42.（同右、五三頁）
一七——Ibid., p. 31.（同右、四〇頁）
一八——Ibid., pp. 35-36, 42.（同右、四五、五三頁）
一九——Ibid., pp. 42, 53.（同右、五二、六四頁）

ての反省を排除してしまった。というのも、そのような唯物論的理論において、非我に直面する主体は、自我の生産物だけでなく、自然の偶発性にも直面するからである。[二〇] この結果、マルクスの考える領有の行為は、主体が、以前に外化された自己自身と反省によって再び一つになることとは異なるものとなる。社会的労働を通じた綜合という観念の帰結として、根源的な認識批判の可能性は閉ざされ、自然科学の論理的地位と、批判の論理的地位とは区別されなかったのである。[二一]

ハーバーマスは、このような唯物論的な綜合の概念は、技術的に利用可能な知識としての社会理論という観念をもたらし、それゆえ社会工学やテクノクラートによる支配に奉仕することになる、と述べる。[二二] ハーバーマスは、労働過程を科学的過程へと転換することに基づき、疎外された労働から人類が解放されることを論じた『要綱』[二三]の長い一節を引用しつつ、次のように主張する。すなわち、ここに表明されたマルクスの立場は、人類の歴史は社会的労働を通じた綜合によってのみ築かれてきたということ、また同時に、自然科学と技術の発展は社会的主体の自己意識へと自動的に置き換えられるということを前提としているのである、と。その帰結は、人間科学と自然科学の相互的な包摂であり、それは若きマルクスが夢に描いたものにほかならない。[二四] 言い換えればハーバーマスは、労働を通じた社会の綜合というマルクスの理論によっては、テクノクラティックな支配、社会工学、そして官僚制化を特徴とする世界において、批判理論の適切な基礎を得ることはできない、と主張しているのである。実際、マルクスの理論の性質は、そのような展開をさらに進行させるために利用されうるし、利用されてきた、とされる。

ハーバーマスはこの行き詰まりを回避するために、労働と相互行為という二重のパースペクティヴから類の自己構成を理解するような、人類史の再構築が必要であると言う。[二五] 労働と相互行為の両者を、生産諸力と生産諸関係の弁証法によって（すなわち、労働の領域の観点からのみ）把握しようとするマルクスの試みが問題なのは、反省の新しい段階を阻害する制度的な枠組みが、労働過程の直接的な結果ではなく、社会的諸力、つまり階級支配の関係性を表しているからである。[二六] ハーバーマスにとって、労働を通じた社会的綜合というマルクスの理論は、相互行為の領域を労働の領域へと落とし込んでしまい、そのことによって批判的意識の可能性を閉ざし、解放の可能性を塞ぐものである。それゆえハーバーマスは、社会的綜合の二つの形態の理論に基づく歴史の再構築を提示する。労働を通じた（すなわち道具的行為を通じた）綜合においては、現実は技術的視点から解釈される。他方で、闘争を通じた綜合（相互行為の制度化された形態としての）においては、現実は実践的視点から解釈される。[二七] ハーバーマスは、労働のみを通じた綜合は社会組織をやがて自動装置のようなものとしていくのに対して、相互行為を通じた綜合は解放された社会を導くことができる、と述べる。そのような社会を彼は、支配から自由な討議においてなされる意志決定に基づく社会を組織すること、という観点から素描している。[二八] かくして相互行為の領域は、批判のための基礎、そして解放の可能性の基礎を与えるのである。

　ハーバーマスの提示する人類史の再構築は、《批判理論》の根源的悲観主義を乗り越え、解放を目指す現代社会批判の可能性を二重の仕方——すなわち労働を通じた綜合という観念を批判すること、そして相互行為を通じ

二〇——Ibid., p. 44.（同右、五四頁）
二一——Ibid.（同右）
二二——Ibid., p. 47.（同右、五八頁）
二三——Marx, *Grundrisse: Foundations of the Critique of Political Economy*, trans. Martin Nicolaus (London, 1973), pp. 704-05: quoted in the present volume in Chapter One, "Rethinking Marx's Critique of Capitalism," n. 29.（本書第一章、注二九の引用と同）（『マルクス資本論草稿集②一九五七—一九五八年の経済学草稿集Ⅱ』資本論草稿集翻訳委員会訳、大月書店、一九九三年、四八九頁）
二四——Habermas, *Knowledge and Human Interests*, pp. 48-50.（『認識と関心』、五九—六一頁）
二五——Ibid., pp. 53, 60, 62.（同右、六三—六四、七一、七三頁）
二六——Ibid., pp. 52, 55.（同右、六二、六五頁）
二七——Ibid., pp. 55-56.（同右、六六頁）
二八——Ibid.（同右）

た綜合という観念によってそれを補完すること――で蘇生させることを目指す試みとして理解すべきである。しかしながら、これまでの私の説明に照らせば、労働を通じた綜合というマルクスの概念に対する彼の批判が、具体的労働それ自体としての労働、すなわち「労働」としての労働という理解に基づいていることは明らかである。彼の批判が、マルクスにおける労働の二重の性格についての分析に触れることはない。この伝統的前提に照らしてみれば、ハーバーマスがマルクスの立場を示すために引用する諸説が、初期の作品群（確かにそこではマルクス自身が「労働」の超歴史的概念を抱いていたと論じることもできるだろう）からのものであるか、あるいは例えば『資本論』第一巻においてマルクスが超歴史的な仕方で労働過程の物質的諸要素を描いている箇所から取られたものであるのは、驚くべきことではない。[二九] しかしながら私が本書第三部で示すように、後者の諸節は、マルクスの説明上の戦略という観点から理解されなければならない。マルクスは、ハーバーマスの引用する、労働過程の無規定な超歴史的叙述から出発し、それに引き続いて第一巻の大半を費やして、その諸関係のすべてが資本主義の下では逆転することを示している。そのことによってマルクスは、資本制社会における生産は単に超歴史的な仕方によっては、すなわち人間と自然の相互作用としては理解され得ないことを論証したが、それは労働過程の形態と目的が抽象的労働によって、つまり剰余価値をつくり出す過程によって形成されているからにほかならない。[三〇] 言い換えれば、資本主義における労働と生産についてのマルクスの分析は、資本制社会に対しては無効であるということを彼がまさしく証明したところの、超歴史的な仕方による理解によっては、適切には解釈され得ないのである。

後期の諸著作においてマルクスは、労働による社会的綜合の理論を確かに提示していると私は論じてきたが、それは資本制社会の社会的諸形態の特殊性を分析するための基礎として提示されているのである。マルクスが分析する労働は、あらゆる社会編制において行なわれるように、自然との物質的交換を制御するだけでなく、資本主義の特徴をなす社会的諸関係を形づくる。資本主義における労働――「労働」ではなく――が、生産諸力と生産諸関係の弁証法の基底となるのは、その特異な二重の性格ゆえにである。[三一] こうした労働によって構成される世界は、具体的な社会的労働によって形成される物質的環境にとどまらず、社会的世界でもある。それゆえ先に述べたフィヒテ・モデルに立ち帰るならば、抽象的労働によって措定された非我とは、実際には自我の所産なのである。つまり非我は、疎外された社会的諸関係の構造である。マルクスの著作におけるカテゴリーのレベルと唯物論的探究のレベルとの間にハーバーマスが引く分割線に反して、後期マルクスの批判において、前者のレベルは「労働」の批判ではなく、商品、抽象的労働、そして価値等々——すなわち労働に媒介される社会的関係の諸形態——に対する批判なのである。したがってこの批判は、まさにハーバーマスが、マルクスにおける「唯物論的探究」にのみ含まれると主張する相互行為の次元を含み込んでいる。

既に論じたようにマルクスは、社会的実践を労働に還元することはないし、生産的活動を相互行為のパラダイムとして措定することもない。むしろ彼は、他の社会においては社会生活の二つの次元でありうるものが、資本主義においては、労働によって媒介されることで、両者がいかに融合されているかを分析するのである。これを基礎としてマルクスは、資本制社会における社会的関係の諸形態と意識の諸形態を解明し、この社会の発展の内的論理を分析する。私がその概略を以下で述べるようにハーバーマスは、「労働」の超歴史的な観念を基礎として出発しており、資本主義における富、生産、社会的諸関係の形態の特殊性というマルクスの概念を見落として

二九——Ibid., pp. 25-29.（同右、三三—三八頁）

三〇——Marx, *Capital*, vol. 1, trans. Ben Fowkes (London, 1976), pp. 283-639.（『マルクス＝エンゲルス全集 第二三巻 第一分冊』大内兵衛・細川嘉六監訳、大月書店、一九六五年、二三三—六五八頁）

三一——長い脚注において（Habermas, *Knowledge and Human Interests*, p. 327n14［『認識と関心』、三二三頁の原注（70）］）ハーバーマスは、「生産活動」と「生産諸関係」を同一の過程の異なる位相として分析しようとするマルクスの試みを批判している。しかしながら、彼はこの過程を「労働」の観点からのみ考察し、資本主義における労働の特殊な、社会的に構成する性格という観点から考察することはない。

いるのである。さらに彼は、マルクスの社会・歴史的な認識論を誤解してもいる。問題は、マルクスに対してハーバーマスが単に「公平」であるか否かということではなく、対象に対する批判的社会理論の妥当性の問題なのである。労働による社会的構成の過程は、実際のところ資本主義に特殊なものであるとしてみよう。そうであるならば、この構成の様式を（伝統的マルクス主義がやってきたように）超歴史的に投影したり、あるいはそれを、分離してはいるが相互に依存する二つの領域（労働と相互行為、道具的行為とコミュニケーション的行為）が［存在論的に］実在すると考える、同じく超歴史的な図式に置き換えてしまうならば、商品によって規定された労働の特殊性、そしてそれゆえ資本主義の特徴をなすものの特殊性を曖昧にしてしまうことになる。より一般的に言えば、マルクスによるカテゴリーを用いた資本主義分析の持つ方法論的、認識論的な含意は、人類史一般に適用可能であると想定されるような一連のカテゴリーに基づいて社会理論を展開しようとするあらゆる試みに対して、重要な疑義を提起するのである。

　私は、価値のカテゴリーについてのハーバーマスの論じ方を検証することによって、二つのアプローチの差異を明らかにすることができる。初期の論考において、技術的変化が含意するところを論じるに際してハーバーマスは、ジョーン・ロビンソンに依拠しつつ、価値と物質的富を同一視している。[三二] ハーバーマスの議論をより詳細に検討することに価値があるのは、私が第一章で論じたマルクスの『要綱』のいくつかの箇所にそれが言及しているからだ。『要綱』において（そして『資本論』においても同様に）、マルクスは、価値を富一般のカテゴリーとしては扱っておらず、また半ば自動的に自己制御する市場という観点からも扱っていないこと、価値を生産様式の本質としてとらえていること、つまりその前提が「富の生産の決定的な要因としての、直接的労働時間の大量、充用される労働の量であり、またどこまでもそうである」[三三] ような生産様式の本質としてとらえていることを、思い起こしていただきたい。産業資本主義の発展と生産力の急速な増大とともに、物質的富は次第に労働時間の総量、つまり雇用される直接的人間労働の総量ではなく、科学の一般的状態とその生産への応用に依拠するようになる。[三四] 物質的富と価値の差異は次第に鋭い対立となるが、マルクスによればそれは、物質的富が直接的人間労働の支出に依存する度合が低減するにもかかわらず、資本主義においては依然として価値が富の本質的規定であり続けるからである。それゆえ直接的人間労働は、新たに出現した生産諸力の潜勢力との関連において「過剰」となるにもかかわらず、生産の基礎であり続け、ますます断片化していくのである。[三五] かくして資本主義の下での生産力の著しい増大は、それに応じた労働時間の減少や仕事の性質の改善をもたらしはしない。そのことからすると、資本主義の基本的な矛盾は、次の事実に根差している。すなわち、社会的諸関係の形態や富の形態だけでなく具体的な生産様式の形態も、それらがシステムの物質的な富を創出する潜勢力という観点からすれば時代錯誤になっているにもかかわらず、依然として価値によって規定され続けている、という事実である。言い換えれば、商品形態によって媒介される社会秩序は、一方では、それ自身に対する規定された否定——すなわち、異なる社会的媒介の形態、いま一つの富の形態、そして断片化された直接的人間労働を生産過程における必須の基礎とすることがもはやない、新しい生産様式——の歴史的可能性を生起させるのである。そして他方では、この可能性は自動的に実現するものではない。依然として社会秩序は、価値を基礎としているからである。

　ハーバーマスはその論考において、『要綱』のこれらの箇所を、「技術的生産力の科学的開発を、考えうる価値源泉とみなしていた」[三六] とマルクスが主張したかのように、誤って解釈している。彼の議論は、以下のマルクスの

三二——Habermas, "Between Philosophy and Science: Marxism as Critique," in *Theory and Practice*, pp. 222-35.（J・ハーバーマス『理論と実践——社会哲学論集』細谷貞雄訳、未來社、一九七五年、二八五—九九頁）

三三——*Grundrisse*, p. 704 (emphasis added).（『マルクス資本論草稿集②』、四八九頁、強調追加）

三四——Ibid., pp. 704-05.（同右、四八九頁）

三五——Ibid., p. 706.（同右、四九〇頁）

三六——Habermas, "Between Philosophy and Science," p. 226.（ハーバーマス『理論と実践——社会哲学論集』、二八九頁）

言明に依拠している。「ところが、大工業が発展するのにつれて、現実的富の創造は、労働時間と充用された労働の量とに依存することがますます少なくなり、むしろ労働時間のあいだに運動させられる諸作用因の力〔Macht〕に依存するようになる」。[三七] この一節において、マルクスは明快に、資本主義の下で発展する生産諸力が現実の富を生み出す潜勢力を、直接的労働時間に拘束され続ける富の価値形態に対置している。しかしハーバーマスはこの点を見落とし、マルクスは〔ここで〕、直接的人間労働に基づかない、変更された価値の規定を措定していると考えている。そしてマルクスは後にこの「修正主義的」見解を捨て、この考えを労働価値説の最終型に組み入れることはなかった、と論じる。[三八] 価値論を「救い出し」、現代のテクノロジーの諸条件に適合するものにしようとする試みにおいてハーバーマスは、固定資本（機械など）に対する価値の表現は、それをつくり出すために投じられた「技術的知識の発達」を考慮して修正されるべきである、と示唆している。[三九]

　言い換えればハーバーマスは、マルクスにおける価値と物質的富の区別を、それゆえ商品を生産する労働の抽象的次元と具体的次元の区別を、理解していないのである。彼はマルクスの労働価値説を、古典派経済学――社会的富一般を説明しようとする試み――と同様のものとみなしている。それゆえハーバーマスは、労働価値説が妥当するのは、現実的富の創出が労働時間と雇用労働量に本質的に依存する、技術的生産諸力の発展段階においてのみである、と主張する。高度に発達した技術の登場とともに、価値は次第に直接的人間労働よりも、科学と技術に基づくようになる。[四〇] 労働を価値の超歴史的な源泉であると措定するような立場と異なりハーバーマスは、科学と技術に富を創出する潜勢力を認め、現代の社会生活において増大するその重要性を認める。しかしながら彼は、それらが新しい価値の基礎を構成すると主張し、そのことによって、マルクスが峻別したものを融合してしまうのである。

　この融合のためにハーバーマスは、マルクスにおける資本主義の矛盾の概念を、価値と富との昂進する不一致の結果として資本主義的生産の内部で生じる矛盾として理解することができない。[四一] これから詳述するように、マルクスにおける生産の弁証法とは、社会的に規定され、矛盾をはらんだものであり、資本主義の下での根本的な社会的諸形態が帯びる二重の性格に根差したものである。しかしながらハーバーマスは、先に引用した『要綱』の数節を、価値の基礎の進化による変容を表現するものとして解釈してしまう。[四二] ハーバーマスによれば労働価値説は、かつて技術的発展の一段階においては妥当であったが、いまやその妥当性を失い、「科学技術価値説」に取って代わられなければならないのである。技術が変化するにつれて「価値」の基礎も変化するとハーバーマスは考えるわけだが、そうなると必然的に、資本主義の下での生産に内在的な矛盾や限界は存在せず、直線的に発展すると考えることになる。マルクスは古典派経済学を批判するに際して、資本主義の基底をなす社会的諸形態

三七―― *Grundrisse*, p. 704.（『マルクス資本論草稿集②』、四八九頁）

三八―― Habermas, "Between Philosophy and Science," p. 227.（ハーバーマス『理論と実践――社会哲学論集』、二八九頁）

三九―― Ibid., p. 226.（同右、二八八―八九頁）

四〇―― Ibid., p. 229.（同右、二九二―九三頁）

四一―― ヴォルフガング・ミュラーは、『要綱』の問題の箇所と、価値カテゴリーについてのハーバーマスの解釈に関して、本書と非常に似通った批判に着手している。以下を参照。Wolfgang Müller, "Habermas und die 'Anwendbarkeit' der 'Arbeitswerttheorie'," *Sozialistishe Politik* 1 (April 1969), pp. 39-54. だが、価値と物質的富の差異、それらの矛盾の発現についての彼の解説に従えば、ミュラーは彼自身の分析の論理を覆すことになる。彼は、マルクスの批判をこの矛盾の観点から再考することはない。むしろミュラーは、東ドイツに関する彼の議論の過程において、伝統的マルクス主義の立場を提示している。彼は資本主義を、「労働の社会化が……私的領有の形態によって包摂された」システムとして特徴づける（p. 50）。言い換えれば、ミュラーのハーバーマス批判は、労働を資本主義批判の核心に位置づけるには至らず、その代わり彼は、私有財産（そして市場）をそこに位置づける。だが、このような立場が含意するのは「労働」の観念であり、この観点に立つならば、ハーバーマス（およびポロック）へのあらゆる批判は、結局のところ不適切なものになってしまうのである。なぜならそれは、商品を生産する労働の特殊性を無視しているからである。その他のハーバーマスのマルクス理解への批判としては、以下を参照。Rick Roderick, *Habermas and the Foundations of Critical Theory* (New York, 1986); Ron Eyerman and David Shipway, "Habermas on Work and Culture," *Theory and Society* 10, no. 4 (July 1981); Anthony Giddens, "Labour and Interaction," in John B. Thompson and David Held, eds., *Habermas: Critical Debates* (Cambridge, Mass., 1982); John Keane, "Habermas on Work and Interaction," *New German Critique* 6 (Fall 1975); Richard Winfield, "The Dilemmas of Labor," *Telos* 24 (Summer 1975).

四二―― Habermas, "Between Philosophy and Science," pp. 229-30.（ハーバーマス『理論と実践――社会哲学論集』、二九二―九四頁）

の性質という観点から、資本主義の発展の弁証法的な道程を根拠づけて説明しようとする。しかしながらハーバーマスは、基本的に進化論的な概念に、つまり生産の（そして相互行為の）直線的、超歴史的発展という観念に頼っているのであり、彼はそれを社会的に根拠づけてはいないのである。

ハーバーマスのアプローチは、近代資本制社会に起こった重大な変化を批判的に概念化しようとする試みを表している。しかしながら、マルクスによる分析の観点からすれば、価値と富一般との同一視（そしてこれに含まれる直線的、進化論的な発展の概念）に基づく理論によっては、現代資本主義における生産の特殊な性質とその発展の進行を適切にとらえることはできない。ここにおける基本的な課題は――私は次章でこの問題に立ち返る――、二〇世紀の現代社会が大きな変容を遂げつつも、依然としてそれが資本主義であり続けていることに対して、正当な判断を下しうる理論を定式化することである。私の見るところ、労働価値説も「科学技術価値説」も、ともにこの両契機［価値と富一般］を適切に分析しうる理論のための基礎を提供することはできない。

発展についてのハーバーマスの進化論的概念は、マルクスの分析の根本的な転倒である。マルクスにとって価値とは、資本主義における本質的な社会的諸関係を表す歴史的に特殊な社会的カテゴリーであり、それとの関連において資本主義の下での生産や主観性の諸形態、およびその動態的な歴史的発展が理解可能となる。ハーバーマスは価値のカテゴリーを、富の疑似‐自然的、超歴史的、技術的カテゴリーとして理解しており、マルクスの分析における剰余価値率は量の問題であり、「自然に」根拠づけられた、ある種の「自然史」[四三]的事実――その基礎は単に生産の技術的レベルを表現するにすぎない、と述べている。ハーバーマスは他の著作において、価値を必ずしも富の超歴史的カテゴリーとしては扱わず、ときにはそれを市場という歴史的に特殊なカテゴリーとして扱っている。[四四]にもかかわらず彼は価値を、富および社会的諸関係の歴史的に特殊な形態としては把握せず、資本主義における労働の特殊性という観点から考察することもない。その代わり彼は価値を富一般として、あるいは富の分配のある特殊な形態としてとらえる。言うまでもなくこの立場は、マルクスの資本主義分析における労働のカテゴリーを、具体的労働一般として、すなわち人間と自然の関係を媒介する技術的活動として理解することと本質的に結びついている。ハーバーマスは、価値と商品に規定された労働についてのマルクスの分析を誤って解釈しているために、生産と技術の社会的形態という概念を展開することができず、それゆえ資本主義的生産過程の批判を展開することができないのである。このことは論理的に一貫している。生産と技術の形態と発展について、ハーバーマスは技術的、進化論的な観点から評価する一方、それらを社会的に解明しようとするあらゆる試みを、ロマン主義的なものとして退けるのである。[四五]

第一章で論じた『要綱』の諸節についてのハーバーマスの議論は、彼が労働を生産的活動として理解し、それを、マルクスの分析した労働によって媒介される社会的諸関係と同一視していることを示している。既に示したようにハーバーマスは、マルクスが概説した矛盾、すなわち価値に基づく生産と、価値が存在しなくなったときに生産がとるであろう形態との矛盾を、進化論的発展として誤って解釈している。加えてハーバーマスの解釈によれば、この数節は、科学を機械装置へと変換することによって、自己意識的な一般的《主体》の解放が自動的

四三———Ibid., pp. 227, 229-31.（同右、二八九、二九二—九四頁）

四四———例えば、下記を参照。"Technology and Science as 'Ideology,'" pp. 100-02.（ハーバマス『イデオロギーとしての技術と科学』、八二—八六頁）

四五———例えば、*Knowledge and Human Interests*, p. 61（ハーバーマス『認識と関心』、七二頁）、"Technology and Science as 'Ideology.'" pp. 83-90（ハーバマス『イデオロギーとしての技術と科学』、五六—六七頁）を参照。後者においてハーバーマスは、科学と技術の合理性は歴史的な、したがって一時的なア・プリオリしか含まない、とするマルクーゼの立場を退けている。それどころかハーバーマスは、科学と技術は、論理とフィードバック制御された行為における不変的法則に従う、と主張する。しかしながら、ハーバーマスが与えている議論は、全く説得的でない。彼は、いま一つの科学と技術というマルクーゼの概念は、甦った自然との交感という観念と結びついている、と論じるが、これには同意できない。さらに重要なのは、現存する形態の科学技術に対する批判はどのようなものであれ、かかるロマン主義的な観念を必然的に伴わざるを得ないとハーバーマスは示唆するが、決してそれは事実ではない、ということだ。資本主義の生産過程の社会的規定性についてのマルクスの分析、およびこの分析が示唆する社会・歴史的な認識論は、全くもってロマン主義的なものではない。ハーバーマス自身が、生産および自然の概念の社会的・文化的規定性の問題を無視しているにすぎないのである。

にもたらされることを含意しているという[四六]。別言すれば彼は、物質的生産の直線的発展が半ば自動的に技術的にもたらすものとしての解放、という観念をマルクスに転嫁している。初期の論考「労働と相互行為」においてハーバーマスは、こうした技術中心主義的な社会解放の像に対して既に疑問を呈していた。すなわち、「飢餓と労苦からの解放は、隷属と屈従からの解放と必ずしも一致はしない。なぜなら、労働と相互行為とのあいだには自動的に発展するような連関は存在しないのだから[四七]」と述べているのである。

ハーバーマスによれば、物質的欠乏を克服することだけでは、支配からの自由のための十分条件にはならず、それゆえ生産の発展それ自体は物質的窮乏から人々を救うとしても、それで自動的に解放がもたらされるわけではない。反対に、既に見たように、ハーバーマスにとって労働の発展の論理的な終点は、テクノクラティックに管理される自動装置としての社会である。ハーバーマスは、労働を通じた社会的綜合の性質と帰結をこのように解釈しているために、マルクスの『要綱』における区別、すなわち、一方での集合的生産者による社会生活の意識的統制と、他方での生産者から独立したものとなった生産過程の自動的制御との区別を、マルクスのもう一つの立場の表明であるとし、それはマルクスが分析上認める労働の中心的性質と整合していない、とするのである[四八]。

だが、ハーバーマスの解釈に反して、社会生活における意識的統制と自動的制御の区別は、商品に規定された労働によってもたらされる社会的構成の形態についてのマルクスの分析と完全に整合し、価値になお基礎を置く生産とその果実としての潜勢力との間で昂進する矛盾についての叙述と、完全に整合しているのである。私は既に、マルクスの批判が、まさに生産と社会の自動的制御に向けられたものであることを示した。マルクスによればそのような制御は、生産それ自体に根差しているわけではない。つまりそれは、労働そのものの結果ではない。むしろそれは、特殊な社会的諸形態、富の価値形態、そして商品に規定された労働の結果なのである。第三部においで私が示すことになるのは、いかにしてマルクスが、抽象的かつ自動的な制御の形態というこの観点から、資本制社会の方向性とその生産の様式とを分析しているのか、ということだ。彼は、この資本制社会における生産の発展の道程は技術的、直線的なものではなく、社会的、弁証法的なものであることを示すのである。マルクスによれば科学技術は、価値に規定された生産様式に埋め込まれており、それを強化しつつ、それに矛盾する。これらが、社会的主体の自己意識へと自動的に移行することはないのである。

　マルクスの分析において、労働による社会の構成は超歴史的ではなく、むしろこのように歴史的に特殊な様式なのであり、それが資本主義における社会生活の自動的制御の基底をなしている。この社会的構成の形態は、彼の分析の立脚点ではなく、分析の対象である。それゆえ解放のためには、こうした社会的構成の様式による諸帰結の実現ではなく超克こそが必要である、と結論される。したがって、『要綱』に概略が示された矛盾の克服は、単に飢餓と労苦からの解放を意味しているのではない。価値と資本のカテゴリーによって表現される資本主義的生産諸関係を超克することは、社会の自動的制御の超克をも必然的に意味するのである。このことは社会生活の自覚的な管理を確立させるための十分条件とは言えないが、抽象的支配を超克することは、間違いなくそうした社会的自己決定を実現させるための不可欠の前提である。労働による社会的構成という歴史的に特殊な過程についてのマルクスの分析は、こうしてまさにハーバーマスが、マルクスの理論が肯定していると述べるものへの批判を含んでいるのである。

　ハーバーマスによるマルクスの批判は、労働による社会的構成についての伝統的マルクス主義の考えに対する批判であるのだが、その立脚点は、いくつかの伝統的諸前提を共有する立場に置かれている。[四九] 彼の関心は、人々

四六――Habermas, *Knowledge and Human Interests*, pp. 50-51.（ハーバーマス『認識と関心』、六〇―六二頁）

四七――Habermas, "Labor and Interaction," p. 169.（ハーバマス『イデオロギーとしての技術と科学』、五〇頁）

四八――Habermas, *Knowledge and Human Interests*, pp. 50-51.（ハーバーマス『認識と関心』、六一頁）

四九――こうした想定の明示的な例としては、"Technology and Science as 'Ideology,'" p. 96（ハーバマス『イデオロギーとしての技術と科学』、七六頁）を参照。そこでハーバーマスは資本主義を「のちに資本主義の制度的枠組からきりはなされ、資本の私的利用の機構とはべ

による社会的、政治的生活の自覚的な管理——あらゆるテクノクラティックな構想とは鋭く対立する——を確立させるとともに、物質的窮乏から大多数を自由にするという観点から解放の理念を展開することにある。だがハーバーマスは、歴史的に特殊な社会的形態——商品に規定された労働——を、生産活動として超歴史的に理解された労働から区別することに失敗している。それゆえ彼は、私の判断では、マルクスと比較して、近代生活の「自動作用」の根拠を見出すことができず、そのためその可能なる超克の条件を根拠づけることもできないのである。

資本主義における労働は、ハーバーマスが主張するように道具的行為の形態を取るかもしれないが、それは労働が生産活動であるという事実によるのではない。もちろん、すべての社会におけるさまざまな労働とその道具は、他にどのような意味を持つとしても、まずはある特定の目的を達成するための技術的手段であるとみなすことができる。しかしながら、このことが、道具的理性の基盤を構成するわけではない。さまざまな社会における技術的洗練の段階と、「道具的理性」と呼ばれるものの存在とその強度の間に、必然的な相関はないからである。労働の性格は、超歴史的に与えられるのではなく、労働が埋め込まれている社会的諸関係に依存する。われわれが確認したのは、マルクスの分析枠組みにおいて、労働に道具的性格を与え、資本制社会の特徴をなす社会的諸関係に客観的な性格を与えるのは、この社会において労働が有する自己媒介的な性質であるということだ。このアプローチは、ホルクハイマーやハーバーマスのそれとは異なり、道具的な理性や行為における技術的で手段志向的な性格を、技術的に理解された生産の発展の結果としてではなく、社会的、歴史的諸条件のなかに位置づける。

初期ハーバーマスの諸著作における技術的なものや社会的なものについての規定が問題含みのものであることは、彼が労働を超歴史的に扱っていることと結びついているのだが、そのことはまた、伝統的マルクス主義においてつねに逆説であり続けてきたものを照らし出す。一方でハーバーマスは、労働を「労働」として取り扱い、資本主義における労働の歴史的特殊性についてのマルクスの分析を把握していない。その結果、労働と生産に対する彼のアプローチは、マルクスにとっては資本主義において社会的に規定され、また規定するもの――しかし、そのようには見えないもの――を、社会的に規定されない、技術的なものとして扱うことになる。他方でハーバーマスは、社会的に綜合するものとしての労働という観念を（相互行為という観念によって補足することでその射程を限定しているとはいえ）維持する。その結果として彼は、技術的活動と称される労働そのものに、資本主義における労働が獲得する諸属性を帰属させるに至る。だがマルクスによれば、これらの属性は、歴史的に特殊な労働の社会的機能に由来するのであり、どこにでも存在するわけではないし、働くことの変わらぬ属性であるわけでもない。換言すればハーバーマスは、資本主義における労働の疎外された性格を、労働そのものの属性として超歴史的に実体化しているのである。資本主義における生産諸関係に対する彼の理解は、このように明確さを決定的に欠いている。というのも、彼はまさに資本主義的生産諸関係の中心をなす特徴的契機である、疎外され客体化された性格への理解を欠いており、「労働」を道具的行為とみなすことで、それを「労働」に帰しているからである。

道具性の原因を労働それ自体に帰すことは、社会的に構成されたものを自然化し、歴史的に規定されたものを超歴史的に投射することにほかならない。マルクスの用語法で言えばそれは、資本主義の社会的諸形態である抽象的価値の次元の質を、具体的な使用価値の次元へと転嫁し、そのことによって諸形態が帯びる社会的、歴史的特殊性を曖昧なものにすることで、物神的な見かけに屈服することである。問題は、労働がいつでもどこでも道具的行為であるか否かということにとどまらない。むしろ問題は、道具的な理性および行為それ自体が、いかに

一つの機構のもとでうちかためられる」ことになる生産様式を生み出したものとして描いている。換言すれば彼は、資本主義における生産過程を技術的過程とみなし、生産諸関係をその過程にとって外因的なもの、すなわち私有財産として考えているのである。

してそれが構成されるかに関わりなく、また特定の社会生活の形態の表出としてではなく、超歴史的に考察されてよいのかどうか、ということである。[五〇]

ハーバーマスのアプローチは、より正統的なマルクス主義の場合と異なり、労働による社会的綜合がもたらすものへの批判的な態度を、マルクスの理論と共有している。しかしながら、労働による社会的綜合というマルクスの概念は歴史的に特殊であるがゆえに、ハーバーマスが考えるものとは大きく異なる帰結を示す。かかる概念は、例えば道具的理性と道具的行為の発展や、資本制社会における半ば自動的な制御ということについて、初期ハーバーマスによる批判が提示したものよりもっと充実した分析を可能にする。それは資本主義の社会的諸形態の特殊性の観点からそうした発展を解明する試みであって、あらゆる社会、あらゆる時代における人間同士、および人間‐自然間での相互作用を叙述すると称する、社会的に規定されていないカテゴリーに則して解明を行なうのではない。

超歴史的アプローチはまた、社会を構成するものとしての労働と、個人において自己を構成するものとしての労働を区別しない傾向がある。このため伝統的マルクス主義の正統的な形態は、この両者をともに肯定的に評価する。すなわち社会主義は、労働による社会的構成が目に見えるかたちで機能し、個人の労働による自己構成と一致するであろう社会として考えられる。ところがハーバーマスの場合、労働による社会的構成の諸効果を否定的に評価しつつ、伝統的マルクス主義と同様、労働の超歴史的な性格を認めているわけであり、ここから暗黙理に、個人の労働に対して創造的で肯定的な自己再帰の可能性を認めない結果となる。しかし、労働による社会的綜合を歴史的に特殊なものとみなすならば、この二つの契機は分離することができる。既に見たように、マルクスにとって資本主義の超克は、価値の廃絶を必然的に含意し、社会的労働の性質の根源的な転換をもたらすものである。このことが示唆するのは、個人の労働は、労働が社会的構成作用として機能することがもはやなくなると、はるかに積極的な意味で自己構成的なものとなりうる、ということである。しかも正統的立場とハーバーマスの立場の双方とも異なり、この解釈は、労働によってなされる社会的構成の様式の諸帰結を、無条件に肯定的あるいは否定的に評価することがない。そうではなく、私が疎外についての議論において指摘したように、この諸帰結は、二面性を帯びたものとして理解されるのである。

　ハーバーマスはまた、マルクスの経済学批判における労働形態の歴史的特殊性を誤って解釈したが、そのことが、この理論の認識論的次元についての考察に広範な影響を与えている。ハーバーマスは、自然科学と社会理論を十分に区別しなかったとしてマルクスを非難する。その証拠として彼は、資本主義の経済的運動法則を人間の意思から独立して作動する自然法則として明らかにした、というマルクスの主張を挙げる。[五一] だが、マルクスにおけるこうした主張は、彼が人間社会一般を疑似‐自然的な法則に従うものとして理解していたことを示すものではない。むしろそれはマルクスが、資本主義的［社会］編制について、根本的な社会的諸関係が疎外されているがゆえにそうした法則に支配されるものとして分析していることを反映しているのである。資本主義における社会的諸関係は客体化され、「自分自身の生命」を持ち、ある種の疑似‐自然的な強制力を諸個人に対して発揮する。しかしながらハーバーマスは、マルクスの言明が、資本主義における歴史的に特殊な抽象的支配――例えば世界規模で社会生活を不断に革新する資本蓄積の過程、まさにそれは個人の意思から独立した過程である――に言及しているとは解釈しない。むしろ彼はマルクスの言明を、社会一般を対象とする科学と自然科学とが本質的

五〇――最近になってハーバーマスは、社会的労働について、コミュニケーション的行為と道具的行為との結合体と呼んでいるが、それは彼の道具的理性と道具的行為――それが「労働」に根差したものと考えられようとそうでなかろうと――の観念が超歴史的な性質を有している、という批判を免れるものでない。以下を参照。Habermas, "A Reply to my Crtitics," in Thompson and Held, eds., *Habermas: Crtical Debates*, pp. 267-68. さらに、道具的理性と道具的行為を歴史的に特殊な形態とみなすことと、それらを超歴史的であるが現代資本主義においてのみ支配的な形態であるとみなすことは区別されなければならない。

五一――Habermas, *Knowledge and Human Interests*, pp. 45-46.（ハーバーマス『認識と関心』、五五―五六頁）

に同種であるとする超歴史的な立場を表明するものとして受け取っている。

しかしながら、マルクスの立場が示唆する自然科学と社会との関係は、ハーバーマスがマルクスに転嫁するものとは全く異なる。その立場は、自然科学を唯一の認識のモデル――社会を対象とする認識を含めて――と考えるのではなく、[五二]自然科学を含む認識のすべての形態についてのある種の歴史理論を包含している。マルクスによるカテゴリー的な分析は、資本主義における社会的諸関係を労働に媒介されたものとしてとらえるが、それが含意するのは、社会を自然のようなものとして考えるのではなく、このような社会的関係の諸形態と、自然科学を含む近代的思考の諸形態との間に、ある同質性が存在するということである。[五三]マルクスの物神性論は、ハーバーマスがそうしたように、[五四]ブルジョワ社会における権力の正統化を暴露するだけではない。むしろそれは主観性についての社会理論であり、労働が自己自身を媒介し、そのことによって人間と自然の関係だけでなく人間同士の関係をも構成する社会における、社会的諸関係の顕在的な諸形態に、意識の諸形態を関連づけるのである。マルクスの経済学批判が意味のシステム、つまり「象徴連関」を、社会的労働のシステムから分離させないのは、資本主義における歴史的に特殊な労働の構成的役割についての分析によるのであり、労働についての何らかの存在論的前提によるのではない。マルクスはこの両システムを、労働に媒介された社会的諸関係という構造に根拠づけるのである。

この点に関してハーバーマスは、それに比肩しうるような社会的認識論を持ち合わせていないように見える（前に触れたように、彼には生産過程の社会的構成という概念はない）。初期の諸著作においてハーバーマスは、労働のカテゴリーだけでは社会的綜合を把握するには不十分であると論じているにもかかわらず、自然についての認識は、労働に媒介された人間と自然の相互作用から直接生じる、という観念を受け入れているように思われる。かくして彼は自然科学を、プラグマティックに獲得された認識の形態として、したがって社会‐文化的に形成されたのではないものとして、とらえていることになる。現実についての諸概念は具体的労働だけから生じうるのではないと私は論じたが、それは労働それ自体が意味を与えるからではなく、むしろ労働は社会的世界の構造によって意味を与えられるからである。ここまで私が論じてきたことからすれば、自然の概念を具体的労働において根拠づける理論——ハーバーマスは初期の諸著作においてそれを受け入れているように思われる——は、それ自身が、社会的媒介として労働が機能している社会的状況を表出する思想形態なのである、と言い得よう。[五五]

私は、次のように論じた。すなわちハーバーマスはその初期著作において、批判的社会理論における認識論的次元を強調することによって、現代社会における支配の性質がますますテクノクラティックなものになること、そして伝統的マルクス主義がテクノクラティックな傾向にあることを批判し、一九四〇年以降の《批判理論》の特徴となった一種の根本的悲観主義を乗り越える現代的批判理論を可能にする理論的立脚点を提供しようとした、と。しかしながら、労働による綜合という観念に対する彼の批判は、私見によれば、彼が批判するものに代わる充分な代案を与えることができない。『認識と関心』において明らかにされた根源的認識論という観念は、認識と主観性についての社会・歴史的理論を、つまり意識の規定された形態についての理論をもたらすものではない。それゆえ批判的意識の性質は、社会的には解明されないままなのである。

五二——Ibid., p. 47.（同右、五七—五八頁）

五三——マルクスが自然科学的思考について、社会的諸関係の観点から、しかし単純に、具体的社会的労働と自然の相互作用の結果としてではなく解釈している明示的な例として、*Capital*, vol. 1, p. 512n27（『マルクス＝エンゲルス全集、第二三巻 第一分冊』、五〇九頁の注一一一）を参照。そこで彼はデカルトに言及し、デカルトは「マニュファクチュア時代の眼」で見ていたと述べている。

五四——Habermas, *Knowledge and Human Interests*, p. 60.（ハーバーマス『認識と関心』、七一頁）

五五——根本的な争点は、思考の文化的に特殊な形態の社会的構成という問題なのであって、例えばそれは自然の概念が、単に自然との相互行為からプラグマティックに獲得されるか否か、という問題ではない。この意味で、思考の諸形態に対する社会的、文化的規定性を考慮しないアプローチに対する私の批判は、ハーバーマスが最近同意しているように思われるある種の立場——すなわち自然科学の発展を、例えば自然とのプラグマティックな相互行為についての言説という観点から理解し、それらの言説を社会的、文化的に規定されたものとしては分析しない立場——にも適用されるだろう。

さらにハーバーマスによる労働と相互行為の解釈は、根本的な曖昧さを含んでいる。既に示したようにハーバーマスは、道具的理性と道具的行為の増大を社会的に、すなわち労働に媒介される社会的諸関係の構造に根拠づけることなく、労働それ自体に根拠づける。彼は、道具性が「固有の」領域（例えば生産の領域）を超えて拡張してきつつあり、それが社会生活の他の領域を浸食しつつある、と主張している。だが相互行為の領域に対する道具性の拡張が――おそらくそれは現代世界における生産の重要性と複雑性から生じるが――、容赦のない不可逆的なものであるのはなぜかは不明瞭なままである。言い換えればハーバーマスは、高度な技術的発展の帰結が、社会の自動装置化する傾向の昂進であるとするならば、かかる状況下で社会的自己決定はそもそもいかにしてなされうるのかを明確にしていない。単純に言えば、ハーバーマスの初期の諸著作において、相互行為の領域では実践理性が支配的であるのか、それともあるべきなのかについて曖昧さがある。もし前者であれば、実践理性が「労働の進歩」に直面して屈服するなどということが、いかにしてあり得たのかが明確ではない。また一方、世界の道具化が生産の発展そのものに必然的に結びついているとすれば、実践理性への訴えがなぜ義務論以上のものになりうるのかが、明らかではない。

初期ハーバーマスの批判的社会理論を再構成しようとする試みは、第三章で検討したホルクハイマーの悲観主義への転回に照らして考えることができる。そこで私はホルクハイマーが、一九三七年当時はまだ労働を通じた綜合は解放をもたらすと考えていたことを示した。すなわち労働を通じた綜合が構成する全体性は、社会生活の合理的で公正な組織化を可能にするが、この全体性は、（資本主義的）社会的諸関係によって断片化され、その実現を妨げられる、と。ホルクハイマーは、政治的なものの優越性というテーゼを採用した後に[五六]、「労働」を解放の源泉とみなすことに深く懐疑的になった――。だが、「労働」のカテゴリーについての自らの超歴史的な理解を再考することはなかった。ハーバーマスは、ホルクハイマーによる伝統的な「労働」の理解を保持し、また道具的行為としての、つまりテクノクラティックな支配の源泉としての労働という、後の否定的評価をも取り入れた。ホルクハイマーの根本的悲観主義を回避するためにハーバーマスが採った戦略は、相互行為の概念によって補うことで「労働」の有する射程を理論的に限定することであった。この相互行為という社会的領域が批判の立脚点を与えると論じることによってハーバーマスは、労働領域の外部にある社会的諸関係の領域に、解放の可能性を理論的に根拠づける。彼はこの領域を、「道具的行動によって測りきれない」、「現象学的経験がいとなまれている」[五七]社会的次元である、と特徴づけている。ある意味でハーバーマスは、ホルクハイマーが一九三七年に措定した労働、社会的諸関係、そして解放の関係を逆転させるのである。

ハーバーマスは、労働を通じた社会的綜合というマルクスの概念を、道具的行為という観点から解釈する。そのため初期ハーバーマスによるマルクス批判は、アメリカ合衆国において支配的であるとホルクハイマーが見た(間違いなく非弁証法的、非批判的な)科学主義の形態、自動的な進歩への信仰に対して、『理性の腐蝕』において彼が展開した論争を強く想起させるものである。プラグマティズムについてホルクハイマーは、実験物理学をすべての科学的認識の原型としているとして批判した。[五八]またホルクハイマーは、社会の進歩を自然科学が自動的に保証すると考える実証主義に反駁し、人間のあらゆる問題は、技術の発展が自動的に解決するので、理論的社会批判は不要であるとするテクノクラティックな前提を批判したのである。[五九]こうした告発は、基本的に初期ハーバーマスのマルクス批判と同様のものである。[六〇]この批判は、マルクス主義のより正統派的な立場に対しては当て

五六――ハーバーマスもまたこのテーゼを、それゆえ社会を規定するものとしての分配様式に対する一面的な強調を取り入れる。"Technology and Science as 'Ideology,'" pp. 100-02(ハーバマス『イデオロギーとしての技術と科学』、八二―八六頁)を参照。

五七――Habermas, *Knowledge and Human Interests*, p. 42.(ハーバーマス『認識と関心』、五二頁)

五八――Horkheimer, *Eclipse of Reason* (New York, 1947), p. 50.(M・ホルクハイマー『理性の腐蝕』山口祐弘訳、一九八七年、せりか書房、六二頁)

五九――Ibid., pp. 59, 74ff., 151.(同右、七四、九〇―九三、一七九―一八〇頁)

六〇――同様の批判として、Albrecht Wellmer, "The Latent Positivism of Marx's Philosophy of History," in *Critical Theory of Society*,

はまるかもしれない。だがそれは、経済学批判の中心をなすカテゴリーである価値の意味と含意が見落とされるか、市場のカテゴリーへと還元されて解釈されている場合にのみ、マルクスに向けられうるのである。加えてハーバーマスは、ホルクハイマーがプラグマティズムや実証主義として批判した自然科学、生産、そして労働に対する同じ観念をマルクスにも当てはめるが、ハーバーマス自身が労働の領域を扱う際にまさにこれらの観念を取り入れ、それと拮抗する相互行為の領域を措定することによって、それらの観念の社会的妥当性の範囲を限定しようとする。その結果、労働の領域は道具的行為の領域として歴史的に規定されないまま解釈され、社会的関係の諸形態や意識の諸形態についての理論は明確にされず、社会的、歴史的発展についての超歴史的理論へと後退することとなるのである。

2 『コミュニケーション的行為の理論』とマルクス

ハーバーマスによる『コミュニケーション的行為の理論』は、現代社会についての新しい批判理論のための基礎を据えようとする彼の努力の頂点をなすものである。それは現代社会理論の根本的諸前提の転換を図る試みを土台とする、人類史の再構築である。この本におけるハーバーマスの批判的アプローチは、彼の初期の諸著作と比較すると、もはや批判的自己反省の理想にそれほど依拠することはなく、科学主義への批判に第一義的に照準することもない。それは道具的行為としての労働を強調せず、(コミュニケーション的行為と理性の理論としての)より根本的な相互行為の理論を練り上げ、歴史的に特殊な分析と超歴史的なアプローチとを異なる仕方で統合する。[六一] にもかかわらず『コミュニケーション的行為の理論』における基本的なテーマ、関心、そして方向性は、ハーバーマスの初期の諸著作と依然として連続しているのである。初期諸著作と同様に、そのアプローチの本質は彼のマルクス読解によって構成されている。この読解における伝統的な性格が、彼の理論を脆弱なものにしている。そのことが、マルクスによる批判を根本的に再考することこそ、現代の批判理論にとって重要であることを示唆しているのである[六二]。

既に述べたようにハーバーマスは、解放を企図した根本的な社会批判をこの書で再構成しようとしているが、この試みは、《批判理論》の来歴という文脈においてとらえられるべきである。実際、ハーバーマス自身が、現代のポスト自由主義的な社会に適合する批判理論を再構成しようとする自らのプロジェクトを、「西欧マルクス主義の精神において、ウェーバーを活用する二度目の試み[六三]」とみなしている。彼は、近代性とは社会の合理化のプロセスであるとするマックス・ウェーバーの分析を、ジェルジ・ルカーチ、そしてマックス・ホルクハイマーやテオドール・アドルノといった先行するフランクフルト学派の理論家が、ウェーバーの分析を批判的に用いるに際して陥った理論的限界を回避しつつ、具体化することを目指したのである。ハーバーマスは、これらの限界を乗り越える新しい理論的なアプローチは、古いアプローチを修正するだけでは得られない、と論じている。それは社会理論の根本的な再定式化を必要とするのである。コミュニケーション的行為の理論によって彼は、こうした再定式化を成し遂げようとする。これを基礎として彼は、社会理論におけるカテゴリー的枠組みを、主観‐客観パラダイム――それゆえ本質的に目的合理的な行為の観念――に依拠するものから、相互主観性のパラダイムに依拠するものへと転換しようと目論むのである。

trans. John Cumming (New York, 1971) を参照。

六一――一九六〇、七〇年代におけるハーバーマスの企図の発展についての議論としては、以下の優れた論考を参照。Thomas McCarthy, *The Critical Theory of Jürgen Harbermas* (Cambridge, Mass., 1978).

六二――これに続く『コミュニケーション的行為の理論』の分析は、M. Postone, "History and Critical Social Theory," *Contemporary Sociology* 19, no. 2 (March 1990), pp. 170-76 を参照。

六三――Habermas, *The Theory of Communicative Action*, vol. 2, p. 302.（ハーバーマス『コミュニケイション的行為の理論（下）』、二八五―八六頁）

この著作の冒頭でハーバーマスは、コミュニケーション的行為の理論を展開する彼の基本的な意図は、三つあると述べている。[六四]第一に彼は、社会批判の可能性を理論的に再構築することを目指す。ハーバーマスによれば批判理論の立脚点は普遍主義的でなければならず、理性に基づかなければならない。つまり、かかる立脚点は、非相対主義的なものでなければならないのである。にもかかわらず、彼はこうした立脚点を、超越論的にというよりはむしろ社会的に基礎づけようとする。この目的のためハーバーマスは、合理性についての社会理論を定式化する。彼は、認知的・道具的合理性とは異なり、それと対立しさえするコミュニケーション的合理性の概念を展開することで、さまざまな理性の形態を区別する。彼は二つの理性の形態を、規定された社会的行為の様式に根拠づけ、これに基づいて、二つの区別可能な合理化プロセスという観点から（目的志向的な合理化の展開という観点からだけでなく）、歴史的発展の理論を定式化する。ハーバーマスは批判的社会理論の可能性を、コミュニケーション的理性の発展のなかに根拠づけようと試みるのである。そのことによって彼は、（コミュニケーション的）理性をポストモダン的、ポスト構造主義的立場――彼はそれらを反合理主義的なものとみなす――から防御すると同時に、ポスト自由主義的な資本主義における合理性の認知的・道具的形態による支配の増大への批判を可能にしようとするのである。

ハーバーマスの第二の主要な関心は、行為と理性の、分化する形態に基づく二つのレベルの理論によって、現代社会を把握することである。この理論は、「生活世界」――現象学と解釈学の伝統に由来する――の観点から社会生活を見るアプローチと、社会を「システム」とみなすアプローチを統合する試みである。現代社会は、両方の次元から、社会統合の分化された様式として理解されなければならないと彼は主張し、これらの次元のそれぞれを、合理性の規定された様式（「コミュニケーション的」および「認知的・道具的」）に関係づける。彼は、社会的行為者としての民衆という観念を正当に評価すると同時に、近代社会の特徴は、行為者の意図から、そしてしばしば意識や理解からも半ば独立して機能する社会統合の諸形態（例えば資本主義経済、近代国家）が出現したことにあるという考えをも、正当に評価しようとするのである。

ハーバーマスの第三の関心は、この基礎の上にポスト自由主義的な現代社会の理論を構築することであり、それは、合理化と分化のプロセスとしての近代性の歴史的展開を肯定的に評価する一方で、現代社会に存する諸形態の否定的で「病理的」な側面を批判的に見据える。こうした「病理」を彼は、資本主義の下での選択的プロセスという観点から解釈するのであるが、このプロセスは、コミュニケーション的に構造化された生活世界が、半ば自律的で形式的に組織された行為のシステムによってますます浸透され支配されることへと通じるものである。

これら三つの相互に関係する主題は、歴史的特殊性の三つの異なる水準に関わるのだが、コミュニケーション的行為という概念に基づく理論の輪郭を形づくっている。それによってハーバーマスは、西欧マルクス主義の伝統とともに、現代の社会科学的探究の主要な理論的諸傾向を批判している。彼は、西欧マルクス主義の伝統における基礎的な理論的命題のうちのいくつかを問い直すことで、その伝統に込められていたものを救済しようとする。言うなれば彼は、社会理論の基礎パラダイムを転換し、現代の世界に適合する批判理論を定式化するために、二〇世紀の哲学と社会理論の主要な諸潮流——言語行為論、分析哲学、古典的社会理論、解釈学、現象学、発達心理学、システム理論——を活用することによって、新たな始まりを告げるのである。にもかかわらずハーバーマスは自らのマルクス理解のために、かかる活用の過程において、自らの理論における批判の主眼と究極的には緊張を来すような諸前提を採用するに至っているのである。このことはまた、社会的に基礎づけられた近代性についての批判理論がかつての《批判理論》の限界を克服しようとするとき、ハーバーマスの提案するような社会的存在論や進化論的アプローチは必要なのか否か、という問題を惹起する。

この論点について詳しく論じるためには、ハーバーマスの『コミュニケーション的行為の理論』における複雑

一六四 —— Ibid., vol. 1, p. xl.（同書（上）、一六頁）

で論争的な戦略の概略を手短かに述べておかなければならない。近代性に対するこの批判理論の概念的な出発点は、ウェーバーの合理化論と、ルカーチ、ホルクハイマー、そしてアドルノによるその受容に対する内在的な批判にある。ハーバーマスが述べるように、近代化についてウェーバーは、一六世紀から一八世紀のヨーロッパにおける目的合理的行為の制度化を包含する社会的合理化のプロセスとして分析した。[六五]ウェーバーにとってこの発展は、文化的合理化の過程を前提とし、かかる過程は、次第にそれ自身の独立した自律的な論理に従い始める個別的価値諸領域――科学的、芸術的、法的、そして道徳的諸表象の諸領域――の分化を引き起こすものであった。[六六]ウェーバーの見解によれば、こうした合理化の諸過程の逆説的な帰結は、近代の生活が次第に「鉄の檻」と化していくことであり、それは意味の喪失――世界の何らかの理論的、倫理的統一の喪失――と同時に、経済と国家における認知的・道具的合理性の制度化による自由の喪失によって、特徴づけられる。[六七]

ハーバーマスは、合理化のプロセスとしての近代性というウェーバーの分析を取り入れる一方で、「鉄の檻」は近代社会のあらゆる形態に不可避の特性ではない、と主張する。ウェーバーが合理化それ自体に帰したものは、むしろ、目的合理性を支配的なものとする、資本主義における合理性の選択的なパターンという観点から把握されるべきである、とする。[六八]ハーバーマスは次のように主張する。すなわちウェーバー自身の理論が、ハーバーマスが採用するアプローチのための基礎を与えている、と。というのはウェーバーの理論は、目的合理性による支配の増大を批判する始発点となりうる、より複雑な理性の観念をその立脚点として暗に前提としているからである。しかしウェーバーはその立脚点を明示的に解明することはなかった。[六九]

ハーバーマスは、この暗示的な批判の立脚点を、ウェーバーによる世界宗教のとらえ方に示唆された文化的合理化の理論を再構築することによって、明示化する。[七〇]彼の二段階の再構築は、世界観の合理化の普遍史的プロセスを前提し、このプロセスが、西洋における文化的合理化から社会的合理化への歴史的に特殊な移行の舞台となる。[七一]ハーバーマスは、この世界観の発展という進化論的理論を取り入れ、修正する。第一に彼は、世界観の諸構造の歴史的発展という普遍的な内的論理を、外的諸要因に依拠する世界観における経験的な動態性から区別する[七二]（この区別は、ハーバーマスによる批判的社会理論の再概念化にとって根本的なものである）。第二にハーバーマスは、近代化を合理化として分析するウェーバーの視角はあまりに狭隘であったと主張する。そのためウェーバーは、価値諸領域の分化――各領域は単一の普遍的妥当性要求（真理、規範的正当性、美）と合理性の形態（認知的・道具的、道徳的・実践的、そして審美的）によって規定される――の含意するところを適切に考察し得なかった、とするのである。[七三]

このように［ハーバーマスは］ウェーバーのアプローチを批判的に摂取することによって、合理化と分化の内的論理なるものに根差した、より幅広い合理性の概念を志向することになる。そのことによってハーバーバスは、資本制社会において経験的に実現したものと、脱魔術化のプロセスから生じた近代的な意識の構造が内包する可能性とを区別することが可能となる。[七四] こうしてハーバーマスは、道徳的・実践的および審美的・実践的合理性を犠牲とした認知的・道具的合理性の突出を、合理化それ自体ではなく、資本主義における合理化の部分的性格の表出として提示することができるのである。[七五]

六五――Ibid. p. 216.（同右、三〇一頁）
六六――Ibid. pp. 166, 175.（同右、二三八、二四八頁）
六七――Ibid. p. 241.（同右、三三〇頁）
六八――Ibid. pp. 181-83.（同右、二五五―五八頁）
六九――Ibid. pp. 220-22.（同右、三〇六―〇八頁）
七〇――Ibid. pp. 166, 195.（同右、二三八、二七五頁）
七一――Ibid. pp. 174-77.（同右、二四七―五〇頁）
七二――Ibid. pp. 179-97.（同右、二五二―七八頁）
七三――Ibid.（同右）
七四――Ibid. p. 198.（同右、二七八―七九頁）

ハーバーマスの再構築の枠組みにおいて、脱魔術化の過程から生じる諸々の可能性は、資本主義の始まりから存在している、ということを指摘しておくことは重要である。つまり、資本主義とは、歴史的発展の普遍的な内的論理の帰結として可能になったものの歪曲であることを意味するのである。換言すれば批判の立脚点は、資本主義の外部に存在する。すなわち、ハーバーマスが以前「相互行為の領域」と名づけ、現在では普遍的な社会的潜勢力と解釈するものにおいて存するのである。それと同様に資本主義は、認知的・道具的理性（以前の諸著作においては、労働の領域としてハーバーマスが考えていたもの）という観点からのみ、すなわち一次元的に理解されるということになる。

ハーバーマスは、ウェーバーが自らの理論の潜在的な説明能力を実現しそこなった、二つの基本的な理由を明らかにすることによって、自身の再構築の前提条件の展開に着手する。彼は、ウェーバーの行為理論は狭隘にすぎると論じる。ウェーバーは、合目的的行為と認知的・道具的合理性のモデルの上に行為理論を基礎づけた。ウェーバーのアプローチが示唆する、この世界観の合理化についての理解は、別の行為理論——すなわちコミュニケーション的行為のそれ——に基礎づけられてはじめて、十全に展開されうる。さらにハーバーマスは、近代社会についての理論は、行為の理論のみを基礎とすることはできない、と主張する。近代社会の特徴は、社会生活の重要な次元（例えば経済や国家）が、疑似-客観的な仕方で統合されているということにある。つまりそれらは行為理論によっては把握されず、システムとして理解されなければならないのである。それゆえ現代の批判理論は、行為論的アプローチとシステム論的アプローチを統合することのできる社会理論のみならず、コミュニケーション的行為の理論をも必要とする。[七六]

確かにルカーチやフランクフルト学派のメンバーは、ウェーバーによる合理化の分析を、システム的統合についての理論に包摂しようと試みた。にもかかわらず、ハーバーマスによれば、彼らの試みが成功することはなかった。この試みの中心をなすのはルカーチの物象化の概念であるが、それによってルカーチは、マルクスの商品分析を基礎とし、ウェーバーの社会的合理化の分析をその行為論的枠組みから切り離し、それを資本の現実化という匿名的なプロセスに関係づけた。[七七] この概念を用いることでルカーチは、経済的合理化はより一般的なプロセスの一例ではなく、反対に、商品の生産と交換こそが社会的合理化という基礎的現象の基底をなしている、と論じた。[七八] それゆえ社会的合理化は、直線的、不可逆的なプロセスとみなされるべきではないのである。

ハーバーマスは、ルカーチによる合理化についてのマルクス主義的な分析に直接的に対峙しているわけではない。むしろ彼は、ルカーチによる問題のヘーゲル的「解決」――それには歴史における同一的な主体／客体としてのプロレタリアートに対するドグマ的神格化が伴った――を批判する。[七九] ホルクハイマーとアドルノもまた、物象化の概念に基づく批判理論をさらに展開しようとするそれぞれの企図において、このヘーゲル的論理を拒否した。[八〇] だが、ハーバーマスが述べるように、一九四〇年代における道具的理性への批判は、批判理論の規範的基礎についての問題を引き起こした。彼らは、世界の合理化は既に全体的なものとなったとみなし、客観的理性に対するルカーチの希求を否認した。結果として、彼らはもはや物象化を、歴史的に特殊な、変容しうる形態（商品）において根拠づけることをせず、労働によって媒介される人間と自然の対決に、超歴史的に根拠づけることになったのである。この転回によって《批判理論》は、その批判の基準を明らかにし得なくなった、とハーバーマスは指摘する。[八一]

七五――Ibid., p. 223.（同右、三〇九―一〇頁）
七六――Ibid., p. 270.（同右、三六七―六八頁）
七七――Ibid., p. 354.（同書（中）、一一二頁）
七八――Ibid., p. 359.（同右、一一八頁）
七九――Ibid., p. 364.（同右、一二四頁）
八〇――Ibid., p. 369.（同右、一三四頁）
八一――Ibid., pp. 377-83.（同右、一四四―五一頁）

ハーバーマスが主張するには、こうしたあらゆる試みにおける問題は、主観‐客観パラダイム（彼はそれを「意識哲学のパラダイム」と呼ぶ）に拘束されたままであったところにある。彼らの理論的な困難は、このパラダイムに基づくあらゆる社会理論の限界を明らかにし、相互主観的コミュニケーションのパラダイムへと根本的に理論を転換させる必要性を示している。[八二]

いくつかの点において、ハーバーマスの西欧マルクス主義批判は、本書で私が提示する解釈と共通するものである。彼が「意識哲学」と呼ぶものは、私が分析した「労働」の概念に関わっている。いずれのアプローチも、主観‐客観パラダイムに基づく理論を批判し、社会的諸関係についての考察を分析の中心に置く。とはいえハーバーマスの批判は、コミュニケーションそれ自体の分析に向かうのに対し、私の批判は、近代社会を構成する社会的媒介の規定された形態の考察へと向かうのである。私は少し後で、この差異が持ついくつかの含意について考察することになるだろう。

ハーバーマスは、コミュニケーション的理性とコミュニケーション的行為の概念を展開することで、相互主観性のパラダイムへの理論的転換の基礎を与えようとする。近代的な世界理解——思考の神話的形態と異なり、再帰的に自己を認識し、分化された客観的、社会的、そして主観的世界をもたらす——は、社会的に規定されていると同時に普遍的意義を有している、と彼は論じる。[八三]ジャン・ピアジェによる意識の言語発達の理論を暗黙のうちに用いながらハーバーマスは、近代的世界観は、歴史的学習過程を通じて生じる世界観の、合理化の普遍史的プロセスに由来すると述べる。[八四]この合理化の過程は、認知的・道具的合理性の増大をもたらすだけでなく、初めからコミュニケーション的合理性に結びついている。ハーバーマスは後者を、（内容の観点からではなく）手続きの観点から、脱中心化された世界の理解を、非強制的な合意に基づくコミュニケーションの可能性へと結びつけるものとして把握する。[八五]

言語行為論を援用することでハーバーマスは、了解に到達することこそが言語の最も本質的な局面である——

言語に媒介されたすべてのコミュニケーションがその目的を志向するわけではないが――と論じる。さらに彼は、言語行為は、それが掲げる妥当性要求が批判に開かれている場合には、諸々の相互行為を合理的に――すなわち制裁や伝統的規範のような外的強制力から独立して――調和させることができる、と主張する。最後にハーバーマスは、行為者たちは了解に達することによって、彼らの言語行為についての妥当性を必然的に要求することになる、と論じるのである。[八六]

換言すればハーバーマスは、コミュニケーション的合理性を、まさに言語によって媒介されるコミュニケーションの性質において根拠づけ、それが普遍的意義を有することを暗示的に主張するのである。それは、より複雑な理性の形態を示しているのであって、かかる理性によって、ハーバーマスが資本制社会に特徴的とみなす一次元的な合理性の形態に対する批判が可能になる。実際、批判の潜勢力は、コミュニケーション的行為の構造そのものに組み込まれるのである。そのことによって意味の問題が、妥当性の問題から分離することはあり得なくなる。[八七]

ハーバーマスは、コミュニケーション的合理性の可能性を抽象的に基礎づけた後に、その発展の発生的原因を説明しようとするが、それは生活世界の合理化の観点から、普遍史的な合理化のプロセスを把握することによってなされる。[八八]主観‐客観パラダイムに属さない諸概念によってそれを行なうために、ハーバーマスはジョージ・

八二――Ibid., p. 390.（同右、一五九―一六〇頁）
八三――Ibid., pp. 48, 64, 70.（同書（上）、八二、一〇三、一一〇頁）
八四――Ibid., pp. 67-69.（同右、一〇六―一〇九頁）
八五――Ibid., pp. 70-74.（同右、一一〇―一一五頁）
八六――Ibid., pp. 287-88, 297-308.（同書（中）、二四―二五、三六―五一頁）
八七――Ibid., pp. 104-06, 295-305.（同書（上）、一六〇―一六二頁、同書（中）、三四―四六頁）
八八――Ibid., pp. 70, 336.（同書（上）、一一〇頁、同書（中）、八二頁）

ハーバート・ミードによるコミュニケーション論的アプローチ[八九]を修正しつつ取り入れ、それをエミール・デュルケムによる道徳性の聖なる根源という観念、そして社会統合の形態における機械的連帯から有機的連帯への変化という説明に接合する。こうしてハーバーマスは、「聖なるものの言語化」の過程としての社会文化的発達の内的論理についての理論を展開する。[九〇]彼はこの過程を、コミュニケーション的行為における潜在的な合理性が解き放たれるプロセスとして特徴づけている。こうしてコミュニケーション的行為は、文化的再生産、社会統合、そして社会化をもたらすものとしての、古い聖的な規範の核に取って代わる。規範的な合意に基づく様式からコミュニケーションによって到達される合意へのこの交替の過程は、合理化された生活世界——すなわち世界像の合理化、法と道徳の普遍化、個人化の進行、シンボル的再生産における再帰性の増大——へと帰結するのである。[九一]

換言すればハーバーマスは、近代的世界観の発展を、言語に媒介されたコミュニケーションが次第に「自己を実現し」(ヘーゲルにおける《精神》のごとく)、生活世界を構造化するものとして発現する過程として、概念化するのである。このような社会進化の論理は、それに照らして近代的発展の内実を判断することが可能になるような基準にほかならない。[九二]ハーバーマスの批判の立脚点は、それゆえ普遍的である。それは社会的なものであるとはいえ、本質的に文化的、社会的、歴史的に形成されるのではなく、時間を通じて発展する以上、コミュニケーション的行為の存在論的性格に根拠づけられている。こうしてハーバーマスの理論において言語は、伝統的マルクス主義において「労働」が肯定的な形態で占めたのとまさに相似的な地位を占めることとなる。

このアプローチが行為理論の内部におけるパラダイム転換を伴うのは確かであるが、ハーバーマスによればそれは、近代社会のただ一つの次元を把握することにすぎない。すなわちそれは、生活世界におけるシンボル的再生産を説明できるにすぎず、総体としての社会の再生産を説明できるものではないのである。ハーバーマスが指摘するように行為は、了解過程を通じて調整されるだけでなく、意図せざる、しばしば知覚されない機能的連関を通じても調整される。[九三]それゆえ彼は社会進化の理論を提唱するが、それによれば社会は一方ではシステムに、他方では生活世界に分化するようになる。[九四]ハーバーマスは、生活世界の合理化と、社会の操作可能性の増大によって測定されるシステム的進化とを区別し、システムの複雑性の増大は究極的には生活世界の構造的分化に依存する、と主張する。この生活世界の構造的分化について彼は、道徳的意識の進化論的な発展に根拠づけるのであるが、かかる発展は、コミュニケーション的行為における合理性の潜勢力が解放されるための必要条件をなすのである。[九五]

ハーバーマスによればこの発展は、社会的相互行為の規範的操作を徐々に侵食する。その結果、相互行為は、二つの全く異なる仕方で調整されるようになる。すなわち、明示的なコミュニケーションを通じて調整されるか、あるいはタルコット・パーソンズが貨幣と権力という制御媒体として規定したもの——目的合理的な態度をコード化し、変換プロセスを生活世界の規範的コンテクストから切り離す、疑似‐客観的な社会的媒体——を通じて行なわれるか、である。そこから帰結するのは、（貨幣と権力という制御媒体によって行なわれる）システム統合と（コミュニケーション的行為によって行なわれる）社会統合との分離である。このシステムと生活世界の分離は、国家と経済の分化を伴い、近代世界の特徴となる。[九六]

ハーバーマスは、この二面的アプローチを提示した後に、ほとんどの社会理論のアプローチは一面的であった

八九——Ibid., vol. 2, pp. 10-13, 61-74.（同書（中）、一九三—九九、二七四—九四頁）
九〇——Ibid., pp. 46, 110.（同右、二五三、三五〇頁）
九一——Ibid., pp. 46, 77, 107, 146.（同書（中）、二五三、三〇一、三四六—四七頁、同書（下）、五三—五四頁）
九二——Ibid., p. 110.（同書（中）、三五〇頁）
九三——Ibid., pp. 113, 150.（同書（下）、九、五九頁）
九四——Ibid., p. 153ff.（同右、六五—六九頁）
九五——Ibid., p. 173ff.（同右、九二—九五頁）
九六——Ibid., pp. 154, 180ff.（同右、六六、一〇三—〇五頁）

のであり、それらは近代社会の二面性の一方にのみ当てはまる諸概念によって近代社会を把握しようとしている、と指摘する。彼は暗黙のうちに自らのアプローチを、マルクスとパーソンズに続く、近代的社会生活の両面を正当に扱う第三の主要な試みとして提示している。ハーバーマスによればマルクスの価値論は、匿名的な相互依存というシステム的次元と、行為者の生活世界的文脈とを接続する試みではあったが、資本主義のシステム的次元は階級諸関係の物神化された形態にすぎないとみなしている限りにおいて、最終的にはそれは、システム的次元を生活世界的文脈に還元したのであった。このためマルクスは、システム的分化の肯定的側面を認めることができず、官僚制化の問題を適切にとらえることもできなかった。[九七]この理由からハーバーマスは、システム論的パラダイムと行為論的パラダイムを結びつけようとするパーソンズの企てへと向かうことになる。彼はこの企てを、行為理論を再概念化すると同時に、パーソンズのアプローチとは違って、資本主義的な近代化の「病理的」な側面を見据えた、より批判的なアプローチの枠組みに埋め込もうとするのである。[九八]

この二面的なアプローチを基礎としてハーバーマスは、ポスト自由主義的な資本主義に対する批判理論の概要を提示する。彼は、近代の病理を世俗化と社会の構造的分化に帰する保守的立場を拒否しつつ、ウェーバーによる資本主義の診断と、合理化のパラドクスについての彼のテーゼを再定式化するところから出発する。[九九]ハーバーマスは、近代化の二つの形態を区別する。すなわち「一方では」、システム的要請による生活世界の「媒介作用」と彼が規定する「正常な」形態があり、そこでは生活世界は次第に合理化されていき、ますます複雑化する形式的に組織された行為の諸領域（経済や国家のような）から分離し、かつそれらに依存せざるを得なくなる。そして「他方には」、彼が「生活世界の植民地化」と呼ぶ、「病理的な」形態がある。後者の特徴は、認知的・道具的合理性が、貨幣化と官僚制化を通じて、経済と国家を超えて他の諸領域へと拡張し、道徳的・実践的、審美的・実践的合理性を犠牲にして支配を獲得する、というところにある。それは生活世界におけるシンボル的再生産の阻害を帰結するのである。[一〇〇]ハーバーマスは、システム世界による生活世界の植民地化という自身のテーゼから、ウェーバーにおける意味の喪失と自由の喪失という観念を再定式する。このテーゼは、ポスト自由主義期の資本主義についての彼の分析のための基礎を与える。[一〇一]

ハーバーマスの主張によれば、ウェーバーによって示唆された発展の論理をこのように再解釈するならば、彼が病理的なものとして描き出す現象の描写は正当化されるという。さらに、コミュニケーション的合理性という概念は、生活世界の植民地化に対する抵抗（それは多くの社会運動の特徴となっている）の、社会的基礎を理論的に与えもする。[一〇二] にもかかわらず彼は、人々は近代世界の発展的動態性をも理解しなければならない——すなわち、なぜこのような病理が現れるのかを説明しなければならない——と述べる。そのためハーバーマスは、使用価値への志向から分断された自己目的としての蓄積過程というマルクスの観念を採用するのである。[一〇三] 資本蓄積の動態性を、システムと生活世界との交換関係という自らのモデルに統合した上でハーバーマスは、後期資本主義の諸問題——例えば、より正統派的なマルクス主義が取りこぼしてきた、国家の干渉主義、大衆デモクラシー、福祉国家、日常生活の断片化した意識などの諸問題——に取り組む。[一〇四] いわば一巡して彼は、批判的な社会理論の課題を述べて議論を締めくくるのであるが、それは（フランクフルト）社会研究所における研究プログラムとして一九三〇年代に展開されたテーマのいくつかを引き継ぐものである。

九七——Ibid., pp. 202, 336ff.（同右、一三五、三三二—三三五頁）
九八——Ibid., p. 199ff.（同右、一三〇—一三四頁）
九九——Ibid., p. 330.（同右、三二二—二四頁）
一〇〇——Ibid., p. 303ff.（同右、二八六—八九頁）
一〇一——Ibid., p. 318ff.（同右、三〇八—一一頁）
一〇二——Ibid., p. 333.（同右、三一八—一九頁）
一〇三——Ibid., p. 328.（同右、三一二頁）
一〇四——Ibid., p. 343ff.（同右、三四二—四五頁）

ハーバーマスの説明は幅広く、洗練されたものではあるが、彼が『コミュニケーション的行為の理論』において提示する理論的枠組みにはいくつかの側面において、問題がある。本質的にそれは、一面的な二つのアプローチを統合することによって、二重の社会的現実を把握しようとする。パーソンズについてハーバーマスは、発展した資本制社会に対して無批判的な像を描いているとして批判し[一〇五]、このことをシステムと生活世界の区別を曖昧にする理論構築のためであるとする。だが彼は、システム論の術語（「制御媒体」）によって「経済」と「国家」を理論化しようとする試みそのものが、彼の社会批判の射程を限定していることに気づいていないように思われる。「貨幣」や「権力」というカテゴリーは、経済と政体の規定された構造を把握するものではなく、ただ、疑似-客観的な形態においてそれらが存在し、生活世界の単なる反映ではないという事実を表現しているにすぎないのである。これらのカテゴリーによっては、例えば生産の性質や資本主義における社会編制の発展的動態性の性質を明らかにし得ないし、現存する行政管理の形態に対する批判が可能になることもない。ハーバーマスは資本蓄積と国家の発展を前提とし、現存する経済および公的行政の組織を批判しているのだが、彼の採用するシステム論の枠組みのために、彼はこれらの前提や批判的態度を根拠づけることができていない。

明らかにハーバーマスは、すべてのロマン主義的資本主義批判とは反対に、いかなる複雑な社会も何らかの形態の「経済」や「国家」を必要としていることを示そうとする。しかしながら、制御媒体という観念を採用することで彼は、近代の社会生活のこれらの諸領域［経済と国家］の現存形態を必然的なものとして提示する。国家と経済に対する彼の批判は、それらの組織原理がそれら自身の境界を踏み越えてしまうような状況に制限されている。しかしながら、生活におけるある側面が安全に「併合」されうるのに対し、他の側面は「植民地化」を余儀なくされるのであり、両側面の間には疑似-存在論的な境界が存在する、という考えは大いに問題である。経済的機能、政治的機能を果たす活動領域だけが制御媒体に変換されうると考えるならば[一〇六]——言い換えれば、システムは物質的再生産の領域を首尾よく植民地化しうるが、シンボル的再生産の領域はそうはならない、と考えるならば――、物質的再生産はシンボルによって媒介されるものではないとみなすことができる、ということになる。この物質的生活と意味との分離は、ハーバーマスが初期の諸著作において労働と相互行為とのあいだに引いた疑似-存在論的な区別を引き継ぐものであるが、それはハーバーマスが依然として「労働」の概念に対して忠実であることを示している。主観-客観関係について彼は、ホルクハイマーと同じく、労働の性質そのものに(あるいは物質的生産の領域に)根差しており、シンボルによっては媒介されないと考えているように思われる。このことは、道具性を人間と自然の関係ではなく、社会的媒介の特定の形態の性質に根拠づけるという、本書で私が提示する立場とは著しい対照をなしている。

システム論の術語によって政治的、経済的諸プロセスを把握しようとするハーバーマスの決断は、道徳性、合法性、文化、そして社会化を、コミュニケーション的行為によって構成される合理化された生活世界という観点から概念化しようとする彼の試みを補完するものである。世界観の文化的、社会的構成と生活の形態について彼は、顕在的(「伝統的」そして「宗教的」)な社会-文化的形態の観点だけから考えているように思われる。それゆえ――近代的世界像を、言語に媒介されたコミュニケーションの形式的な諸特性に論理的に関係づけたからといって、近代的世界観が現実にそのように構造化されていることが必然的に示されるか否かは別にしても――合理化された生活世界というハーバーマスの概念は、近代的生活に対するアプローチとしては極度に漠然としたものなのである。その概念において、資本主義における社会的相互行為は、顕在的な伝統的諸形態によっては媒介されないのであるから、それは言語的コミュニケーションそれ自体によって(資本主義によってそれがどれほど歪められているとしても)媒介されるに違いない、ということが想定されている。このようなアプローチは、商

一〇五――Ibid., p. 299.(同右、二八一頁)
一〇六――Ibid., p. 318.(同右、三〇八頁)

品によって媒介された抽象的な形態によるコミュニケーションを額面通り受け取るために、世俗的なイデオロギーについての理論を可能にすることはないし、あるいは過去数世紀を通じて近代社会そのものの内部で生じてきた意識、諸規範、そして価値における大きな変化——すなわち、「伝統」と「近代」あるいは「宗教」と「世俗」のような対立の観点からだけでは把握し得ない変化——についての分析を可能にすることもない。さらにハーバーマスがシステムと生活世界という近代世界の次元を、二つの全く異なる存在論的原理に基礎づけたために、経済、政治、文化、科学、そして日常的社会生活の構造が互いに関係しながら歴史的に発展する様を、彼の理論がどのように説明しうるのかを理解するのは困難である。[一〇七]換言すれば彼の理論は、二つの一面的なアプローチを結合させているために、これらのアプローチが把握する二つの次元を結びつけることに困難を抱えているのである。

これらの問題は、究極的には、ハーバーマスがシステム論的アプローチを援用したこと、システムと生活世界を疑似‐存在論的に区別していること、発達論の論理と歴史的動態性をあくまで区別していること、そしてそれに関連する彼の進化論的な考え方に根差している。こうした複雑な諸問題、とりわけピアジェの個体発生の発達図式と似た仕方で、人間の系統発生的な発展を概念化しようとしたことの問題を、ここで直接扱うことはできない。しかしながら、ハーバーマスのアプローチの基底となっている根本的想定に注意を促しておきたい。ハーバーマスは、ポスト自由主義的な社会に対する社会批判に根拠を与えるために、歴史的論理と経験的動態性とを区別する。ここで想定されているのは、そうした社会批判を、近代資本主義それ自体の性質と動態性に根拠づけることはできない、ということである。ハーバーマスは、《批判理論》についての議論のなかで、《批判理論》が依拠していた主観‐客観パラダイムの限界を指摘している。だが、彼がこの伝統から引き継いでいるように思われるのは、資本主義とは「一次元的」で、社会批判の可能性を内在的に生起させることのない単一の否定的総体である、というテーゼである。このことは、われわれが見てきたように、彼の理論的意図の一つが《批判理論》の根本的悲観主義の超克にあったことを思えば、逆説的に思われるかもしれない。にもかかわらず、ここで明らかなのはハーバーマスが、マルクスの資本主義批判を近代批判として再検討するよりも、近代社会についてのより大きな概念のなかに資本主義を包摂することによって、その超克を成し遂げようとしてきた、ということである。このようなアプローチにおいて、《批判理論》における悲観主義の理論的な超克は、ある社会的領野（この場合、コミュニケーション的行為によって構成される領野）――すなわち資本主義と並存するにもかかわらず本質的にはその一部とはならず、社会批判の可能性を理論的に基礎づけてくれるような社会的領野――を措定することによってなされるべきものとされる。こうしたアプローチにおけるコミュニケーション的行為とは、伝統的マルクス主義における労働と相似的なものであり、その結果として批判は、資本主義を病理的なものとしてのみ理解するのであり、それゆえ自らを、社会生活におけるこの形態の社会的・歴史的特殊性の外部に、疑似-存在論的な仕方で根拠づけなければならないのである。

一次元的な資本主義という暗黙の了解と、制御媒体というパーソンズの観念の援用は、ともにハーバーマスのマルクス理解に結びついている。既に示したように《批判理論》は、ポスト自由主義的な資本主義を内的な構造的矛盾を含まない社会として分析したが、それは資本主義における労働を「労働」であるとする伝統的な概念に基づいている。私がこれから示すのは、次のことである。すなわち『コミュニケーション的行為の理論』におけるハーバーマスのマルクス批判は、またしたがって彼のシステム論への転回――この転回は現代社会を、社会生活の重要な諸次元が疑似-客観的に統合されており、それゆえ行為理論の範囲に収まらない社会であると定義するためのものであった――は、依然として伝統的なマルクス読解に依拠しているのである。

ハーバーマスは、一次元性というテーゼのレンズを通してマルクスの理論を解釈する。彼はマルクスの資本分

一〇七――同様の批判として Nancy Fraser の "What's Critical Theory?: The Case of Habermas and Gender," *New German Critique* 35 (Spring-Summer 1985), pp. 97-131 を参照。

析、すなわち「生きた労働」（プロレタリアート）と「死んだ労働」（資本）の弁証法についての分析を、生活世界の合理化と、システム的合理化の弁証法として提示する。彼の解釈によればマルクスの資本主義批判は、労働者階級の生活世界に対する、資本の解体的介入への批判であった。そして「社会主義は、マルクスにとっては、伝統的生活形態の資本主義的解消によっては達成されなかった生活世界の合理化の消尽線上にある[108]」。

次のことを明記しておくことは重要である。すなわちマルクスの分析がこのように理解される場合、資本主義を二面的なもの、つまり、自分自身を絶えず超出し、新しい形態を構成するものとして把握するのではなく、生活世界の合理化の帰結として生じたものを破壊し歪曲するもっぱら否定的な力として、とらえていることになる。この場合、社会主義の可能性は、システムによる生活世界の破壊に対する反逆から生じる、とされる。だが、そうであるならば、社会主義とは資本主義を超えた社会――新しい歴史的形態――ではなく、一つの代替物、すなわち歪みが少なくなってはいるが、あくまで資本主義と同じ歴史的形態である、ということになる。

これから見るようにハーバーマスは、マルクスに特有な分析と彼がみなすものに対して批判的であるにもかかわらず、自分自身のアプローチは、彼がマルクスのものとみなすような社会批判の一般的概念を採用する。こうして、ウェーバーが分析したプロテスタンティズムの倫理を論じるに際して、ハーバーマスはそれを、倫理的に合理化された世界観の部分的な表出として、すなわち経済的‐行政的合理性の近代的形態への一つの適応として、――それゆえコミュニケーション的に展開された友愛倫理によって既に達成されたレベルからの後退として――描く[109]。別言すれば、資本主義についてハーバーマスは、その発端から既に存在した普遍主義的な潜勢力が個別主義的に歪曲されたものとしてとらえる。言うまでもなくこの見方は、資本家たちの個別主義的利害によってその達成を妨げられたブルジョワ革命の普遍主義的理想の実現としての社会主義という、伝統的マルクス主義に含まれる考え方と並行している。

この伝統的モチーフは、過去数十年の「新しい社会運動」についてのハーバーマスの短い説明にも見て取ることができる。これらの運動について彼は、システムの侵犯から生活世界を守る本質的に防衛的なもの、あるいはブルジョワ革命の普遍主義的な原理を社会的に一般化しようとする市民権運動として論じている。[一一〇]だが彼は、それらの運動を、諸々の新しい必要性や新しい可能性を表現するものとして——すなわち、資本主義を超克する可能なる社会変革の観点から、資本主義的な生活形態そのものによって生み出される潜勢力の観点から——とらえることはない。

それゆえハーバーマスのアプローチは、あるレベルでは、伝統的マルクス主義のいくつかの重要な特徴を維持するものである、と理解することができる。だが同時にそれは、マルクスに特有の資本主義分析を疑似‐ロマン主義的なものとして批判してもいる。既に述べたようにハーバーマスは、パーソンズのシステム論的アプローチの諸要素を援用したが、それはマルクスの価値論についてハーバーマスが、近代社会へのアプローチとしては、「システム」と「生活世界」という二つの分析レベルを扱い得ない不適切なものである、と評価したことに関わっている。ハーバーマスの主張によればマルクスの理論は、見かけ上「二つのレベル」を有する性格を持っているにもかかわらず、彼は資本主義のシステム的次元についての適切な分析を提示し得なかった。それは、マルクスがこの次元を本質的に仮象［錯覚］として、すなわち匿名化され物神化された階級諸関係の亡霊として取り扱ったからである、とされる。[一一一]このためマルクスは、資本主義経済と近代国家のシステム的な連関の発展における肯定的側面を認識し得ず、代わりに、死んだ労働に対する生きた労働の勝利、つまりシステムに対する生活世界

一〇八——Habermas, *The Theory of Communicative Action*, vol. 1, p. 343.（ハーバーマス『コミュニケイション的行為の理論（中）』、九九頁）

一〇九——Ibid., pp. 223-28.（同書（上）、三〇九—一六頁）

一一〇——Ibid., vol. 2, p. 343ff.（同書（下）、三四二—四五頁）

一一一——Ibid., pp. 338-39.（同右、三三六—三三七頁）

の勝利に基づく社会――資本の客観的な外観が解消する社会――としての未来社会を思い描いたという。このような未来像はシステムの次元の統合性と重要性を把握していない、とハーバーマスは主張する。さらに、それは非現実的である。というのも、正しくもウェーバーは、私有に基づく資本主義を廃絶したからといって近代的産業労働は破棄されないであろうことを論じていたからである[一三]。

ハーバーマスの批判は、本質的に階級諸関係の観点からマルクスは資本主義の分析をしたこと、そしてそうすることで近代社会の二つのレベルを把握しようとするマルクスの試みは弱体化したこと、を前提にしている。換言すればハーバーマスのマルクス批判は、初期の諸著作とは異なり明確化されているにもかかわらず、マルクスの資本主義分析を疑似‐ロマン主義的だとする彼の解釈は、マルクスが「労働」という立脚点から批判を書いたという想定に拠っているのである。ハーバーマスの見方からするとこうした資本主義批判は、近代社会において分化するようになった生活の諸領域を「脱分化」するプロセス――彼が退行的で望ましからぬものと考えるプロセス――を志向している。この理由からハーバーマスは、現代社会における疑似‐客観的な次元を概念化するためにシステム論へと転回し、批判的アプローチにそれを埋め込もうとするのである。

　だが、既に論証したように、資本主義における労働についてのマルクスの分析は、ハーバーマスがマルクスに帰するようなものでは全くない。マルクスによれば、商品や資本というカテゴリー的な社会的諸形態は、資本主義における真の社会的諸関係を単に隠蔽するのではない。むしろそれらは、資本主義における根本的な社会的諸関係であり、この社会における労働によって構成される媒介の形態なのである。この差異が持つ十全たる意味は、本書第三部において私がマルクスの資本の概念を分析する際に、はじめて十分に明らかにされる。既に確認したようにマルクスは、ハーバーマスが「システム的次元」と名付けるものを仮象、すなわち「労働」の投影とみなすのでは全くなく、それを疎外された労働によって構成された疑似‐客観的構造として扱う。マルクスの批判は、この構造の形態、そしてそれが及ぼす抽象的形態による支配を対象とする。彼の批判の立脚点は、この構造の外部にはない。すなわち彼は、その完全なる廃絶を求めるのではないし、その現存の形態を受け入れて、ただ単にそれが「それにふさわしい」領域に限定されることを求めるわけでもない。むしろマルクスの批判の立脚点は、その構造それ自体によって生成される、ある内在的な可能性なのである。

　これから見るようにマルクスは、この立脚点を資本主義における労働の二重の性格に根拠づける。ハーバーマスはマルクスの批判について、「労働」という立脚点――すなわち、「消失する生活世界」という立脚点――からなされたものであると前提するために、マルクスにおいては伝統的な生活形態の破壊と生活世界の構造的分化とを区別する基準は何ら存在しない、という誤った主張をする。[一一二] しかしながらマルクスの批判は、かつてあったものではなく、ありうべきものに基づいているのである。後に示すように、資本主義の社会的諸形態の時間的次元についての彼の分析が提供するのは、資本主義における生産の物質的形態、成長の形態、そして行政管理の形態が、社会内在的に形成されることについての理論のための基礎である。そうしたアプローチに拠ることで、資本主義の下で現実に存在するこれらの諸形態と、これらの諸形態が体現する、より解放的な別の諸形態へと向かう潜勢力とを区別することが可能になるのである。

　マルクスによる分析から導かれる解放の展望は、ハーバーマスがマルクスに帰するものとはまさに正反対のものである。先取りして言うなら、私は次のことを示すだろう。マルクスは社会主義を、死んだ労働に対する生きた労働の勝利ととらえるのでは決してない。彼は死んだ労働――疎外された労働によって構成される構造――について、資本主義における支配の中心であるだけでなく、ありうべき解放の中心であるとも考える。このことは、マルクスの批判的な資本主義分析がプロレタリア労働（「生きた労働」）の肯定ではなく、その可能なる廃絶を目

一一二――Ibid., pp. 339-40.（同右、三三七―三八頁）
一一三――Ibid., pp. 340-41.（同右、三三八―四〇頁）

指すものとして理解されるときにはじめて、意味をなす。別言すればマルクスは、ハーバーマスの主張とは逆に、私有に基づく資本主義の廃絶は近代的産業労働を破壊するには全くもって不十分であろうとする点において、ウェーバーと意見の一致を見るのである。にもかかわらず——そしてこのことは「マルクスとウェーバーの」重要な相違なのだが——マルクスの分析は、そのような労働の現存する形態を必然的なものとして受け入れることはない。

　第三部において私は、マルクスの分析が根本的な資本主義批判を可能にすることを論証することになるが、かかる批判は、「脱‐分化」というロマン主義的ヴィジョンとも、「近代的産業労働という鉄の檻」を、技術的に発展した生産の必然的形態として受け入れることとも無縁である。そうではなくマルクスの批判は、資本主義における成長の形態、発展した技術的生産、そして政治的決定に対して発揮されるシステム的強制に対する批判を提供することができ、これらの諸形態の克服へと向かうような仕方でその批判を展開するのである。そのような批判は、システムによる侵犯を単に否定的に評価するのではなく、その規定された性格とそれが「帝国主義的」に拡張することの基底をなす社会的諸形態を解明し、分析する。こうした批判の立脚点からすれば、資本主義の下で発展した生産および成長の諸形態と、他の可能なる「分化した」諸形態とを区別する方法が、ハーバーマスにおいては存在しないと論じることもできよう。ハーバーマスのアプローチは、「貨幣」と「権力」という静態的なカテゴリーのために、資本主義において発展した諸形態を、歴史的に最終的なものとして、つまり「分化」それ自体の帰結として受け入れざるを得ないのである。[一一四]

　マルクスの分析を解明するなかで私は、それがいかにして一次元的ではない、矛盾をはらんだものとしての資本主義という非伝統的な理解を可能にするかを示すだろう。そのことによって資本主義批判と、その変革の可能性の根拠を、資本主義それ自体の外部に、例えば超歴史的、進化論的な歴史の論理——その歴史が「労働」の自己実現のプロセスとして解釈されるにせよ、あるいは言語に媒介されたコミュニケーションのプロセスとして解釈されるにせよ——に求める必要はなくなる。

ここでの争点は、単にハーバーマスがマルクスを適切に解釈したか否かではない。むしろ問題は、私が再構築してきたマルクスの理論が、伝統的マルクス主義の弱点と《批判理論》の悲観主義を克服するだけでなく、現代社会に適した批判理論を基礎づけようとするハーバーマスの試みにおいて問題のある諸側面を回避しうるような理論的アプローチの可能性を提供するか否か、ということである。既に指摘したように、資本主義を構成する媒介形態の歴史的特殊性についての理論に向かうことによって、資本主義の矛盾をはらんだ性格を再解釈し、生産の形態、経済、そして資本主義における相互依存の形態を一般的に批判するための基礎を——システム論的アプローチにはできないような仕方で——得ることができる。そのような批判理論は資本主義の分析を、近代性そのものの基底的構造についての分析としてとらえる。そして生産、経済のありうべき変革の観念、ひいては歴史的に異なる生活形態としての社会主義という観念の回復を可能にするのである。

一一四——ハーバーマスによるマルクスへの最終的な批判は、次のようなものだ。すなわちマルクスは、資本制社会における現実の抽象作用を、労働の観点からのみ、したがってあまりにも狭い仕方でとらえ、「システムに誘導されて起った社会的関係の物象化現象」(Ibid., p. 342 [同右、三四一頁]) を主題化しなかった。かかる主題化は、経済だけでなく官僚制化をも対象化しうる、より一般的な理論を可能にしたであろう、と。しかしながらハーバーマスは、マルクスの労働についての理論を、資本制社会に特有の現実の抽象作用のプロセスに関する理論として理解する一方で、マルクスの資本主義分析を、本質的に階級諸関係の観点から解釈している。この理解と解釈の間には緊張関係が存する。ここに至っても、ハーバーマスの批判はまたしても、資本主義における労働を、社会的媒介の形態としてではなく「労働」として理解することに基づいている。社会的媒介の形態と解されるならば、資本主義における労働の現実の抽象作用は、社会的諸関係一般の物象化の基底となるメカニズムとして実際理解可能である。最後に、制御媒体としての「権力」と「貨幣」というハーバーマスの概念は、抽象作用のプロセスが近代社会の特徴をなしており、現代の批判理論は経済と国家をともに考慮に入れなければならない、ということを示しているにすぎない。しかしながら、マルクスの社会的媒介としての労働という理論と異なり、それらは抽象作用の諸形態のあいだでの区別を可能にするものではないし、資本主義に特有の時間的な方向性の過程を把握することもできない。私はこれらのテーマを第三部において詳述するが、その際、マルクスの理論は経済的領域(「貨幣」)の政治的領域(「権力」)に対する優位性を説くものでは必ずしもなく、むしろ政治と経済、そしてその相関関係を組み込み、形成し、変容させる弁証法的な歴史的発展についての理論であることを論じることになる。

マルクスの批判理論の歴史的特殊性という観念はまた、それが把握する生活の諸形態と同様に、歴史的発展の内在的論理という意味での歴史それ自体に言及する。本書第三部において私は、マルクスが資本主義の歴史的動態性を、その基礎的な社会的諸形態の二重の性格にいかにして根拠づけているかを概説するだろう。それは、歴史論理の存在を歴史的に特殊なものとして社会的に説明し、人類史に内在する論理という考え方を、それがいかなるものであれ、資本制社会における諸条件を歴史一般に投影するものであるとして否認する。経済学批判の歴史的特殊性は、史的唯物論についての初期マルクスの超歴史的な理解との最終的な断絶、それゆえ歴史哲学（*Geschichtsphilosophie*）の観念との最終的な断絶を示している。ハーバーマスは、歴史の進化論的論理の観点から史的唯物論を再定式化しようと試みているが、彼はそれを措定し得ているものの、真に基礎づけることはできていない。皮肉なことにこの試みは、後期マルクスの理論よりも、ハーバーマスが史的唯物論をまさにそこから解放しようとする「重荷」であるところのヘーゲルの歴史哲学に近しいものにとどまっているのである[一一五]。

資本主義の社会的諸形態についてのマルクスの分析が示唆する歴史的発展の理論によって、超歴史的な進化論的発展論に関連する諸問題もまた、回避することができる。ある内在的な歴史的論理が資本主義の性格を規定しているが、それは人類史すべての性格を規定するわけではない、という考えは、歴史的発展の単一の様式というあらゆる概念と対立する。だが、そのような考え方は、抽象的な相対主義の形態を意味しているわけではない。西ヨーロッパにおける資本主義の勃興は偶然的な発展であったかもしれないが、商品形態の確立は、資本主義の発展過程で次第に統合されてゆく世界市場によって媒介される全地球的なプロセスである。このプロセスは、世界史の構成を必然的にともなう。したがって、こうしたアプローチによれば、発展の内在的論理を持った普遍的プロセスは確かに存在するのであり、それゆえ基礎的な批判の立脚点が可能になる。しかしながら、かかるプロセスは歴史的に規定されたものであり、超歴史的なものではないのである。

社会的媒介についての歴史的に特殊な理論として私が概略を述べてきたアプローチは、意識と主観性の規定された諸形態についての理論をも可能にする。それはイデオロギーの理論に対して、また社会生活におけるさまざまな領域において相互に関連する歴史的発展についての取り組みに対しても、よりよき基礎を与えうる。このようなアプローチは、人類の認識および道徳の進歩の観点からではなく、特殊で矛盾をはらんだ社会的諸形態の観点から、価値観や世界観の構成の問題に取り組むことができるがゆえに、資本主義的な発展の二面性について、文化的、イデオロギー的な観点から把握しようとする試みの出発点ともなりうる。例えば、近代初期における魔女裁判や絶対奴隷制の流行、一九世紀後半、そして二〇世紀における絶滅的な反ユダヤ主義といったものの歴史的展開を、歴史的に正当化することのできない、歴史的あるいは文化的な「後退」とみなす観点からではなく、資本主義の発展における二面性という観点から、分析することができるだろう。[一一六]

　後期マルクスの批判における諸カテゴリーが歴史的に特殊であることは、自己再帰的な社会的認識論の問題にとって、さらに一般的な含意を有している。人間と自然の相互作用、そして人間と本質的な社会的諸関係の相互作用の双方が、資本主義においては労働によって媒介されているために、社会生活のかかる様式についての認識論は、疎外された社会的労働というカテゴリーの観点から定式化されうる、と私は論じてきた。だが自然と人間の相互作用および人間の相互作用の諸形態は、さまざまな社会編制間で大幅に異なるものである。言い換えれば、さまざまな社会的構成の様式によって、異なる編制が構成されるのである。翻ってこのことは、意識の諸形態な

一一五――以下を参照。Habermas, "Toward a Reconstruction of Historical Materialism," in Steven Seidman, ed., *Jürgen Habermas on Society and Politics* (Boston, 1989), pp. 114-41.（J・ハーバーマス『史的唯物論の再構成』清水多吉監訳、二〇〇〇年、法政大学出版局、一六七―二三六頁）; *The Theory of Communicative Action*, vol. 2, p. 383.（ハーバーマス『コミュニケイション的行為の理論（下）』、三九九頁）

一一六――こうした観点から私は、近代の反ユダヤ主義を、隔世遺伝的な様式ではなく［それまでになかった］新しい形態として取り上げてきた。M. Postone, "Anti-Semitism and National Socialism," in A. Rabinbach and J. Zipes, eds., *Germans and Jews Since the Holocaust* (New York, 1986).

ら、び、にそれらの構成の様式それ自体が、社会的かつ歴史的に異なる、ということを示している。それゆえ、それぞれの社会編制は、それぞれ固有の認識論を必要とする。より一般的に言えば、たとえ社会理論が、非常に一般的かつ無規定的な何らかの諸原理（例えば、社会の再生産の必須条件としての社会的労働のような）を基礎として展開されるとしても、そのカテゴリーはその対象の特殊性に適合したものでなければならない。超歴史的に妥当するものでありながら、規定された社会理論などというものは存在しないのである。

この歴史的に規定されたマルクスのアプローチが与える枠組みにおいて、システムと生活世界というハーバーマスの観念の曖昧な性格もまた分析可能である。既に示したようにマルクスは、資本主義における社会的諸関係について、それは全く社会的なものとしては表れないという点で特異なものである、と論じている。商品によって規定された労働によって構成される諸関係の構造は、それ以前の顕在的な社会的紐帯のシステムを弱体化させるのだが、それを類似のシステムに置き換えることもしない。代わって登場するのは、マルクスが社会的世界として描き出すものであり、それは客観的依存を背景とする人格的独立の世界である。必然性が、抽象的で疑似‐客観的な構造をとること、直接的レベルにおいては、伝統的社会に比して資本制社会における相互行為の自由度ははるかに増すこと、この両者はともに、資本主義の特徴をなす媒介形態の契機なのである。ある意味で、ハーバーマスにおけるシステムと生活世界の対立は——初期における労働と相互行為の対立と同様に——、これらの二つの契機の実体化された表現であるが、それは資本主義における社会的諸関係を、「物質的」および「シンボル的」領域へと分解してしまう。疎外された社会的諸関係における価値の次元の諸特徴は、システム的次元へと帰せられる。この概念的客体化のために、社会的媒介の形態によって構造化されているとはもはやみなされない（というのも、その形態が顕在的に社会的なものではないために）、コミュニケーションという一見規定されざる領域が残されるのである。むしろそれは自ら構造化する、「自然に社会的な」ものとみなされる。したがって、このアプローチの枠組みからすれば、生活世界とシステムの曖昧さは、［ハーバーマスが］その理論的出発点から「労働」の観念を保持してきたことの表れなのである。

本書で私が提示するマルクス理論についての読解は、労働による構成という観念を歴史的に規定されたものとして再概念化することによって、ハーバーマスが応答した理論的問題の諸条件を変更する。マルクスにおける矛盾の観念についてのかかる再解釈は、「労働」の概念から離れ、資本主義の「一次元性」というテーゼを再考する。資本主義における労働を社会的に媒介するものとして解釈することは、《批判理論》の悲観主義を、ハーバーマスのそれとは異なる仕方で乗り越えることを可能にする。すなわちそれは、資本主義における社会的構成、生産の特殊性、そして主観性の形態についての理論をもたらし、また批判的で対抗的な意識を、弁証法的な社会的諸形態それ自体によって構成される社会的に規定された可能性としてとらえる。かかる仕方で社会的、歴史的に自らを基礎づけることで、このような批判的社会理論はヘーゲルの歴史哲学の最後の痕跡を消し去ることができるであろう。このようなアプローチにおいて、解放の可能性は、「労働」の進歩からも、言語に媒介されたコミュニケーションのいかなる進化論的な発達からも、その根拠を得ることはない。むしろその可能性は、資本制社会を構築する社会的諸形態の歴史的発展における矛盾をはらんだ性格に、根拠づけられるのである。ここで、マルクスにおける資本の概念の考察へ戻り、その内在的な弁証法における最初の諸規定を検討することにしよう。

第三部

資本——マルクスによる批判の再構築へ向けて

第七章
資本の理論に向かって

ここでようやく私は、資本制社会についてのマルクスの批判理論の再構築へと進むことができる。これまでのところ私は、「労働」の観点からなされる伝統的マルクス主義の批判と、資本主義的労働に対するマルクスの批判の違いについて探究してきた。そのために私は、『資本論』の初めの数章でマルクスが展開した諸カテゴリー、とりわけ資本主義における労働の二重の性格についての把握、価値と物質的富の区別、そして価値の時間的な次元の強調などに焦点を当ててきたのであった。

このような商品形態の分析に基づき、ここで私はマルクスの資本カテゴリーへのアプローチについて概略を述べることにしたい。マルクスによれば資本とは、近代社会に本質的な動態性を与え、生産過程の形態を形づくるような、自己運動する社会的媒介である。『資本論』においてマルクスは、商品から資本のカテゴリーを弁証法的に展開する。つまり、資本の基本的な諸規定は既に商品の社会的形態に含まれていると論じることによって、資本のカテゴリーを展開するのである。商品と資本の諸形態の本質的な関係を示すことによってマルクスは、資本の基本的な性質を解明するとともに、彼の出発点——資本主義の核心的な構造としての商品の二重の性格に対する分析

——に妥当性を与えようとする。マルクスによれば資本主義の特徴は、それが——その構造化する諸関係の特異な性質のために——自らの基本的な特徴を具現する根本的な核を有している、という点にある。マルクスは自身の経済学批判においてこの核心の存在を立証し、それが資本主義の内的かつ歴史的な動態性の根底にあることを明らかにしようとする。それゆえこの社会が歴史的に否定されるためには、この核心こそが超克されねばならないだろう。

本章において私は、マルクスが資本のカテゴリーと生産領域の解明を進めていく道程を提示することになる。マルクスによる解明を詳細に探究するのは本書の限界を超える。私は続く数章で、マルクスが資本を論じる際に展開する社会的諸形態についてのいくつかの決定的な側面を明らかにしようと思う。マルクスの批判理論における最初の諸カテゴリーが含意するものと関連づけて、それら諸側面を考察する。このような進路をとることで示されるのは、これらのカテゴリーについての私の分析が、いかにして生産諸力と生産諸関係のマルクス的弁証法を再概念化し、そのことによって、マルクスの複雑な資本のカテゴリーと資本主義の超克についての理解に新しい光を当てるのか、ということである（かかる議論は、現代資本主義の諸側面にも触れるだろうが、しかしそれはごく予備的な仕方でなされるにすぎない）。

一般的に言って、私がここで提示するマルクスの資本カテゴリーの解釈は、さらに次のことを証明するだろう。すなわちマルクスの批判は、単に自由主義的な資本主義の顕在的なメルクマールの観点から、つまりはブルジョワ的な分配諸関係の観点から資本制社会を分析するものではない、ということである。むしろマルクスの批判は、プロレタリアートに基づく工業的生産過程を資本主義に本質的なものとして把握するとともに、より一般的には、大規模な社会単位の下への諸個人の包摂を資本主義に本質的なものとして把握し、資本主義の生産主義的な歴史の論理に対する批判をもたらすものである。したがってマルクスの批判が暗示的に提示する社会主義とは、ブルジョワ的な分配諸関係の否定であるばかりでなく、かの「ポスト自由主義的」な資本主義の諸特徴の、歴史的な否定でもある。

1 貨幣

マルクスは『資本論』第一巻で、彼の商品についての最初の諸規定に基づいて、貨幣、そして資本の分析を展開する。マルクスは、はじめに交換過程について考察し、商品流通は形式的かつ本質的に生産物の直接的交換とは異なる、ということを論じる。商品流通は、生産物の直接的交換において課せられる時間的、空間的、そして人格的な障壁を克服するのである。その過程において、疑似-自然的な社会的結合のネットワークが発展する。そのネットワークは、人間主体によって構成されているにもかかわらず、彼らの制御を超えたところに存在するのである。[一] 社会的媒介が商品形態をとることは、一方において、独立した私的生産者を歴史的に発生させる。だがそれは他方において、生産者間の諸関係と社会的生産過程を、生産者たち自身から独立した疎外されたシステムとして、すなわち、あらゆる点で客観的な依存のシステムとして構成する。[二] より一般的に言えば、社会的媒介の商品形態は、主体の世界と客体の世界を生じさせるのである。この社会-文化的発展は、貨幣形態の発展とともに進行する。[三]

マルクスは、自らの貨幣の探究を弁証法的展開として組み立てる。彼は、その弁証法的展開のなかで、自らの資本分析につながっていくところの貨幣という社会的形態と、かかる社会的形態を覆い隠す諸々の現象形態とを論理的に導出していく。マルクスは、価値と使用価値の二重性として商品を分析することから出発して、まず第一に、商品の価値次元の外在化された明示的表現として貨幣を規定する。[四] 彼は、商品が生産物の普遍的形態であるような社会においては、貨幣が商品を共約可能にするのではない、と論じる。むしろ貨幣は、諸商品が共約可能であること、労働が社会的媒介として機能していることの表れであり、必然的な現象形態なのである。だが、その後マルクスが、貨幣のさまざまな機能（価値の尺度、流通手段としての機能、そして貨幣としての機能）を詳述していくなかで示すように、このことは事実であるようには見えない。彼は、価値と価格の間には必然的な量的不一致が存在すること、そして価値を有することがなくても価格を有しうるものがあることを示す。こうした理由から、資本主義における貨幣の性質は隠蔽されうるのである。つまり貨幣が、資本制社会を構成する社会的媒介の形態（価値として客体化された抽象的労働）の、外在化された表現として現れない、ということが起こりうる。[五] さらには商品流通は、商品の二重の性格の外在化――貨幣と商品という形態での――によってもたらされるがゆえに、商品は自己媒介的な対象物、すなわち客体化された社会的媒介であるよりも、単なる「物的な」対象物、すなわち貨幣によって流通する財であるように見える。[六] こうして資本主義における社会的媒介の特異な性質は、「世俗化された」、「物的な」具体的次元と、純粋に抽象的な次元とのアンチノミー――近代西洋の世界観に特徴的な――を引き起こし、そこでは社会的に構成されたこれら二つの次元の性格ばかりでなく、両次元の内在的な関係もまた覆い隠されてしまうのである。

　マルクスによれば、鋳貨と紙幣が価値の表徴物として機能するようになるという仕方で貨幣が歴史的に発展したことによって、資本主義における社会的媒介の性質は、さらにわかりにくいものとなる。しかしながら、これらの表徴物［そのもの］の価値とそれが表す価値との間に、直接的な対応関係は何もない。ほとんど価値のない

一――Marx, *Capital*, vol. 1, trans. Ben Fowkes (London, 1976), pp. 207-09.（『マルクス＝エンゲルス全集 第二三巻 第一分冊』大内兵衛・細川嘉六監訳、大月書店、一九六五年、一四八―五一頁）

二――Ibid., p. 202.（同右、一四三頁）既に示したように、この対立は、それが資本主義の発展とともに発展するがゆえに、客観主義的な社会理論と、人間の主体性に一面的に照準する理論との間でのよくある対立を社会・歴史的に分析するための出発点の役割を果たしうるであろう。

三――Ibid., p. 183.（同右、一一九頁）

四――Ibid., pp. 162, 188.（同右、九四、一二五頁）

五――Ibid., pp. 196-97.（同右、一三五―三六頁）

六――Ibid., pp. 210-11.（同右、一五一―五二頁）

事物でさえ流通手段として役立つのであるから、貨幣が価値の担い手であるとは見えないのである。結果として、社会的媒介としての価値の存在そのものが、商品のうちに位置づけられようと、その表現である貨幣のうちに位置づけられようと、意味するものと意味されるものとの、かかる偶然的で表面的な結びつきによって覆い隠されるのである。[七] このような現実的な曖昧化の過程は、かつては契約を通じて獲得されていた商品に対する支払手段として登場した貨幣の機能、および信用貨幣としての貨幣の機能によって強化される。こうした場合、貨幣はもはや交換過程を媒介することはないように見える。それどころか支払手段の移動は、既に独立して存在している社会的結合関係を反映し、認証しているにすぎないように見える。[八] 換言すれば、資本主義における社会的諸関係は、あたかもそれらが社会的媒介としての商品形態とは何ら関係を持っていないように見えるのである。むしろ、かかる社会的諸関係は、予め与えられたものとして見えたり、あるいは究極的には慣習によって、つまり自己決定する諸個人間の契約によって構成されるようにも見えうるのである。

　つまりマルクスは、この箇所の説明〔資本論第一巻・第四章〕で、いかにして貨幣形態が、商品のカテゴリーによって把握される社会的媒介の形態を、表現すると同時にますます隠蔽していくのかを探究しているのである。そして彼は、貨幣と社会についての他の諸理論を暗示的に批判するという方法によって、それを行なう。マルクスはまた、貨幣について論じる際に弁証法的な反転を展開する。すなわち貨幣は、自己目的化する社会的手段なのである。この議論は、彼の商品分析と資本分析との架け橋の役割を果たす。

　ここまで私は、マルクスが商品を、社会的媒介の客体化された形態として分析していることを示してきた。すなわち一般化した商品とは、生産物の自己媒介する形態なのである。この規定から出発してマルクスは、商品流通をある一つの様式として描き出す。すなわちそれは、財の社会的な生産と分配——それを彼は「社会的物質代謝」あるいは「質料転換」(*Stoffwechsel*) の過程と呼ぶ——が、使用価値から価値へ、そして再び使用価値へという商品の「形態変換」(*Formwechsel*) または「変態」によって媒介される様式である。[九] 換言すれば商品は、生産物の一般的な形態である――それゆえそれは本質的に価値であり使用価値である――と仮定することによってマルクスは、商品Aが売られ、その代金が今度は商品Bを買うために使われることを、「変態」の過程として分析するのである。第一段階において商品Aは、その個別的な、使用価値の次元の明示的な形態から、その一般的な、価値の次元（貨幣）の明示的な形態へと変換される。後者は第二段階において、もう一つの個別的な明示的形態、すなわち商品Bに変換されうる（商品交換についてこのように解釈する議論の主眼は、後にマルクスが資本を、商品の形態と貨幣の形態を交互に身にまとう自己増殖的な価値として扱うとき、より明確になる）。マルクスにとってこの過程は、そこにおいて生産と分配（質料転換）が歴史的に特殊な仕方で、形態変換によって実現される過程である。それは資本主義における労働の二重の性格、すなわち人間相互および人間と自然の諸関係が労働によって媒介される状況を表している。別のレベルでは、マルクスはまず商品交換過程――商品A－貨幣－商品B――を、買うために売る過程として説明するのである。[一〇]

　しかしながらマルクスは、自らの探究を進めるに従って、以下のことを指摘する。すなわち商品流通の性質とは、まず第一に社会的手段として、すなわち質料転換を媒介する一方法として論理的に規定されていたところの形態変換が、それ自体目的になる、ということである。[一一]マルクスは、かかる弁証法的な反転の根拠を、貨幣蓄蔵の社会的必然性に置く。この必然性は、流通過程それ自体の諸関係から、すなわち商品流通が普及するようになると、あらゆる購買を同時的な販売によって成立させることはできない、という事実から生じる。むしろ消費手段を獲

七――Ibid., pp. 222-24.（同右、一六三―六六頁）
八――Ibid., pp. 233-35.（同右、一七七―八〇頁）
九――Ibid., pp. 198-200.（同右、一三八―四〇頁）
一〇――Ibid., p. 200.（同右、一四〇頁）
一一――Ibid., p. 228.（同右、一七〇頁）

得し、負債を支払うために、人は貨幣の蓄えを持たなければならないのである。システムの基底的論理の観点から言えば、人は買うために売るにもかかわらず、販売と購買は分離されるようになり、商品の外在化された価値次元――貨幣――は、自己充足的な販売の目的となるのである。[一二] 流通の拡大とともに、一切は貨幣に転換可能となり、[一三] したがってまた貨幣は、ラディカルな社会的平等主義者となる。貨幣は、伝統的な社会的地位から独立した社会的権力の、これまでにない客体化された形態を具現し、私的個人の私的権力となることができるのである。[一四]

マルクスはここで、資本のカテゴリーに移行し始める。マルクスは、目的＝帰着点としての貨幣出現の主観的次元――蓄蔵欲と「プロテスタント」的な勤勉、節制、禁欲主義の美徳――を議論することによって、貨幣の蓄蔵は価値、すなわち、すべての質的特殊性から独立した抽象的な一般的形態に論理的に妥当する蓄積の様式ではない、と主張する。質的に考察されるならば貨幣は、他のいかなる商品にも直接に転換されうる富の普遍的な代表者として無制限であるが、あらゆる現実の貨幣額は量的限界を有している、という論理的矛盾についてマルクスは詳述する。[一五] このようにしてマルクスは、資本のカテゴリー、すなわち右に述べた弁証法的反転ばかりでなく、価値形態に暗黙のうちに含まれた無限の蓄積への衝動をもより一層適切に具現する形態、すなわち資本のカテゴリーが登場する舞台を準備するのである。資本によって（商品）形態の変換が目的＝帰着点となり、われわれがこれから見るように、質料転換はこの目的＝帰着点に至る手段となる。人間と自然を媒介する物質の社会的変換過程としての生産は、資本主義における労働の社会的媒介機能によって構成された、社会的形態の下に包摂されるようになる。

2　資本

マルクスは第一に、価値と商品の分析によって示される一般的定式の観点から近代社会を把握するためのカテゴリーとして、資本を導入する。マルクスは商品流通を、商品－貨幣－商品、つまりW－G－Wとして、すなわち、ある使用価値の別の使用価値への質的変換として特徴づけていた。だが彼は、資本の循環を、貨幣－商品－貨幣として、あるいはより正確にはG－W－G′として提示する。そこではGとG′の差異は必然的に量的なものにすぎない。[一六] 注意すべきは、W－G－Wの分析と同じく、必然的にG－W－G′であるものとしてのG－W－Gの分析は、商品が生産物の一般的形態であることを前提にしている、ということである。換言すれば、マルクスは定式G－W－G′をもって、資本主義においては金儲け目当ての投資が存在することを立証しようとするのではないし、資本制社会の歴史的起源を彼の諸カテゴリーの論理的展開に基礎づけようとするのでもない。むしろ彼は、資本制社会と、金儲け目当ての投資の存在を前提としている。すなわちマルクスの意図は、自らの諸カテゴリーを用いて、社会生活のかかる形態の基底的性質と発展の道程を、批判的に解明することにある。

定式G－W－G′は、富一般が増大する過程を指すのではなく、価値が増大する過程を指す。マルクスは、GとG′との量的差異を剰余価値と呼ぶ。[一七] マルクスによれば、価値の増殖過程――そこにおいて価値量は増大する――の結果として、価値は資本となる。[一八] 彼の資本分析は、富の価値形態において、またしたがって、剰余の価値形態において客体化されている、近代的な社会的諸関係に固有の動態的な過程という観点から、近代社会を把握

一二――Ibid., pp. 228, 234, 240.（同右、一七〇、一七八、一八五頁）
一三――「流通は、大きな社会的な坩堝となり、いっさいのものがそこに投げこまれてはまた貨幣結晶となって出てくる。この錬金術には聖骨でさえ抵抗できない」（Ibid., p. 229［同右、一七二頁］）。
一四――Ibid., pp. 229-30.（同右、一七二頁）この社会的権力の形態は、資本家階級の権力の最初の表現であるが、それは、私が分節化してきたところの、社会支配の抽象的形態の具体的な表現である。それらは互いに関係しているとしても同一ではない。
一五――Ibid., pp. 229-31.（同右、一七二―七四頁）
一六――Ibid., pp. 248-51.（同右、一九二―九六頁）
一七――Ibid., p. 251.（同右、一九六頁）
一八――Ibid., p. 252.（同右）

しようとするものである。この分析によれば近代社会の特徴は、社会的剰余が剰余価値の形態において存在し、かつかかる形態がある動態性を伴うということにある。

これらの諸規定はさらに検討されねばならない。定式G－W－G′によって、一つの進行過程を表すことが意図されている。すなわち、G′はこの過程の終着点で貨幣として単に回収されるのではなく、資本の循環の部分であり続ける。言い換えればこの循環は、実際にはG－W－G′－W－G″－W……である。この循環は、商品流通と貨幣の回転がもたらす運動と違って、絶えざる成長と方向性を含意している。だが、この方向性を持った運動は量的であり、外在的な究極の目的を持たない。商品流通は、過程の外部に最終目的――すなわち消費、必要の充足――を持っていると言える。これに対し、マルクスによればG－W－G′の循環の動因となる力、その決定的な目的は価値それ自体、すなわちそれに照らして、あらゆる物質的富の形態が量化されるところの抽象的で一般的な富の形態である。[一九] 富の形態としての価値の、かかる抽象的量的性格は、それが社会的手段、すなわち客体化された社会的関係でもある、という事実と関係している。資本のカテゴリーが導入されるとともに、手段としての価値の規定性の、もう一つの契機が導入される。すなわち価値は、すべての生産物の質的特殊性（したがって、それらの特定の用途）から抽象された富の形態であり、その量はもっぱら抽象的な時間の関数であるのだが、それは、より多くの価値のための手段、価値のさらなる膨張のための手段の役割を果たすことにおいて、最も妥当な論理的表現を得る。資本のカテゴリーの導入とともに価値は、それ自体が手段であって最終目的ではないような目的のための手段として、その姿を現すのである。[二〇]

したがって資本とは運動のカテゴリー、すなわち膨張のカテゴリーである。すなわちそれは、動態的なカテゴリーであり、「運動している価値」なのである。この社会的形態は疎外され、半ば独立しており、抽象的な様式による強制と束縛を人々に及ぼし、かつ運動するものである。したがってマルクスは、資本に対して行為者としての属性を認める。それゆえ彼は、まずはじめに資本を自己増殖する価値として、自己運動する主体であるところの実体として規定するのである。[二一] この自己運動する主体‐客体的な社会的形態について彼は、連続的で絶え間なき価値の自己膨張過程という観点から記述する。この過程は、あたかもニーチェのデミウルゴスのように、生産と消費、創造と破壊の大規模な循環を生み出してゆく。その螺旋状の道程のさまざまな段階で、貨幣と商品の形態をとって姿を現す。[二二] 資本は固定された最終形態を持たず、社会的媒介の形態の核心をなすものとして展開するのだが、かかる形態は、社会的な客体性と主体性を構成し、内的な動態性を有する。つまり価値とは、客体化され物質化された形態において必然的に存在する社会的媒介の形態なのである。だが価値は、その物質化された形態——貨幣の形であれ財の形であれ——と一致するわけでもなければ、その本来的な属性であるわけでもない。マルクスが資本のカテゴリーを展開する方法は、労働によって構成される客体化された社会的関係としての価値、という彼の最初の規定を遡及的に照らし出す。この客体化された社会的関係と

一九———Ibid.（同右）G‐W‐G′が社会全体の運動を説明するとはいえ、消費手段の購買を労働力の販売に頼っている資本制社会の大多数の人々にとってW‐G‐Wは、最も重要な循環であり続ける。労働者がさまざまな「物質的所有物」に関心を持つ時、それを「ブルジョワ」化であると批判することは、賃労働が資本制社会の不可欠な一側面であるのはいかにしてであるのかを見逃し、W‐G‐WとG‐W‐G′との違いを曖昧にすることである。後者のG‐W‐G′こそが、ブルジョワ階級を定義するのである。

他方で、マルクスの提示様式の目的の一つは、これら二つの循環がシステム的に相互に連結していることを示すことである。商品が普遍的なものとなり、人々が循環W‐G‐Wによって自らを再生産するような社会において、価値は富および剰余の形態である。したがって、そこにおいて生産過程は必然的にG‐W‐G′の過程によって形づくられ、かつ駆動されるのである。W‐G‐Wの循環のみに基づく社会は存在し得ない。すなわちマルクスによれば、そのような社会は、資本主義の先駆けとしてかつて存在したものではなく、資本制社会の契機の、過去への投影なのである。Marx, *A Contribution to the Critique of Political Economy*, trans. S. W. Ryazanskaya (Moscow, 1970), p. 59（『マルクス資本論草稿集③経済学著作・草稿一八五八—一八六一年』資本論草稿集翻訳委員会訳、大月書店、一九八四年、二五八頁）を参照のこと。

二〇———既に論じたように、ホルクハイマーが道具的理性（そして行為）として述べたものの発展と普及は、「労働」や生産それ自体という観点から技術的に理解されるよりも、むしろ社会的に——私がその概略を述べ始めた、社会的手段の特異な形態の発展という観点から——理解されるべきである。

二一———*Capital*, vol. 1, pp. 255-56.（『マルクス＝エンゲルス全集 第二三巻 第一分冊』、二〇一—〇二頁）

二二———Ibid., pp. 255-57.（同右、二〇一—〇三頁）

しての価値は、対象としての商品によって担われながらも、その「背後に」存在するのである。このことが、商品の二重の性格とその外在化を、貨幣と商品として分析したマルクスの主意を明らかにするのである。

資本の運動には際限がなく、終わりがない。[二三] この運動は、価値の自己増殖として、純粋な過程として現出する。したがって、資本のカテゴリーを論じることは、次のような社会における中心的なカテゴリーを論じることになる。すなわちそれは、いかなる明確で外在的な究極目的［telos］も持たない、ある方向性を持った不断の運動が特徴となる社会であり、生産のための生産、過程のために存在する過程によって駆動される社会である。[二四] かかる膨張、かかる絶え間のない動きは、マルクスの分析枠組みにおいては、価値の時間的な次元と内的に関係している。これからわれわれが見るように、自己増殖する価値という概念によってマルクスは、内的な時間的動態性を持つ社会的諸関係の疎外された形態をとらえようとする。この疎外された形態は、歴史の内在的論理を構成し、労働の特定の構造を生じさせ、基底的な資本主義的性格を再構成しつつ、社会生活を絶え間なく変容させる。資本主義における生産についてのマルクスの批判的な考究は、いかにして個々の労働が、大規模で複雑かつ動態的な疎外されたシステム——それは人間と機械を包摂し、生産のための生産という目的によって方向づけられている——の細胞的な構成部分になっていくかを分析する。要するに、マルクスの分析において社会的諸関係の資本形態は、盲目的で純粋な過程によって構成され、疑似-有機的なのである。[二五]

このように方向づけられた動態性と全体性を持った社会的諸関係の形態は、いかにして構成されるのか。マルクスは、剰余価値の源泉、すなわちGとG′の量的差異の源泉を探究することによって、この問題に取り組んでいる。探究の対象が、G-W-G′という持続的過程として現れる社会である以上、剰余価値の源泉は、つねに持続する源泉でなければならない。マルクスは、かかる源泉を流通領域に置こうとする諸理論に反論して、これまでに彼が展開してきた諸カテゴリーの規定に基づき、次のように主張する。すなわち価値量の持続的な増大は、その使用価値が価値の源泉であるという特異な属性を有する一商品に由来しなければならない、と。そこでマルクスは、かかる商品とは労働力であると特定する。つまりそれは、商品として売りに出される労働能力なのである[二六](忘れるべきでないのは、ここでマルクスは価値の源泉について語っているのであって、物質的富の源泉について語っているのではない、ということである)。剰余価値の発生は、商品としての労働力に基づく生産様式と本質的な関係を持つ。このような生産様式の前提条件は、労働が二重の意味で自由であるということである。すなわち労働者は、自身の労働能力の自由な所有主でなければならず、したがってまた人格の自由な所有主でなければならない。と同時に労働者は、自らの労働力を実現するのに必要なすべての対象物から「自由」でなければならない[二七]。換言すればその前提条件は、消費手段が商品交換によって獲得され、労働者は——独立した職人あるいは自営農民とは対照的に——いかなる生産手段も所有せず、それゆえ自分たちの労働力を、所有する唯一の商品として売るよう強いられるような社会である。これこそが、資本主義の前提条件にほかならない。

二三——Ibid., pp. 252-53.(同右、一九八頁)

二四——Ibid., p. 742.(『マルクス＝エンゲルス全集 第二三巻 第二分冊』大内兵衛・細川嘉六監訳、大月書店、一九六五年、七七五—七六頁)非常に抽象的なレベルにおいて、資本についてのこうした最初の規定は、近代社会の生活の直線性に対して社会・歴史的な基礎を与える。この直線性については、マックス・ウェーバーが、レフ・トルストイの作品に言及しつつ、次のように悲観的に述べていた。「無限の『進歩』の一段階をかたちづくるにすぎない文明人の生活は、その本質上、終りというものをもちえない……。アブラハムだとか、また一般に古代の農夫たちだとかは、みな『年老い生きるに飽いて』死んでいったのである。というのは、かれらはそれぞれ有機的に完結した人生を送ったから[である]。…しかるに、文明の絶えまない進歩のうちにある文明人は……『生きるを厭う』ことはできても『生きるに飽く』ことはできなくなるのである」(Max Weber, "Science as Vocation," in H. H. Gerth and C. W. Mills, eds., *From Max Weber: Essays in Sociology* [New York, 1958], pp. 139-40 [M・ウェーバー『職業としての学問』尾高邦雄訳、岩波書店、一九八〇年、三四頁])。

二五——ここでの私の取り組みよりも、さらに徹底して資本のカテゴリーを考究するには、ここで規定された資本形態と、一九世紀および二〇世紀西洋の有機体説や生物学主義の思考様式の発展との間での、ありうべき関係を探究すべきである。M. Postone, "Anti-Semitism and National Socialism," in A. Rabinbach and J. Zipes, eds., *Jews and Germans Since the Holocaust* (New York, 1986), p. 309ff. を参照のこと。

二六——*Capital*, vol. 1, pp. 261-70.(『マルクス＝エンゲルス全集 第二三巻 第一分冊』、二〇七—一九頁)

二七——Ibid., pp. 271-73.(同右、二二〇—二二一頁)

その説明をするなかでマルクスは、批判的な社会理論の諸カテゴリーが持つ歴史的特殊性について、明示的に述べている。マルクスによれば商品と貨幣の流通は、確かに資本主義に先行するにもかかわらず、労働力が商品となるのは、すなわち労働が賃労働の形態をとるのは、ただ資本主義においてのみである。[二八] 事実、このときにはじめて、労働生産物の商品形態は普遍的となり、[二九] 貨幣は真の普遍的等価物になる。マルクスにとって、かかる歴史の発展は、画期的な歴史的転換を意味する。すなわちそれは、「世界史を包括しているのである」[三〇]。資本主義は、他の一切の社会生活の歴史的諸形態からの質的な断絶を特徴とする。

『資本論』のこの部分は、商品から貨幣を媒介として資本に至る諸カテゴリーの論理的な展開は、必然的な歴史の進行として理解されるべきではないという、先述した私の主張を裏づけるものである。『資本論』冒頭の商品は、賃労働を前提としている。マルクスは、自らの提示の仕方が歴史的展開としてではなく、システムの本質的な核心から生じる論理的展開となるよう意図している。このことは、マルクスの次のような叙述によって、さらに裏づけられる。すなわち商業資本と利子生み資本は、歴史的には近代の資本の「根本形態」に先行するものであるにもかかわらず、それらは論理的には資本主義における根本形態の派生物である（したがってそれは、後の『資本論』第三巻における議論で取り扱われる[三一]）。後ほど私は、マルクスの分析におけるこの歴史と論理の関係という主題に立ち戻ることにしよう。

かかる読解は、既に批判した次のような解釈、すなわち『資本論』第一巻におけるマルクスの価値分析は資本主義以前の社会モデルを仮定したものであり、第三巻における価格と利潤についての彼の議論は資本制社会に関するものである、という解釈に反する。この解釈は、価値は歴史的に価格に先立つということを含意している。だが、私の解釈はこれとは反対に、商品流通、貨幣、商業資本、そして利子生み資本が、近代的資本形態よりも歴史的に先行するのと同じく、価格――マルクスが第三巻で言及する「生産価格」は違うにしても――は価値に先行する、ということを示す[三二]。全体化するカテゴリーとしての価値は、資本主義においてのみ構成されるのである。

これに関してマルクスが、資本のカテゴリーを展開するときになってはじめて、商品価値をその需要との関係から分析する諸理論に対して反論することには重要な意味がある。マルクスは、このような諸理論は使用価値と価値を混同し、生産の性質を適切に考察していない、と論駁する。[三二] このような主張が、マルクスによる説明のこの箇所に現れるということが暗示的に示すのは、彼が『資本論』の最初の章で企てた価値の演繹的な導出は、価値——かかる価値は主観的カテゴリーではなく、労働によって構成され、労働時間の支出によって測られるところの、客体化された社会的媒介である——についての彼の主張の真の基礎ではない、ということだ。むしろ、かかる立場の真の基礎は、彼が資本のカテゴリーを展開し、生産を分析することによって与えられるのである。マルクスの理解する価値とは、資本主義における市場の均衡を説明するものでは全くないし、ましてや資本主義以前の社会モデルを基礎づけるものでもない。それは全体化する形態として資本が構成されるときの、構造化する社会的カテゴリーとして理解されてはじめて、本領を発揮するものとなる。これから見ていくように価値は、効率性と合理

二八——Ibid., pp. 273-74.（同右、二二二—二三頁）

二九——Ibid., p. 274n4.（同右、二二三頁の注四一）

三〇——Ibid., p. 274 (translation amended).（同右、二二三頁）

三一——Ibid., pp. 266-67.（同右、二一五—一六頁）

三二——『資本論』第三巻として出版された草稿においてマルクスが、商品価値について、歴史的にも理論的にも生産価格に先行するとみなすのが適切であると述べていることは事実である（*Capital*, vol.3, trans. David Fernbach [Harmondsworth, England, 1981], p. 277 [『マルクス＝エンゲルス全集 第二五巻 第一分冊』大内兵衛・細川嘉六監訳、大月書店、一九六六年、二二三頁]）。『生産価格』は諸資本の生産物として交換される商品価格であり、資本制社会に特有のものである（Ibid., p. 275 [同右、二二一頁]）。しかし、かかる叙述は、マルクスの説明のロジックと矛盾するだけでなく、スミスやトレンズといった古典派経済学者たちは資本制社会のカテゴリーとしての価値を資本主義以前の状況に移し替えているとして批判したマルクスの無数の叙述とも矛盾する。右の叙述における「価値」は、資本主義以前の社会における交換価値または商品価格として緩く理解されるべきである、と私は提案したい。私の読解において、こうした価格は、価値——マルクスが自身の経済学批判においてこのカテゴリーを展開するように——および生産価格のいずれにも先行する。

三三——*Capital*, vol. 1, pp. 261-62.（『マルクス＝エンゲルス全集 第二三巻 第一分冊』、二〇七—〇九頁）

化、そして絶え間なき変容のカテゴリーである。価値とは、方向性を持つ動態的な全体性のカテゴリーなのである。

最後に、次のことに注意すべきである。すなわちマルクスの議論の構造のなかで、自己増殖する価値としての資本という概念が、商品の二重性についての、彼の以前の規定を遡及的に照らし出すのと全く同様に、商品としての労働力という概念は、価値としての商品が抽象的労働によって構成される――すなわち、社会的に媒介する活動としての労働によって構成される――という考えを遡及的に照らし出す。このような労働の機能は、労働力というカテゴリーによって非常にはっきりと現れる。だが、マルクスが用いる抽象的労働と、賃労働の概念は、混同されるべきではない。マルクスは、賃労働という社会学的カテゴリーではなく、社会的形態としての商品のカテゴリーから始めることによって、労働と生産の構造ばかりでなく、資本主義における社会的富と社会的諸関係の組成の歴史的特殊性、すなわちこの社会の動態的性格をも把握しようとするのである。彼はそれを、主観性の社会的かつ歴史的に特殊な諸形態をも把握するところの諸カテゴリーを用いることによって行なう。賃労働のカテゴリーによっては、資本制社会のこうした多様な諸次元を展開しうる出発点の役目は果たされ得ないだろう。

3 ブルジョワ市民社会批判

剰余価値と労働力の概念を導入するに際してマルクスは、自らの探究の焦点を、流通領域――マルクスはそれを誰の眼にも見える社会の「表層」上にあるものと特徴づける――から、「隠れた生産の場所」へと移行させることに着手する。[三四] かかる移行の前に彼は、これまでの説明のなかで展開してきた諸カテゴリーの主観的次元について要約する。換言すればマルクスは、W‐G‐W、つまりは流通領域を構造化するカテゴリー的な社会的諸形態の内在的契機として暗示的に展開しておいた観念と価値観に注意を促す。この要約は、これまでにも示唆してきたことだが、ブルジョワ市民社会に関するマルクスの批判的分析の性質と、彼が生産に焦点を当てていることの意義について、重要な洞察を与える。

マルクスによると、流通あるいは商品交換の領域とは、次のようなものである。

［労働力の売買がその限界のなかで行なわれる流通または商品交換の部面は、］じっさい、天賦の人権のほんとうのエデンだった。ここで支配しているのは、ただ、自由、平等、所有、そしてベンサムである。自由！なぜならば、ある一つの商品、たとえば労働力の買い手も売り手も、ただ彼らの自由な意志によって規定されているだけだから。彼らは、自由な、法的に対等な人として契約する。……平等！　なぜならば、彼らは、ただ商品所持者として互いに関係し合い、等価物と等価物とを交換するのだから。所有！　なぜならば、どちらもただ自分のものを処分するだけだから。ベンサム！　なぜならば、両者のどちらにとっても、かかわるところはただ自分のことだけだから。彼らをいっしょにして一つの関係のなかに置くただ一つの力は……彼らの私的利害の力だけである。そして、このように各人がただ自分のことだけを考え、だれも他人のことは考えないからこそ、みなが、事物の予定調和の結果として、またはまったく抜けめのない摂理のおかげで、ただ彼らの相互の利益の、公益の、全体の利益の、事業をなしとげるのである。[三五]

このような批判の本質とは何か。あるレベルではそれは、「永遠に」「自然なる」ものとみなされているような社会的行為と価値観の構造化された様式を、社会的かつ歴史的に構成されたものとしてとらえるところにある。マルクスは明確に、啓蒙思想、古典派経済学と自然法の理論、そして功利主義において表現された市民社会の諸

三四――Ibid., p. 279.（同右、二三〇頁）
三五――Ibid., p. 280.（同右、二三〇―三一頁）

規定を、社会的諸関係の商品形態に関連づけている。彼は次のように論じる。すなわち、西ヨーロッパにおける社会生活の形式的な政治的領域と市民社会の領域への分化（そのことによって市民社会の領域は、政治的支配から独立して機能するようになり、伝統的社会の数多くの諸制約からも自由となる）は、かかる社会的諸関係の形態の普及と深化に強く結びついており、自由や平等という近代的な価値観も、自己利益に基づいて行動する自律的な諸個人の行為によって社会は構築されているという観念も、またそれと同様である、と。マルクスは、啓蒙思想の検討されざる出発点である近代的個人や、市民社会と結びついた価値や行為の様式を、社会的かつ歴史的に基礎づける。そのことによって彼は、それらが「自然な」ものであるという観念、すなわち人間が、非合理な迷信、慣習、そして権威の足枷から自由になり、人間本性に見合った仕方で自らの利益を合理的に追求することができる（そこでの「合理的な」ものとは当然、社会的かつ歴史的な特殊性から独立したものとみなされる）ようになるとき、それらの価値観や行為の様式が出現するという観念を払拭しようとする。さらにまたマルクスは、社会生活の「自然な」形態という観念それ自体を、社会的に根拠づけようとする。資本主義の特徴をなす社会的諸関係は顕在的なものではなく、「客観的に」構成されたものであり、したがってまた社会的に特殊であるようには全く見えない。この点において資本制［社会］は、他の諸社会とは根本的に異なるのである。他ならぬ社会的諸関係の構造がこのように異なっているために、非資本制社会と資本制社会の違いは、人間本性にとって外在的な、したがって「人為的な」社会制度と、社会的に「自然な」それとの違いであるかのように見えてしまう。[三六]マルクスは、資本主義における規定的な社会的諸関係を特定し、それらが社会的であるようには全く見えないということを示し、自己利益と思われるものに従って行為する一見脱文脈化された諸個人というものが、それ自身社会的かつ歴史的に構成されている（まさに利益のカテゴリーがそうであるように）ということを指摘する。そのことによってマルクスの資本制社会批判の理論は、「自然的に社会的」なるものという近代的観念の根拠を社会的に明らかにし、したがってまたその土台を根底から揺るがすのである。[三七]

しかしながら、流通領域に根差す行為と価値観の構造化された様式に対するマルクスの批判は、それらがただ単に社会的に構成され歴史的に特殊であるということを示すだけではない。私はマルクスが、生産領域とは違って流通を、社会の「表層」に位置づけていることに言及した。生産領域は、社会的現実の「より深層の」レベルを表すものとされている（そしてこれから見ていくように、流通領域と結びついた価値観は、生産領域においては否定される）。マルクスは、生産関係を除外して分配関係に焦点を当てる、いかなる資本主義論に対しても批判的である。とはいえマルクスは、形式的に平等で、自由であり、外的強制力を持たない流通領域の「背後に」は、直接的支配、不平等、そして搾取を特徴とする生産領域が見出される、ということを示そうとしているだけではない。彼の批判は、流通領域の制度や構造、そして価値を、単なる偽装としてただ退けるのではない。むしろ彼は、商品流通はより複雑な全体性の一契機にすぎないと論じているのであり、そのことによって、かかる契機があたかも全体であるかのように考えようとするあらゆる試みを、非難するのである。

その一方でマルクスは、この流通領域について、単なる資本主義の正統化イデオロギーのための社会的基礎ではなく全体性の一契機とみなすことによって、それに真の社会的および歴史的な意義を与える。ブルジョワ大革命は、労働者における意識の性質と発展の問題であると同時に、流通領域の意義を示す適例である。マルクスによれば、例えば労働者と資本家の関係が生産領域ばかりでなく流通領域にも存在するということは、重要な意味を持つ。言い換えれば、労働者と資本家の関係の性質と発展を決める契機は、流通領域においてはその関係が、商品所有者間の形式的に平等な関係である、というところにある。[三八] かくしてマルクスが、労働者の生活手段の価

三六――Ibid., p. 175n35.（同右、一〇九頁の注三三）
三七――かかる議論は、『コミュニケーション的行為の理論』で展開されたハーバーマスの考えに対する批判の出発点を与えうるだろう。彼の考えにおいては、資本主義によって伝統的な社会的諸形態が弱体化することで、コミュニケーション的行為それ自体によって、つまり、社会的に規定されないことをその特徴とする社会的行為によって構成される生活世界の歴史的な出現が可能となる。

値という観点から、商品としての労働力の価値を論じるに際して、労働者における必需品の数と範囲も、それらが満たされる仕方も一定してはいない、ということが強調される。それらは歴史的・文化的に変化し、自由な労働者階級の習慣と生活期待に左右される。マルクスが言うように、「労働力の価値規定は、他の諸商品の場合とは違って、ある歴史的な精神的な要素を含んでいる」[三九]のである。この引用箇所の豊かな含意について、ここでは詳述せず、ただ次の事柄を明記しておきたい。すなわちマルクスの言う、歴史的および精神的な要素を構成する契機の一つは、労働者は商品所有者——つまり「主体」——でもある、という事実にある。この事実が、労働者の価値観（例えば彼らの公正、正義といった観念）の性質ばかりでなく、これに基づいて彼らが組織化を行なう際の、能力と意志の性質を規定する条件となるのである。

例えば労働者が自らの商品を売る際の諸条件に、いくらかでも支配力を実際に及ぼすことができるのは、一般に労働条件、労働時間、労賃のような問題をめぐる集団行動を通じてのみである、と論じることができる。労働者の集団行動は、ブルジョワ的な社会的諸形態に対立すると広く思い込まれているのだが、労働者による商品の所有は、集合的形態においてはじめて十全たる実現をみる。労働者は、集合的にのみ「ブルジョワ的主体」になりうるのである。換言すれば、商品としての労働力の持つ性質は、集団行動は商品所有に対立するのではなく、［むしろ］その実現にとって必要不可欠である、ということにある。商品としての労働力の歴史的な実現過程は、逆説的にも、資本主義の枠内における集合的諸形態の発展を必然的にもたらすが、かかる形態は資本制社会を超える志向性を持たない。むしろこの集合的諸形態は、自由主義的な資本主義からポスト自由主義的な資本主義への移行において、重要な契機を構成するのである。[四〇]

賃金労働者‐資本家関係と、労働者の価値観および意識形態の構成についてのマルクスの分析は、当然のことながら、流通領域の考察に限られてはいない。マルクスによれば賃金労働者は商品所有者であり、したがって流通領域のなかで「主体」であるにもかかわらず、彼らはまた資本主義的な生産領域のなかで「客体」、すなわち使用価値であり生産過程の要素なのである。かかる流通と生産の両領域による同時的規定が、賃労働を定義する。既に私が述べたように、マルクスは暗黙のうちに、資本制社会において構成される個人を二重に――すなわち客観的な強制のシステムの主体かつ客体として――規定している。労働者が主体（商品所有者）であると同時に（資本主義的生産過程の）客体であるということは、かかる二重の規定性の具体的外延、すなわち「物質化」を表している。労働者の意識の発展についてのマルクスの理解を適切に論じるには、両契機とその相互作用、そして両契機の歴史的変容を分析することから始めなければならないだろう。[四一] 本書において私は、そのような探究に

三八――*Capital*, vol. 1, pp. 271-73.（『マルクス＝エンゲルス全集 第二三巻 第一分冊』、二二〇―二二一頁）

三九――Ibid., p. 275.（同右、二二四頁）

四〇――かかる集合的形態に対する商品の観点からの分析は、価値のカテゴリーの適切な表現として資本を解釈することに関わっている。この分析は、ポスト自由主義的な資本主義の特徴である大規模な官僚制的社会組織および制度と、資本との関係を再考する出発点を与えてくれる。別のレベルでは、実際の商品所有と、ブルジョワ的主体のカテゴリーとの関係は、一九世紀および二〇世紀の西欧と北米における公民権の拡大過程を再考する出発点をも与えてくれるだろう。

四一――この点で、マルクスのアプローチに対する私の解釈は、ジェルジ・ルカーチの解釈とは大きく異なる。ルカーチは、プロレタリアートの階級意識を議論するにあたって、次のような考えから出発する。すなわち、労働者はまず商品としての自己を自覚するようになってはじめて、社会における自らの存在を意識することができるようになる（Georg Lukács, "Reification and the Consciousness of the Proletariat," in *History and Class Consciousness*, trans. Rodney Livingstone [London, 1971], p. 168ff.［G・ルカーチ『歴史と階級意識』城塚登・古田光訳、白水社、一九九一年、一五九頁以下］を参照）。マルクスは労働者を、商品であり商品所有者でもあるものとして分析することによって、労働者を客体であり主体でもあるものとして扱う（*Capital*, vol. 1, p. 271［『マルクス＝エンゲルス全集 第二三巻 第一分冊』、二二〇頁］）。これとは違ってルカーチは、自己認識と対抗的な主観性の可能性を存在論的に――すなわち社会的諸形態の外部に――根拠づけている。マルクスのカテゴリー的分析は、資本制社会の社会的諸次元の相互作用と発展という観点から、労働者の意識の歴史的特殊性と発展をとらえようとするものである。マルクスは、資本制社会を修正し変容させながらも、かかる社会の枠組みのなかにとどまり続ける意識の諸形態を分析し、この社会を超えていくような意識の諸形態の規定について提起している。しかしながらルカーチは、プロレタリアートの意識を論じる際に、主観性の規定された諸形態についてのカテゴリー的分析を基本的には放棄している。「商品の自己意識」という観念から始めながらルカーチは、主体と客体の抽象的な弁証法を展開しようとするが、この弁証法は、労働者が自身の社会的存在を客体として自己認識することから、歴史の主体としての自己意識となる可能性を導き出す（"Reification and the Consciousness of the Proletariat," p. 168ff.［ルカーチ『歴史と階級意識』、一五九頁以下］を参照）。先に述べたように、これら二つのアプローチの違いは、一方においてマルクスが、社会的諸関係（資本）の

取りかかることはしないつもりである。ここではただ、次のことを記すにとどめたい。すなわちマルクスが流通領域に関係づけたところの「自由や平等といった」価値観が不当に全体化されると、それらは資本制社会における正統化のイデオロギーのための基礎として機能する。にもかかわらず、それらの価値観はまた、対抗的な社会運動と、社会的および政治的批判の様式の性質と構成にとって、重大な歴史的諸帰結をもたらしてきた。たとえそれらが資本制社会の枠組みにとどまっているとしても、マルクスにとっては、解放的契機を確かに持っているのである。

　マルクスのブルジョワ市民社会批判の諸側面についてのこのような簡潔な議論は、私が先に主張した次の事柄をさらに補強し明確化する。すなわち、ブルジョワ社会の解放的な価値観についてのマルクスの分析は、それらの価値観を退けるのでもなければ、資本主義においては実現されないままであるが社会主義においては実現されるであろうような理想として、それらを持ち上げるのでもない[四二]。そのような解釈はいずれも、諸々の文化的理念と意識の諸形態の社会的構成についての理論としてのマルクス理論の真価を理解していない。マルクスは、流通領域がいかにして価値の性質と存在を偽り隠すのかを、『資本論』全体で確かに示している。しかしながら、マルクスが流通と生産の間に、すなわち表層と深層構造の間に置いた対立は、「仮象」と「真実」の間の対立と同じではない。後者の「仮象」と「真実」の間の対立は、「労働」に立脚した批判における、よくある主題と関係がある。この主題において生産領域は、存在論的により本質的で超歴史的な契機を表しており、それは資本主義においては流通によって歪められているが、社会主義においては隠されずに現れうる、とされる。しかしながらマルクスの分析において、流通と生産の領域はいずれも歴史的に規定されており、労働によって、その二重の性格において、構成されている。流通と生産のいずれの領域も、社会批判の観点を表してはいない。表層と深層の構造のいずれもが、資本主義の廃絶とともに廃絶されるのである。それゆえこの対立は、幻想的な見かけと「真実」の対立でもなければ、それとは逆に、資本制社会の理想とその部分的な、あるいは歪められた実現との対立でもない。むしろそれは資本制社会における二つの異なった、だが相互に関係する領域間の対立なのであり、こ

の二つの領域が、全く異なった種類の理念に結びつけられているのである。[四三]

抽象的普遍主義と個別主義的特殊性との対立について論じた際に述べたように、マルクスにとって資本主義の超克は、資本主義の文化的価値観の単なる廃絶をもたらすのでもなければ、彼が解放的なものとみなすところのブルジョワ社会の価値観の実現をもたらすのでもない。そうではなく、彼のアプローチが含意するのは、次の事

構造という観点から、同一的な主体／客体というヘーゲル的概念を分析し、他方においてルカーチが、この概念をプロレタリアートと同一視していることから来る相違に関わっている。マルクスの理論が主体と客体の対立を社会的に根拠づけるのに対し、ルカーチによる「労働」の観点からの洗練された社会批判は、主観‐客観の問題機制の枠組みにとどまっている。ルカーチは資本主義を、その核心において「真の」人間関係を偽り隠す社会的「客体性」の形態であると考え、資本主義の廃絶を歴史的《主体》の実現という観点から思い描く。したがって彼は、労働者が自身を商品であると知ることによって、「あらゆる商品の物神的性格」を認識することができる、と述べる。そのことによって労働者は、商品形態の下に隠れている、人々のあいだの「真の」関係を認識することができる、とルカーチは言うのである（Ibid., p. 169〔同右、一六二頁〕）。私が強調したように、マルクスもまた、社会編制の核心は覆い隠されていると主張している。しかしながら、かかる構造的な核心は、諸関係の一形態としての商品それ自体なのであり、商品の「背後にある」一連の諸関係ではない。

　これから私が検討するのは、資本主義を超えようとする意識が、生産過程の内部における直接的人間労働の客体的な性格に関連していることを、いかにしてマルクスの分析が示唆しているか、ということである。だが、そのような意識の性質とありうべき帰結は、ルカーチのアプローチにおけるものとは違っている。ルカーチにとってプロレタリアートは、資本主義における客体としての社会的規定を認識し廃棄することによって、歴史の《主体》としての自己自身を実現する。これに対し、マルクスにとってプロレタリアートは資本の客体かつ付属物であり、それはますます時代錯誤になっていくにもかかわらず、資本の必要不可欠な前提条件であり、またそうであり続ける。マルクスが探究する可能性とは、プロレタリアートの自己廃棄である。すなわちプロレタリア階級は、歴史の《主体》ではなく、またそうなることもないのである。

四二――ブルジョワ革命の諸理想は、根本的で画期的な資本主義批判の立脚点の役割を果たすのであり、それらは社会主義社会において実現されるであろうという観念は広く普及しているが、それは、組織化された労働者が集団的な商品所有者として自己を構成するという考えに照らして、部分的には批判的に分析されうる。もしも集合的な行為と組織それ自体が、資本主義に対抗するものと誤って理解されるならば、このような集合的な商品所有者の社会的な行為と理想は、資本主義の自由放任主義段階の否定ではなく、資本主義それ自体の否定を志向するものと誤解されかねない。

四三――これらの領域間の関係は歴史的に変化し、資本主義諸国のあいだでもさまざまである。かかる関係を分析するならば、資本主義における理念と価値観の変異と変容にアプローチする次元、すなわち、生産と流通の領域が媒介されるさまざまな仕方――例えば、市場による調整あるいは国家の指導といった――に焦点を当てるアプローチの次元が与えられうるであろう。

柄である。すなわち資本主義の超克は、歴史的に構成された価値観に基づいて生じるが、その価値観は、資本主義的社会編制の特徴をなす内的に関連したアンチノミー的な諸々の対立——例えば、抽象的平等と具体的不平等との対立——の超越を表現するものでなければならない、ということである。

4 生産の領域

現地点で私になしうるのは、資本主義における生産領域をマルクスが取り扱う仕方を、予備的に見ておくことである。「労働」に立脚する批判と、資本主義における労働の性格に対する批判の違いについて私が詳述してきたことを基礎とすることで、次のことが言える。すなわち、生産に関するマルクスの主張——流通という「表層の」領域の背後にある、より根本的な「隠された」社会的領域を生産が構成するという主張——は、物理的な生活手段の生産の社会的な第一義性について述べたものではない。むしろ彼の主張は、資本主義の特徴をなすところの、労働によって媒介された社会的諸関係の構成に言及するものである。マルクスの分析枠組みにおいて資本は——商品と同じく——社会的諸関係の一形態である。資本のカテゴリーは、富を指すものでもなければ、富を生産する能力一般を指すものでもない。またそれは、一つの社会的形態であると解されるわけだから、階級関係に還元することもできない。私はまず初めに、社会的諸関係の資本形態を、疎外され抽象的で自ら動く《他者》であり、外部に目的を持たず、方向性を持った不断の運動をその特徴とする、と規定した。マルクスの生産領域についての分析は、かかる動態性を根拠づけようとするものだが、それは資本形態を解明し、また疎外された社会的諸関係が内的に矛盾をはらんだ特異で動態的な形態をとって構成され発展することを探究することによってなされる。資本主義における労働の二重の性格のために、彼の探究は必然的に、剰余生産物の生成についての探究ともなる。[四四] これから見ていくようにマルクスは、資本の動態性を、再生産の過程であると同時に変容の過程でもあるような、非直線的な過程として分析する。資本は自らを再生産することによって、社会生活の大部分を不断に変容させてゆく。

マルクスは、かかる動態的過程を生産領域に位置づけ、その過程は流通領域にも国家の領域にも、いずれにも根差してはいないと主張する。換言すれば彼の分析は、近代社会を国家と市民社会に分ける古典的な二分法が不完全であることを示唆しているのである。この二分法では、社会編制の動態的性格を摑むことはできないのである。マルクスは、単に「市民社会」を「資本主義」と同一視するのでもなければ、古典的な二分法図式のいずれかの領域に優位性を措定するのでもない。そうではなく、彼は次のように主張する。すなわち、資本主義が十全に発展するにつれ、国家と市民社会の領域が、最初は分離したものとして構成されながらも、次第に上位の動態的構造——それを彼は生産領域の分析によって把握しようとする——のなかに埋め込まれるようになる、と。かかるアプローチによれば、社会的領域の絶えざる変化——国家と市民社会の変わりゆく関係、そしてまた各領域における諸制度の性格と発展(例えば「公」と「私」の両部門における大規模で階層秩序的な官僚制の勃興)を含む変化——は、生産領域というこの「第三の」上位の領域に根差した資本制社会の内的動態性という観点からのみ、理解可能である。

ここでようやく私は、価値のカテゴリーを追って、流通領域からいわば「隠された生産の場所」の「入り口」をくぐり、次のことを示すことになる。すなわちマルクスの分析において、価値は単に流通を規制するものではなく、また単に階級搾取についてのカテゴリーでもないというのはいかなる意味においてであるか、ということである。むしろそれは自己増殖する価値として、生産過程の形態を形成し、資本制社会の内的な動態性を基礎づ

四四——注意しなければならないのは、マルクスの分析において剰余価値は、利潤に等しいのではなく、(価値の)全社会的剰余に当てはまるものであり、この剰余が、利潤、利子、地代、そして賃金の形態において分配される、ということである。

ける。価値のカテゴリーの可能なる妥当性と分析上の有用性は、必ずしも自由主義的な資本主義に限定されるわけではないのである。

マルクスは自らの商品規定に基づいて、資本主義的生産過程の探究に着手する。マルクスによればこの生産過程は、その性格において二重的である。すなわち、ちょうど商品が使用価値と価値の統一体であるように、商品生産の過程は、「労働過程」（物質的富の生産過程）と価値形成過程の統一体なのである。このことからマルクスは、資本の生産過程は、労働過程と「価値増殖過程」（剰余価値の形成過程）の統一体であることを明らかにする。[四五]いずれの場合においても使用価値の次元は、価値の次元が現象するときの必然的な物質的形態であり、それがまた価値の次元の歴史的に特殊な社会的性格を覆い隠すのである。

資本主義的生産過程における特殊な性質と発展の検討に入る前にマルクスは、労働過程の最も抽象的な、いかなる特殊な社会的形態からも独立した規定について考察する。[四六]マルクスによれば労働過程の基本要素とは、労働（具体的な労働として、すなわち使用価値の生産を目的とする合目的活動として理解されるところの労働）と、生産手段（労働が行なわれる対象と、この労働の手段または道具）である。[四七]この基本的で抽象的な諸規定において労働過程は、質料転換、すなわち人間と自然の物質代謝的相互作用（*Stoffwechsel*）のための普遍的条件なのであり、したがってまた、人間の生存の普遍的条件なのである。[四八]

『資本論』のこの部分［第一巻・第五章］は、しばしばマルクスの提示した文脈から外れて引用され、労働過程の超歴史的に妥当する定義を提示するものとして理解されている。このことは、マルクスの次のような有名な言葉に関して、とりわけ当てはまる。「最悪の建築師でさえ最良の蜜蜂にまさっているというのは、建築師は蜜房を蠟で築く前にすでに頭のなかで築いているからである……労働者は、自然的なものの形態変化をひき起こすだけではない。彼は、自然的なもののうちに、同時に彼の目的を実現するのである」[四九]。しかしながら、しばしば見落とされているのは、マルクスの提示が、後に反転を伴っているということである。すなわち、さらに続けてマルクスは、資本主義における労働過程について、そこにおいて当初は比類なく「人間的な」ものと前提されていた諸要素――例えば合目的性――が、まさに資本の属性となっていくような過程として構築されていることを示すのである。

　想起せねばならないのは、最初は質料転換（*Stoffwechsel*）を起こすための手段として規定されていた形態変換（*Formwechsel*）が、いかにしてそれ自体目的となるのかを、マルクスは貨幣の分析において考察しているということである。マルクスはいまや、最初に彼が行なった、労働過程についてのきわめて抽象的な規定から次へ進んで、かかる手段と目的の逆転を説明する。すなわち、いかにして生産における質料転換の過程が、資本のカテゴリーによって表現されるところの形態変換の目的によって形づくられることになるのかを示すのである。資本主義的生産過程の考察においてマルクスはまず手短に、その所有関係に――すなわち資本家が、労働過程に必要な諸要因（生産手段と労働）を買い入れること、その結果として労働者は、生産物ばかりでなく彼の労働をも所有する資本家の支配下で労働することに――注意を向けている。[五〇] しかしマルクスは、所有の観点からのみ資本主義的生産を論じているのでもなければ、剰余の生産と搾取に直接焦点を当てているのでもない。むしろ彼は資本主義的生産過程の特殊性について、それが生産する富の形態の観点から検討し始めるのである。換言すればマルクスは、資本主義的生産を労働過程と剰余価値形成過程の統一体として説明するのだが、先行する論理的レベルにおいて基本的諸規定を検討することによって、まずは労働過程と価値形成過程の統一体として資本主義的生産を

四五――*Capital*, vol. 1, pp. 293, 304.（『マルクス＝エンゲルス全集　第二三巻　第一分冊』、二四五、二五六頁）
四六――Ibid., p. 283.（同右、二三三頁）
四七――Ibid., pp. 283-84, 287, 290.（同右、二三四―三五、二三八、二四一頁）
四八――Ibid., p. 290.（同右、二四一頁）
四九――Ibid., p. 284.（同右、二三四頁）
五〇――Ibid., pp. 291-92.（同右、二四二―四三頁）

ることを考察の中心に置くのである。マルクスはまず初めに、価値を生産する過程に含まれる論理的意味を分析することから、議論を進めてゆく。それから彼は、この過程のなかで、かかる論理的な含意がいかにして物質化されるようになるかを提示することで、資本主義的生産過程を説明する。価値形成過程の観点から考察されるとき、労働過程の諸要素は異なる意義を獲得することを強調して、マルクスは議論を始める。まず第一に、生産過程の目的は、もはや単なる使用価値としての生産物なのではない。むしろ使用価値は、ただそれが価値の運搬物であるがゆえに、その限りにおいてのみ、生産されるのである。生産の目的は、ただ使用価値であるばかりでなく、価値――より正確には剰余価値――でもある。[五二]このことは、生産過程における労働の意義を変化させる。マルクスは以前の彼のカテゴリー的規定をさらに展開し、特定の生産物をつくり出すための質的に特殊な合目的的活動としての労働の超歴史的な意義が、資本主義的生産においては変更される、と主張する。価値形成過程という観点から考察されるとき、労働はその質的特殊性とは無関係に、価値の源泉として、量的にのみ意義を有するのである。[五三]このことはまた、原料と生産物の質的特殊性も、かかる価値形成過程の観点からすると何ら意義を持たない、ということを必然的に含意する。確かにマルクスは、見かけの姿と違って、価値形成における原料の現実の機能は、ただ単に一定量の労働を吸収することだけにあり、また生産物の現実の機能は、ただ吸収される労働の尺度として働くことのみにある、と主張している。「今では、一定量の……生産物が表わしているものは、一定量の労働……にほかならない。それらはもはや社会的労働の一時間分とか二時間分とか一日分とかの物質化されたものでしかないのである」。[五四]つまるところマルクスは、彼が商品流通について展開してきた分析の延長線上で、資本主義的生産の特徴をなすのは次の事柄であると主張する。すなわちそれは、労働による質料転換は、労働（価値）によって構成される社会的形態をつくり出すことに向かうための単なる手段でしかない、ということだ。生産の目的が（剰余）価値であるということは、この目的が社会的媒介そのものであるということなのである。

価値形成過程としてとらえられた生産過程についてのマルクスの分析は、特定の生産物の生産に対する無関心という、資本主義においては構造上、暗黙的なものについての第一の論理的規定を与えてくれる。われわれの目的にとってより重要なのは、彼が生産領域の解明を始めるのは、価値形成過程が、まさにその場であるところの労働過程そのものの諸契機をいかに変容させるかを示すことによってである、ということだ。このことは、労働の場合には特に重要な意味を持つ。すなわち、価値とその形成過程についてのマルクスの諸規定が含意するのは、労働過程においては人間と自然の相互作用を規制し、かつ導いていく合目的的活動として定義される労働が、価値形成過程においてはその目的から切り離される、ということである。労働力を支出する目的は、もはやその労働の特殊な性質と本質的な結びつきを持たない。むしろ、かかる目的は見かけの姿にもかかわらず、支出された労働の質的性格から独立している。それは労働時間それ自体の客体化なのである。つまり労働力の支出は、別の目的に達する手段なのではなく、手段でありながら、自らを「目的」化させる。かかる目的は、(抽象的)労働そのものによって構成される、疎外された構造によって与えられている。目的としての労働力の支出は、際立って特異なものである。それは(具体的)労働の特殊性に対して外在的であるばかりでなく、社会的行為主体の意志からも独立して措定されるのである。

しかしながら労働は、価値形成過程においてその目的から切り離されているだけではない。それはまた、生産の対象に転換されている。マルクスによれば、生産における直接的人間労働は、ひそかにではあれ、価値形成過程の事実上の「原料」になるのである。だが、この価値形成過程は同時に労働過程であるために、労働は相変わ

五一——Ibid., p. 293.(同右、二四五頁)
五二——Ibid.(同右)
五三——Ibid., pp. 295-96.(同右、二四七—四八頁)
五四——Ibid., pp. 296-97.(同右、二四九頁)

らず、人間の必要を満たすために物質を変換する合目的的行為であるように見える。しかしながら価値形成過程の観点からすれば、労働の持つ本当の意義とは、価値の源泉としてのその役割である。これから見ていくように、かかる意義は、資本主義的生産の発展とともに、労働過程の物質的形態において、ますます現れるようになる。

かくして労働は、資本主義におけるその二重の性格の結果として、二重の意味で「客体的［objective］」になる。すなわち労働の目的は、労働そのものによって構成されているがために、行為主体の意志ばかりでなく、特定の労働の質的特殊性からも分離された「客体的［objective］」なものとなる。これと関連して、生産過程における労働は、その目的から分離されているために、生産過程の対象［the object］に還元されるのである。

価値形成過程の論理的含意についてこのように分析してから、マルクスは初めて価値増殖過程、すなわち剰余価値の形成過程の詳述へと進む。剰余価値がつくり出されるのは、労働者が自らの労働力の価値をつくり出すのに必要とされる労働時間を上回って労働するときである。つまり、労働力の価値が、生産過程においてこの労働力が増殖させる価値を下回るとき、剰余価値がつくり出される。[55] 換言すれば、この段階におけるマルクスの説明では、価値形成過程と剰余価値の形成過程の違いは、ただ量的なものにすぎない。すなわち、「いま価値形成過程と価値増殖過程を比べてみれば、価値増殖過程は、ある一定の点を越えて延長された価値形成過程にほかならない」[56]。

マルクスは価値増殖過程を、本質的に価値形成の観点から分析している。このことは重要である。すなわち、資本主義的生産過程についての彼の初めの議論は、剰余それ自体に関するものであると同時に富の形態――したがって剰余の形態――に関するものでもある。このことは、資本主義における生産についてのマルクスの分析が、労働富説（a labor theory of *wealth*）に基づいているのではなく、また彼の批判は、搾取のみを批判するものとして理解されるべきではない、という私の主張を裏づける。換言すれば、剰余の源泉についてのマルクスの探究は、物質的富の剰余が「労働」によってつくり出されることをつきとめ、そのことによって、かかる剰余が資本家階級によって横領されていると批判するためのものではない。これと関連しているが、資本主義における生産過程は、資本家階級それ自身の利益のために彼らによって外部から支配される労働過程となっているが、社会主義においてはそれがすべての人々の利益のために用いられるようになるだろう、とマルクスは考えているのではない。このような解釈は、富の価値形態と、資本主義における生産過程の二重の性質――すなわち、その内在的で資本主義的な（資本に規定された）性格――についてのマルクスの分析の、いずれの含意をも見落としている。マルクスによれば、資本主義的生産の特徴をなすのは階級搾取だけでなく、絶えざる価値の増殖に根差した特異な動態性もまたそうなのである。すなわちそれは、右に概説した価値増殖過程についてのさまざまな規定によってもまた、特徴づけられるのである。これから見ていくように、かかる諸規定は、工業的な労働過程の具体的形態において物質化されている。資本主義的生産が持つこれらの際立った諸特徴についてマルクスは、富の、したがって剰余の価値形態［富／剰余が価値という形態を取っていること］にその根拠があることを明らかにする。生産手段と生産物が資本家に属し、労働者には属さないという事実の観点からだけでは、これらの特徴を適切に把握することはできない。換言すれば、生産領域において構成される社会的諸関係というマルクスの概念は、階級的搾取関係の観点からだけでは理解され得ないのである。

先に私は、半ば独立した存在を獲得する社会的媒介の「客観的」形態は労働によって構成されたものである、というマルクスの考えを検討した。ここまでで私は、かかる媒介が新たな段階へと論理的に展開するのを追っていき、次のことを見出した。すなわち価値の持つ性質は、その形成過程が労働を生産の対象へと変容させると同時に、労働をその目的とは別の目標に直面させるところにある。換言すれば、私がその解明に着手しているのは、

五五――Ibid., pp. 300–02.（同右、二五三―五五頁）
五六――Ibid., p. 302.（同右、二五六頁）

人間労働による人間支配としてマルクスが描き出す社会支配のシステムの、さらに進んだ規定なのである。ここで提示されているような労働は、伝統的な解釈と違って、支配の対象であるばかりでなく、資本主義における支配を構成する源泉でもある。

マルクスは、これまでに私が検討した第一の規定から資本主義的生産過程を詳述することによって、かかる支配システムの発展を跡づける。彼は支配システムの発展を、この二つの契機のあいだの関係、すなわち、その価値増殖過程としての発展と労働過程としての発展との関係、という観点から分析する。マルクスは、前者の価値増殖過程を追究する際に、「必要労働時間」、すなわち労働者が自己を再生産するのに必要な価値量をつくり出す時間の量と、「剰余労働時間」、すなわち労働者がそうした「必要な」量を超えて付加価値――換言すれば剰余価値――をつくり出す時間を区別している。[五七] 労働者階級によってつくり出され、資本家階級によって横領されるところの剰余価値は、資本主義においては剰余生産物の形態をとる。剰余価値の本質は、時間的なものである。「必要」と「剰余」の労働時間の合計は、一労働日を構成する。[五八] このことに基づいてマルクスは、剰余価値の二形態――「絶対的剰余価値」と「相対的剰余価値」――の区別に取りかかる。前者の絶対的剰余価値の場合、剰余労働時間の量、したがって剰余価値は、労働日の延長によって増大する。そして後者の相対的剰余価値は――ひとたび労働日が限定されると――必要労働時間の短縮によって獲得される剰余労働時間の増大を指す。[五九] このような短縮は、一般的な労働生産性（あるいは少なくとも、生活手段または生産手段を生産する工業部門における労働生産性）の向上によって達成されるが、それは労働力を再生産するために必要な労働時間を短縮することなのである。[六〇] そうして相対的剰余価値の発展とともに、自己増殖する価値としての資本の特徴をなすこの方向性を持った運動は、生産性における持続的な変化と結びつけられるようになる。資本主義の内在的な動態性、すなわち生産性の向上と、価値形態をとる剰余の増大とのあいだの、規定された関係に基礎づけられた、止むことのない膨張が現れる。

マルクスの分析において、資本制社会のこの歴史的な動態性は、資本主義的生産過程の両方の次元――すなわち労働過程および価値増殖過程――における動態性を必然的に含んでいる。相対的剰余価値の生産と結びついた、生産性における継続的な変化は、労働過程の技術的および社会的な諸条件の根本的変容を伴う。[六一]「相対的剰余価値の生産は労働の技術的諸過程と社会的諸編成とを徹底的に変革する」[六二]。こうして労働過程は、価値増殖過程の基礎が、絶対的剰余価値から相対的剰余価値へと移動するにつれて変容する。マルクスはかかる労働過程の変容を、「資本のもとへの労働の形式的包摂」[六三]の段階――そこにおいて「労働過程の一般的な性質は、この過程を労働者が自分自身のためにではなく資本家のために行なうということによっては、もちろん変わらない」[六四]――から、労働の「資本のもとへの実質的包摂」の段階[六五]――そこでは「労働が資本に従属することによって……生産様式そのものの変化［が起きる］」[六六]――への変容であると述べている。後者の段階において、価値増殖過程の諸規定は労働過程において物質化される。すなわち直接的人間労働は、物質的に生産の対象となる。換言すれば、具体的なプロレタリア労働は、マルクスが価値増殖過程の分析を始めるに際して論理上、かかる労働に与えた諸属性を物質的に獲得する。かかる生産形態、すなわち工業的生産は、価値増殖過程の十全たる物質化として、マルクスによって「独自な資本主義的生産様式」[六七]として特徴づけられるのである。

五七――Ibid., p. 325.（同右、二八二頁）
五八――Ibid., p. 339.（同右、二九九頁）
五九――Ibid., pp. 431-32.（同右、四一四―一五頁）
六〇――Ibid.（同右）
六一――Ibid.（同右）
六二――Ibid., p. 645.（『マルクス＝エンゲルス全集 第二三巻 第二分冊』、六六一頁）
六三――Ibid.（同右）
六四――Ibid., p. 291.（『マルクス＝エンゲルス全集 第二三巻 第一分冊』、二四二頁）
六五――Ibid., p. 645.（『マルクス＝エンゲルス全集 第二三巻 第二分冊』、六六一頁）
六六――Ibid., p. 291.（『マルクス＝エンゲルス全集 第二三巻 第一分冊』、二四三頁）

資本の下への労働の「実質的包摂」についてのマルクスの分析は、発達した資本主義における生産過程を、資本主義的生産諸関係によって（すなわち価値と資本によって）形成されたものとして分析しようとする試みである。すなわち彼はかかる生産過程を、内在的に資本主義的なものとして扱う。このことが証明するのは、マルクスの見解において、資本制社会の根本的矛盾――その生産諸力と生産諸関係の矛盾――は、工業的生産と「資本主義」（すなわち、ブルジョワ的分配関係）の矛盾を指すのではなく、資本主義的生産様式それ自体の内部の矛盾を指す、ということである。このことは明らかに、資本主義から社会主義への移行において労働者階級に与えられる役割についての伝統的考えを根底から掘り崩すのである。

かくしてマルクスは、工業的生産の具体的形態と工業化された社会の動態的論理の両方を、資本制社会を構成する二重の社会的形態という観点から分析する。このことは、彼の最初の諸カテゴリーの十全たる含意は、資本主義的生産領域についての彼の分析の過程においてはじめて現れるということを示す、もう一つの証拠である。私は、マルクスが相対的剰余価値のカテゴリーを、資本の下への労働の実質的な包摂と、持続的な歴史的動態性とに結びつけていることを示してきた。すなわちマルクスの理解では、相対的剰余価値こそが、資本に適合する剰余価値の形態なのである。彼の説明においてこのカテゴリーが展開されてはじめて、社会的媒介の商品形態は、まさに十全に発展したかたちで現れるのである。社会的媒介の商品形態は全体化していくもの、すなわちそれが構成する社会的全体性の一契機になる。これから見るように、かかる媒介が、いまや全体性の一契機となる。マルクスが分析を始めるにあたって用いた諸カテゴリーは、相対的剰余価値の導入とともに――商品として理解された労働力の場合よりもなお一層――「現実のものになる」のであり、彼の論理上の出発点を遡及的に照らし出す。このことは、それらのカテゴリーの時間的次元に関して、とりわけ当てはまる。すなわちマルクスの議論における地点に至って初めて、それらのカテゴリーの論理的展開は、資本制社会の歴史的動態性を表現し、そしてこの意味において、歴史的論理として「現実の」ものとなるのである。換言すれば、マルクスの分析において、相対的剰余価値の発展は資本主義に動態性を与え、かかる動態性は、社会的実践によって構成されるにもかかわらず、歴史的論理という形態を持つ。その発展は方向性を持ち、規則的に展開し、それを構成する行為主体の制御を超えており、彼ら行為者に対して抽象的な形態による強制を及ぼす。マルクスによれば、かかる動態性の性格は、商品と資本の二重の形態という観点から説明されうる。このことが逆に含意するのは、商品と資本の二重の形態というものが、そうした発展の論理を把握するものである以上、それは発達した資本主義においてのみ社会的に十全たる妥当性を持つ、ということである。

　それゆえマルクスの説明の仕方には、論理と歴史の関係についての複雑な議論が必然的に含まれる。『資本論』は論理的展開として始まるが、その出発点たる商品は、資本のカテゴリーを前提とする。すなわちマルクスは、資本の本質的な性格を、商品から弁証法的に展開することによって照らし出す。かかる本質的な性格とは、相対的剰余価値のカテゴリーの出現とともに、その説明の論理的展開が歴史的な展開にもなるようなものなのである。マルクスの説明が含意するのは、かかる論理的なるものと歴史的なるものの融合――すなわち歴史の弁証法的論理の存在――は、発達した資本制社会に特有のものである、ということだ。にもかかわらず、われわれがこれまで見てきたのは、相対的剰余価値の出現に先立つ諸カテゴリーの論理的展開――商品から貨幣を介して資本に至る――を、歴史的展開としても読み取ることができるような仕方でマルクスは提示している、ということだった。そうすることによってマルクスは、資本主義の特徴をなすところの歴史的に規定された歴史の論理が、すべての歴史に遡って読み直され得ることを暗黙のうちに示唆している。しかしながら彼の説明は、資本という社会的形態の動態的性格、すなわちそれが十分に発展した時に初めて獲得される動態的性格を論理的に再構築することに

一六七――Ibid., p. 645.（『マルクス＝エンゲルス全集 第二三巻 第二分冊』、六六一頁）

基づき、その時は歴史的展開のように見えるものが、実際には過去への投影である、ということを示すのである。

論理的なるものと歴史的なるものが混同されてはならないということは——それらは、ひとたび資本主義が発達すれば融合されるようになるにもかかわらず——、『資本論』第一巻の終章で非常に明確に示されている。この「本源的（あるいは「原始的」）蓄積」の章においてマルクスは、資本主義に至る実際の歴史的発展についての彼の分析を概説している。[六八] かかる発展は、遡及的に見れば首尾一貫したものとして理解されうるにもかかわらず、マルクスが第一巻の初めの諸章で、商品形態から資本のカテゴリーを展開する際に提示するような類いの内在的な弁証法的論理の観点から、かかる歴史的な発展が提示されることは決してない。したがってマルクスの説明は、この種の弁証法的な論理が、資本制社会の前史の実際の進行過程を表現するものではない——事実、そのような歴史的な論理は資本形態の十全な発展に先立っては存在しない——ということを含意している。しかしながら彼の説明は、そのような論理は、ひとたび資本形態が十全に発展すると確かに存在するようになり、資本主義の前史として読み直されうる、ということも示唆している。このようにしてマルクスの叙述の方法は、歴史的に特殊な歴史の論理のなかにその「合理的核心」を見出すことによって、弁証法的展開として理解された人類史というヘーゲルの歴史哲学に対する批判を暗黙のうちに与えている。この批判の枠内では、一般的人類史は歴史的に（疎外された形態で）誕生するが、超歴史的に存在するのではない。したがって人類史全体を、単一の仕方で——内在的論理であれその不在であれ、いずれの観点からも——特徴づけることはできないのである。

六八——Ibid., pp. 873-940.（同右、九三二—一〇一〇頁）

第八章
労働と時間の弁証法

かくしてマルクスは、資本のカテゴリーを展開するにあたって、資本制社会の歴史的動態性と生産の工業的形態を、労働が生産活動であると同時に社会的に媒介する活動でもあることよって構成される抽象的支配に関連づける。本章ではその関係を詳述するが、そのために、資本主義の根本的な社会的諸形態が、この歴史的動態性と生産形態の両方の特質をいかにして形成するのかということを、マルクスの批判に従って、より綿密に検討する。とはいえここでは、生産の領域についてのマルクスの分析を直接に精査することに取りかかるよりも、さしあたっては言わば「後方へ踏み出す」こととし、マルクスの分析の最初の諸カテゴリーが含意するところについてさらに考察することによって、生産の領域の最も顕著な特徴を論じることになるだろう。そのことによって、資本形態のある重要な特徴が明らかにされる。それは、生産の領域を直接的に検討することによっては、必ずしも明らかにならないものである。とりわけこのことによって私は、マルクスの分析における価値の時間的次元が持つ決定的な重要性について、詳しく述べることができるだろう。こうしたアプローチによって、資本の動態性の特殊性が解明され、生産過程の社会的構成についてのマルクスの理解を明確にするための土台が据えられることになる。資本主義の動態性の規定された性格を、このような原理的なレベルにおいて一度分析した後で、第九章において私は、この分析に照らして、マルクスが生産の領域を論じる際の中心的な側面を検討することに立ち戻ることになるだろう。

最初に考察されるのは、資本の動態性と生産過程を分析するための、マルクスの最初の諸カテゴリーが含意するところである。本章において提示される解釈によって、資本制社会の基本的な矛盾――ひいては社会批判と実践的な対抗の可能性――を、マルクスの諸カテゴリーによって把握される二面性を持った社会的諸形態に――これらの社会的諸形態と「労働」の間においてではなく――明快に位置づけることができるようになる。

このアプローチが明らかにするのは、マルクスの基本的諸カテゴリーに対する私の再解釈が、資本主義の性質の再概念化を、特にその矛盾をはらんだ動態性の再概念化を、市場と生産手段の私有に対する考察を特権化しないような仕方でいかにして根拠づけるか、ということである。資本と工業的生産の内在的な関係を分析し、資本の発展と、ポスト自由主義的な資本制社会における大規模な官僚制諸機構・諸組織の性質やその発展との関係はいかにして可能となっているのかを探究するための基礎をこの解釈は提供する(この解釈に基づく研究は、これらの諸機構や諸組織を社会的に根拠づけ、歴史的に規定する。それを行なうなかで、資本形態に拘束ないし関係づけられている経済的および行政的な機構と、資本主義が廃絶されてもなお必要なものとしてとどまるものを区別するための基礎が、与えられるであろう)。

1 内在的動態性

ここまでで私は、資本制社会の根本的な社会的諸形態の二重性というマルクスの概念が、彼の批判理論の中心をなしていることに焦点を当て、諸形態における価値の次元(抽象的労働、価値、抽象的時間)と使用価値の次元（具体的労働、物質的富、具体的時間）の、それぞれの性質と相違を明らかにしようとしてきた。ここまで来て、ようやく私は、それらの相互関係を検討することができる。これら二つの次元の非同一性は、単なる静的な対立ではない。むしろ、生産的活動としての労働と、社会的に媒介する活動としての労働という、資本主義における労働の二つの契機は、内在的な弁証法的動態性を惹き起こすかたちで、相互に規定し合っている。生産力と価値との動態的関係についての以下の探究は、十分に発達した資本主義を前提としていることに注意が必要である。すなわちこの関係は、相対的剰余価値が支配的形態として出現して初めて十全にその本領を発揮するようなパターンの核なのである。

具体的労働と抽象的労働との違いの意義を、物質的富と価値との差異という観点から検討した際に、私は次のことを示した。すなわち生産力*の向上（マルクスはそれを労働の使用価値の次元の属性と考える）は、確かに生産物の数を、したがって物質的富の量を増やすにもかかわらず、それはある一定の時間の単位内に生み出される価値量を変えることはない。それゆえ価値量は、ひとえに抽象的労働時間の支出の関数であり、労働の使用価値の次元からは完全に独立しているように見える。しかしながらこの対立の背後には、商品に規定された労働の二つの次元の間の動態的な相互作用が存在するのであり、次のような例を綿密に検討するならば、そのことが明らかとなる。

> イギリスで蒸気織機が採用されてからは、一定量の糸を織物にするためにはおそらく以前の半分の労働で足りたであろう。イギリスの手職工はこの転化に実際は相変わらず同じ労働時間を必要としたのであるが、彼の個別的労働時間の生産物は、いまではもはや半分の社会的労働時間を表わすにすぎなくなり、したがって、それの以前の価値の半分に低落したのである。[1]

マルクスはこの例を『資本論』第一巻の第一章で取り上げ、価値の尺度としての社会的に必要な労働時間という彼の考えを説明している。彼の例が示しているのは、商品が生産物の一般的形態であるときに諸個人の行為は、諸個人を拘束し包摂する疎外された全体性を構成する、ということである。第一巻における価値の一般的な説明と同じく、この例は社会的全体性のレベルにおいて機能している。

＊訳注：この章で頻出する「生産力の向上」に類する表現における「生産力」は全て原文では productivity である。これは英語版『資本論』において、第一巻十五章などで「労働生産力の向上」が論じられる際に登場するマルクスのドイツ語 Produktivkraft に対して productivity という英訳語が当てられている事情による。「生産諸力」にあたる forces of production もしくは productive forces という訳語は、主として Produktivkräfte というドイツ語（複数形）に対して当てられる。

われわれの目的にとって重要なのは、価値量のこの最初の定義がまた動態性を示唆している、ということである。力織機が導入されるまで、平均的な手職工は一時間に二〇ヤードの布を生産し、x量の価値を生み出していたと想定してみよう。生産力を二倍化する力織機がはじめて導入されたとき、ほとんどの機織りはまだ手によって行なわれていた。したがって価値の基準——社会的に必要な労働時間——は、手織りによって決定され続けていた。つまり基準は、一時間に二〇ヤードの布に依然とどまっていた。したがって力織機によって一時間に生産される四〇ヤードの布は、2xの価値を有していた。だが、ひとたび織機の新しい様式が一般化すると、それは社会的に必要な労働時間の新しい基準を生じさせることになった。四〇ヤードの布を生産するための標準的な労働時間は、一時間に短縮された。生産される価値量は、生産される商品の量よりもむしろ費やされる（社会的に平均的な）時間にかかっているのであるから、力織機によって一時間に生産される四〇ヤードの布の価値は2xからxに低落した。いまや時代遅れとなった古い方法を使い続ける織物工は、依然として一時間に二〇ヤードの布を生産しているが、彼らは一時間あたりの労働に対して、二分の一x——社会的な標準の半時間の価値——を受け取るにすぎないのである。

生産力の向上はより多くの物質的富を帰結するにもかかわらず、生産力の新しいレベルは、ひとたびそれが一般化されると、一定の時間単位において生産力が向上する前の段階と同じ量の価値を生産する。価値と物質的富の差異を論じた際に私は、一社会的労働時間に生産される総価値は一定である、と述べた。マルクスによれば、「それゆえ、同じ労働は同じ時間には、生産力がどんなに変動しようとも、つねに同じ価値量に結果するのである」[二]。しかしながら、この例が明快に示しているのは、生産力の変化によって、何かが確かに変わっている、ということである。生産力の向上は、より多くの量の物質的富を生み出すばかりでなく、社会的に必要な労働時間の縮減をもたらす。価値という抽象的な時間的尺度を前提にすると、社会的に必要な労働時間のこのような再規定は、一定の時間単位で生産される総価値ではなく、生産される個々の商品の価値量を変化させる。生産力が向上するとき、その総価値は一定にとどまり、単純に生産物のより大きな集合のあいだで分配される。このことが意味するのは、富の抽象的な時間的形態を特徴とするシステムという文脈において、標準的な社会的労働時間は、社会的に必要な労働時間の縮減によって再規定される、ということだ。この例における社会的労働時間は、手織りによる機織りによって、二〇ヤードの布の生産という観点から規定されてきた。次いでそれは、力織機によって、四〇ヤードの布の生産という観点から、再規定される。したがって、社会的に一般的な生産力における変化は、抽象的時間の単位ごとに生産される価値の総量を変化させないにもかかわらず、この時間単位の規定を確かに変えるのである。社会的に必要な労働時間の一般的基準に適合する労働時間の一時間［単位］だけが、社

一――Marx, *Capital*, vol. 1, trans. Ben Fowkes (London, 1976), p. 129.（『マルクス＝エンゲルス全集 第二三巻 第一分冊』大内兵衛・細川嘉六監訳、大月書店、一九六五年、五三頁）

二――Ibid., p. 137.（同右、六二頁）

会的労働時間として勘定される。言い方を変えれば社会的労働時間は、生産力のレベルによって構成される（この規定は、抽象的時間の観点からは表現され得ないことに留意しておこう。変化したのは、xの価値を生み出す時間の量ではなく、むしろ、この時間量を構成する基準なのである）。

生産力――労働における使用価値の次元――は、したがって、抽象的労働時間の単位ごとに生産される総価値を変化させない。だが、それは時間の単位そのものを規定するのである。こうしてわれわれは、次のような明白な逆説に直面する。すなわち価値量は、独立変数（抽象的時間）によって測られるものとしての労働の支出にのみ依拠しているが、しかし一定の時間の単位そのものは、明らかに、従属変数、生産力における変化によって再規定される変数なのである。したがって抽象的時間は、質的に規定された時間の形態として社会的に構成されるだけでなく、量的にもまた構成される。つまり社会的労働時間を構成するものは、生産力の一般的レベルによって、使用価値の次元によって、規定される。しかし、社会的労働時間はこのように再規定されるにもかかわらず、抽象的時間の単位としては一定にとどまるのである。

私は以下で、この逆説の時間的側面について探究する。だが、ここで銘記されるべきは、マルクスの例は商品形態の二つの側面が相互に関係していることを示している、ということだ。一方では、生産力の向上は、社会的に必要な労働時間を再規定し、そのことによって社会的労働時間の規定を変更する。つまり、価値を規定するところの抽象的・定数的時間は*、［実は］それ自体、使用価値の次元、すなわち生産力のレベルによって規定されているのである。他方で社会的労働時間は、具体的労働の一般的生産力によって規定されるにもかかわらず、その時間において生み出される総価値は、生産力のレベルに関わりなく、一定にとどまる。このことが意味するのは、生産力の新しい各水準は、それがひとたび社会的に一般化すると、社会的労働時間を再規定するのみならず、翻ってその時間によって、生産力の「基礎レベル」として再規定されもする、ということだ。生産力の新しいレベルによって抽象的時間の単位ごとに生み出される価値量は、以前の生産力の一般的レベルによって生み出されるそれと等しい。この意味において、生産力のレベル、つまり使用価値の次元も、価値の次元によって（新しい基礎レベルとして）規定されるのである。

＊訳注：ここに登場する「定数的時間」という語は、the temporal constant が原語である。語順からすると「時間定数」という訳語も考えられるが、その場合には、固有の値を持つ物理定数の一種であるかのような誤解も生じうることを考慮して、「定数的時間」と訳した。この場合の「定数」は、数学における定数の概念に該当し、数式上の変数（the variable）に対する定数（the constant）の意味である。

資本主義における社会的労働の二つの次元が相互往復的に定義されるこの過程は、全体としての社会というレベルにおいて生じる。それは、商品に規定された労働によって構成される社会的全体性に内在する弁証法的動態性の中心に位置する。この動態性の特異性は——そしてこのことが決定的に重要なのだが——、そのトレッドミル効果である。生産力の向上は、単位時間ごとに生産される価値量を増大させるが、それはこの生産力が一般化されるまでのことである。一般化されてしまった時点では、同じ時間で生み出される価値量は、その抽象的かつ一般的な時間規定のために、以前のレベルへと反落する。このことは、社会的労働時間の新たな規定と生産力の新しい基礎レベルの出現を帰結する。こうして現れるのは、変容と再構成の弁証法である。生産力の社会的に一般的なレベルと、社会的に必要な労働時間の量的な規定は変化する。だがこれらの変化は、出発点を、すなわち社会的労働時間と生産力の基礎レベルを再構成するのである。

＊訳注：「トレッドミル」とは「足踏み水車」のことで、トレーニング用のランニングマシンのように、走ってもその場にとどまり続ける器械のことである。

このトレッドミル効果が示唆するのは、価値量の問題という抽象的な論理レベルにおいてさえ——言い換えれば、剰余価値のカテゴリーと賃労働‐資本の関係が導入される以前に既に——生産力のレベルの絶えざる向上への衝動によって表現される、方向性を持ち動態的であるような社会である。われわれが既に見たように、生産力の向上は時間単位ごとに生み出される価値量の短期的な増大を結果するが、このことによって新しい生産の方法が一般的に採用されることになる。[三] 新しい方法がひとたび一般的なものとなれば、時間単位ごとに生産される価値は、以前のレベルへと戻る。実際のところ、新しい方法を採り入れなかった生産者は、それを採り入れるよう、いまや強制されるのである。生産力を向上させる、さらなる新しい方法を導入することで、いっそう短期的な価値の増大がもたらされる。それゆえ富を労働時間で測ることの帰結の一つは、向上した生産力によって定数的時間が再規定され、今度はそれがさらに高い生産力を誘発する、ということである。そこから結果するのは、方向づけられた動態性であり、そこにおいては具体的労働と抽象的労働、生産力と富の抽象的・時間的計測という二つの次元が、絶えず相互に再規定し合うのである。分析の現段階でわれわれは、資本が絶えず蓄積することの必然性を説明できない。それゆえここで概説された動態性は、資本主義の、十全に発展した内在的な歴史的論理を描き出してはいない。しかしながらそれが、この論理の第一の特性を表現していること、労働に媒介された社会的諸関係という文脈において、成長が取らざるを得ない形態を描き出していることは確かである。

　生産力の向上と社会的労働時間の相互的な再規定は、客観的な法則のごとき性質を有しており、断じてそれは単なる錯覚や神秘化ではない。それは社会的であるにもかかわらず、人間の意思から独立している。マルクスの「価値法則」について語る際に、このトレッドミル的動態性はその最初の規定として外すことができない。後に見るようにそれは、継続的な社会の変容と再構成のパターンを、資本制社会に特徴的なものとして描き出すのである。それゆえ価値法則は動態的であり、市場の均衡理論の観点からでは適切に理解され得ない。価値――物質的富とは異なる特殊な富の形態として理解されたものとしての価値――の時間的次元をひとたび考慮するならば、価値形態は右の動態性をその発端から含意していることが明らかになる。

　流通の様式が市場に媒介されていることは、この動態性の本質的な契機ではない、ということを銘記しておこう。資本主義の動態性がひとたび十全に構成されたならば、その本質はトレッドミル効果であり、もっぱらそれは富の価値形態の時間的次元に根差している。この動態性のなかで、市場という流通様式が何らかの役割を果たすとしても、それは複雑な発展における従属的契機として――例えばそれによって生産力のレベルが一般化される様式として――のことである。[四] だが、このような一般化によって、その価値量がその元々のレベルに戻る結果になったとしても、それは市場の機能によるのではない。それは富の形態としての価値の性質の結果であり、市場からは本質的に独立しているのである。市場は、抽象的な時間の枠組みの新たな再規定がその都度一般化されるところの様式であるにすぎない。後に見るようにこのパターンは、マルクスが剰余価値のカテゴリーと結びつけた、成長の形態における中心的な契機である。もっぱら流通の様式にのみ焦点を当てるならば、マルクスの批判理論における資本主義の発展の軌道にとって商品形態が持つ重要な含意から、注意をそらせることになってしまう。

資本主義の動態性が持つ抽象的な諸規定についてのこのような探究によって示されるのは、流通様式としての市場は、全体化する社会的形態としての商品が歴史的に誕生するには必要であったかもしれないが、この形態にとって本質的であり続ける必要はない、ということだ。調整と一般化の別の様式――例えば行政によるもの――が、この矛盾をはらんだ社会的形態のために同様の機能を果たしうる、ということも考えうる。言い換えれば価

三――既に私が論じたように、資本主義において人々は、価値に対する考慮に直接基づいて行動するわけではない。マルクスによれば人々の行動は、むしろ価格への考慮によって方向づけられる。経済学批判によって把握された、資本主義の基底をなす構造的動態性についての分析を完全に行なうためには、諸個人がこの動態性の現象形態の基盤の上に、いかにして動態性を構成するのか、を示さなければならないだろう。だが、本書での私の意図は、この構造的動態性の性質を――非常に抽象的な論理的レベルにおいて――明らかにすることである以上、私は構造と行為の関係についての考察に着手することはしない。

四――別のレベルにおいて、市場的競争は、利潤率を一般化し平均化する機能を果たしもする。以下を参照のこと。Marx, *Capital*, vol. 3, trans. David Fernbach (Harmondsworth, England, 1981), pp. 273-302.（『マルクス＝エンゲルス全集 第二五巻 第一分冊』大内兵衛・細川嘉六監訳、大月書店、一九六六年、二一八―五〇頁）

値法則は、ひとたび確立されると、政治的に媒介されることも可能であろう。したがって、こうした抽象的で論理的な分析が持つ含意の一つは、調整の様式としての市場を廃絶することと、価値を超克することは同じことではない、ということだ。

われわれは既に資本のカテゴリーを、動態的な社会的形態として描き出した。いまやわれわれは、その動態的性格の本質について、より綿密な検討を開始しており、究極的にはそれが、どのようにして価値と物質的富の相互作用、抽象的労働と具体的労働の相互作用――すなわち、商品形態における二つの次元の相互作用――に根差しているのかを示そうとしている。この動態性は、資本主義の内在的な歴史的論理における第一の特色を表しており、それは労働に媒介された社会的諸関係の疎外された性格と時間的規定性から生じるものである。それは、資本の中心的性格――すなわち、存在するためには常に蓄積しなければならないという性格――を抽象的に予示する。生成は、資本が存在するための条件なのである。

2　抽象的時間と歴史的時間

資本主義における社会的労働の、使用価値の次元と価値の次元の弁証法的な相互作用が、いかにして歴史的動態性を生み出すのかについての検討に私は取りかかった。商品形態の二つの次元の間での相互作用は、時間的な観点から、つまり資本主義に特有な抽象的時間と具体的な時間の形態との対立という観点からも、分析されうるのである。この対立の意義を明らかにするために、私はその含意について、社会的により具体的なレベルにおいて推論を行なうことになるだろう。

われわれが既に見たように、商品形態の二つの次元の相互作用には、抽象的・定数的時間の実質的な再規定が含まれる。この抽象的で時間的な価値の尺度は、一定にとどまるのだが、しかしそれは――隠されてはいるが

――変化する社会的内容を有している。すべての一時間は一時間であるわけではない。言い換えれば、労働時間の毎一時間は、つねに総価値量を構成する社会的労働時間として勘定されるわけではない。それゆえ抽象的・定数的時間は、一定であると同時に、また一定ではない。抽象的時間性の観点からすれば、社会的労働時間は、生産された総価値の尺度として一定にとどまる。だが、具体性の観点からするとそれは、生産力の変化に応じて変化する。しかし、価値の尺度は抽象的・時間的な単位にとどまるがゆえに、その具体的な再規定は、この単位それ自体には表現されない。確かに生産力の向上は、生産された個々の商品ひとつひとつの価値が相応に低下することにおいて表現されるが、時間あたりに生産される総価値には表現されない。にもかかわらず、生産力の歴史的レベルは、間接的にではあれ、生産される総価値に確かに影響を与えている。すなわちそれは、ある商品を生産する上で要求される、社会的に必要な労働時間を規定する。翻ってこの時間的規範が、社会的労働時間を構成するものを規定するのである。明らかになったのは、財の生産の観点からすれば時間の単位は、生産力の向上に伴って「より密度の高い」ものになる、ということだ。だが、この「密度」は抽象的時間性の領域、すなわち価値の領域においては決して明らかではない。抽象的な時間単位――時間［the hour］――と生産される総価値は一定のままにとどまるのである。

抽象的時間の枠組みが、実質的に再規定されるにもかかわらず、一定にとどまるということは、私が述べたように明らかなパラドクスである。このパラドクスは、抽象的なニュートン的時間の枠組みでは解消され得ない。それどころかそれは、もう一つ別の種類の時間を、上位の参照枠として含意するのである。既にわれわれが見たように、一定の時間が「より密度の高い」ものとなるプロセス――すなわち、使用価値の次元によって実現される実質的な変化――は、価値の抽象的・時間的枠組みの観点からでは、不可視なままにとどまる。それが表現されうるのは、他の時間の観点、つまり具体的時間性の形態を参照することによってである。

この別種の時間の性格を詳述するために私は、資本主義における労働の、使用価値の次元と価値の次元との相互作用をさらに検討しなければならない。ある意味で生産力における変化は、社会的に必要な労働時間の規定を、抽象的時間の軸に沿って動かす。すなわち、社会的に必要な労働時間は、生産力の向上に伴って減少するのである。社会的労働時間はこうして再規定されるにもかかわらず、この軸に沿って動かされることはない――なぜならそれが、この座標軸そのもの、変化が計測される枠組みそのものだからである。時間［the hour］は、抽象的時間の変わらざる単位である。つまりそれは、抽象的時間の観点からは固定されたままでなければならない。したがって、生産力の新しい各レベルは、基礎レベルとして再規定され「返され」、同じ価値率を生み出すのである。にもかかわらず、生産力の新しいレベルは、たとえ同じ基礎レベルとして再規定されるとしても、実際に達成されるのである。そしてこの実質的な発展は、抽象的時間そのものの観点から言えば、抽象的時間単位を変化させることはできないが、一方で、それはその単位の「位置」を確かに変化させるのである。抽象的時間の軸全体、あるいは参照枠は、社会一般における生産力が向上するたびに動かされる。すなわち、社会的労働時間および生産力の基礎レベルの両方が、「時間上を前方へ*」と送られるのである。

*訳注：「時間上を前方へと送られる［moved (impelled) forward in time］」という表現が、本章には登場する。生産力の発展によって抽象的な時間の尺度は、かつてそれが結びついていた内容とともに古くなるはずだが、その抽象性ゆえに、新しい内容と結びついて、現在にとどまる。古びるはずのものが現在にとどまるということは、「前方へ」と進んでいることになる。抽象的時間軸は生産力の発展という流れの中を、つまり歴史的時間上を前方へと進み、進むことで現在にとどまっていることになる。このことを著者はまた「時間の運動［movement of time］」と呼んでもいる。

抽象的時間の実質的な再規定から生じるこのような運動は、抽象的時間の観点からでは、表現され得ない。それは別の参照枠を必要とするのである。この参照枠は、具体的時間の様式として把握されうる。先に私は具体的時間について、従属変数――出来事や行為の関数――である、あらゆる種類の時間として定義した。われわれが見たように、商品に規定された労働の二つの次元の相互作用とは、次のようなものである。すなわち、生産力の社会一般的な向上によって、抽象的時間の単位は「時間上を前方へ」と送られる。マルクスによれば生産力は、労働における使用価値の次元の社会的性格に根拠づけられている。[一五] したがって、このような時間の運動は、価値の枠組みとの相互作用によって、労働の使用価値の次元が生み出す結果なのであり、一種の具体的時間として理解可能である。具体的労働と抽象的労働の相互作用——それはマルクスの資本分析の中心に位置している——を探究することによって、われわれは、資本主義の特徴とは（具体的）時間が（抽象的）時間の運動を表現するという時間の様式にある、ということを明らかにした。

　したがって、資本主義における労働の二つの次元の弁証法は、時間の観点から、時間の二つの形態の弁証法としても理解できる。われわれが既に見たように、具体的労働と抽象的労働の弁証法は、特異なトレッドミル・パターンを特徴とする内的な動態性を生み出す。生産力の新しい各レベルは、新しい基礎レベルとして再規定されるのであるから、この動態性は継続的なものとなる傾向を持ち、生産力のレベルの絶えざる向上という特徴を持つ。時間性の観点から考えるならば、資本のこの内的な動態性は、そのトレッドミル・パターンによって、時間が方向性を持って絶えず運動してゆくこと、すなわち「歴史の流れ」をもたらす。言い換えれば、われわれが検討している具体的時間の様式とは、資本制社会において構成されるものとしての歴史的時間である、と考えることができる。

　私が論及している歴史的時間は、抽象的時間とは明らかに異なる——どちらも、全体化していく形態としての商品の発展に伴って、社会的に構成されるにもかかわらず——ものである。抽象的時間は、抽象的な独立した枠組みとして定義され、その内部で出来事や行為が生じるのであるが、かかる抽象的時間は、個々人の活動の結果が、全体的な社会的媒介によって、その活動［そのもの］に対する抽象的な時間的規範へと変容するところから

一五——*Capital*, vol. 1, p. 137.（『マルクス＝エンゲルス全集　第二三巻　第一分冊』、五三頁）

出現する、ということを私は既に論じた。価値の尺度は時間であるが、「社会的に必要な労働時間」によって表現される全体化する媒介とは、時間の運動ではなく、実質的時間を、いわば空間における抽象的時間へと変容させることであり、特殊から一般、さらには一般から特殊への変容である。[六] この空間における媒介は不変であり、運動の尺度として機能する抽象的、同質的な時間的枠組みを構成する。こうして個人の行為は、抽象的時間において生起し、それに準拠して測られるが、その時間を変化させることはできない。生産力における変化は、抽象的時間の単位を歴史的に動かすにもかかわらず、その歴史的変化は、抽象的時間において反映されることはない。抽象的時間は、時間の運動を表現することはなく、運動に対する見た目上、絶対的な枠組みを構成するのである。その一様で不変の「流れ」は、実際のところ静止している。その結果として、時間単位ごとに生み出される価値量は、その時間の関数であり、生産力における変化にかかわらず、一定にとどまる。枠組み全体が再構成されるのであるが、それ自体がこの再構成を表現することはない。つまり、枠組みの運動は、価値には直接的には反映されないのである。

　この解釈において歴史的時間は、そこで出来事が生起し、その流れが人間の活動から見かけ上独立している抽象的な連続体なのではない。むしろそれは時間の運動なのであり、時間における運動に対置されるべきものである。歴史的時間によって表現される社会的全体性の動態性は、社会的発展と変容によって構成され、かつそれらを構成する過程である。この過程は方向性を持っており、その流れは労働によって媒介される社会的諸関係の二重性に究極的には根差しているのであって、社会的実践に依拠している。

　この歴史的過程は、多くの側面を有している。私がこれから考察するのは、そのうちの二、三の根本的規定にすぎないが、それらはすべて、マルクスによって分析された動態性のより具体的な側面を示唆し、またその基礎を提供するものである。まず第一に、既に述べたように全体性の動態性は、生産力の継続的発展、マルクスによればそれによって資本主義が他の社会から区別されるような発展を惹き起こす。[七] それは仕事、生産、技術の性質、そして関連する知識の形態の蓄積における、絶え間なき変化をもたらすのである。より一般的に言えば、社会的全体性の歴史的運動は、人口の大多数の社会生活様式――仕事と生活の社会的パターン、階級の構造と分配、国家と政治の性質、家族形態、学習と教育の性質、輸送とコミュニケーションの様式、等々――における継続的で大規模な変容をもたらす。[八] さらには、資本主義の内在的動態性の中心にある弁証法的プロセスによって、主観性、相互作用、そして社会的価値観の、歴史的に規定された形態が構成され、普及し、そして変容する（このことは、社会的客観性と主観性をその内在的な相関性において把握する社会的存在形態の諸規定という、マルクス自身のカテゴリー理解によって含意されている）。それゆえ資本主義における歴史的時間は、具体的時間形態として考察されうるのであるが、この具体的時間は社会的に構成されるものであり、仕事と生産の、またより一般的には社会生活の、そして意識、価値観、欲求の形態の絶えざる質的変容を表現する。抽象的時間の「流れ」とは異なり、この運動は均一ではなく変化し、加速さえしうるのである。[九]

それゆえ資本主義の特徴は、内的に関連する時間の二形態――抽象的時間と歴史的時間――が社会的に構成されている、というところにある。価値に基づく社会、すなわち抽象的時間に基づく社会は、それが十全に発展したときには、継続的な歴史的動態性を（そして、それと連動して歴史意識の広がりを）その特徴とするのである。別言すればマルクスの分析は、商品形態の二つの次元の弁証法――それは抽象的時間と歴史的時間の弁証法として把握可能である――という観点から、資本制社会の歴史的に動態的な性格を解明し、社会的に根拠づける。彼

六――以下を参照のこと。Lukács, "Reification and the Consciousness of the Proletariat," in *History and Class Consciousness*, trans. Rodney Livingstone (London, 1971), p. 90.（G・ルカーチ『歴史と階級意識』城塚登・古田光訳、白水社、一九九一年、一七二―一七三頁）

七――*Capital*, vol. 1, pp. 486-89.（『マルクス＝エンゲルス全集 第二三巻 第一分冊』、四七八―八九頁）

八――Ibid., pp. 411-16, 517-44, 575-638.（同右、三九一―九八、五一四―四七、五八四―六五八頁）

九――それゆえ資本形態の発展は、一七世紀以来の西洋における時間概念の変化を社会史的に検討するための出発点の役割を果たす。

はこの社会を、絶えざる社会的変容の歴史的過程を構成する、規定された社会的諸形態という観点から分析するのである。マルクスによれば、資本主義の基礎的な社会的諸形態は、次のようなものである。この社会編制におかれた人間は自らの歴史――継続的で方向性を持つ社会的変容の過程という意味における歴史――をつくり出す。だが、これらの諸形態は疎外された性格を有するがゆえに、人々の構成する歴史は彼らの統制下にはないのである。

それゆえ歴史的時間は、そこで出来事が生起するところの単なる時間の流れではなく、具体的時間の形態として構成される。それは抽象的な定数として、つまり「数学的」な時間として、価値に規定された時間の形態によっては表現されないのである。既にわれわれが見たように、社会的労働時間は、具体的で均一には流れない歴史的時間の次元の内部で動かされる。だが抽象的時間の単位は、自らが歴史的に再規定されていることを明らかにしない――それは現在時という自らの不変の形態を維持するのである。したがって、歴史の流れは存在するのであるが、それは抽象的時間の枠組みの背後においてであり、そのなかには現れない。抽象的時間の単位の歴史的「内容」は、商品の社会的「内容」がそうであるように、隠されたままにとどまる。

しかしながら、この社会的「内容」と同じように、抽象的時間単位の歴史的次元は、非資本主義的な契機を表すわけではない。それは、それ自体で、資本主義的社会編制を越えることへと向かうような批判の立脚点を構成するわけではないのである。ルカーチは資本主義と静的なブルジョワ的諸関係とを同一視し、資本主義批判の立脚点として動態的な全体性を、すなわち、歴史の弁証法を措定した。[一〇]だが、それとは反対にここで展開している立場は、持続する「自動的な」歴史の流れの存在こそが、抽象的時間による社会支配と内在的に関連している、ということを示す。時間の二つの形態はどちらも、疎外された諸関係の表現なのである。資本主義の特徴をなす社会的諸関係の構造は、抽象的普遍性の次元と「物的」自然の次元との疑似‐自然的な対立という形態をとる、ということを私は既に論じた。この構造の時間的契機もまた、抽象的で形式的な次元と具体的過程の次元との、見かけ上は非社会的で非歴史的な対立という形態をとる。これらの対立は、しかしながら、資本主義的契機と非資本主義的契機との対立ではない。実証的理性的思考形態とロマン主義的思考形態が対立しつつ［相互に］関係しているのと同様に、それらは全体として、資本主義的諸関係の枠組みにとどまっているのである。

資本主義における二つの時間の形態の相互作用をさらに検討する前に、私はまず両者の差異について——特に物質的富と価値の差異から示唆される歴史的時間と抽象的時間の枠組みの差異について——引き続き探究する。既にわれわれが見たように、価値の次元と内在的に関係している抽象的時間の枠組みは、生産力が向上しても変化しない。二〇ヤードの布の生産によって総計xの価値を生む社会的労働時間は、四〇ヤードの布の生産によって総計xの価値を生む社会的労働時間と、抽象的・時間的に等価である。両者は抽象的時間の等しい単位であり、基準として、不変の価値量を規定する。確かに両者の間には具体的な差異があり、それは生産力の歴史的発展から生じる。そのような歴史的発展は、社会的労働時間を構成するものの基準を再規定するが、時間そのものには反映されることはない。したがって、この意味において価値は、現在としての時間の表現なのである。それは生産力の歴史的レベルにかかわりなく、直接的な労働時間の支出を測るものであり、またそれに対する強制的な規範でもある。

他方において、資本主義における歴史的時間は、社会の絶えざる変容という特異なプロセスをもたらすが、それは生産力の歴史的レベルにおける絶えざる変化と関連している。それは商品に規定される社会的全体性という文脈において、労働の使用価値の次元の発展に依拠している。生産力についてマルクスが、労働の使用価値の次元という観点から（つまり具体的労働の社会的性格という観点から）、次のように分析していることは重要である。

一一〇——Lukács, "Reification and the Consciousness of the Proletariat," p. 143-49.（ルカーチ『歴史と階級意識』、二六一—七一頁）

労働の生産力は、……なかでも特に労働者の熟練の平均度、科学とその技術的応用可能性との発展段階、生産過程の社会的結合、生産手段の規模と作用能力とによって、さらにまた自然事情によって、規定されている。[一一]

このことは、労働の生産力は労働者の直接的労働に必ずしも拘束されるわけではない、ということを意味する。それは科学的、技術的、および組織上の知識と経験にも依存している。マルクスはそれらを、社会的に一般的な人間の発展の産物であるとみなしている。[一二] われわれがこれから見るように、マルクスの説明において資本は、歴史的に見れば、生産力のレベルが、労働者の直接的労働に依拠する度合が低下し続けるような仕方で展開するのである。このプロセスは、社会的一般的な知識と経験の諸形態が、疎外された形態において発展することをもたらすのであり、かかる諸形態は、直接的生産者の技術と知識に依拠しておらず、それらに還元することはできない。[一三] われわれが考察してきた時間の弁証法的運動は、資本の歴史的展開についてのマルクスの分析の、最初の諸規定を表しているのである。

労働の使用価値の次元が測られるとき、それは――価値の次元と異なり――その生産物の観点から、つまり、それが生産する物質的富の量という観点から計測される。それは直接的労働に拘束されず、抽象的労働時間の支出の観点からは計測されない。物質的富の測定も時間的側面を有しているが、この時間性は、価値の次元と結びつけられた時間的必然性の形態が存在しないところでは、生産に実質的に依拠している。すなわちそれは、ある製品を生産するのに実際に必要な時間量である。この時間は客体化の関数であり、支出のための規範ではない。生産におけるこの具体的な時間において生じる変化は、生産力の向上とともに生じるのであるが、時間の歴史的運動を反映する変化である。この運動は、技術的、組織的、また科学的な知識と経験の――疎外された形態における――継続的な蓄積と関連する社会的構成のプロセスによって、生み出される。[一四] ここまでの議論から結論されるのは、マルクスの分析の枠組みにおいては、この蓄積のある特定の帰結――すなわち時間の運動を基礎づける社会的、知的、および文化的な発展の帰結――は、例えば、ある時間単位ごとに生産される商品の量の変化という観点から、あるいはある製品を生産するのに必要とされる時間量の変化という観点から、実際に計測可能であるということである。しかしながら、この歴史的発展それ自体は計測され得ない。知識、経験、そして労働の蓄積が客体化される生産の具体的形態は、価値という社会的形態の要求によって形づくられるのにもかかわらず、この歴史的発展を抽象的時間の従属変数として（つまり価値の観点から）定量化することはできない。したがって歴史の運動は、［生産力の］従属変数としての時間によって、間接的に表現されうるのだが、静的な抽象的時間によって、時間の運動としてのそれを把握することはできないのである。

　資本制社会の歴史的動態性が描く軌道についてのマルクスの概念における一つの重要な側面が、この探究の最初の段階で明らかになる。彼の根本的カテゴリーは次のことを含意する。すなわち、究極的には諸関係の商品形態によって駆動される動態性が展開することによって、労働生産力の発展（必ずしもそれは労働者の直接的な労働に拘束されない）と、かかる発展がそこにおいて表現される価値の枠組み（それは直接的労働に拘束される）との間に不均衡が発生し、それが増大するということである。歴史的時間の蓄積と直接的労働時間の客体化との間の不均衡は、生産において科学的知識がますます物質化されるにつれて、より顕著なものとなる。価値と物質

一一――*Capital*, vol. 1, p. 130.（『マルクス＝エンゲルス全集 第二三巻 第一分冊』、五四頁）

一二――Marx, *Results of the Immediate Process of Production*, trans. Rodney Livingstone, in Marx, *Capital*, vol. 1, trans. Ben Fowkes (London, 1976), pp. 1024, 1054.（K・マルクス『直接的生産過程の諸結果』岡崎次郎訳、大月書店、一九七〇年、八六―八七、一三四―一三五頁）

一三――例として、以下を参照。*Capital*, vol. 1, pp. 443-58, 482, 509, 549.（『マルクス＝エンゲルス全集、第二三巻 第一分冊』、四二七―四四、四七三―七四、五〇四、五五三頁）

一四――Ibid., pp. 482, 510.（同右、四七三―七四、五〇五―〇六頁）

的富をマルクスが区別したことは妥当である。科学と先端技術によって実現される生産力の大幅な向上は、抽象的労働時間の支出という観点からは、それが肉体労働への支出であれ、研究開発や、技術者および熟練労働者の訓練のための時間を含む精神労働への支出であれ、適切には説明されないし、説明され得ない。

かかる発展は、歴史的時間のカテゴリーを参照することによって、理解しうる。生産の軌道について後に考察する際にわれわれが見るように、科学的および技術的に高度化された生産の発展とともに、生産力の増大はまた、過去の経験と労働の社会的・一般的な蓄積と、この保存された過去を基盤としてしばしば生じる一般的知識における非連続的な増大を、表現するようになる。一五 マルクスのカテゴリーによって把握される資本主義の動態性とは、歴史的時間のこのような蓄積とともに増大する不均衡によって、物質的富の生産のための条件が、価値の発生のための条件から切り離される、というものである。労働の使用価値の次元の観点から（つまり物質的富の創出という観点から）考えるならば、これまで以上に生産は、個々の生産者や直接的に関係する階級の技量や知識を物質的に客体化するプロセスでは、なくなっていく。その代わりに生産は、種の、人類の蓄積された集合的知識——それ自体が、歴史的時間の蓄積によって、一般的カテゴリーとして構成される——の客体化へと、より一層なっていく。したがって、使用価値の次元の観点からすれば、資本主義が十分に発展するにしたがって、ますます生産は、直接的労働時間よりも歴史的時間を客体化するプロセスとなる。マルクスによれば、それでもなお価値は必然的に直接的労働時間の客体化を表すものであり続けるのである。

3　変容と再構成の弁証法

マルクスが分析した、資本制社会の特徴をなす歴史的動態性は、直線的なものではなく、矛盾をはらんだものである。それは自己を越えることへ向かうのであるが、しかし自己を超克するものではない。抽象的かつ予備的なレベルにおいて私は、直接的労働の客体化に基づく生産と、歴史的時間に基づく生産の差異について、検討した。もし資本主義における社会的諸形態の持つ二重の性格が存在しないとするならば、生産の発展は、ある生産様式が次のような歴史的パターンに従って、他の生産様式に直接的に取って代わられる技術的発展として、単に理解されるかもしれない。すなわち資本主義の発展の進行に伴って、直接的生産者の知識、技術、労働に基づく生産の形態は、人類が蓄積してきた知識と経験に基づく、いま一つ別の生産の形態を生じさせる、というパターンである。歴史的時間の蓄積とともに、生産において直接的人間労働を支出しなければならない社会的必然性は徐々に減少する。現在に基づく生産、つまり抽象的労働時間の支出に基づく生産は、こうしてそれ自身の否定——歴史的時間の客体化——を生み出すのである。

近代性についての数々の理論——例えば「脱工業化社会」の理論——は、以上のような生産の発展に対する理解に基づいている。かかる進化論的な理解は、資本主義的生産の歴史的発展における非直線的な性格に対し、十分適合するものではない。これらの理論が前提とするのは、生産される富の形態は不変のままであり、単に技術的な観点から理解された生産方法だけが変化する、ということである。マルクスの分析枠組みに従えば、このような進化論的な発展は、価値と物質的富がさほど違わない富の形態である場合にのみ可能である。しかしながらこのような発展は、資本主義の構造化する諸形態の二重の性格のゆえに、はるかに複雑で弁証法的な歴史的動態性における、一つの傾向を表しているにすぎない。価値は社会を構築するカテゴリーであるとするマルクスの分析は、生産の発展を単に技術的発展——それによって当初は人間の労働に基づいていた生産様式が、科学技術に基づく生産様式に取って代わられる——として取り扱うことはないが、科学技術によって実現される大きな変化を無視することもまたない。もっと言えばマルクスは、価値と物質的富の区別、抽象的労働と具体的労働の区別

——一五——Ibid., p. 508ff.（同右、五〇四—〇六頁）

（そして暗示的に、抽象的時間と具体的時間の区別）に基づいて、資本主義における生産を、商品形態の二つの次元の弁証法によって構成される、矛盾をはらんだ社会的プロセスとして分析するのである。

これら二つの次元の相互作用は、次のようなものである。すなわち価値は、歴史的時間の蓄積によって単純に取って代わられることはなく、社会編制を本質的に規定するものとして絶えず再構成されるのである。このプロセスによって、価値と、それと結びついた抽象的支配の形態は保持される。使用価値の次元が発展するにもかかわらず、このプロセスは、マルクスの根本的な諸カテゴリーによって把握される、資本主義の基本的な社会的諸形態にとって、構造的に本質的なものである。これら二つの次元の相互作用という観点から、資本制社会における動態性の最も抽象的な規定性を検討するなかでわれわれが見たのは、各生産力の新しいレベルが、いかにして社会的労働時間を再規定し、また生産力の基礎レベルとしての抽象的時間の枠組みによって、いかにして再規定されるのか、ということだ。生産力の向上によって実現される具体的時間における変化は、社会的全体性によって媒介されるが、そのことによって、こうした変化は抽象的時間（社会的に必要な労働時間）の新しい基準へと転換され、次いで定数的な社会的労働時間を再規定する。生産力の発展が社会的労働時間を再規定する限りにおいてこの発展は、抽象的な時間単位に伴う必然性／必要性［necessity］の形態に取って代わるのではなく、それを再構成する、ということを銘記しておこう。各生産力の新しいレベルは、社会的労働時間の具体的前提条件へと構造的に転換される――そして単位時間ごとに生産される価値量は不変なままにとどまる。この意味において時間の運動は、現在時へと絶えず変換される。マルクスが分析した、資本主義における社会的諸形態の基礎的な構造は、したがって、次のようなものである。すなわち、歴史的時間の蓄積はそれ自体で、価値によって表象される必然性を、つまり現在の必然性を無効化することはなく、むしろそれは、現在の具体的前提条件を変化させ、そのことによって、現在における必然性を新たに構成するのである。現在の必然性は「自動的に」否定されるのではなく、逆説的に強化される。それは永遠の現在として、見かけ上は永続する必然性として、時間上を前方へと送られていくのである。

したがって、マルクスにとって資本主義の歴史的動態性は、決して直線的かつ進化論的なものではない。非常に抽象的な論理のレベルで、資本主義における労働の二重の性格において私が根拠づけた発展は、動態的であると同時に静態的である。それは生産力のレベルの絶えざる上昇を引き起こすのであるが、しかし価値の枠組みは永久に新たに構成されていく。この特異な弁証法の一つの帰結は、社会・歴史的な現実が、次第に二つの非常に異なるレベルにおいて構成されるようになる、ということだ。既に私が指摘したように、資本主義は一方では、社会生活の——社会的諸階級およびその他における諸集団の性質、構造、それらの相互作用と、生産、交通、流通、生活パターン、家族形態などの性質の——絶えざる変容をもたらす。他方で資本の展開は、それ自体の根本的条件——すなわち、社会的媒介が究極的には労働によって実現されること——が、社会生活の不変の特徴として絶えず再構成されていくことを必然的に含む。マルクスの分析において、これら二つの契機——世界の絶えざる変容と、価値によって規定される枠組みの再構成——は互いを条件づけ、内在的に関連している。両者は、資本主義を構成する、疎外された社会的諸関係に根差しており、双方ともこの社会を規定しているのである。

このように非常に原理的なレベルでの検討がなされれば、マルクスの資本概念は、時間性の二つの契機双方の観点から、近代資本制社会の性質と発展を把握する試みであり、絶えず流動的でありながらも、その基底となる同一性を維持するような動態的社会として資本主義を分析する試みなのである。この枠組みにおいて、資本主義の見かけ上の逆説とは、他の社会編制と違って、それが内在的な歴史的動態性を有しているということである。この動態性の特徴は、歴史的時間を絶えず現在という枠組みに移し替え、そのことによってその現在を強化するところにある。

それゆえ近代資本制社会を、価値の支配(したがって資本の支配)という観点から分析することは、抽象的な社会支配における見かけ上は対立する二つの形態——現在としての抽象的時間の支配と、絶えざる変容という必然的過程――という観点から、資本主義を分析することなのである。抽象的支配における二つの形態とそれらの内在的な相互関係は、ともにマルクスの「価値法則」によって把握される。既に述べたように、この「法則」は動態的であり、市場の法則としては適切に把握され得ない。これに加えて私に述べることができるのは、「価値法則」はカテゴリーによって、生産力のレベルの絶えざる向上へ向かう衝動、資本制社会における社会生活の絶えざる変容、そしてその基礎的な社会的諸形態の絶えざる再構成を把握する、ということである。それは資本主義が時間的二重性――一方では継続的な、加速する歴史の流れがあり、他方ではこの時間の運動を、絶えず不変の現在へと転換する――を特徴とする社会であることを明らかにする。時間の二つの契機はいずれも社会的に構成されているにもかかわらず、それを構成する主体の制御を超え、その主体を支配するのである。したがってマルクスの価値法則は、静態的な均衡法則とはかけ離れており、資本制社会の特徴をなす変容と再構成の弁証法的動態性を、規定された歴史の「法則」として把握するのである。

だが、社会的現実の持つこれら二つの契機という観点からなされる資本主義分析は、両者を同時に把握するのは非常に困難であることを示唆する。資本主義が発展するにつれて、社会生活の実に多くの側面が、ますます急速に変容させられるため、この社会の基底をなす不変の諸構造――例えば労働は諸個人にとって、間接的な生活手段であるという事実など――は、人間の条件における永遠の、社会的に「自然な」側面であると受け取られてしまう。その結果、近代社会とは質的に異なる未来の可能性が隠されてしまうのである。

資本制社会における基礎的形態の二つの次元の弁証法について、ここまで手短に探究してきたが、そのことによって示されたのは次の事柄である。すなわちマルクスの分析に従うとき、抽象的な現在的時間の支出に基づく生産と、歴史的時間の領有に基づく生産は、資本主義においては生産の様式としてはっきりと区別されるものではない、ということだ（区別される場合には、後者が徐々に前者に取って代わるということになる）。より正確に言えば、これらはいずれも、発展した資本主義的生産過程の契機なのであり、相互に作用することによって、このプロセスを構成する。その結果、資本主義における生産の発展は、直線的なものとはならない。しかしながら、この弁証法的動態性は、次のような歴史的可能性を生じさせる。すなわち、歴史的時間に基づく生産が、抽象的な現在的時間に基づく生産から切り離されて構成されうる――そして資本主義の特徴である、過去と現在の疎外された相互作用が超克されうる――という可能性である。このありうべき未来における分離によってこそ、現在における、すなわち資本制社会における、生産の領域の二つの契機を区別することが可能になるのである。

ここにおいて私は、社会的に必要な労働時間のカテゴリーに立ち戻ることができる。われわれが見てきたのは、このカテゴリーが、資本主義における具体的時間の抽象的時間への転換を表しており、それ自体が時間的規範としての強制力を表現している、ということであった。資本主義の内在的動態性についての私の予備的探究が示したのは、この客観的で非人格的な強制力が諸個人に作用する仕方は静態的ではなく、それ自体が歴史的に絶えず再構成される、ということだ。生産者は、抽象的時間的規範に従って生産するよう強いられるだけでなく、歴史的に適切な仕方でそうしなければならない。つまり生産者は、「時勢に遅れない」ことを強いられるのである。資本制社会における人間は、歴史的に規定された形態による抽象的で社会的な必要性／必然性に直面させられるのだが、その形態の規定性は歴史的に変化する――つまり人々は社会的に構成された形態による歴史的必然性／必要性（historical necessity）に直面させられるのである。歴史的必然性／必要性という観念はもちろん、もう一つの意味――歴史は必然的にある規定された仕方で動くという意味――を持っている。マルクスによる最初の諸カテゴリーについてのこの議論が示したのは、次のことである。すなわち彼の分析に従えば、歴史的必然性／必要性のこれら二つの側面――諸個人が直面するところの、変化する強制力と、その全体を駆り立てる内的論理――は、［相互に］関係しつつ、社会生活の同じ形態を表現しているのである。[16]

本書の探究がさらに示すのは、社会的に必要な労働時間のカテゴリーはまた、別の次元を有しているということだ。価値が、資本主義における社会的富の形態であるとすれば、社会的に必要な労働時間は、もう一つの、次のような意味で社会的に必要／必然なものとして、理解されるべきである。すなわち、それが暗示的に表しているのは、資本にとって必要／必然的な労働時間であり、したがってまた社会が資本主義的である限り――つまりそれが、富の形態としての価値と生産の目的としての剰余価値によって構成されている限り――、社会にとって必要／必然的な労働時間である。それゆえこの労働時間は、資本制社会全体にとっての、また諸個人にとっての必要性／必然性の、上位形態を表現するものである。それは、マルクスが「必要」労働時間と「剰余」労働時間の区別において言及した必要性の形態と、混同されるべきではない。われわれが見たようにこの区別は、労働日において労働者が自らの再生産のために労働する（「必要」労働時間）部分と、資本の代表者たちによって略取される部分の区別である。[17] この意味において、「必要」労働時間と「剰余」労働時間は、そのすべての派生物とともに、「社会的に必要な労働時間」の下に包摂される。

したがって価値のカテゴリーは、物質的富のカテゴリーとは反対に、次のことを意味する。すなわち労働時間とは、資本主義において富と社会的諸関係がつくられる原材料なのである。価値のカテゴリーは、人間が自らの労働によって支配され、この支配を維持するよう強制される社会生活の形態を指している。これからさらに論じるように、この社会的形態に根拠づけられた命令が、技術的発展の急速な昂進と、絶えざる「成長」の必然的なパターンを駆り立てる。だがこの命令は、技術の発展の程度や物質的富の蓄積と関わりなく、生産過程における直接的人間労働の必要性を永続化しもする。マルクスによれば労働は、これらの歴史的に特殊な要請の究極的な土台として、その二重の性格――生産活動としての性格および歴史的に特殊な社会的「実体」としての性格――において、資本主義の自己同一性を構成するのである。

私が探究してきた複雑な動態性こそが、マルクスの言う資本主義における生産諸力と生産諸関係の弁証法の本質的核心である、ということは既に明らかだろう。私の読解が示すのは、第一にはこの弁証法が、資本制社会を構成する社会的諸形態の二重の性格——労働および社会的に構成された時間における価値と使用価値の次元——に根差している、ということだ。そして第二に示されるのは、この弁証法によって、時間的必要性／必然性という抽象的強制力が、その静的および動態的次元の両者において、永続化されるということである。私がこの弁証法の根本的な特徴を、このような抽象的な論理レベルで根拠づけることによって示したのは、次のことである。すなわち、マルクスの分析においてこの弁証法は、生産と分配の間の、いわゆる根本的矛盾に根差しているのでもなければ、生産手段の私有、すなわち階級闘争に根差すのでもない。そうではなく、それは資本主義における労働によって構成される特異な社会的諸形態から生じるのであり、これら諸形態が、かかる対立を構造化するのである。発展のパターンと資本制社会のありうべき否定に対するこうした理解は、「労働」の観念を出発点とし、資本主義の矛盾をはらむ弁証法を伝統的な観点から定義するアプローチにおける理解とは大きく異なる。

　予備的な論理的レベルにおいてであるとはいえ、われわれが見てきたのは、社会的労働の二つの次元が、互いをいかに動態的に再規定し強化するか、ということである。一方で私は、歴史的時間の領有に基づく生産と、抽象的な現在的時間の支出に基づく生産との差異についての議論において、これら二つの次元は根本的に異なるということも示してきた。マルクスの分析において、資本主義の矛盾をはらむ性格の土台とはまさに、これら二つの次元が非常に異なるものであると同時に、にもかかわらず、それらが単一の（歴史的に特殊な）社会的形態に

は明らかだろう。例えばそれは、諸国家の内部における、あるいは諸国家のあいだでの政治的発展に直接言及するものではない。これらの事柄は、ことによれば、マルクスによって分析された歴史の「メタ論理」の観点から、探究されうるかもしれない。だが、必然的な媒介と偶然的な要素を考慮することなくそれを行なうことは、還元主義的であろう。同様に、歴史的発展のより偶然的な水準という立場からマルクスの分析を批判することは、区別されるべきである分析の諸レベルと社会的現実を混同することである。

一七——*Capital*, vol. 1, pp. 324-25.（『マルクス＝エンゲルス全集、第二三巻 第一分冊』、二八一—八二頁）

おける二つの契機として結びつけられている、という状況にほかならない。そこから動態的な相互作用が帰結する。この相互作用において、これら二つの契機は互いを再規定し合うのだが、そのことによって二つの契機間の差異は昂進する対立と化す。私が非常に抽象的なレベルにおいて示したように、このような共通する枠組みにおいて昂進する対立は、現在の基底をなす基礎が半ば自動的に乗り越えられ、取って代わられるという直線的な、いかなる進化論的な発展にも帰結することはない。このような抽象的なレベルにおいてすら、その帰結は昂進する構造内在的な緊張であろうことは理解可能である。

伝統的解釈において、資本主義における生産諸関係は、「労働」によって構成される生産過程に対して外在的である。それゆえ生産諸力と生産諸関係の矛盾は、生産と分配の矛盾として、つまり現存する社会の「諸制度」や諸領域の間での矛盾として理解される。しかしながら、本書で展開されてきた枠組みにおいてこの矛盾は、これらの「諸制度」、諸領域、およびプロセスのなかにある。例えばこのことは、資本主義的な生産過程は技術的のみならず、社会的な観点からも理解されなければならない、ということを意味する。後に詳述するように、この過程の物質的形態でさえも、昂進する構造内在的な緊張という観点から、すなわち、「剪断《せんだん》圧力」の観点から社会的に分析することが可能である。こうした緊張は、変容と再構成の弁証法における二つの構造的命令――より高度な生産力のレベルを達成することと剰余価値を生産すること――から帰結するのである。

したがって、資本主義を構造化する基礎的諸形態における二つの次元の非同一こそが、社会編制に内在的な弁証法的動態性を与え、その基礎的な矛盾を展開させるのである。この矛盾は、資本制社会における社会的諸過程と諸制度を形成するばかりでなく、その歴史的否定の内在的可能性を根拠づけもする。

労働と時間の弁証法についての私の分析が明確に示してきたのは、資本主義に対する歴史的批判の立脚点としてマルクスは、労働と生産を決して選びはしなかった、ということである。彼の批判的分析の焦点は、まさに資本制社会において労働が果たす、社会的に構成的な役割に当てられている。したがって、資本主義の矛盾をはらむ性格によって、現に在るものとありうるものとの間で、昂進する緊張が生じるというマルクスの考えは、工業的生産とプロレタリアートを、ポスト資本主義の未来の要素として措定するものではない。マルクスの理解において資本主義の基礎的矛盾とは、現存の社会構造や集団と、他のそれとの矛盾なのではない。むしろ矛盾は資本主義的な生産領域そのものに、つまり、その本質的諸関係が労働によって構成される社会における生産領域の、二重の性格に根拠づけられているのである。

したがって資本主義の根本的矛盾は、労働と時間がそれぞれ持つ、二つの異なる次元の間にある。ここまでの探究に基づいて私は、この矛盾を次のようなものとして描き出すことができる。すなわちそれは、労働によって媒介された社会的諸関係の形態によって蓄積を促される社会的に一般的な知識・技量と、この媒介の形態そのものとの矛盾なのである。現在の価値という基礎、したがってまた社会的に必要な労働時間によって表現される抽象的な必要性は、決して自動的に超克されることはない。とはいえ、かかる基礎は、それがもたらした発展の持つ内在的な可能性と、次第に緊張関係に入るようになる。

私は後にこの矛盾について詳述するが、現時点では、歴史の弁証法の問題に戻ることにしたい。私がここで示した解釈は、この弁証法の射程を、資本主義の自由放任時代を越えて拡張するが、同時にそれを資本主義的社会編制に限定する。マルクスの最初の諸カテゴリーについての私の分析が、抽象的にではあれ示したのは、資本主義の構造的な社会的諸形態の二重の性格という彼の概念は、歴史の弁証法を含意しているということである。かかる探究は、方向性を持った弁証法的動態性を社会的に根拠づけ、資本制社会の特徴としてそれを歴史的に特定することによって、マルクスの諸カテゴリーおよび歴史に内在する論理という彼の概念は歴史的に規定されたものであるという私の主張を強化するのである。

それは、マルクスの分析において結び付けられている弁証法的相互作用の三つの様式を区別する一助ともなる。第一の様式――それは最もよく知られ、最も一般的に言及されるものであるが――は、客体化を通じた再帰的な構成の弁証法として特徴づけることができる。例えばそれは、『資本論』における労働過程についてのマルクスの議論の冒頭に述べられている、人々は外的自然に働きかけ、それを変化させることで自らの自然を変化させるという言明によって、表現されている。[一八]言い換えればマルクスにとって自己構成のプロセスは、人類と個人の双方にとって外化の過程を含むのである。技量と能力は、それらが表現されることを通して、実践的に構成される。歴史についてのマルクスの概念は、しばしばこのようなプロセスの観点から理解されてきた。[一九]しかしながら、資本主義の社会的諸形態の二重の性格についての私の議論が論証したのは、労働を通じた自己構成のこの過程は、仮にあらゆる外化の活動として労働が広義に理解されたとしても、必ずしも歴史的発展をもたらしはしない、ということだ。例えば、人類と自然の物質的相互作用は、必ずしも方向づけられた動態性を持つものではない。つまり、具体的労働が持つ客体化の再帰的作用は方向性を持っているに違いないとする主張には、理論的根拠もなければ、歴史的証拠もないのである。これまで私が検討してきた、弁証法的発展の中心をなす内在的な必然性と方向性の論理は、認識主体とその客体化の相互作用にとって――こうした相互作用が個人的に理解されるか、あるいは人類と自然との相互作用という観点から理解されるかにかかわりなく――内在的なのではない。換言すれば方向性の論理は、具体的労働の形態と呼ばれうるこれらの活動にとって、内在的なものではないのである。

　後期マルクスの理論における第二の弁証法的相互作用は、社会的実践と社会的構造の規定された形態が互いを構成し合うというものである。既に述べたように『資本論』においてマルクスは、深層構造と実践の複雑な弁証法を展開し始めているが、それは深層構造の現象諸形態とさまざまな社会的諸形態の主観的次元によって媒介される。このような分析によって、社会生活の客観主義的および主観主義的解釈を理論的に克服し、それぞれにおける妥当な契機と、歪曲された側面を明らかにすることが可能となる。[二〇]にもかかわらず、こうした種類の弁証法は、必ずしも方向性を持つものではない。それは内在的な歴史的動態性を持たない社会生活の形態の再生産をもたらすこともありうるのである。[二一]

これらの弁証法的な相互作用はともに、さまざまな社会において、何らかの形態で存在しうる。マルクスによれば、資本主義の標識となるのは次の事柄である。すなわち、右の二つの相互作用は方向づけられた動態性を持ったものとなるのだが、そうなるのはこれらの相互作用が、客体化された社会的諸関係の、内在的に動態的な枠組みに埋め込まれ、それと絡み合うことによってである。かかる枠組みは第三の種類の弁証法的相互作用――基底的な社会的諸形態の二重の性格に根差した相互作用――によって構成される。結果として、社会的実践を構成し、また社会的実践によって構成される資本主義の社会構造は、動態的なものとなる。さらに資本主義の特徴である内在的に動態的な諸関係は労働によって媒介されるがゆえに、人類と自然の相互作用は、資本主義において、方向性を持つ動態性を実際に獲得する。だが、この歴史的動態性を究極的に生じさせるのは、資本主義における労働の二重の性格であって、「労働」ではないのである。この方向づけられた動態性を持つ構造はまた、生産する社会集団と収奪する社会集団との敵対を全体化し、動態的なものとする。言い換えればそれは、このような敵対を階級対立として構成するのである。

したがって、価値の時間的次元の含意するところについての私の探究が示したのは、マルクスの分析によって、

一八――Ibid., p. 283.（同右、二三四頁）

一九――ルカーチはこのように解釈されうる。以下を参照のこと。Lukács, "Reification and the Consciousness of the Proletariat," pp. 145-49, 170-71, 175-81, 185-90.（ルカーチ『歴史と階級意識』、二六五―七一、三〇五―〇七、三一三―二三、三三〇―三七頁）

二〇――例えばマルクスの価値と価格の分析は、方法論的個人主義の前提に基づくアプローチ、つまり社会現象とは個人の振る舞いの総計された結果であるという考えにおける「合理的核心」を指し示している。同時にマルクスの分析は、これらのアプローチを歴史のなかに埋め込むが、それはこれらのアプローチが、社会的に存在論的なものとして把握するもの（例えば合理性を極大化する行為者）が、歴史的に特殊な社会的に構成されたものであることを示すことによってである。

二一――ピエール・ブルデューによるカビル社会の研究は、構造と実践の相互構成的な弁証法（構造、ハビトゥスと実践の弁証法）の観点からなされた、社会生活のこのような形態の再生産についての分析の好例である。Pierre Bourdieu, *Outline of a Theory of Practice*, trans. Richard Nice（Cambridge, 1977）を参照せよ。

歴史的に特殊な社会的諸形態における弁証法的発展の論理の基礎が明らかにされたということである。そのことによって彼の分析は、歴史には確かに論理の形態、すなわち歴史的必然性の形態が存在することを示しているが、それは資本主義的社会編制にとってのみ内在的であり、人類史全体にとってはそうではないことを示しているのである。このことが意味しているのは、後期マルクスの批判的な社会理論は、歴史をすべての人間社会を動かす力のようなものとして実体化してはいない、ということだ。それは歴史一般における方向性を持った動態性が存在するとは想定していないのである。むしろそれが説明しようとするのは、近代社会を特徴づける、ある種の方向性を持った絶えざる動態性の存在であり、疎外のプロセスにおいて労働によって構成される歴史的に規定された社会的諸形態という観点から、それは行なわれる。[二二] この分析によれば、歴史そのものに内在する論理を措定するあらゆる理論——弁証法的であれ進化論的であれ——は、この論理を社会的構成の規定されたプロセスにおいて根拠づける（それはありそうにないことであるが）ことなく、資本主義に特殊な特質を人類史に投影しているということになる。こうした投影は必然的に、歴史の方向性づけられた動態性の、実際上の社会的基礎を曖昧化することになる。その結果として歴史の過程は、社会分析の対象から疑似‐形而上学的な前提へと改変されてしまうのである。

二二――商品形態は資本主義の複雑な歴史的動態性の究極的基盤であるという考えによるならば、歴史を単一の同質的プロセスとしてとらえるか、それとも固有の時間性を持ったさまざまな社会的諸過程が相互作用する結果としてとらえるか、という超歴史的な対立のさせ方には、それがどのようなものであれ、疑問符が付されることになる。資本主義の歴史的に動態的な性格を――非常に抽象的な論理的レベルにおいて――社会的に根拠づけるという私の取り組みは、次のことを示している。すなわち資本主義は、単一の、共時的で、同質的な歴史的プロセスを特徴とするわけでは必ずしもないとはいえ、総体としては、歴史的に動態的であることによって、社会生活の他の諸形態から際立っている。社会のさまざまなレベルとプロセスの間での諸関係は、非資本制社会におけるのとは異なる仕方で組織される。すなわちそれらの諸関係は、一般的で、社会的に構成され、時間的に方向づけられた弁証法的な枠組みに埋め込まれるようになるのである。

第九章 生産の軌道

これまで私は、資本主義の根本的な社会的形態としての商品についてマルクスが行なった分析の意味を検討することを通して、彼が示した資本制社会の性質についての概念に迫ってきた。私のこの検討が明らかにしたのは、商品に規定される労働の二重の性格と価値の時間的な次元についてのマルクスの分析が含意しているところの、内在的で歴史的な動態性についての最初の諸規定であった。このようにしてこの検討は、マルクスによる資本のカテゴリーが、労働によって構成される疎外された社会的諸関係の、矛盾をはらんだ動態的な構造を指し示すカテゴリーであることを解明することに着手したのである。このアプローチは、次のような私の主張を支え、さらに明確化してきた。すなわち、資本制社会においては労働が中心的な役割を果たしているというマルクスの理論は、社会的媒介のある規定された様式についての批判理論である、という主張である。この理論の枠組みにおいては、資本主義における労働が、人類と自然を媒介する生産活動としてのみ理解されているかぎり、その社会的な意義は適切には把握され得ない、ということになる。

これから私は、マルクスの批判理論の最初のカテゴリーに対するこうした検討に照らして、生産の領域についいての彼の分析を再考してみようと思う。その際、特に経済成長、階級対立、工業的生産の社会的構成といった問題に焦点を当てる。このようにして私は、ここまで展開されてきた資本についての理解を――したがってまた資本主義の再概念化と、可能なる超克の性質を――より一層精巧なものに仕上げてゆく。

1　剰余価値と「経済成長」

私は、生産諸力と生産諸関係の弁証法というマルクスの概念について予備的な議論を行なってきた。この議論は、特異な利益である剰余価値という、マルクスのカテゴリーによって示唆される動態性の一側面に、今日の地球規模での環境問題の激化という視点から、光を当てるものとなる。ここまで見てきたように、剰余価値のカテゴリーそのものは剰余労働時間、すなわち労働者によって労働者自身の再生産のために必要な価値量（必要労働時間）を生み出すのに必要な時間を超えて費やされる労働時間によって生み出される価値を指している。剰余価値のカテゴリーは、資本主義における社会的剰余は数々の「生産の諸要因」から生じるのではなく、労働だけから生み出される、ということを意味するものとして通常理解されている。そうした解釈が主張するのは、資本主義において労働の独特な生産的役割は、資産を持たない生産者と生産しない資産家の諸関係における契約的な性格によって覆い隠されている、ということである。こうした諸関係は交換の形態をとり、そこでは労働者は自らの労働力の価値に対する報酬――しかし彼らが生み出す価値よりも少ない報酬――を受け取る。にもかかわらず、この価値における差は、明白なものではない。言い換えれば、資本主義における搾取はそのような交換によってなされるがゆえに――例えば封建社会における剰余の搾取と違って――あからさまにはならない。そこで剰余価値のカテゴリーが、資本主義の特徴である、あからさまではないかたちでの搾取を暴露するために導入されるのである。」

このような解釈は剰余価値のカテゴリーの重要な次元を摑んではいるが、しかし一面的な解釈である。というのは、もっぱらそれは剰余価値の収奪にのみ焦点を合わせており、言ってみれば剰余価値の意味については十分に考察していないからである。しかしながら私がこれまで示してきたように、マルクスは価値増殖過程――剰余価値の生成過程――を、価値形成の過程という観点から分析している。つまり彼の分析は、剰余の源泉にのみ関わるのではなく、生産される剰余の富の形態にも関わるものなのである。既に示されたように価値は、動態的な全体性のカテゴリーである。この動態性は、商品形態の二重の性質と富の価値形態の持つ二つの構造的命令――つまり、生産力の水準の向上へ向かう衝動と、生産における直接的人間労働の維持の必要――から帰結する、変容と再構成の弁証法を含む。いまやわれわれは、マルクスの分析を推し進めることができる。これまで見てきたように、マルクスによれば資本は「自己増殖する価値」である。[二]つまり、絶え間なく拡大していく必要があるということにその特徴があるのである。価値が富の形態であるとき、生産の目的は必然的に剰余価値となる。すなわち資本主義的生産の目的は、単に価値にあるのではなく、剰余価値の絶えざる増殖にある。[三]

この増殖の際立った特徴は、富の価値形態そのものに根差している。その特徴には、マルクスが分析したように、資本蓄積の持つ不安定で危機に見舞われやすいという性質が含まれるが、それだけには限定されない。だが、資本蓄積の持つこれらの側面こそが、マルクス主義の伝統においては、多大なる注目を集める中心であった。例えば『空間編成の経済理論――資本の限界』において、デヴィット・ハーヴェイは紙幅を割いて、マルクスの分析枠組みによれば、バランスの取れた資本主義の成長というものが、いかに不可能であるかを論じている。[四]生産と消費の間の必然的な不均衡と、生産と流通の間に伏在する矛盾のために、危機は資本主義に内在的なものなのである。[五]加えてハーヴェイによれば、資本家は利潤率を平均化しようとしなければならず、このため社会全体における剰余価値の総生産を必ずしも最大化しないような仕方で社会的労働を配分し、生産過程を組織してしまう。ハーヴェイは、これこそが社会的労働の組織的な誤配分と労働過程の偏向的な組織化が生み出され、資本主義を周期的な恐慌へと導く物質的な基盤である、と述べる。[六] ハーヴェイはまた、技術的、組織的な変化を絶えず加速させる傾向に対して資本そのものが障壁を生み出す、ということを強調する。[七] 彼の主張するところでは、一般に資本家たちは、資本主義的な生産と交換の社会的諸関係の下で自己利益のために振舞いながら、蓄積を妨げ、バランスの取れた成長の潜在的可能性を破壊し、資本家階級の全体としての再生産を危うくするような技術的組成を生み出す。[八]

資本蓄積の不安定で危機をはらんだ特質は、資本の根本的な性格を明らかにしようとするマルクスの理論において、確かにきわめて重要な側面ではあるが、私は、剰余価値の増大過程についての彼の分析の、もう一つの側面に焦点を当てたい。マルクスが蓄積のための蓄積[九]という資本の特異な蓄積過程を批判したとき、それは単に分配に対する批判、つまり社会的な富が万人の利益のために使われていない、という批判にとどまるものでなかっ

一――例えば、以下を参照。Paul M. Sweezy, *The Theory of Capitalist Development* (New York, 1969), pp. 56-61.（P・M・スウィージー『資本主義発展の理論』都留重人訳、新評論、一九六七年、六九―七六頁）。さらに、Maurice Dobb, *Political Economy and Capitalism* (London, 1940), pp. 56, 58, 75.（M・ドッブ『政治経済学と資本主義』岡稔訳、岩波書店、一九五二年、五三、五五、七一頁）

二――Marx, *Capital*, vol. 1, trans. Ben Fowkes (London, 1976), p. 255.（『マルクス＝エンゲルス全集 第二三巻 第一分冊』大内兵衛・細川嘉六監訳、大月書店、一九六五年、二〇一頁）

三――Ibid., pp. 714-18, 725ff.（『マルクス＝エンゲルス全集 第二三巻 第二分冊』大内兵衛・細川嘉六監訳、大月書店、一九六五年、七四〇―四六、七五四頁）

四――David Harvey, *The Limits to Capital* (Chicago, 1982), p. 171.（D・ハーヴェイ『空間編成の経済理論――資本の限界（上）』松石勝彦・水岡不二雄訳、大明堂、一九八九年、二六七―六八頁）

五――Ibid., pp. 81-82, 157.（同右、一四五―四七、二五〇頁）

六――Ibid., p. 68.（同右、一二五―一二六頁）

七――Ibid., pp. 121-22.（同右、一九八―九九頁）

八――Ibid., pp. 188-89.（同右、二九一―九三頁）

九――*Capital*, vol. 1, p. 742.（『マルクス＝エンゲルス全集 第二三巻 第二分冊』、七七五頁）

たことは明らかである。マルクスの批判はまた、生産至上主義的な批判に類するものでもない。というのはマルクスの批判の要点は、バランスのとれた仕方で剰余価値の総生産が最大化されないことが資本主義の問題である、と示すことにあるのではないからである。マルクスの批判は、そのような最大化を肯定する立場からなされたものではない。むしろ彼の批判は、まさに資本に内在する成長の性質そのもの、動態性の軌道それ自体に対する批判なのである。

　剰余価値の増大に必然的に伴う成長の特殊性は、時間によって規定される富と社会的媒介の形態であるところの価値の性格に基礎づけられている。既に見たように、生み出される総価値は、抽象的労働時間の支出にのみ依拠しているため、生産力の増大は、より多くの物質的富を生み出しつつも、単位時間ごとに生み出される価値の短期的な増大をもたらすにすぎない。ここでは労働の強度についての考察はひとまず措いておくが、「与えられた長さの一労働日は、たとえどのように労働の生産性が、またそれにつれて生産物量が、したがってまた個々の商品の価格が変動しようとも、つねに同じ価値生産物に表わされる」[一〇]。価値がこのように時間によって規定されるとするならば、剰余価値の増大——それが資本主義的生産の組織的な目標であるが——は、もっぱら剰余労働時間と必要労働時間の比率が変化することによってのみ、なされうることになる。既に述べたように、これは労働日の延長によって（つまり「絶対的剰余価値」の生産によって）なされうることである[一一]。しかしながら、労働日の長さが（例えば労働争議や法制化の結果によって）限界づけられるようになると、剰余労働時間は必要労働時間が短縮されることによって（つまり「相対的剰余価値」の生産によって）のみ、増大されうることになる。マルクスによればこの短縮は、生産力の増大によってもたらされる。社会一般における生産力の増大は、与えられた期間内に生み出される総価値を増大させはしないが、労働者の再生産に必要な諸商品の価値を減少させる。言い換えれば生産力の増大は、必要労働時間を減少させ、そのことによって剰余労働時間を増大させる[一二]。マルクスによれば、生産力が相対的剰余価値の増大に対して持つこのような関係と、生産力が増大する際に単位時間ごとに生み出される価値が短期的に増大することの双方の結果として、資本は「労働の生産力を高くしようとする」「内的な衝動」「不断の傾向」[一三]を持つことになる。

生産力の不断の増大を目指すこの傾向は、相対的剰余価値の増大、つまり資本に適した剰余の形態に本質的なものである。それは価値の形態をとった剰余と生産力との特異な関係性から生じる。マルクスの叙述の構成は、この特異な関係性が、抽象的な人間労働時間の支出によって価値量が決定されるという彼の議論の意図を遡行的に照らし出すような仕組みになっている。抽象的な人間労働時間は、いまや資本主義の特異な動態性の第一の規定性として、すなわちマルクスがこの動態性を把握し解明しようとする際の出発点として、はっきりと現れてくる。生産力の増大は、直接的にはそれに比例した物質的富の増大をもたらすにもかかわらず、ひとたび労働日が規制されるようになると、必要労働時間が短縮されることによる、剰余価値の間接的な増大しかもたらさない。つまり生産力の増大は、それに対応した社会的に領有可能な富の増大も、労働時間の短縮も、直接的にもたらすことはない（もし物質的富が、支配的な富の社会形態であったならば、これらのことは可能となるはずである）。加えて、単位時間ごとに生み出される価値の総量は、社会一般における生産力の増大にともなって増大しないために、それは剰余価値の増大に対する限界を意味することとなる。すなわち、単位時間ごとに生み出される剰余価値の総量は、生産力の増大の度合いがどれほどであろうと、この価値の総量を超えることは決してできないのである。実際、剰余価値の総量はこの限界に到達することさえできない。というのは、社会一般の水準において資本は、必要労働時間を完全に廃してしまうことが決してできないからである。

一〇――Ibid., p. 656.（同右、六七四頁）
一一――Ibid., p. 340ff.（『マルクス＝エンゲルス全集 第二三巻 第一分冊』、三〇〇頁以下）
一二――Ibid., pp. 431-33.（同右、四一三―一六頁）
一三――Ibid., pp. 436-37.（同右、四二〇頁）

マルクスによれば、まさしくこの限界——その量が抽象的な人間労働時間の支出に依存する、富の形態に本質的な限界——こそが、生産力のより効率的な増大を追求する傾向を生み出すのである。マルクスは、抽象的な時間による価値の計測と、その結果として生じる生産力の増大と剰余価値の増大との間接的な関係を分析し、それに基づいて、もし生産力の増大が一定の率であるとすれば、剰余労働時間の水準が上がるにつれて、一定量の資本あたりの剰余価値量の増加率は低下するだろう、と論じる。[一四] 言い換えれば彼が主張しているのは、次のようなことである。すなわち、生み出される剰余価値の総量が、単位時間ごとに生産される価値の総量の限度に近づけば近づくほど、必要労働時間を生産力の増大によって削減することが困難になり、したがって剰余価値を増大させることが困難になる。しかしながらこのことは、剰余労働時間の一般的水準が上がれば上がるほど、そしてそれに連動して生産力の水準が向上すればするほど、一定量の資本あたりの一定の剰余価値量の増加を達成するために、生産力はさらに増大されなければならないことを意味する。

この生産力と剰余価値の関係は、利潤率の傾向的低下についてのマルクスのアプローチの問題[一五]、あるいはより一般的に言って、資本の拡大が無制限に続きうるかどうかという問題に関してのみ重要なのではない。それが示しているのは、剰余が価値の形態をとるときには、単に生産力の継続的な増大を導くだけにとどまらず、資本によって要請される剰余価値の増大は生産力の増大率を加速させる傾向を伴う、ということである。資本は生産力の成長を、絶え間なく加速する傾向を持っている。注意すべきは、この分析によれば生産力の途方もない増大は、まさに生産力の向上が間接的にのみ剰余価値を増大させるがゆえに引き起こされる、という点である。同様の理由で、そのような生産力の増大は、それに相応する物質的富の増大をもたらす一方で、相応する剰余価値の増大をもたらしはしない。生産力との関係における二つの富の形態の差異が意味するのは、まず一方では、資本蓄積によって生み出される生産力の水準の不断の上昇が、生産される生産物と生産において消費される原材料の物量において、相応の増大を直接的に引き起こす、ということである。しかしながら他方で、資本主義における剰余の社会的な形態は物質的富ではなく価値である以上、結果は——見かけとは裏腹に——剰余生産物が相応に増大するということにはならない。資本主義の下では、生産される物質的富の量は絶えず増大するが、社会的富が価値の形態をとっているために、その増大した物質的富は、社会的富の水準の上昇を表してはいないのである。

　マルクスにとってこの成長のパターンは、二面性を持つものである。それは人間の生産能力の絶えざる拡大を含むが、しかしこの拡大は、疎外された動態的な社会構造と結びついているために、加速し、果てしなく暴走する形態を持ち、誰もそれを制御することができない。資本蓄積が突き当たる限界や障壁の可能性についての考察はひとまず措くとして、この特異な動態性——それは剰余価値よりもはるかに多大な物質的富の増大を生み出すのであるが——のもたらす帰結の一つは、自然環境の加速的破壊である。マルクスによれば、生産力、物質的富、剰余価値のあいだの関係性がもたらす帰結として、剰余価値の絶えざる増大は、人間のみならず自然に対して有害な結果を次第にもたらすようになる。

　都市工業の場合と同様に、現代の農業では労働の生産力の上昇と流動化の増進とは、労働力そのものの……病

一四——Ibid., pp. 657-58.（『マルクス＝エンゲルス全集 第二三巻 第二分冊』六七五—七七頁）; Marx, *Grundrisse: Foundations of the Critique of Political Economy*, trans. Martin Niolaus (London, 1973), p. 340.（『マルクス資本論草稿集①一九五七—一九五八年の経済学草稿集I』資本論草稿集翻訳委員会訳、大月書店、一九八一年、四二三頁）

一五——利潤率の傾向的低下については多くのことが書かれてきたが、しばしば見過ごされてきたのは、マルクスが利潤率の低下について『資本論』第三巻で「表面的」な現象として扱っている、という点である。それは資本主義における、より根源的な歴史的傾向を反映し、かつ屈折させる。その傾向とは、すなわち、生産過程において機械が徐々に生きた労働に取って代わるということである。第三巻で分析されているカテゴリーのほとんどの場合と同様にマルクスは、この表面的な現象が、古典派経済学では表面的な現象として認識されておらず、それどころか、より根源的な歴史的傾向としての意義を与えられていた、と論じている。以下を参照。*Capital*, vol. 3, trans. David Fernbach (Harmondsworth, England, 1981), pp. 317-75.（『マルクス＝エンゲルス全集 第二五巻 第一分冊』大内兵衛・細川嘉六監訳、大月書店、一九六六年、二六五—九〇頁）

弱化……によってあがなわれる。そして、資本主義的農業のどんな進歩も、……土地から略奪するための技術の進歩でもあり、一定期間の土地の豊度を高めるためのどんな進歩も、同時にこの豊度の不断の源泉を破壊することの進歩である[一六]。

マルクスは、価値を物質的富と対比する分析に基づいて、資本主義的工業および資本主義的農業を批判しているが、明らかにそれは生産至上主義的な批判ではない。さらにまたマルクスの批判が「労働」ではなく、資本主義における労働の特殊な形態の分析に基づいているということが意味するのは、逆の点から言えば、自然破壊の増大は、自然に対する人間の支配と制御が増大した結果であると単純にみなされるべきではない、ということである[一七]。生産至上主義的な資本主義批判も、後者の自然支配批判の類いも、価値と物質的富の区別をしていない。つまり、両者はともに超歴史的な「労働」の概念に基づいている。したがって、両者はそれぞれ、マルクスがより複雑で二面性を持った発展として把握しようとしたものの、片方の次元だけに焦点を当てているのである。つまり、これらの立場はともに、資本制社会のいま一つの理論的アンチノミーを構成している。

マルクスの分析において、資本主義の下で昂進する自然破壊は、単純に自然が人類の客体となったことの結果ではない。主にそれは、自然がある種類の客体となったことの結果なのである。マルクスによれば原材料と生産物は、資本主義においては、物質的富の構成要素であることに加えて、価値の担い手である。資本は物質的富を、価値形成の手段として生産する。したがって資本は、物質的自然を単に物質的富の材料としてのみ消費するのではなく、資本自身の自己増殖を増幅するための手段としても消費するのである――すなわち、労働人口から可能な限り多くの剰余労働時間を抽出し吸収することを成し遂げるための手段として、消費する。消費される原材料の量は常に増大しなければならないが、その結果は、富の剰余（剰余価値）の社会的形態における増大には対応しない。労働によって媒介された人間と自然の関係は、一方通行的な消費となり、循環的な相互作用とはならない。それがもたらすのは、質的に特殊な諸原材料を「物質」に転換することを加速していく、つまり、客体化された時間の均質な担い手へと転換することを加速していく一つの形態である。

したがって、資本蓄積に伴う問題とは、それが不均衡で危機をはらんだものである、ということにとどまらない。その基本的な成長の形態は、生産者によって制御もできなければ、生産者に直接裨益《ひえき》することもない、暴走する生産力を特徴とする。この特異なタイプの成長は、価値に基づく社会に内在的なものである。それは誤った見方や間違った優先順位といった観点からだけでは説明できない。生産至上主義的な資本主義批判は、資本蓄積に本来的に内在する、経済成長に対する障壁の可能性にばかり焦点を当ててきたが、マルクスは、資本主義における「成長」の危機をはらんだ性格だけでなく、その加速する無制約性をも批判していたことは明らかである。実際のところマルクスは、これら二つの性格は、内的に連関したものとして分析されるべきであることを示すのである。

私が概説してきたパターンが示しているのは、商品化が全面的となる社会においては、環境に配慮することと、富と社会的媒介の形態としての価値が命じてくることの間に、根本的な緊張関係が存在する、ということである。さらには、資本主義の枠組みにおいては、この社会における拡大の様式を抑制することで、昂進する環境破壊に基本的に対応しようとする試みはすべて、長期的にはおそらく無効であるだろう、ということが示唆される。それは資本家や国家の統治者の利害関心のせいだけではない。剰余価値の拡大に失敗すれば、実際に深刻な経済的困難が、多大なる社会的犠牲を伴って引き起こされるからである。マルクスの分析において、資本蓄積の必要性

一六――― *Capital*, vol. 1, p. 638.（『マルクス＝エンゲルス全集 第二三巻 第一分冊』、六五七頁）

一七――― 以下を参照のこと。Max Horkheimer and Theodor W. Adorno, *Dialectic of Enlightenment*, trans. by John Cumming, (New York, 1972) pp. 3-42, 89ff.（M・ホルクハイマー／T・W・アドルノ『啓蒙の弁証法』徳永恂訳、岩波書店、二〇〇七年、二一―九九、一九二―九六頁）

と資本制社会の富の形成は、内的に連関している。加えて、ここでは触れるだけにとどめるが、資本制社会において労働は、個人の再生産に必要な手段として規定されているために、賃労働者は資本の「成長」に依存し続ける。たとえその労働の結果が、環境的に、あるいは他の意味でも、賃労働者たちや他の者たちにとって有害であろうとも。商品形態の要求と環境的な要求の緊張は、生産力の増大につれてより深刻なものとなり、特に経済危機や高い失業率の期間には、激しいジレンマを引き起こす。このジレンマと、ジレンマが根差しているところの緊張は、資本主義に内在的なものである。したがって、その最終的な解決は、社会的富を規定する形態が価値であり続ける限り、やってこないのである。

　ここまで私が手短に概説してきたものは、単純に「経済成長」として理解されてはならない。そこにはもう一つ別の含意がある。すなわち、マルクスは資本制社会における生産過程と、技術の発展および経済成長のパターンを、単に「技術的」に、つまり本質的に非社会的な意味で分析しているのではない。つまりマルクスは社会的次元を、外的なものとして（例えば、所有と運営のみの観点から）把握しているのではない。そうではなくマルクスは、この過程とこれらのパターンを、社会に内在するものとして、すなわち、商品と資本というカテゴリーによって表現されるところの社会的媒介の形態によって構造化されたものとして、分析しているのである。

　この点から、以下のことが銘記されるべきである。すなわち、資本間の競争を、成長の実在を説明するために用いることはできるが、[一八] マルクスの分析においてその成長の形態の基底をなすのは、価値の時間的な規定性である。生産力の増大と剰余価値の拡大との間の特異な関係性が、資本主義における成長の基本的な軌道を形成する。この軌道は、市場と私有財産の観点からでは、適切に説明し得ない。これが示唆するのは、社会的富が究極的には直接的労働時間の支出の結果である限り、たとえ市場や私有財産がなくても、経済成長は必然的に、生産力の増大を特徴とする形態をとり、それがもたらす社会的富の増大は、生産力の増大に比してはるかに僅かである、ということだ。こうした状況における計画経済とは、それが上手くいこうがいくまいが、価値と資本によって表現される社会的諸関係の疎外された形態が及ぼす強制力に対する、意識的な対応を意味する。しかしながらそれは、この疎外された形態を超克することはできないのである。

マルクスの批判理論によれば、資本主義における経済「成長」および社会経済的な変容の盲目的加速化の過程を、その危機をはらんだ性格とともに廃絶するには、価値を廃絶することが必要となる。この疎外された形態を超克することは、必然的に、生産力の増大がそれに見合う社会的富の増大をもたらすような、物質的富を基盤とする社会を打ち建てることを意味する。そのような社会は、資本主義的な成長とは全く異なる成長の形態を特徴とする社会となるだろう。マルクスは、物質的富と価値を区別することによって、一方での暴走する成長――それは社会的富の条件とされる――と、他方での質素な生活――それは生産と分配の環境的に健全な組織化の条件とされる――との対立を相対化し、両者の対立を、歴史的に特殊な社会生活の形態に位置づけるようなアプローチを可能にする。もし、資本制社会における富および社会的媒介の規定的な形態である価値についてのマルクスの分析が妥当であるならば、それはこの対立が超克される可能性を指し示しているはずである。

2　資本主義の動態性と階級

本書において展開される理論的枠組みによって、階級と階級闘争の問題もまた、後期マルクスの理論で扱われたようなかたちに転換される。これまでの私の議論が明確に示してきたのは、資本主義の本質的に動態的な社会的諸関係についてのマルクスの考え方は、価値と剰余価値のカテゴリーによって表現されているが、それは社会

一八――以下を参照のこと。Ernest Mandel, *Late Capitalism*, trans. Joris De Bres (London, 1975), p. 31.（E・マンデル『後期資本主義（一）』飯田裕康ほか訳、柘植書房、一九八〇年、三三頁）

的媒介の客体化された形態を指しており、階級闘争と搾取の観点からだけでは理解することができない、ということである。にもかかわらず、マルクスによれば階級諸関係は、社会の歴史的展開において非常に重要な役割を果たしている。本書ではその役割について十分に取り組むことはできないし、階級諸関係についてのマルクスの理解の多様な次元と複雑さについて適切に扱うことはさらに僅かにしかできないが、階級の問題については、これまでの考察に基づいて次のようなアプローチを示唆することができる。階級というカテゴリーは、労働によって疑似－客観的に媒介された近代の社会的関係を表現している。経済学批判によれば、資本主義における階級闘争は、商品と資本という社会的形態によって構造化され、その形態に埋め込まれている。

マルクスが最初に階級関係を導入するのは『資本論』第一巻においてであるが、それは資本家階級と労働者階級の関係を示すことによって、剰余価値のカテゴリーを展開し分析するためである。だが、これまで示してきたように、この階級関係の理論的な位置づけは、決して自明ではない。階級関係は、しばしば資本制社会において現に見られる社会集団の構造を説明しているものと受け取られてきたか、そうでなければ、人口が二つの社会集団へと二極化してゆく歴史的傾向を説明しているものと受け取られてきた。すなわち、少数の資本家階級と多数の労働者階級へ、というわけである。右の二つの解釈はいずれも、多くの批判にさらされてきた。第一の解釈は、資本主義における社会階層の構造を不当に単純化していると批判された。だが実際よく知られているように、マルクス自身が、社会集団とその力関係についてのより豊かで多彩な描写を、歴史的、政治的著述において提示している。二番目の解釈、つまり『資本論』第一巻における階級論は歴史的傾向を説明しているという解釈はまた、最近の社会・経済的発展の視点から徐々に疑問を呈されるようになってきている。とりわけ先進国の資本制社会における工業労働者階級の相対的減少と新興のサラリーマン中産階級の成長が、その契機となっている。

こうした社会・経済的な発展に対して、さまざまな理論がマルクスの階級分析を擁護し、また資本主義分析における階級の中心的意義を再確認しようと取り組んできた。そのうちの一つに、『資本論』第一巻における資本家階級と労働者階級の対立は、より完成された記述に向かう第一段階にすぎない、と主張するアプローチがある。例えばジェイムズ・ベッカーは、第一巻における両極化された階級関係は、手始めの概略として理解されるべきで、マルクスは第二巻、第三巻の探究において、資本主義における社会集団の構造とその発達について、より複雑な図式を示している、と主張する。[一九] ベッカーは、マルクスによる次のようなリカード批判に注目することから始める。「彼［リカード］が強調することを忘れているのは、一方の側の労働者と他方の側の資本家および地主との中間に〔ある〕……中間的諸階級、が不断に増加している、ということである」。[二〇] このように、頻繁にマルクスに帰せられるところの、経験的事実としての階級分化を、実際にはマルクスは主張していないことを示したあとでベッカーは、マルクスの分析に基づき、工業的蓄積の勃興に歴史的に続いて起きた、「流通的‐経営管理的蓄積」［circulatory-administrative accumulation］の概略を述べる。ベッカーによれば、新興中産階級を社会的に生み出し、彼らの雇用と収入の主たる源となったのは、流通的‐経営管理的蓄積なのである。[二一] ベッカーは、（流通と生産双方における）資本の基本的諸形態の質的変化が、社会的諸階級の発達と階級間の相互関係とにいかにして関わっているかを探究するなかで、マルクスの分析は、新興中産階級の成長によって破綻するのではなく、反対に、そうした発展を説明するのにきわめて有効であることを示そうとする。[二二]

このようにマルクスの経済学批判は、その展開において、資本主義における階級やその他の社会集団の歴史的

一九――James F. Becker, *Marxian Political Economy: An Outline* (Cambridge, 1977), pp. 203-05.

二〇――Marx, *Theories of Surplus Value*, part 2, trans. Renate Simpson (Moscow, 1968), p. 573.（『マルクス＝エンゲルス全集 第二六巻 第二分冊』大内兵衛・細川嘉六監訳、大月書店、一九七〇年、七七九頁）

二一――Becker, *Marxian Political Economy*, pp. 209, 231-35.

二二――マーティン・ニコラウスもまた、少し異なるかたちであるが、マルクスの分析には新興中産階級の成長が含まれていることを論じている。以下を参照。Martin Nicolaus, "Proletariat and Middle Class in Marx," *Studies on the Left* 7 (1967).

な発達と変容について、しばしば考えられてきたよりも綿密な分析のための基礎を提供する。しかしながら、『資本論』第一巻において示された、労働者と資本家の階級関係を、手始めの概略として理解することは可能でも、この関係の意味はそうした観点から理解されるべきだ、ということには決してならない。もちろんマルクスは、資本主義の発展に伴うヨーロッパの社会構造の変容に関心を持っていた。すなわち、貴族、農民、そして伝統的職人といった古い社会階層の消滅と変容、そして労働者階級、ブルジョワ階級、新興中産サラリーマン階級といった新しい社会階層の出現である。にもかかわらず、『資本論』における彼の基本的な狙いは、静的な意味でも動的な意味でも、資本制社会の社会学的構造の完全な図解を提供することにはなかった。むしろ、『資本論』第一巻においてマルクスが示した階級関係の意義は、彼の議論の本質的な目的に照らして、理解されなくてはならない。

資本家階級と労働者階級の関係は、マルクスの分析の中心であると一般に理解され、搾取の関係として資本制社会を規定し、階級闘争のかたちで歴史的な変化を駆動すると理解されてきた。[二三] 言い換えればそれは、資本主義の最も根本的な社会的関係として理解されてきたのである。しかしながら、本書で私が主張してきたのは、マルクスは論理的にもっと深い分析のレベルにおいて、資本主義の根本的な諸関係を概念化している、ということである。彼の関心は、資本制社会の社会的媒介を構成するものに向けられている。ここにおいて、資本主義における階級と社会的媒介の特殊な性格との関係は、マルクスの分析においてどうなっているのか、という問いが生じるのである。

剰余価値のカテゴリーについて論じるなかで、私は以下のように議論してきた。すなわち、マルクスの批判理論の戦略的主眼は、資本主義における剰余が、その見かけとは反対に労働によって生み出され、不労階級によって略取されていることを示し、搾取の存在を明らかにすることにとどまらない。むしろ、剰余を価値の剰余として把握することでマルクスの理論は、疎外された社会的諸形態に究極的には根差すところの、複雑な動態性を描き出すのである。このことが意味するのは、資本家と労働者とに二極化された階級対立は、マルクスの分析において重要なものであるが、それは、搾取そのものがマルクスの理論の中心を占めているからということだけではなく、搾取の階級関係が社会編制総体の動態的な発展の重要な一要素でもあるからである。しかしながら、こうした諸関係が、それ自体で、動態的な発展を生み出すのではない。それは、私が分析してきた社会的媒介の形態によって構成され、それに埋め込まれている限りにおいて、動態的な発展を生み出すのである。

このことは、マルクスが『資本論』において階級闘争の概念を導入する際の方法を検討することで明らかになる。この観念は、非常に広範囲にわたる集団的な社会的行為を指し示しうる。例えばそれは、革命的行為を指すこともできるし、あるいは少なくとも、大衆動員、ストライキ、政治的キャンペーン等々によって政治的、社会的、経済的な目標の実現を目指す、高度に政治的な社会的行為を指すこともできるのである。しかしながら、「日常的」水準の階級闘争もまた存在する。剰余価値の諸形態の分析においてマルクスが、資本主義の本質的契機として最初に導入したのが、まさにこの水準なのである。

資本主義における労働日の長さを論じるなかでマルクスは、それが不確定的であることを指摘している。つまり労働日は、肉体的および社会的な限度内で大きく変動する。[二四] このことは、資本制社会における生産者と、社会的剰余の略取者との諸関係の性格に直接関連している。すなわち、その諸関係もまた、商品形態によって構成され、媒介されているのである。労働日は、少なくとも原理的には、商品として労働力を販売し購入する、形式的に対等な両陣営の間での契約から生じる。マルクスによれば、この関係において闘争が本質的であるのは、まさしく労働者と資本家の関係が、部分的にはそのような交換によって構成されているからである。

二三——例えば以下を参照のこと。Erik O. Wright, *Classes* (London, 1985), pp. 6-9, 31-35, 55-58.

二四——*Capital*, vol. 1, p. 341.(『マルクス＝エンゲルス全集 第二三巻 第一分冊』、三〇二頁)

商品交換そのものの性質からは、労働日の限界……、剰余労働の限界［は］出てこないのである。資本家は、労働日をできるだけ延長し……、労働者は、労働日を一定の正常な長さに制限しようとする……。だから、ここでは一つの二律背反が生ずるのである。つまり、どちらも等しく商品交換の法則によって保証されている権利対権利である。同等な権利のあいだでは力がことを決する。こういうわけで、資本主義的生産の歴史では、労働日の標準化は、労働日の限界をめぐる闘争――総資本家すなわち資本家階級と総労働者すなわち労働者階級とのあいだの闘争――として現われるのである。[二五]

階級対立と商品交換によって構造化されたシステムは、言い換えれば、対立する二つの原理に基づいているのではない。そのような対立は、それさえなければ調和的であるようなシステムにおける騒乱といったものではない。反対にこの対立は、全体化し全体化される形態としての商品によって構成される社会に本質的なものなのである。

階級対立は、この社会的媒介の疑似-客観的な形態に、さまざまなかたちで根差している。労働者と資本家の関係は、例えば労働日の長さや労働力の価値、それから必要労働時間と剰余労働時間との比率などに関して、本来無規定的であることが特徴である。そのような関係性の規定は「所与」ではなく、それゆえ、いつでも交渉や闘争の対象となりうる。このことが示すのは、資本主義における社会的剰余の生産者とその剰余の略取者との関係は、基本的に、直接的な権力や固定された伝統的様式に基盤を持ってはいない、ということである。むしろそれは、根本的に全く別様に構成されている。すなわちマルクスによれば、社会的媒介がとる商品という形態によって、構成されているのである。さらに、必要や要求が歴史的に変化して表出されることが可能であるのは、この関係における、まさに無規定的な側面による。最後に、この階級関係が不断の対立を引き起こすのはまた、それに含まれている社会的衝突の形態――権利と権利の衝突という形態――のゆえであり、その形態そのものが、社会的客観性のみならず、社会的主観性をも規定するのである。それは「客観的な」社会的アンチノミーの形態として、当事者たちの自己像を規定する。当事者たちは自らを、権利を有しているものとイメージしており、そのような自己像が、彼らの闘争の性質を構成する。資本家と賃労働者との階級対立はまた、商品によって構造化された社会的文脈において、必要や要求が理解され表現される固有の仕方に、すなわち、商品によって構造化された関係性に伴う社会的な自己理解と権利の概念に根差している。こうした自己把握は、自動的に生じるのではなく、歴史的に構成されている。さらにその内容は、単に偶然的なものではなく、商品に規定された社会的媒介の様式によって含意されている。

既に述べたように、商品としての労働力の場合、商品形態によって構成される関係性を、個々人のあいだの関係性として理解したのでは、全く十分ではない。労働者たちは集団行動によってのみ、自らの商品に対する有効な支配――つまり、商品の有効な所有――を獲得することができる。『資本論』においてマルクスは、労働日の章を、労働者と資本家との関係が商品交換によって媒介されている状況に、階級対立を論理的に基礎づけることから始めている。この章を彼が、労働日に対する法的規制の有効な導入についての議論で締めくくっているのは、この点に関して重要である。労働日の法的規制についてマルクスは、階級としての労働者たちが、彼らの商品の売却に対する、幾らかの支配力を獲得したことを示すものとみなしたのである。[二六] この章の叙述は、商品所有者としての労働者の形式的な規定性から、その規定性の実現へと、つまり、労働者階級を現実の、集団的な商品所有者として考察することへと進む。したがって、マルクスの分析において商品というカテゴリーは、資本の形態の

二五――Ibid., p. 344 (translation amended, emphasis added).（同右、三〇五頁、強調追加）
二六――Ibid., pp. 342-44, 415-16.（同右、三〇二―〇五、三九六―九八頁）

うちで展開されるにしたがって、原子的個人の疑似‐客観化された相互関係だけでなく、大規模な集合的かつ社会的な構造や組織についても言及するものとなる。逆に言えば、集合的な諸形態の発展それ自体は、資本制社会を構造化する社会的諸関係に対立したり拮抗したりするものではないのである。別言すれば、資本についてのマルクスの理論は、自由主義的な資本主義にのみ限定されるものではない。実のところマルクスの分析は、労働力が商品として現実化するにつれて、集合的な諸形態が発達することを示している。そのことによって彼の分析は、ポスト自由主義的な資本主義における諸形態への移行の始まりを含意しているのである。

マルクスによれば、商品所有者として労働者たちが集団的に行為できるようになったとき、歴史的な段階は、資本に適した生産の形態に向けて、準備が整った、ということになる。労働日の制限は、相対的剰余価値の生産、したがって、われわれが既に検討した、生産力、剰余価値、物質的富、生産形態のあいだでの規定された相互関係を含む、絶えざる動態性への移行を引き起こす上で、重要な要因である。階級関係における潜在的な敵対が継続的な衝突のかたちで噴出するようになり、今度はそれが全体性の発展の契機となるのは、まさにこの動態的な枠組みにおいてである。これらの衝突は、時間や賃金の問題だけに限定されるものではなく、労働過程の性質や強度、機械の応用、労働条件、社会保障、労働者の諸権利など広範な諸問題をめぐって生じる。これらは、資本制社会における日常生活に固有の諸側面となる。

そのような衝突は、必要労働時間と剰余労働時間の比率に直接に影響し、われわれがこれまで検討してきた労働と時間の弁証法において、重要な役割を演じる。さらに、そうした衝突は、全体化する形態によって媒介されているため、その重要性は局地的なものにはとどまらない。資本の生産と循環によって、ある部門や地域における衝突が、他の部門や地域にも影響を及ぼすようになる。資本‐賃労働関係の拡大、労働者階級の組織化、交通と通信の発達、資本循環の容易さと速度の増大に伴って、これらの衝突はかつてないような一般的帰結を持つようになる。すなわち、媒介の全体化する性格は、ますます現実のものとなってくるのである。一方では、この全体化の過程によって、局所的な労使関係の諸条件は、完全に孤立し固定されることが不可能となる。結果として、この階級関係の諸条件は、局所的にも一般的にも常に変化し続ける。すなわち、衝突がその関係の持続的な特性となる。逆に言えば階級闘争は、資本の空間的・時間的な発展において、すなわち、ますますグローバル化する資本の流通・移動と、資本形態の弁証法的な動態性において、重要な要素となる。階級闘争は、資本制社会の歴史的発展を駆動する要因となるのである。

　資本主義の拡大と動態性において階級対立は、重要な役割を果たすが、しかしそれは全体性を生み出さないし、その軌道を発生させもしない。マルクスの分析に従ってわれわれは、資本制社会が全体性として存在し、内在的に方向づけられた動態性（その最初の規定性についてわれわれは、変容と再構成の弁証法として考察してきた）を持つのは、ひとえにその社会的媒介の特殊で疑似‐客観的かつ時間的に動態的な形態のためである、ということを見てきた。資本制社会のこれらの性格を、生産者とその略取者との闘争それ自体に根拠づけることはできない。そうではなく、これらの闘争は、この社会の特殊な媒介の形態ゆえに、その役割を演じているのである。換言すれば、階級闘争が資本主義における歴史的発展の駆動力である理由は、もっぱらそれが商品と資本という社会的な諸形態によって構成され、そこに埋め込まれている点にある。[二七]

二七――――G・A・コーエンもまた、階級闘争は（そしてそれに関連した搾取、同盟、革命などの現象は）歴史的変化の諸過程にとって重要ではあるものの、同時にこうした闘争それ自体は歴史的発展の軌道を構成するものではなく、むしろ階級闘争の方が、その軌道を基準として理解されなければならない、と主張している。以下を参照。G. A. Cohen, "Forces and Relations of Production," in J. Roemer, ed., *Analytical Marxism* (Cambridge, 1986), pp. 19-22; "Marxism and Functional Explanation," in ibid., pp. 233-34. しかしながら、歴史の内的動態性についてのコーエンの考え方は、超歴史的である。それゆえコーエンは、階級闘争を歴史的に特殊な、したがって社会的な観点から、すなわち社会的実践の歴史的・特殊的に構造化された諸形態の観点から、基礎づけることができていない。その代わりコーエンは、生産過程と技術的発展（彼はそれを「技術的な」現象として理解しているのだが）の双方を社会的諸関係から切り離し、生産と技術の進化論的発達の観点から、人類史を概念化する。そうして彼は、機能的説明を用いて、社会的な発展を把握しようとする。以下を参照。"Forces and Relations of Production," pp. 12-16; "Marxism and Functional Explanation," p. 221ff.

したがって本書のアプローチは、階級闘争は歴史の推進力であるという考え方を、歴史的に規定された媒介の諸形態という観点から基礎づけるものである。それはまた階級という観念そのものを明確化することを試みる。マルクスの理論においては、階級が関係性のカテゴリーであることは明らかである。すなわち階級は、他の階級との関連において規定される。生産する社会集団と、それを略取する社会集団との敵対は、それぞれの生産手段への規定された関係によって構造化されており、マルクスの階級分析の中心である。しかしながら、階級という観念は、私が分析してきた社会的媒介の諸形態との関連から、さらに明確にすることが可能である。マルクスによれば労働者と資本家の敵対は、継続的な衝突が、両者の関係の本質的な特徴となるよう、構造化されている。にもかかわらず、生産する社会集団と略取する社会集団との闘争それ自体は、両者を階級として構成するものではない。マルクスの分析においては、資本主義的な社会的諸関係の弁証法的な構造が、中心的な意義を持っている。それが、労働者たちと資本家たちとの敵対関係を全体化し、かつ動態性を与え、そうすることで敵対関係を、労働と資本との階級対立へと構成していくのである。そしてまたこの対立は、社会総体の動態的な軌道を構成する契機となる。諸階級とは、適切に言うならば、近代社会の関係性のカテゴリーである。諸階級は、社会的媒介の規定された諸形態によって、動態的な全体性における敵対する契機として構築されるのであり、それゆえその衝突を通して、動態的かつ全体化されたものとなる。[二八]

したがって、『資本論』第一巻において展開された労働者と資本家の階級対立は、資本制社会の、持続的で全

コーエンは、その超歴史的な諸前提のために、社会生活における諸領域の「現実的融合」を、必然的に分離したものとして措定せざるを得ないのだが、私が論じてきたように、かかる「融合」こそが資本主義の特徴であり、資本主義に内在的な動態性を与える。実際のところ、技術的なものの優位という考え方を土台としているために、「史的唯物論」を目的論的、直線的な生産力の成長過程であるとするコーエンの理解は、歴史的に言って非常に疑わしいものである。さらにコーエンの理論は、マルクスが「フォイエルバッハ・テーゼ」において既に批判していた類いの唯物論の形式と類似している。それらの唯物論は、生活の主観的次元を把握することができず、実践を社会的に構成するものと

して理解できないがゆえに批判されたのであった。言い換えればコーエンの超歴史的なアプローチは、実体化された歴史概念に縛られており、そのためコーエンは、階級闘争や他の直接的な社会行為の形態という観点からのみでは、方向性を持った歴史的動態性は説明され得ないという自らの洞察を、社会的に根拠づけることができないのである。

他方で、コーエンに対する批判——例えばヤン・エルスターの批判——のなかには、社会的行為を回復しようと試みるものがあるが、しかしその際に動態的な社会構造の観念が、すなわち方向性を持った歴史的発展の観念が犠牲となっている。そのようなアプローチは社会的行為者を、その社会的構成に先立ち、それから独立したものとして把握する。そのような方法論的個人主義アプローチの枠内において社会的諸関係は、社会的行為者の外側にあるものとして扱われる（以下を参照。Jon Elster, "Further Thoughts on Marxism, Functionalism and Game Theory," in Roemer, ed., *Analytical Marxism*, pp. 202-20)。コーエンの立場に対するそうした一面的な応答では、方向性を持った動態性と（資本主義の）歴史の軌道を説明しようとするコーエンの試みに適切に対応したことにはならない。

コーエンとエルスターに代表される二つの立場の対立は、外的客観的な必然性と個人の自由を対置する、構造と行為についての古典的なアンチノミーの焼き直しである。この意味では彼らは、ともに近代資本制社会の性格を——把握するというよりは——体現している。両者のアプローチはともに、実践の構造化された諸形態としての社会的諸関係が持つ歴史的に特殊な諸構造、という観念を欠いている。こうした諸形態は疎外されており（したがって疑似‐独立的であり)、特定の世界観と内的に結びついていて、社会的行為を構成し、また社会的行為によって構成されるものである。換言すれば、どちらの立場も、資本主義的な社会的諸関係の歴史的特殊性、生活の一形態としての資本主義の歴史的特殊性を明らかにしてはいないのである。

コーエンとエルスターの立場についての他の批判に関しては、以下を参照のこと。Johannes Berger and Claus Offe, "Functionalism vs. Rational Choice?"; Anthony Giddens, "Commentary on the Debate," in *Theory and Society* 11 (1982).

二八——階級と全体化の関係は、マルクスがフランスの小農民を次のように描写するときに、また別の仕方で取り上げられている。「同じ単位の量を単純に寄せ算していくことで、フランス国民の大多数者ができあがる。それはちょうど、一袋分のジャガイモを合わせると、ジャガイモ袋一個となるようなものである。数百万の家族が、彼らをその生活様式、利害、教養の点で他の諸階級から区別し、それと反目させるような経済的生存諸条件のもとで生活しているかぎりで、彼らは一つの階級をつくっている。分割地農民たちのあいだにたんなる局地的な結びつきしかなく、利害の同一性ということから、彼らのあいだにどんな共同関係も、全国的結合も、政治組織も生まれてこないかぎりで、彼らは階級をつくっていない」(*The Eighteenth Brumaire of Louis Bonaparte*, in Karl Marx and Frederick Engels, *Collected Works*, vol. 2: Marx and Engels: 1851-53 [New York, 1979], p. 187［『マルクス＝エンゲルス全集 第八巻』大内兵衛・細川嘉六監訳、大月書店、一九六二年、一九四頁］)。

私の議論の観点からすると、マルクスが農民を（例えば、労働者とは違って）部分的にしか一つの階級ではないものとして描いていることは、単に物理的／空間的な観点からのみ理解されるべきでない。例えばそれは、労働者たちは集団として工場で働き、共同性の意識や意見交換、政治的意識の形成、集団的行動等々が促される状況にあるのに対し、農民たちはそれぞれ小さな区画の土地に分かれて働いている、というような理解の仕方である。マルクスの階級の概念は、確かにそのような水準を含んではいるが、別のより抽象的な論理の水準が決定的に重要である。適切に言うならば諸階級は、全体化する社会的媒介によって構築され、また逆にそれに作用しもする。この全体化の過程は、物理的な近接性の観点からだけでは適切に把握され得ない。すなわち諸階級は、資本制社会の全体化する動態性の基本要素なのである。

体化する動態性の一契機なのである。階級対立は、社会的な全体性によって構築され、またそれを構成する。当該の諸階級は実体的なものではなく、社会的実践と社会的意識の構造化であり、それは剰余価値の生産との関係において敵対的に組織される。すなわち諸階級は、資本制社会の弁証法的な構造によって構成され、同時にその発達を、つまり資本制社会の基本的な矛盾の展開を駆り立てるのである。

マルクスの分析における階級および階級対立の重要性は、こうした観点から理解されなくてはならない。マルクスの議論は、他の社会的階層や社会的集団――例えば、宗教、民族［エスニシティ］、国籍、ジェンダーなどの問題をめぐって組織されるもの（そして、ときに階級の観点からのみ理解されうるもの）――は、歴史的・政治的に何ら重要な役割を果たさない、ということを含意しているのではない。にもかかわらず、歴史的現実のさまざまな水準、またしたがって歴史的分析のさまざまな水準は、区別されなければならない。マルクスの分析において階級対立が中心的な役割を演じるのは、資本制社会の編制が総体として描く歴史的軌道の水準においてである。

これまで私は、マルクスにおける階級および階級対立の概念に対する、こうしたアプローチを概説してきたが、もちろんそれは非常に図式的であった。私はただ予備的な仕方で、『資本論』第一巻でマルクスが、労働者階級と資本家階級の関係を描いた方法における理論的な立場を明確にし、そのマルクスの説明は、資本主義における社会的媒介についての彼の分析との関連において理解されなければならないことを示そうとしてきたにすぎない。

本著作で私は、この問題についての他の重要な諸相、すなわち、社会的、政治的、文化的により具体的なレベルで諸階級が構成される過程や、それと関連する、社会的・政治的な集団的行為の問題などについて考察することはできない。にもかかわらず、私がこれまで展開してきたアプローチは、こうした諸問題に対しても相応の意味を有しているのであり、以下それについて簡単に触れる。

階級の諸規定は――私はその解明に着手したばかりであるが（例えば、労働力商品の所有者としてのプロレタリアート、また価値増殖過程の対象としてのプロレタリアートなど）――、単に「立場的な」規定なのではなく、社会的客観性および社会的主観性双方の規定なのである。これは、次のようなアプローチへの批判を意味している。すなわちそれは、階級をまず「客観的に」――社会構造における立場という観点から――定義し、しかる後に、階級はいかにして自らを「主観的に」構成するかという問題に取り組む。典型的には、こうしたアプローチは「利害」の観念を用いて、主観性と客観性を外的に関係づけるものとなる。

マルクスのアプローチにおける、階級についての第一の規定が、客観的な立場からの規定ではなく、客観性および主観性の規定であるとするならば、特定の階級の規定における主観的次元の問題は、ある階級の一員として多くの人間が振る舞うのはいかなる条件下においてであるかという問題とは、区別されなければならない。ここでは後者の問題に取り組むことはできないが、前者に関して言えば、階級の主観的次元は――その最初の規定の水準においてさえ――集団的利害意識の観点からだけでは理解し得ない。それら利害の特殊な概念内容と、利害の概念それ自体が、社会的かつ歴史的に把握されてはじめて、その理解が可能となる。ここまで私は、マルクスのカテゴリーによるアプローチにしたがって、意識が単に客観的諸条件の反映でないのはいかにしてか、を示そうとしてきた。むしろ諸カテゴリーは、資本主義の特徴をなす基本的な社会的媒介を表現しており、社会的存在の諸形態に内在する契機としての意識の諸形態を描き出すものなのである。したがって、マルクスにおいて階級の諸規定は、社会的かつ歴史的に規定された主観性の諸形態を必然的に含んでいる。その諸形態とは、例えば社会と自己に対する見方、価値観の体系、行為の理解、社会的病理の原因とその可能なる改善法などについての諸概念である。社会的かつ歴史的に規定された、こうした主観性の諸形態は、社会的媒介の諸形態に根差していると同時に、特定の階級をさまざまに構成する。このような意味で階級のカテゴリーは、さまざまな社会的概念と社会的要求、そして行動の諸形態の、歴史的かつ社会的な規定性を把握しようとするアプローチにおける、一つの契機なのである。

したがって社会的階級は、資本制社会の全体性が持つ社会的諸形態とそれを駆動する契機によって構築されているが、それはまた意味と社会的意識を構造化するカテゴリーでもある。これは、似たようなポジションに「位置づけ」可能な諸個人は皆同じ信条を持っているとか、社会的・政治的行動は階級の傾向に「自動的に」従って動くといったことを言っているのではない。これが意味しているのは、主観性と社会的行為の諸形態が持つ社会的かつ歴史的な特殊性は、階級という観念の観点から明らかにできる、ということである。カテゴリー的な諸形態との関連で階級が理解されるとき、例えば社会的・政治的な要求の性質や、こうした要求と結びついた闘争における規定された諸形態の性質は、階級の観点から、社会的かつ歴史的に理解され、明らかにされうる。

これは社会的諸関係における諸形態の、より包括的な諸規定が持つ、階級の構造化という観点から、主観性にアプローチするものである。したがってそれは主観性の諸形態を、社会的・歴史的観点から把握する試みである。さらに——そして、これが非常に重要な点だが——、こうしたアプローチは、資本主義における主観性の諸形態と資本制社会の動態的な構造を、同一のカテゴリーによって分析するのであるから、それは思想の諸形態を批判的に、つまり、自己理解と社会理解の妥当性という観点から考察することをも可能にする。[二九] そうした批判の立場は、その対象に内在するものである（これまでわれわれが見てきたように、ここで言う類いの内在的な批判は、社会の理想をその現実に対置するようなものとしては、適切に把握され得ない）。こうした種類の、階級のカテゴリー的な諸規定——社会的存在と社会的意識の社会的かつ歴史的な諸規定——についての分析を背景にして、より具体的な社会的、政治的、文化的な階級構成についての問題、すなわち、集団的行為と自己意識に関する問題は、提起されるべきである。しかしながら、これらの複雑な諸テーマについては、本書では言及する程度のことしかできず、これ以上展開することはしない。

二九——『ブリュメール十八日』においてマルクスは、一八四九年のフランスにおける、議会制民主主義の立場をとる野党の思考をプチ・ブルジョワ的なものとして描き出しているが、まさにこれはその適例である。明らかにマルクスは、社会学的な階級的背景と政治的思想を直接結びつけてはおらず、この点に関してマルクスは非常に明快である。むしろ彼の説明は、諸観念の性質そのものを明らかにしようと試みている。マルクスによれば、議会派政党が表明した社会的・政治的批判と民主主義についての肯定的な見方は、資本と賃労働の構造的な存在を扱うことを避けながら、解放の観念を打ち出すものであった。こうした解放の観念は暗黙のうちに、自由で対等な商品生産者と所有者の世界（たとえそれが協同組合の形態で組織されるとしても）――すなわち、そこでは万人がプチ・ブルジョワである世界――を意味するものであった（以下を参照。*The Eighteenth Brumaire*, p. 130ff.〔『マルクス＝エンゲルス全集 第八巻』、一三四―一三七頁〕）。こうした意味で、彼らの諸観念は、彼らの階級という観点からその性質を特徴づけることができるのである。

同様に、マルクスの説明は、一八四八年の二月革命と六月蜂起に参加した労働者たちをプロレタリアートとして描き出しているが（実は参加した労働者のほとんどは職人であったにもかかわらず）、それは、関係する諸主体の社会的背景についての単なる経験的な記述ではない。言い換えればそれは、階級的立場と政治的行為との直接的相互関係を示そうとする試みではない。マルクスが階級的な術語を用いるのは、企てられた行為の諸形態と提起された要求の種類について、歴史的かつ社会的にその性質を説明するためであり、例えば「社会的共和制」という要求をマルクスは「近代の革命の一般的内容」として特徴づけている（ibid., p. 109〔同右、一一三頁〕）。マルクスが「プロレタリアート」という術語を使うことによって示唆するのは、これらの要求と行為の形態は、歴史における何か新しいものを表現していた、ということである。そうした要求や行為は、もはや伝統的な職人階層を代表してはいない。それらは、社会が取りつつある新しい形態にとって、より適切な要求なのである。と同時にマルクスは、こうした諸要求を、労働者たちが実際に置かれている諸条件と緊張関係にあるものとして特徴づける。逆にマルクスは、革命的運動が叩き潰された後の同じ労働者たちの要求と行動の形態の歴史的性質を、暗示的に、職人的なものとして論じている。彼はそれを、労働者が置かれている既存の諸条件のなかで救済を実現しようとする試みとして特徴づける――それは潜在的な諸資源を基盤として旧い社会を革命することとは対立する（ibid., p. 110〔同右、一一四―一一五頁〕）。言い換えればマルクスは、階級を単なる社会学的な説明としては用いていない。彼はそれを、歴史的・社会的に規定された主観性の諸形態のカテゴリーでもあるような社会的カテゴリーとして、すなわち、意識と行為の変化してゆく形態を解明するためのカテゴリーとして、用いるのである。

歴史に関するマルクスの著作における階級の扱いについての最近の議論については、以下を参照のこと。Craig Calhoun, "The Radicalism of Tradition," *The American Journal of Sociology* 88, no. 5 (March 1983). さらに、"Industrialization and Social Radicalism," *Theory and Society* 12 (1983). また、Mark Traugott, *Armies of the Poor* (Princeton, 1985).

私がここで概略するアプローチが目指すのは、集団的な社会的・政治的行為を理解することだが、それは集団的主体という観念や、利益に基づいて行為する社会的・歴史的・文化的に脱文脈化された諸個人という観念を出発点とするのではない。それは、社会学的な階級的背景と政治的行為を直接結びつけようとする階級中心的な解釈の類いとは別物である。そうした解釈は、マルクスが資本主義における社会的媒介の疎外された形態に特徴的であるとみなした一種の疑似‐客観的な性格を、社会的集団に帰してしまうのである。このアプローチはまた、行為を説明する際にまさに同じ問題の枠組みを基本的には受け入れているにもかかわらず、そのような階級の実体化の諸形態を批判するようなアプローチとも異なる（例えばそれは、「政治的志向」との相関関係を確立する際に、社会的背景よりも、政治的または組織的な諸要素により重きを置く場合にも当てはまる）。それは、政治的・社会的な構想や行為の諸形態が持つ歴史的かつ社会的な性質を把握しようとする試みとは、全く異なっている。

ここで私が示す解釈は、搾取と対立という階級諸関係に伝統的に与えられてきた中心的な意味を大幅に改変するものである。示してきたように、後期マルクスの分析において階級対立が、資本主義の歴史的発展の駆動要因であるのは、この社会を構成している社会的諸関係が、本質的に動態的な性格を持っているからこそである。直接的生産者と生産手段の所有者との敵対それ自体は、この持続的な動態性を生み出すわけではない。加えて、これから示すように、マルクスの叙述における論理的要諦からすれば、資本家と労働者の闘争が、資本制社会における支配階級と社会主義を体現する階級の闘争であり、それゆえそうした闘争こそが資本主義を超えることへと向かうという考え方は妥当ではない。労働者の視点からすれば階級闘争は、労働者階級の一員としての彼らの地位と状況を構成し、維持し、強化することを含む。そうした闘争は、これまで資本主義を民主化し、人道化する上でも大きな力になってきたし、また組織化された資本主義への移行においても重要な役割を果たしてきた。しかしながら、これから見るように、資本主義的生産過程の軌道についてのマルクスの分析は、プロレタリアートやその労働を、未来にわたって肯定することを志向してはいない。マルクスの分析は反対に、労働の廃絶の可能性を目指しているのである。言い換えればマルクスの叙述は、資本家階級と労働者階級の関係が、資本主義と社会主義の関係に相当し、社会主義への移行は階級闘争におけるプロレタリアートの勝利（つまり、労働者階級の自己肯定という意味での勝利）によって可能となり、社会主義はプロレタリアートの実現を意味するといった考え方とは相容れない。[三〇] したがって、資本家階級と労働者階級との敵対は、資本主義の発展の動態性において重要な役割を果たしているものの、それは、私がこれから明らかにしていく社会編制の根本的な構造的矛盾と同一のものではないのである。

3 生産と価値増殖

本書では、マルクスによる批判の最も根本的な諸カテゴリーの再考に着手し、そこから、商品形態の二つの次元における動態的な相互作用の再解釈を行なったが、それは、資本主義的生産の諸過程についてのマルクスの分析に新たな光を投げかける。ここまで展開してきた議論に基づいて、これから私は、二つの目的を念頭に置いて、資本主義における労働過程についてのマルクスの分析を考察する。第一に、マルクスの資本概念の重要な諸次元のうちで、まだ考察していないことを明らかにする。第二に、マルクスが提示した議論の焦点は、資本主義の超克がプロレタリアートの自己実現を必然的に含意するわけではないことをきわめて明瞭に示している、という私の主張を補強することである。マルクスが展開している論理は、プロレタリアートが革命の《主体》であるという考えを支持するものではないのである。

これまで私は、マルクスが、資本主義における生産の領域を、物質的な生産という観点のみならず、資本制社会の特徴をなす社会的媒介の基底的諸形態という観点からも論じている、と主張してきた。マルクスはそれを行なうに際して、生産過程について、労働過程（物質的富を生産する過程）であると同時に価値増殖過程（剰余価値をつくり出す過程）でもあると分析した。既に述べたように、マルクスがこうした生産過程の二つの次元を最初に導入した時に示したのは、価値増殖という観点から考察する場合に、労働過程のさまざまな要素の意義はいかなる変容を受けるのか、ということである。労働過程という観点から考察される場合の労働は、特定の諸目的を達成するために、道具の力を借りて原材料を変容させる目的意識的行動であるように思われる。しかしながら、価値増殖過程として見た場合の労働は、その目的や質的な特殊性、それが用いる原材料の種類、それがつくり出

三〇――私の議論の観点からすると、伝統的マルクス主義の正統に属する各種の思想は、未来社会についての次のような展望を共有する思考形態としてとらえることができる。すなわち、すべての人々が労働者階級に属するような社会、という展望である。この展望は、資本の制度化された普遍化（例えば国家の形態による）を必然的に意味することになる。

す生産物とは関係なく、価値の源泉としてのみ意義を持つ。労働はその具体的な目的から切り離され、(抽象的な)労働それ自体によって構成される、疎外された諸構造によって与えられる目的のための手段となるのである。こうした観点から考えるならば、労働は実際には生産の対象となっているのである。

マルクスは、資本主義的生産諸過程の二つの次元に最初の規定を与えた後、その展開へと進む。既に見たように、彼はまず価値増殖過程を提示し、それを絶対的剰余価値と相対的剰余価値の生産という観点から論じる(後者は資本のカテゴリーに対して、より適合的な剰余価値の形態である)。次に彼は、資本主義の労働過程の検討に向かい、それを一般的な観点から、協業として分析する。その後、その二つの主要な歴史形態――すなわち、細分化された分業に基づくマニュファクチュアと、大規模な機械生産に基づく大工業――をより具体的に分析する。[三一] 協業、マニュファクチュア、大工業について議論するなかでマルクスは、労働過程の諸要素の意義の変容――それは、そうした諸要素が価値増殖過程という観点から考察されるとき、形式的なレベルにおいて生じる変容である――は、労働過程それ自体の具体的形態において、どのように「実現」され、物質化されるかを跡づける。彼が明らかにするのは、もともと労働過程は、それが価値増殖という目的に用いられる限りにおいて資本主義的である、ということだ。すなわち価値増殖過程は、労働過程それ自体に対しては、外在的なものにとどまる。しかしながら、資本主義が発展するにつれて労働過程は、価値増殖過程によって本質的に規定されるようになる。[三二] 機械に基礎を置く生産は、相対的剰余価値の生産にふさわしい労働過程の形態である。[三三]

こうした価値増殖過程の物質化は、――剰余価値のカテゴリーによって把握される、特異な歴史的動態性と同じく――究極的には、商品形態の二つの次元の弁証法に構造的に根差している。このテーゼを精緻化することで私は、以下の事柄を示したい。すなわち、剰余価値のカテゴリーの意義は搾取の観点から、すなわち、私的所有者階級による剰余生産物の横領という観点からだけでは十分には理解し得ないのと同様に、マルクスによって提示された資本主義の労働過程を、私的な横領者階級の利益のために用いられる技術的過程として理解することはできない、ということである。

マルクスの批判における労働の役割を分析するにあたり、これまで私は、資本主義における労働の歴史的に特殊な性格のうち、社会的に媒介する活動としての側面が持つ含意に、多大なる注意を払ってきた。生産過程について概説するなかで、いまや私は労働の、他の社会的な次元を、すなわちその生産活動としての社会的な性格を考察することになる。抽象的時間と歴史的時間について議論した際に示したように、疎外された形態における知識と経験の様式の発展は社会的に一般的なものであり、生産者の直接の技能や知識に依存するものではない。かかる発展は、マルクスの説明において、資本の歴史的展開における重要な側面である。マルクスの労働過程についての議論を検討するにあたって私は、この発展を問題の中心に据える。それは、資本主義における労働の二つの社会的次元の交差という観点から資本のカテゴリーを解釈する私の出発点となるものであり、マルクスにおける社会主義の概念は、プロレタリアートの実現を含むものではない、という私の主張に基礎を与えるものでもある。

協業

マルクスによれば資本主義的生産はその初めから、相対的に大規模な生産を特徴としてきた。歴史的に言っても概念的に見ても、比較的大人数の労働者が、(例えば会社のような)個々の資本の単位によって同時に雇用されるようになってはじめて、それは本当の意味で始まるのである。すなわちそれは、労働過程が拡張され、相対

三一——*Capital*, vol. 1, pp. 439–639.(『マルクス=エンゲルス全集 第二三巻 第一分冊』、四二三—六五八頁)
三二——Ibid., pp. 439, 482, 548.(同右、四二三、四七三—七四、五五二頁)
三三——Ibid., p. 645.(『マルクス=エンゲルス全集 第二三巻 第二分冊』、六六一頁)

的に見て大量の生産物を産出するようになったときである。マルクスは、次のように主張する。その初期の段階において資本主義的生産は、生産の様式における質的な変化を伴っていたわけではない。ただ、生産単位の規模や、同じ資本に同時に雇用される労働者の数が量的に増加しただけである。[三四]したがって彼は、資本主義における労働過程の発展についての分析を、それ以上規定することなく、協業一般を議論するところから始める。別言すれば、多数の労働者が同じ過程において、互いに結びつきながら働くような生産に関する議論である。[三五]マルクスはここで、資本が労働過程を変えていくことを示す予定であることを、明確に述べている。最終的にそれは、労働を本質的に資本主義的なものへと変えていくのである。同様に、彼の批判的分析の諸カテゴリーは、資本主義における発達した生産領域に関するカテゴリーとしてのみ、十全たる妥当性と意義を得ることも述べている。例えば彼は次のように述べている。「価値増殖一般の法則は、個々の生産者にとっては、彼が資本家として生産し多数の労働者を同時に充用し、したがってはじめから社会的平均労働をうごかすようになったときに、はじめて完全に実現されるのである」。[三六]この一節は、私が既に述べた主張、すなわち、価値についてのマルクスの諸規定は、市場にのみ言及するのではなく、むしろ資本主義的生産の諸規定として考えられている、という主張を補強するものである。これから見るように、マルクスによれば、資本が十分に発展するにつれて、価値の抽象的時間の次元が、生産を内側から構造化するようになる。すなわち価値は、大規模な組織において、労働を組織化し規律化する特定の形態を規定するものとなるのである。そうなってはじめて価値増殖の法則は、確かな妥当性を獲得する。

　協業についての議論でマルクスは、それがもたらす生産力の増大に焦点を当てている。彼は次のように主張する。すなわち協業は、諸個人の生産力の増大をもたらすと同時に、本質的に集団的であるような、新しい生産力の創出を伴う、と。既に述べたようにマルクスは、生産力について、具体的労働の社会的性格という観点から分析しており、彼にとってそれは、科学的、技術的および組織に関する知識と経験を含むものである。ここで彼は、労働の使用価値の次元という観点から、すなわち、生産活動としての労働の社会的性格という観点から、協業によって生じる生産力の増大を考察することで、この分析をさらに展開している。

結合労働日の独自な生産力は、労働の社会的生産力または社会的労働の生産力なのである。この生産力は協業そのものから生ずる。他人との計画的な協働のなかでは、労働者は彼の個体的な限界を脱け出て彼の種属能力を発揮するのである。[三七]

別言すれば、マルクスの分析において、協業の帰結として生じる生産的な力（もしくは「生産力」）は、具体的労働の社会的次元に依拠している。この力が社会的なものであるのは、それが集合的であるという意味においてのみならず、直接関係する諸個人の生産力を足し合わせたものより大きいという意味においても、そうなのである。すなわちそれは、それを構成する個々人の力に還元することはできない。[三八] マルクスの分析にとって重要なのは、具体的労働の社会的次元が持つ、この側面なのである。

マルクスによれば協業は、いくつもの点で資本家を利する。それは生産力を増大させる強力な手段であり、したがって、商品の生産に必要とされる社会的に必要な労働時間を減少させることができる。[三九] 資本家が賃金を支払

三四――Ibid., p. 439.（『マルクス＝エンゲルス全集 第二三巻 第一分冊』、四二三頁）
三五――Ibid., pp. 439, 443.（同右、四二三、四二七頁）
三六――Ibid., p. 441.（同右、四二五頁）
三七――Ibid., p. 447.（同右、四三二頁）
三八――Ibid., p. 443.（同右、四二七―二八頁）
三九――Ibid., p. 447.（同右、四三二頁）

うのは、それぞれ独立した商品所有者としての労働者に対してである。すなわち、彼らの結合された労働力に対してではなく、彼らの個別的な労働力に対して、支払われるのである。したがって、労働者の集合的な生産力は、資本に対する「無償の贈り物」として発展させられる。[四〇] 重要なのは、この「無償の贈り物」は、労働の使用価値次元の生産力であるということであり、既に述べたようにそれは、抽象的な労働時間の支出ではなく、物質的富の生産の観点から測られる。すなわち、マルクスはここで、剰余価値について直接的に言及しているわけではない。むしろここで彼が注意を促しているのは、生産活動としての労働の社会的次元の力——すなわち、それを構成する諸個人の生産力よりも大きな生産力——が資本の生産力となり、資本家はそれに対して支払う必要がない、ということなのである。[四一]

労働の社会的で一般的な生産力は資本の生産力である。しかし、この生産力は、労働過程だけに関係する。……この生産力は、交換価値には直接には影響しない。一〇〇人の労働者がいっしょに労働しようと、あるいはその一〇〇人のおのおのが個々に労働しようと、彼らの生産物の価値は、一〇〇労働日に等しいのであって、この一〇〇労働日が多くの生産物となって現われるか、それともわずかな生産物となって現われるかは問題ではない。……すなわち、労働の生産性とはかかわりがないのである。[四二]

労働の生産力が資本の生産力となるプロセスこそが疎外の過程であり、マルクスの資本の分析にとって中心的な位置を占める。先に私は疎外について、社会的に媒介する活動としての労働の抽象的次元という観点から、分析した。ここで私が言及しているのは、生産活動としての具体的労働の社会的な次元が疎外される、ということである。これら両方の過程が、資本の構成要素である。こうした疎外の過程が進展するにつれて労働者は、資本の下に包摂され、そのなかへ組み入れられていく。すなわち彼らは、資本の特異な存在様態と化すのである。[四三]

こうした社会的労働の生産力が疎外される過程が有する歴史的意義は、資本家階級による社会的生産の剰余の私的横領という問題をはるかに超えている。後に見るようにそれは、直接的生産者の技能や知識に限定されない、社会的に一般化された様式による知識と経験が――疎外された形態で――、歴史的に構成される過程をもたらす。こうした発展は、大部分の直接的労働の性格に対して、きわめて否定的な影響をもたらす。にもかかわらず、最終的にはそれは、人々が自身の労働による支配から自らを解放し、歴史的には当初疎外された形態で構成された社会的に一般的な知識と力を取り戻す可能性を生み出していく。

しかしながら、この時点におけるマルクスの説明では、こうした疎外の過程の性質は、いまだ明確なものではない。疎外された労働の生産力は、その個々の部分の総計よりも大きいが、それでもそれは本質的には、直接働いている労働者によって構成されている。したがってマルクスが、協業において発展させられる「種属能力」について語るとき、その能力とは、集合した労働者の能力のことであるように思われる。社会的に一般化された知識と経験の様式は、いまだ、生産領域の内部で個々の直接的生産者から本質的に独立したかたちで構成されているわけではない。したがって、労働の生産力の、資本の生産力への転換は、もっぱら私的所有の結果であるかのように見える。それゆえ、カテゴリーの展開のこの段階においては、生産手段における私有財産の廃絶という観点だけから、資本主義の廃絶――すなわち、社会的労働が持つ生産力の、資本による横領の超克――を仮説的に理解することが可能である。その際に労働者は、自らが構成する集合的・社会的な力を共同で「所有」し、私有

四〇――Ibid., p. 451.（同右、四三七頁）
四一――Ibid.（同右）
四二――Marx, *Theories of Surplus Value*, part 1, trans. Jack Cohen and S. W. Ryazanskaya (Moscow, 1971), p. 393.（『マルクス＝エンゲルス全集 第二六巻 第一分冊』大内兵衛・細川嘉六監訳、大月書店、一九六九年、五〇〇―〇一頁）
四三――*Capital*, vol. 1, p. 451.（『マルクス＝エンゲルス全集 第二三巻 第一分冊』、四三七頁）

財産制の条件下で存していたのと同じ労働過程を、協力しつつ管理していくことになる。別言すれば、この段階における生産の資本主義的性格は、いまだ労働過程に対して外在的なものにとどまっているように見えるのである。

しかしながら、マルクスの解説のさらなる展開が示しているのは、資本の本質は、単純な協業についての彼の探究においてはいまだその姿を明瞭に現してはいない、ということである。労働過程が分析されることで、私有財産制という観点からの、資本主義についての性質規定は、最終的なものではなくなる。すなわち彼は、私有財産制が超克される現実的可能性をもたらす歴史的条件の出現を示唆することだけに向かったわけではない。むしろマルクスは、それ以上の展開へと進む。資本主義を構成するものと、それゆえ、その否定を構成するであろうものについての諸規定を、彼は転換するのである。とりわけ彼は、労働過程における発展について説明するのだが、それは、生産の資本主義的性格についての、最初の外在的な規定を変更するような仕方で行なわれている。この発展についてマルクスは、労働の使用価値次元における疎外という観点から、以下のように要約している。

部分労働者たちにたいして、物質的生産過程の精神的な諸能力を、他人の所有として、また彼らを支配する権力として、対立させるということは、マニュファクチュア的分業の一産物である。この分離過程は、個々の労働者たちにたいして資本家が社会的労働体の統一性と意志とを代表している単純な協業に始まる。この過程は、労働者を不具にして部分労働者にしてしまうマニュファクチュアにおいて発展する。この過程は、科学を独立の生産能力として労働から切り離しそれに資本への奉仕を押しつける大工業において完了する。[四四]

この略述が示唆しているのは、社会的形態としての資本は、本質的に分業と関係しているということ、またこのカテゴリー的形態が展開されるにつれて、その生産力はもはや、それを直接構成する諸個人という観点からだけでは理解され得ないものとなる、ということである。むしろ資本の力は、より一般的な意味において、疎外された社会的な力を具体化するようになる。そのとき解放は、すなわち、疎外されていたものの再領有は、私有財産制の廃絶という観点からだけでは、もはや適切には把握され得ないのである。

マニュファクチュア

生産過程のこうした発展の軌道は、より詳細に検討されるべきである。単純な協業に関する議論に続いてマルクスは、一六世紀中葉から一八世紀後半にかけてのヨーロッパの資本主義的生産過程を特徴づける、協業の特殊な形態としてのマニュファクチュアを分析する。[四五] 単純な協業が諸個人の労働様式をほとんど変化させないのに対し、マニュファクチュアは労働過程それ自体を革命的に変化させる。[四六] それは分業の新しい形態、すなわちマルクスが社会における分業と区別した、工場内部での細分化された分業によって特徴づけられる。[四七] マニュファクチュアの特徴をなすのは、以下の事実である。すなわちそこでは、手工業的な作業が部分的なもしくは細かく専門化した作業に分割され、それは専門の労働用具を使用する専門化した労働者によって行なわれる、ということが労働過程の基礎となる。[四八] こうした分業の形態は、労働者を単一で繰り返しの多い単純な仕事に縛りつけるが、それぞれの仕事は調整されたかたちで相互に緊密に結びつけられている。[四九] そのことによってマニュファクチュアは、

四四――Ibid., p. 482.（同右、四七三―七四頁）
四五――Ibid., p. 455.（同右、四四一頁）
四六――Ibid., p. 481.（同右、四七二頁）
四七――Ibid., p. 474ff.（同右、四六五頁以下）
四八――Ibid., pp. 457, 486.（同右、四五七―五八、四七八頁）
四九――Ibid., p. 464.（同右、四五二―五三頁）

各労働者の専門性を増大させ、商品を生産するのに必要な時間量を大幅に減少させることで、労働生産性を劇的に向上させる。[五〇]こうしてマニュファクチュア的生産様式は、剰余価値を増大させる。さらにそれは資本の自己増殖を、別の仕方においても増強する。なぜならそれは、作業の単純化と、その結果としての一面的な発展によって、労働力の価値を直接減少させるからである。[五一]

マルクスは、マニュファクチュアと資本の関係を、外在的なものとして扱ってはいない。また彼は、マニュファクチュアについて、それ自体として資本から独立していながら、資本家の利益のために用いられる生産様式として分析しているのでもない。アダム・スミスについてマルクスは、社会における分業と工場における分業を適切に区別しなかったとして批判しているが、[五二]そこでマルクスが主張しているのは、工場における分業は資本主義に特有のものだ、ということである。[五三]マニュファクチュアについて彼は、「社会的生産過程の独自に資本主義的な形態」として「相対的剰余価値を生みだすための、または資本の自己増殖を［……］高めるための、一つの特殊な方法［である］」と表現している。[五四]別言すればマルクスはマニュファクチュアについて、価値増殖の過程によって物質的に形成されるという意味において、資本と本質的に結びついた労働過程として扱っているのである。

マルクスによれば、マニュファクチュアにおける生産過程の物質的な形態は、資本主義の特徴をなす生産力の増大へと向かう、やむことなき衝動の結果である。彼はこの衝動を、商品形態において根拠づける。すなわち、商品形態がはらむ「客観的」な命令ならびに文化的価値観、世界観に根拠づけるのであり、それらは労働過程を可能な限り効率的なものにしようとする試みを生じさせるのである。マルクスは、古典古代の著述家たちによって表明された質と使用価値の強調と、近代の経済学理論において表明され、マニュファクチュアという物質的形態において具体化された量と交換価値の強調とを、歴史的に対比している。[五五]分業がある種、疑似‐自然的なかたちで発展した結果として、質と使用価値の強調が、量と交換価値の強調へと単純に歴史的に発展していくわけではない。むしろ量と交換価値の強調は、歴史的な断絶を印づけるものである。それは全く異なった、歴史的に規定された社会的媒介の形態の表現なのである。

マルクスが指摘しているように、商品生産に必要な労働時間を低減させるという原理は、マニュファクチュアの早い時期において意識的に定式化されている。[五六] 生産の継続的原理としての必要労働時間の削減——すなわち、生産力の増大——は、歴史的に見れば、機械を導入することによってではなく、最初は主として労働過程をその構成要素へと分解することによってもたらされた。結果として、マニュファクチュアの作業の各々は部分化することになるが、マルクスによればそれは手工業的性格を維持しており、このため依然として、労働者の力、熟練、速さ、確実性に拘束されている。[五七] 一方でこの労働過程は、個々人の人間労働に拘束され続けている。しかし他方で、この個人の労働がより部分的なものになるにつれて、一層それは効率的になっていく。マルクスによれば、ここから結果するのが、マニュファクチュアの時代の特徴をなす特異な「機械」、すなわち、多数の専門化された部分労働者の結合によって形成される全体労働者の誕生である。[五八] ここにおいて個々の労働者は、この全体の諸器官となる。[五九]

単純な協業の場合と同じく、この全体——それはマニュファクチュアにおいては、集合的に働く有機体となる

五〇——Ibid., p. 458ff.（同右、四四四頁以下）
五一——Ibid., p. 470.（同右、四六〇頁）
五二——Ibid., pp. 470-75.（同右、四六〇—六七頁）
五三——Ibid., p. 480.（同右、四七一頁）
五四——Ibid., p. 486.（同右、四七八頁）
五五——Ibid., pp. 486-87.（同右、四七八—七九頁）
五六——Ibid., p. 467.（同右、四五七頁）
五七——Ibid., pp. 457-58.（同右、四四四頁）
五八——Ibid., p. 468.（同右、四五八頁）
五九——Ibid., p. 469.（同右、四五八頁）

――が、資本の存在形態である。労働の使用価値の次元の生産力は、こうして種々の労働を組み合わせることによって生まれる――別言すればそれは、細分化された分業によって可能となった、生産力の大幅な増大である――が、それこそが、資本の生産力である[六〇]。マニュファクチュアにおいて労働者と資本の対立は、個々の断片化された部分と直接に社会的な全体との対立として、生産の物質的形態それ自体において具体化されるようになる。疑問の余地なくマルクスは、マニュファクチュアにおいて諸個人が集団に包摂されることを、きわめて否定的に見ていた。全体における生産力の増大は、直線的で一般的な進歩の結果や原因などではなく、個々人の生産力を犠牲にして実現されるものなのである。それは、次のような過程に基づいている。すなわち、それは「労働者をゆがめて一つの奇形物にしてしまう。というのは、もろもろの生産的な本能と素質との一世界をなしている人間を抑圧することによって、労働者の細部的熟練を……助成するからである」[六一]。マニュファクチュアとともに、「個人そのものが分割されて一つの部分労働の自動装置に転化され」る[六二]。さらにこうした分業は、商品形態に根差した、より一般的な発展の表現でもある。それは生活のあらゆる領域を変容させ、人間におけるある一つの能力を、他のすべての能力を犠牲にすることで発展させるような専門分化の基盤を据える[六三]。マルクスの批判は、いまや明らかなように、マニュファクチュアが「労働の社会的生産力を、労働者のためにではなく資本家のために［……］発展させる」ことだけに向けられているのではない。そうした所有をめぐる批判は、労働過程それ自体に対して、いまだ外在的なものにとどまりうる。むしろマルクスの批判は、マニュファクチュアが、「しかも各個の労働者を不具にすることによって「それを行なっていること」」の方に向けられているのである[六四]。

したがって、マニュファクチュアは、人間をその構成部品とする一つの生産機構という形態をとる[六五]。労働者が全体の一部としてのみ働くという意味において、それは直接的に社会的な、一つの生産形態を表現するのである。労働者が自らの労働力を販売する必要は、もともとは彼らの無財産性に、すなわち彼らが生産手段を持たないという事実に基づくものであった。しかし、いまやそれは労働過程それ自体の、技術的性質に基礎づけられるよう

になる。マルクスによればこの「技術的」な性格は、本質的に資本主義的なものである。[六六]

既に述べたようにマルクスは、こうした労働過程の具体的形態を、時間の節約のうちに基礎づける。[六七] マニュファクチュアの分析においても彼は、（協業の議論をする際に扱い始めていた）価値を、生産組織を構築するカテゴリーとして引き続き、取り扱う。そのことは、彼が価値を、単に市場のカテゴリーとしてはみなしていないことを再び示している。マルクスによれば、商品に費される労働時間が、社会的に必要な労働時間を超えることはないという規則は、競争という行為によって単純に外在的に強制されているわけではない。マニュファクチュアにおいてそれは、「生産過程そのものの技術上の法則」となっているのである。[六八] この説明においてマルクスは、資本主義のカテゴリー的探究の出発点になった価値量の規定について、それが分配の様式のみならず、生産様式の批判的な規定でもあることを遡行的に示している。結果として生じる生産様式の組織化――それは、ますます専門化し断片化する仕事に従事させられる人間の労働を、あたう限り効率的に用いることに基づく――は、専制的で階層的なものとなる。[六九]

したがって価値は、資本制社会において、分業の両方の形態の構造原理をなす。マルクスによればそれは、こ

六〇――Ibid., p. 481.（同右、四七二頁）
六一――Ibid., pp. 481, 483.（同右、四七二、四七四頁）
六二――Ibid., p. 481.（同右、四七二頁）
六三――Ibid., p. 474.（同右、四六四頁）
六四――Ibid., p. 486.（同右、四七八頁）
六五――Ibid., p. 457.（同右、四四四頁）
六六――Ibid., p. 482.（同右、四七三頁）
六七――Ibid., p. 464.（同右、四五二―五三頁）
六八――Ibid., p. 465.（同右、四五三頁）
六九――Ibid., pp. 476, 481.（同右、四六五―六六、四七二頁）

の社会における労働の社会的分業を構造化するだけでなく、作業場での分業をも構造化する。「作業場のなかでの分業ではア・プリオリに〔はじめから〕計画的に守られる規則が、社会のなかの分業では、ただア・ポステリオリに〔あとから〕……市場価格の……変動によって知覚される……自然的必然性として、作用するだけである」[七〇]。注意すべきはマルクスが、作業場の計画的な構造について、近代社会の「積極的」もしくは「非資本主義的」側面とみなして、市場の無計画な無政府状態に対置しているわけではない、ということである。労働過程のこうした構造について彼は、まさに専制的であるとみなしている——すなわち、集団性という専制であり、それは生産性と効率性への配慮によって構築され、個人の犠牲の上に実現されるものである。マルクスは、資本主義における分配の領域を、生産の観点から批判するのではなく、それらを相互に関連したものとして分析する。「資本主義的生産様式の社会では社会的分業の無政府とマニュファクチュア的分業の専制とが互いに条件になり合う」[七一]。

マルクスが、資本主義における「計画的な」生産の構造と、市場に媒介された分配の様式の両方を批判していることは明らかである。彼はその両者を、資本という形態において展開されてきた商品形態に根拠づける。そのことによって彼は資本主義を、見かけ上は脱文脈化され原子化された個人と、そこにおいては個人が単なる歯車としてしか機能し得ないような集合的全体との対立という、両極の観点から特徴づけるのである（別のレベルにおいてこうした対立は、私的な労働と、直接的に社会的な労働との対立である。私はそれを、第二章のはじめで論じた）。したがって、資本主義の超克についてのマルクスの考えは、市場の克服という観点からのみ、もしくは工場で広がった計画的秩序を社会全体に及ぼすという観点からのみ、理解されうるものではない。マルクスはこうした秩序を、資本に対する労働者の、完全な従属として記述している（それは私有財産という観点からではなく、労働の生産力を向上させる労働の組織化として理解されている）[七二]。代わりに彼の分析が示唆するのは、資本主義を超克するには、生産の領域において発生した「計画的」に組織化された官僚的専制と、分配の領域にお

ける無政府状態とを共に克服する必要がある、ということだ。その際、前者に対して決定的な重要性が与えられている。[七三]

しかしながら、この段階でのマルクスの説明において、この可能性の諸条件はいまだ明確なものではない。資本主義的生産過程についてのマルクスの説明においてマニュファクチュアは、ある種の「過渡的段階」である。その「過渡的」性格を理解することによって、マルクスの説明における戦略的な主意と、資本およびその超克の可能性についての彼の理解に対して、最初のカテゴリーが持っている意味が明らかになる。既に見たように、一方では、マニュファクチュアにおいて生産の資本主義的性格は、労働過程に対してももはや外在的なものではない。したがって、そこにおいて資本の廃絶を、単純な協業の場合のように、私有財産の廃絶という観点からだけで考えることはできない。マルクスは細分化された分業について批判的な論評を加えているが、このことが明確に示しているのは、彼の解放の概念は、資本によって形成されてきた労働過程を歴史的に克服することを含んでいる、ということだ。しかしながら他方で、彼の説明のこの段階において、労働過程を克服する可能性はまだ姿を現してはいない。マニュファクチュアと単純な協業との違いにもかかわらず、そこには共通する性格が見られる。疎外された総体（すなわち資本）は、その部分の合計よりも大きいが、それは依然として直接的生産者によって構

七〇――Ibid., p. 476.（同右、四六六頁）

七一――Ibid., p. 477.（同右、四六八頁）

七二――Ibid.（同右、四六六頁）

七三――商品形態による生産の構造化と、資本主義の発展の軌道についてのマルクスの分析は、市場がなくてもそうした構造化が生じうる可能性を示している。したがって、そうした理論的枠組みにおいては、かつては市場によって統御された分野が、二〇世紀になって、組織化された官僚的統制の様式に侵食されたことは、資本主義内で資本主義を乗り越えようとする発展として理解されるべきではない。むしろそれは、ブルジョワ的分配領域を代償とする、資本と結びついた大規模機構の拡大として、歴史的に価値法則が広まる形態における変化として把握されうるのである。

成されているのである。

この点を明らかにするために、以下のような仮説的なシナリオを描いてみよう。それは資本主義のありうべき否定の歴史的な性格を示すものであり、「現存社会主義」について再考することに関連している。すなわちそれは、マニュファクチュアを特徴づける生産の形態に基づく社会主義社会を創設してみる、という試みである。その場合、資本主義的な私有財産が廃絶されるだけでなく、価値もまた、社会的富の形態としての物質的富によって置き換えられる。生産力を増大させる目的は、もはや剰余労働時間の支出を増大させることではなく、必要を充たすために物質的富をより多く産出することになる。にもかかわらず、そうした生産の目標における変化は、労働過程における根本的変化をもたらすものではない。既に見たように、マルクスによれば価値は、直接的人間労働時間の支出に基づいている。だが、資本主義のこの発展段階においては、生産力と、したがってまた物質的富の生産も本質的には直接的人間労働に基づくものであり、分業の細分化によって効率性をより高めることができる。別言すれば主要な生産力は、人間労働の組織化そのものである。こうした状況において、生産力を増大させる目的が、剰余価値の増大にあろうと、物質的富の増大にあろうと、必然的に生産は、直接的人間労働に基づくものであり続ける。

人間労働が、物質的富を生産する本質的な力であり続ける限り、高度な生産力において物質的富をつくり出すことを目的とする生産は、剰余価値の増大を目的とする生産と同じ労働過程の形態を必然的に伴う。この二つの富の形態の間の差異は、ここにおいて、ほとんど意義を持たない。いずれの場合においても労働過程は、資本主義的マニュファクチュアにおいて発展してきたような、細分化された分業に基づくことになる。そうした状況において、一面的かつ反復的で断片化された労働の性質は、生産力の水準を、したがって社会的富一般の水準を大幅に切り下げることによってのみ、廃絶されうる。マルクスの分析は、資本主義における労働過程を肯定するものではないが、それはまた、いわゆる資本主義以前の「全一性」に回帰するような、この労働過程に対するロマン主義的批判を含意するものでもない。仮にそのような回帰が実現されたとしても、それは社会的、経済的に破滅的なものとなるだろう。にもかかわらず、マルクスの説明のこの段階においては、労働過程のありうべき歴史的な克服のための条件、すなわち、細分化された分業が廃止される一方で、高度な生産力が維持されるような労働過程のための条件は、いまだ示されてはいない。

いまやマルクスのカテゴリー的分析の中心的な目的が、まさに資本主義的な労働過程の、そうした克服を実現する可能性の発現について規定することにあるのは、明らかである。この可能性は、マルクスが分析に用いる諸カテゴリーによって含意されているが、既に論じたようにそれらは、十全に発展した資本主義の諸カテゴリーとして理解されなければならない。そのような観点に立ってはじめて、マルクスの説明におけるマニュファクチュアの「過渡的」性格は理解しうる。マニュファクチュアの労働過程は資本によって形成されるのだが、右に述べた仮説的なシナリオは、価値と物質的富との差異――それは発展した資本主義についてのマルクスのカテゴリー的分析において中心的なものである――は、生産形態にはまだ実質的には関連していないことを示している。別言すれば、マニュファクチュアの労働過程は、価値増殖過程によって形成されてはいるものの、十全に発展した資本主義的生産の観点から見れば、価値増殖過程の充分に適切な物質化ではない。すなわちそれは、生産力の増大に向かう資本の衝動における特殊性と、その矛盾をはらんだ性質を十全には表現していないのである。

既に論じたように、労働過程の最初の規定の観点から考えた場合、労働は、物質的富を生産するために物質を変容させる活動的な生産力として機能する。しかしながらそれは、価値増殖過程における「実際の」原材料として、すなわち価値増殖過程の客体としての役割を果たす。マルクスの分析においてこの逆転は、比喩的なものではなく現実的なものであり、それはあらゆる形態の資本主義的生産に妥当するものである。にもかかわらずこの逆転は、マニュファクチュアにおいては、完全に物質化されるには至っていない。マニュファクチュアにおいて労働は断片化され、全体に対する部分としてしか存在し得ない（すなわち、労働者は生産設備の一部となっている）のだが、ここではまだ労働者は道具を用いているのであって、道具が労働者を用いているのではない。マニュファクチュアは本質的には複雑な形態の手工業であり、そこにおいて、それぞれの労働者の労働は、もはや職人のそれではないものの、職人的労働の専門化された一側面である。集合的労働者によって行なわれる労働は、「超‐職人」による労働という性格を持つ。労働過程の形態は、たとえ集合的な形態においてのみであるにせよ、直接的人間労働がいまだに労働過程における能動的で創造的な原理――その客体ではなく――であるようなかたちをとっている。

別言すれば、マルクスのカテゴリー的分析において、生産性の向上のために用いられる主要な生産力が、組織された人間労働それ自体であるとき、その労働過程は、資本主義における直接的人間労働の特殊な機能を、すなわち、客体化された労働時間の源泉としての機能を、まだ表現してはいないのである。同じように、労働の使用価値次元の生産力――すなわち、社会的に一般的な知識と経験の生産力――は、直接的人間労働から潜在的に独立しうるような形態ではまだ表現されてはいない。したがって、資本の二重性は、説明のこの段階ではまだ明確ではなく、資本主義的生産の内部における矛盾はいまだ展開されてはいない。それゆえマルクスの説明のこの段階において資本主義的生産過程は、それ自身の否定の可能性をまだ具体化していないのである。

しかしながら彼の説明は、この可能性が必然的に含意するであろうものを既に示唆し始めている。マルクスのカテゴリー的分析によれば、疎外された社会的全体性がその諸部分［の総和］よりも大きくなり、もはやその構成に直接参与する個人という観点からだけでは適切に理解され得なくなり、資本の超克が、もはや労働者による自ら構成したものの再領有という見地からでは理解され得なくなったとき、その労働過程は、資本の中心的な矛盾を具現することになる。ここにおいて、価値と物質的富の間にマルクスが設けた区別が、重要となる。マニュファクチュアは、そうした労働過程の形態のための舞台を歴史的に準備する。すなわち、大規模な機械に基づく生産のための舞台である。七四

大工業

マルクスによれば資本は、大規模工業生産の発展とともに自己自身を実現する。この生産の様式について彼は、価値増殖過程を十分に物質化するものとして、すなわち、資本主義の基底をなす社会的諸形態の二重の性格を具現化するものとして、したがって、生産性の水準の、絶えざる上昇に向かう資本の衝動の、矛盾をはらむ特殊な性質の十全たる表現として、分析している。逆に言えば、資本主義における生産の二重の性格についてのマルクスの諸概念は、工業的生産についての彼の分析とともにはじめて完全なかたちで、その意義が明らかになるのである。

マルクスの探究におけるこうした側面を明確にするために、その論争的意図について私は簡潔に考察することにする。既にわれわれが見たように、マニュファクチュアについて議論する際にマルクスは、資本制社会の発展とともに登場した労働過程に対して、きわめて批判的であった。彼はその労働過程を、本質的に資本主義的なものとして描き出し、その明確な特徴を、本質的に資本主義によって形成されたものとして把握しようとする。しかしながら、この段階における彼の説明ではまだこの特徴について、説得的に基礎づけてはいない。社会的剰余の価値形態は、生産力の増大への絶えざる衝動を実際に生み出すかもしれないが、［それだけでは］まだ物質的富を目的とする労働過程と、価値を目的とする労働過程との区別は可能ではない。したがって生産は、私的横領者の階級が自らの利益のために利用したり、また労働者が自らの利益のために用いたりすることができるような技術的過程ではないということは、いまだ十分に認識可能ではない。仮に生産が技術的過程であるならば、マルクスの描いた、資本主義における労働の否定的性格は、単に高度な生産力に伴う不可避的な付随物にすぎないと

一七四 —— *Capital*, vol. 1, pp. 458, 461, 489-91.（『マルクス＝エンゲルス全集 第二三巻 第一分冊』、四四五、四四八、四八二—八四頁）

いうことになるだろう。すなわち、その富がどのように分配されようとも、高水準の一般的な社会的富のために支払われるべき、不幸だが避けがたい代償であるということになる。だが、これから見るようにマルクスは、大工業を探究することにおいて、高水準の生産力と、断片化された空虚な仕事との間の、いわゆる必然的な関係に疑問を呈することを意図している。彼が示そうと試みるのは、技術的な観点からでは、つまり、高水準の生産力に必要な条件という観点からだけでは、工業的な労働過程の形態を適切に把握することはできない、ということである。それは資本主義の本質的な社会的諸形態の二重性との関連によって、社会的に解明されうるのである。

大工業についての探究をマルクスは、物質的富の生産という観点から、すなわち、資本主義における、労働の使用価値の次元という観点から、検討することから始める。資本主義における具体的労働の社会的性格の、歴史的発展についての分析（彼はそれを、協業とマニュファクチュアに関する探究において開始した）を拡張することによって彼は、物質的富の生産は、発展した資本主義的労働の一側面にすぎないことを示している。マルクスによれば、工業的生産における労働の使用価値の次元の特徴をなすのは、それが直接生産者の労働からますます独立していく形態において構成される、ということである。この歴史的発展の過程について彼は、一八世紀の産業革命——一個の道具を扱う労働者が、一個の作業機械に取って代わられた——を起点として、機械生産の発展という観点から簡潔に跡づけている[七五]（機械は、いくつかの似通った道具によって機能するメカニズムである。それが同時に用いる道具の数は、職人の道具の使用を制限していた生物学的な制約に依存しない[七六]）。（例えば蒸気機関のような）動力機械の発展についてマルクスは、工作機械と同様に、人間の力の限界から解放され、独立した形態において存在し、水力や動物の力とは異なり、完全に人間の管理下にあるものとして記述する[七七]。そうした動力機械の発展によって今度は、機械の体系の発展が可能になる。それはマニュファクチュアにおける分業をモデルとする、機械同士の「分業」である[七八]。マルクスによればマニュファクチュアにおける分業は、労働者に合わせなければならず、その意味において「主観的」であったが、機械同士のそれは「客観的」である。すなわち生産過程は、自然科学の力を借りて、その構成要素にまで分解されて分析され、その際、かつての分業が持っていた「労働者中心」の諸原理が顧みられることはない。[七九] 労働過程における直接的人間労働の中心性を克服するこの歴史的な過程の、次なる段階は、機械による機械の生産である。それは大工業にとって「ふさわしい技術的基盤」を提供する。[八〇] こうした諸発展の帰結は、機械の体系である。マルクスはそれを、不動の動者［第一原因］によって駆動される一つの巨大な自動装置として描き出す[八一]（この記述と、マルクスの資本に対する初期の記述との並行関係については、後に議論する機会があるだろう）。機械に基づく生産の発展について彼は、以下のように要約している。

機械としては労働手段は、人力の代わりに自然力を利用し経験的熟練の代わりに自然科学の意識的応用に頼ることを必然的にするような物質的存在様式を受け取る。マニュファクチュアでは社会的労働過程の編制は純粋に主観的であり、部分労働者の組み合わせである。機械体系では大工業は一つの全く客観的な生産有機体をもつのであって、これを労働者は既成の物質的生産条件として自分の前に見いだすのである。[八二]

七五——Ibid., p. 494.（同右、四八八頁）
七六——Ibid., pp. 494-97.（同右、四八八—九一頁）
七七——Ibid., pp. 498-99.（同右、四九一—九四頁）
七八——Ibid., p. 501.（同右、四九五頁）
七九——Ibid., pp. 501, 508.（同右、四九六、五〇三頁）
八〇——Ibid., p. 506.（同右、五〇一頁）
八一——Ibid., p. 502.（同右、四九七頁）
八二——Ibid., p. 508.（同右、五〇三頁）

大工業の発展について、人力が自然の諸力に置き換わるという観点から記述するとき、マルクスは、蒸気や水力といった自然の諸力の利用についてだけでなく、社会的に一般的な生産諸力の発展についても言及している。したがって彼は、協業と分業から生じる生産諸力を「社会的労働の自然力」として特徴づけているが、それらは蒸気や水力のような自然的諸力と同じく代金が発生しないことに注意をうながしている。[八三]この点において彼は、科学もまた一種の自然的力のようなものとみなしている。なぜなら、ひとたび科学的原理が発見されたならば、それは無償で用いられるからである。[八四]最後に、対象化された生産諸手段についての議論で、マルクスは減価償却と、消費される補助的原料（油や石炭など）のコストを別にすれば、機械と道具は無償で働くと主張している。機械の生産効率性が、道具におけるそれよりも大きければ大きいほど、機械による無償の貢献の度合いもそれだけ大きくなる。[八五]この生産効率性を彼は、過去の労働と生産に関する知識の蓄積と関連づけ、大工業を、そこで「人間は、自分の過去の……労働の生産物を大きな規模で自然力と同じように無償で作用させるようになる」ような生産の一形態として、説明している。[八六]

ここでマルクスが、機械に基づく生産において、人力と伝統的技能に取って代わる「自然力」として言及しているのは、以前彼が、具体的労働の社会的性格に関して定式化した、社会的に一般的な諸力であることに注意されたい。すなわち、「科学とその技術的応用可能性との発展段階、生産過程の社会的結合、生産手段の規模と作用能力」である。[八七]したがって、大工業における発展の一側面は、労働者の力や知識や経験に依拠せず、また還元することもできない、社会的に一般的な生産の諸能力と、科学、技術、そして組織化についての知識の様式の歴史的な構成を必然的に含む。そこには社会的に一般的な過去の労働と経験の、継続的な蓄積も含まれている。資本主義における労働の使用価値次元の、こうした歴史的に構成される側面は、「自然の力」と同じく直接的な労働から独立しているため、コストも発生しない。そしてそれは、物質を変容させる、人間と自然の社会的「代謝」――それは社会生活の必要条件である――における中心的な社会的要因としての人間の苦役を、次第に置き換えていく。大工業の発達とともに、これらの「巨大な自然力」は生産に取り込まれるようになる。[八八]すなわち、自然の力を利用し、過去を対象化し利用する能力が獲得されるのである。それは物質的富の主要な社会的源泉としての直接的人間労働に、次第に取って代わる。物質的富の生産は、対象化された歴史的時間にますます依拠するようになっていくのである。

　このように、具体的労働の社会的性格が歴史的に発展することにおいて大工業は、マニュファクチュアから根本的に区別される。それは労働の生産力を途方もなく高めるだけでなく、物質的富の生産を、直接的人間労働時間の支出とは本質的に無関係なものへと変えることで、マニュファクチュアの特徴をなす、分業の技術的な必要性を、工場と社会全体の双方において無効化していく。[八九]別言すれば、こうした歴史的な発展は、労働を異なる仕方で社会的に組織する可能性を暗示的に示しているのである。

　しかしながら、こうした可能性は、大工業においては実現されない。実際、現実の工業的生産の構造は、労働の使用価値の次元の発展についての抽象的な考察だけから示唆される可能性とは大きく異なる。マルクスによれば社会の生産力は、資本主義的な大工業によって高度に発展するにもかかわらず、そうした諸力が歴史的に構成される形態は、部分的で繰り返しの多い労働から労働者を解放するわけではない。逆にその形態は、労働者を生

八三――Ibid.（同右、五〇四頁）

八四――Ibid.（同右）この文の最初の部分（"Wie mit den Naturkräften verhält es sich mit der Wissenschaft."）は、英訳には登場しない。それは、以下で見ることができる。*Das Kapital*, vol. 1, *Marx-Engels Werke*, vol. 23 (Berlin, 1962), p. 407.［訳注：大月全集版訳ではこの部分は入っている］

八五――*Capital*, vol. 1, p. 510.（同右、五〇六頁）

八六――Ibid. (emphasis added).（同右、五〇六頁、強調追加）

八七――Ibid., p. 130.（同右、五四頁）

八八――Ibid., p. 509.（同右、五〇四頁）

八九――Ibid., pp. 545-47, 614-16.（同右、五四八―五五二、六三一―六三三頁）

産の下に包摂し、彼らを生産設備の歯車へ、専門化された機械の部品へと変えていく。[九〇] その結果として生じる生産の様式についてマルクスは、マニュファクチュアの場合よりも、さらに断片化され専門化された労働をもたらす形態として記述している。[九一] 工場労働は、「筋肉の多面的な動きを抑圧し、身心のいっさいの自由な活動を封じてしまう」[九二] とマルクスは書いている。一般的に言って、機械生産における現実の形態は、きわめて否定的な帰結をもたらす。仕事はいっそう断片化され、女性と子供は低賃金の単純労働に雇用され、仕事に必要とされる知的水準は低下する。労働日は延長されるか、そうでなければ労働が強化される。[九三] その上、こうした否定的な諸帰結は、直接的な生産現場には限定されない。こうした生産様式は、労働者の保障を損ない、資本家による搾取の要求に備えて確保される、使い捨ての労働人口を生み出すことになるのである。[九四] それは労働人口の健康、知的能力と道徳感情、家庭生活に悪影響を及ぼす。[九五] マルクスは、大工業が労働者に対して、労働の性質に対して、そして、社会的分業に対してもたらす否定的な諸影響を、機械生産に具体化された可能性と、その実際の諸帰結とを対比させることによって、次のように要約している。

> 機械は、それ自体として見れば労働時間を短縮するが、資本主義的に充用されれば労働日を延長し、それ自体としては労働を軽くするが、資本主義的に充用されれば労働の強度を高くし、それ自体としては自然力にたいする人間の勝利であるが、資本主義的に充用されれば人間を自然力によって抑圧し、それ自体としては生産者の富を増やすが、資本主義的に充用されれば生産者を貧民化する。[九六]

したがって、資本主義的な工業生産においては、社会の生産諸力は、人々を支配し、その発達を損なうような形態において、発展させられる。その形態は、労働の使用価値次元の発展についてのみ考察した際に考えられたものとは全く異なる。具体的労働が持つ社会的性格の現実の発展は、マニュファクチュアを特徴づける断片化された分業を廃絶する代わりに、次のような帰結をもたらす。すなわち、「大工業の資本主義的形態はそのような分業をさらにいっそう奇怪なかたちで再生産するのであって、この再生産は、本来の工場で……行われ、そのほか……〔工場の外の〕どこでも……行われるのである」[九七]。

この「奇怪な」分業が、マルクスの分析の中心的な焦点である。労働の使用価値次元の発展についての彼の探究と、その潜在的形態と現実の形態との対比が明確に示しているのは、大工業における分業はマニュファクチュアにおけるそれとは異なり、生産力の増大における不可避の技術的付随物ではない、ということである。この理由から彼は、資本主義的な機械利用とは異なる機械利用を考えることができず、このため、資本主義的システムによる工業的生産に対するあらゆる批判を、技術的進歩の敵として非難する人々――彼らは工業的生産を、純粋

九〇――Ibid., p. 547.（同右、五五二頁）

九一――Ibid., p. 614.（同右、六三一頁）

九二――Ibid., p. 548.（同右、五五二頁）

九三――Ibid., pp. 517-23, 533.（同右、五一四―二二、五三四頁）

九四――Ibid., pp. 557-68, 580-88, 618.（同右、五六三―七六、五九二―九九、六三四頁）

九五――Ibid., pp. 517-26, 619-21.（同右、五一四―二五、六三四―三八頁）マルクスは、一九世紀前半に生じた労働者に対する「資本主義体制のなかでの古い家族制度の崩壊」の「恐ろしく厭わしい」諸効果について詳細に述べているが（p. 620〔六三七頁〕）、そうした紐帯〔古い家族制度〕について彼は、再構築されるべき人間の親密な諸関係の範型とみなしているわけではない。もちろん、大勢の女性や子供が、疎外された労働によって構築された生産過程に参入してくることそれ自体を、進歩的もしくは有益な発展として肯定的にとらえてもいない。むしろそれを彼は、否定的ではあるが、同時にまた「家族や両性関係のより高い形態」を未来において可能とするような条件を生み出すものであるとも考えており、このことは資本主義の二面性についての彼の分析と整合している（p. 621〔六三七頁〕）。

私の見るところ、本書で展開されるアプローチは、資本制社会において家族と、仕事と、そしてその相互関係の構造化における歴史的に変化する性質について探究する上で、実り多き出発点を提供するものである（ジェンダーの構造化についてのその含意も含めて）。こうしたアプローチはこれらの主題を、労働によって構成された疑似-客観的な媒介の形態の発展という観点から、考察することができるだろう。

九六――Ibid., pp. 568-69.（同右、五七七―七八頁）

九七――Ibid., p. 614.（同右、六三一頁）

に技術的観点で理解し、「機械の資本主義的利用」と「機械それ自体」を区別できない――を、「経済的弁護論」として厳しく批判している。[九八] 他方で、資本家による機械の「利用」とか「応用」といった表現を用いるにもかかわらず、マルクスは資本主義と工業的生産の関係を、外在的なものとはみなしていない。大量生産を資本主義的なものにしているのは、私的所有だけではない。後に詳述するように、工業的生産はむしろ、労働過程であると同時に価値増殖過程でもあることによって、本質的に資本主義的なのである。[九九] 資本主義の究極の目的は物質的富ではなく、剰余価値である。マルクスによればこの二重性は、資本主義的生産の初期形態における特徴でもあるが、価値と物質的富との差異、すなわち、抽象的労働と具体的労働との差異は、大工業の到来によってはじめて重要となるのであり、労働過程それ自体の形態を構成するようになるのである。したがって、工業的生産についてのマルクスの分析の主眼は、大規模工業生産に特徴的な分業は、技術的な必然性に基礎づけられているのでもなければ、偶発的なものでもなく、むしろ大工業の持つ本質的に資本主義的な性格の表れであることを示すことにある。すなわち、彼のカテゴリーを用いた批判理論の重要な狙いの一つは、工業的生産の資本主義的様式を、社会的観点から――すなわち、資本主義を構造化する社会的媒介の形態についての分析という観点から――把握し、そのことによって資本主義における労働の使用価値次元の発展が開示する可能性と、生産力の歴史的発展の現実との乖離を明示することにある。

　先に進む前に、そうした生産の社会的分析の観点からすれば、技術的観点だけで資本主義的工業生産を把握するアプローチは、人間と自然の相互作用という観点だけから、資本主義における労働を理解するアプローチと同類である、ということを指摘しておきたい。いずれの場合においても具体的な次元は、社会的媒介の物質化された形態としては理解されず、その代わり社会的媒介の物神化された現象形態は、額面通りに受け止められているのである。このことは、私有財産と市場にのみ焦点を当てた資本主義的生産への諸批判や、工業の発展を「近代化」の過程として扱い、資本という社会的カテゴリーを認識することのない諸理論にも当てはまる。

いまや、資本主義の特徴をなす基本的な社会的諸形態についてのマルクスの概念と、彼の大工業についての分析との関係に私は取り組む。マルクスの諸カテゴリーの展開を跡づけることで、相対的剰余価値のカテゴリーが導入されてはじめて、価値量についてのマルクスの時間的規定が十分に意味あるものとなることを、われわれは理解した。同様に、大工業が分析されてはじめて、（抽象的な）人間労働の対象化という、マルクスの価値規定の十全たる意義が明確になる。既に見たように、資本主義的生産の目的は剰余価値であるので、それは生産力の増大に対する、絶えることなき衝動を生み出す。そして生産力の増大は、最終的には直接的人間労働を、物質的富の主要な社会的源泉としての、社会的に一般的な知識の生産諸力によって、置き換えていく。同時に――この点がきわめて重要であるが――資本主義的生産の目的は剰余価値であるがゆえに、それは人間の労働時間の支出に基づいており、またそうであり続ける。

資本主義的な工業的生産についてマルクスは、こうした二重性の観点から把握している。すなわち、物質的富がつくり出される過程として、それは直接的人間労働に必然的に依存することを止める。しかしながら、価値増殖過程としては、必然的にそれはそうした労働に基づき続ける。大工業は、もはや直接的人間労働には依存しない生産諸力の発展によって、定義される――だがこれは、そうした労働が重要性を持ち続けるという文脈において、そうなのである。こうした生産様式の発展とともに、生きた労働は、生産における能動的な力、生産を支配する力であることを徐々に止める。価値増殖過程についてのマルクスの分析の観点から、直接的人間労働は、その質的な特殊性や生産力の水準にかかわらず、価値の源泉としての意義を持つことを、われわれは見てきた。す

九八――Ibid., pp. 568–69.（同右、五七七―七八頁）

九九――Marx, *Results of the Immediate Process of Production*, trans. Rodney Livingstone, in *Capital*, vol. 1, pp. 983, 1024.（K・マルクス『直接的生産過程の諸結果』岡崎次郎訳、大月書店、一九七〇年、二二頁、八六―八七頁）; *Capital*, vol. 1, p. 645.（『マルクス＝エンゲルス全集 第二三巻 第二分冊』、六六一―六六二頁）

なわち、労働を支出する目的は、労働時間の対象化そのものにある。対象化された労働時間の単なる源泉であるという、人間労働のこのような機能が、労働過程それ自体の形態において表現されるようになるのは、まさに物質的富の生産が、直接的人間労働に依存するのをやめ、しかし同時に、そのような労働が生産過程に不可欠なものであり続けるときである。

> 資本主義的生産がただ労働過程であるだけではなく同時に資本の価値増殖過程でもあるかぎり、どんな資本主義的生産にも労働者が労働条件を使うのではなく逆に労働条件が労働者を使うのだということは共通であるが、しかし、この転倒は機械によってはじめて技術的に明瞭な現実性を受け取るのである。……労働手段は労働過程そのもののなかでは資本として、生きている労働力を支配し吸い尽くす死んでいる労働として、労働者に相対するのである。(一〇〇)

マルクスは工業的生産を、価値増殖にふさわしい物質化とみなしている。すなわちそれは、生産の究極の目的としてではなく、剰余価値を生み出す手段として、物質的富が生産されるような過程であり、それゆえそれは生きた労働が生産の対象としての役割を果たし、価値の源泉としての役割を果たす過程である。この意味において生産諸力の究極の機能は、生きた労働力を可能な限り、多く「吸い尽くす」ことである。大工業においてこの過程は、仕事の断片化された性質によって物質的に表現され、また――生産諸力はもはや第一義的には直接的人間労働に依存しないために――対象化された生産諸力が価値形成に対して持つ関係と、物質的富の形成に対してそれが持つ関係との差異が増大するという事実によっても、表現される。(一〇一)機械は、総じて労働過程に入り込んでゆき、大量の物質的富を実現する。しかし、価値増殖過程への機械の浸入は、機械をつくり出すのに投入された価値が、徐々に生産物に移されるという意味においてか、あるいは、労働者の再生産に必要な労働時間を切り詰めることによって、必要労働時間に対する剰余労働時間の割合を変化させる、という意味においてのみである。[一〇二]既に述べたように、この分析が示唆しているのは、工業的生産によって、生産力の水準の絶えざる向上がもたらす物質的富の増大は、剰余価値の増大をはるかに上回る、ということである。とりわけ、機械それ自体が機械によって生み出されるようになると、機械の富を生産する能力とその製作のために支出される労働時間の量との格差は、劇的に増大する。[一〇三]

物質的富の増大と剰余価値の増大との不一致は生産諸力の発展によって拡大するが、それは労働の使用価値次元の生産諸力と、生きた労働との間の差異が増大することの表現である。先に私は、資本主義の特徴をなす社会的関係の諸形態と、強大な生産能力の発展との関係についてのマルクスの考えに言及し、またこの発展に関連する、現実に対する世界観や概念についても言及した。この時点において、われわれの探究にとって重要なのは、この発展の規定された形態である。生産にとって生きた労働が不可欠で、剰余価値を増大させる手段として機械が用いられる生産様式の文脈においては、労働の具体的な次元における生産諸力は、資本の生産諸力として、生きた労働に対立するかたちで構成される。[一〇四]

生産過程の精神的な諸力が手の労働から分離するということ、そしてこの諸力が労働にたいする資本の権力に変わるということは、……機械の基礎の上に築かれた大工業において完成される。個人的なからっぽになった

一〇〇——*Capital*, vol. 1, p. 548 (translation amended).(『マルクス＝エンゲルス全集 第二三巻 第一分冊』、五五二—五三頁)
一〇一——Ibid., p. 509.(同右、五〇五頁)
一〇二——Ibid., pp. 492, 502.(同右、四八五、四九六—九七頁)
一〇三——Ibid., pp. 509–17.(同右、五〇四—一四頁)
一〇四——Ibid., pp. 508–09, 544ff.(同右、五〇四—〇六、五四七頁以下)

機械労働者の細部の熟練などは、機械体系のなかに具体化されていてそれといっしょに「主人」(master)の権力を形成している科学や巨大な自然力や社会的集団労働の前では、とるにも足りない小事として消えてしまう[一〇五]。

マルクスによれば生産の資本主義的な過程は、社会的に一般的で強力な生産諸力の歴史的な発展をもたらす。しかしながら、この歴史的構成の過程は――それを私は、歴史的時間の集積として論じたのであるが――、疎外の過程として実現される。こうした諸力は、疎外された形態で歴史的に存在するに至る。すなわち、資本の力として、「主人」の力としてである。

労働の使用価値次元の疎外の過程について私は、協業とマニュファクチュアについてのマルクスの論じ方を検討することによって、議論してきた。以下では、その構造的な諸基盤をさらに探究することにする。現時点で重要なのは、大工業において、具体的労働の社会的な生産諸力――マルクスはそれを、疎外された形態において、資本に対して与えられた「無償の贈り物」として構成される「種属能力」であると述べている――は、直接的生産者たちの生産力の合計よりも大きいだけでなく、もはや第一義的にはそれによって構成されてもいない、ということである。マニュファクチュアとは異なり、疎外された形態において社会全体の諸力が表現しているのは、もはや全体労働者の知識や技術や労働ではなく、むしろ人間の、つまり人類の蓄積された集合的知識と力なのである。したがって、先に引用した文章が明らかに示しているように、大工業の発展とともに資本の力は、全体労働者の疎外された形態における力であるとは考えられないもの、それよりもむしろ大きなものとなっているのである。

こうした発展のもう一つの側面が、個々の労働者の、また――この点はきわめて重要であるのだが――全体労働者の技能と力の低下である。物質的富の生産が、直接的生産者の技能や知識や労働に依存するのではなく、ますます社会的に一般化された技術的、組織的、科学的知識に依存するようになるにつれて、労働者の集合的労働は、マニュファクチュアにおいてそうであったのとは異なり、「超-職人」的労働であることを止める。もはや生産は、究極的には労働者の労働に基づく手作業という形態を失う。にもかかわらず、社会的に一般的な生産諸力は、資本の生産力として——したがって、直接的な労働時間の支出を前提とするシステムの枠組みのうちで——発展するがゆえに、大工業において対象化された生産諸力は、社会全体のレベルにおいては、生産における直接的な人間労働を置き換えようとはしない。むしろそれらは、より大きな剰余価値を労働から引き出すために用いられるが、その労働は、物質的富の生産にとって本質的なものではなくなっており、熟練した手作業としての、もしくはそうした労働の専門化した側面としての性格を、ますます喪失するのである。

したがって、疎外された生産諸力と生きた労働との間には、構造的な敵対関係が存在する。そこにおいては、前者が発展すればするほど、後者はますます空虚で断片的なものとなる。「労働の緩和でさえも責め苦の手段になる。なぜならば、機械は労働者を労働から解放するのではなく、彼の労働を内容から解放するのだからである」[一〇六]。したがって、大規模工業生産の論理は、労働者の技能の長期的な低下を招く[一〇七]。既に述べたように、マル

一〇五——Ibid., pp. 548-49 (translation amended).(同右、五五二—五三頁)

一〇六——Ibid., p. 548.(同右、五五二頁)

一〇七——Ibid., pp. 559-64.(同右、五六五—七三頁)産業資本主義における労働者の技能が長期的に低下する傾向については、ハリー・ブレイヴァマンの古典的研究において、詳細な探究がある。Harry Braverman, *Labour and Monopoly Capitalism: The Degradation of Work in the Twentieth Century* (New York and London, 1979).(H・ブレイヴァマン『労働と独占資本——20世紀における労働の衰退』富沢賢治訳、岩波書店、一九七八年)ブレイヴァマンは、労働過程それ自体の発展を修正し導いていく際の、労働者の意識と闘争を過小評価しているとして、批判されてきた。しかしながら、デヴィッド・ハーヴェイが指摘しているように、ブレイヴァマンの分析はマルクスのそれと同様に、資本蓄積の歴史の大勢に関心を向けているのであり、また労働過程における長期的な一方向的変化を論じうるか否かに関心を向けているのである(David Harvey, *The Limits to Capital* [Chicago, 1982], pp. 106-19 [D・ハーヴェイ『空間編成の経済理論——資本の限界(上)』松石勝彦・水岡不二雄訳、大明堂、一九八九年、一七八—九六頁])。すなわち問題は、単に労働者が歴史の主体か客体かということではなく、労

クスによれば、価値増殖過程における価値の源泉としての人間労働の機能は、工業的労働過程において物質的に表現されるようになる。ここで私が付け加えておきたいのは、そうなるに従って労働は、ますます空虚で、単なるエネルギーの支出とさして変わらぬものになっていく、ということである。

対象化された生産諸力と生きた労働との間でこのように社会的に構成された敵対関係が、工業的生産過程の形態を形づくる。マニュファクチュアの場合においては、価値と物質的富との差異は、労働過程の形態に対してまだ重要性を持っていない。それゆえこの形態は、生産力の増大への衝動という観点だけから説明されうる。しかしながら、工業的な労働過程の形態は、そうした観点からだけでは説明できない。マルクスによれば、その敵対的で矛盾をはらんだ性格は、その基底をなす社会的媒介の二重の性格によって生み出される、二つの傾向の間で高まる緊張から生じる。すなわち、生産力の増大への絶えざる衝動と、必要とされる直接的労働時間の支出との間の緊張である。この緊張は、労働者が部品として組み込まれていくような客観的システムとして、労働者に対して立ち現れてくるような生産システムの発展をもたらす。[一〇八]

> マニュファクチュア……では労働者が自分に道具を奉仕させ、工場では労働者が機械に奉仕する。前者では労働者から労働手段の運動が起こり、後者では労働手段の運動に労働者がついて行かなければならない。マニュファクチュアでは労働者たちは一つの生きている機構の手足になっている。工場では一つの死んでいる機構が労働者たちから独立して存在していて、彼らはこの機構に生きている付属物として合体されるのである。[一〇九]

大量生産の発展とともに、労働者はプロセスの客体となる。マルクスによれば、このプロセスそれ自体が「主体」となるのである。工場について彼は、一種の機械化された自動装置であると述べているが、それは、さまざまな意識のある器官（すなわち労働者）と意識のない器官（すなわち生産諸手段）から構成される、一個の主体である。その構成要素のすべては、中心の原動力に従属する。[一一〇] 別言すれば、工場についてマルクスは、以前彼が、資本について記述した際に用いたのと同じ観点から述べている。それが含意しているのは、工場は資本の物理的表現であるとみなされなければならない、ということである。かくしてマルクスは、大工業を分析することによって、一方では巨大な生産力を特徴としながら、他方では断片化された、空虚で、直接的な人間労働を特徴とするような一つのシステムを、社会的な観点から理解しようとしている。マルクスによれば、産業資本主義における仕事と分業の性質は、富を生産する手段が技術的に進歩したことによる、残念だが必然的な副産物といったものではない。むしろそれは、価値増殖過程によって形づくられた労働過程の表現なのである。

ここまで私は、工業的生産の敵対的性格についてマルクスが、価値増殖過程における二重の命令に関連づけていることを示してきた。だが、その二重の命令は、いかにして発現するか——すなわち、資本主義における生産力の増大への衝動は、社会全体のレベルにおいて、いかにして直接的人間労働を、生産に不可欠な一要素として保持しているのか——についての十全たる説明は本書の範囲を超えている。そのためには、価値がいかにして、社会的に構成された抽象的支配の形態として、行為者がその存在に気づかぬまま機能するのかについての説明が必要となるだろう。そうした説明は、今度は、構造と行為の弁証法についてのマルクスの分析の解明を必要とす

働過程を階級闘争が変えるかどうかですらない。むしろ重要なのは、より高度に抽象化されたレベルにおいて、資本主義は歴史的な軌道を持つかどうか、ということである。既に論じたように、そうした軌道は、資本主義を構成する社会的諸形態という概念によってマルクスが把握しようとしたものであり、階級闘争を参照するだけでは説明不可能である。これに関連するのは、そうした発展の軌道が、資本主義を超克する可能性を指し示しているのか否かということであり、さらにはこうした可能性が、プロレタリアートの自己実現をもたらすのか、それともプロレタリア労働の廃絶をもたらすのか、ということである。

一〇八 ——— *Capital*, vol. 1, pp. 508, 517.（『マルクス＝エンゲルス全集 第二三巻 第一分冊』、五〇三、五一四頁）

一〇九 ——— Ibid., p. 548.（同右、五五二頁）

一一〇 ——— Ibid., pp. 544-45.（同右、五四八頁）

る。したがって、『資本論』の第一巻と第三巻の分析レベルの関係を、より深く探究する必要があるだろう。

にもかかわらず、変容と再構成の弁証法についてのこれまでの議論において私は、論理的・抽象的なレベルにおいてではあるが、そうした説明の、ある次元を明らかにしてきた。すなわち、価値増殖が持つ二重の命令の継続的な再構成と、従ってまた、資本主義的生産が帯びる敵対的形態についてのマルクスの分析における、構造的基礎という次元である。ここで、この弁証法——既に述べたようにそれは、価値量の時間的規定に究極的には根差すものである——についての考察に少しの間戻ることにしたい。われわれは、商品形態の二つの次元の相互作用を検討することによって、生産力の増大は、社会的労働時間において生産される価値量を増加させず、むしろ、社会的労働時間を歴史的に再規定することを見てきた。その結果として、価値と結びついた必要性の諸形態は、置き換えられるのではなく、再構成されるのである。別言すれば、資本主義における労働と時間という二つの次元の弁証法は、価値というものを、それが歴史的に時間上を前方へ送られるにもかかわらず、永遠の現在であるかのように再構成する。既に述べたようにこうした再構成は、生産諸関係——この社会編制の特徴をなす巨大な変容にもかかわらず、資本主義を構成し続ける基本的な社会的諸形態——が構造的に再生産される際の、最も根本的な規定なのである。

生産過程それ自体について言えば、価値にとって本質的な必要性の形態の一面が、生産における抽象的人間労働時間の支出である。社会的労働の生産力の発展によって再構成される抽象的時間の枠組みは、そのような労働時間が支出される必然性を構造的に再構成することを伴う。別言すれば、変容と再構成の弁証法は、資本主義を構造化する基本的な諸形態に根差しているのだが、この弁証法は、直接的生産過程における人間労働の支出が、生産力の発展の度合いに関係なく必要であり続けるように働くのである。その結果として、大工業の発展は、直接的生産者から独立した形態において、具体的労働の社会的性格を歴史的に発展させていくが、対象化された歴史的時間に基づく生産は、現在に基づく生産に、すなわち、直接的な労働時間の支出に基づく生産に単純に取って代わられるわけではない。むしろ現在に基づく生産は、依然として資本主義的生産の本質的で不可欠な要素として再構成され続ける。このことが、「労働者の不断の再生産または永久化」の根本的な構造的基盤であり、それは「資本主義的生産の不可欠の条件なのである」[一一二]。

私が概説してきた、弁証法によってもたらされる価値の再構成と社会的な生産力の再規定は、賃労働と資本の、静的かつ動態的な関係を再生産する過程についての、最も基本的な規定である。この関係は、その項の各々を変容させつつ、再生産される。マルクスの分析によれば、こうした再生産の過程は、究極的には価値形態に依存しており、物質的富が富を定義する形態である場合にはそれはあてはまらない。既に見たように、増大する生産力は、それに応じて社会的な富を増大させもしなければ、それに応じて労働時間を減らしもせず、むしろ生産力の新たな基準を構成し、それがまた生産力のより一層の上昇を導く。これが必然的なトレッドミル的動態性の一つの側面である。こうしてきわめて抽象的な論理的レベルにおいてではあるが、この弁証法の含意するものから、工業的労働過程とプロレタリア労働の、いくつかの特徴を引き出すことができる。価値を生産する労働（賃労働）の必然性が動的に再構成され続けることは、同時に、この労働の具体的性質の変容を、必然的に伴う。抽象的に、そして社会全体のレベルで考察するならば、直接的人間労働に対する生産力の増大の効果は、次のようなものとなる。それは直接的人間労働を生産において構造的に保持することを特徴とする枠組みにおいて、そうした労働を、より画一化し単純化し、その支出を強化する。それは人間の労働に一つの具体的な形態を与えるが、その形態は、労働の物神化された社会的形態（抽象的労働）の最初の諸規定——すなわち、筋肉や神経その他の支出といったもの——と似通ってくる。別言すれば、マルクスによれば、プロレタリア労働の一層の断片化は、

一一一——Ibid., p. 531n71.（同右、五三二頁の注一五三）
一一二——Ibid., p. 716.（『マルクス＝エンゲルス全集 第二三巻 第二分冊』、七四三頁）

そうした労働が、価値の源泉として必要であり続けながらも、資本として疎外される社会的生産諸力の源泉としての意義を減じていく弁証法的パターンと本質的に関わっている。社会的諸力の途方もない発展は、労働者から疎遠となり、むしろ彼らを支配するような形態において生じる。それと関連してプロレタリア労働は、一面的で空虚なものとなるような傾向を長期的に帯びる。こうしたことは、マルクスの次の発言の根本的な基盤をなしている。「資本が蓄積されるにつれて、労働者の状態は、彼の受ける支払がどうであろうと、高かろうと安かろうと、悪化せざるをえないということになるのである[一三]」。

マルクスの分析によれば、こうした発展は、生産手段の私有だけから生じるものでないことは明らかである。むしろそれは、これまで私が探究してきた社会的諸関係の深層構造に根差すものである。いまや次のことをより明快に理解することができる。すなわちマルクスは、商品のカテゴリーから資本のカテゴリーを展開することで、発展した資本主義的生産過程の具体的な形態――彼はそれを「相対的剰余価値の生産」、もしくは「資本のもとへの労働の実質的包摂」と呼んだ――を、基底的な社会的諸形態に根拠づけられた二重の運動が（社会全体のレベルにおいて）物質化されたものとして分析するための基礎を据えたのである。こうした生産過程は、現実的富の生産過程――ますますそれは社会的に一般的な知識に基づくようになる――であると同時に、直接的な労働時間の支出に基づいた、価値の生産過程でもある。したがって、その具体的形態を分析することは、より高度な生産性を達成せよという命令と、剰余価値を生産せよという命令との構造的矛盾を深いレベルで具体化している生産様式を検討することである。そのようなアプローチによれば、十全に発展した資本主義的生産の具体的形態における歴史的変化は、こうした二つの命令の対立の昂進によって生み出される「剪断圧力」の高まりという観点から理解される。その結果が、一般と特殊の物質的対立によって特徴づけられるような生産様式である。そこでは生産力の向上とともに、人間労働の断片化と空虚化が進展し、労働者は生産設備の歯車へと還元される。要するに、マルクスによれば大工業は、階級支配のために用いられつつ、そうした支配形態とますます矛盾をきたすようになる技術的過程なのではない。むしろ大工業は歴史的に構成されたものであり、社会支配における抽象的形態が物質的な表れを取ったものである。すなわち、人間自身の労働による人間支配の客体化された形態である。大規模工業生産は、本質的に資本主義的である。すなわち、「独自に資本主義的な生産様式(そこでは機械などが生きている労働にたいする現実の支配者となる)」。[一一四]

こうした探究を通じて私は、マルクスの価値法則の戦略的な意図が、単に市場的均衡の諸条件を説明するのではなく、むしろ資本制社会を、歴史の「法則」という観点から、すなわち変容と再構成の弁証法という観点から把握することにあることを示してきた。こうした弁証法は、生産の規定された物質的形態だけでなく、特定の「成長」の論理をもたらす。この点について、『資本論』におけるマルクスのカテゴリー的分析は、資本主義の進歩における二面的性質を、社会的かつ歴史的に根拠づけようとする試みとして理解されうる。彼は以前にはそれを、次のように記述していた。

現代では、あらゆるものがそれ自身の反対物をはらんでいるようにみえる。人間の労働を短縮し、みのり多いものとする驚くべき力を付与された機械、それが働く人を飢えさせ過労におとしいれているのを、われわれは見ている。新しい富の源泉は、なにか不思議な、怪しい呪文によって欠乏の源泉に変えられてしまう。……われわれのあらゆる発明や進歩は、物質的な力に知的な生命をあたえる一方、人間の生命を愚鈍化して物質的な力に変える結果となるようにみえる。[一一五]

一一三――Ibid., p. 799 (emphasis added). (同右、八四〇頁、強調追加)
一一四――Marx, *Results of the Immediate Process of Production*, p. 983. (マルクス『直接的生産過程の諸結果』、二二頁)
一一五――Marx, Speech at the Anniversary of the *People's Paper*, April 14, 1856, in Robert C. Tucker, ed. *The Marx-Engels Reader* (2d ed., New York, 1978), pp. 577-78. (『マルクス=エンゲルス全集 第一二巻』大内兵衛・細川嘉六監訳、大月書店、一九六四年、三―四頁)

4 実質的な全体性

資本

工業的生産とは、資本制社会の特徴をなす社会的諸関係の形態が持つ二重の性格の物質化である。工業的生産についてのマルクスの分析を検討するにあたって私は、マルクスにおける資本の概念についても解明してきた。そこでは、以下の事柄が明らかになった。つまり、マルクスにおける資本のカテゴリーは、「物質的な」観点からだけでは、すなわち、資本家たちによって支配される「生産の諸要素」という観点からだけでは理解され得ない。またこのカテゴリーは、生産手段の私有によって構造化され、市場によって媒介される、資本家と勤労者諸階級の社会的関係という観点からも、十全には把握され得ない。むしろ資本のカテゴリーは、特異な種類の社会的関係を指しており、それは労働によって構成される社会的形態——すなわち、人々のあいだの諸関係を媒介し、かつ人間と自然の関係を媒介する活動でもあるという労働の二重性において構成される、動態的かつ全体的で矛盾をはらんだ社会的形態——を指している。

かかる全体的な形態について、最初にマルクスは、価値の次元という観点から、自己増殖的な価値として概念的に規定し、その後、かかる形態を、方向性を持った動態的構造として、すなわち、歴史的発展の規定されたパターンの社会的基礎をなすものとして展開する。しかし、マルクスの資本概念は、価値の次元の観点からだけでは十全には把握され得ない。というのも、既に見てきた通り、資本制社会における労働の使用価値の次元は、資本の属性として歴史的に構成されるからである。協業とマニュファクチュアの事例において、具体的労働の生産諸力が、資本によってこのように横領されてしまうことは、所有と支配の問題、すなわち、私有財産制の結果であるかのように見える。なぜなら、かかる諸力は、生産における直接的人間労働によって相変わらず構成されるからであり、したがって、資本に外的にしか関係していないように見えるからである。しかしながら、マルクスの分析が示唆するところによれば、私有財産は、資本制社会の歴史的出現においては、かかる疎外過程の中心をなしていたかもしれないが、ひとたび大規模工業が発展してしまえば、それは構造的な中心であり続けることはない。大工業が発展した後の状況において、資本に横領される具体的労働の社会的生産諸力は、もはや直接的生産者のものではない。かかる生産諸力は、最初は労働者の力として存在し、しかる後に彼らから奪われるのではない。むしろ、かかる生産諸力は社会的に一般的な生産諸力であり、その疎外された性格は、諸力が構成される過程にこそ内在する――実際、かかる生産諸力が歴史的に現れ出る条件とは、まさしくそれらが、直接的生産者から分離し、かつそれに対立する形態において構成されることなのである。ここで明確になっている通り、この形態は、マルクスが資本という彼のカテゴリーによって把握しようとしたものである。資本は、「本当は」労働者のものである諸力が神秘化された形態なのではない。そうではなく、むしろ資本は、もはや労働者だけのものではない「種属能力」という存在の現実的な形態なのであり、それは社会的に一般的な諸力として疎外された形態において、歴史的に構成されるのである。

もし、資本への「無償の贈り物」として構成される具体的労働の社会的次元が、直接的生産者の諸力という観点からは適切に理解され得ないのであれば、そして、かかる労働の疎外の過程が私有財産の観点からは適切に理解され得ないのであれば、かかる疎外された構成の過程は、より深い構造のレベルへと位置づけられなければならない。そのように構造的に基礎づけられた疎外過程の最初の諸規定は、先に述べた労働と時間の弁証法によって既に示されている。ここまで見てきたように、この弁証法は、社会的な一般的生産諸力の発展を促す。しかしながら、この生産諸力が、生産者にとって自らの利益のために自在に使える手段であるのは、見かけ上のことでしかない。トレッドミルの弁証法を分析する際に示したように、かかる諸力は、単位時間ごとに生産される社会的富を——その支配的形態〔＝価値形態〕においては——増大させないし、労働の構造を積極的に変容させることもない。それどころか、生産力の増大が価値の諸規定を構造的に再構成するがゆえに、かかる生産諸力は、生産者に対して作用する抽象的強制力を強める役割を果たす。生産諸力は、発揮される強制の度合いと強度、そして労働の断片化を昂進させるのである。この意味で生産諸力は、労働の抽象的次元の属性として機能するのであり、生産者を支配する手段となる。この過程は、既に私が展開してきた、商品形態そのものの二重の性格のうちに構造的に根拠づけられる。その弁証法は——そこにおいて生産力の新しい各レベルは、抽象的時間的な基準枠の基本的水準として再規定され、それが社会的に一般的な強制的規範として機能するのであるが——、次のような過程として概念化されうる。すなわち、そこにおいて、生産的活動としての労働の社会的性格が、構造的に全体性——それは社会的実践によって構成されるにもかかわらず、諸個人と対立し、かつ諸個人を支配する——の属性となる過程である。このような仕方で、労働の具体的次元は、いわばその抽象的次元によって「横領」されるのである。

このような、労働の抽象的次元による、労働の使用価値の次元の構造的な横領は、資本主義の社会編制における根本的な収奪である。それは生産手段の私有と結びついた具体的な社会的収奪というものに論理的に先立つのであって、根本的にはその結果なのではない。マルクスの叙述の様式——つまり、商品のカテゴリーから資本のカテゴリーへの展開——が含意するのは、労働によってもたらされる媒介の形態は、労働の使用価値の次元で生産諸力の途方もない増大を引き起こす一方で、この生産諸力を疎外された形態において構成する、という主張である（この疎外された構成の過程は、明らかに、市場と私有財産の観点からは適切に把握され得ない。つまり、ここでもまたマルクスの価値と資本のカテゴリーは、伝統的マルクス主義者が資本制社会の基礎的諸特性について解釈したよりも、構造的に深いレベルで近代の生活をとらえている、ということになるのである）。

次の二点、すなわち第一に、マルクスの資本のカテゴリーは、資本主義における労働の媒介的機能によって構成される疎外された全体性を示していること、第二に、抽象的全体性は、「自己増殖する価値」として、生産活動の社会的性格を自らの属性として「横領」することを見出しながら、私は以下の事柄を示してきた。すなわち、マルクスによれば商品と同様に資本は、二重の性格——抽象的次元（自己増殖的価値）と、具体的もしくは実体的な社会的次元（労働の生産活動としての社会的性格）——を有している。資本は、資本主義における社会的労働の両方の次元の疎外された形態であって、諸個人に対しては、よそよそしいものとして、つまり全体的な《他者》として、屹立するのである。

しかし、資本は物ではなく、一定の、社会的な、一定の歴史的な社会構成体に属する生産関係であって、この生産関係がある物で表わされてこの物に一つの独自な社会的性格を与えるのである。……資本というのは、資本に転化した生産手段のことであって、生産手段それ自体が資本でないことは、金銀それ自体が貨幣でないのと同様である。資本は、社会の一定部分によって独占された生産手段であり、生きている労働力にたいして独立化された、ほかならぬこの労働力の生産物と活動条件とであって、これらのものがこの対立によって資本において人格化されるのである。資本は、労働者の生産物が独立な力に転化したもの、それ自身の生産者の支配者および買い手としての生産物であるだけでなく、それはまた、この労働の社会的な諸力および関連する形態が、労働の生産物の諸属性として労働者に相対するようになったものである。[一一六]

一一六——*Capital*, vol. 3, pp. 953-54 (emphasis added).（『マルクス＝エンゲルス全集 第二五巻 第二分冊』、一〇四四頁、強調追加）〔訳注：大月版では「読めない」としている部分がある。すなわち引用部末尾を「……この労働の社会的諸力と将来の……〔？ 読めない〕形態が労働の生産物の……」とし、この部分を「社会的な諸力および関連する形態」と判読する旨、註が付されている。「将来の」に当たると見られる表現は、英語版には見当たらない〕

全体性としての資本は、労働によって構成される抽象的社会的紐帯と、人類が持つ歴史的に構成される人類の生産諸力とがともに疎外された形態であり、かかるものとして、抽象的かつ具体的であるだけでなく、そのそれぞれの次元が一般的でもある。価値を検討した箇所で、私はそれを、抽象的・一般的で均質な社会的媒介として分析したが、ここにおいて以下のことが明らかとなる。すなわち、かかる媒介は、生産諸力の発展を生じさせ、また社会的・一般的な（そして、既に見たように、それによって、一般性の抽象的形態と具体的形態が区別されるところの）知識の特定の諸様式を生じさせる。また別のレベルにおいて資本は、抽象的時間と歴史的時間の客観化された二重性として、さらに生きている者を抑圧する疎外された形態において歴史的時間が蓄積されるところの全体性として、把握されうる。資本は、近代社会の歴史の構造なのであり、「あらゆる死んだ世代の伝統が、生きている人間の頭のうえに夢魔のようにのしかかっている」[一一七]ような仕方で構成され、かつ構成する社会的形態なのである。

ここにおいて、生産諸力と生産諸関係の弁証法というマルクスの観念について前段で展開した議論を敷衍することができる。もし価値が、資本制社会の生産諸関係における根本的なカテゴリーであるとすれば、そして、労働の使用価値の次元が、生産諸力を包含するものであるとすれば、資本は、以下のようなものとして理解されうる。つまりそれは、労働に媒介された生産諸関係の疎外された構造であり、社会的に一般的な生産諸力の発展を促進しつつ、他方で、その諸力を自らの属性として組み込んでいく。ということは、生産諸力と生産諸関係の弁証法——私はその根本的諸規定を、変容と再構成の弁証法として分析した——は、資本の二つの次元の弁証法なのであり、資本とその外にある諸力の弁証法なのではない。この弁証法は、動態的で矛盾をはらんだ社会的全体性としての資本の中心に位置するものである。マルクスの資本というカテゴリーは、私的収奪者の階級によって所有された生産手段のみを意味しているのでは決してない。それは労働に媒介された諸関係の疎外された二重構造に言及しているのであり、かかる観点からすれば、近代社会の特異な組成や、その支配の抽象的形態、その歴史的動態性、生産と仕事の特徴的な諸形態といったものが、体系的に理解されうる。マルクスにとって、商品形態の展開としての資本とは、近代の生活において中心的かつ全体化するカテゴリーなのである。

先に私は、マルクスの分析における工業的生産を、本質的に資本主義的なものとして説明した。ここにおいて私は、この説明をさらに進めることができる。すなわち、工業的生産は資本の物質化であって、それ自体が、動態的な相互作用の只中にある生産諸力と生産諸関係の両方の物質化なのである。明らかに、このような分析は、資本主義における生産諸力と生産諸関係の矛盾についての伝統的マルクス主義の理解から、かけ離れたものである。

資本の弁証法の一契機として、使用価値の次元――歴史的時間の蓄積の次元、社会的に一般的な知識と諸力の次元――は、抽象的価値の次元と一致もしなければ、それから完全に独立することもない。むしろ使用価値の次元は、抽象的価値の次元によって、それとの相互作用のなかで形成される。このことは、一方では、全体性は必然的に疎外されるにもかかわらず、それは一次元的ではなく二重の性格を持つ、ということを意味する。つまり、全体化された総体は、矛盾なき統一体ではないのである。他方でこのことは、そこにおいて使用価値の次元が歴史的に構成されてきたところの形態が、資本から独立してはおらず、また、解放の焦点として理解されるべきではない、ということを示している。

既に見たように、資本の動態性が生み出す類‐一般的な知識と力は、疎外された形態において、かつ諸個人と対立するかたちで発展する。したがって、産業資本主義における科学技術の急速な発展が社会の進歩と人間の解放を自動的にもたらすという観念を、ハーバーマスのようにマルクスに帰することは不当である。[一一八] ハーバーマス

一一七――― *The Eighteenth Brumaire*, p.103.（『マルクス＝エンゲルス全集 第八巻』、一〇七頁）

一一八――― Jürgen Habermas, *Knowledge and Human Interests*, trans. Jeremy Shapiro (Boston, 1971), pp. 50-51.（J・ハーバーマス『認識と関心』奥山次良ほか訳、未來社、一九八一年、六〇―六二頁）

が反発した生産主義的なマルクス主義の想定とは反対に、マルクスのアプローチにおいて科学技術の発展は、一種の直線的な進歩として、社会主義の下でも単純に継続するとは想定されていない。社会的形態と科学思想の形態との関係という問題をひとまず措くにせよ、われわれが見てきたようにマルクスは、科学技術の発展を、純粋に技術的な発展として、もしくは資本主義的生産諸関係から独立し、それと対立するような社会的発展として扱ってはいない。反対に、マルクスの分析によれば、資本主義の下で発展する社会的に一般的な知識と力の諸形態は、社会的に形成され、資本の諸属性として生産過程のなかへと組み入れられる。かかる諸形態は、抽象的時間の支配を強化し、そのことによって、生産における直接的人間労働を、具体的には空虚化し時間的には増強しながらもそれを維持するという弁証法的過程の契機として機能する。別言すれば産業資本主義は、人間の一般的な生産的諸能力を、個人の強さと経験という限界から「解放」するが、それは諸個人の犠牲の上でもたらされるのである。

資本は、社会的に一般的な人間の生産的諸能力と、生きている労働との間に、このような敵対的な関係を生じさせることで、そのそれぞれを形づくる。社会的労働の使用価値の次元が、疎外された形態において構成されるということは、直接的生産者にとってこの次元が害をなすよう構造的に作用することを意味し、またさらにはこの次元が、労働者の具体的労働と同様に、本質的には右に示した弁証法的過程によって形づくられる、ということをも意味する。それゆえ社会的労働の使用価値の次元は、価値の次元と同一ではないとはいえ、それが歴史的に構成された形態において、人間の解放の基礎としての役割を果たすことはできないであろう。

歴史的に構成された実体的な社会的次元の諸要素――社会的に一般的な科学的・技術的ならびに組織に関する知識と実践の規定された諸様式――の形成を、価値の次元によるものとする考え方は、ポスト自由主義的な現代社会を資本主義的なものとして分析しようとする批判理論にとって、中心的な意義を持つ。第四章において私は、目的の世界ではなく、むしろ合理化された手段の世界へと世界が変容していくこと、すなわち、近代世界における社会的生活がますます帯びていく道具的性格としてホルクハイマーが描き出したものの社会的基礎について議論した。右の考え方は、この議論を深化させるものである。

先に私は、ホルクハイマーが描いた道具化の進行過程は、究極的には社会的に媒介する活動としての資本主義における労働の性格に、またしたがって、富の形態であると同時に社会的媒介の形態でもある価値の本性に根差している、ということを論じた。生産の目的が剰余価値であるとき、生産はもはや実体的目的に対する手段ではなく、それ自身が手段である目的に対する手段であり、それゆえ純粋に量的なものである。その結果、資本主義における生産は、生産のための生産である。どのような生産物の生産過程であれ、それは剰余価値の終わりなき拡大過程の一契機でしかない。

このような目的は、まさに生産の性質について教えてくれる。既に見てきたように、資本主義的生産についてのマルクスの分析によれば、価値とともに生じる抽象的な時間的強制は、労働過程の具体的形態をも規定する。マニュファクチュアの始まりとともに価値は、大規模生産を組織化する構造原理となる。生産は、人間労働を可能な限り最も効率的に使用するということに応じて組織されるが、その際労働は、より大きな生産力を目指して、ますます専門化し断片化していく作業に従事させられることとなる。言い換えれば使用価値の次元は、価値によって構造化されるようになるのである。

この過程を十分に分析することはできないが、ここまで展開してきたことに基づいて提起しうるのは、かかる過程はまた、労働と時間の弁証法に構造的に基礎づけられている、ということである。資本主義的発展の道程で出現する科学的、技術的ならびに組織に関する知識と実践の社会的に一般的な諸様式が歴史的に構成されるのは、抽象的、均質的、量的な社会的次元によって規定され、それゆえ生産力と効率性の絶え間ない増大に向かって駆動される社会的文脈においてである。労働の使用価値の次元の諸相は、価値に規定された枠組みが与える諸目的に寄与するために発展させられ、利用されるだけではない。かかる諸相は、その枠組みを構造的に強化し、再構成する機能をも果たす。つまりそれらは、資本の諸属性として機能するのである。しかしながらこの機能は、ここに述べた性格にとって外在的なものではない。すなわち、労働の使用価値の次元の諸相は、価値の次元を再規定するだけでなく、翻って、価値の次元による規定を受ける。このことによって示唆されるのは、資本主義における労働の二つの次元の弁証法的な相互作用とは、価値の次元の諸特性によって、実体的次元が本質的に構造化されていくということだ。

かくして、価値の次元による使用価値の次元の「横領」と私が呼んできたものは、使用価値の次元が、価値の次元を源泉とする一種の形式的合理性という手段によって構造化される過程として理解されうる。この結果として生じるのは、ウェーバーが生活の全領域の(形式的)合理化の昂進という観点から特徴づけ、またホルクハイマーが世界の道具化の昂進という観点から言い表そうとした、近代の生活における傾向である。この過程が、労働と社会生活の実体的次元をますます巻き込むようになる——つまり、ポスト自由主義的な資本主義における生産および社会的・政治的生活の諸制度の行政管理的な合理化である——ことから、ホルクハイマーは、かかる過程の源泉を労働それ自体に位置づけた。しかしながら、かかる実体的発展の究極的な基礎は、労働の具体的次元にあるのではなく、むしろ価値の次元にある。価値の次元は、労働の具体的次元をその似姿として形づくるのだが、私の分析によれば、両者は同一ではない。このような資本の二つの次元の不同一は、資本の弁証法的動態性の基底をなす根本的矛盾の土台である。かかる不同一こそが、この二つの次元が将来的に分離する可能性を、したがって、資本主義の下で発展した社会的に一般的な知識と諸力の諸様式が転換されうるという歴史的可能性を生じさせる。この過程で、かかる知識と力の諸様式は、社会的に構成される抽象的支配の手段ではなく、人々が自在に使うことのできる手段となりうるであろう。

したがって、このアプローチは、道具化の歴史的過程を——ホルクハイマーはそれを、ポスト自由主義的な資本主義における、次第に無矛盾的で一次元的になっていく性格を示すものとして受け止めた——、資本主義を構築する諸形態の持つ矛盾をはらんだ性格において根拠づけようとする取り組みである。かかるアプローチは、こうした合理化ないし道具化の過程に伴って生じてきたとされる意味の喪失（もしくは「意味の充実」の喪失）は、技術的に進歩した生産それ自体によるものでもなければ、世俗化それ自体によるものでもない、ということを示唆する。むしろ、そのような無意味性は社会生活と生産の様式に根差しており、その様式は生産と人々の生活を、実質的な目的を欠いた絶え間なき過程の断片へと形成するような社会的関係の諸形態によって構造化されている。そうしたアプローチによれば、技術的に進歩した生産に基づく世俗的な生活の形態が、道具的な理性によって形成されることなく存在しうる可能性――すなわち、人々にとって、資本によって構造化された生活の形態に比して、実質的意味に満たされた生活の形態の可能性――を理論的に見出すことができるのである。

プロレタリアート

ここにおいて、労働者階級の歴史的な役割と、資本主義の根本的な矛盾という問いに立ち戻ることができる。これらの問いは、後期マルクスの批判理論において、暗黙のうちに論じられているものである。資本主義を構成する社会的媒介の構造的諸形態についてのマルクスの分析に焦点を当てて論じるなかで私は、階級闘争それ自体が資本主義の歴史的動態性を生み出すわけではない、ということを示してきた。むしろ、階級闘争がこの発展を駆動する要素であることの、唯一の理由は、それが本質的に動態性を帯びた社会的諸形態によって構造化されていることにある。既に述べたように、マルクスの分析は、以下のような観念と、すなわち、資本家階級とプロレタリアートの闘争は、資本制社会を支配する階級と社会主義を体現する階級との闘争であるという観念、それゆえ社会主義はプロレタリアートの自己実現をもたらすという観念と対立する。このような考え方は、資本主義の根本的矛盾を、工業的生産と市場および私有財産との矛盾であるとする伝統的マルクス主義の理解に、抜きがたく縛られている。資本主義における二大階級のそれぞれは、このように想定された矛盾の各項と同定されるのであるが、そうなると、労働者と資本家の敵対は、生産諸力と生産諸関係との構造的矛盾が社会的に表現されたものであると理解されることになる。一連のこうした考え方は、社会的富の超歴史的な源泉であり、社会生活を構成する要素でもあるところの「労働」という観念に基づいている。

こうした考え方の基底をなす諸前提について私は、マルクスが行なった抽象的労働と具体的労働の区別、価値と物質的富の区別を解明することによって、そして、彼の批判理論におけるこうした区別の中心性を論証することによって、詳細に批判してきた。これらの区別に基づいて私は、労働の弁証法と時間の弁証法について詳述してきたのであるが、この弁証法こそが、資本主義の特徴をなす生産の成長と軌道のパターンについてのマルクスの分析の中心に位置している。マルクスによれば、プロレタリアートに基づく工業的生産は、構造的に資本と矛盾する関係にあるような生産諸力の物質化などでは全くなく、本質的に資本によって形成されている。それは生産諸力と生産諸関係の双方が物質化された形態なのである。したがってそれを、そのままで社会主義の基礎となりうるような生産の様式として把握することはできない。後期マルクスの批判における資本主義の歴史的否定は、資本主義の下で発展した工業的な生産の様式に適合するような仕方で分配様式を転換するという観点からでは理解できないのである。

これと同様に、マルクスの分析においてプロレタリアートは、ありうべき非資本主義的な未来社会を代表するものではない、ということが明らかになった。マルクスによる資本のカテゴリーの展開や、工業的生産についての分析における論理的な主眼は、プロレタリアートを革命的な《主体》として扱ってきた伝統的な諸前提とは完全に対立する。マルクスにおいて資本主義的生産とは、社会的な生産諸力と知識の途方もない拡張によって特徴づけられるものであるが、かかる諸力や知識は、価値によって規定される枠組みの内部で構成され、したがって、資本という疎外された形態において存在する。工業的生産が十全に発展するにつれて、かかる社会的総体の生産諸力は、複合的な技能や労働、集合的な労働者の経験を凌駕するようになる。かかる生産諸力は、社会的に一般的な、人類の知識と力の蓄積であり、人類は自らをそのようなものとして疎外された形態において構成する。かかる諸力は、客体化されたプロレタリアートの諸力としては十分には理解され得ない。マルクスの言葉を用いれば、「死んだ労働」は、もはや「生きた労働」の客体化であるだけではない。それは歴史的時間の客体化となっているのである。

マルクスによれば、資本主義的工業生産が発展するにつれて、物質的富の形成は、生産における直接的人間労働の支出にはますます依存しなくなる。にもかかわらず、直接的人間労働は、(剰余)価値の生産が必然的にそれに依存するものである限りは、必然的な役割を果たし続ける。これまで検討してきたように、構造的に根拠づけられた価値の再構成は、同時に、プロレタリア労働の必要性における再構成でもある。結果として、資本主義的工業生産が発展し続けるにつれて、プロレタリア労働は物質的富の生産の観点からはますます余分なものとなり、究極的には時代錯誤なものになっていく。しかし、かかる労働は価値の源泉としては必要であり続ける。この二重性が自らを展開するにつれて資本はますます発展し、資本が発展すればするほど、資本自らがその構成のために必要とするところの労働を、ますます空虚で断片的なものとしていくのである。

マルクスが分析したように、かかる状況の歴史的な「皮肉」は、それがプロレタリア労働それ自体によって構成されることである。この点で、「生産的労働」という古典派経済学のカテゴリーを考察するにあたってマルクスが、それを社会や富一般を構成する社会的活動としては扱っていないこと——言い換えれば、彼はそれを「労働」としては扱っていないこと——は重要である。むしろマルクスは、資本主義における生産的労働を、剰余価値を生産する労働として、つまり、資本の自己増殖に寄与する労働として定義する。[一一九] そうすることでマルクスは、古典派経済学の超歴史的で肯定的なカテゴリーであったものを、歴史的に特殊で批判的なカテゴリーへと変換し、

一一九——Ibid., *Capital*, vol. 1, p. 644.(『マルクス=エンゲルス全集 第二三巻 第二分冊』、六六〇頁)

資本主義の中心にあるものを把握するのである。生産的労働を称揚する代わりにマルクスは、以下のように主張する。「生産的労働の概念は、……単に活動と有用効果との関係……を包括するだけではなく、労働者に資本の直接的増殖手段の極印を押す一つの独自に社会的な……生産関係をも包括するのである。……生産的労働者だということは、少しも幸運ではなく、むしろひどい不運なのである」[一二〇]。別言すれば、生産的労働とは、それ自身に対する支配の構造的源泉なのである。

かくして、マルクスの分析においてプロレタリアートは、資本主義にとっての価値の源泉として、構造的に重要であり続けるが、物質的富の源泉としてはそうではない。このことは、プロレタリアートについての伝統的理解とは真っ向から対立する。マルクスにとって労働者階級は、資本主義的な社会的諸関係と矛盾するようになり、それによって、ポスト資本制社会の可能性へ向かっていくような社会化された生産諸力を構成するのでは断じてない。労働者階級は、かかる諸関係そのものを構成する本質的な要素なのである。プロレタリアートと資本家階級はともに資本に束縛されているが、その縛りは前者にとって、いっそう強いものである。つまり資本が、資本家なしで存在しうることは考えられるが、価値を形成する労働なしに存在することはできない。マルクスの分析における論理によれば、労働者階級は、ありうべき未来社会を体現するというよりも、自らがその下で苦しんでいるところの現在の、必然的な基礎をなしている。労働者階級は、現存する秩序に、その秩序を歴史の目的とするような仕方で結びつけられているのである。

手短に言えば、資本の軌道についてのマルクスの分析は、プロレタリアートが社会主義において歴史の真なる《主体》として自らを実現する可能性を、いかなる意味でも指し示しはしない[一二一]。逆にそれは、プロレタリアートと、それが担う労働とが廃絶される可能性を、解放の条件として指し示す。この解釈は、資本制社会における労働者階級の闘争と、ありうべき資本主義の超克との関係——本書では、この問題について示唆を与えることしかできないが——について根本的に再考することと、必然的に関わってくる。かかる解釈が示すのは、マルクスの批判が含意している資本主義のありうべき歴史的否定は、プロレタリアートが自ら構成してきたものを、自ら再領有するという観点からでは、したがって、単に私有財産の廃絶という観点からだけでは理解され得ない、ということである。むしろ、マルクスの説明における論理的な主意が明確に示しているのは、かかる歴史的否定は究極的には労働者階級には基礎づけられず、資本として疎外された形態において歴史的に構成されてきた社会的に一般的な諸能力を、人々が再領有することとして認識されるべきである、ということだ。[一二二] そのような再領有は、かかる疎外過程の構造的基礎——価値、したがってまたプロレタリア労働——が廃絶される場合にのみ可能にな

一二〇——Ibid.（同右）これによって再び確認されるのは、次の事柄である。すなわち、マルクスの資本主義分析におけるプロレタリア労働の中心性は、社会生活における労働の存在論的至上性をマルクス自身が肯定的に評価しているものとして、あるいは、労働者が社会における最も抑圧された集団であるという議論の一部としてとらえられるべきではない、ということだ。むしろ、彼の分析においてプロレタリア労働が中心的であるのは、資本主義の特徴をなす社会支配の抽象的かつ動態的な形態を根本的に構成する要素として——つまりマルクスの批判の焦点として——である。商品に規定される労働と、労働と主体という観念との関係についてのマルクスの分析は、どのような活動が社会的に労働として認知されるようになったのか、また、どのような人々が社会において主体とみなされてきたのか、といった問題への歴史的‐構造的なアプローチをも示唆する。この解釈は、ジェンダーの社会・歴史的な構成についての議論に寄与しうるであろう。また、女性、人種的・民族的マイノリティなどの集団の社会的・歴史的な立場といった問題とマルクス的な批判との関連について、昨今多くの議論がなされてきたが、かかる解釈は、これらの議論における術語を変化させるであろう。そのような議論は、伝統的マルクス主義の立場から出発するか、あるいはそれへの応答となる傾向にある（かかる傾向は、例えば、以下のような問いの枠組みのうちに表れている。すなわち、家事労働は、社会にとって工場労働と同じように重要なのかという問いや、あるいは階級——ジェンダー、人種、もしくはその他の社会的諸カテゴリーに対立するものとしてのそれ——は、必然的に社会的抑圧についての最も適切なカテゴリーなのか、といった問いである）。

一二一——ジーン・コーエンもまた、プロレタリアートを革命の《主体》とする主張に異議を唱えている。しかしながら彼女は、かかる伝統的マルクス主義の立場を、資本主義的生産過程に対するマルクス自身の分析と同一視している。Jean Cohen, *Class and Civil Society: The Limits of Marxian Critical Theory* (Amherst, Mass., 1982), pp. 163–228.

一二二——この分析は、資本主義の克服とは、「死んだ労働」に対する「生きた労働」の勝利を意味するというような疑似‐ロマン主義的な考え方をマルクスに帰する解釈とは反対の立場にある。以下を参照。Jürgen Habermas, *The Theory of Communicative Action*, vol. 2: *Lifeworld and System: A Critique of Functionalist Reason*, trans. Thomas McCarthy (Boston, 1987), p. 340.（J・ハーバーマス『コミュニケイション的行為の理論（下）』藤沢賢一郎ほか訳、未來社、一九八七年、三三八頁）これとは逆にマルクスの分析は、次節で明らかにするように、質的に異なる未来の可能性は「死んだ労働」の潜勢力に根差している、ということを含意しているのである。

るだろう。そして、かかる可能性の歴史的出現は、資本制社会の基底的な矛盾に依拠している。

矛盾と規定された否定

さて、ここにおいてわれわれは、かかる基底的な矛盾に取り組むことができる。『資本論』におけるマルクスの、工業的生産についての議論に対する私の検討は、資本主義の基本的な矛盾や、プロレタリアートと資本主義および社会主義との関係についての彼の概念に対する伝統的な解釈とは明確に対立する。本書における検討によれば、マルクスの分析において工業的生産は、資本が物質化された形態であり、プロレタリアートは、資本による支配を乗り越える、ありうべき未来を具現しているのではなく、むしろ、かかる支配の必然的な前提である。つまり、「労働」の観念に基づく批判と、資本主義における労働の歴史的に特殊な性格に焦点を合わせた批判との差異における意義が、本書の探究によって遡及的に確かめられたのである。だが、資本によって生産が本質的に形成され、プロレタリアートが資本に包摂されるからといって、マルクスの見方における資本主義は一次元的である、ということになりはしない。私が明らかにしてきたように、むしろマルクスはこの社会を、根本的に矛盾をはらんだものとして把握しているが、その一方で彼はその矛盾を、生産の様式と分配様式の間に位置づけてはいない。このことは、自由主義的な資本主義における分配諸関係の廃絶は、資本を廃絶する十分条件たり得ないことを示し、また、資本主義的社会編制の本質的に矛盾をはらんだ性格の分析に基づいて、資本主義のポスト自由主義的な諸形態に対するアプローチを可能にする。

資本主義の根本的な矛盾とは、マルクスの説明における論理が示唆しているように、その基礎的構造をなす社会的諸形態に根差している。ここでは、かかる矛盾の、客観的・主観的次元における歴史的展開の解明に取り組むことはしない。むしろ、本書でのこれまでの探究で示唆されたように、抽象的論理的レベルにおいて、かかる矛盾の一般的な特徴に対してマルクスが行なった概念化や、資本主義の規定された歴史的否定の本質的諸相のいくつかについて解明を試みるにとどまることになるだろう。

資本制社会の構造的矛盾――それは必然的に、この社会にとって歴史的に特殊なものとそれを越えていこうとするものとの矛盾であるが――というマルクスの概念は、資本と、社会生活において資本から独立していると想定される諸次元との矛盾として理解することはできない。資本主義における労働と時間の、それぞれ二つの次元の弁証法についての私の探究が示したように、社会的労働の具体的次元は、価値の次元の一属性として構成される。マルクスによれば、資本制社会における労働の具体的および抽象的な社会的次元はともに資本の次元である。つまり、そのいずれもが、その現存形態において未来を表しているわけではないのである。

資本主義の規定された否定を表す社会的形態は現に存在するわけではない。にもかかわらず、マルクスの叙述は、確かにそのような否定の可能性に向かっている。彼の提示する発展の軌道は、資本主義の基礎的な社会的諸形態の二つの次元の間で昂進する緊張を示唆している。すなわち、一つは労働によって構成される社会的媒介の形態がもたらす、疎外された形態において蓄積される社会的に一般的な知識と諸能力であり、もう一つが、媒介形態そのものである。われわれが見てきたように価値は、歴史的に特殊な社会的媒介の形態であると同時に富の形態でもあり、それは資本の究極的な基礎を、すなわち、全体性の究極的な基礎をなしている。価値は、商品形態における使用価値の次元との弁証法的相互作用の只中で絶えず再構成される。だが、生産領域の発展は、価値のありうべき歴史的超克へと向かうものでもある。価値が、直接的人間労働時間の支出に必然的に束縛されている限り、自らが引き起こす生産力の途方もない増大にとってそれは、ますます狭隘化する基盤となっていく。

生産諸力の「足枷」について論じようとする場合に、かかる観念は、第一義的には工業的生産の十全たる発展を妨げる市場もしくは私有財産に言及しているのではない。実を言えば、生産諸力の十全たる発展という観念そのものも、いっそう多くの生産物を生み出す可能性(既述したようにそれは、資本の拡大の一つの契機の特徴をなす制御できない生産力にほかならない)について主に語っているわけでないことは確かなのである。むしろ、マルクスの考える、基底的な足枷は、価値によって構造化されるシステムにおいては、人類の一般的諸力が、可能な限り多くの剰余労働時間を労働者から搾り取るために用いられなければならない、ということである——その諸力は、ますます社会的富を直接的に増大させ、細分化された分業を変容させるために用いられうるようになるにもかかわらず、前述のように使用されざるを得ないのである。このシステム的な強制は、「成長」と生産の規定された様式へと帰結する。それゆえ、資本主義的生産諸関係によって課される足枷は、その発展を妨げる外在的要因としてではなく、この様式そのものに内在するものとして理解されるべきなのである。

　これらの足枷は、歴史的時間の蓄積によってますます抑圧的なものとなる。マルクスの議論が示すところによれば、資本主義的な工業の発展の道程において、資本として構成される社会的に一般的な生産諸能力と、価値という全体性の基盤との間に、拡大する隔たりが現れる。だが、この隔たりは、新しい形態によって現存する形態が、直線的に取って代わられることを意味してはいない。資本主義の構造的な社会的諸形態の、二つの次元における相互的な変容と再構成の弁証法とは、根本的に異なる社会形態へと半ば自動的な仕方でこの社会が進化することではないし、それは不可能である。それと同様に、そうした根本的に異なる社会形態は、現在のシステムのいかなる種類の崩壊からも自動的に出現しうるものではない。むしろ、ここまで私が概説してきた拡大する隔たりは、二つの対立する契機を持っている。一方ではそれは、価値によって構造化されることで、客体化された全体性と諸個人との間で昂進する敵対的対立として表出されるようになる。そこにおいて全体性はますます富み、力をみなぎらせるのに対して、ほとんどの個人の労働と活動はいっそう空虚で無力なものとなる。マルクスの説明では人々は、資本として出現する生産諸能力の増大によって解放されるのではなく、その下に包摂されるのである。だが他方で、その同じ発展——それは物質的富の生産の諸条件と価値の生産の諸条件との間で拡大する不均衡を意味する——が、物質的富の源泉としては、プロレタリア労働をますます過剰で不必要なものとしていく。かかる発展は、物質的富の生産という観点からすれば、潜在的にプロレタリア労働を時代錯誤なものにしてしまいつつ、価値それ自体をも潜在的に時代錯誤なものにしてしまうのである。

したがって、資本主義的生産の発展についてのマルクスの説明は、価値とプロレタリア労働の、ありうべき廃絶を明らかに示唆していることになる（プロレタリア労働は、価値を構成するものであり続けるが、使用価値次元の潜勢力という観点からすれば、ますます余分なものとなる）。私の分析が示してきたのは、資本主義における社会的労働の二つの次元は資本の次元であるということだが、マルクスによれば資本主義の土台を構成し、またそれに必然的に拘束されるのは、価値にほかならない。確かに使用価値の次元は、資本によって形づくられる形態において構成される。しかしながら使用価値は、価値とは異なり、資本に必然的に拘束されてはいない。マルクスの説明における論理が示唆するのは、社会的労働の疎外された使用価値の次元として構成されてきたものが、価値の廃絶によって、他の形態において存在する可能性である。別言すれば、マルクスの説明における論理的な主意は、歴史的な時間の蓄積が、現在における必要性を再構成するような、疎外された形態において生じることを示す点にある。と同時にこの要点は、次のことを示唆する。すなわち、歴史的時間の蓄積を一助として再構成される現在の必要性の契機を、かかる蓄積はまた無効化し、そのことによって、社会生活の組織化における根本的な変容の、歴史的な可能性を生じさせる、ということである。

このことは、マルクスの分析が、使用価値の次元の現象形態——それは価値によって構造化され、社会生活において増大する道具的性格に不可欠な側面である——と、使用価値次元として構成されてきたものの潜勢力を区別しているということを意味する。それが示唆するのは、マルクスの考えにおける資本主義の根本的矛盾とは、究極的には、これまで蓄積されてきた類－一般的な諸能力という潜勢態と、労働と時間という二つの次元における弁証法によって構成される、そうした潜勢態の、現存する疎外された形態との矛盾である、ということだ。現存するものとその規定された潜勢力との関係は、資本主義のありうべき超克についてのマルクスの構想において中心をなしている。資本における社会的労働の二つの次元の対立の昂進は、同一の社会的形態における二つの契機の対立の昂進である。それゆえそれは、現存するものとその規定された形態との間の緊張の高まりに、あるいは、それらの間の経済的・社会的な剪断圧力に帰結する。かかる緊張は、資本を補強すると同時に、資本主義における諸関係を構造化する二つの構成的次元が分離する可能性を生じさせる。かかる緊張は社会を、資本主義的な社会形態から切り離す可能性を指し示すのである。マルクスの分析によれば、存在するものと存在しうるものとの間に、このように構造的に生成される隔たりこそが、資本主義のありうべき歴史的転換を可能にするのであり、これと相関して、この隔たりこそが、このような批判それ自体の可能性に内在的な基礎を与える。社会的な必要性は、資本主義にとって現に必要であり、これからも必要なものと、資本主義が存在しない場合に社会にとって必要であるものとに歴史的に分けられていくことになる。

したがってマルクスの批判は、「実証的＝積極的」なものではない。その究極的な立脚点は、資本主義から独立したものとして理解された、現存の社会構造や社会的集団ではない。実際、その立脚点は、資本主義の基本的な矛盾がどう解釈されようと、この矛盾におけるいずれの項の現存形態にも存していない。見てきたように、マルクスの説明が示唆しているのは、一般的な歴史的解放は、既に存在する生産の形態の、十全たる実現の可能性に根差しているのではなく、むしろその超克の可能性に根差している、ということだ。このような批判は、存在するものには根差しておらず、可能になってきているものの、社会生活の現存する構造においては実現され得ないものに根差している。このような批判的社会理論の枠組みにおいて、自由のありうべき実現は、その十全たる発展が生産諸関係によって抑制されているような、いかなる現存の構造や社会的集団によっても「保証」されてはいない。しかしながらその批判は、歴史的に規定されていない可能性なのでもない。そうではなく、かかる批判は、現存秩序の規定された否定を必然的に含意している。それは新しい構造を創出することであり、その構造は、歴史的可能性として出現してきてはいるのだが、それが現実的・実効的なかたちで社会的に存在するための条件として、資本主義的秩序の基底をなす土台の廃絶を要請するのである。見てきたように、マルクスによれば、社会の新しい組織化を根拠づけるものこそが——すなわち、客体化された歴史的時間こそが——、その現存形態においては、資本主義の抽象的支配のシステムを強化する。マルクスの批判理論の本質的な目的は、この逆説的な構造的発展を解明することであり、そのことによって、可能なるその転換に寄与することである。したがって、マルクスの「否定的」な批判の立脚点は、現存する秩序の矛盾をはらんだ性格から歴史的に出現する、規定された可能性なのであり、この秩序の次元の、いずれかにおける現存形態とも、それは同一視されるべきでない。この意味で批判の立脚点は、空間的であるというよりは時間的である。

資本主義の基本的な矛盾についてのこのような解釈は、当然のことながら、資本主義の規定された否定について、伝統的な解釈が含意するものとは非常に異なる理解を示唆する。伝統的な解釈において、資本主義の基本的な矛盾を超克することは、社会生活における労働の中心性の、目に見えるかたちでの実現を含意する。これとは正反対に私は、マルクスによれば、社会生活において労働が構成的中心性を持っていることこそが、資本主義を特徴づけ、資本主義における抽象的な支配の様式の、究極的な土台を形成する、ということを論じてきた。このアプローチは、資本主義の基本的な矛盾についてのマルクスの観念を以下の観点から解釈する。すなわちそれは、本質的に労働によって媒介される社会生活の形態と、労働が社会的媒介としての役割を担わないような生活の形態が歴史的に出現する可能性との間での緊張、という観点である。示してきたように、マルクスが概説する歴史的発展の論理は、価値の歴史的な超克の可能性と、それゆえ、労働によって構成される社会的媒介の客観的で定量化可能な様式の歴史的超克の可能性を指し示すものである。これによって、資本主義の核心をなす社会支配の形態の超克が、つまり、成長と生産様式における資本主義に必然的なパターンを特徴づける、一種の抽象的で客観的な強制の超克がもたらされるであろう。マルクスの分析によれば、資本主義的発展の軌道は、ありうべき規定された歴史的否定をもたらす。これによって構成されうるであろうものは、これまでとは別の、社会的媒介の非「客観」的な形態や、異なった成長の形態、生産における技術的進歩の異なった様式であり、それらはもはや価値の命令によって形づくられることはない。こうして人々は、自らの社会的に一般的な生産諸能力によって支配され、その下に包摂されるのではなく、自らの利益のためにそれらを活用できるようになるのである。

したがって、この資本主義の規定された否定の一つの側面は、社会生活はもはや、疑似‐客観的な仕方で、これまで検討してきた諸構造によって媒介されることはなく、むしろそれは、明白に社会的かつ政治的な仕方で媒介されうるようになる、ということである。そのような社会において政治的な公共圏は、資本主義におけるよりも、より中心的な役割を果たしうる。というのも、かかる公共圏は、階級社会の特徴をなす富や権力の巨大な格差がもたらす歪曲効果から解放されうるだけでなく、マルクスが（「経済」ではなく）資本主義の特性として分析した、多くの根本的な諸制約からも解放されうるからである。

例えば、マルクスの説明における論理的な要諦は、もし価値という生産の基礎が廃絶されるならば、物質的富はもはや価値の担い手としては生産されず、むしろその物質的富自身が、生産諸能力が技術的に発達した状況の下で、支配的な社会的形態になるであろうことを示唆する。マルクスの資本分析を踏まえるならばこのことは、経済成長の性質と結果が、資本主義の下でのそれとは非常に異なりうることを意味する。生産力の増大は、必要労働時間を減少させることによって、また、そのように減少させることで経済的「健全性」の条件としての果てしない成長へ向かう傾向を生み出すことによって、間接的に社会的富を増大させる――価値が富の支配的形態であるときにはそうなる――のではなく、その代わり、社会的富の増大を直接的にもたらす。そのような状況において、生産される物質的富の量と、社会的富の量との間に隔たりは生じないであろう。このことによって、システムのレベルにおいては、明白な豊かさ（生産された大量の財）の只中で（社会における「富」という観点から見た）貧困が存在するということの、最も根本的な土台が超克されるだけではない。人類の長期的なエコロジー的利益と必ずしも真っ向から対立することのない経済成長の形態もまた、このことによって可能となるだろう。

マルクスのカテゴリーを用いた分析の論理的軌道はまた、一般的・社会的なレベルで考察される生産構造の変容の可能性をも指し示している。マルクスにおいて工業的生産の性質――さらに適切に言うならば、人類の増大する生産的な知識と経験の潜勢力と、労働の極端な細分化を伴う資本主義的生産の敵対的形態との間の隔たり――は、資本の二つの次元の弁証法に、したがって究極的には価値形態に根差している、ということをわれわれは見てきた。この点に関する、マルクスの批判の戦略的な主意は、以下の事柄を示すことにある。すなわち、高水準の生産力と断片化された空疎な労働との関係は、歴史的に規定された関係であるが、資本主義が発展するにつれてそれは、技術的必然性によって基礎づけられる度合いを低下させて、社会的必要性の特殊な形態に基礎づけられる度合いを高めるようになる。資本は、この関係を、必要なものとして維持しつつ、潜在的には不要なものとしていく。資本はプロレタリア労働を再構成する一方で、物質的富の社会的源泉としてのプロレタリア労働の意義を減少させるのである。このような分析において価値の廃絶は、価値増殖の二つの命令――すなわち、生産力の絶えざる増大の必要性と、生産において直接的労働時間が支出されなければならないという構造的必要性――の廃絶を意味することになるであろう。このことによって、二つのことが起こりうる。一つには、労働の社会的組織化における著しい量的変化――すなわち、労働時間における社会一般的な大幅な短縮である。いま一つには、社会的生産の構造ならびに個別の労働の性質における根本的な質的変容である。使用価値の次元に潜在するものは、もはや価値の次元によっては拘束されず、それによって形づくられもしない。それは生産の物質的形態を変容させるために再帰的に用いられうるであろう。その結果として、価値の源泉としては次第に空虚化し、断片化していく仕事の大半が廃絶されうるだろう。残存するあらゆる単純作業は、社会的に交替で処理されうるだろう。換言すればマルクスの分析は、以下のことを含意する。すなわち、価値の廃絶によって、高水準の生産力が保たれつつも、プロレタリア労働の廃絶をもたらすような、社会的に一般的な生産の変容が――産業資本主義における多くの仕事の性質の変容と、成年後の人生の大部分において人々をそのような仕事に結びつけるシステムの廃絶を通じて――、可能になるであろう。このことによって、歴史的時間の領有に直接的に基づく生産の形態が可能となるであろう。

してみれば、工業的生産についてのマルクスの批判的分析は、多くの一面的な労働の廃絶の可能性を指し示し、また、より関心をそそり、本質的に報われるものへと労働が再定義・再構成されうる可能性をも指し示す。かかる分析が示唆するのは、直接的人間労働が絶えざる剰余生産の直接的社会的基礎をなしている限り、（物質的富の形態であれ、価値の形態であれ）社会的富と、それを生産する労働との間には、前者が後者を犠牲にして形成される以上、必然的に対立が生じるであろう、ということだ。こうした対立は、価値に基づく生産システムにおいて最も顕著なものとなる。それでもなお、マルクスによれば、かかるシステムの抱える諸矛盾は、社会的富と労働との旧来の対立を超克しうるような、生産の変容の可能性を指し示している。マルクスの分析は、細分化された分業による拘束から解き放たれ、個人にとってより充実して豊かでありうるような個々の労働の様式をつくり出す可能性への方向を示しているのである。そればかりでなく、そのような労働の様式は、ヴァリエーションに富んだものとなりうる。人々は成年後の人生の大半を、必ずしも一種類の労働に縛られなくなるだろう。

したがって、諸個人と社会の敵対的対立の克服は、後者の下への前者の包摂を必然的に意味するわけではない。逆にマルクスの分析は、まさにそのような包摂が——資本の特徴として——既に存在していることを論証している。かかる敵対的対立を超克するには、個々の労働の「貧しさ」を社会的富の前提条件とするような、労働の具体的構造を克服することが必要になる。すなわち、社会の富と、労働が個人のために「富を創出する」可能性とが対立せず、両立するような、新しい労働の構造が必要になるのである。マルクスの批判的分析において、そのような構造は、資本主義の矛盾が増大することによって、疎外された形態において構成されてきた生産諸能力が再領有され、生産の領域そのものにおいて再帰的に利用されうる歴史的可能性が生じたときに、一つの可能性として現れる。

しかしながら、ポスト資本制社会において、社会的労働がより関心をそそり、報われるものになりうるという可能性は、労働のユートピアを表すものではない。その可能性は、労働が社会生活の中心を構成するという観念とは関係がない。むしろその可能性は、資本主義において労働が果たしている、社会を構成する役割を、歴史的に否定することに基づいている。さらには、資本主義において仕事と生産が構造化される際に労働が果たす媒介的な役割についてのマルクスの分析は、遊びや余暇、それらと仕事との関係の構造化や、公的な生活や仕事と私生活との関係にも適用されうる。このことが示唆するのは、この歴史的に特殊な媒介形態が超克されるならば、仕事が新たに構築されるだけでなく、恵まれた（もしくは周辺的な）一部にとってだけでなく、大部分の人々にとっても、社会生活一般が根本的に再構築され意味づけし直されるようにもなりうる、ということだ。

見てきたように、生産と労働がこのように変容する可能性は、マルクスの分析によって示唆された区別に、つまり、価値によって形づくられる使用価値の次元の現存する形態と、その潜勢力との区別に依拠している。疎外された形態において構成されていた労働の使用価値の次元を人々が再領有する可能性は、価値の廃絶いかんにかかっているのであるから、かかる再領有は、資本主義の基礎的な社会的諸形態の二つの次元が分離されることを、暗黙のうちに前提としている。このことはまた、使用価値の次元の諸要素のありうべき変容を含意する。言い換えれば、ここに描いてきたアプローチは、かかる諸要素の現存の諸形態を——価値によって形づくられているがゆえに——道具的な特徴を持つものとして扱いうるのである。しかしまたそのアプローチは、もし価値が廃絶されれば、資本の具体的次元として歴史的に構成されてきたもの（それは生産の様式に加えて、例えば知識における科学技術の諸形態を含む）が、別様の形態で存在しうる可能性も、理論的に認める。このように、技術的に発展した別の生産様式、すなわち、資本主義における生産領域を特徴づける敵対的な仕方で本質的に構造化されることのない生産様式が、価値の廃絶によって可能になることを、マルクスの分析は示唆している。またかかる分析は、資本主義における疎外された社会的諸形態という文脈において発展してきた科学技術の知識が、より一般的に再形成・再構造化される可能性をも提示している。より一般的に言えば、マルクスの資本主義批判が可能にする立場は、現存形態における科学技術の知識を、解放に寄与するものとして支持するわけではなく、かかる諸形態を抽象的に否定することを暗黙のうちに要求するのでもない。マルクスの批判はむしろ、疎外された形態において歴史的に構成されてきたものの解放的潜勢力を社会的に分析することによって、現存するものを、歴史的に乗り越えようとするかたちで、批判的に把握しようとするのである。

したがって、マルクスの分析を貫く一つの筋道は、以下のようにまとめられる。資本の動態性は、具体的形態における生産力の発展を生み出すが、それは支配の道具にとどまる。しかし、その生産力にひそむ潜在的な力の増大は、社会と、社会的媒介の様式と、生産の社会的組織化とが、生産の構造と目標が根本的に変わるような仕方で最終的に変容していくための基礎を形成する。生産の領域におけるこのような再帰的変容の可能性は、二つのタイプの社会批判が構成するアンチノミーを乗り越えうる社会批判にその基礎を与える。第一のタイプの社会批判は、工業化される前の社会への回帰という歴史的に不可能な望みを抱き、疎外された労働と、自然からの人間の疎外を批判し、工業技術それ自体を拒絶する。第二のタイプは、資本主義における社会的権力と大量の財・サービスの不平等で不公正な分配を批判するのだが、資本に規定された生産の直線的な持続を必然的なものとして受け入れる。

マルクスの論理によって示唆される賃労働の廃絶の意味を考察するに際して私は、この廃絶の具体的次元――すなわち、プロレタリア労働のありうべき廃絶と、それに関連して、労働過程それ自体のありうべき変容――に焦点を当ててきた。その目的は、私の解釈が、伝統的マルクス主義のそれと、どれだけ根本的に異なっているのかを明らかにすることにあった。しかしここでは、資本主義的生産の発展についてのマルクスのカテゴリー的分析が、賃労働の他の側面の廃絶の可能性を、すなわち、消費手段を獲得するために賃金と労働力を交換することに基づく分配システムの廃絶の可能性を示しているということも、指摘しておくべきであろう。既に見てきた通り、プロレタリア労働は、価値の源泉としてシステム的に再構成されるにもかかわらず、物質的富の源泉としてはますます意義を失っていく。搾取の問題をひとまず措くならば、このことは、価値の観点から考慮される賃金の意義と、物質的富の観点から考慮されるそれとの隔たりが生じる、ということを意味する。具体的労働の社会的に一般的な生産能力が、ひとたび個別的な労働の合計の生産能力を上回るようになるならば、労働時間の投入と物質的な産出との間には、拡大する不一致が生じる。物質的富の観点から考察するならば、賃金システムは、社会的に一般的な分配の形態となり、労働時間の支出に対する報酬としてしか現れない。かかる賃金システムは、もはや物質的富の生産には基礎を持たない。それがシステム的に維持されるのは、ひとえに価値の次元の効果である。労働時間の投入と物質的富の生産との間に必然的な関係がもはや存在しない以上、こうした状況下での価値の廃絶はまた、別の社会的分配様式の発展をも可能にするだろう――それは消費手段の獲得が、労働時間の支出の「客観的」な関数ではなくなるような分配である。[一二三]

かくして、蓄積された労働の使用価値の次元がひとたび価値の制約から解放されたならば、その潜勢力が実現されるにあたって中心となる局面は、社会的剰余はもはや、生産過程の下に包摂される階級の人々の、直接的労働による生産物である必要はなくなり、つまり、人々の労働はもはや、消費手段を得るための疑似‐客観的な手段ではなくなる、ということである。このことは、人類の前史の超克としての社会主義社会というマルクスの概

一二三――アンドレ・ゴルツが『エコロジー共働体への道』で展開している、所得保障の可能性についての議論は、私がここで示している価値の廃絶についての解釈と似たアプローチに基づいている。ゴルツは、次のように主張する。すなわち、労働コストの低下によって生産量が増大したとしても、その増大が社会的に分配されうるのは、支出された労働価値ではなく、生産量そのものに応じた支払いの手段が創出され分配されるようになる（物質的富が、社会における富の支配的な形態となればそうなるのであるが）場合においてのみである。ゴルツはさらに、生活のための所得保障の本質的機能は、諸個人の労働の総計によってではなく社会全体としての生産諸力によって形成される富を、全員に分配することである、と主張する。以下を参照。André Gorz, *Paths to Paradise: On the Liberation from Work*, trans. Malcolm Imrie (Boston, 1985), p. 42.（A・ゴルツ『エコロジー共働体への道――労働と失業の社会を超えて』辻由美訳、技術と人間、一九八五年、八四―八五頁）

念における重要な特性である。したがって、階級社会を超克する最も基本的な条件とは、一連の所有諸関係の廃絶——ひいては私的収奪者たちの打倒——なのではなく、社会的媒介の様式の根本的変容であり、それと連関した生産様式の変容である、ということになる。そのような変容は、生産においてその直接的労働が剰余の源泉となっているところの階級を廃絶することを含むであろう。かかる変容が不在であるうちは、剰余の収奪者が、伝統的マルクス主義の言う意味での階級であるとみなされようとみなされまいと、階級社会は存続するだろう。

普遍性の二つの様式

現存の社会形態のありうべき変革に至るために本書の採ったアプローチは、資本主義の構造的諸関係の持つ二重の性格についてのマルクスの批判的分析によって含意されていたものであるが、このアプローチはまた、普遍性の規定された諸形態が、資本主義とそのありうべき歴史的否定に対して有する関係についても、示唆を与える。指摘したように、マルクスにとって、社会的および政治的一般性と普遍的な諸観念の近代的諸様式は、超歴史的進化あるいは目的論的諸過程の歴史的帰結なのではない。むしろそれらは歴史的に出現し、資本主義の基底をなす構造的な社会的諸形態によって構成された文脈の内部で形づくられる。それらの様式と社会的諸形態との関係は、内在的なものである。すなわち、それらは社会的かつ歴史的に、社会生活の規定された諸形態に基礎づけられているのである。

見てきたように、近代資本制社会における社会的実践と思考の根本的な構造原理としての商品についてのマルクスの分析は、近代における普遍性と平等の性格に対して批判的な仕方で社会的・歴史的にアプローチするための出発点を与える。資本——そして、全体化する社会的形態としての商品——の歴史的な出現とともに、抽象的で同質的かつ一般的な社会的媒介の様式が発生する。その媒介における個々の事物（すなわち、価値とみなされる各々の商品）は、質的に規定されることはなく、全体性の一契機である。と同時にそれぞれの商品は、使用価値とみなされるときには、質的に個別的である。社会的媒介としての商品形態は、実践の形態としては、さまざまな物や労働、商品所有者、そして、あらゆる人々のあいだに潜在的に共通性を確立することで、普遍的な平等性という社会的形態を潜在的に生み出す。しかしながら、この普遍性の形態は、特定の諸個人や諸集団の質的特殊性から抽象されている。すなわち、商品形態は、普遍性における抽象的で同質的な形態と、普遍性を排除する具体的な個別性の形態とのあいだに一種の対立を生じさせるのである。[一二四]

このような分析は、資本制社会において支配的になる普遍性の形態を、疑似-形而上学的に《普遍》そのものとして扱うことを避け、それを社会的に構成されるものとして、つまり、超歴史的な形態で《普遍》として現れる、歴史的に特殊な普遍性の形態として扱うことを選択するのである。このアプローチは、単に資本制社会における現実をその理想に対置するのではなく、そうした理想それ自体の歴史的分析を提供する。近代的で抽象的な普遍性の形態を、商品形態の価値の次元に関連づける分析は、こうした形態の普遍性の放棄を必ずしも意味するわけではなく、その両義的な性格についての社会的な分析を可能にする。既に述べたように、この普遍性の形態は、政治的、社会的に肯定的な帰結をもたらしてきた一方で、あらゆる個別性と対立する抽象的支配の一側面でもあるような、両義性を持っているのである。

マルクスの分析は、社会的および歴史的観点から普遍的な諸形態を分析するに際して、資本主義において構成される普遍性のあらゆる様式を、必然的に価値に結びついているとみなすわけではない。彼の理論は、価値と使用価値の区別に基づき、普遍性のもう一つの形態が歴史的に構成されることをも示唆している。すなわち、抽象

一二四――――この対立の一例として、自由主義的な資本制社会における、平等で他のすべての市民から区別のない市民としての人格と、特殊な社会的諸関係に埋め込まれた具体的人格、という古典的な対立がある。資本制社会においてジェンダー的差異が構成され、思考されるその仕方は、こうした対立の、より媒介された表れであると論じることもできよう。

的でも同質的でもなく、必ずしも個別性と相反しない普遍性である。具体的労働のカテゴリーを考察する際に私は、資本制社会を構造化する抽象的で一般的な社会的媒介が、いかにしてこのもう一つの一般性の形態を生じさせるか、ということについても述べておいた。すなわち、他の社会においては異なるものとみなされるであろうような、さまざまな活動や生産物が、資本主義においては同種のものとして──例えば、多種多様な（具体的）労働、あるいは特殊な使用価値として──社会的に組織され、分類されるようになる、ということである。しかしながらこの一般性は、全体性ではなく、個別的なものからなる一つの総体である。この種の一般性は、資本の発展過程において歴史的に構成される知識と能力の類－一般的な諸様式の発展というかたちで、マルクスの概念においても明らかに認めることができる。この社会的に実体的な一般的次元は、価値によって規定された枠組みにおいて生じるために、それが構築される際には、資本によって構成される抽象的で合理化された技術的－行政管理的な世界の一部となる。他方でマルクスの分析によれば、この実体的で一般的な次元は、価値と同じものではなく、それゆえ抽象的で同質的な普遍性──それは資本の具体的な次元として、価値によって形づくられるにもかかわらず──とは一致しない。その結果、資本主義における労働の使用価値次元の潜勢力と、価値によって構成される世界の現実性との間で昂進する緊張は、あるレベルでは、一般性の二つの形態の潜在的な分離を可能にすると見ることもできる。したがって、マルクスの批判理論は、このきわめて基礎的なレベルにおいて、二種類の一般性の歴史的構成を暗黙のうちに対象としているのである。一つは、抽象的で同質的であるような一般性である。それは価値の次元に根差しており、一般的で抽象的かつ同質的な人間性という概念と内的に結びつき、それゆえそのアンチテーゼとしての具体的個別性と必然的に対立する。第二は、同質的ではない別の種類の一般性である。マルクスによれば後者の一般性は、疎外された形態において構成される。にもかかわらず、彼の分析は、ポスト資本制社会において、この第二の一般性は、価値による構造化から解放され、それゆえ、必ずしも個別性と対立しない形態──一般的でありながら多様であるような、新しい人間性の概念の発展と結びつきうる形態――において存在しうる、ということを示唆している。

価値に規定された普遍性についてのこのような分析は、マルクスの資本に規定された生産の扱い方と同様のものである。マルクスにとって資本主義の超克は、あらゆる形態の技術的に発達した生産の廃絶をもたらすものではないし、資本主義の下で発展した工業的生産の形態の実現をもたらすものでもない。同様に、それは普遍性の根絶をもたらすものでもなければ、また［逆に］、抽象的で同質的な形態の普遍性――それは商品によって構成される社会生活の様式の一契機として展開する――の、すべての人々に対する実効的な拡張という観点から、適切に理解しうるようなものでもない。そうではなく、彼の分析が指し示すのは、別なる普遍性の形態が構成され、優位なものとなりうることの可能性なのである。

マルクスによるカテゴリー的分析が示唆する、社会的に構成された二つの普遍性の形態についてのこうした予備的な議論は、経済学批判において労働者階級にあてられた役割についての私の議論を深化させるものだが、それはまた、われわれが概観した普遍性の二つの形態という観点からさまざまな社会運動を検討する際に、より一般的な含意を持つ。マルクス主義の伝統においてプロレタリアートは、しばしば普遍的階級であるとみなされてきた。そしてそれに基づき資本家階級と対比されてきた。資本家階級の利益は個別主義的で、社会総体の利益とは一致しない（あるいは対立する）とみなされるのである。プロレタリアートが、ありうべき未来社会の代表者として考えられてきたのは、その普遍的性格ゆえである。しかしながら、マルクスの分析が示唆する普遍性のさまざまな様式の社会的基礎についての私の議論が示すのは、資本主義とそのありうべき歴史的否定との関係は、この種の個別性と普遍性との対立という観点から理解されるべきではない、ということだ。というのも、この対立それ自体が、資本主義における社会的諸形態に特徴的なものであるからである。むしろ、資本主義とそのありうべき否定の関係は、別なかたちで優位なものとなる普遍性の形態との関連において考えられるべきである。したがって、プロレタリアートによって表象されている普遍性と資本主義のありうべき超克との関係は、単に量的に、つまりどの程度普遍性が実現されているのかという観点から、アプローチされるべきではない。それは質的に、つまり階級が表象している普遍性の種類という観点から、考察されるべきなのである。

いましがたわれわれが見たように、資本の持つ二重の性格を分析することによってマルクスは、暗示的に二つの全く異なる一般性の様式の歴史的構成を、社会的に根拠づけている。一方は、価値のカテゴリーによって把握される社会的媒介の客観的な形態においてであり、他方は使用価値次元の局面としてである。マルクスによれば後者は、媒介の抽象的形態によって歴史的に生み出されるが、それから分離しうるものである。こうした枠組みにおいて、プロレタリアートによって代表される普遍性は、その形態がどれほど包括的かつ集団的であろうと、究極的には価値の普遍性であることは明らかであるように思われる。プロレタリアートは、価値の否定を代表することからはほど遠く、本質的にこの抽象的で同質的な富の形態を構成しているのであり、それの帯びる一般性が質的特殊性と対立するような社会的媒介を構成しているのである。さらに私は、生産の主体にして客体である存在としての労働者をマルクスがどのように扱っているかを論じるにあたって、労働者を主体として規定することは（集合的な）商品所有者として規定することであることを示した。こうした予備的な諸規定が含意するのは、ブルジョワ社会の普遍主義的諸原理を、人口のより大きな部分に拡張することは、資本制社会を乗り越える発展として理解されるべきではない、ということである。これらの諸原理の実現は、部分的には労働者階級の運動によって、また、平等な権利を求めて闘ってきた女性運動やマイノリティ運動におけるそうした要素によって実現されてきた。こうしたさまざまな運動は資本制社会を大いに民主化してきたにもかかわらず、彼らがその構成に寄与してきた普遍性の形態は、マルクスにとっては、媒介の価値形態に依然として束縛され、そして究極的には諸個人や諸集団の特異性に対立するものである。

もし資本主義の基本的矛盾が、労働者階級と資本家階級の社会的対立によって表象されるものではないとするならば、そして資本主義の克服がこの社会に分かちがたく結びついた普遍性の抽象的形態の実現をもたらすものではないとするならば、現存の秩序を超えていく、歴史的に構成された主観性の本質とその源泉という問題は再考されなければならない。資本主義の基本的矛盾のいくつかの次元、そして、その規定された歴史的否定の性質――それは資本主義的生産領域についてのマルクスの分析によって示唆されている――の輪郭を描く際に私は、資本の発展によって生み出される可能性とその現実形態との間で拡大する隔たりという観点から、一連の緊張関係に触れておいた。この隔たりは、資本制社会の諸制度を構造化し、その発展の軌道を形づくる一種の剪断圧力を生み出す。この剪断圧力についての私の議論は、主として資本主義における生産の構造と仕事の性質に照準するものであり、部分的には普遍性の二つの様式の社会的構成に関するものである。にもかかわらず、資本主義の基底をなす社会的諸形態の二重の性格においてマルクスが根拠づけるさまざまな緊張は、「客観的」――例えば、経済的そして社会的な――見地においてだけでなく、思考と感覚の形態の変容を参照しつつ、「主観的」見地においても理解されるべきである。このような方針に沿って、より十全たる分析を行なうには、当然のことながら、より具体的なレベルでの分析が必要となる。だが、レベルがどうであれ、また矛盾をどのように再規定するのであれ、矛盾が強調されるからといって、資本制社会の自動的な瓦解や、現存する社会形態の超克を志向する対抗的・批判的形態を持った意識の必然的な出現といったものが想定されていると解するべきではない。それでも、私がここで提示した解釈は、マルクスの分析が、主観性の諸形態と欲求の諸構造における質的で歴史的な変容へのアプローチ――そこに関与する行為者の社会的背景の観点からだけでなく、資本主義の核心に位置する社会的諸形態の発展によって構成される可能性としても、こうした変容を説明しうるようなアプローチ――を含んでいることを示唆している。言い換えればマルクスの分析は、歴史的なものとしての主観性についての社会理論を内包しているのである。

そのような社会歴史的アプローチをここで展開することはできないが、次のことは指摘しておきたい。すなわち、マルクスの資本主義分析は、価値を形成する労働の必要性と不要性との間で拡大する矛盾が、そのアプローチにおける重要な一要素であるべきことを含意している。それはつまり、まさにこの社会編制を構成し、社会編制にとって不可欠であるもの——社会を媒介する活動として作用する労働——が、それが構成する潜勢力との関係において次第に不要なものになっていく、という考え方である。このことはまた、人々が労働によって媒介される社会において行ない続ける種類の労働と、資本主義における「必要性」がない場合に彼らが実行しうる種類の労働との間で拡大する隔たりの存在を示唆しているのである。

例えば、労働に対する人々の態度や、重要な活動を構成するものは何であるのかということについての人々の態度は変化しつつあるが、こうした変化について、この矛盾をはらんだ発展という観点から探究することができよう。こうした探究は、新しい欲求や主観性の形態の歴史的出現を分析することを含むものとなるであろうが、それは、仕事の構造(ならびに、社会的再生産に関する他の諸制度)の性格が次第に時代錯誤なものとなっていくことと、依然として近代社会においてそれが中心的位置を占めていることとの間で昂進する構造的緊張、という観点からなされることになる。そのような分析によって、例えば一九六〇年代における「脱物質主義的」な価値観の大規模な出現を、このような緊張との関連において探究することに着手できるであろう。だが、それに引き続いて、そうした価値観は、先進産業資本主義諸国における一連の危機や構造的転換と関連して衰退し、現在の定義における労働と物質的再生産の「必然的な」結びつきが劇的に復活したのであった。このアプローチは、近代的社会生活における公的なもの、私的なもの、そして親密圏における諸関係と諸定義におけるさまざまな変化の解明に役立つだけでなく、ダニエル・ベルやアンドレ・ゴルツなどの多様な理論家が指摘している最近の現象——すなわち、自己アイデンティティにとって消費が重要性を増しつつあること——の解明にも役立つだろう。この後者の問題は、資本主義が大衆の消費にますます依存するようになっていることとの関連においてのみ理解される(例えば、そうした消費は広告によって喚起され操作されているにすぎないとしばしば見なす立場)べきではないし、またそうした研究は、文化主義的な仕方において消費を、アイデンティティと抵抗の拠点として物象化すべきではない。それは伝統的マルクス主義が生産をそうした拠点として物象化したのと相似をなす。むしろ、次第に増大する消費の主観的な重要性は、アイデンティティの源泉としての仕事の地位の低下との関連において分析されるべきであり、またこの地位の低落は、絶えず時代錯誤化する労働の構造と、生産のための生産が多くの仕事の性格に与える否定的影響に関連づけられるべきである。労働の社会的媒介作用としての不可欠の役割と、それに伴う生産の規定された構造が不断に再構成されるにもかかわらず時代錯誤なものとなっていくという考えは、道徳性と自己の概念におけるより深い歴史的変化を分析するための基礎の役割をも果たしうるであろう。

こうした一般的なアプローチは、労働者階級と資本主義のありうべき超克との関係を再概念化するための有効な出発点になりうる。既に見たように、マルクスの分析によればプロレタリアートは、価値に規定された生産諸関係の本質的な要素であり、それ自体、資本主義が発展するにしたがって時代錯誤なものへと変化していく。こうして資本主義の超克は、プロレタリア労働の廃絶、したがってプロレタリアートの廃絶との関連において理解されなければならない。このことは、労働者階級の社会的・政治的行動と資本主義のありうべき廃絶との関係という問題を、非常に問題含みのものとして提起することになる。すなわち、そのような行動や、労働者階級の意識として通常言及されるものは、資本主義的社会編制のうちに依然として拘束されているということ——必ずしもそれは労働者たちが物質的、精神的に堕落させられてきたからではなく、プロレタリア労働が根本的に資本主義と矛盾するものではないからである——を、このことは示唆する。労働者階級組織の政治的・社会的行動は、賃労働 - 資本の動態性が展開するなかで、彼らが資本主義内部の一階級として自身を形成し防衛する過程において、また特に西ヨーロッパにおいては資本主義の秩序を民主化し、社会的に人間的なものとする上で、歴史的に非常に重要であった。だが、プロレタリアートの自己主張と結びついた行動や主観性の形態がどれだけ戦闘的なものになろうと、それらが資本主義の克服へ向かうことはなかったし、いまもない。それらは資本を超越するというよりも、むしろ資本を構成する行動と意識の形態を表象しているのである。賃労働の構造が真にグローバルなものになったとしても――資本の現在のグローバル化の形態の帰結としてそうなりつつあるが――、そしてそれに応じて労働者が組織されたとしても、このことに変わりはない。問題は、単にどの程度、資本主義的賃労働関係がグローバル化してきたか、ということではない（分析のより具体的なレベルにおいては、資本の空間的拡張が重要な帰結をもたらすことは確かであるが）。またそれは、「改良主義」の問題に帰着するものでもない。つまり、根本的な問題は、商品としての労働力の存在に基づく政治は労働組合的意識に帰着するということではなく、むしろ、究極的には資本がプロレタリア労働に依存していることが問題なのである。それゆえ資本の超克は、労働者階級の自己主張に依拠することはできない。例えば、労働者が剰余を生み出すのであるから、それに対する「正当な」所有者なのであるという「急進的」観念でさえ、資本家階級の廃絶を目指すのみで、資本の超克を目指しているわけではない。そのためには、剰余の価値形態の超克が必要なのであり、そして資本に規定された労働過程の形態の超克が必要なのである。

これらの考察は、プロレタリア労働の廃絶のための主観的および客観的諸条件、したがってまた資本主義の廃絶の条件を検討するための出発点となりうる。例えばそれは、労働者が自分の仕事に対して抱く不満や、仕事に関するアイデンティティの欠如にもさまざまな種類のものがあることを、歴史的に明るみに出しうるであろう。しかしながらこの解釈は、労働者階級の組織化と資本主義の超克とのありうべき関係を考察するとき、あるジレンマを明るみに出す。それは一方における、自己を主張する労働者階級と結びついた行動や政策（それがどれだけラディカルもしくは戦闘的なものであろうと）と、他方における、資本主義を乗り越えようとする行動や政策との間に、いかなる直線的関係あるいは直接的連続性も存在しない、ということを示唆するのである。実際、このアプローチが示すのは、労働者としての労働者だけを排他的に代表する行動や政策（それゆえ現存の社会経済的枠組みの内部で、諸個人の再生産のために必要な手段として定義される仕事に全面的に焦点が置かれる）と、そうした排他的な定義を乗り越えようとする行動や政策との間には深い緊張が存する、ということである。そして、労働者に関わる運動が資本主義の超克を目指すのであれば、それは、労働者の利益を守ると同時に、労働者の変容に参画するものでなければならないだろう。例えば、所与の労働の構造を問い直し、労働の構造の観点だけで人々の立場を判別するのをやめ、人々の利益を再考することによってである。しかしながら、ここで私はそうした主題と問題の所在を述べておくことしかできない。

価値を構成する労働が必要かつ不要であるということによって昂進する緊張という考え方は、社会的媒介の形態に関わるものである。それゆえ、その含意するところは、仕事それ自体の構造の探究に限定されはしない。資本主義の矛盾についてのこうした理解との関連で探究しうるものとして私が挙げた最後の事例は、変化する普遍性の概念とそれに対する態度である。社会編制を構成する諸形態の展開についてのマルクスの分析は、社会的に構成されるさまざまな普遍性という観念を含意している。こうした観念は、新しい社会運動——例えば、フェミニズム運動——におけるいくつかの傾向を、社会歴史的に探究するための基礎の役割を果たしうるだろう。これらの運動は、同質的な普遍性と個別性との対立を超えて、新しい形態の普遍主義を定式化しようとするものである。このアプローチはまた、新しい社会運動ならびに過去数十年のアイデンティティに依拠する政治と、資本主義およびそのありうべき超克との関係を再考するための出発点ともなりうるだろう。しかしながら、このような多様な事例は、示唆を与えるために引かれたにすぎない。この研究の予備的で論理的なレベルにおいては、私の解釈が及びうる射程を見極める作業に着手することは、控えざるを得ない。

マルクスによる批判によって示された、資本主義の規定された否定についての私の議論をまとめておこう。この否定は、ブルジョワ的分配様式の転換という観点からだけでは決して把握され得ない。マルクスによれば社会主義は、別の生産様式を、すなわち、直接的人間労働に本質的に依拠するメタ機械装置として組織されたものではない生産様式を意味する。それゆえそれは、より豊かで、より満足をもたらすような個人の労働と活動の新しい様式を可能にし、仕事と他の生活領域との、新たな関係を可能にするのである。この変革の可能性は、規定された歴史的否定に究極的には根差している。すなわちそれは、社会的媒介の客観的な様式、そしてそれに結びついた抽象的強制、労働によって究極的に構成される社会的媒介の様式——それが資本主義的社会編制とその生産の形態における疑似-自動的な、方向づけられた動態性を構成する——の廃絶に根差しているのである。したがって、マルクスが歴史的可能性として思い描いた、価値の規定された歴史的な否定は、自らの疎外された労働によって支配されることから人間を解放することを可能にし、その一方で労働は、歴史的に特殊な社会的役割から自由になり、諸個人を貧しくするのではなく、豊かにするものへと転換されることを可能にする。直接的労働時間に依拠する富の形態によって科される強制から、生産諸力を解放することは、人間生活の生産からの解放をもたらす。伝統的解釈に照らしてみるならば、皮肉なことにマルクスの分析は、労働がもはや社会を構成するものではなくなるときにはじめて、大半の個人の労働は、より充実した自己実現的なものになりうる、ということを示しているのである。

このように、労働と生産の資本主義的形態の廃絶についてのマルクスの理解が言及しているのは、狭い意味での生産なのでは決してなく、われわれの社会生活の形態の構造原理にほかならない。それと関連して、彼の資本主義批判は、社会的媒介それ自体に対するものではなく、労働によって構成される特殊な形態の社会的媒介に対する批判である。価値とは自己自身を媒介する富の形態であるが、物質的富はそうではない。前者の廃絶は、社会的媒介の新たな形態の構成——その多くはおそらく実際には政治的なものとなるだろう（それはヒエラルキー的な、国家中心の行政管理の様式を必然的に意味するのでは決してない）——を必然的にもたらすのである。

資本主義の超克というマルクスの概念における中心は、社会的に一般的な知識と能力の、人々による再領有であるが、それらは歴史的に資本として構成されてきたものにほかならない。われわれが確認した通り、マルクスによればそうした知識と能力は、資本として人々を支配する。したがって、その再領有は、資本制社会に特徴的な支配の様式――それは社会的に媒介する活動という、労働の歴史的に特殊な役割に究極的には基礎づけられている――の超克をもたらすのである。かくして、ポスト資本制社会についての彼の展望の核心には、人々が自分たちのつくり出すものに支配されるのではなく、それを支配することを始めることができる、という歴史的に生み出された可能性が存するのである。

時間の社会的分割の展開

本書の冒頭で私は、『要綱』においてマルクスが展開した、価値の歴史的特殊性という観念は、彼の後期における経済学批判を解釈する上で鍵になると主張した。この考えが、マルクスの『資本論』における近代資本制社会の性質と、そのありうべき規定された否定についての分析の本質的な核心であることを、私は示してきた。ここでは、本章で展開した事柄を概括し、二つのテクストにおけるマルクスの本質的な一貫性を再確認するが、それは『資本論』における資本主義的生産の軌道という概念を、『要綱』において導入された時間のカテゴリーという観点から――すなわち、私が「時間の社会的分割」と呼ぶものの展開の観点から――要約することによって行なわれる。その過程で、歴史的な非必然性／不要性［nonnecessity］という観念の持つ中心的重要性を強調するであろう。既に見たように、価値を構成する労働――それは資本主義の必然的な前提であり、資本主義に特徴的な形態である抽象的・社会的必要性／必然性を構成するものである――が、歴史的にますます不要なものとなっていくことは、資本主義の根本的矛盾を、現存するものとその潜勢態との矛盾（現存するもの同士の矛盾というよりも）であるとするマルクスの理解にとって、本質的なものである。

本書のはじめに引用した『要綱』の一節において、マルクスは以下のように述べている。

資本は、それ自身が、過程を進行しつつある矛盾である。すなわちそれは、〔一方では〕労働時間を最小限に縮減しようと努めながら、他方では労働時間を富の唯一の尺度かつ源泉として措定する、という矛盾である。だからこそ資本は、労働時間を過剰労働時間の形態で増加させるために、それを必要労働時間の形態で減少させるのであり、だからこそ資本は、過剰労働時間を、ますます大規模に必要労働時間のための条件——死活問題——として措定するのである。[一二五]

『資本論』に対する私の探究によって、いまや、こうした時間的カテゴリーを把握することができる。マルクスにおける「必要［necessary］」労働時間と「過剰［superfluous］」労働時間の対立は、「必要」労働時間と「剰余［surplus］」労働時間のそれと同一ではない。前者の対立は、社会総体に言及しているのに対して、後者は直接的生産者の階級に言及するものである。マルクスの理論において、剰余生産——すなわち、生産者の直接的欲求を充足させるために必要であるもの以上のもの——の存在は、社会生活のあらゆる「歴史的」な形態の条件である。あらゆる歴史的形態において、労働人口を再生産するために必要な生産量と、社会総体にとって「必要」な、不労階級によって収奪される余分な生産量とは、区別されうる。マルクスによれば、資本主義においては、物質的富ではなく剰余こそが価値なのであり、それは直接的支配を通じて収奪されるのではない。その代わりに収奪は、富の形態それ自体によって媒介されるのであって、それは、労働者自身の再生産に要する労働のための労働日（「必要」労働時間）の部分と、資本に領有される部分（「剰余」労働時間）との不分明な分割線という形態で存在するのである。価値と物質的富を区別したとしても、物質的富の生産が直接的労働時間の支出に主として依存する限り、「必要」労働時間も「剰余」労働時間も、ともに社会的に必要なものとみなされうることになる。

しかしながらこのことは、物質的富の生産が、直接的人間労働よりも、社会的に一般的な知識と生産能力に基づくようになると、妥当しなくなる。そうした状況下において、物質的富の生産は、直接的労働時間の支出との関係を大きく減じるため、社会的に必要な労働の総量は、その規定の両方において（諸個人の再生産にとっても、社会一般にとっても）大幅に縮減しうるであろう。その結果は、マルクスが述べるように、「剰余労働を生み出すために必要労働時間を縮減すること」ではなく、むしろ「そもそも社会の必要労働の最小限への縮減」[一二六]を特徴とする状況だろう。

しかしながら、資本主義の基底をなす社会的形態の二つの次元の弁証法に対する私の検討によって示されたのは、資本主義の下で発展する生産能力と完全に相応するような社会的必要労働の一般的低下は――マルクスの分析によれば――、価値が富の源泉である限り起こり得ない、ということである。一方における、資本によって社会的に必要であると規定される総労働時間と、他方における、社会的に一般的な生産諸能力が発展し、物質的富が社会的な富の形態である場合に必要となるであろう労働総量との差異が、『要綱』においてマルクスが「過剰」労働時間と呼ぶものである。そのカテゴリーは、量的にも質的にも理解することができる。すなわち、一方で労働の持続時間を指すカテゴリーとして、他方で生産の構造と、資本制社会において大量の労働が存することそれ自体を指すカテゴリーとして理解しうるのである。社会的生産一般に適用されるカテゴリーとして、それは一つの新しい歴史的カテゴリーであり、資本主義的生産の軌道によって生み出されたものである。

マルクスの分析によれば、資本主義のこの歴史的段階に至るまで、社会的必要労働時間は、その二つの規定性において、少数者に不労の時間を与える一方で、労働者大衆の時間を定義し、満たしていた。先進的な資本主義

一二五――*Grundrisse*, p. 706.（『マルクス資本論草稿集②一八五七―一八五八年の経済学草稿集Ⅱ』資本論草稿集翻訳委員会訳、大月書店、一九九三年、四九〇頁）

一二六――Ibid.（translation amended）.（同右）

的工業生産とともに、発展した潜勢的生産力が非常に巨大なものとなるために、「余分［extra］」な時間という新しい歴史的カテゴリーが多くの人々にとって出現し、両方の局面［質的および量的］における社会的必要労働の劇的な縮小と、労働の構造ならびに仕事と他の社会生活の側面との関係の変容とを、可能にする。しかし、この余分な時間は、潜勢態として現れるにすぎない。つまり、変容と再構成の弁証法として構造化された「過剰」な労働時間という形態において、存在するのである。この用語は矛盾を反映している。旧来の生産諸関係に規定されているために、それは依然として労働時間である。だが、新しい生産諸力の潜勢態という観点から判断されるとき、それは、旧い規定性のうちでの過剰なのである。

明確にすべきは、「過剰」は、社会の外側に設定された立場から下される裁断という非歴史的なカテゴリーではない、ということだ。むしろそれは、発展した生産諸力の潜勢力と現存するその社会的形態との間で昂進する矛盾に根差した、内在的な批判のカテゴリーである。この観点からすれば、資本主義のために必要な労働時間と、資本主義が存在しない社会において必要となるであろう労働時間とを区別することができる。マルクスの分析についての私の議論が示したように、この区別は、社会的必要労働の量だけでなく、社会的必要性の性質それ自体に関わるものである。すなわちそれは、総労働時間の大規模な削減を可能にするだけでなく、価値形態という社会的媒介によって構成される社会的強制の抽象的な諸形態の克服をも目指すものである。これらの観点から理解されるとき、「過剰」は歴史的に生み出された「必要」の正反対に位置する矛盾のカテゴリーであり、それは、社会をその資本主義的形態から区別することができ、それゆえ従来からの必然的な結合を分離することができるという歴史的な可能性の高まりを表現する。資本主義の基礎的矛盾は、その展開において、旧来の形態に判定を下し、新たな形態を想像することを可能にするのである。

変容と再構成の弁証法についての私の分析が示したのは、マルクスによれば、歴史的必然性それ自体は自由を生み出すことはできない、ということである。しかしながら、資本主義の発展の性質は、その直接的な反対物

——歴史的不要性／非必然性——を生み出しうるものであり、また現に生み出している。そしてそれが、資本主義の規定された歴史的否定を可能にするのである。マルクスによればこの可能性は、人々が資本として歴史的に構成されてきたものを領有する場合にのみ、実現されうる。

資本主義の規定された否定についての理解は、マルクスの『資本論』における諸カテゴリーの展開によって示されているが、それは彼が『要綱』において提示するものと並行している。後者において彼は、ありうべきポスト資本制社会を、「自由に処分できる時間」というカテゴリーの観点から特徴づけている。「一方では、必要労働時間が社会的個人の諸欲求をその尺度とすることになるだろうし、他方では、社会的生産力の発展がきわめて急速に増大し、その結果として、生産はいまや万人の富を考量したものであるにもかかわらず、万人の自由に処分できる時間が増大するであろう」[一二七]。マルクスは「自由に処分できる時間」を、「個々人の生産力を、それゆえにまた社会の生産力を十分に発展させるための余地」[一二八]と定義している。これは、余分な時間のとる肯定的な形態であり、生産諸力によって解放されたものであるが、それは発達した資本主義の下では「過剰」として拘束された状態にとどまる。過剰時間というカテゴリーは、否定性——従前の歴史的必要性の歴史的不要性——を表現するものにすぎず、それゆえ依然として《主体》を、すなわち、疎外された形態としての社会一般を指している。自由に処分できる時間のカテゴリーは、この否定性を逆転させ、社会的個人という新たな参照項をそれに与える[一二九]。それは社会的媒介における価値形態の廃絶を前提とし、マルクスによれば、それによってのみ、（疎外されざる）労働時間と自由に処分できる時間が、社会的個人の構成要素として、互いを肯定的に補完することができるので

一二七——Ibid., p. 708.（同右、四九四頁）
一二八——Ibid.（同右）
一二九——交替制雇用の実現可能なシステムに着目した、自由に処分できる時間についての議論としては、以下を参照。Becker, *Marxian Political Economy*, p. 263ff.

ある。したがって資本主義の超克は、社会的労働の構造と性格の変容のみならず、非労働時間の変容と、社会的労働と非労働時間との関係の変容をもたらす。しかしながら、価値の廃絶が起こらなければ、労働日の縮小の結果として生み出されるあらゆる余分な時間は、（疎外された）労働時間の反対物として、マルクスによって否定的に規定される。すなわちそれは、われわれの言う「余暇時間」として規定されるのである。「富の尺度としての労働時間は、富そのものを、窮乏にもとづくものとして措定し、また自由に処分できる時間を、ただ剰余労働［時間］との対立［antithesis］［……］のなかでのみまたそれを通じてのみ存在するものとして措定する[一三〇]」。

したがって、マルクスによって示された資本主義的生産の軌道は、時間の社会的分割の展開という観点から、社会的に必要な時間（個々人にとって必要な時間と剰余時間）が、社会的に必要な時間と過剰な時間を経て社会的に必要な時間と自由に処分できる時間の可能性（それは旧来の必要性の形態の克服をもたらすであろう）へ至るものとして理解することができる。この軌道は、資本主義の弁証法的発展を、すなわち、諸個人を犠牲にして豊かに発展した全体性として構成された、疎外された形態の社会の弁証法的発展を表現している。かかる発展は、それ自身の否定の可能性を生じさせる。つまり、《主体》の属性として疎外された形態において構成されてきた類－一般的な諸能力を、単独であれ集団的にであれ、人々が領有しうるような新しい社会の形態を生み出すものなのである。

マルクスの分析において時間の社会的分割は、資本主義の基礎をなす構造的諸形態の、二つの次元の複雑な弁証法に依拠している。既に論じたようにマルクスは、資本制社会の方向づけられた動態性の根拠を、この社会の根本的諸構造が持つ二重の性格に求めることによって、内在的な発展原理を持つ単一の超歴史的な人類史という観念と、あらゆる意味で訣別している。さらに彼は、この方向性を持つ動態性について、それを自明視することはできず、それ自体が社会的構成の理論によって基礎づけられなければならないことを論証する。この解釈枠組みにおいて資本主義の出現は、商品形態の勃興と十全たる展開にともなって、徐々に偶然的ではないような発展として、しかしながら、必然性の内在的原理の展開ではないものとして理解されうるものとなっていく。とはいえ、マルクスによれば資本主義的社会編制の歴史は、ある内在的な、遡及的でない論理を確かに有している。資本主義は、その社会的媒介の形態の帰結として、一種の歴史的必然性によって特徴づけられる。つまり、資本主義の基底をなす社会的諸形態の弁証法において資本主義は、異なる形態の社会的媒介に基づく未来社会——それは疑似 - 客観的なかたちで構成されることもなく、伝統から与えられるのでもない——の可能性に向かって、自らを乗り越えていこうとするのである。マルクスの分析では、そのように構成される社会は、個人的にも集団的にも、人々の生活にいっそう大きな自由をもたらすのであり、それは一種の歴史的自由の状況であるとみなされうる。後期マルクスの諸著作における人類史の観念について語ることができるとすれば、それは単一的な超歴史的原理という観点からではない。むしろそれは、偶然から始まり、さまざまな歴史から《歴史》へと向かう運動に言及している。その運動は、必然的で次第に全地球的なものになっていく、方向性を持った動態性として、疎外された社会的諸形態によって構成されるが、それは歴史的自由の可能性へ向かうような仕方で、つまり、あらゆる疑似 - 客観的で方向づけられた発展の論理から解放された未来社会の可能性に向かって構造化されるのである。

資本主義における方向づけられた動態性の特殊性は、マルクスが分析するように、他のあらゆる直線的な歴史発展の観念が含意するものとは全く異なる、過去・現在・未来の関係をもたらす。客体化された現在の時間と客体化された歴史的時間との弁証法は、以下のように約言しうる。すなわち、資本主義においては、客体化された歴史的時間は疎外された形態において蓄積され、現在を強化し、そのようなものとして生活を支配する。だがそれは、その必然性の契機を無効化し、そのことによって未来を可能にし、人々を現在から解放するものでもある。

一三〇——*Grundrisse*, p. 708.（『マルクス資本論草稿集②』、四九五頁）［訳注：大月書店版訳では、「剰余労働」のあとの「時間」が入っていないが、ドイツ語原典および英訳では入っているため挿入した］

それは旧来の諸関係が逆転され超越されるような、歴史の領有である。現在によって構造化される、すなわち、抽象的労働時間によって構造化される社会形態に代わって、社会一般にとっても個人にとっても、もはや疎外されたものではない歴史を十二分に用いることに基づく社会形態がありうるのである[一三一]。

したがって、労働と時間の弁証法によって構造化される社会的な衝突によって駆動される資本主義の歴史的運動は、マルクスにとって、時間の社会的分割の発展という観点から示しうるのであり、それは時間の社会的意味が変容する可能性に帰結するのである。すなわち、「富の尺度は、もはや労働時間ではけっしてなくて、自由に処分できる時間である[一三二]」。

必然性の王国

私が示してきたのは、次のことである。すなわち、後期マルクスの批判理論は、この社会を構造化する社会的媒介の特異で疑似‐客観的な様式を構成するものとしての、資本主義における労働の歴史的に特殊な役割に対する分析に基づいている。だが、しばしば引用される『資本論』第三巻の諸節は、本書で提示された解釈の中心的な命題に疑問を投げかけるであろう。わけても資本主義の超克は価値の超克を、すなわち、自己自身を媒介する富の形態の、そしてまた疎外された労働の超克をもたらすであろうという命題に対して、である。それゆえ、本章を閉じるにあたって、これらの諸節が実際に私の解釈と符合することを示すために、これまで展開してきた観点に照らしてそれらの諸節を考察することで、この探究を締めくくることにしよう。

私の読解において中心となってきた主張は、価値とはある規定された富の形態であり、資本主義において歴史的に特殊で、時間によって規定されている、というものであった。社会的媒介活動としての労働によって構成される社会支配の抽象的形態の一つの側面は、抽象的な時間の形態によって発動される、ある種の客観的必然性であることが示された。しかしながら、『資本論』第三巻においてマルクスは、資本主義が超克された後でも、そうした富の時間的規定は維持されると主張しているかのように見える。

資本主義的生産様式が解消した後にも、社会的生産が保持されるかぎり、価値規定は、労働時間の規制やいろいろな生産群のあいだへの社会的労働の配分、最後にそれに関する簿記が以前よりもいっそう重要になるという意味では、やはり有力に作用するのである。[一三三]

マルクスが亡くなってから出版された草稿のこの箇所において彼は、「価値」という術語を用いている。しかし、(技術的に発展した、グローバルな相互依存関係に基づく)ポスト資本制社会において、労働時間の統制は依然として重要であろうということの言明は、価値は富の形態であり続けるという考えとは区別されねばならない。この区別を明確にするために、まずはマルクスが『要綱』で、ポスト資本制社会における労働時間支出の統制の役割という、同じ問題を扱っている箇所を参照してみよう。

したがって、時間の経済は、生産のさまざまな部門への労働時間の計画的配分と同様に、共同社会的生産の基礎のうえでもあいかわらず第一の経済法則でありつづける。それどころか、共同社会的生産の基礎のうえで、

一三一――資本主義的社会編制の歴史についてのこのような理解と、フロイトにおける個人史という観念――そこでは過去はそれ自体としては表れず、隠蔽され、内部化された形態において表れ、現在を支配する――との同型性を指摘しうるだろう。精神分析の役割は、そうした領有が可能になるような仕方で過去を明るみに出すことである。強迫的に反復する現在の必然的契機は、そのことによって超克されうる。かくして個人は未来へと歩み出すことができるのである。

一三二――*Grundrisse*, p. 708.(『マルクス資本論草稿集②』、四九四―九五頁)

一三三――*Capital*, vol. 3, p. 991.(『マルクス=エンゲルス全集 第二五巻 第二分冊』、一〇九〇頁)

それが法則となる程度は、はるかに高くなるのである。けれどもこの法則は、労働時間によって諸交換価値（諸労働または労働諸生産物）を測ることとは本質的にちがっている。同一の労働部門における個々人の諸労働と、労働の異なる種類とは、単に量的にばかりでなく、質的にもちがっている。諸物の区別がただ量的でしかないということはなにを前提しているのか？　その質の同一性〔Dieselbigkeit〕である。したがって諸労働の量を測ることは、その質の同格性〔Ebenbürtigkeit〕、同一性を前提している。[一三四]

マルクスが「労働時間の計画的配分」を、「労働時間によって交換価値を測ること」から明確に区別していることは重要であり、後者について彼は、さまざまな種類の労働の質的な均一化という観点から論じている。マルクスによれば両者の違いは、労働時間の支出に基づく富の形態が、社会的媒介の疑似‐客観的な形態と内的に結びついていることにある。こうした状況において、時間は記述的な尺度ではなく、半ば独立した客観的規範となっている。このことが、マルクスの分析における資本主義の特徴をなすところの、労働と時間の弁証法を、またしたがって、発展の論理と物質的生産の形態を根拠づける。この弁証法は、そしてそれに関連する抽象的かつ社会的な必然性は、時間の経済それ自体ではなく、富の時間的形態に依拠している。それと同じことだが、すべての時間の経済が、自己媒介する富の形態を意味するわけではない。マルクスは両者を明確に区別しているのである。

それゆえマルクスが、ポスト資本制社会においても労働時間を考慮することが依然として重要であろうと述べていることは、富の形態それ自体が物質的ではなく時間的であることを意味してはいない。反対にそれは、人々を支配する疎外された形態において歴史的に構成されたもの——この場合は時間の経済——は、もし労働によって構成される媒介の形態が廃絶されたならば、人々によって変革され、彼ら自身の利益のために管理されうる、という彼のテーゼのもう一つの事例である。したがって、価値と物質的富との区別と、資本主義の超克は前者における富の形態の廃絶と後者による代替を必然的に伴うという考えが、マルクスの批判的分析の中心をなすという私の主張と、ここで示した諸節は矛盾してはいないのである。『資本論』第三巻から引用した右の文章の数ページ前でマルクスは、次のように述べている。

一定の時間に、したがってまた一定の剰余労働時間に、どれだけの使用価値が生産されるかは、労働の生産性によって定まる。だから、社会の現実の富も、社会の再生産過程の不断の拡張の可能性も、剰余労働時間の長さにかかっているのではなく、その生産性にかかっており、それが行なわれるための生産条件が豊富であるか貧弱であるかにかかっているのである。[一三五]

この一節はマルクスが、ポスト資本制社会における富の形態について、それが物質的富となるであろうと考えていたことを明確に示している。時間の経済は依然として重要ではあるものの、その時間はおそらく記述的なものとなるであろう。私が提示したように、マルクスの分析枠組みにおいて、そうした社会経済的秩序と、富の時間的形態によって支配された秩序との差異は重要である。資本の軌道によって規定される一つの可能性として構成されたポスト資本制社会において、社会的富は、生産力の増大に直接的に比例して増大することができるだろうし、それゆえ時間の支出の考慮と富の生産の関係は、価値が富の社会的形態であるような状況におけるものとは本質的に異なるものとなりうる。その上、生産過程はもはや労働過程と価値増殖過程という二重の性格を持たないのであるから、それは労働者からの労働時間の抽出に基づく必要がなくなるだろう。また生産の形態にしても、

一三四――*Grundrisse*, p. 173.（『マルクス資本論草稿集①』、一六二―六三頁）
一三五――*Capital*, vol. 3, p. 958（translation amended）.（『マルクス＝エンゲルス全集 第二五巻 第二分冊』、一〇五〇―五一頁）

生産において直接的人間労働が持つ、（価値の形態における）富の本質的源泉としての必然的な役割によって、構造的に形成されることはなくなるだろう。したがって生産過程は、根本的に転換されうるのである。私が示した通り、マルクスの分析において資本の弁証法は、社会的富の旧来の必然的な諸前提が超克される可能性を指し示している。言うなれば人類は、アダムの受けた呪いから自らを解放しうるのである[一三六]。

それゆえ、ありうべきポスト資本主義的な時間の経済についてのマルクスの考えと、富の時間的形態の観点からなされる彼の資本主義分析とは、同一のものではなく、区別されるべきである。彼が分析するように、資本主義の発展の軌道が示唆するのは、ありうべきポスト資本制社会は物質的富に基づくこと、それは時間の経済によって特徴づけられるであろうこと、この二つである。約言すれば、ポール・マティックが指摘するように、この節の冒頭に引用した第三巻の文章でマルクスは価値に言及するが、「この場合の価値なる語は単なる言葉のあやにすぎない」[一三七]。

後期マルクスにおいて、時間の経済と時間による支配とが区別されなければならないのと全く同様に、労働と社会的必要性との関係が考察される際には、超歴史的な社会的必要性と歴史的に規定された社会的必要性とが区別されなければならない。マルクスによれば、前者の類いの必要性の事例は、それがどのように規定されようと、ある形態における具体的な労働は、人間と自然の物質的相互作用を媒介し、それゆえ人間の社会生活を維持するために必要である、ということである。マルクスによれば、そうした活動は、あらゆる形態の社会における人間存在にとって必要な条件である[一三八]。私の解釈によれば、後者の必要性についてマルクスが暗黙のうちに考えているのは、社会的媒介作用としての労働によって究極的には構成される、資本主義の客体化され疎外された社会的関係の諸形態が発揮する抽象的で非人格的な類いの強制力に関わるものである。資本主義的生産の軌道と、莫大な生産能力が資本として歴史的に構成されることについての彼の分析は、この第二の形態の社会的必要性の展開という観点からも説明することができる。資本主義の歴史的発展は、したがって抽象的で疑似‐自然的な社会支配の形態を基盤とする社会の歴史的発展は、社会支配の直接的で人格的な形態に取って代わっただけでなく、自然による人間の支配の部分的な超克をも伴うものであった。換言すれば、資本主義の発展とともに人類は、予測不能な自然環境への抗し難い依存から自らを解き放ったが、それは労働によって構成される支配の疑似-自然的な構造――第二の自然のごときもの――を、無意識的に、意図せずつくり出すことによって行なわれたのである。人類は第一の自然、つまり自然環境による支配を克服したが、その代償として、この第二の自然の支配を構成したのである。

したがって、マルクスの分析において、商品に規定された労働は、その二重の性格の帰結として、二つの異なる形態の必然性に拘束される。一つは超歴史的なものであり、もう一つは資本主義に特殊なものである。このことは、頻繁に引用される以下の『資本論』第三巻の一節を検討する際に、心にとめておくべきことである。

じっさい、自由の国は、窮乏や外的な合目的性に迫られて労働するということがなくなったときに、はじめて始まるのである。つまり、それは、当然のこととして、本来の物質的生産の領域のかなたにあるのである。……自由はこの領域のなかではただ次のことにありうるだけである。すなわち、社会化された人間、結合され

一三六――人間解放の条件として、疎外された労働の克服を強調することは、ヘルベルト・マルクーゼにおける思想の中心をなすものである。彼は『経哲草稿』と『要綱』の重要性をいち早く認識した人物の一人であった。マルクーゼの分析における歴史的次元が時として見落とされてきたために、彼の立場は実際以上にロマン主義的なものであるとみなされてきた。Herbert Marcuse, "The Foundation of Historical Materialism," in *From Luther to Popper*, trans. Joris De Bres (London, 1972), pp. 3-48; *One-Dimensional Man* (Boston, 1964)（H・マルクーゼ『一次元的人間――先進産業社会におけるイデオロギーの研究』生松敬三・三沢謙一訳、河出書房新社、一九七四年）を参照。
一三七――Mattick, *Marx and Keynes: The Limits of the Mixed Economy* (Boston, 1969) p. 31.（P・マティック『マルクスとケインズ（新版）』佐藤武男訳、学文社、一九八二年、三七頁）
一三八――*Capital*, vol. 1, p. 133.（『マルクス＝エンゲルス全集 第二三巻 第一分冊』、五八頁）

た生産者たちが、盲目的な力によって支配されるように自分たちと自然との物質代謝によって支配されることをやめて、この物質代謝を合理的に規制し自分たちの共同的統制のもとに置くということ、つまり、力の最小の消費によって、自分たちの人間性に最もふさわしく最も適合した条件のもとでこの物質的代謝を行なうということである。しかし、これはやはりまだ必然性の国である。この国のかなたで、自己目的として認められる人間の力の発展が、真の自由の国が始まるのであるが、しかし、それはただかの必然性の国をその基礎としてその上にのみ花を開くことができるのである。[一三九]

この文章は二種類の異なる自由に触れているが、一方は超歴史的な社会的必然性／必要性からの自由であり、他方は歴史的に規定された社会的必然性／必要性からの自由である。「真の自由の王国」は、第一の形態の自由のことである。あらゆる形態の必然性／必要性からの自由は、不可避的に生産の領域の外部において始まらなければならない。しかしながら、マルクスによれば、この領域の内部においてもまた、ある種の自由は存在しうる。すなわち、連帯した生産者たちは、労働によって統制されるのではなく、労働を管理しうるのである。これまでに私が展開した議論の観点からすれば、彼がここで言及しているのは、狭い意味での生産の管理では決してなく、社会的生産の構造の変容と、商品に規定された労働に根差した抽象的な形態による支配の廃絶——すなわち、歴史的に規定された社会的必然性／必要性の廃絶——についてであることは明らかである。見てきたように、マルクスにとって、価値形態という社会的諸関係を超克することは、疎外された社会的必然性／必要性の超克を意味する。そのことによって人類は、右に論じた類いの疑似‐自然的な社会的強制力——例えば資本蓄積と結びついた制御不能な生産力や昂進する労働の断片化——から、自らを解放することができるだろう。つまりそれは、社会的および歴史的な自動作用のさまざまな局面から解放される、ということである。したがって、マルクスの展望において、疎外された労働の廃絶は、歴史的必然性／必要性の超克を、すなわち、資本主義的生産の領域において構成される歴史的に特殊な社会的必然性／必要性の超克をもたらすのであり、そして、そのことが歴史的自由を可能ならしめるのである。この「歴史的自由」は、マルクスの社会構想を特徴づけるために用いうるが、それは人格的な形態であれ抽象的な形態であれ、外在的な社会支配から人々が自由であり、連帯した諸個人が自分自身の歴史をつくることが可能であるような社会である。

マルクスの構想において歴史的自由は、歴史的に規定された社会的必然性／必要性からの解放をもたらし、「真の自由の王国」の拡張を可能にする。しかしながらそれは、社会全体のレベルにおける、あらゆる種類の必然性／必要性からの自由をもたらすものではないし、そうではあり得ない。というのも、マルクスにとって、絶対的な自由に基づく社会というものはあり得ないからである。残存する制約の一つは、自然である。諸個人の労働は、必ずしも消費手段を獲得するために必要な手段ではないが、ある種の形態の社会的生産は、人間が社会的に存在するための必要前提条件である。この超歴史的で「自然」な社会的必然性／必要性の形態とその度合いは、歴史的に改変されうる。とはいえ、この必然性／必要性それ自体は廃絶され得ない。マルクスによれば、生産における直接的人間労働が、社会的富の主要な源泉ではもはやなくなり、労働によって構成される社会的媒介の疑似‐客観的な形態によってもはや社会が構造化されなくなるとしても、社会的労働はなされなければならないのである。このような理由で、既に私が本書で指摘したように、個人の労働がどれほど遊びのようなものになろうと、社会一般のレベルにおいて労働が、純粋な遊びとしての性格を得ることはあり得ない。

このように、マルクスによる資本主義分析が含意する、疎外された労働の廃絶は、あらゆる形態の社会的労働の必然性を廃絶することを意味してはいない。とはいえ、そのような［疎外された］労働の性格、必要な労働時間（そして生活時間）の総量、そして社会的分業を成り立たしめるさまざまなありうべき様式は、歴史的必然性

——一三九——*Capital*, vol. 3, p. 958–59 (translation amended).（『マルクス＝エンゲルス全集 第二五巻 第二分冊』、一〇五一頁）

／必要性に支配された社会におけるものとは、大きく異なったものでありうる。したがって、マルクスの分析枠組みにおいて、人間の社会生活の条件として労働の必然性／必要性が存在し続けることを、疎外と、すなわち私が分析してきた、労働によって構成される社会支配の抽象的な形態と、同一視すべきではない。前者の必然性／必要性は、人間の生命それ自体に根差している。すなわち人間は、労働という手段によって自然環境との「代謝」を調整する存在であるため、媒介されたかたちで、自然の一部なのである。

右に引用した文章には、言及しておくべきもう一つの側面がある。労働に媒介された人間と自然の相互作用が、人間の社会生活の必要前提条件であるということは、マルクスの資本主義批判においてよく見落とされる、ある次元を明るみに出す。われわれが見てきた通り、マルクスによれば物質的富は、（具体的）労働と自然によって構成されるが、価値はただ（抽象的）労働にのみ依拠している。自己増殖する価値としての資本は、物質的富を生産するために——とはいえ目的としてではなく、剰余価値を拡大する手段として、すなわち、できる限り多くの剰余労働時間を労働人口から引き出し、吸収する手段として——物質的自然を消費する。このような、物質の客体化された時間単位への転換は一方向的なものであり、循環的な生産的消費のプロセスではない。この点において、資本に規定された生産は、より「高次の」焼き畑農業のごときものである。それは物質的富の源泉を消尽し、他へと移っていくのである。資本主義的生産は、マルクスの言葉を借りれば、「ただ、同時にいっさいの富の源泉を、土地をも労働者をも破壊することによってのみ、社会的生産過程の技術と結合とを発展させるのである[一四〇]」。資本によって誘発され要請される生産力の度外れた増大は、より多くの物質的富をつくり出すことが目的ではなく、必要労働時間を低減するための手段である、という事実にまさしく負っている。したがって、価値形態の一つの帰結は、際限のない拡大へと向かう運動によって、資本は特徴づけられるということである。つまり、われわれが見たように資本主義的生産とは、生産のための生産にほかならない。この資本を加速させる原動力は、直接的労働時間の支出に基づく富の形態に依拠する。見てきたように、マルクスによればこの「直接的労働時間の支出という」基盤は重要性を低下させ、富の源泉としてはいっそう限定されたものとなるが、価値の源泉としては必要なものであり続ける。資本の際限なき渇望と、その限定された基盤は相互に結びついているのだが、この結びつきは目に見えるかたちで明らかなものではない。資本形態が抱いている夢は、絶対的な無制約性という夢、すなわち物質から、自然から完全に自由になるという幻想である。この「資本の夢」は、資本自らがそれから自由になろうともがくところのもの——つまり地球とその住人——にとって、悪夢となりつつある。

　かかる夢遊病的状態から人類が真に目醒めることができるのは、ただ価値を廃絶することによってのみである。かかる廃絶は、右に論じたようなかたちで生産力を絶えず増大させる必然性／必要性を廃絶することを意味し、そして異なる構造の労働を、人々によってなされる、自分たちの生活に対するより高次元の管理を、さらにはより意識的に管理された自然環境との関係を、可能にするであろう。ある種の労働形態は超歴史的な社会的必然性／必要性であるというマルクスの主張は、絶対的自由という概念に対する批判であり、媒介されたかたちで自然の一部である人類の、被拘束性についての認識に基づく批判である。それが示唆しているのは、次の事柄である。すなわち、歴史的自由という状況は、より意識的に制御された自然との相互作用の過程を可能にするであろうということであり、かかる自然との関係は、自然が持つ盲目的な力に対する人類の服従を表す、ロマン化された「調和」という観点からも、あるいは盲目的な自然の征服をもたらす「自由」という観点からも、理解されてはならないのである。

　マルクスの批判理論はしばしば「プロメテウス的」なものとして、つまり、人間は自分たちが選んだ通りに世界を形づくることができるという、危険なまでにユートピア的な命題に基づく理論であるとして批判されてきた。本書では、労働に媒介された社会的諸関係という観点から、近代社会についての分析を提示してきたが、かかる

一一四〇——*Capital*, vol. 1, p. 638 (translation amended).（『マルクス＝エンゲルス全集 第二三巻 第一分冊』、六五七頁）

分析は、右のような批判が拠って立つところの想定——つまり、人間が自らを取り巻く世界を形成するかどうかは選択の問題であるという想定——に疑問を投げかける。マルクスの分析は、全体性を帯びた社会的形態としての商品の発展によって、人間は既に自らを取り巻く世界を「つくっている」ということを証明する、非常に説得力のある洗練された試みとして理解されうる。このことは、以前から人間は自らの世界を構成していたということも遡行的に示すが、しかしながら、資本主義の下で人々が世界をつくる形態は、かつての社会構成の諸形態とは著しく異なる。マルクスによれば、近代的・資本主義的な世界は、労働によって構成される。そしてこの社会構成の過程は、人々が自らつくり出すものによって支配される過程なのである。マルクスは資本を、歴史的に構成された、類 - 一般的な知識と技術の疎外された形態として分析し、それゆえ無制約性を目指してますます破壊的になるその運動を、人間による統御の手を離れた、人間の客体化された諸能力の運動としてとらえるのである。私が本書で展開したことから言えば、資本主義の超克というマルクスの構想は、そうした疑似 - 客観的な発展を、また加速する絶え間なき社会変容のプロセス——それは人々が自ら構成したものである——を、人々が制御できるようになること、として理解できる。したがって、そのような枠組みにおいて問題となるのは、人間は自らの世界をつくろうとするべきか否か、ではない。なぜなら、人間は既にそれを行なっているのであるから。むしろ問題は、人間はいかにして人間の世界をつくっているのか、ということである。つまり、問題は、この世界の性質であり、その軌道なのである。

第十章
結論的考察

本書の目的は、その最も基礎的な諸カテゴリーを検討することによって、後期マルクスの批判理論を再解釈することであり、またそれを基にして、資本制社会の性質の再概念化に着手することであった。この再解釈における重要な関心事は、マルクスの理論と伝統的マルクス主義の解釈との間にどれほど重大な差異が存在するかを示すことにあった。実際私は、伝統的マルクス主義の諸々の解釈に対して、マルクスの理論が強力な批判を提供しうることを示した。この批判は、諸々の解釈を分析することによって、それらを社会的な文脈に組み込むのであるが、その際に用いられるカテゴリーは、資本主義の批判的分析に用いられるものと同じなのである。言い換えれば、本書におけるマルクスの分析の再解釈は、伝統的マルクス主義への批判を可能にすると同時に、資本主義についてのもう一つの批判理論を表している。それは、マルクスの理論と他の社会理論との対話の条件を変容させもする。

本書で展開されたマルクスの理論の再解釈にとって鍵になったのは、伝統的に解釈された「労働」に立脚する資本主義批判と、資本主義における労働の、歴史的に規定された性格についての批判的分析に基づく資本主義批判を区別することであった。私の探究が示したのは、伝統的マルクス主義の核心部分には、伝統的に解釈された

「労働」概念が存するということであり、マルクスの分析は、このような視点から理解されるべきではない、ということである。われわれは、資本主義における労働の社会的に媒介する活動という歴史的に特異な性格についてのマルクスの分析が、この社会の特徴をなす社会的諸関係と主観性の諸形態に対する彼の探究の中心をなしているということを見てきた。マルクスによれば、抽象的労働と具体的労働としての、すなわち、人々の相互関係を媒介し、人間と自然の関係を媒介する活動としての、資本主義における労働の二重の機能が、資本主義における社会生活の、根本的な構造的形態——商品——を構成する。彼は商品を、社会的に構成され、また構成する——「主体的」であり、また「客体的」である——社会的実践の一形態として扱う。したがって、マルクスの理論は、資本主義における社会生活にとって労働が中心性を持つことを説くが、人類と自然の、労働に媒介された相互作用を社会的に最優先とすることを必然と考える理論ではない。むしろそれは、この社会——労働によって構成され、疑似 - 客観的な性格を有する社会——における社会的媒介の形態の特殊な性質についての理論である。この理論は、「労働」（あるいは階級）ではなく社会的媒介に焦点をあてるが、このことは、労働と意識を関連づけるマルクスの社会的認識論は、（構造化された実践の諸形態によって構成される）社会的媒介の諸形態と、主観性の諸形態とを内在的に関連するものとして把握する理論として理解されるべきことを意味する。このような理論は、反映論的な認識論や、思考は「上部構造」であるという類いの考えとは、何の共通点も持たない。それはまた、しばしばなされるような、主観性についての「唯物論的」な理論を、もっぱら利害関心についての理論と同一視することとは相容れない。

　私の探究が示したのは、マルクスが、社会的媒介の商品形態における二重の性格を概念化することに基づいて、資本制社会の根本的特徴を再構築していることである。彼のカテゴリーによる分析は、いくつかの顕著な特徴に注目して近代的な社会生活を特徴づけるのだが、それらを相互に関係づけ、社会的に根拠づけることが試みられている。これらの特徴には、社会支配の疑似 - 客観的で「必然的」な性格——つまり、現実的な人格もしくは具体的な制度としての中心を持たない、非人格的で抽象的な、波及する権力形態の性質——、近代社会の方向づけられた絶えざる動態性、そして相互依存と、個人の物質的再生産における労働に媒介された形態が含まれる。と同時に、マルクスのカテゴリーによる分析は、近代の社会生活における、一見したところ奇異な幾つかのことを、その構造的な社会的諸形態の本質的な様相として説明しようとする。すなわち、豊かさの只中において貧困が相変わらず生み出されること、社会的労働と社会的時間の組織化に対して、労働の節約と時間の節約の技術が見かけ上は逆説的に働くこと、そして、自らの社会的および自然的環境を人間が支配する潜在的能力は高まっているにもかかわらず、抽象的かつ非人格的な諸力によって、社会生活が支配されていることである。

こうしてマルクスは商品を、抽象的労働と具体的労働という双方の、さらには価値と物質的富という双方の矛盾をはらむ統一として分析するが、かかる分析こそが、資本主義についての彼の考えの、そして、その廃絶によって何がもたらされるかについての彼の考えの中心をなすものである。それは、右に概説した、変容と再構成の弁証法のための概念的基礎を与えるのであり、そのことによって、資本制社会における経済成長の形態、生産の性質とその軌道、分配と行政管理、そして労働の性質についての社会的かつ歴史的な批判的分析が可能になる。マルクスの基本的な諸カテゴリーは、これら資本制社会の根本的な特徴についての社会的な分析を根拠づけているだけではない。諸カテゴリーはこれらの特徴について、無力で断片化された個人の労働と存在を、社会的全体性の力と豊かさから切り離す、拡大する隔たりと内在的に関連づけることによって、根拠づけるのである。生産の領域に対するマルクスの分析について私は探究してきたが、それが証明したのは、社会的全体性と個人との、かかる対立についての彼の批判は、社会的「分化」の歴史的過程そのものに対する単なる批判――個人と社会との無媒介的統一をロマン主義的に構想する立場から企てられる批判――なのではない、ということだ。そうではなく、マルクスの批判は、資本主義におけるこうした対立の特殊性についての分析に基づいている。彼の分析によれば、かかる対立は、社会的に一般的な人類の能力と知識とが、資本主義において歴史的に構成される場であるところの疎外された形態に依拠しているのであり、この疎外された形態は、労働に媒介された社会的諸関係の性質という観点から説明される。資本分析を土台にしてマルクスは、資本制社会において客体化される一般的で社会的な次元と諸個人との間に構成される対立の、特殊な性格に対する強力な批判を与えているのである。このことによって彼は、次のような考え方に反対する。すなわち、この対立は、高度に発達した社会的分業に基づいて技術的に進歩した、いかなる生産様式においても必然的に付随する——資本主義的工業生産の形態における物質化はその一例である——という考え方である。このようにして彼の分析は、根本的に異なる様式による「分化」の可能性を示唆しているのである。

このアプローチによれば、資本制社会の歴史的発展は社会的に構成されるのであり、非直線的、非進化論的なものである。それは、歴史的変化が他の諸社会の形態においてはそうでありうるのとは違って、偶然的でもなければ不規則的でもないが、超歴史的な進化論的発展あるいは弁証法的発展なのでもない。むしろそれは、特定の偶然的な歴史的状況の結果として生まれ、その後、抽象的で普遍的かつ必然的なものとなった、歴史的に特殊な弁証法的発展なのである。この歴史的弁証法は、一方において、社会生活のすべての局面が絶えず加速度的に変容する過程をもたらし、他方において、資本主義における最も根本的な構造的特徴の絶えざる再構成をもたらす。マルクスの分析において、変容と再構成の弁証法は、究極的には価値と物質的富との差異において、つまり、資本主義を構成する社会的媒介の二重の性格において、根拠づけられる。このことを思い起こしておくことは、われわれの目的にとって重要である。ブルジョワ資本主義において市場は、そうした弁証法が一般化される手段の役割を果たすとはいえ、この弁証法そのものは、分配におけるブルジョワ的諸関係という観点からは、完全には説明され得ない。

したがって、マルクスの分析において、資本主義の本質的な核心を構成するのは、市場と生産手段の私有ではなく、労働の二重の性格なのである。例えば、生産の軌道についての彼の説明が示しているのは、資本主義の発展の初期段階において、分配のブルジョワ的諸関係は中心的な重要性を有していたが、しかし、ひとたびその社会が十全たる発展を遂げると、これらの諸関係は構造的に中心的ではなくなってくる、ということだ。実際、私の探究は、そうした資本主義におけるブルジョワ的側面にばかり焦点を合わせることで、抽象的労働と具体的労働の、そして価値と物質的富との区別についてのマルクスの分析の、決定的な意義が覆い隠されかねない、ということを示している。

例えば「労働富説」[labor theory of wealth] は、階級搾取を理論的に根拠づけられるかもしれない。あるいは、資本主義における生産は、使用よりもむしろ利潤を目的とすることを強調する理論は、この利潤という目的が、いかにして生産における技術革新を生み出すかを示しうるかもしれない。そして、伝統的マルクス主義のアプローチは、資本主義的な社会的再生産のプロセスが持つ、危機に駆り立てられる性格についての説明を与えうるかもしれない。しかしながら、これらの理論的目的のすべてが実現されうる一方で、マルクスが自らの議論の最初に導入した根本的区別は無視されるのである。だが、私が示したように、マルクスの理論はまた、資本主義における経済成長の性格、資本主義的な生産過程の性質とその軌道、すなわち、生産過程における客体化された社会的に一般的な知識と生きた労働の本質的な対立に対する批判をもたらすのである。この批判は、資本主義における社会的強制の、疑似-客観的で方向づけられた動態性を有する性格と、社会的世界の構造化に対して、抽象的次元と具体的次元の対立という観点から、批判を加えるものでもある。究極的にはそれは、資本主義における労働の二重の性格についてのマルクスの批判的分析に基づいている。このような批判は、超歴史的に理解された「労働」の立場からの資本主義批判とは大きく異なるのである。

その上、マルクスの資本主義分析が全体性の概念を扱う仕方は、伝統的マルクス主義におけるそれとも、多くの流行りのマルクス主義批判におけるそれとも、異なる。見てきたように、マルクスの理論は資本を、社会的全体性として、つまり、究極的には労働に媒介された社会的諸関係の形態によって構成される疎外された形態として分析している。したがってマルクスの理論は、社会的全体性に対する批判を含んでいるのである。その理論は全体性を、ひとたびブルジョワ社会の特殊主義が超克されれば実現するものとして、伝統的マルクス主義のような仕方で肯定するのではない。流行する多くの立場も、全体性を支配に結びつけているが、マルクスの理論はこれらの立場と異なり、全体性が社会的に存在することを否定しない。そうではなく、この理論は全体性について、社会的媒介の支配的形態の関数として分析し、その超克の可能性を指し示そうとする。そうしたアプローチの枠組みにおいては、全体性を肯定することも、その存在を否定することも、いずれもが資本による支配の維持に役立っているのである。

したがって、マルクスによる批判と伝統的マルクス主義の違いは相当大きい。実際、この二つは多くの点で対立している。伝統的マルクス主義によって肯定される多くのものが、マルクスの理論からは、批判的にとらえられるのである。われわれが見てきたのは、私有と市場によって構造化された階級関係について、マルクスの理論は、資本主義にとって最も根本的な社会的諸関係であるとは考えていない、ということである。同様に、価値と剰余価値という彼のカテゴリーにおける批判的な主意は、単に搾取理論を根拠づけることにはない。マルクスの理論は、資本主義的な分配のパターンを批判するために、資本主義的な生産過程を肯定したりはしないし、プロレタリアートは未来の社会主義社会において自己を実現する革命的《主体》であると示唆したりもしない。マルクスにとって資本制社会の内的な矛盾は、資本主義的な諸関係と工業的生産の間に構造的に存するのでもなければ、資本家階級と労働者階級の間に社会的に存するのでもない。［伝統的マルクス主義において］各対立における第二の項［＝工業的生産・労働者階級］は、資本主義から本質的に独立しており、可能なる社会主義的未来に向かっている、と解されるのである。より一般的なレベルで言えば、マルクスの理論は労働について、社会生活の超歴史的な構造的原理であると主張してはいない。すなわち、それは（具体的）労働によって媒介される主客の弁証法の観点から、社会生活の構成を把握するのではない。実際それは労働、階級、歴史、さらには社会生活の性質それ自体について、いかなる超歴史的理論をも与えはしないのである。

マルクスの自己再帰的な批判のカテゴリーについての私の探究が明らかにしたのは、資本主義の性質とその超克についての、伝統的マルクス主義による解釈とは大きく異なる概念である。資本主義における労働は、マルクスの批判にとっての立脚点では全くなく、批判の対象であるということを、われわれは見てきた。後期マルクスの理論において、搾取と市場に対する批判は、はるかに根本的な批判の枠組みの中に埋め込まれている。この枠組みにおいて資本主義における労働の、構成的な中心性は、支配における抽象的な諸構造と、個々の労働および個人の存在において昂進する断片化と、そして、盲目的で抑え難い資本制社会の論理と、ますます人々を包摂する大規模な組織の、究極的な基盤として分析される。この批判は労働者階級について、資本主義の否定の具現化としてではなく、資本主義の不可欠な要素として分析する。価値の超克の可能性を指し示すことによってマルクスの批判は、資本主義の特徴をなす抽象的な強制力の構造を超克する可能性を、プロレタリア労働を廃絶する可能性を、そして、生産を別様に組織する可能性を、それらが本質的に関連していることを示唆しながら、指し示すのである。

本書のはじめに私は、次のことを示唆した。すなわち、ここ半世紀における歴史的な発展——例えば国家介入主義的なポスト自由主義が発展し、最近になってそれが危機を迎えたこと、「現存社会主義」社会が勃興し、その後、崩壊したこと、地球規模で社会・経済・環境をめぐる諸問題が新たに生じたこと、そして、新しい社会運動が出現したこと——によって、解放を目指す批判的社会理論としては、伝統的マルクス主義は不十分であることが明らかになったのである。これらのことは、資本制社会を根本的に再概念化する必要があることを証明している。私が再解釈したようにマルクスの理論は、資本主義の性質とそのありうべき歴史的変容について、このように根本的に再考するための有益な出発点を与えてくれるのである。

私がその概略を述べたアプローチは、資本主義批判において、市場と私有財産に主たる関心を置くことから、その焦点を移し替える。それゆえ、このアプローチは、ポスト自由主義的な資本主義に対して一層適切で、「現存社会主義」社会を分析するための基礎をも与えるような、近代資本制社会の批判理論のための基礎として役立ちうるのである。例えば私は、『資本論』において展開された、生産諸力と生産諸関係の矛盾は、本質的には工業的生産と自由主義的資本主義の諸制度との矛盾ではなく、その矛盾は前者の実現に向かっているのではないことを示してきた。マルクスの理論は、工業的生産とプロレタリアートの立場から、市場と私有財産に対する批判を与えているのでは全くなく、工業的な生産過程を、本質的に資本主義的なものとして分析するための基礎を与えているのである。商品と資本というマルクスのカテゴリーは、大規模工業生産を組織する内的原理のみならず、資本主義の半ば自動的な動態性をも表現しようとしている。その上、これらのカテゴリーは、直接的生産の領域外にあるポスト自由主義的な諸形態――例えば社会の組織化における集合的な諸形態――を分析するための出発点を与えもするのである。実際、商品形態の十全たる発展は、かかる集合的な社会的諸形態の発展を含意することをわれわれは見た。労働力が商品化されるようになってはじめて、商品は全体化されるようになる、ということを思い起こしておこう。しかしながら、商品としての労働力の論理的規定は、そうした商品に対して労働者が実効的な支配を及ぼすときにはじめて、歴史的に実現される。マルクスの分析枠組みにおいて、労働者がそれを行ないうるのは、集合的な商品所有者としてのみである。つまり、価値の全体化は、集合的な諸形態による組織化を要求するのである。

したがって、マルクスの資本主義分析は、必ずしも自由主義的な資本主義に束縛されてはいない。むしろそれが含意しているのは、カテゴリー的に把握された、資本主義における社会的諸形態の十全たる発展は、その自由主義的な段階の先を指し示す、ということだ。さらに本書は、生産過程の構造化に焦点を合わせてきたが、マルクスによるカテゴリーを用いた分析の含意は、直接的生産の領域をはるかに超えたところにまで及ぶのである。商品による社会生活の構造化についてのマルクスの分析は、この領域に限定されはしないということを、私は示してきた。商品について彼は、資本制社会における最も根本的かつ一般的な社会的媒介として分析する。また私は、マルクスが価値を、近代における社会的な存在を構造的に深い水準で、目に見えないかたちで規定し、社会的行為者の背後で作用するものとしてとらえていることを示してきた。マルクスによれば価値は、意識と行為を構成しているが、それはまた人々によって――彼らはその存在に気づかないにもかかわらず――構成されている。

それゆえ価値の作用は、そこで価値が生み出されると考えられている直接的生産の領域に必ずしも限定されない。このことが意味するのは、商品と資本によって生み出される大規模でヒエラルキー的な組織形態——そこで人々は、合理化された巨大機構の歯車として組み込まれる——について私がその概略を示した分析は、直接的生産の領域に限られはしない、ということである。

　これらの考察が示唆するのは、マルクスの理論は、商品形態による社会生活の構造化を体系的に分析することを基礎として、発展した資本主義の特徴をなす大規模で合理化された、生産と行政管理の官僚制組織についての一般的で批判的な社会的分析を可能にする、ということだ。[一]言い換えればマルクスの理論は、近代における社会

一——デヴィッド・ハーヴェイもまた、二〇世紀資本主義における重要な諸転換は、必ずしもマルクスの分析を不要にするのではなく、マルクスの分析の観点から理解されうるものである、と論じている。以下を参照。David Harvey, *The Limits to Capital* (Chicago, 1982), pp. 137-55.（D・ハーヴェイ『空間編成の社会理論——資本の限界（上）』松石勝彦・水岡不二雄訳、大明堂、一九八九年、二二三—四七頁）ハーヴェイは、『資本論』第三巻において展開される利潤率の均等化というマルクスの考えについて、それは資本移動の容易さに依存するという洞察から出発し、一九世紀における企業の組織形態の劇的な変化は、資本の集中と集権化に関係している、と論じる。この集中と集権化は価値法則に根差しているが、逆にそれは、価値法則の作用を強化する（pp. 137-41〔二二三—二九頁〕）。官僚制的に組織された大規模な資本主義的企業の勃興は、運輸、通信、そして銀行業務などにおける諸技術の大幅な進歩——それらすべては競争の障壁を緩和し資本の運動を促進した——と歩調を合わせて進行した（p. 145〔二三四頁〕）。ハーヴェイは、経営上の調整は価値法則と矛盾しない、と主張する。ハーヴェイは、A・チャンドラーの『経営者の時代』(Alfred Chandler, The Visible Hand: *The Managerial Revolution in American Business* [Cambridge, Mass., 1977]〔A・チャンドラー『経営者の時代——アメリカ産業における近代企業の成立（上・下）』鳥羽欽一郎・小林袈裟治訳、東洋経済新報社、一九七九年〕）における「経営者革命」についての議論に言及しつつ、次のように主張する。すなわち、経済活動の量は、世紀の変わり目までに、市場による調整よりも行政による調整のほうが、より効率的で収益も高くなるような段階に達した（p. 146〔二三六頁〕）。ハーヴェイの指摘によれば大企業は、非常に素早くまた効果的な仕方で、資本とマンパワーを一つのラインから別のラインに移すことができる。さらに一九二〇年代以降、（アメリカ合衆国のゼネラル・モータースをはじめとする）大企業は、各下位部門に財務上の責任を付与し、内的に脱中心化してきた。現代の経営構造は、行政管理的な仕方で利潤率を均等化させる効果を持つ形態を生み出した、とハーヴェイは結論する（pp. 148-49〔二三七—三九頁〕）。
（利潤率を均等化することによる）価値分配の行政管理的な様式が、あるレベルでは——一国的レベルであれ国際的レベルであれ——競争の存在をどの程度前提にしているのかは、ここで私が取り組みうる問題ではない。ハーヴェイのアプローチは、市場による調整は資本主義にと

生活の全領域を合理化するものとしてウェーバーが分析したものを、社会的に根拠づけると同時に、本質的に矛盾をはらむものとして把握するような分析を可能にするのである。[二]

　このような分析は、ポスト自由主義的な資本主義について、一次元的で完全に行政管理された社会的世界として分析するフランクフルト学派の基底をなす根本的な前提を共有してはいない。マルクスの生産過程の分析に対する私の探究が示したように、資本制社会の矛盾をはらむ性質についてのマルクスの理解は、二〇世紀資本主義における質的変化を把握しようとするフリードリッヒ・ポロックの企ての特徴をなす伝統的な理解とは大きく異なる。マルクスの理論に基づく分析は、これらの重大な質的発展を、まさしく資本によって規定され、内的に矛盾をはらむものとして把握するが、ポロックに従えばこれらの発展は、社会を解放するような変容が果たされていないにもかかわらず、資本主義の根本的な矛盾が既に超克されていることを示していることになる。

　資本主義を構造化する諸形態の、矛盾をはらむ性格についてのマルクスの概念と、それが含意する変容と再構成の弁証法について、本書はその解釈を略述してきたが、それは――きわめて抽象的で論理的な水準において――、資本主義の発展における新たな段階を画するように見える最近の発展の分析を可能にする。このようなアプローチは、歴史の弁証法的な発展という観念を、分配様式の水準よりも一層本質的な水準において回復し、そのことによって、自由主義的な資本主義が国家資本主義に取って代わられることを論じるポロックの議論よりも一層直線的なものではなくなる。それゆえ、かかるアプローチは、資本主義の発展において何が新しい移行でありうるかを理解するための出発点になりうる。［近年の］資本主義の発展は、西側における国家中心的な形態の弱体化と、東側における国家管理的な形態の崩壊を特徴とする――つまり、自由主義的な資本主義から組織された資本主義への移行の特徴であった国家管理の増大へ向かう傾向の、部分的な反転を特徴とするのである。こうした見方からすれば、この移行についてのポロックの分析は、今ではより弁証法的な発展の一契機として見えるものを、直線的なものとして扱っていたことになる。私が提示したアプローチは、こうした発展に対してより適切なものとなりうるだろうし、また、国家介入主義的資本主義と「現存社会主義」の、相似た歴史的な軌道を、資本のグローバルな発展における同じ段階の、二つの大きく異なるヴァリエーションとして概念化するための、基盤を確立する出発点となりうるだろう。

資本主義の性質を再考することは、その超克を再概念化することを意味する。本書の解釈によればマルクスの理論は、社会的生産と行政管理の現存する諸形態を、「近代性」に必然的に付随するものとして肯定するのではないし、それらの廃絶を求めるわけでもない。そうではなく、それは、これら二つの立場の対立を乗り越えようとするのである。われわれが見てきたようにマルクスは、例えば生産過程について技術的な観点から論じたりせず、それを社会的に、つまり、二つの社会的な次元という観点から――資本主義においてそれは絡まり合っているのだが、もしかしたら分離されうるかもしれない――分析している。近代社会の批判理論としてマルクスの理論は、社会支配について、この社会の生産過程および他の「諸制度」に内在的なものとして分析する。マルクスの理論は、過去を慕って振り返ることはせずに、資本主義における直接的で実践的な水準では区別され得ないものを概念的に区別することで、その分析を成し遂げる。つまりそれは、資本の存在ゆえに、技術的に進歩した生産と高度に発展した社会的分業とを伴う社会にとって必要であるものと、資本が廃絶された社会にとって必要に

って、もはや本質的でないにもかかわらず、競争は依然として中心的である、と主張するものである。変化するのは、競争の中心である。例えばそれは、資本市場へ移動し、そこでの競争は貨幣資本のためになされるのである。この競争は、企業のみならず国家に対して、資本の規律を課すための手段である（pp. 150-55［二四〇―四六頁］）。二〇世紀における価値法則の妥当性に対するハーヴェイのアプローチは洗練されており、啓発的でもある。しかしながらハーヴェイは私のアプローチとは異なり、時間的に規定された富の形態としての価値の特殊性には焦点を当てていない。資本主義における蓄積のための蓄積のプロセスを考察するにあたって彼は、抽象的労働と具体的労働の区別、価値と物質的富の区別よりもまず、競争と私有財産に関心を寄せている。このためハーヴェイは、生産とその物質的形態の動態性を、私が述べた矛盾に根拠づけてはいない。同様に、競争を強調することによって、「現存社会主義」社会を彼がどのように分析するかは不明瞭なままである。

二――既に見たようにルカーチは、『歴史と階級意識』において、そのような課題に取り組んでいる。だが、彼のアプローチは、労働、全体性、そしてプロレタリアートについての彼の伝統的な想定のために、有効なものではなくなっている。

なるであろうものとを区別する、ということだ。マルクスの経済学批判は、近代性についての批判理論であるが、その立脚点は、資本主義以前の過去ではなく、資本主義によって発展し、資本主義を乗り越える、一つの可能性にある。マルクスの批判が、資本主義における抽象的で疑似-客観的な社会的諸関係や、この社会における生産と仕事の性質、そして成長への命令を根拠づけようとし、またそれに対して批判的である限りにおいて、それは現代の発展についての分析の基礎を与えることができるだろう。そうした分析は、現代の多くの関心や不満、そして欲求の原因について、伝統的マルクス主義が行なったよりも、より適切に取り組むことができるのである。

資本主義の矛盾をはらむ性格を理解することで、このアプローチは、資本主義において社会的に構成される批判と反対の、三つの主要な形態を区別することを可能にする。第一のものは、人々が伝統的な諸形態とみなすものに根差しており、資本主義によってそれが破壊されることに反対することへと向かう。第二のものは、近代資本制社会における理想と現実のギャップに自らを基礎づける。この形態は、リベラルな公民権運動から、（ひとたび労働者階級が構成されれば）労働者階級の運動に至るまで、広範囲にわたるさまざまな運動の特徴をなす。私の示す解釈が描き出すのは、批判とありうべき反対における、第三の主要な形態である。それは資本主義によって生み出される可能性と、その現実との間で拡大していくギャップに基づく。このアプローチは、ここ数十年における新しい社会運動を分析するための、実りある基礎としての役割を果たすことができる。[三]

ここでは触れるのみにとどめるが、本書で解釈したようにマルクスの批判は、ポスト資本制社会における民主主義のための条件という問題へのアプローチをも含意している。第一にそれは、資本制社会における民主主義の社会的限界について分析するための基礎を与え、かかる分析は、形式的な政治的平等と具体的な社会的不平等との隔たりに対する伝統的な批判を越えて進む。伝統的な立場は、分配における資本主義的な諸関係に根差す、富と権力の途方もない格差を最小化することは、民主主義的な政治システムを意味あるかたちで実現するための、不可欠の社会的な条件であると論じる。本書で私が提示してきたことに照らせば、このような考察は、資本制社会における民主主義の社会的限界を、ただ一つの側面からのみ理解するものとみなしうる。さらに把握されねばならないのは、民主主義的な自己決定に対する制約であり、それは資本主義を構成する疑似‐客観的で全体化する、歴史的に動態的な社会的媒介の形態に根差す支配の、抽象的な形態によって、課されるのである。

見てきたように、マルクスにとってこうした社会支配の形態は、資本制社会における成長の性質や、社会的生産と再生産の形態、そして、人間と自然との関係を形づくっている。しかしながら、これらの過程は、社会的なものとしては全く表れない。それゆえ、そうした変容についての議論は、ひどくユートピア的なもののようにも映る。だが、マルクスの分析は、こうした制約は社会的なものであると主張する。それらはその性質において技術的でもなければ、近代性における必然的な側面なのでもない。その上、商品と資本に根差した強制の諸形態は静的なのではなく、むしろ動態的なのである。私が再構成したマルクスの分析によれば、資本主義的な生産諸関係におけるこの側面の廃絶は望ましいだけでなく、その影響がますます破壊的なものになりつつある社会支配の動態的形態から人類が自らを解放するために必須のものでもある。

加えて、多くの伝統的な解釈とは異なり、民主主義的な自己決定のための社会的な条件をこのように概念化することは、国家主義的な含意を必ずしも持たない。われわれが見てきたように、マルクスにとって、資本主義における基礎的な生産諸関係は、市場と私有財産に等しいものではない。したがって、市場と私有財産を国家によ

三――しかしながら、論理的に抽象的で予備的な水準においても、資本主義を乗り越えるように見える価値観や、欲求、そして関心における歴史的な発展は、直線的なものとして解釈されるべきではない。例えば、ポスト自由主義的な資本主義の新しい段階への移行は、現存する仕事の形態と個人の再生産の、見かけ上必然的なつながりを再確立したように思われるし、働く活動の性質に対して関心が高まってきたように思えたものを、消費を通じた充足という考え方のほうに方向転換するよう促した。T. J. Jackson Lears, "From Salvation to Self-Realization," in Richard W. Fox and T. J. Jackson Lears, eds., *The Culture of Consumption* (New York, 1983).（T・J・J・リアーズ「救いから自己実現へ――広告と消費文化の心理療法としてのルーツ一八八〇―一九三〇」：R・W・フォックス／T・J・J・リアーズ編『消費の文化』小池和子訳、勁草書房、一九八五年）

って置き換えることは、価値と資本の超克を意味するわけではないのである。事実、ポロックは「国家資本主義」という術語を用いながらも、その基礎づけには失敗した。しかしこの術語は、次のような社会を描くものとしては正当化されうる。すなわち、資本主義的な生産諸関係は存在し続け、他方で、分配におけるブルジョワ的な諸関係は、依然として資本に根ざす強制と制約に従属するところの、国家-官僚制的な行政管理の様式に取って代わられた社会である。

この点についてのマルクスのアプローチと、伝統的マルクス主義のそれとの違いは、社会的媒介という問題に対する両者の差異に対応している。マルクスの批判は、労働によって構成される、社会的媒介の規定された形態に対する批判であることを、私は示してきた。つまりそれは、社会的媒介それ自体に対する批判ではないのである。伝統的マルクス主義に類する批判は、媒介と市場を同一視しがちであり、行政管理によってそれを置き換えることを目指すのに対して、マルクスの批判は、ポスト資本制社会における媒介の政治的様式の可能性を——つまり、社会主義における、公式の国家機構の外にある政治的な公共圏という概念を——、躊躇することなく許容するのである。

しかし私は、発達した資本制社会の性質とその展開、さらにはその可能なる超克について十全たる理論を詳述することも、「現存社会主義」社会へのアプローチを詳述することも、意図してはいない。本書は予備的なものであり、根本的な論理的水準において、理論的な明確化を図り、方向づけをし直す仕事である。ここでの私の主たる意図は、マルクスの理論のカテゴリー的な基礎についての、できる限り一貫した、説得力のある再解釈を提供することにあった。その際、伝統的マルクス主義からマルクスの理論を区別し、それが現代世界に対する適切で批判的な分析のための基盤を提供しうるということを示唆した。私は、かかる分析の土台——その観点から、資本主義の把握と、その歴史的軌道の理解が試みられるところの、基本的な諸カテゴリーと方向づけ——を解明したのである。

後期マルクスの批判理論における基本的諸カテゴリーについてのこうした再解釈は、現代世界に対する強力な批判的社会理論のための基礎として、彼の理論は役立ちうるという考えを説得力のあるものとする。とはいえ私は、この理論が資本制あるいは近代社会の分析として適切であることを証明した、とは主張しない。ただ、私の再解釈によって、根本的な視点の転換がなされ、マルクスのカテゴリー的分析の妥当性に対する問いが生じざるを得なくなるのである。概してこの問いは、伝統的解釈の枠組みのなかで論じられてきた。つまり、マルクスのカテゴリーは、「労働」の立場からの社会批判における超歴史的なカテゴリーであるかのように、経済学批判というよりはむしろ、批判的経済学のカテゴリーであるかのように論じられてきたのである。例えば、マルクスの「労働価値説」の妥当性に関する大半の議論はそれを、超歴史的な「労働」概念に基づく、価格あるいは搾取の理論としてとらえてきた。これらの議論は、その過程において、マルクスの理論にとって根本的な区別として私が示したもの——例えば価値と物質的富の区別、抽象的労働と具体的労働の区別——を混同してきたのである。[四]だが、超歴史的な「労働を社会的な富の源泉とする理論」[labor theory of social wealth]の妥当性の問題は、歴史的に特異な「労働価値説」[labor theory of value]の妥当性の問題とは大きく異なる。歴史的に特殊で動態的であり、時間に拘束されたカテゴリーの妥当性の問題は、超歴史的に妥当とされるカテゴリーの問題とは、まったく異なるのである。さらに私の探究が明らかにしたのは、伝統的マルクス主義においては混同された根本的な区別こそが、資本制社会の本質的特徴としてマルクスがみなしたものを把握する彼の企ての基礎を構成しているということだ。換言すれば、マルクスの理論における対象、その批判の焦点は、価値と物質的富を区別しない理論におけるそれとは異なっている。これら二つの理由から、基本的にマルクスのカテゴリーを経済学の用語へと翻訳してしまう議論を基礎にすると、マルクスの批判理論の妥当性は、肯定的にであれ否定的にであ

四——このような議論に対する最近の簡潔な概観のためには、Michael W. Macy, "Value Theory and the 'Golden Eggs': Appropriating the Magic of Accumulation," *Sociological Theory* 6, no.2 (Fall 1988) を参照。メイシーは、疎外の概念の観点から、マルクスの経済学批判を再定式化しようとしているが、しかし、経済学批判におけるカテゴリーの、超歴史的な解釈を受け入れている。

れ、適切に評価することはできないのである。

したがって、マルクス理論の妥当性という問題は、そのカテゴリーとその対象の性質の、いわゆる歴史的な特殊性という観点から、定式化されねばならない。見てきたようにマルクスは、カテゴリーによる分析によって資本制社会を把握しようと試みるが、それは労働によって構成される基底的な社会的媒介の形態——それは二重の性格を持っており、複雑で方向づけられた弁証法を生み出す——の観点からなされる。この基礎の上でマルクスは、社会生活における、かかる形態の根本的な諸特徴として彼が明確にみなすものを、それらが内在的に関連していることを示すことで分析しようとし、社会的に基礎づけようとする。その諸特徴には、資本主義における社会的必要性の疑似‐客観的で動態的な性質、工業的生産と仕事の性質とその軌道、経済発展の特殊なパターン、そして資本主義の特徴をなす搾取の特定の形態(および変化する主観性の形態)が含まれる。

結局のところ、マルクスの歴史的に特殊なカテゴリー的分析の説得力という問題は、資本制社会のこれらの特徴を参照することによって、提起されなければならない。私は、富と社会的媒介の形態としての価値についてのマルクスの分析を検討した。つまり私は、物質的富ではなく価値——それは直接的な労働時間の支出の関数である——が、その見かけにかかわらず、資本主義における富の支配的な社会的形態であるというマルクスの議論を解明することを試みたのである。私は、マルクスの理論がいかに次のことを含意しているかを示してきた。すなわち価値は、自らを時代錯誤なものとする条件を生じさせるにもかかわらず、資本主義の中核として構造的に再構成される。それゆえ資本制社会は、資本における価値の次元と使用価値の次元との弁証法によって形づくられ、また、この二つの次元の間の剪断圧力によって形づくられるのである。このようにして本書は、マルクスの価値論と、彼が資本主義の根本的特徴とみなしたものと価値論との関係の、それぞれの性質と基本的な輪郭を明らかにすることを試みた。だがそれは予備的な論理水準でなされたにすぎない。その妥当性の問題に適切に取り組むには、こうした理論を、さらに発展させなければならないのである。

検討されなければならない一つの重要な理論的問題は、構造と行為の関係性である。既に述べたように私は、マルクスの資本分析の中心に位置する変容と再構成の弁証法を解明するに際して、弁証法が把握するのは、動態性の基底をなす構造的な論理だけであることを指摘した。より完全な説明のためには、人々がその存在に気づかないにもかかわらず、人々によって価値がどのように構成され、作動しはじめるのかを、さらに探究する必要があるだろう。マルクスの分析は、社会的行為者たちが、資本制社会の本質的な構造的形態に気づかずにいるにもかかわらず、これら諸形態と社会的行為のあいだには体系的な関係が存在するということを示唆する。両者を媒介するのは、基底的な社会的諸形態（例えば、剰余価値）が必然的に、基底的な諸形態を表現すると同時にそれを隠蔽し、行為の基盤としての役割を果たすような現象形態（例えば、利潤）において表れる、ということである。述べたように、この問題をより完全に論じるためには、『資本論』第一巻におけるマルクスの分析と、第三巻における分析との関係を再検討することが求められる。それはまた、現象形態における直接性に基づいて行為する人々が、資本主義の基底をなす——とマルクスが主張する——社会的諸形態を再構成するということが説明できるかどうかを探究することをも必要とするであろう。

マルクスによる分析の説得力がより適切に評価されるにはまず、その他の諸側面がさらに展開されなければならないだろう。例えば、資本主義における成長の基底的なパターンは、この社会を構成する社会的媒介の二つの次元としてマルクスが分析するものにおける弁証法によって、適切に把握することができるのかどうか、という問題がある。この問題をさらに研究するには、『資本論』第二巻におけるマルクスの流通についての分析と、第三巻における流通と生産の相互浸透についての分析を探究することが必要になるだろう。しかもそれは、私が強調した価値と物質的富との根本的な区別に基づいてなされる必要がある。と同時にこのことは、必然的に資本主義における危機の、構造的な基盤についてのマルクスの分析を再考することを意味する。

こうした分析は、資本の拡大の時間的および空間的次元——すなわち、資本制社会の質的変容と、資本主義のグローバリゼーションの変化する性質の、相互に関連した過程――を把握することにおける、マルクスのカテゴリーの妥当性を研究するために必要である。そのような試みにとって、マルクスの価値のカテゴリーを、資本への労働の実質的包摂という条件下で、大規模生産を組織する構造的カテゴリーとして分析する――私がそれを始めたように――ことは、重要な出発点となる。かかる分析は、さらに展開されれば、私が何度か述べた問題――すなわち、マルクスの分析した、資本の価値の次元と使用価値の次元の弁証法による工業的生産の構造化と、産業資本主義における社会的生産と行政管理の、合理化され官僚制化された大規模組織との間の、ありうべき関係という問題――をより徹底的に探究するための基礎の役割を果たしうる。このような探究は、次の二つの目的に向かうためのステップとなるであろう。その第一は、資本制社会の性質と発展における質的変化を把握することができるアプローチのための基礎を、マルクスの理論が実際に与ええうるかどうかを確定することである。第二は、主観性における、つまり思考と感覚の諸形態における、歴史的な質的変化を分析するための基礎の役割を、マルクスの理論が果たしうるかどうかを確定することである。そうすることで、かかる探究は、上述した資本主義における最近の変遷を分析するための出発点の役割をも果たしうるであろうし、ここ数十年の新しい社会運動に対するわれわれの理解を深めるであろう。本書で私が概説した社会的媒介の理論は、資本制社会におけるジェンダーと人種の、社会的構成と歴史的変容についてもまた実りある再概念化のための基礎を与ええうるかもしれない。最後に、私の再解釈をさらに綿密に組み立てるには、(マルクスの分析によれば) プロレタリアートは《革命》の主体ではないという議論が持つ意味について――資本主義の可能なる超克を、どのように理解するにせよ――、取り組む必要があるだろう。

本書における再解釈をこのように拡張し、綿密に組み立てることは、マルクスのカテゴリーによる分析が、現代社会における社会理論の土台として妥当性を持つことをさらに検討するために必要であろう。すなわちそれは、抽象的な労働時間の支出によって構成される富と社会的媒介の形態としての価値というマルクスの概念の説得力について、さらなる探究をすることであり、また、価値は次第に時代錯誤なものとなるが、それでもなお資本主義にとって構造的な中心であり続けるという彼の観念を検討することであり、さらには、この本質的な緊張という観点から、資本主義における方向づけられた動態性と諸制度についての彼の分析を評価することなのである。

私が論じてきたのは、次のようなことである。マルクスの価値論における主張、つまり、科学の発展とその技術的な応用が進もうとも、資本主義における社会的な富は［直接的］労働時間の支出の関数であり続けるという主張は、［特に今日においては］一見、とても信じがたいものに見える。しかしその真価は、それが説明しようとしているもの［資本主義の成長の軌道、生産の性質、自らを再生産する動態的な社会的形態の特殊性など］が何であるかを理解したときに、はじめてわかるのである。マルクスの価値論は、超歴史的な形態による富の構成と横領についての理論ではなく、むしろ、そうした資本制社会の特徴を、社会的な観点から、その歴史的動態性が持つ性質として、また、その生産様式が持つ性質として説明しようとする試みである、ということを私は示そうとしてきた。もちろん、こうした再解釈は、マルクスの価値論の「証明」ではない。しかしながら、マルクスの価値論における妥当性という問題は、はじめて見たときのその見かけほど単純なものではないということを示唆しているのである。

したがって、一般的にはマルクスの理論の妥当性は、既に私が説明してきたように、近代社会の本質的な諸特徴を適切に性格づけているかどうか、カテゴリーを用いてなされる、資本主義の基礎的な社会的諸関係についての分析が、これらの特徴を適切に説明しているかどうか、にかかっている。問題は資本主義の性質にある。この問題は、一つのレベルでは、次のような命題の妥当性という観点から考察されうる。すなわち、資本主義と社会主義は、社会的富が横領され分配されるその仕方によってだけでなく、その富それ自体の性質とその生産様式によっても区別されるという命題である。私の探究は、この命題の後半部の持つ、広範囲に及ぶ効果を示している。マルクスの分析枠組みにおいて価値は、富の形態であるということを私は示してきたが、この富の形態は、資本主義における生産に対して、あるいは他の社会的「諸制度」に対して外在的なのではなく、むしろ、それらに対して内在的なのであり、それらを形づくるのである。媒介の形態としての価値は、絶えざる変容と再構成のプロセスを生み出す。したがって、社会主義を、［資本主義と］同じ形態による生産に基づく同じ形態による社会的富を、異なる様式によって領有し分配する社会として理解するわけにはいかない。そうではなく、社会主義を概念的に規定するならば、それは社会的な富が、物質的な富の形態をとる社会である。したがってそれは、全く異なる種類の社会として、すなわち、資本主義の特徴であるところの社会的に構成された抽象的な強制（抽象的な時間と歴史的な時間の、両方の形態における強制）の類いから解放された社会として考えられるのである。このことはまた、資本主義における場合とは異なる仕方で構築される、技術的に進歩した生産と、高度に発展した社会的分業の、ありうべき様式を示唆する。資本主義と社会主義を区別する規定のこのような再定式化は、理論的に力強く、実りあるものであり、現代の諸条件と密接に関連がある。それは本書で私が提示してきた理論的なアプローチの、さらなる本格的な展開を保証するに足るものなのである。

結論として、次のことが銘記されるべきであろう。私が本書で提示してきた解釈は、伝統的マルクス主義のアプローチに対して疑問を呈するだけでなく、社会理論一般にとっても重要な問題を提起する。マルクスの理論について私は、自己再帰的で歴史的に規定された理論として、すなわち、自らのカテゴリーと自らの理論的形態の、歴史的な特殊性について自覚的なアプローチとして提示してきた。マルクスの批判は、歴史的に規定されていることに加えて、社会的構成についての理論である。この社会的構成は、社会的実践の規定された形態によって構成される。それは、資本制社会の中心に位置し、歴史的に特殊な形態である社会的媒介における構成なのであり、この社会的媒介が、社会的客観性と主観性の諸形態を形成するのである。一方ではそれは、規定され方向づけられた動態性の、社会的構成についての理論である。つまりそれは、歴史的に規定された社会的な実践と、歴史的に特殊な社会的な構造とが相互に構成し合うプロセスという観点から、この動態性を説明するのである。マルクスの理論は、資本制社会の歴史的に動態的な諸構造と諸制度について、労働によって構成される媒介の形態という観点から分析することで、そのような諸構造に対し、半ば独立した社会的現実性を与えると同時に、そうした諸構造を社会的に（翻ってまた、それらの構造によって形づくられた社会的実践の形態によって）構成されたものとして、分析する。そのことによってマルクスの理論は、そうした諸構造を社会的に構成されたものとして把握することなくこの諸構造の社会的現実から出発する立場や、媒介の構造を現在における実践の集積へと解消するような仕方で社会的な構成過程を強調する立場を、一面的であるとして、疑問を投げかけるのである。

他方でマルクスの理論は、意識と主観性についての社会理論でもある。この理論は社会的な客観性と主観性について、内在的に関連したものとして分析する。つまりそれは、媒介の規定された形態という観点から、つまり、実践の客体化された形態という観点から、この両者を把握するのである。意識の社会理論としてそれは、歴史的に特殊なものである。マルクスの理論は、社会的媒介の形態における特殊性を分析するのだが、それゆえそれは、意識の諸内容と、意味の社会的構成の形態が、資本主義においては歴史的に特殊であることを示唆する。それが含意するのは、意味は、すべての社会において必ずしも同じようには構成されないということであり、そのことによって、意味の構成における、したがって「文化」の構成における、超歴史的で超文化的な理論に対して疑義を呈するのである。

社会的構成についてのマルクスの理論に説得力があるのは、まさにそれが歴史的に規定されているからである。自らの理論についてマルクスは、いわゆる普遍的な適用可能性のある一般的で無制約なものとして提示してはおらず、資本制社会を構成する基本的な社会的諸形態と不可分な形態において、それを提示している。こうした提示の様式それ自体が、資本制社会が持つ規定された側面として、マルクスが理論的に厳格な仕方で展開したものを普遍化してしまうような、あらゆる理論的アプローチ――それはこの社会についての理論を含む――に対する強力な批判を、暗示的にではあれ、与えているのである。

したがって、近代社会を資本主義的なものとしてとらえるマルクスの分析は、この社会を把握しようとする、理論的に洗練された試みである。それは、社会的構成についての社会的に自己再帰的で歴史的に規定された理論によって、その可能なる変容を展望する立場に立つものである。見てきたように、例えばマルクスの資本のカテゴリーは、資本制社会の方向づけられた動態性、経済「成長」の性格、そして資本主義における生産過程の性質と軌道を、社会的に根拠づけることができる。彼の分析は、他の理論的な立場に対して、資本制社会のこれらの特徴について社会的な説明を与えることを暗に求める。そうすることによって、工業的生産をもっぱら技術的観点から扱う、あらゆるアプローチに疑義を呈するだけでなく、歴史の存在を単純に前提するか、あるいは社会的に構成され歴史的に特殊な歴史の形態としてマルクス理論が分析するものを、超歴史的な発展として実体化するアプローチに対してもまた、疑義を呈するのである。より一般的には、マルクスのアプローチは、すべての超歴史的な理論はもとより、社会的な諸構造あるいは社会的な諸実践における相互関係を把握することなくそれに取り組む諸理論に対しても暗に批判を投げかけるのである。

したがって、マルクスの理論における妥当性という問題は、カテゴリーを用いた彼の資本主義分析における実効性の問題にはとどまらない。それはまた、社会理論の性質についての、より一般的な問題を提起するのである。マルクスの批判理論は、資本制社会についての卓越した分析であり、歴史的に特殊で方向性を持ち動態的で全体化する媒介性が構成されるのは、労働によってであるという理論によって、この社会を把握するのである。と同時にそれは、適切な社会理論の性質についての強力な議論なのである。

訳者解説

序　それはどんな未来か

マルクスの思い描いた人類の未来とは、どんなものだろうか。そしてその「未来」は、二一世紀の私たちにとって、今でも意味のあるものなのだろうか。「未来」の具体的な姿を正確に言い当てることは誰にもできない。けれども私たちの「未来」は、私たちの現在の社会が描く軌跡の延長線上にある以上、社会の動態性を分析する〈理論〉によって、来るべき「未来」の骨格を、論理的に予測することはできる。本書はそうした〈社会理論〉の本道と言える課題に取り組んだ大著である。

著者のモイシェ・ポストンは、米国シカゴ大学からラディカルな〈社会理論〉を発信して注目を集めている存在だ。本書は、その題名が示唆するように、マルクスの研究書であり、資本制社会の批判的分析の書である。

リーマン・ショックや欧州ソブリン危機、日本における社会保障・税一体改革の問題など、こんにち進行中のさまざまな経済・国家財政の危機は、突き詰めれば資本主義の基本原理という問題に行き当たる。これら現代社会の危機が物語っているのは、近代資本主義に基づく文明が出口のない行き止まりにまで来ている、ということだ。にもかかわらず、私たちの想像力もまた袋小路に入り込んでいる。誰も私たちに「資本主義の終わり」を示そうとはしてくれない。私たちは、「資本主義の終わり」を想像するよりも、「世界の終わり」を想像するほうが、はるかにやさしい時代を生きているのだ。

こうした時代のなかで、マルクスの思想は、いまだ何かを語りうるだろうか？　本書の著者、ポストンは、この問いに対して、「もちろん」と力強く答えてくれる。本書は、マルクスのテクストの論理的な再構成を通じて、マルクスの洞察が「資本主義の終わり」の可能性についての比類なき論証であることを鮮やかに示すものだ。

本書は、資本主義社会の基礎構造とそこから現れる動態性の運動法則を解明することで、現代資本主義社会で一人ひとりの人間が直面する〈生活〉と〈こころ〉の問題をも総合的に分析することのできる基礎理論を提示している。本書の刊行は一九九三年であるが、その後、資本のグローバル化が目覚ましく進展し、それと歩調を合わせるようにして、世界中で新自由主義的改革が実行されてきた。しかし、それが社会の先行きについての明るい見通しをもたらすことはなく、私たちの社会はいまだ混迷の最中にある。歴史の経過に伴うこうした変化に直面することで、本書における分析枠組みの強靭さが一層明らかになるだろう。実際、本書が示す基礎理論からは、多くの豊かな応用社会研究が期待できる。例えば、先に述べた経済の世界的な危機や、先進国における労働の危機の問題（失業、ニート、プレカリアートなど）、福島原発事故で表面化したエネルギーとエコロジー、資本主義とテクノロジーといった問題などについても、本書の理論は接続可能なかたちで開かれている。

もしかすると、この優れた基礎理論の真価は、既存のマルクス主義を知らない若い世代によって発揮されるのかもしれない。

1 ポストンによるマルクス解釈

ここで、マルクスについてはあまり知らないけれども、現代社会の問題を根本的に考えることに興味を持つ人も視野に入れて、著者ポストンの展開するマルクス解釈と、それによって開ける視野をできるかぎり平易に解説しておこう（本書についてのマルクス研究史上の評価については、本解説の第三節で取り上げる）。

＊

マルクスという思想家が到達した文明論的な認識は、次のようなものだった。

近代科学技術の応用によって作られる機械装置は、私たち人間の在り方を変えてゆく。資本主義という生産のモードに機械装置が組み込まれるとき、人間と機械は、一つの融合したシステムを形成することになる。その時、人間と機械の融合システムは生命を得て、加速していく。この疑似‐生命体から生み出されたモノが「商品」というかたちをまとって、私たちの生活をすみずみまで覆う。そして私たちの生活は、この「商品」というモノの持つ力によって変わっていく。

マルクスの言う「商品」とは単なる「物」ではない。それは人を、人と人との関係を、そして人間と自然との関係をも変えていくモノなのだ。「商品」は人類に対して、地球のすみずみまでを踏破し、宇宙空間にまで飛び出すことを可能にする駆動力を与える。「商品」は、単に科学技術の結晶であるだけでなく、社会の様式を反映して作られる品物だ。そこには社会的関係が磁力のように移されている。それに触れた私たちは、その磁力の影響を受ける。私たちの存在がどのように変わっていくのかも、「商品」の持つ磁力に決定されている。資本主義の生み出すモノには、魔術のような輝きがあるのである。

このような魔力を持った「商品」というモノを生み出す経済様式の拡大、そのことによって人類が進化していく様相を、西洋思想史上はじめて思考の対象としたのがマルクスだ。ここで、マルクスの思考を理解するために、いくつかの基本的な事柄を説明しておこう。

資本制社会についてマルクスは、「商品」の生産と交換によって物質代謝の大半をまかなう社会であると規定した。どのような社会であっても、人間は自然に働きかけ、物を加工し、消費しながら生きる（物質を代謝させる）わけだが、資本制社会ではこの代謝の大半が「商品」の生産と交換を通して行なわれる。

マルクスの定義によれば、「商品」とは「使用価値」とともに「交換価値」を持つモノのことである。一個の商品には、そのモノ自体としての利用価値がある。つまり、おにぎりであれば「食べて体の栄養となる」とか「おいしい」といった有用性がある。これが「使用価値」だ。そんなの当り前で、モノの価値というのはみんな使用価値じゃないのか、おにぎりを食べるということ以上の価値（有用性）があるのか、と思う人もいるかもしれない。でも、あるのだ。

使用価値のほかにも商品は、これはいくらいくらのお金を払って買ったものだからそれだけの価値があるという意味で、金銭的な価値を持っている。お金と交換して入手したという事実によってそのモノが持つようになる価値、これが「交換価値」である。コンビニで買って、いま私の手もとにあるおにぎりは、食べるという使用価値とともに、交換価値を持つ可能性がある。コンビニで買ったおにぎりを、その交換価値を利用して、さらに何か別のものと交換することは、普通の状況ではあまりない。でも、何かを手伝ってくれたお礼に、自分のおにぎりをその人にあげるとか、アルバイト代の一部として昼食用にコンビニおにぎりを配布するとか、そういうケースもある。このとき、おにぎりは食べもの以外としての価値を発揮している。でも、最後にもらった人が結局はおにぎりを食べるんだろ、それがおにぎりの最終的な価値じゃないか、と言わないでほしい。少なくとも右のようなケースの場合、おにぎりを他人にあげた人は、それを使用せず（食べず）に、その交換価値だけを利用するかたちで消費したのだ。そして、発達した資本制社会では、実はこのことが例外ではなく、普遍的な事柄なのだ。

実際、おにぎりの生産者たちは、誰ひとりとしておにぎりの最終的な「使用価値」それ自体を目的として生産してはいない。「使用価値」はあくまで消費者にとってのものであり、生産者にとってはむしろ関心の外にある。資本制社会とは、生産者たちがもっぱら交換価値の獲得を目標として生産活動を行なうようになる社会のことだ。自分の消費のために生産するのではなく他者のためにモノを生産し、そのことによって手にした「交換価値」（獲得した貨幣）によって、自己のための消費財（商品）を購入する。こうして物質代謝のほとんどが、商品によって媒介されることとなる。このとき商品は、多種多様であると同時に、そのすべてが交換価値という抽象的価値の実現を目指しているという意味では均質である。

交換価値は、使用価値からかけ離れるように見えることがしばしばある。途方もない金額で取引される有名絵画などはその一例だが、転売目的のいわゆる「投機」と呼ばれる現象は、総じて交換価値だけを追求する行為である。「商品」は、その有用性の次元（使用価値の次元）だけから見れば、何の変哲もない単なる物である。しかしそれは同時に、交換価値という不可視の次元を有しているのであり、それが不可思議なオーラを商品にまとわせることになる。

オーラを帯びた「商品」を資本主義が生み出せるのは、その生産の仕組みによる。マルクスの『資本論』が取り組んだのは、この秘密なのである。資本主義的な生産の様式においては、「労働力商品」が投入され、モノが生産される。労働力商品というのは、商品化された労働力のことだ。つまり、お金で買われた労働力である。ここに、「商品」のオーラの源がある。

例えば自分の畑や農耕器具、家畜などを持ち、農業を営む農民の労働力や、仕事場と道具一式のほか、熟練した技術を持つ靴職人の労働力は具体的である。それとは対照的に、賃金と引き換えに労働力を提供する勤労者の労働は「抽象的」である。それは労働力以外に何も売るものを持たない者の労働力であり、資本家の提供するどのような生産設備にも柔軟に対応しなければならない労働力である。大規模な協業による生産や機械を使った生産には、このような「抽象的な労働力」が必要となる。そこで求められるのは、具体的に何か特定のモノを製作したり育てたりする能力ではなく、隣りにいる同僚と連携する能力であり、生産システム全体のなかでの自分の位置を理解しながら、自分に割り当てられた作業に打ち込む能力である。言い換えればそれは、人間労働の持つ抽象性に含まれる「社会的性格」という、この地球上で人間だけが持っている、非常に特異な能力である。この能力によって人間は、協業（連携してモノを作る）や分業（役割分担をしてモノを作る）を行なうことができるのである。

具体的労働は、それぞれに特殊な性格を持っているが、これに対して抽象的労働は均質である。突き詰めれば抽象的労働は、ある量の労働が投入された（人が、ある時間働いた）ということ以外の規定を持たず、（その人固有の労働スキルなど）個別的な質的規定を受けないのである。もちろん、資本主義においても、それぞれの労働現場を見れば、そこで行なわれているのは、それぞれに異なる特殊で具体的な労働だ。しかしそれは、特殊で具体的であると同時に、「商品」を生産している（交換価値を生産している）限りにおいて、質的差異のない抽象的人間労働なのである。この労働の二重性は、「商品」の使用価値と交換価値の二重性に対応している。

近代に入ると人間は、協業や分業という人間特有の生産の在り方に、機械システムを導入するようになった。つまり、工場での生産である。このとき生産の様式は、機械と融合したシステムのかたちをとる。機械生産が発達するにつれ、人間労働の持つ「社会的性格」は機械システムそれ自体に取り込まれ、組み込まれていく。そのとき人間は、機械が構成するシステムの一部として、有機的な生命力を機械に与える存在となる。さらに機械システムが発展すると、人間の持つ「社会的性格」の能力が機械に転写され、機械自体が一つの有機的なシステムとなり、自立していく（このことをマルクスは「資本の有機的構成の高度化」と呼んだ）。

このように、人間の労働する能力を純化し、当の人間から切り離し、規定性を持たない労働として機械システムに組み込んでいくことが、資本主義的な生産様式の特徴なのだ。そして『資本論』は、このことを分析している。こうした生産様式が可能になった理由は、もともと人間労働が持っていた抽象性を利用し、それを生産のシステムに組み込んで高度に有機的に編制していく方法を、近代西欧が発見したことにある。単に西欧における近代科学技術の発達がそれを可能にしたということではない。問題はその科学技術をどのようにして生産に組み込んだのかという、生産の編制の仕方である。

鍵は人間労働の抽象性にある。つまり、「抽象的人間労働」である。資本主義的に編制された生産様式において、抽象的人間労働は、その編制を編み上げるための媒体として使われる。この媒体が社会全体を編制する媒体としても機能することによって、生産の様式と社会の様式は、互いに本質的に関係し合うかたちで、互いを強化する相互作用を始める。この相互作用が一度始まると、それは恐るべき勢いで物質的な富を生み出し、この富に依存した社会のかたちを強力につくり上げていく。こうした運動は通常、「経済成長」と呼ばれている。この生産＝社会のモード（それこそが資本主義である）は、膨大な量の物質的な富を生み出すことによって自己を維持する、自律的で貪欲な有機体としての生命を得る。それは自己の生命を維持するために、物質的な富を生み出し続けざるを得ない。こうして、近代西欧が生み出した資本主義経済という社会編制のかたちは、爆発的な繁殖力で、短期間のうちに地球全体を席巻してきた。

ひとたび資本主義的な生産様式が普及すると、その社会において人々は、自らの労働力を貨幣と引き換えにして、抽象的な労働力商品として資本に売り渡す。資本はそれを生産過程に投入し、機械と人間とが融合した生産システムを組織するのに使う。この生産システムから生み出され社会に送り込まれる製品は、そこでは「商品」となっている。

先にも言った通り「商品」は、使用価値だけでなく交換価値を持ち、社会のすみずみにまで浸透する。交換価値としての「商品」は抽象的労働の結晶であり、すべての「商品」がそうであるという意味で等質である以上、あらゆる「商品」はあらゆる「商品」と対置され、交換可能なものとなる。かくして「商品」は、社会の全体を横断する。このとき社会は、一つの巨大な交換過程として現れるのだ。あらゆるものが、あらゆるものと交換可能であるという、普遍的な交換可能性に支えられた社会が、ここに現れる。このような社会で人々は自由である。人はどこにでも行くことができるし、何にでもなることができる。生まれてから現在にいたるまで、自分にまとわりついてきた個別性や地域性を振り払って、自分で自分の在り方を決める自律的個人になることができる。これが、普遍的な〈自由〉を獲得した近代人の意識である。こうしたことが可能だと思えること自体が、資本主義によって近代化された社会の魅力であり、その魅力を支えているのが、「商品」の持つ〈交換力〉なのだ。

このように社会のかたち、私たちの意識のかたちにまで強力な支配を及ぼす力を持ったモノが「商品」である。そして「商品」を生み出す、特異な経済の仕組みが資本主義である。これがマルクスの定義にほかならない。

この「商品」の〈交換力〉の源泉は、人間が持つ労働力の抽象性にある。「商品」とは、人間労働が持ちうる抽象性の、結晶化したものだ。資本主義的な生産が自らのうちに組み込んでいる、協業と分業と機械制の高度な発達は、先に述べた通り、人間の労働力が持つ抽象性によって可能となる。いかなる設備の下で、いかなる作業をするにせよ、スムーズにそれに適応し、同僚と協調しながら、組織的な生産を編制する素質を人間は持っている。これが人間の持つ抽象性の能力だ。

資本主義における高度な生産を可能にしたものとは、人間労働の持つ抽象性であり、それが客体化されたところの形態である「抽象的時間」である、と本書の著者ポストンは言う。われわれは言わば、商品に支配された空間に閉じ込められているのだが、「貨幣」こそが、この空間の輪を閉じる当のものだと考える人も少なくない。しかし貨幣は、人間の持つ抽象力によって形成された商品空間、すなわち、交換価値の空間がシンボルとして客体化され、具象化されたものにすぎない。貨幣の背後にあるのは、もっと抽象的で、私たちの意識に無意識的な支配を及ぼし、そのことによって社会全体を支配するような「形態（形式）」である。もともとこの「形態」は、人間労働の持つ抽象性の次元から生じている。私たちの労働が商品化され抽象化されたとき、労働は具体的な内容を捨象され、その量は形式的に計られるようになった。その計測のためのモノサシが、「時間」である。正確には、近代社会に特有の、具体的な内容を持たない普遍的な時間、質的な規定をもたない「抽象的時間」だ。抽象的な時間で計られることによって、抽象的労働の抽象化は完成し、抽象的な労働が社会に浸透するのに従って、交換価値の支配する商品空間の輪が閉じる。ここから導かれる本書の中心テーゼは、「交換価値＝抽象的人間労働＝抽象的時間」である。

この高度に理論的な認識がどのように示されているのかは、ぜひとも本書を繙き、実際に確かめていただきたいのだが、無理を承知で要約して言うなら、こういうことである。人間の持つ抽象的な能力（知力やコミュニケーション能力）が、人間の働くという行為を計測し制御するための「時間」という形式を生みだし、さらにそれが社会全体をつなげていく媒体（メディア）を形成する。そして、それが今度は人間自身の在り方にも影響を与えるという、循環構造が生じるのだ。

＊

この交換価値＝抽象的人間労働＝抽象的時間という等式によって構成される「支配」（原題ではsocial domination「社会支配」）に、私たちは囚われている。ここでは、この「支配」がもたらす効果について考えてみよう。

まず、上記の「支配の等式」の真ん中に抽象的人間労働があることに注目してほしい。この本で問題にする「支配」を成り立たせているのは、私たち人間の持つ能力であり、さらに言えば、私たちが日々の仕事で発揮する能力だ。つまり私たちは、自分で自分を縛っているのであり、自分たちでつくり上げた支配構造のなかに囚われているのである。マルクス主義者たちの多くは、資本制社会の問題の根は資本家や市場、国家、貨幣などにあるとしばしば考えて、そうした目に見える敵を批判してきた。けれども、それらを打倒／廃棄すれば私たちは解放されるなどと、後期のマルクスは言ってはいない。むしろ私たちを支配しているのは私たち自身の「労働」であり、私たち自身の労働の抽象性に支えられ、かつまたその抽象性を強化するという、循環的な効果を持つ「抽象的時間」という主客同一的な、目に見えない形態であり、後期マルクスはそれを乗り越えるべきだと言っている――。これがポストンの解釈である。

「抽象的時間」による支配が私たちの生活に及ぼす具体的な効果について述べてみよう。簡単に言うと、抽象的時間によって支配されているとき、私たちは社会全体としては莫大な物質的富を生み出す。にもかかわらず、一人ひとりについて見ると、いつになっても余裕のある生活が送れないという、不思議な現象に落ち込む。なぜそうなるのか。

資本制＝近代の様式による生産は、人間の抽象的労働を吸収し機械システムに組み込むことによって、それ以前の時代とは比べ物にならない生産効率で物質的な富を生産することを可能にする。しかも、この生産効率は加速度的に増大する。正確に言うなら、生産効率は加速度的に増大せざるを得ない。なぜなら資本主義的な生産様式は、「抽象的時間」によって支配されているために、生み出された富を物質的富としては計測せず、価値（交換価値）によって計測するからである。先に言ったように、（交換）価値とは（抽象的）時間である。どれほどその商品が、複雑高度な現代科学技術の所産であろうと、結局のところその価値は、その生産に要した抽象的労働時間で計られざるを得ない。

例えば、昨今の人気商品であるApple社のiPhoneを例に考えてみよう。ここに投入されている科学技術の蓄積は、簡略化して言っても、人類文明のここ三〇〇年の成果の枠であると言える。もし三〇〇年前の人間に、同様の機能を実現せよと要求したら、どうなるか。その実現には三〇〇年という時間がかかることになる。だが現代のApple社の工場で、一個のiPhoneの製造にかかる時間は二四時間だという。これを人間労働で計れば、（一日八時間労働として）わずか「三労働日」で生産することができる。つまり、iPhoneを作る生産設備には、人類のここ三〇〇年の科学技術・知識の成果が蓄積されており、三〇〇年分の時間が凝縮されているのだ。

にもかかわらず、私たちが iPhone を買うとき、それが本当に持っている本当の物質的価値、つまり三〇〇百年分の時間と知識と労力への対価を支払うかというと、そうではない。日本のサラリーマンの平均給与（年収四一二万円）で言えば、「三日分」ほどのお金を払えば、購入することができる計算だ。これは、iPhone というモノが持っている本当の〈歴史的な時間〉ではなく、現代の労働時間でその価値を計っているからなのだ。

これこそ、「交換価値＝抽象的人間労働＝抽象的時間」による支配の効果である。ここには良い面がたくさんある。過去の人類の知的・技術的な営みの蓄積の上で、私たちは iPhone のような高度な科学技術の産物を手軽に利用することができる。しかしそこには負の側面がある。生産効率を増大し続けなければならないということ、そして、生産効率の増大にもかかわらず、その物質的な豊かさが、私たちの生活のゆとりとなって反映されてこない、ということだ。

その理由は、抽象的時間で富を計っていることにある。例えば、ある技術革新によって、同じ商品を半分の時間で生産できるようになったとする。もし、そのような技術革新が生活用品のあらゆる面において行なわれるとすれば、単純に考えて、私たちの生活における忙しさは半分になるはずだ。つまり、一日のうちに働かなくてはならない時間は、以前の人間と比べて半分となり、残り半分は自由に使える時間となるはずだ。だが、私たちの現実はそうなってはいない。それどころかむしろ、社会が発展すればするほど、私たちは忙しくなっていく。

さらに現代日本のような高度に発達した資本制社会で顕著なのは、一部の高度産業に従事する労働者が非常に忙しく長時間労働に縛られながら高給を受け取る一方で、仕事がなかったり、低賃金で比較的単純な仕事に就かざるを得ない労働者がたくさんいる、ということだ。こうしたことが起こる原因は、つきつめれば、抽象的時間にある。正確に言えば、抽象的時間を富の尺度としている点にある。抽象的時間というのは、蓄積されることがない。それは一日に二四時間しかない。そして人間が一日のうちに働ける時間は、平均すれば八時間程度だ。もちろんこれを延長することはできるが、それには肉体的な限界があり、またどれだけ延長しても一日二四時間を超えることはできない。このような抽象的時間を尺度としてモノの価値を計るのが、資本制＝近代の社会である。その結果、資本が生産できる価値の総量は、人間が働くことのできる総時間という限界にしばられ、それを尺度として計られている。過去の人類と比べて、どれだけ膨大な物質的な富を生み出しても、それはいつも最大で一日二四時間、一週間七日、一カ月三〇日の限界総時間で計られた「価値」にしかならない。

巨大な富を生み出しておきながら、私たち自身への報酬の増大量はそれに比例しない。生活のありようは、昔の人間と比べれば、確かに大きく変わっている。けれども時間的なゆとりという面で見れば、変わっていないどころか、ずっと忙しくなったという面もある。結局のところこれは、抽象的時間で富を計っているからそうなる。わかりやすく言えば、一日単位でも、一カ月単位でも、できるだけ長時間、人間を働かせて、しかも長持ちするようにし、そのことによって生産される富を、それまでの労働時間で割って、これを賃金として労働者に支払っているから、そうなる。もちろん資本家も、そこから利益を得ている。だが本質的に問題なのは、こうして労働者が働いて生み出す富を、資本家が搾取しているから、労働者はいつまでたっても大変なのだというような、単純なことではない。資本家も労働者も働きまくっている。にもかかわらず、いつまでたっても、その社会で何とか生きのびるだけの「富」しか得られない、ということが問題なのだ。

もちろん、私たち先進国の人間が享受している生活は、過去の人々や発展途上国の人々のそれとは比べ物にならないくらい、豊かなものだ。だが私たちは、いまだ「時間」にしばられている。そして、その支配の構造に気づいてすらいない。それでも、何かによって自らの人生が支配され、翻弄されていることを無意識には感じているはずだ。心の片隅で、どこか自分は解放されていないと感じている。これだけ少ない労力で巨大な物質的富を生み出す生産機構を手にしているのに、私たちはなぜ、いまだに「労働」にしばられているのか。そのからくりに気づかない限り、私たちは、いつまでも解放されない。仮に地球上のすべての国が先進国なみの経済発展を遂げたとしても、資本は、止まると倒れてしまう独楽《こま》のように、自己の回転を維持するためにさらなる発展を求めざるを得ないだろう。そのときにも私たちは、いっそう豊かな物質的富に囲まれながら、相変わらず「時間」にしばられた生活を続けていることだろう。相変わらず、好不況の波に翻弄されながら、生きていることだろう。そこに問題の本質がある。

本当なら、生産編制が高度に発達するにつれて、人間労働は必要がなくなっていくはずだし、現にそうなってきている。人の手を借りなくても、機械がモノを生産してくれるようになっている。けれども、資本主義の下で富は、(交換)価値によって、すなわち、抽象的な時間によって計られている。抽象的時間が価値の尺度である以上、そこには人間が関わっていなければならない。なぜならば、究極的には抽象的時間の尺度は、人間が一日に働ける時間には限りがあるということを根拠にして成り立っているからだ。だから、高度に発達した資本制社会において資本は、高度な技術やシステムを開発・操作することのできる抽象度の高い労働能力を持った労働者を労働にしばりつけ、長時間働かせて高い給料を払う。絶え間なく高度化するシステムこそが、「価値」を生む源泉である。けれども本当は、もうそれほど働かなくても、社会のすべての人間が生存できるだけの物質的な富を生み出す生産機構ができているはずだ。

こうして今日わたしたちは、資本主義経済が生み出す富、すなわち、莫大な資源と知識と技術の産物である豊かな「商品」に囲まれて暮らしている。私たちは日々、パソコンや携帯電話やハイブリッド・カーなどの新しい「商品」に触れ、そのことで生活や仕事のかたちを変えていくけれども、その意味をあまり深くは考えない。そして、膨大な知識や技術や機械を駆使して莫大な富を生み出しながら、ますます増えていく日々の仕事に忙殺されていく。あるいは逆に、高度な科学技術の所産である携帯電話やネットやゲームで遊びながら、仕事を得られない無為な日々を過ごす。そこには一つの構造的なからくりがある。ポストンの分析によればそれは、「(交換)価値」と「(抽象的)時間」による支配だ。いつの間にか私たちはみな、「価値」と、それが姿を変えた「時間」に身も心も支配されてしまっている。この支配の構造を暴露しようというのが、マルクスが本当にやろうとしたプロジェクトだった、とポストンは考える。私たちが「新しい人間」(マルクス)になれるかどうかは、私たちがどうやったら〈時間の檻〉を脱出できるかにかかっている。そして実は、その脱出の可能性そのものも、資本主義が描く軌道のなかにあるのだ。マルクスはそこまで考えていた、とポストンは『資本論』を読む。その可能性については、本書の結論部に述べられている。

2 本書の内容

続いて本書の内容をその構成順に従いながら、辿ってみよう。ただし、本書では多くの論点が緻密に積み重ねられていて、そのすべてを網羅して提示することは、ここではできない。以下は、あくまで読者におおまかな流れを確認してもらうための、訳者なりの抽出である。

＊

本書の第一部は、第一章から第三章によって構成される。

「第一章　マルクスの資本主義批判を再考する」では本書の主な論点が前もって示され、マルクス『経済学批判要綱』〔以下、『要綱』と略記〕を著者がどのような視点で読み解くかについてプレビューがなされる。資本主義における労働が歴史的に特殊で疑似‐客観的な社会的媒介の形態を構成することを批判するのが、マルクスの主眼であった、という本書の主題が提示される。ここで著者は、マルクスの本意は「労働」を根拠とする批判理論の構成にあったのではなく、逆に「労働」こそが批判の対象であったと述べる。資本主義の下での労働こそが、「価値」という抽象的な社会支配の形態の根源である。したがってプロレタリア革命という概念は、マルクスに忠実であるなら不可能である。なぜなら、マルクスの主旨はプロレタリアートという存在それ自体の廃絶にあったからである。さらに重要なのは、「価値」というカテゴリーは市場や分配といった、流通領域のカテゴリーではなく、生産のカテゴリーであるという筆者の認識である。交換価値の原理によって生産が構成されていることが、資本主義的な生産様式の本質であるとされる。多くの伝統的なマルクス主義は、生産領域を使用価値の次元とし、流通領域を交換価値の次元とし、両者の矛盾を「生産力と生産関係の矛盾」（マルクス）として理解するのだが、ポストンのここでの理解は、それとは大きく異なる。ポストンによれば資本主義的生産様式の本質は、生産様式それ自体が矛盾によって駆動される動態性を持つ点にあり、マルクスの言う「生産力と生産関係の矛盾」は、生産領域それ自体における矛盾である。「価値」が生産領域を形成し、かつまた、社会全体を支配する「形態」を構成する。価値は生産のカテゴリーであるという主張は、本書の最も重要な論点の一つである。

「第二章　伝統的マルクス主義の諸前提」では、伝統的マルクス主義諸理論の共通前提となっている基本概念（労働、資本主義における矛盾、階級闘争など）が、批判的に検討される。ここではまた、ヘーゲル弁証法とマルクスの関係も論じられている。

「第三章　伝統的マルクス主義の限界と《批判理論》の悲観論への転回」では、伝統的マルクス主義の時代的制約を、二〇世紀前半の変化を視野に入れて乗り越えようとしたフランクフルト学派（検討されるのはルカーチ、ポロック、ホルクハイマーらのマルクス解釈）の陥ったジレンマが批判的に考察される。彼らは伝統的マルクス主義の理論では対応しえない二〇世紀前半の資本主義のモードの変化（自由放任主義の終焉）に気づいていたが、依然として伝統的マルクス主義の誤った理論的前提（超歴史的な「労働」概念）を維持していたために、ジレンマとペシミズムに陥ることになった。ここまでが、本書の第一部である。

　ポストンは、フランクフルト学派の《批判理論》の批判的後継者を自任している。マルクスの基本カテゴリーの再解釈を経由することで、《批判理論》を現代的に再構成することも本書における狙いの一つである。その作業は、第三章におけるフランクフルト学派第一世代の批判から展開され、第四章、第五章におけるマルクスのカテゴリーに対する著者独自の解釈を経て、第六章のハーバーマス批判へとつながっていく。

＊

　本書第二部は、第四章から始まる。

「第四章　抽象的労働」では「抽象的労働」、「第五章　抽象的時間」では「抽象的時間」という、著者が最重要とみなす分析カテゴリーが読解される。この二つの章でポストンは、後期マルクスの理論を再構成し、この時期のマルクスの仕事は、「商品」「労働」「資本」といった理論的カテゴリーを用いて資本主義を内在的に（つまり、その内部にいる人間の視点で）分析する批判理論的パフォーマンスであったことを示す。そこから浮かび上がるのは、資本主義における生産の歴史的な特殊性は、「価値」原理によって生産が構成されているということ、この生産を構成し、また社会全体を媒介する「価値」原理の淵源は、「抽象的労働」という社会的形態にあるということ、突き詰めれば「抽象的労働」の機制は、「抽象的時間」という社会的形態の成立にあるということである。この「交換価値＝抽象的人間労働＝抽象的時間」という等式は、本書の中心テーゼと言ってよいだろう。これが示される第四章から第五章は、いわば本書の物象化論に当たる。ここで、労働の二重性に起因する資本および商品の二重性の持つ本当の意義が明らかにされ、労働の抽象的次元から生じる価値という社会的媒介が、近代社会に特有の抽象的な全体性を形成することが指摘される。ここでのカテゴリーの読み替え（もしくはマルクスに即した読み直し）の作業こそが、第三部で展開される、資本の方向性づけられた動態性の抽出と批判を可能にしている。

　第五章では、古代中国や西欧中世における時間感覚と、近代における時間論が展開される。近代社会の本質的特徴として、抽象的な時間性を位置づける時間論は本書の他にもあるが（例えば日本では真木悠介『時間の比較社会学』など）、それをマルクス『資本論』の内在的な読解に結びつけようという試みはおそらく他に類例がない。

続く「第六章　ハーバーマスのマルクス批判」では、フランクフルト学派第二世代であるハーバーマスの理論が批判的に検討される。ここで著者は、マルクスのカテゴリーに忠実に則り、労働、資本、商品それぞれの二重性と、それに起因する資本主義的生産の矛盾をはらむ性格を明らかにし、そのことによって改めてフランクフルト学派における労働概念の伝統的理解の誤りを示していく。ハーバーマスは、フランクフルト学派第一世代が陥ったペシミズム（人間労働のもたらす全体的支配性への悲観）を克服しようとしたが、その際、伝統的なマルクス主義の前提に基づくマルクス理解に則ってマルクスを批判した。このため、ハーバーマスのマルクス理解は、次のようなものになる。すなわちマルクスは「労働」にロマン主義的な希望を見出し、システム領域による生活世界領域の支配は階級支配がもたらす幻想だと考えてしまったため、支配の本体を捉え損ねた、と。この観点からすればマルクスは、人間労働の道具的性格が辿る、一面的な合理性によるテクノクラート的社会支配という運命に思い至らなかった、ということになる。しかしポストンによれば、資本の抽象的な社会支配の形態を構成するのは、まさしく「労働」であるという批判的認識こそが、マルクス理論の核心をなす。労働の二重性に根差す資本は矛盾をはらむ動態性を構成するのだが、こうした歴史的軌道の只中にこそ、可能性としての未来社会のモードが含まれている。にもかかわらずハーバーマスは、伝統的マルクス主義の素朴な「労働」概念に依拠するために、こうしたことをとらえそこねている、とポストンは指摘する。それゆえハーバーマスは「コミュニケーション的理性」の発達を、資本主義の外部から持ち込もうとするが、その発生の歴史的・社会的な根拠を示すことができない。

マルクスの議論には、ハーバーマス的な「生活世界」や「コミュニケーション」といった観念が生じる歴史的な必然性を、資本の動態性という観点から説明しうる理論が含まれている、とポストンは指摘する。しかしハーバーマスは、そうした社会領域の出現について、ただその重要性を強調したり、それは社会進化の結果であると説明することしかできない。ハーバーマスの他にもこのタイプの社会理論は多数あるが、いずれも究極的には自らの根拠を示し得ない。というのも、社会の新しいモードが、いかなる社会的・歴史的な構造から生じたのかについての理論がないからだ。

著者のハーバーマス批判の主旨は、資本主義における労働の歴史的特殊性を（マルクス主義ではなく）マルクスの理論に忠実に則って把握することで、資本主義がもたらす社会モードの変容を、歴史的・社会的に一貫して根拠づけつつ批判する立場が可能になることを示す点にある。この理論を著者は「自己再帰的な批判理論」と呼ぶ。資本の持つ歴史的で矛盾をはらむ動態的な構造こそが、資本それ自体の批判と、その歴史的な超克についての理論を可能にする。マルクスの理論が社会理論として卓越しているのは、このように自己の成立基盤と有効性の範囲を明示できる点にある、とポストンは考えている。

＊

第三部は第七章から第十章で構成され、いよいよ著者によるマルクス読解の核心が展開される。

「第七章　資本の理論に向かって」「第八章　労働と時間の弁証法」「第九章　生産の軌道」では、「交換価値＝抽象的人間労働＝抽象的時間」というマルクスの基本カテゴリーの等式を把握した上で、『資本論』の基本ロジックの読解がなされ、資本における矛盾と動態性の正体、生産の歴史的な動態性の軌道が分析される。その上で、『要綱』で示された「価値の廃絶された」未来社会のヴィジョンが再検討される。「第十章　結論的考察」は、著者の主張の確認となっている。

第三部を理解する上で重要なキーワードは、資本の矛盾をはらんだ動態性がもたらす「変容と再構成の弁証法」と「トレッドミル効果」（いずれも第八章）だ。資本は、価値という社会的形態による構成に労働を包摂していくことで、生産力を加速度的に増大させる。資本主義の下で構成されるこの莫大な生産力は、人類の知識と技術と経験の総体的な蓄積であり、そこには蓄積された人類の「歴史的時間」（第八章）の圧縮がある。この圧縮された蓄積がもたらすはずのものは、生産における時間の節約である。少ない労働で効率良く生産物を生み出すこと、すなわち、少しでも働かなくて済み、余暇を楽しむためにこそ、人類は生産力を高めてきたはずだ。そしていまや（少なくとも先進国においては）発達した高度な科学技術によって、人類はわずかな労働に従事するだけで、十分に余裕のある生活を送ることができるはずである。ところが資本主義の下では、富の尺度としての価値が社会を支配しているために、蓄積された歴史的時間は、抽象的時間によって計測されてしまう。これが、圧倒的な物質的豊かさの只中における貧困や長時間労働、さらには失業といった、資本制社会特有のパラドクスが生み出される原因である。

この資本の逆説を説明する際に使われる言葉が、「変容と再構成の弁証法」および「トレッドミル効果」である。資本主義の下で人類は個人の能力や努力によって到達できる水準を遥かに凌駕した、「社会的・一般的な知識」を蓄積することができる。その蓄積は、社会生活のさまざまな面に「変容」をもたらす。けれどもその一方で、価値の尺度は絶えずリセットされ、「再構成」される。技術革新によって、同じ商品を同じ時間をかけて、それまでの二倍の量の生産ができるようになっても、その成果はすぐに普及し、社会的に一般的な生産条件となってしまう。その結果、価値の基準はリセットされ、以前に比べて生産効率は二倍になっているにもかかわらず、生み出される価値量は元に戻ってしまう。逆に言うと、この構成の下で技術革新は、価値量のスケールの計測点をつねに「前方へ送る」よう促し、この尺度の「再構成」によって、古びていくはずの価値スケールそれ自体は古びず、現在にとどまり続けるのだ。

もちろん、先進諸国の住民の多くは、発達した生産力によって、相対的に物質的に豊かな生活を享受している。しかし、先進技術を生かした生産物は、そこでは剰余価値を生み出すための媒体として生産されるために、私たちは先端的な技術の産物（商品）に囲まれて生活をする一方で、長時間労働や失業に苦しむ。歴史的時間の蓄積は、人類が生み出す物質的な富に見合う豊かさへと人類を押し上げず、人類は永遠の現在に閉じ込められる。そこでは、近代化の所産である知識や技術の蓄積は、すなわち、生産力を高めるためのそれは、人類を現在に閉じ込めるための社会支配の道具と化し、資本の加速度的な暴走を強化し、再構成するために使用されてしまう。これが著者の言う「変容と再構成の弁証法」である。

「トレッドミル効果」の「トレッドミル」とは、もともと囚人の拷問のために使われた「踏車」のことだが、モルモットがその中を走る、回転する車輪をイメージすればよい。「トレッドミル効果」とは、人類が「価値」による社会構成に囚われているために、歴史的時間の蓄積に乗って先へ進むことなく、いつまでも現在の「労働による支配」の下にとどまることを表現している。

この「労働による支配」から脱出するためには、富の尺度としての「価値」を廃絶することが必要だ。しかし、資本による社会構成がもたらす効果は、先にも述べた通り、「変容と再構成の弁証法」である。資本は、自己言及的に自己を強化する自律システムとして機能している。この構成において人間労働の抽象的な次元は、資本による生産の構成を可能にし、強化し、再構成する社会的媒介として機能している。このように考えたときに、はたして出口は見つかるのだろうか。

ポストンの批判理論の特徴は、マルクスの理論に則って、現代社会における主観性（私たちの精神の成り立ち、未来についての希望や夢など）は、あくまで社会的構成の効果であると考える点にあるだろう。したがって、資本の外部というものは存在しない。こうした思考は、人間精神の根底に、反乱や変革への根源的で超歴史的な意志を見出そうとするロマン主義的な考え方の対極にある。現在の構成とはまた別の種類の社会のモード、すなわち、非資本主義的な生産のモードを想像できる可能性が、私たちにあるとしよう。すると、そのような未来社会についての想像は、現在がはらむ矛盾にその根を持つのでなければならないだろう。論理的に言ってそれは、未知の次元から降ってくる可能性なのではなく、現在の社会構成それ自体がはらむ矛盾でなければならないのである。つまり、私たちが現在の資本主義とは異なるモードによる生産に基盤をもつ社会構成を想像できる根拠は、資本それ自体が持つ矛盾にあるのでなければならない、とポストンは考える。

資本の持つ矛盾とは、その「有機的構成の高度化」にある。剰余価値を継続的に創出するために資本は、技術革新を追求し、その結果として資本の有機的構成における不変資本（原材料と生産設備）の割合を高め、可変資本（直接的人間労働）の割合を低めていく。これが『資本論』で述べられる、資本が不可避的に辿る軌道である。こうして資本は、直接的人間労働をますます不要とする構成を自らつくり出しながら、他方で剰余価値の創出のために、直接的人間労働をその構成のうちに包摂することをやめられない。これが、資本の矛盾である。

この矛盾は、資本制社会の内部から作用する「剪断《せんだん》圧力」を生み出す、と著者は言う（「剪断圧力」という本書の用語は、外部から加わる圧力ではなく、ズレる前の活断層がはらんでいるような内部的な圧力を意味する）。このような圧力が社会内に存在することこそが、私たちが「ありうべきもう一つの生産様式」の可能性を考えることのできる根拠であるとポストンは主張する。ここにおいて、価値を超克する可能性が、そして、労働の抽象的な媒介性による支配を脱した社会の可能性が理論的に見えてくる。以上が第三部の内容である。

3　マルクス研究におけるポストン理論の位置と射程

次に、既存のマルクス解釈・研究（とりわけ日本で蓄積されてきたそれら）との対比において、ポストン理論の独自性や特徴がどこに見出されるのかについて、手短に見ておこう。

ポストン理論は、それが「抽象的人間労働」に着目し、物象化論的な議論の仕方をしている点で、例えば廣松渉のマルクス読解に通じる部分がある。廣松渉は、物象化論を基軸としてマルクスを論じた思想家である。廣松によれば物象化の核心には、商品において「日々現実に行なわれている抽象」という不可視の過程が存在する。使用価値と交換価値（「価値」）の二重体として商品は現れるというマルクスの立論において、後者の次元こそが、こうした「抽象」作用の産物なのである。こうした視点から廣松は、「価値」を形成する「抽象的人間労働」の位相を明確化した。

> たしかに、現実に実在するのは、あれこれの具体的な有用労働であり、それとは別に抽象的人間労働などというものが存在するわけではありません。人がもし、抽象的人間労働という概念を、あれこれの具体的人間労働を抽象的・一括的に把えただけのものだと受け取るとすれば、それはまるで、リンゴ、ナシ、イチゴ、等々の具体物を一括して「果物」という抽象概念を立てるのと同様な話ということになり、対象化されたものがあるとしても、それは〝抽象的・一般的に考えられるかぎりでの使用価値〟と言わねばならないことでしょう。だが、マルクスの謂う「抽象的人間労働」はそういう次元の概念的抽象ではないのです。（『今こそマルクスを読み返す』）

つまり「抽象的人間労働」の抽象性は、人間の頭脳内での概念操作によって生み出されるものではない。そうした概念操作を凝らしたところで、「具体的有用労働一般」や「使用価値一般」にしか至り着けない。「価値」の次元は、個人的な観念的操作とは異なる次元、すなわち、人々が取り結ぶ社会的諸関係によって構成されるということが、廣松によって強調された論点であった。それゆえ廣松は、『資本論』冒頭の商品章において、商品の価値を労働価値に（最終的には人間の生理的エネルギーの支出に）演繹的に帰着させるマルクスの議論を、「比喩的な表現」であり、「商品世界 Warenwelt における汎通的な物神性に即した表現」（『マルクス主義の地平』）である、と論じる。こうした廣松の視点は、本書でポストンが再三行なっている、マルクスの批判理論の方法論的卓越性の指摘に通じるものがある。本書でポストンは、マルクスの批判理論について、資本制社会をそれ自身の観点から――逆に言えば、この世界・歴史を超越する視点を設定することなく――記述することによって、この社会の内在的矛盾を明るみに出すものとして描き出している。廣松は確かに、ポストンと同様、社会支配の根底に、商品とそれを生産する労働に媒介された物象化という現象を見据えていた。

だが資本主義の超克を論じる段になると、廣松の議論は階級支配に、つまりは生産手段の私的所有に重点を置くようになる。確かに廣松は、マルクスの歴史観は階級闘争史観ではないと言う（『今こそマルクスを読み返す』第一章）。しかしそれは、人類の歴史を一貫して階級闘争の歴史と見る観点を否定しているだけであって、資本主義の超克にあたっては、労働者による国家権力の掌握が必要と述べている（同右、第三章）。つまり廣松の結論は、ポストンの言う「伝統的マルクス主義」そのものなのだ。廣松は、近代的な物心二元論やアトム的人間観を批判しうる物象化論の思想をマルクスに見出し、物象化による社会支配の根源には「労働力の商品化」があることを認識し、プロレタリアそのものの将来的な消滅まで見据えていた。しかし彼は、資本主義を超克する手段として、生産それ自体の超克ではなく、生産手段の私的所有の廃止と、分配の公正化を考えていた。これは資本主義における生産そのものが支配の源泉であると考えるポストンとは相容れない。（学説史的に言えば、「伝統的マルクス主義」という批判的カテゴリーこそが、ポストン最大の発明であるかもしれない。このカテゴリーは、従来のマルクス解釈の多くが何を問題としてきたのかを鮮やかに照らし出す。）

次に、宇野弘蔵のマルクス読解と対比してみたい。宇野は『資本論』冒頭の商品についての記述を、マルクスにおける投下労働価値説の残滓であるとしてこれをしりぞけ、価値形態論を労働価値説に先行させるべきであるとして、体系の組み換えを主張した。ポストン的視点からすれば、このような主張はマルクスの批判の内在性を見落とした議論だということになるだろう。しかし宇野の議論が「伝統的マルクス主義」の範疇に括られるべきか否かは微妙な問題である。宇野の『経済原論』は、第一篇に「流通論」、第二篇に「生産論」、第三篇に「分配論」を配しているが、この構成は「資本主義の矛盾の根源を分配に見出す」という「伝統的マルクス主義」の特徴と単純には同一視できない。むしろ、「単純商品生産者のユートピア」としての流通領域についての論を冒頭に置き、その虚構性を暴くという展開の仕方によって、宇野の原理論体系は、資本制社会における主体の意識の様態を内在的に把握しつつ、物象化の根源を明らかにするものとして（つまりは内在的批判である）読むこともできる。ただし宇野は原理論の完結性を説くことによって、この体系から内在的矛盾を排除した。すなわちそれは、矛盾が展開する領域を歴史の領域（「段階論」）に委ねることであったが、ポストンの視点からすれば矛盾は、宇野の言う原理論の領域に内在しているのであり、異なる議論の水準を設ける必要はないということになるだろう。また宇野は、「労働力商品化の無理」ということを言うのだが、彼の焦点は恐慌論にあるために、人間労働の量的な需給のみを問題にしている。宇野はポストンとは異なり、資本主義的な「労働」の特殊歴史的な異質性や人間労働の質的な変容の問題を、資本についての理論の中心に据える構えはない、と言える。

　また、ポストンの言う「トレッドミル効果」に類似した議論としては、柄谷行人『マルクスその可能性の中心』におけるものが挙げられる。ポストンと柄谷の二人に共通するのは、「相対的剰余価値の生産」こそが近代的な産業資本主義の特徴をなし、このため近代資本制社会で追求される生産性の向上には限度がなく、またその運動は第一義的に資本の存続のために必然化されるという認識である。次のような一節は、ポストンの「トレッドミル効果」についての論述と響き合う。

> 労働の生産性の上昇は、分業や協業の強化によろうと、機械の改良によろうと、労働力の価値を潜在的にさげる。これはつぎのようにいいかえてもよい。資本家は、すでにより安くつくられているにもかかわらず、生産物を既存の価値体系のなかにおくりこむ。つまり、潜在的には労働力の価値も、生産物の価値も相対的に下げられているのだが、このことはただちには顕在化しないのである。だから、現存する体系とポテンシャルな体系が、ここに存在する。したがって、われわれは産業資本もまた、二つの相異なるシステムの中間から剰余価値を得ることを見出すのである。　（『マルクスその可能性の中心』）

　この記述は、『資本論』における「相対的剰余価値の生産」、特に「特別剰余価値」のカテゴリーに言及するものである。「特別剰余価値」とは、技術革新によって生産費用を削減することで、あるいはニッチな市場を開拓することで、個別の資本が得る利潤のことだ。しかしこの利潤は、保護や独占といった競争の阻害要因がない限り、必ず失われる。なぜなら、技術革新やニッチ商品の生産は、他の資本によって瞬く間に模倣されてしまうからだ。「この差額はまもなく解消され、新たな水準による価値体系が形成される。だから、資本はその差額を不断に作り出さなければならない。このことが、産業資本主義時代における、かつてない高速度の技術革新を動機づけ、且つ条件づけている」（同右）。つまり、「特別剰余価値」は、未来の価値体系を現在において先取りすることによって得られるものなのだ。そして、この未来の先取りは、永遠になされ続けなければならない。ポストンの言う「時間による支配」がここに貫徹される。

その後の柄谷は、『トランスクリティーク』『世界史の構造』といった著作においてマルクス読解をさらに展開しているが、議論の重点を交換様式論へと移動させている。「社会支配の根源」を、時間による支配に貫かれた抽象的労働に見出すべきか（ポストン）、それとも交換の様式に見出すべきか（柄谷）という論点は、きわめて刺戟的である。

海外の動向にも目を向けるならば、ポストンと同様に『要綱』への着目からマルクスを再考したアントニオ・ネグリの仕事（『マルクスを超えるマルクス』）との対比が重要である。

ネグリによれば、『資本論』で採用された「資本の有機的構成の高度化」という考え方では、労働者による革命は不可能になってしまう。そこでは資本が社会全体を支配する「主体」となってしまい、「死んだ労働」である固定資本（科学技術に基づく生産力の蓄積）の増大に伴って、それと同時にそれに敵対しつつ潜勢力を高め、やがて蓄積された生産力を社会的な力として自分たちのものにするべく立ち上がるはずの「生きた労働」（労働者）は、資本の有機的構成の中でその燃料としての〈生命〉を提供するだけの存在になっている。『要綱』の時と違って、『資本論』を執筆する際のマルクスは、「商品論」を冒頭に置くことに決めた。あらゆるモノ・コトの商品化がすでに貫徹され、前提となってしまっている社会（それは一九七〇年代以降の先進諸国の消費社会化を先取りしている）において私たちは、どのようにしたら、「交換価値」による支配から抜け出せるかがわからない。この難局を乗り越え、あくまで労働者が〈革命の主体〉であることを再び唱えるためにネグリは、『要綱』の時点のマルクスの方が革命理論としての完成度が高かった、とあえて論じる。『要綱』に立ち戻り、そこからプロレタリア革命の契機を取り出し、「マルクスを超えるマルクス」を提示してみせる、とネグリは言うわけである。

ポストンは、ネグリと同じように『要綱』を高く評価するが、同時に『資本論』をマルクスの理論的な最高到達点とみなしている。ここにネグリとポストンの決定的な違いがある。ポストンは『資本論』を批判して『要綱』に戻るのではなく、『資本論』をより深く理解するために『要綱』を用いる。鍵は『要綱』にある〈時間論〉である。資本の価値法則によって支配された「必要労働時間」と「剰余労働時間」という二項対立の形態から自由になったときに人間は、豊かな生産力の蓄積の上で、「自由に処分できる時間」を生きる存在になることができるという洞察が『要綱』にはある。けれどもこのヴィジョンは、『資本論』では消えてしまった。ポストンはこの『要綱』の〈時間論〉を取り出して、資本による社会支配は〈交換価値〉＝〈抽象的時間〉による支配であるとし、この観点を『資本論』読解に貫徹させる。私たちは〈時間性〉という、私たちの主体の構成に深く関わりのある形式によって支配されているため、その支配からの離脱は容易ではない。抽象的な時間性の形態をつくり出しているのは、私たち自身の労働力が持つ抽象性の次元であるため、私たちは資本主義においては、いわば自分の能力によって自分を縛るからくりにはめ込まれた状態にある。私たちが〈価値による支配〉や〈商品空間〉から簡単に抜け出せない理由が、ここにある。

ポストン理論は、『要綱』によって『資本論』を否定するのではなく、『要綱』にあった未来社会についての展望を用いて、『資本論』における資本主義分析を読み込む。そこに現れるのは、これまでになく〈マルクスに忠実なマルクス〉である。〈革命ありき〉のスタンスで、『資本論』のマルクスを飛び越えてしまうネグリとは、そこが異なる。ネグリの理論は、本質的には階級闘争を主眼とする伝統的なマルクス主義の圏内にある。ただネグリは、『資本論』においては階級闘争とプロレタリア革命の理念が希薄化していることを敏感に嗅ぎ取った。だからこそ、伝統的なマルクス主義者にとどまるためにネグリは、『資本論』を捨てる。だがポストンは、ネグリとは逆に考える。『資本論』におけるマルクスの論理を正確に受けとめるならば、階級闘争に固執する伝統的なマルクス主義の大半は、マルクスによって批判されるべき思想であることが本書で示されるのだ。

マイケル・ハートとタッグを組んだ『帝国』以降のネ

グリは、社会や人間が、資本によってすみずみまで包摂されている現実を強調する立場へとむしろ転回している。そうでありながら、マルチチュードという革命的主体が登場する必然性をネグリは語り続けるが、その理論的な根拠は、本書の堅固な論理に比して見劣りがするのは否めない。

＊

続いて本書の直接の射程とその現代的な意義について述べておこう。本書が直接的な議論の対象としているのは、レッセ・フェール（自由放任主義）期に形成された理論（マルクスの理論）であり、また主に言及されているのは「ポスト自由主義的な資本主義」、すなわち「国家独占資本主義」と呼ばれることもある、重化学工業と巨大官僚制組織が主役となる資本主義の時代までである（ただし本書の序文「日本の読書へ」で筆者はその点を補足している）。このため、一九七〇年代以降に顕在化するポスト産業社会、あるいはポスト・フォーディズムという文脈、さらには八〇年代以降に世界を席巻する新自由主義への批判という文脈において、本書の理論はいかなる意味を持つのか、という点も検討されるべきテーマとして浮上するであろう。

例えば、現在広く読まれており、本書でも何度か言及されているデヴィッド・ハーヴェイは、新自由主義を資本家による労働者階級への階級闘争として本質規定し、現代資本主義における階級闘争の変わらざる重要性を説いている。こうした視点から見れば、「抽象的支配」を本質とし、階級闘争を現象に過ぎないと位置づけるポストンの議論は、「反動的」なものと受け取られかねない。しかしこのことは、本書が真の意味で革命的であることと矛盾してはいない。ウォール街占拠運動に代表されるように、反資本的運動は世界中のあちこちで火を噴きつつあるが、その理解が単に「儲け過ぎの奴らから奪え」という次元にとどまるならば、今日の危機の構造的な原因には到達し得ない。日本ではなぜこれと同規模の運動が起こらないのかについても、説明できない。だがポストン理論にしたがって、マルクス『資本論』が本当に言っていることをきちんと理解すれば、こうした現象の多様性も、一貫して資本の運動から説明することができるのだ。単純な階級闘争の視点に固執すれば、かえって『資本論』のマルクスからは遠ざかる。問題はあくまで、現在の社会を支配する「価値」や「資本」といった抽象的かつ現実的な形態を超克したところで社会・経済を組織すること（それが「革命」にほかならない）の可能性にかかっている。この可能性を、少しも妥協せずに、マルクスの理論の精密な解釈によって追究していく点に、本書の「革命性」は見定められるべきだろう。

右の問題に関連して、「労働価値説」の今日的な様相という問題がある。ポスト・フォーディズムの社会は、消費生活を含む生活全般が労働化し、その「労働」が普遍化する社会として現れた。そこにおいては、いかなる活動も労働となるため、いかなる活動も労働たり得ず、したがって労働は必ずしも価値を生むわけではない、という逆説的な事態が生じる。現代日本社会における「ワーキング・プア」と呼ばれる存在は、まさに労働価値説の生きた否定である。近代が発明した偉大な神話としての「労働価値説」は、素朴な日常道徳としては「働かざる者食うべからず」という標語のかたちで私たちの内面に刻み込まれているが、「働いても食えない」ならば、この道徳訓は破綻を免れない。そこに近代の「労働」の最大の逆説があるのだが、こうした逆説が生じるのは、抽象的で現実的な「形式」(形態)が現に機能しているからであることを解明したのがマルクスである。しかも、この逆説的な事態をつくり出したのは、人間労働それ自体が持つ性質なのである。

今日の反資本的な運動は、部分的には「労働価値説の復権」(「働く者は食えなければならない」)に基づいているようにも見える。だが本書の「価値」カテゴリーの理解から考えるならば、現在の「労働」の多くは「価値」(より端的には相対的剰余価値)を現に生産していない。「労働価値説を復権」しようにもそれは夢物語にすぎない、という冷厳な事実にゆき当たらざるを得ない。先進諸国においては相対的剰余価値の生産のみが「価値生産」と呼ぶに値するにもかかわらず、そのことに私たちは気づかない。「労働価値説」は現に、いまだかつてないほど社会を(私たちの意識を)深く貫いている。本書は、「労働価値説」の成立起源に遡るだけでなく、それがいかにして現に私たちの〈現実〉を構成しているのかを、マルクスの分析手法に忠実に則って解明する。そこから、「労働価値説の実現」ではなく、「価値による支配の廃絶」こそが鍵であるという結論が導かれる。

このように、本書の導きにしたがってマルクスを理解したとき、古今東西のいかなる思想家よりも現代の私たちの日々の生活の〈謎〉に迫り、いまだ他の追随を許さぬ思想としてマルクスの〈社会理論〉が甦る。ここから始まる生産的な議論に、本訳書が役立てられることを、訳者として心から願う。

4 翻訳の経緯

最後に本訳書の成立経緯を述べておきたい。

二〇〇八年の夏、東京大学駒場キャンパスでUTCP（東京大学グローバルCOE「共生のための国際哲学教育研究センター」）主催で、ポストン教授の連続講演会が開催された。この講演会には、訳者の梅森直之と野尻英一、また筑摩書房の石島裕之氏が参加しており、この場で出会った三者が、本書の翻訳プロジェクトを立ち上げることとなった。同年秋より、早稲田大学大学院政治学研究科の梅森ゼミを拠点とするプロジェクトが本格始動した。翻訳の分担については、凡例に記している。訳者解説については一部、梅森、白井の執筆協力を得て、野尻がまとめた。他に訳出に当たっては、輪読、クロスチェック作業、脚注関連の調査に上地聡子と仲田教人が貢献してくれた。訳語リストの作成には王恵楽が、下訳原稿の集約、整理、製本、その他多くの作業に佐野智規が能力を発揮してくれた。飛田真依子、藤本淑子は休日を返上して索引作成を手伝ってくれた。深く感謝する。また、ポストン教授と訳者が出会うきっかけを作ってくれたのは、ポストン教授の教え子にあたるヴィレン・ムーティ教授（オタワ大学）である。さらに担当編集者石島氏の、業務の枠を越えた熱意も本訳書の成立には不可欠の要素《エレメント》であった。これらの出会いに感謝したい。

ポストン教授は、日本におけるマルクス研究について知悉しているわけではないが、水準の高い研究の蓄積があることは聞き及んでいるようで、日本のマルクス研究者たちによってポストン理論がどのように受けとめられるのか、その評価に多大な関心を持っている。また最近では中国との交流も始まり、二〇一一年には二度にわたって中国の大学で講演をしたと聞く。本書は既に仏・独・西の各国語訳が刊行されており、ポストン理論は欧州と米国ではその名を知られているが、アジアではほとんど知られていない。日本における本訳書の成立がアジア地域へのこの理論の普及のきっかけとなることを、訳者としては願わずにはいられない。なお本解説では割愛したが、ポストン理論の欧米での受容について関心のある読者は、英国のHistorical Materialism誌が二〇〇四年にポストン特集号を組んでいるので、ぜひ参照していただきたい（'Historical Materialism' vol. 12, No. 3, Brill, 2004）。この特集号には、一〇篇に及ぶ『時間・労働・支配』についての論文が掲載されている。

訳者を代表して　野尻英一

索 引

【事項索引】

【人名索引】（五十音順）

73［注 51］, 359［注 117］
ウォーフ，ベンジャミン（Whorf, Benjamin L.） 259［注 89］
ウォルトン，ポール（Walton, Paul） 97［注 35］, 325
内田弘 143［注 99］
エリアス，ノルベルト（Elias, Norbert） 347［注 105］
エルスター，ヤン（Elster, Jon） 45［注 13］, 57［注 30］, 511［注 27］
エルソン，ダイアン（Elson, Diane） 249［注 82］
エンゲルス，フリードリッヒ（Engels, Friedrich） 218, 223, 227［注 50］, 233
王玲（Wang, Ling） 331［注 39］
オッフェ，クラウス（Offe, Claus） 35［注 7］, 327-29［注 34］, 511［注 27］
オールマン，バーテル（Ollman, Bertell） 245, 265［注 94］

〔か〕
カウツキー，カール（Kautsky, Karl） 119［注 79］, 244
カストリアディス，コルネリュウス（Castoriadis, Cornelius） 283［注 110］, 297
カルホーン，クレイグ（Calhoun, Craig） 515［注 29］
カント，イマニュエル（Kant, Immanuel） 182, 293, 352-55, 362, 369
ギデンズ，アンソニー（Giddens, Anthony） 27［注 3］, 71［注 50］, 267［注 97］, 299［注 133］, 344, 350, 379［注 41］
ギャンブル，アンドリュー（Gamble, Andrew） 97［注 35］, 325
キーン，ジョン（Keane, John） 379［注 41］
グレーヴィチ，A. J.（Gurevich, Aaron J.） 329［注 37］, 348
グロス，デヴィッド（Gross, David） 351［注 111］
グロスマン，ヘンリク（Grossmann, Henryk） 99［注 39］, 177［注 59］, 291, 292
クロンビー，A. C.（Crombie, A.C.） 346
ゲインズ，ジェレミー（Gaines, Jeremy） 151［注 5］
ゲプハルト，アイク（Gebhardt, Eike） 151［注 2］
ケルナー，ダグラス（Kellner, Douglas） 151［注 2］
コーエン，ジェラルド・アラン（Cohen, Gerald Alan） 509［注 27］
コーエン，ジーン（Cohen, Jean） 93［注 19］, 107［注 66］, 269［注 98］, 567［注 121］
コレッティ，ルーチョ（Colleti, Lucio） 244-46
コルシュ，カール（Korsch, Karl） 127［注 84］
ゴルツ，アンドレ（Gorz, André） 49［注 16］, 69［注 48］, 299［注 132］, 579［注 123］, 586

〔さ〕
サイドマン，スティーヴン（Seidman, Steven） 157［注 8］, 203［注 122］
サピア，エドワード（Sapir, Edward） 259［注 89］
サーリンズ，マーシャル（Sahlins, Marshall） 305［注 137］
サルトル，ジャン＝ポール（Sartre, Jean-Paul） 255［注 86］
サン＝シモン，アンリ・ド（Saint Simon, Henri de） 119［注 78］
ジェイ，マーティン（Jay, Martin） 143［注 97］, 151［注 2］, 153［注 5］, 275［注 104］
シップウェイ，デヴィッド（Shipway, David） 379［注 41］
シャイフ，アンヴォール（Shaikh, Anwar） 89［注 15］
シュミット，アルフレート（Schmidt, Alfred） 41［注 10］, 143［注 99］, 359
シュレジンガー，ルドルフ（Schlesinger, Rudolf） 217
シュンペーター，ヨゼフ（Schumpeter, Joseph） 223［注 45］
ジンメル，ゲオルク（Simmel, Georg） 80
スウィージー，ポール（Sweezy, Paul） 29［注 4］, 85-87, 98, 223［注 40・41］, 244-46, 307-08, 493［注 1］
スミス，アダム（Smith, Adam） 69［注 48］, 94-95, 105［注 63］, 218-20, 224, 227, 229, 435［注 32］, 526
セイヤー，デレク（Sayer, Derek） 23［注 1］, 245
セーブル，C. F.（Sabel, Charles F.） 35［注 7］
蘇頌（Su, Sung） 334, 336
ゾーン＝レーテル，アルフレッド（Sohn-Rethel, Alfred） 259［注 90］, 292-95, 305

〔た〕
チャンドラー，A. D.（Chandler, Alfred D.） 617［注 1］

デカルト，ルネ（Descartes, René） 237, 290
デュビエル，ヘルムート（Dubiel, Helmut） 151［注 2］, 153［注 5］
デュルケム，エミール（Durkheim, Emile） 80, 366［注 123］, 402
ドッブ，モーリス（Dobb, Maurice） 29［注 4］, 94-100, 109［注 67］, 110, 119［注 77］, 219［注 28］, 223, 493［注 1］
トムスン，E. P.（Thompson, E.P.） 329［注 36］, 347［注 102］, 350
トムソン，ジョージ（Thomson, George） 259［注 90］
トラウゴット，マーク（Traugott, Mark） 515［注 29］
トルストイ，レフ（Tolstoy, Leo） 433［注 24］
トレンズ，ロバート（Torrens, Robert） 220, 230, 435［注 32］

〔な〕
ニコラウス，マーティン（Nicolaus, Martin） 97［注 38］, 232, 503［注 22］
ニーダム，ジョセフ（Needham, Joseph） 330, 331［注 39・42］
ニーチェ，フリードリヒ（Nietzsche, Friedrich） 431

〔は〕
ハーヴェイ，デヴィッド（Harvey, David） 35［注 7］, 492-93, 547［注 107］, 617［注 1］
バックハウス，ハンス・ゲオルグ（Backhaus, Hans Georg） 125［注 83］, 218
パーソンズ，タルコット（Parsons, Talcott） 403-04, 406, 409, 411
ハーバーマス，ユルゲン（Habermas, Jürgen） 47-48, 73［注 51］, 139［注 96］, 152, 159［注 10］, 204, 211［注 8］, 239［注 62］, 307, 367-419, 559, 567［注 122］
ピアジェ，ジャン（Piaget, Jean） 400, 408
ビエルナッキ，リック（Biernacki, Rick） 335［注 54］
ピオリ，M. J.（Piore, Michael J.） 35［注 7］
ピッコーネ，パウル（Piccone, Paul） 133［注 89］
ヒルシュ，ヨアヒム（Hirsch, Joachim） 37［注 7］
ヒルファディング，ルドルフ（Hilferding, Rudolf） 109［注 68］, 110-12, 244, 361-62
ビルフィンガー，グスタフ（Bilfinger, Gustav） 331［注 38・39・40］, 332, 339-40
ピレンヌ，アンリ（Pirenne, Henri） 343［注 87］
フィヒテ，ヨハン・ゴットリープ（Fichte, Johann Gottlieb） 370, 375
フェッチャー，イーリング（Fetscher, Iring） 41［注 9］, 143［注 98・99］
フォイエルバッハ，ルートヴィヒ（Feuerbach, Ludwig） 133
フーコー，ミシェル（Foucault, Michel） 265［注 93］, 273［注 102］
プライス，デレク・デ・ソーラ（Price, Derek de Solla） 331［注 39］
ブラント，ゲルハルト（Brandt, Gerhard） 202
フーリエ，シャルル（Fourier, Charles） 52
ブリック，バーバラ（Brick, Barbara） 149［注 1］
ブルデュー，ピエール（Bourdieu, Pierre） 81, 227［注 51］, 275［注 105］, 487［注 21］
ブレイヴァマン，ハリー（Braverman, Harry） 327［注 34］, 547［注 107］
フレイザー，ナンシー（Fraser, Nancy） 409［注 107］
ブレインズ，ポール（Breines, Paul） 133［注 88］
フロイト，ジークムント（Freud, Sigmund） 599［注 131］
ベッカー，ジェイムズ（Becker, James） 503, 595［注 129］
ヘーゲル，G. W. F.（Hegel, G.W.F.） 119［注 78］, 128-40, 142-45, 178, 194, 230, 232, 238, 258-61, 264-66, 353-54, 369-70, 419
ペートリ，フランツ（Petry, Franz） 307, 308
ベーム＝バヴェルク，オイゲン・フォン（Böhm-Bawerk, Eugen von） 110, 222, 244, 361
ベル，ダニエル（Bell, Daniel） 299［注 132］, 586
ベルガー，ヨハネス（Berger, Johannes） 511［注 27］
ヘルド，デヴィッド（Held, David） 151［注 2］
ベンハビブ，セイラ（Benhabib, Sayla） 151［注 2］
ホイヘンス，クリスティアーン（Huygens, Christiaan） 332, 346
ポストン，モイシェ（Postone, Moishe） 49［注 15］, 145［注 100］, 149［注 1］, 235［注 57］, 289［注 115］, 393［注 62］, 417［注 116］, 433［注 25］
ポランニー，カール（Polanyi, Karl） 249［注 83］
ホルクハイマー，マックス（Horkheimer, Max） 41［注 10］, 46, 148, 150-52, 157, 162, 178, 179-204, 296-97, 299-300, 360, 368, 384, 390-93, 396,

『全集 第二六巻 第一分冊』、1969年]

Theories of Surplus Value, part 2. Translated by Renate Simpson. Moscow, 1968. [「剰余価値学説史」:『全集 第二六巻 第二分冊』、1970年]

Theories of Surplus Value, part 3. Translated by Jack Cohen and S. W. Ryazanskaya. Moscow, 1971. [「剰余価値学説史」:『全集 第二六巻 第三分冊』、1970年]

"Theses on Feuerbach." In Karl Marx and Frederick Engels, *Collected Works*, vol. 5: *Marx and Engels: 1845-1847*. New York, 1976. [「フォイエルバッハにかんするテーゼ」:『全集 第三巻』、1963年]

Value, Price, and Profit. In Karl Marx and Frederick Engels, *Collected Works*, vol. 20: *Marx and Engels: 1864-1868*. New York, 1985. [「賃金、価格、利潤」:『全集 第一六巻』、1966年]

Wage Labor and Capital. In Karl Marx and Frederick Engels, *Collected Works*, vol. 9: *Marx and Engels: 1849*. New York, 1977. [「賃労働と資本」:『全集 第六巻』、1961年]

Marx, Karl, and Frederick Engels.

The German Ideology. In Karl Marx and Frederick Engels, *Collected Works*, vol. 5: *Marx and Engels: 1845-1847*. New York, 1976. [「ドイツ・イデオロギー」:『全集 第三巻』、1963年]

The Holy Family. In *Writings of the Young Marx on Philosophy and Society*, edited by Lloyd D. Easton and Kurt H. Guddat. Garden City, N.Y., 1967. [「聖家族」:『全集 第二巻』、1960年]

Manifesto of the Communist Party. In Karl Marx and Frederick Engels, *Collected Works*, vol. 6: *Marx and Engels: 1845-1848*. New York, 1976. [「共産党宣言」:『全集 第四巻』、1960年]

その他の文献

Adorno, Theodor W. *Drei Studien zu Hegel*. Frankfurt, 1970. [T・W・アドルノ『三つのヘーゲル研究』渡辺祐邦訳、筑摩書房、2006年]

——— *Negative Dialectics*. Translated by E. B. Ashton. New York, 1973. [T・W・アドルノ『否定弁証法』木田元・渡辺祐邦・須田朗・徳永恂・三島憲一・宮武昭訳、作品社、1996年]

——— "Introduction." In *The Positivist Dispute in German Sociology*, translated by Glyn Adey and David Frisby. London, 1976. [T・W・アドルノ/K・R・ポパー『社会科学の論理——ドイツ社会学における実証主義論争』城塚登・濱井修・遠藤克彦訳、河出書房新社、1992年]

——— "On the Logic of the Social Sciences." In *The Positivist Dispute in German Sociology*, translated by Glyn Adey and David Frisby. London, 1976. [同前]

——— *Spätkapitalismus oder Industriegesellschaft*. In *Gesammelte Schriften*, vol. 8. Frankfurt, 1972.

Althusser, Louis. *For Marx*. Translated by Ben Brewster. New York, 1970. [L・アルチュセール『マルクスのために』河野健二・田村俶・西川長夫訳、平凡社、1994年]

——— "Lenin Before Hegel." In *Lenin and Philosophy*, translated by Ben Brewster. New York and London, 1971. [L・アルチュセール『レーニンと哲学』西川長夫訳、人文書院、1970年]

——— and Etienne Balibar. *Reading Capital*. Translated by Ben Brewster. London, 1970. [L・アルチュセール/P・マシュレー/J・ランシエール/E・バリバール/R・エスタブレ『資本論を読む(上・中・下)』今村仁司訳、筑摩書房、1996-97年]

Anderson, Perry. *Considerations on Western Marxism*. London, 1976. [P・アンダースン『西欧マルクス主義』中野実訳、新評論、1979年]

——— *In the Tracks of Historical Materialism*. Chicago and London, 1983.

Arato, Andrew. "Introduction." In *The Essential Frankfurt School Reader*, edited by Andrew Arato and Eike Gebhardt. New York, 1978.

"Ware und Geld." *Das Kapital*, vol. 1, 1st ed. In *Marx-Engels Studienausgabe*, vol. 2, edited by Iring Fetscher. Frankfurt, 1966. [『資本論 ── 初版第一章および価値形態』宮川實訳、青木書店、1948 年]

マルクスの著作の英訳（大月書店版『マルクス＝エンゲルス全集』については『全集』と略記）

Marx, Karl.

Capital, vol. 1. Translated by Ben Fowkes. London, 1976. [「資本論 第一巻」:『全集 第二三巻』、1965 年]

Capital, vol. 2. Translated by David Fernbach. London, 1978. [「資本論 第二巻」:『全集 第二四巻』、1966 年]

Capital, vol. 3. Translated by David Fernbach. Harmondsworth, England, 1981. [「資本論 第三巻」:『全集 第二五巻』、1966 年]

"Contribution to the Critique of Hegel's Philosophy of Law." In Karl Marx and Frederick Engels, *Collected Works*, vol. 3: *Marx and Engels: 1843–1844*. New York, 1975. [「ヘーゲル法哲学批判序説」:『全集 第一巻』、1959 年]

A Contribution to the Critique of Political Economy. Translated by S. W. Ryazanskaya. Moscow, 1970. [『マルクス資本論草稿集③経済学著作・草稿一八五八──一八六一年』資本論草稿集翻訳委員会訳、大月書店、1984 年]

"Critique of the Gotha Program." In Karl Marx and Frederick Engels, *Collected Works*, vol. 24: *Marx and Engels: 1874–1883*. New York, 1975. [「ゴータ綱領批判」:『全集 第一九巻』、1968 年]

Economic and Philosophic Manuscripts of 1844. In Karl Marx and Frederick Engels, *Collected Works*, vol. 3: *Marx and Engels: 1843–1844*. New York, 1975. [「経済学・哲学草稿」:『全集 第四〇巻』、1975 年]

The Eighteenth Brumaire of Louis Bonaparte. In Karl Marx and Frederick Engels, *Collected Works*, vol. 11: *Marx and Engels: 1851–1853*. New York, 1979. [「ルイ・ボナパルトのブリュメール一八日」:『全集 第八巻』、1962 年]

Grundrisse: Foundations of the Critique of Political Economy. Translated by Martin Nicolaus. London, 1973. [『マルクス資本論草稿集①②一八五七──一八五八年の経済学草稿集Ⅰ・Ⅱ』資本論草稿集翻訳委員会訳、大月書店、1981・1993 年]

"Marginal Notes on Adolf Wagner's *Lehrbuch der politischen Ökonomie*." In Karl Marx and Frederick Engels, *Collected Works*, vol. 24: *Marx and Engels: 1874–1883*. New York, 1975. [「アードルフ・ヴァーグナー著『経済学教科書』への傍注」:『全集 第一九巻』、1968 年]

"On the Jewish Question." In Karl Marx and Frederick Engels, *Collected Works*, vol. 3: *Marx and Engels, 1843–1844*. New York, 1976. [「ユダヤ人問題によせて」:『全集 第一巻』、1959 年]

The Poverty of Philosophy. In Karl Marx and Frederick Engels, *Collected Works*, vol. 6: *Marx and Engels: 1845–1848*. New York, 1976. [「哲学の貧困 ── プルードンの『貧困の哲学』への返答」:『全集 第四巻』、1960 年]

Results of the Immediate Process of Production. Translated by Rodney Livingstone. In *Capital*, vol. 1 (Fowkes). [『直接的生産過程の諸結果』岡崎次郎訳、大月書店、1970 年]

Speech at the Anniversary of the *People's Paper*, April 14, 1856. In *The Marx-Engels Reader*, edited by Robert C. Tucker. 2d ed., New York, 1978. [「一八五六年四月一四日ロンドンにおける『ピープルズ・ペーパー』刊行記念祝賀会での演説」:『全集 第一二巻』、1964 年]

Theories of Surplus Value, part 1. Translated by Emile Burns. Moscow, 1963. [「剰余価値学説史」:

主要参考文献

マルクスの著作（ドイツ語）

Marx-Engels Werke（MEW）, Berlin, 1956-68［『マルクス＝エンゲルス全集 全53巻』大内兵衛・細川嘉六監訳、大月書店、1959-91年］所収の著作（各文献に対応する邦訳各巻の表記は省略した）

Marx, Karl.
Briefwechsel, vols. 27-39.
Das Elend der Philosophie, vol. 4.
Das Kapital 1-3, vols. 23-25.
Der achtzehnte Brumaire des Louis Bonaparte, vol. 8.
Kritik des Gothaer Programms, vol. 19.
Lohn, Preis, Profit, vol. 16.
Lohnarbeit und Kapital, vol. 6.
Ökonomisch-Philosophische Manuskripte, supplementary vol. 1.
Randglossen zu Adolf Wagners "Lehrbuch der politischen Ökonomie", vol. 19.
Theorien über den Mehrwert, 1-3, vols. 26.1-26.3.
Thesen über Feuerbach, vol. 3.
Zur Judenfrage, vol. 1.
Zur Kritik der Hegelschen Rechtsphilosophie, vol. 1.
Zur Kritik der Hegelschen Rechtsphilosophie: Einleitung, vol. 1.
Zur Kritik der politischen Ökonomie, vol. 13.

Marx, Karl, and Friedrich Engels.
Die Deutsche Ideologie, vol. 3.
Die Heilige Familie, vol. 2.
Manifest der Kommunistischen Partei, vol. 4.

Marx-Engels Werke（MEW）に収録されていない著作

"Fragment des Urtextes von *Zur Kritik der politischen Ökonomie*." In *Grundrisse der Kritik der politischen Ökonomie*. Berlin, 1953.［『マルクス資本論草稿集③経済学著作・草稿一八五八―一八六一年』資本論草稿集翻訳委員会訳、大月書店、1984年］

Grundrisse der Kritik der politischen Ökonomie. Berlin, 1953.［『経済学批判要綱（1〜5）』高木幸二郎監訳、大月書店、1958-65年］

Resultate des unmittelbaren Produktionsprozesses. Frankfurt, 1969.［『直接的生産過程の諸結果』岡崎次郎訳、大月書店、1970年］

399, 407, 431［注 20］, 499［注 17］, 561-62
ボルケナウ，フランツ（Borkenau, Franz） 291-92
ポロック，フリードリッヒ（Pollock, Friedrich） 46, 148, 150-52, 157-79, 188, 190, 199, 200-03, 212, 368, 618, 622

〔ま〕
マイヤー，ゲルハルト（Meyer, Gerhard） 158
マッカーシー，トマス（McCarthy, Thomas） 393［注 61］
マティック，ポール（Mattick, Paul） 113, 602
マラマオ，ジャコモ（Marramao, Giacomo） 153［注 5］, 177［注 59］
マールクシュ，ジェルジ（Márkus, György） 285［注 111］, 296
マルクーゼ，ヘルベルト（Marcuse, Herbert） 41［注 10］, 49［注 16］, 148, 151［注 4］, 162, 165［注 38］, 200, 347［注 105］, 603［注 136］
マリー，ジョン・パトリック（Murray, John Patrick） 23［注 1］, 237［注 61］
マンデル，エルネスト（Mandel, Ernest） 37［注 7］, 83［注 1］, 88, 97［注 35］, 102, 501［注 18］
マンデルバウム，クルト（Mandelbaum, Kurt） 158
マンフォード，ルイス（Mumford, Lewis） 332
ミーク，ロナルド（Meek, Ronald） 31［注 4］, 217-18
ミード，ジョージ・ハーバート（Mead, George Herbert） 401-02
ミュラー，ヴォルフガング（Müller, Wolfgang） 379［注 41］
ミル，ジョン・スチュアート（Mill, John Stuart） 50
ムーア，スタンリー（Moore, Stanley） 79［注 55］
メイシー，M. W.（Macy, Michael W.） 623［注 4］

〔ら〕
ライト，エリック・オーリン（Wright, Eric Olin） 505［注 23］
ライネッケ，H.（Reinicke, H.） 145［注 100］, 235［注 57］
ライヒェルト，ヘルムート（Reichelt, Helmut） 89［注 15］, 112
ラッシュ，スコット（Lash, Scott） 35［注 7］
ランゲ，オスカー（Lange, Oskar） 98, 217
ランデス，デビッド（Landes, David） 333［注 45・46・48・50・51・52］, 334-40, 343［注 89・91］, 347［注 101・105］
リアーズ，T. J. J.（Lears, T. J. Jackson） 621［注 3］
リカード，デヴィッド（Ricardo, David） 96, 100-02, 104, 106, 132, 144-45, 178, 223［注 45］, 227-30, 244, 503
リース，ウィリアム（Leiss, William） 305［注 137］
リヒトハイム，ジョージ（Lichtheim, George） 97［注 35］, 219［注 28］
ルカーチ，ジェルジ（Lukács, Georg） 40-41, 130-32, 137［注 95］, 138, 145, 148, 152, 197, 233, 245, 261［注 90］, 263［注 92］, 285［注 113］, 351［注 109・111］, 393, 396, 398-99, 443［注 41］, 471［注 6］, 472, 487［注 19］, 619［注 2］
ルクセンブルク，ローザ（Luxemburg, Rosa） 244
ル・ゴフ，ジャック（Le Goff, Jacques） 333［注 46・48］, 339［注 76］, 341-43, 345［注 96・98・99］, 347［注 103］, 349［注 106・107］
ルービン，I. I.（Rubin, Isaak I.） 242-45, 307-08
ローウェンタール，レオ（Lowenthal, Leo） 148, 151［注 5］
ロス，ローランド（Roth, Roland） 37［注 7］
ロスドルスキー，ロマン（Rosdolsky, Roman） 51［注 16］, 214
ロック，ジョン（Locke, John） 101
ロデリック，リック（Roderick, Rick） 379［注 41］
ロビンソン，ジョーン（Robinson, Joan） 110, 325, 376

——— and Paul Breines. *The Young Lukács and the Origins of Western Marxism*. New York, 1979.

Ariès, Philippe. *Centuries of Childhood*. New York, 1962. [P・アリエス『〈子供〉の誕生――アンシァン・レジーム期の子供と家族生活』杉山光信・杉山恵美子訳、みすず書房、1980年]

Arnason, Jóhann Páll. *Zwischen Natur und Gesellschaft: Studien zu einer Theorie des Subjects*. Frankfurt, 1976.

Aron, Raymond. *Main Currents in Social Thought*, vol. 1. Translated by Richard Howard and Helen Weaver. London, 1965. [R・アロン『社会学的思考の流れI――モンテスキュー・コント・マルクス・トックヴィル』北川隆吉・平野秀秋訳、法政大学出版局、1974年]

Aronowitz, Stanley. *The Crisis in Historical Materialism: Class, Culture, and Politics in Marxist Theory*. New York, 1981.

Avineri, Shlomo. *The Social and Political Thought of Karl Marx*. London, 1968. [S・アヴィネリ『終末論と弁証法――マルクスの社会・政治思想』中村恒矩訳、法政大学出版局、1984年]

Backhaus, H. G. "Materialien zur Rekonstruktion der Marxschen Werttheorie" (Parts 1, 2, 3). In *Gesellschaft: Beiträge zur Marxschen Theorie*, nos. 1, 3, 11. Frankfurt, 1974, 1975, 1978.

——— "Zur Dialektik der Wertform." In *Beiträge zur Marxistischen Erkenntnistheorie*, edited by A. Schmidt. Frankfurt, 1969.

Bahr, Hans Dieter. *Kritik der politischen Technologie*. Frankfurt, 1970.

Becker, James F. *Marxian Political Economy: An Outline*. Cambridge, 1977.

Beer, Max. *Allgemeine Geschichte des Sozialismus und der sozialen Kämpfe*. Erlangen, 1973. [M・ベーア『社會主義通史』西雅雄・田畑三四郎訳、白揚社、1932年]

Bell, Daniel. "The Cultural Contradictions of Capitalism." In *The Cultural Contradictions of Capitalism*. New York, 1978. [D・ベル『資本主義の文化的矛盾(上・中・下)』林雄二郎訳、講談社、1976–77年]

Benhabib, Seyla. *Critique, Norm, and Utopia: On the Foundations of Critical Social Theory*. New York, 1986.

Berger, Johannes, and Claus Offe. "Functionalism vs. Rational Choice?" *Theory and Society* 11, no. 4 (1982), pp. 521–26.

Berlin, Isaiah. *Karl Marx: His Life and Environment*. 2d ed. London, 1952. [I・バーリン『人間マルクス――その思想の光と影』福留久大訳、サイエンス社、1984年]

Bilfinger, Gustav. *Der bürgerliche Tag*. Stuttgart, 1888.

——— *Die babylonische Doppelstunde: Eine chronologische Untersuchung*. Stuttgart, 1888.

——— *Die mittelalterlichen Horen und die modernen Stunden*. Stuttgart, 1892.

Böhm-Bawerk, Eugen von. "Karl Marx and the Close of His System." In *"Karl Marx and the Close of His System" by Eugen Böhm-Bawerk and "Böhm-Bawerk's Criticism of Marx" by Rudolf Hilferding*, edited by Paul M. Sweezy. New York, 1949. [E・v・ベーム=バヴェルク「カール・マルクスとその体系の終結」:P・M・スウィージー編『論争・マルクス経済学』玉野井芳郎・石垣博美訳、法政大学出版局、1969年]

Bologh, Roslyn Wallach. *Dialectical Phenomenology: Marx's Method*. Boston, London, and Henley, 1979.

Borkenau, Franz. "Zur Soziologie des mechanistischen Weltbildes." *Zeitschrift für Sozialforschung* 1 (1932): pp. 311–35.

Bottomore, Tom. "Introduction." In *Karl Marx*. Oxford, 1973.

——— "Sociology." In *Marx: The First Hundred Years*, edited by David McLellan. New York, 1983.

Bourdieu, Pierre. *Outline of a Theory of Practice*. Translated by Richard Nice. Cambridge, 1977.

Brandes, Wilhelm. *Alte japanische Uhren*. Munich, 1984.

Brandt, Gerhard. "Ansichten kritischer Sozialforschung, 1930-1980. Gesellschaftliche Arbeit und Rationalisierung." In *Leviathan*, Sonderheft 4. Opladen, 1981.

――― "Max Horkheimer und das Projekt einer materialistischen Gesellschaftstheorie." In *Max Horkheimer heute: Werke und Wirkung*, edited by Alfred Schmidt and Norbert Altwicker. Frankfurt, 1986.

Braudel, Fernand. *Capitalism and Material Life, 1400-1800*. New York, 1975. [F・ブローデル『物質文明・経済・資本主義――15-18世紀（1〜3）』村上光彦・山本淳一訳、みすず書房、1985-99年]

Braverman, Harry. *Labour and Monopoly Capital: The Degradation of Work in the Twentieth Century*. New York and London, 1974. [H・ブレイヴァマン『労働と独占資本――20世紀における労働の衰退』富沢賢治訳、岩波書店、1978年]

Burawoy, Michael. *The Politics of Production*. London, 1985.

Calhoun, Craig. "Industrialization and Social Radicalism." *Theory and Society* 12, no. 4 (1983), pp. 485-504.

――― "The Radicalism of Tradition." *The American Journal of Sociology* 88, no. 5 (March 1983), pp. 886-914.

Carus-Wilson, Eleanora. "The Woolen Industry." In *The Cambridge Economic History of Europe*, edited by M. Postan and E. E. Rich. Cambridge, 1952.

Castoriadis, Cornelius. *Crossroads in the Labyrinth*. Translated by Kate Soper and Martin H. Ryle. Cambridge, Mass., 1984. [C・カストリアディス『迷宮の岐路』宇京頼三訳、法政大学出版局、1994年]

――― "From Marx to Aristotle, from Aristotle to Marx." *Social Research* 45, no. 4 (Winter 1978), pp. 667-738.

Chandler, Alfred. *The Visible Hand: The Managerial Revolution in American Business*. Cambridge, Mass., 1977. [A・チャンドラー『経営者の時代――アメリカ産業における近代企業の成立（上・下）』鳥羽欽一郎・小林袈裟治訳、東洋経済新報社、1979年]

Cipolla, Carlo M. *Clocks and Culture, 1300-1700*. London, 1967. [C・M・チポラ『時計と文化』常石敬一訳、みすず書房、1977年]

Cohen, G. A. "Forces and Relations of Production." In *Analytical Marxism*, edited by J. Roemer. Cambridge, 1986.

――― *Karl Marx's Theory of History: A Defence*. Oxford, 1978.

――― "Marxism and Functional Explanation." In *Analytical Marxism*, edited by J. Roemer. Cambridge, 1986.

Cohen, Jean. *Class and Civil Society: The Limits of Marxian Critical Theory*. Amherst, Mass., 1982.

Colletti, Lucio. "Bernstein and the Marxism of the Second International." In *From Rousseau to Lenin*, translated by John Merrington and Judith White. London, 1972.

――― *Marxism and Hegel*. London, 1973.

Cornu, August. *Karl Marx und Friedrich Engels: Leben und Werk*. 3 vols. Berlin, 1954.

Crombie, A. C. "Quantification in Medieval Physics." In *Change in Medieval Society*, edited by Sylvia Thrupp. New York, 1964.

Debord, Guy. *Society of the Spectacle*. Detroit, 1983. [G・ドゥボール『スペクタクルの社会』木下誠訳、筑摩書房、2003年]

Dobb, Maurice. *Political Economy and Capitalism*. London, 1940. [M・ドッブ『政治経済学と資本主

義』岡稔訳、岩波書店、1952 年]
Dubiel, Helmut. "Einleitung." In *Friedrich Pollock: Stadien des Kapitalismus*, edited by Helmut Dubiel. Munich, 1975.
——— *Theory and Politics: Studies in the Development of Critical Theory*. Translated by Benjamin Gregg. Cambridge, Mass., and London, 1985.
Durkheim, Emile. *The Division of Labor in Society*. Translated by George Simpson. New York and London, 1964. [E・デュルケム『社会分業論(上・下)』井伊玄太郎訳、講談社、1989 年]
——— *The Elementary Forms of Religious Life*. Translated by Joseph Ward Swain. New York, 1965. [E・デュルケム『宗教生活の原初形態(上・下)』古野清人訳、岩波書店、1975 年]
Edgley, Roy. "Philosophy." In *Marx: The First Hundred Years*, edited by David McLellan. New York, 1983.
Eisenstadt, S. N. "The Structuring of Social Protest in Modern Societies: The Limits and Direction of Convergence." In *Yearbook of the World Society Foundation*, vol. 2. London, 1992.
Elias, Norbert. *The Civilizing Process*. Translated by Edmund Jephcott. 2 vols. New York, 1978, 1982. [N・エリアス『文明化の過程(上・下)』赤井慧爾・中村元保・吉田正勝訳、法政大学出版局、2004 年]
Elson, Diane. "The Value Theory of Labour." In *Value: The Representation of Labour in Capitalism*, edited by D. Elson. London, 1979.
Elster, Jon. "Further Thoughts on Marxism, Functionalism and Game Theory." In *Analytical Marxism*, edited by J. Roemer. Cambridge, 1986.
——— *Making Sense of Marx*. Cambridge, 1985.
Euchner, Walter, and Alfred Schmidt, eds. *Kritik der politischen Ökonomie heute: 100 Jahre "Kapital."* Frankfurt, 1968.
Eyerman, Ron, and David Shipway. "Habermas on Work and Culture." *Theory and Society* 10, no. 4 (July 1981), pp. 547-66.
Fetscher, Iring. "The Changing Goals of Socialism in the Twentieth Century." *Social Research* 47 (Spring 1980): pp. 36-62.
——— "Das Verhältnis des Marxismus zu Hegel." In *Marxismusstudien*, vol. 3. Tübingen, 1960.
——— *Marx and Marxism*. Translated by John Hargreaves. New York, 1971. [I・フェッチャー『階級的自覚の論理』平井俊彦訳、人文書院、1971 年]
——— *Überlebensbedingungen der Menschheit*. Munich, 1980.
——— "Vier Thesen zur Geschichtsauffassung bei Hegel und Marx." In *Stuttgarter Hegel-Tage 1970*, edited by H. G. Gadamer. Bonn, 1974.
——— "Von der Philosophie zur proletarischen Weltanschauung." In *Marxismusstudien*, vol. 2. Tübingen, 1959.
——— *Von Marx zur Sowjetideologie*. Frankfurt, Berlin, Bonn, 1957.
——— ed. *Marx-Engels Studienausgabe*, vol. 2. Frankfurt, 1966.
Foucault, Michel. *Discipline and Punish: The Birth of the Prison*. Translated by Alan Sheridan. New York, 1977. [M・フーコー『監獄の誕生――監視と処罰』田村俶訳、新潮社、1977 年]
——— *The Order of Things*. New York, 1973. [M・フーコー『言葉と物――人文科学の考古学』渡辺一民・佐々木明訳、新潮社、1974 年]
Fraser, Nancy. "What's Critical about Critical Theory? The Case of Habermas and Gender." *New German Critique* 35 (Spring-Summer 1985), pp. 97-131.

Gaines, Jeremy G. *Critical Aesthetic Theory*. Ph.D. diss., University of Warwick, 1985.

Giddens, Anthony. *Central Problems in Social Theory: Action, Structure, and Contradiction in Social Analysis*. Berkeley and Los Angeles, 1979. [A・ギデンズ『社会理論の最前線』友枝敏雄・今田高俊・森重雄訳、ハーベスト社、1989年]

——— "Commentary on the Debate." *Theory and Society* 11, no. 4 (1982), pp. 527–39.

——— *A Contemporary Critique of Historical Materialism*. London and Basingstoke, 1981.

——— "Labour and Interaction." In *Habermas: Critical Debates*, edited by John B. Thompson and David Held. Cambridge, Mass., 1982.

Godelier, Maurice. *System, Struktur und Widerspruch im "Kapital."* Berlin, 1970.

Gorz, André. *Critique of Economic Reason*. Translated by Gillian Handyside and Chris Turner. London and New York, 1989. [A・ゴルツ『労働のメタモルフォーズ——働くことの意味を求めて 経済理性批判』真下俊樹訳、緑風出版、1997年]

——— *Paths to Paradise: On the Liberation from Work*. Translated by Malcolm Imrie. Boston, 1985. [A・ゴルツ『エコロジー共働体への道——労働と失業の社会を超えて』辻由美訳、技術と人間、1985年]

——— *Strategy for Labor: A Radical Proposal*. Translated by Martin A. Nicolaus and Victoria Ortiz. Boston, 1967. [A・ゴルツ『労働者戦略と新資本主義』小林正明・堀口牧子訳、合同出版、1970年]

Gould, Carol C. *Marx's Social Ontology*. Cambridge, Mass., and London, 1978. [C・C・グールド『『経済学批判要綱』における個人と共同体——社会存在論の哲学的研究』平野英一・三階徹訳、合同出版、1980年]

Gouldner, Alvin. *The Two Marxisms: Contradictions and Anomalies in the Development of Theory*. New York, 1980.

Gramsci, Antonio. *Selections from the Prison Notebooks*. Edited and translated by Quentin Hoare and Geoffrey Nowell Smith. New York and London, 1971. [A・グラムシ『グラムシ＝獄中からの手紙』上杉聡彦訳、合同出版、1978年]

Gross, David. "Time, Space, and Modern Culture." *Telos* 50 (Winter 1981–82), pp. 59–78.

Grossmann, Henryk. *Das Akkumulations- und Zusammenbruchsgesetz des kapitalistischen Systems*. Frankfurt, 1970. [H・グロスマン『資本の蓄積並に崩壊の理論』有澤広巳・森谷克己訳、改造社、1932年]

——— "Die gesellschaftlichen Grundlagen der mechanistischen Philosophie und die Manufaktur." *Zeitschrift für Sozialforschung* 4 (1935), pp. 161–229. [H・グロスマン「機械論的哲学の社会的基礎とマニュファクチャー」：F・ボルケナウ『封建的世界像から市民的世界像へ』水田洋・花田圭介・矢崎光圀・栗本勤・竹内良知・元濱清海・山田宗睦・田中浩・菅原仰訳、みすず書房、1965年]

——— *Marx, die klassische Nationalökonomie und das Problem der Dynamik*. Frankfurt, 1969.

Gurevich, Aaron J. "Time as a Problem of Cultural History." In *Cultures and Time*, edited by L. Gardet et al. Paris, 1976.

Gurjewitsch, Aaron J. *Das Weltbild des mittelalterlichen Menschen*. Translated by Gabriele Lossack. Munich, 1980. [A・グレーヴィチ『中世文化のカテゴリー』川端香男里・栗原成郎訳、岩波書店、1992年]

Habermas, Jürgen. "Between Philosophy and Science: Marxism as Critique." In *Theory and Practice*, translated by John Viertel. Boston, 1973. [J・ハーバーマス『理論と実践——社会哲学論集』細谷

貞雄訳、未來社、1975 年〕
——— *Communication and the Evolution of Society*. Translated by Thomas McCarthy. Boston, 1979.
——— *Knowledge and Human Interests*. Translated by Jeremy Shapiro. Boston, 1971. 〔J・ハーバーマス『認識と関心』奥山次良・八木橋貢・渡辺祐邦訳、未來社、2001 年〕
——— "Labor and Interaction: Remarks on Hegel's Jena *Phenomenology of Mind.*" In *Theory and Practice*, translated by John Viertel. Boston, 1973. 〔J・ハーバマス『イデオロギーとしての技術と科学』長谷川宏訳、平凡社、2000 年〕
——— *Legitimation Crisis*. Translated by Thomas McCarthy. Boston, 1975. 〔J・ハバーマス『晩期資本主義における正統化の諸問題』細谷貞雄訳、岩波書店、1979 年〕
——— "A Reply to My Critics." In *Habermas: Critical Debates*, edited by John B. Thompson and David Held. Cambridge, Mass., 1982.
——— "Technology and Science as 'Ideology.'" In *Towards a Rational Society*, translated by Jeremy J. Shapiro. Boston, 1970. 〔J・ハーバマス『イデオロギーとしての技術と科学』長谷川宏訳、平凡社、2000 年〕
——— *The Theory of Communicative Action*. Volume 1: *Reason and the Rationalization of Society*. Translated by Thomas McCarthy. Boston, 1984. 〔J・ハーバーマス『コミュニケイション的行為の理論（上）』河上倫逸・M. フーブリヒト・平井俊彦訳、未來社、1984 年〕
——— *The Theory of Communicative Action*. Volume 2: *Lifeworld and System: A Critique of Functionalist Reason*. Translated by Thomas McCarthy. Boston, 1987. 〔J・ハーバーマス『コミュニケイション的行為の理論（中・下）』藤沢賢一郎・岩倉正博・徳永恂・平野嘉彦・山口節郎・丸山高司・丸山徳次・厚東洋輔・森田数実・馬場孚瑳江・脇圭平訳、未來社、1986-87 年〕
——— "Toward a Reconstruction of Historical Materialism." In *Jürgen Habermas on Society and Politics*, edited by Steven Seidman. Boston, 1989. 〔J・ハーバーマス『史的唯物論の再構成』清水多吉監訳、法政大学出版局、2000 年〕
Harvey, David. *The Condition of Postmodernity: An Enquiry into the Origins of Cultural Change*. Oxford and Cambridge, Mass., 1989. 〔D・ハーヴェイ『ポストモダニティの条件』吉原直樹監訳、青木書店、1999 年〕
——— *The Limits to Capital*. Chicago, 1982. 〔D・ハーヴェイ『空間編成の経済理論——資本の限界（上・下）』松石勝彦・水岡不二雄訳、大明堂、1989-90 年〕
Heath, L. R. *The Concept of Time*. Chicago, 1936.
Hegel, G. W. F. *Phänomenologie des Geistes*. Frankfurt, 1970. 〔G・W・F・ヘーゲル『精神の現象学（上・下）』金子武蔵訳、岩波書店、1971-79 年〕
——— "Preface" to the *Phenomenology*. In *Hegel: Texts and Commentary*, edited by Walter Kaufmann. Garden City, N.Y., 1966. 〔「序文」：同前（上）〕
——— *Wissenschaft der Logik*. 2 vols. Frankfurt, 1970. 〔G・W・F・ヘーゲル『大論理学（上・中・下）』武市健人訳、岩波書店、1956-61 年〕
Heilbroner, Robert L. *The Nature and Logic of Capitalism*. New York, 1985.
——— *The Worldly Philosophers: The Lives, Times, and Ideas of the Great Economic Thinkers*. 5th ed. New York, 1980. 〔R・L・ハイルブローナー『入門 経済思想史——世俗の思想家たち』八木甫・松原隆一郎・浮田聡・奥井智之・堀岡治男訳、筑摩書房、2001 年〕
Held, David. *Introduction to Critical Theory*. London, Melbourne, Sydney, Auckland, Johannesburg, 1980.
Heller, Agnes. *The Theory of Need in Marx*. London, 1976. 〔A・ヘラー『マルクスの欲求理論』良知

力・小箕俊介訳、法政大学出版局、1982年］

Hilferding, Rudolf. "Böhm-Bawerk's Criticism of Marx." In *"Karl Marx and the Close of His System" by Eugen Böhm-Bawerk and "Böhm-Bawerk's Criticism of Marx" by Rudolf Hilferding,* edited by Paul M. Sweezy. New York, 1949. ［R・ヒルファディング「ベーム＝バヴェルクのマルクス批判」：P・M・スウィージー編『論争・マルクス経済学』玉野井芳郎・石垣博美訳、法政大学出版局、1969年］

——— *Finance Capital: A Study of the Latest Phase of Capitalist Development.* Edited with an introduction by Tom Bottomore. From translations by Morris Watnick and Sam Gordon. London and Boston, 1981. ［R・ヒルファディング『金融資本論（上・下）』岡崎次郎訳、岩波書店、1982年］

——— Review of *Der soziale Gehalt der Marxschen Werttheorie* by F. Petry. In *Archiv für die Geschichte des Sozialismus und der Arbeiterbewegung,* no. 8, edited by C. Gruenberg. Leipzig, 1919.

——— "Zur Problemstellung der theoretischen Ökonomie bei Karl Marx." *Die Neue Zeit* 23, no. 1 (1904-1905).

Hirsch, Joachim. *Staatsapparat und Reproduktion des Kapitals.* Frankfurt, 1974.

Hirsch, Joachim, and Roland Roth. *Das neue Gesicht des Kapitalismus.* Hamburg, 1986.

Horkheimer, Max. "The Authoritarian State." In *The Essential Frankfurt School Reader,* edited by Andrew Arato and Eike Gebhardt. New York, 1978. ［M・ホルクハイマー『権威主義的国家』清水多吉編訳、紀伊國屋書店、1975年］

——— *Dawn and Decline: Notes 1926-1931 and 1950-1969.* Translated by Michael Shaw. New York, 1978.

——— "Die Juden in Europa." *Zeitschrift für Sozialforschung* 8 (1939): 115-36.

——— *The Eclipse of Reason.* New York, 1974. ［M・ホルクハイマー『理性の腐蝕』山口祐弘訳、せりか書房、1987年］

——— "Traditional and Critical Theory." In *Critical Theory,* translated by Matthew J. O'Connell et al. New York, 1972. ［M・ホルクハイマー『哲学の社会的機能』久野収訳、晶文社、1974年］

Horkheimer, Max, and Theodor W. Adorno. *Dialectic of Enlightenment.* Translated by John Cumming. New York, 1972. ［M・ホルクハイマー／T・W・アドルノ『啓蒙の弁証法』徳永恂訳、岩波書店、2007年］

Howard, Dick. *The Marxian Legacy.* New York, 1977.

Hyppolite, Jean. *Studies on Marx and Hegel.* Translated by John O'Neill. New York, 1969. ［J・イッポリット『マルクスとヘーゲル』宇津木正・田口英治訳、法政大学出版局、1970年］

Jay, Martin. *The Dialectical Imagination: A History of the Frankfurt School and the Institute for Social Research, 1923-1950.* Boston and Toronto, 1973. ［M・ジェイ『弁証法的想像力――フランクフルト学派と社会研究所の歴史　1923-1950』荒川幾男訳、みすず書房、1975年］

——— *Marxism and Totality: The Adventures of a Concept from Lukács to Habermas.* Berkeley and Los Angeles, 1984. ［M・ジェイ『マルクス主義と全体性――ルカーチからハーバーマスへの概念の冒険』荒川幾男・今村仁司・江原由美子・森反章夫・山本耕一・三浦直枝・宇都宮京子・浅井美智子・谷徹・桜井哲夫・大庭優訳、国文社、1993年］

Kant, Immanuel. *Critique of Pure Reason.* Translated by Norman Kemp Smith. New York and Toronto, 1965. ［I・カント『純粋理性批判（上・中・下）』有福孝岳、岩波書店、2001-06年］

Kaufmann, Walter, ed. *Hegel: Texts and Commentary.* Garden City, N.Y., 1966.

Kautsky, Karl. *Karl Marxs oekonomische Lehren.* Stuttgart, 1906. ［K・カウツキー『マルクスの経済学説――「資本論」入門』相田慎一訳、丘書房、1999年］

Keane, John. "On Tools and Language: Habermas on Work and Interaction." *New German Critique* 6 (Fall 1975), pp. 82-100.

Kellner, Douglas. *Critical Theory, Marxism, and Modernity*. Baltimore, Md., 1989.

Kolakowski, Leszek. *Main Currents of Marxism: Its Rise, Growth, and Dissolution*. 3 vols. Translated by P. S. Falla. Oxford, 1978.

——— *Toward a Marxist Humanism*. Translated by Jane Zielonko Peel. New York, 1968.

Korsch, Karl. *Die materialistische Geschichtsauffassung*. Frankfurt, 1971.

——— *Marxism and Philosophy*. Translated by Fred Halliday. New York and London, 1970. [K・コルシュ『マルクス主義と哲学』石堂清倫訳、三一書房、1975年]

Kosík, Karel. *Die Dialektik des Konkreten*. Frankfurt, 1967. [K・コシーク『具体的なものの弁証法』花崎皋平訳、せりか書房、1977年]

Krahl, Hans Jürgen. *Konstitution und Klassenkampf*. Frankfurt, 1971.

Kulischer, J. *Allgemeine Wirtschaftsgeschichte des Mittelalters und der Neuzeit*. 2 vols. Munich, 1965. [J・クーリッシェル『ヨーロッパ近世経済史(1・2)』諸田実・松雄展成・柳沢治・渡辺尚・小笠原茂訳、東洋経済新報社、1982-83年]

Landes, David S. *Revolution in Time: Clocks and the Making of the Modern World*. Cambridge, Mass., and London, 1983.

Lange, Oskar. "Marxian Economics and Modern Economic Theory." In *Marx and Modern Economics*, edited by David Horowitz. London, 1968.

Lash, Scott, and John Urry. *The End of Organized Capitalism*. Madison, Wisc., 1987.

Lears, T. J. Jackson. "From Salvation to Self-Realization." In *The Culture of Consumption: Critical Essays in American History, 1880-1980*, edited by Richard W. Fox and T. J. Jackson Lears. New York, 1983. [T・J・J・リアーズ「救いから自己実現へ——広告と消費者文化の心理療法としてのルーツ 1880-1930」: R・W・フォックス/T・J・J・リアーズ編『消費の文化』小池和子訳、勁草書房、1985年]

Lefebvre, Henri. *The Sociology of Marx*. Translated by Norbert Guterman. New York, 1969. [H・ルフェーヴル『マルクスの社会学』山下淳志郎訳、せりか書房、1970年]

Le Goff, Jacques. "Labor Time in the 'Crisis' of the Fourteenth Century." In *Time, Work, and Culture in the Middle Ages*, translated by Arthur Goldhammer. Chicago and London, 1980. [J・ル・ゴフ『もうひとつの中世のために——西洋における時間、労働、そして文化』加納修訳、白水社、2006年]

——— "Merchant's Time and Church's Time in the Middle Ages." In *Time, Work, and Culture in the Middle Ages*, translated by Arthur Goldhammer. Chicago and London, 1980. [同前]

Leiss, William. *The Limits to Satisfaction: An Essay on the Problem of Needs and Commodities*. Toronto and Buffalo, 1976. [W・リース『満足の限界——必要と商品についての考察』阿部照男訳、新評論、1987年]

Lichtheim, Georg. *From Marx to Hegel*. London, 1971. [G・リヒトハイム『マルクスからヘーゲルへ』小牧治・岩田友彦訳、未來社、1976年]

——— *Marxism: An Historical and Critical Study*. New York, 1965. [G・リヒトハイム『マルクス主義——歴史的・批判的研究』奥山次良・田村一郎・八木橋貢訳、みすず書房、1974年]

Lowe, Adolf. "M. Dobb and Marx's Theory of Value." *Modern Quarterly* 1, no. 3 (1938).

Löwith, Karl. *From Hegel to Nietzsche: The Revolution in Nineteenth-Century Thought*. Translated by David E. Green. Garden City, N.Y., 1967. [K・レーヴィット『ヘーゲルからニーチェへ——十九世

紀の思想における革命的決裂――マルクスとキェルケゴール（1・2）』柴田治三郎訳、岩波書店、1952–53 年]

Lukács, Georg. *History and Class Consciousness*. Translated by Rodney Livingstone. London, 1971. [G・ルカーチ『歴史と階級意識』城塚登・古田光訳、白水社、1991 年]

――― *The Ontology of Social Being*. Translated by David Fernbach. London, 1978. [G・ルカーチ『社会的存在の存在論のために――ヘーゲルの誤った存在論と正しい存在論』鷲山恭彦訳、イザラ書房、1984 年]

Luxemburg, Rosa. *The Accumulation of Capital*. Translated by Agnes Schwarzschild. London, 1963. [R・ルクセンブルグ『資本蓄積論』長谷部文雄訳、績文堂出版、2006 年]

McCarthy, Thomas. *The Critical Theory of Jürgen Habermas*. Cambridge, Mass. and London, 1978.

McLellan, David. "Politics." In *Marx: The First Hundred Years*, edited by David McLellan. New York, 1983.

――― *The Thought of Karl Marx: An Introduction*. London and Basingstoke, 1980.

Macy, Michael W. "Value Theory and the 'Golden Eggs': Appropriating the Magic of Accumulation." *Sociological Theory* 6, no. 2 (Fall 1988): 131–52.

Mandel, Ernest. "Economics." In *Marx: The First Hundred Years*, edited by David McLellan. New York, 1983.

――― *The Formation of the Economic Thought of Karl Marx*. New York and London, 1971. [E・マンデル『カール・マルクス――〈経哲草稿〉から〈資本論〉へ』山内昶・表三郎訳、河出書房新社、1971 年]

――― *Late Capitalism*. Translated by Joris De Bres. London, 1975. [E・マンデル『後期資本主義（1〜3）』飯田裕康・的場昭弘・山本啓訳、柘植書房、1980–81 年]

――― *Marxist Economic Theory*. London, 1968. [E・マンデル『現代マルクス経済学』岡田純一・坂本慶一・西川潤訳、東洋経済新報社、1972–74 年]

Marcuse, Herbert. *Counterrevolution and Revolt*. Boston, 1972. [H・マルクーゼ『反革命と叛乱』生松敬三訳、河出書房新社、1975 年]

――― *Eros and Civilization: A Philosophical Inquiry into Freud*. New York, 1962. [H・マルクーゼ『エロス的文明』南博訳、紀伊國屋書店、1958 年]

――― "The Foundation of Historical Materialism." In *From Luther to Popper*, edited and translated by Joris De Bres. London, 1972.

――― *One-dimensional Man: Studies in the Ideology of Advanced Industrial Society*. Boston, 1964. [H・マルクーゼ『一次元的人間――先進産業社会におけるイデオロギーの研究』生松敬三・三沢謙一訳、河出書房新社、1974 年]

――― "Philosophy and Critical Theory." Translated by Jeremy J. Shapiro. In *Critical Theory and Society*, edited by Stephen Bronner and Douglas Kellner. New York and London, 1989.

――― *Reason and Revolution: Hegel and the Rise of Social Theory*. Boston, 1964. [H・マルクーゼ『理性と革命――ヘーゲルと社会理論の興隆』桝田啓三郎・中島盛夫・向来道男訳、岩波書店、1961 年]

――― "Some Social Implications of Modern Technology." *Studies in Philosophy and Social Sciences* 9 (1941), pp. 414–39.

――― "Über die philosophischen Grundlagen des wirtschaftswissenschaftlichen Arbeitsbegriffs." In *Kultur und Gesellschaft*, vol. 2. Frankfurt, 1965. [H・マルクーゼ『文化と社会（下）』井上純一ほか訳、せりか書房、1972 年]

Márkus, György. "Die Welt menschlicher Objekte. Zum Problem der Konstitution im Marxismus." In *Arbeit, Handlung, Normativität*, edited by Axel Honneth and Urs Jaeggi. Frankfurt, 1980.

Marramao, Giacomo. "Political Economy and Critical Theory." *Telos* no. 24 (Summer 1975), pp. 56–80.

Mattick, Paul. *Kritik der Neomarxisten*. Frankfurt, 1974.

——— *Marx and Keynes: The Limits of the Mixed Economy*. Boston, 1969. [P・マティック『マルクスとケインズ（新版）』佐藤武男訳、学文社、1982年]

——— "Nachwort." In *Marx, die klassische Nationalökonomie und das Problem der Dynamik*, by H. Grossmann. Frankfurt, 1969.

Mauke, Michael. *Die Klassentheorie von Marx und Engels*. Frankfurt, 1970.

Meek, Ronald. *Studies in the Labour Theory of Value*. 2d ed. New York and London, 1956. [R・L・ミーク『労働価値論史研究』水田洋・宮本義男訳、日本評論新社、1957年。R・L・ミーク「カール・マルクスの経済学の方法」:『経済学とイデオロギー——経済思想の発展にかんする研究』時永淑訳、法政大学出版局、1969年]

Mehring, Franz. *Karl Marx: The Story of His Life*. Translated by Edward Fitzgerald. Ann Arbor, Mich., 1962. [F・メーリング『マルクス伝（1〜3）』栗原佑訳、大月書店、1974年]

Mészáros, István. *Marx's Theory of Alienation*. London, 1970. [I・メサーロシュ『マルクスの疎外理論』三階徹・湯川新訳、啓隆閣、1972年]

Mill, J. S. *Principles of Political Economy*, vol. 1. 2d ed. London, 1849. [J・S・ミル『経済学原理』末永茂喜訳、岩波書店、1959年]

Moore, Stanley. *Marx on the Choice between Socialism and Communism*. Cambridge, Mass. 1980.

Müller, Rudolf Wolfgang. *Geld und Geist: Zur Entstehungsgeschichte von Identitätsbewusstsein und Rationalität seit der Antike*. Frankfurt, 1977.

Müller, Wolfgang. "Habermas und die 'Anwendbarkeit' der 'Arbeitswerttheorie.'" *Sozialistische Politik* no. 1 (April 1969), pp. 39–54.

Mumford, Lewis. *The Myth of the Machine*. New York, 1966. [L・マンフォード『機械の神話——技術と人類の発達』樋口清訳、河出書房新社、1971年]

——— *Technics and Civilization*. New York, 1934. [L・マンフォード『技術と文明』生田勉訳、美術出版社、1972年]

Murray, John Patrick. "Enlightenment Roots of Habermas' Critique of Marx." *The Modern Schoolman* 57, no. 1 (November 1979), pp. 1–24.

——— *Marx's Theory of Scientific Knowledge*. Atlantic Highlands, N.J., 1988.

Needham, Joseph. *Science in Traditional China: A Comparative Perspective*. Cambridge, Mass., and Hong Kong, 1981. [J・ニーダム『中国科学の流れ』牛山輝代訳、思索社、1984年]

———, Wang Ling, and Derek de Solla Price. *Heavenly Clockwork: The Great Astronomical Clocks of Medieval China*. 2d ed. Cambridge, 1986.

Negri, Antonio. *Marx beyond Marx: Lessons on the "Grundrisse."* Edited by Jim Fleming. Translated by Harry Cleaver, Michael Ryan, and Maurizio Viano. South Hadley, Mass., 1984. [A・ネグリ『マルクスを超えるマルクス——『経済学批判要綱』研究』清水和巳・大町慎浩・小倉利丸・香内力訳、作品社、2003年]

Negt, Oskar, and Alexander Kluge. *Geschichte und Eigensinn*. Frankfurt, 1981.

Nell, E. "Value and Capital in Marxian Economics." In *The Crisis in Economic Theory*, edited by D. Bell and I. Kristol. New York, 1981. [E・J・ネル「マルクス主義経済学における価値と資本」: D・ベル／I・クリストル編『新しい経済学を求めて』中村達也・柿原和夫訳、日本経済新聞社、

1985年〕
Nicolaus, Martin. "Introduction." In Karl Marx, *Grundrisse*, translated by Martin Nicolaus. London, 1973.
——— "Proletariat and Middle Class in Marx." *Studies on the Left* 7, no. 1 (Jan.-Feb. 1967), pp. 22-49.
——— "The Unknown Marx." *New Left Review*, no. 48 (March-April 1968), pp. 41-61.
Offe, Claus. *Disorganized Capitalism: Contemporary Transformations of Work and Politics*. Edited by John Keane. Cambridge, Mass., 1985.
——— *Strukturprobleme des kapitalistischen Staates: Aufsätze zur politischen Soziologie*. Frankfurt, 1972. 〔C・オッフェ『後期資本制社会システム――資本制的民主制の諸制度』寿福真美訳、法政大学出版局、1988年〕
Ollman, Bertell. *Alienation: Marx's Conception of Man in Capitalist Society*. 2d ed. Cambridge, 1976.
Petry, Franz. *Der soziale Gehalt der Marxschen Werttheorie*. Jena, 1916. 〔F・ペートリ『マルクス価値論の社会的研究』友岡久雄訳、弘文堂書房、1926年〕
Piccone, Paul. "General Introduction." In *The Essential Frankfurt School Reader*, edited by Andrew Arato and Eike Gebhardt. New York, 1978.
Piesowicz, Kazimierz. "Lebensrhythmus und Zeitrechnung in der vorindustriellen und in der industriellen Gesellschaft." *Geschichte in Wissenschaft und Unterricht* 31, no. 8 (1980), pp. 465-85.
Piore, Michael J., and Charles F. Sabel. *The Second Industrial Divide: Possibilities for Prosperity*. New York, 1984. 〔M・J・ピオリ/C・F・セーブル『第二の産業分水嶺』山之内靖・永易浩一・石田あつみ訳、筑摩書房、1993年〕
Pirenne, Henri. *Belgian Democracy*. Translated by J. V. Saunders. Manchester, 1915.
Polanyi, Karl. *The Great Transformation*. New York and Toronto, 1944. 〔K・ポラニー『新訳　大転換――市場社会の形成と崩壊』野口建彦・栖原学訳、東洋経済新報社、2009年〕
Pollock, Friedrich. "Bemerkungen zur Wirtschaftskrise." *Zeitschrift für Sozialforschung* 2 (1933), pp. 321-53.
——— "Die gegenwärtige Lage des Kapitalismus und die Aussichten einer planwirtschaftlichen Neuordnung." *Zeitschrift für Sozialforschung* 1 (1932), pp. 8-27.
——— "Is National Socialism a New Order?" *Studies in Philosophy and Social Science* 9 (1941), pp. 440-55.
——— "State Capitalism." *Studies in Philosophy and Social Science* 9 (1941), pp. 200-25.
Postone, Moishe. "Anti-Semitism and National Socialism." In *Germans and Jews Since the Holocaust*, edited by Anson Rabinbach and Jack Zipes. New York, 1986.
——— "History and Critical Social Theory." *Contemporary Sociology* 19, no. 2 (March 1990), pp. 170-76.
——— "Necessity, Labor and Time." *Social Research* 45 (Winter 1978), pp. 739-88.
Postone, Moishe, and Barbara Brick. "Critical Pessimism and the Limits of Traditional Marxism." *Theory and Society* 11 (1982), pp. 617-58.
Postone, Moishe, and Helmut Reinicke. "On Nicolaus's 'Introduction' to the *Grundrisse*." *Telos* 22 (Winter 1974-75), pp. 130-48.
Reichelt, Helmut. *Zur logischen Struktur des Kapitalbegriffs bei Karl Marx*. Frankfurt, 1970.
Reinicke, Helmut. *Ware und Dialektik*. Darmstadt and Neuwied, 1974.
Ricardo, David. *The Principles of Political Economy and Taxation*. Cambridge, 1951. 〔D・リカードウ

『経済学および課税の原理（上・下）』羽鳥卓也・吉沢芳樹訳、岩波書店、1987 年］

Ritsert, Jürgen. *Probleme politisch-ökonomischer Theoriebildung.* Frankfurt, 1973.

Robinson, Joan. *An Essay on Marxian Economics.* 2d ed. London, Melbourne, Toronto, 1967. ［J・ロビンソン『マルクス経済学』戸田武雄・赤谷良雄訳、有斐閣、1951 年］

Roderick, Rick. *Habermas and the Foundations of Critical Theory.* New York, 1986.

Rosdolsky, Roman. *The Making of Marx's "Capital."* Translated by Pete Burgess. London, 1977. ［R・ロスドルスキー『資本論成立史（1〜4）』時永淑・平林千牧・安田展敏・小黒佐和子・嶋田力夫訳、法政大学出版局、1973-74 年］

Rubin, Isaak Illich. *Essays on Marx's Theory of Value.* Translated by Milos Samardzija and Fredy Perlman. Detroit, Mich., 1972. ［I・I・ルービン『マルクス価値論概説』竹永進訳、法政大学出版局、1993 年］

――― et al. *Dialektik der Kategorien: Debatte in der UdSSR (1927-1929).* Translated by Eva Mayer and Peter Gerlinghoff. Berlin, 1975.

Sahlins, Marshall. *Culture and Practical Reason.* Chicago, 1976. ［M・サーリンズ『人類学と文化記号論――文化と実践理性』山内昶訳、法政大学出版局、1987 年］

Sapir, Edward. *Language: An Introduction to the Study of Speech.* New York, 1921. ［E・サピア『言語――ことばの研究序説』安藤貞雄訳、岩波書店、1998 年］

Sartre, Jean-Paul. *Critique of Dialectical Reason.* Translated by Alan Sheridan-Smith. Edited by Jonathan Rée. London, 1976. ［J-P・サルトル『弁証法的理性批判（1〜3）』竹内芳郎・矢内原伊作・平井啓之・森本和夫・足立和浩訳、人文書院、1962-73 年］

Sayer, Derek. *Marx's Method: Ideology, Science, and Critique in "Capital."* Atlantic Highlands, N.J., 1979.

――― *The Violence of Abstraction: The Analytic Foundations of Historical Materialism.* Oxford and New York, 1987.

Schlesinger, Rudolf. *Marx, His Times and Ours.* London, 1950. ［R・シュレジンガー『マルクス主義と現代 上巻』高島善哉・本間要一郎訳、河出書房、1956 年］

Schmidt, Alfred. *The Concept of Nature in Marx.* Translated by Ben Fowkes. London, 1971. ［A・シュミット『マルクスの自然概念』元浜晴海訳、法政大学出版局、1972 年］

――― *History and Structure: An Essay on Hegelian-Marxist and Structuralist Theories of History.* Translated by Jeffrey Herf. Cambridge, Mass., 1981. ［A・シュミット『歴史と構造――マルクス主義的歴史認識論の諸問題』花崎皋平訳、法政大学出版局、1977 年］

――― "Zum Erkenntnisbegriff der Kritik der politischen Ökonomie." In *Kritik der politischen Ökonomie heute: 100 Jahre Kapital,* edited by Walter Euchner and Alfred Schmidt. Frankfurt am Main, 1968.

Schmidt, Alfred, and Norbert Altwicker, eds. *Max Horkheimer heute: Werke und Wirkung.* Frankfurt am Main, 1986.

Schumpeter, Joseph. *Capitalism, Socialism and Democracy.* New York and London, 1947. ［J・A・シュンペーター『資本主義・社会主義・民主主義』中山伊知郎・東畑精一訳、東洋経済新報社、1995 年］

――― *History of Economic Analysis.* New York, 1954. ［J・A・シュンペーター『経済分析の歴史（上・中・下）』東畑精一・福岡正夫訳、岩波書店、2005-06 年］

Shaikh, Anwar. "The Poverty of Algebra." In *The Value Controversy* by I. Steedman, P. Sweezy, et al. London, 1981.

Sherover-Marcuse, Erica. *Emancipation and Consciousness: Dogmatic and Dialectical Perspectives in the Early Marx*. Cambridge, Mass., 1986.

Simmel, Georg. *The Philosophy of Money*. Translated by Tom Bottomore and David Frisby. Boston, London, Melbourne, and Henley, 1978.［G・ジンメル『貨幣の哲学』居安正訳、白水社、1999 年］

Smith, Adam. *An Inquiry into the Nature and Causes of the Wealth of Nations*. New York, 1937.［A・スミス『国富論（1〜4）』水田洋監訳、岩波書店、2000-01 年］

Sohn-Rethel, Alfred. *Geistige und körperliche Arbeit*. Frankfurt, 1972.［A・ゾーン＝レーテル『精神労働と肉体労働――社会的総合の理論』寺田光雄・水田洋訳、合同出版、1975 年］

――― *Intellectual and Manual Labor: A Critique of Epistemology*. Translated by Martin Sohn-Rethel. Atlantic Highlands, N.J., 1978.［同前］

――― *Warenform und Denkform*. Frankfurt, 1971.

Sweezy, Paul M. *The Theory of Capitalist Development*. New York, 1969.［P・M・スウィージー『資本主義発展の理論』都留重人訳、新評論、1967 年］

Thomas, Paul. "The Language of Real Life: Jürgen Habermas and the Distortion of Karl Marx." *Discourse: Berkeley Journal of Theoretical Studies in Media and Culture* 1 (Fall 1979), pp. 59-85.

Thompson, E. P. "Time, Work-Discipline, and Industrial Capitalism." *Past and Present* 38 (Dec. 1967), pp. 56-97.

Thomson, George. *The First Philosophers*. London, 1955.［G・トムソン『最初の哲学者たち』出隆・池田薫訳、岩波書店、1958 年］

Thrupp, Sylvia. "Medieval Industry, 1000-1500." In *The Fontana Economic History of Europe*, vol. 1, edited by Carlo M. Cipolla. Glasgow, 1972.

Tönnies, Ferdinand. *Karl Marx: His Life and Teachings*. Translated by Charles P. Loomis and Ingeborg Paulus. East Lansing, Mich., 1974.

Traugott, Mark. *Armies of the Poor: Determinants of Working-Class Participation in the Parisian Insurrection of June 1848*. Princeton, N.J., 1985.

Tuchscheerer, Walter. *Bevor "Das Kapital" entstand: Die Herausbildung und Entwicklung der ökonomischen Theorie von Karl Marx in der Zeit von 1843-1858*. Berlin, 1968.［W・トゥーフシェーラー『初期マルクスの経済理論――資本論成立前史』宇佐美誠次郎監訳、民衆社、1974 年］

Tucker, Robert C. *The Marxian Revolutionary Idea*. New York, 1969.［R・C・タッカー『マルクスの革命思想と現代』雪山慶正訳、研究社出版、1971 年］

Uchida, Hiroshi. *Marx's "Grundrisse" and Hegel's Logic*. Edited by Terrell Carver. London and Boston, 1988.［内田弘『中期マルクスの経済学批判――『要綱』とヘーゲル『論理学』』有斐閣、1985 年］

Vranicki, Predrag. *Geschichte des Marxismus*. 2 vols. Frankfurt, 1972.

Vygodski, Vitali Solomonovich. *The Story of A Great Discovery*. Berlin, 1973.［V・S・ヴィゴツキー『資本論の生誕』富岡裕訳、新読書社、1977 年］

Walton, Paul, and Andrew Gamble. *From Alienation to Surplus Value*. London, 1972.

Weber, Max. *Economy and Society: An Outline of Interpretive Sociology*. Edited by Guenther Roth and Claus Wittlich. Translated by Ephraim Fischoff, Hans Gerth, A. M. Henderson, Ferdinand Kolegar, Guenther Roth, Edward Shils, and Claus Wittich. Berkeley, Los Angeles, and London, 1978.［M・ウェーバー『社会学の基礎概念』阿閉吉男・内藤莞爾訳、恒星社厚生閣、1987 年；尾高邦雄編『世界の名著　マックス・ウェーバー』、中央公論社、1975 年；『権力と支配』濱嶋朗訳、講談社、2012 年；『支配の諸類型』世良晃志郎訳、未來社、1970 年；『理解社会学のカテゴリー』海老原明夫・中野敏男訳、未來社、1990 年；『法社会学』世良晃志郎訳、創文社、2000 年；『宗教社会

学』武藤一雄・薗田宗人・薗田坦訳、創文社、1976年；『支配の社会学（I・II）』世良晃志郎訳、創文社、1960-62年；『家産制と封建制』濱嶋朗訳、みすず書房、1957年；『都市の類型学』世良晃志郎訳、創文社、1964年；『国家社会学』石尾芳久訳、法律文化社、1992年］
——— *The Protestant Ethic and the Spirit of Capitalism*. Translated by Talcott Parsons. New York, 1958.［M・ヴェーバー『プロテスタンティズムの倫理と資本主義の精神』大塚久雄訳、岩波書店、1989年］
——— "Science as a Vocation." In *From Max Weber: Essays in Sociology*, edited by H. H. Gerth and C. W. Mills. New York, 1958.［M・ウェーバー『職業としての学問』尾高邦雄訳、岩波書店、1985年］
——— "The Social Psychology of the World Religions." In *From Max Weber: Essays in Sociology*, edited by H. H. Gerth and C. W. Mills. New York, 1958.［M・ヴェーバー『宗教社会学論選』大塚久雄・生松敬三訳、みすず書房、1972年］
Wellmer, Albrecht. "Communication and Emancipation: Reflections on the Linguistic Turn in Critical Theory." In *On Critical Theory*, edited by John O'Neill. New York, 1976.
——— *Critical Theory of Society*. Translated by John Cumming. New York, 1971.
Wendorff, Rudolf. *Zeit und Kultur: Geschichte des Zeitbewusstseins in Europa*. Opladen, 1980.
Whitrow, G. J. *The Nature of Time*. Harmondsworth, Eng., 1975.［G・J・ウィットロウ『時間 その性質』柳瀬睦男・熊倉功二訳、法政大学出版局、1993年］
Whorf, Benjamin L. *Language, Thought and Reality*. Cambridge, Mass., 1956.［B・L・ウォーフ『言語・思考・現実』池上嘉彦訳、講談社、1993年］
Wiggershaus, Rolf. *Die Frankfurter Schule: Geschichte, theoretische Entwicklung, politische Bedeutung*. Munich and Vienna, 1986.
Williams, Raymond. "Culture." In *Marx: The First Hundred Years*, edited by David McLellan. New York, 1983.
Winfield, Richard. "The Dilemmas of Labor." *Telos* 24 (Summer 1975), pp. 113-28.
Wittgenstein, Ludwig. *Philosophical Investigations*. Translated by G. E. M. Anscombe. New York, 1958.［L・ウィトゲンシュタイン『哲学探究』藤本隆志訳、大修館書店、1976年］
Wolff, Robert Paul. *Understanding Marx: A Reconstruction and Critique of "Capital."* Princeton, 1984.
Wright, Erik O. *Classes*. London, 1985.
Zelený, Jindřich. *Die Wissenschaftslogik bei Marx und "Das Kapital."* Frankfurt, 1970.

著者略歴

モイシェ・ポストン（Moishe Postone）
一九四二—二〇一八年。シカゴ大学トーマス・E・ドネリー講座教授（近現代史）。大学院ドイツ研究コース、およびカレッジ（学部）の社会科学部門で教鞭を執る。ラディカルな〈社会理論〉を発信し、米国およびヨーロッパ各国で注目を集める。生化学修士号、歴史学修士号をシカゴ大学にて取得。Ph.D.（政治学・社会学）をドイツのフランクフルト大学にて取得（一九八三年）。本書『時間・労働・支配』はドイツ語、フランス語、スペイン語にも訳されている。本書の他に、マルクス、批判理論、反ユダヤ主義や急進的政治思想についての著述が多数ある。編著書に、Bourdieu: Critical Perspectives（University of Chicago Press 1993),Catastrophe and Meaning: The Holocaust and the Twentieth Century（University of Chicago Press 2003), Perspectives On The Global Crisis（Duke University Press 2012）などがある。

訳者略歴

白井　聡（しらい・さとし）
京都精華大学国際文化学部専任講師。一九七七年生。一橋大学社会学研究科総合社会科学専攻博士後期課程単位修得退学。博士（社会学）。著書に『未完のレーニン——〈力〉の思想を読む』（講談社、二〇〇七年）、『武器としての「資本論」』（東洋経済新報社、二〇二〇年）ほか。

野尻英一（のじり・えいいち）
大阪大学人間科学研究科准教授。一九七〇年生。早稲田大学大学院社会科学研究科博士課程修了。博士（学術）。著書に『意識と生命——ヘーゲル『精神現象学』における有機体と「地」のエレメントをめぐる考察』（社会評論社、二〇一〇年）。日本ヘーゲル学会研究奨励賞受賞。

梅森直之（うめもり・なおゆき）
早稲田大学政治経済学術院教授。一九六二年生。シカゴ大学大学院博士課程修了。Ph.D.（政治学）。著書に『初期社会主義の地形学——大杉栄とその時代』（有志舎、二〇一六年）など。翻訳書にハリー・ハルトゥーニアン『近代による超克』（岩波書店、二〇〇七年）などがある。

河路絹代（かわじ・きぬよ）
早稲田大学大学院政治学研究科博士後期課程単位取得退学。一九八〇年生。論文に「生＝権力からファシズムへ—賀川豊彦における公共性の問題—(1)－(4)」（『早稲田政治公法研究』第八四、八五、八七、八八号、二〇〇七－〇八年）がある。

篠原　凌（しのはら・りょう）
一九七九年生。早稲田大学政治経済学部卒業。同大学院博士後期課程単位取得退学。パリ第四大学大学院歴史学研究科留学。早稲田大学政治経済学部助手を経て、現在シンクタンク研究員。

松坂裕晃（まつさか・ひろあき）
大阪経済大学情報社会学部専任講師。一九八四年生。ミシガン大学大学院博士課程修了。Ph.D.（歴史学）。博士論文 “Border Crossings: Anti-Imperialism and Race-Making in Transpacific Movements, 1910-1951”（ミシガン大学、二〇一九年）。

TIME, LABOR, AND SOCIAL DOMINATION
by Moishe Postone

Japanese translation published by arrangement with
Cambridge University Press
through The English Agency (Japan) Ltd.

時間《じかん》・労働《ろうどう》・支配《しはい》

——マルクス理論《りろん》の新地平《しんちへい》

二〇一二年八月一〇日　初版第一刷発行
二〇二一年九月三〇日　初版第二刷発行

著者　モイシェ・ポストン
監訳者　白井聡／野尻英一
発行者　喜入冬子
発行所　株式会社筑摩書房
〒一一一-八七五五　東京都台東区蔵前二-五-三
電話番号　〇三-五六八七-二六〇一（代表）
印刷　株式会社　精興社
製本　牧製本印刷株式会社

ISBN978-4-480-86722-3 C0010